A LA CARTE
2025
Wein-Guide Österreich

Eine Publikation der D+R Verlagsgesellschaft m.b.H.

www.alacarte.at

Inhalt

Österreichs 2.301 beste Weine

Wachau	22
Kamptal	50
Kremstal	72
Traisental	96
Wagram	110
Carnuntum	140
Weinviertel	154
Thermenregion	210
Wien	228
Neusiedlersee	240
Leithaberg	282
Rust	310
Rosalia	318
Mittelburgenland	322
Eisenberg	342
Vulkanland Steiermark	352
Südsteiermark	368
Weststeiermark	406

Impressum am Ende des Buchs

Register

Winzer Register	432
Vorwort	6
Abkürzungen	4
Die besten Weine	10
Vinotheken, Importeure und Großhändler	424

Abkürzungen

AB	Ausbruch	ÖTW	Österreichische Traditionsweingüter
BA	Beerenauslese	PB	Pinot blanc (Weißburgunder)
BB	Blauburger	PG	Pinot gris (Grauburgunder, Ruländer)
BF	Blaufränkisch	PIWI	pilzwiderstandsfähige Rebsorten
BM	Blütenmuskateller	PK	Presskork
BO	Bouvier	PL	Plastikstöpsel
BP	Blauer Portugieser	PN	Pinot noir (Blauburgunder)
BW	Blauer Wildbacher (Schilcher)	PV	Petit Verdot
CB	Cabernet blanc	RA	Rathay
CF	Cabernet Franc	RG	Rotgipfler
CH	Chardonnay (Morillon)	RI	Riesling
CS	Cabernet Sauvignon	RM	Roter Muskateller (Rosenmuskateller)
DAC	Districtus Austriae Controllatus (kontrollierte Herkunftsbezeichnung)	RO	Roesler
DI	Diam-Kork	RR	Rheinriesling
DV	Drehverschluss	RV	Roter Veltliner
EW	Eiswein	SÄ	Sämling 88 (Scheurebe)
FP	Fassprobe	SB	Sauvignon blanc
FU	Furmint	SC	Sauvignac
FV	Frühroter Veltliner (Malvasier)	SE	Semillon
g.U.	geschützter Ursprung	SG	Sauvignon gris
GA	Gamay	SH	Shiraz
GE	Gemischter Satz	SL	St. Laurent
GL	Glasverschluss	SO	Souvignier gris
GM	Gelber Muskateller	SR	Spätrot-Rotgipfler
GO	Goldburger	STK	Steirische Terroir- und Klassik-Weingüter
GS	Grüner Sylvaner		
GT	Gewürztraminer	SW	Strohwein, Schilfwein
GV	Grüner Veltliner	SY	Syrah
htr.	halbtrocken	TA	Tannat
JR	Jubiläumsrebe	TBA	Trockenbeerenauslese
KIP	Kontrollierte Integrierte Produktion	TE	Tempranillo
KK	Kronenkork	TR	Traminer
MA	Malbec	TT	Twin-Top-Kork
MC	Muscaris	VI	Viognier
ME	Merlot	WR	Welschriesling
MO	Muskat-Ottonel	ZF	Zierfandler
MT	Müller-Thurgau (Rivaner)	ZW	Zweigelt (Rotburger)
MU	Muskat		
NB	Nebbiolo		
NE	Neuburger		
NK	Naturkork		
NV	Non Vintage		
OR	Orangetraube		

Die Preiskategorien

€	bis 10 Euro
€€	bis 20 Euro
€€€	ab 20 Euro

Vorwort

Sensationelle Weine: Österreichs Weiß- und Rotweine gehören weltweit zu den besten

Wie in den letzten *A la Carte-Wein-Guide*-Ausgaben ist auch dieses Jahr das Qualitätsniveau außergewöhnlich hoch. Durch den längeren Ausbau und das spätere Inverkehrbringen der Weine reichen die verkosteten Jahrgänge heuer von 2015 bis 2023 – eine Abfolge sehr guter bis außergewöhnlicher Jahrgänge. Das hohe Niveau der Traubenqualität der Jahrgänge ermöglichte im Ausbau, sowohl den Herkunftscharakter als auch den Sortentypus herauszuarbeiten. Die Bandbreite der Stile ist am besten durch die heurigen 98- bis 100-Punkte-Weine dokumentiert. Diese 96 Weine umfassen die Vielfalt der Rebsorten, der Weinbaugebiete und des Ausbaus. Die verkosteten Jahrgänge sind: 2023 – ein fruchtbetonter, einladender Weißweinjahrgang, 2022 – ein sowohl bei Weiß als auch Rot hervorragender Jahrgang, der durch Aromatiefe und Balance überzeugt, sowie 2021 – ein sensationeller Jahrgang mit höchster Reife und lebendigem Säurespiel bei Rot- und Weißweinen.

A la Carte hat heuer 11 Weine mit 100 Punkten bewertet.
Bei den Weißweinen hatte dieses Jahr die Steiermark die Nase vorn.

2021 Sauvignon Blanc T.M.S. Ried Rosengarten, Kodolitsch
2021 Sauvignon Blanc Ried Pössnitzberg Kapelle, Erwin Sabathi
2021 Sauvignon Blanc Ried Zieregg Kår, Tement
2021 Sauvignon Blanc Ried Trinkaus, Sattlerhof
2019 Sauvignon Blanc Ried Pössntizberg Kapelle, Erwin Sabathi
2015 Sauvignon Blanc Ried Zieregg X.T., Tement
2021 Chardonnay Ried Pössnitzberg Kapelle, Erwin Sabathi
2021 Blaufränkisch Ried Altenberg, Paul Achs
2021 Blaufränkisch hochberc, Albert Gesellmann
2021 Blaufränkisch Ried Goldberg, Georg Prieler
2021 Blaufränkisch Ried Reihburg, Christoph Wachter-Wiesler

Die erst heuer auf den Markt kommende 2021er-Sauvignon-blanc-Ausnahme *2015 SBL Ried Zieregg X.T* und der historische *2019 SBL Kapelle* sind einzigartig. Wie schon beim Jahrgang 2019 findet man beim 2021er eine unvergleichlich hohe Dichte an Spitzenweinen. Genießen Sie dieses Juwel sowohl in der jugendlichen Phase als auch in den kommenden zehn bis 15 Jahren. Der *Chardonnay Kapelle* von Erwin Sabathi ist ein Beispiel für die enorme Entwicklung des österreichischen Chardonnays. Vergleichen Sie die Chardonnays von Bründlmayer, Reinisch, Tement, Sattlerhof, Kollwentz, Frauwallner und LacknerTinnacher mit Weinen aus dem Burgund und sie werden die außergewöhnliche Qualität und Preis-Leistung der österreichischen Weine im internationalen Vergleich feststellen. Der Blaufränkisch ist eine international diskutierte Spitzenrebsorte, die Herkunft perfekt transportieren kann. Die Stile von Paul Achs, Albert Gesellmann, Georg Prieler und Christoph Wachter-Wiesler zeigen die Bandbreite des Blaufränkisch auf höchstem Niveau. Die Blaufränkisch-Weine von Hannes Schuster, Roland Velich/Moric, Krutzler, Straka, Anita & Hans Nittnaus, Dorli Muhr, Kollwentz und

Ernst Triebaumer dokumentieren die große Vielfalt und hohe Qualitätsdichte dieser Rebsorte. Die Jahrgänge 2021 und 2022 sind einander ebenbürtig, mit leichten Vorteilen für 2021. Insgesamt wurden 2.301 Weine für diesen Guide bewertet. Bei den 1.515 Weißweinen sind neben den Sauvignons vor allem die Grünen Veltliner des Jahrgangs 2023 degustiert worden. In der Wachau die Usual Suspects. F.X. Pichler (Lucas Pichler), Alzinger, Hirtzberger, Knoll, Prager, Pichler-Krutzler und Rudi Pichler unterstreichen das hohe Niveau der Wachau. Bernhard Ott (Wagram), Franz Türk, Proidl (Kremstal) und Jurtschitsch (Kamptal) sind die Herausforderer der Wachau beim Grünen Veltliner. Ebenso Markus Huber und Ludwig Neumayer (Traisental), Ebner-Ebenauer, Setzer, Dürnberg und Ingrid Groiss (Weinviertel).

» **11 Weine mit 100 Punkten**
» **2.301 Weine gesamt**
» **1.515 Weißweine**
» **567 Rotweine**
» **25 Rosé**
» **34 Raw Weine**
» **62 Prädikatsweine**
» **49 Historische Weine**
» **49 Schaumweine**

Von „ganz jung" – ein Wein wurde erst heuer im September gefüllt, und manche Weine sind noch nicht am Markt verfügbar – bis leicht gereift. Die Komplexität und Dichte der verfügbaren Spitzenweine hat internationale Dimensionen erreicht. Die zehn Spitzenweine stehen gemeinsam mit über 130 Weinen zwischen 97 bis 99 Punkten zur Auswahl. Weine dieser Qualität findet man bei allen Rebsorten und allen Ausbaustilen. Nicht nur Riesling und Grüner Veltliner erreichen internationales Spitzenniveau. Sauvignon blanc und Chardonnay / Morillon sind schon lange auf höchstem Niveau verfügbar. Der Blaufränkisch bringt immer mehr Weine mit perfektem Herkunftscharakter hervor. Weinkenner, Sommeliers und der internationale Markt suchen verstärkt nach Weinen, die Terroir im Glas vermitteln. Daher variieren die Interpretationen bei Grünem Veltliner, Riesling, Chardonnay, Sauvignon blanc, Blaufränkisch und St. Laurent in Spitzenqualitäten auch sehr stark.

Die autochthonen Rebsorten und Spezialitäten ihrerseits haben durch die großartigen Jahrgänge ein Niveau erreicht, wo Rebsortencharakter und Konzentration harmonisch vereint wurden. Roter Veltliner, Rotgipfler, Zierfandler, Neuburger und Gemischter Satz beim Weißwein sind in der Lage, den besten Weißweinen der Welt Paroli zu bieten. Beim Rotwein vereinen der Zweigelt und die Cuvées Frucht, Präzision und großartige Konzentration. Der Umgang mit Holz ist gekonnt und der zarte Fruchtschmelz des Jahrgangs 2022 macht die Weine früher antrinkbar, aber genauso haltbar wie die 2021er oder die 2019er. Die besten Weine werden außerdem wesentlich schonender und weniger extrahiert als in der Vergangenheit.

Der **Jahrgang 2022**, der als warmer, trockener Jahrgang gilt, zeigt, wie unterschiedlich das Terroir und die regionalen mikroklimatischen Bedingungen waren. Der Jahrgang erlaubte den Winzern in nahezu allen Weinregionen, die Lagen-Charakteristik

Vorwort

herauszuarbeiten. Dennoch sind die Unterschiede groß. Beim Weißwein vielleicht noch stärker als bei den Roten. Dagegen präsentieren sich die 2021er engmaschiger, lebendiger und mehr vom kühleren Jahrgangscharakter geprägt. Die Unterschiede bei den Lagen liegen in der Jugend enger zusammen als beim 2022er.

In der **Wachau** präsentiert sich 2022 vor allem beim Riesling sensationell. Die Rieden Schütt und Kellerberg brillieren durch Finesse und Balance. Die Vinothekfüllung wirkt etwas muskulöser als der Riesling Ried Schütt. Der *Riesling Unendlich* definiert eine eigene Dimension Riesling neu – „Sumo Ringer im Tutu". Unvorstellbar, aber perfekt. Der Grüne Veltliner wird durch die Flaschenreife näher an den Riesling herankommen, aber Riesling 2022 ist wie 2021 auf breiter Front internationale Topliga. Neben den Usual Suspects hat sich die Domäne Wachau mit den Riedenweinen 2021 und 2022 als Topbetrieb etabliert.

Das **Kamptal** hat mit dem Heiligenstein eine der weltbesten Weinlagen. Daher kommen viele der Spitzenweine von dort und den angrenzenden Langenloiser Weingärten. Glückliche Winzer, die Weine aus dieser Lage Weine keltern können. Parallel versuchen Jurtschitsch und Loimer, eine individuelle, etwas filigranere Stilistik zu erarbeiten.

Das **Kremstal** wird nach wie vor stark unterschätzt. Die Dichte der Qualitätsbetriebe neben den bekannten Nigl und Proidl hat sich stark verbreitet. Die 2022er-Serie von Salomon ist beeindruckend. Buchegger & Mayr am Vorspannhof, Dockner, Malat, Hermann Moser, Schmid, Stadt Krems und Stift Göttweig sowie Türk zeigen, wie breit und vielfältig die Region aufgestellt ist.

Am **Wagram** legt Bernhard Ott die Qualitätslatte enorm hoch. Seine Grünen Veltliner von Rosenberg, Spiegel und von der Kamptaler Riede Stein erklären bei der Verkostung die Lagenunterschiede bestens. Josef Fritz keltert seit 2017 Roten Veltliner vom Steinberg nahezu in Perfektion. Dazu verbreitet sich die Winzerriege des Wagram von Jahr zu Jahr.

Das **Traisental** hat mit Markus Huber eine eigene Qualitätsebene. Auch Ludwig Neumayer schafft es mit einzelnen Weinen immer wieder, dieses Niveau zu keltern. Dahinter werden die Weine der Winzer Brindlmayer, Tom Dockner, Leopold Figl, Hauleitner, Hofmann, Preiß und Siedler Alex immer besser.

Im **Weinviertel** hat sich um das 20-jährige DAC-Jubiläum viel getan. Viele Weine wurden zur Dokumentation mit ihren ersten Jahrgängen 2002 und 2003 verkostet. Dabei war die hohe Qualität der reifen Weine beeindruckend. Das Herausarbeiten einer näheren Herkunft ist die nächste Herausforderung. Ebner-Ebenauer, Setzer, Dürnberg, Groiss und Taubenschuss sind auf breiter Front bei dieser Qualitätssuche tonangebend. Gut Hardegg mit seinem Viognier, Liechtenstein mit Ried Karlsberg und die Sekte von Zuschmann-Schöfmann verbreitern die Qualitätsvielfalt.

Im **Carnuntum** sind die üblichen Verdächtigen an der Front. Neu sind die vielen Blaufränkisch-Spitzerberg-Subrieden von Dorli Muhr in „burgundischer Stilistik". Beeindruckende Weine auf höchstem Niveau.

In der **Thermenregion** legen nach wie vor Reinisch, Stadlmann und Alphart die Qualitätslatte sehr hoch. Geheimtipp sind vielleicht Piriwe und Hartl mit ihren großartigen Pinot noirs.

Wien ist anders. Der Wiener Gemischte Satz hat sich mit den vielen individuellen Stilen der Weingüter etabliert. Riesling, Chardonnay, Weißburgunder und Pinot noir runden das Spitzenwein-Segment der WienWein-Gruppe ab.

Im Gebiet **Neusiedlersee** finden sich neben den führenden Zweigelt-Produzenten auch sensationelle Prädikatsweine. René Pöckl hat seinen besten *Admiral* gekeltert. Der 2021er vereint Fruchtintensität, Kraft und Balance. Paul Achs (Ritter für Golser Blaufränkisch-Lagen), Werner Achs und Schwarz Weine bei Rotwein, Kracher und Angerhof Tschida bei Süßwein sowie die A-Nobis Sektkellerei bei Schaumwein sind in Front.

Das **Leithaberg-Gebiet** hat sich enorm verbreitert. Neben den historisch etablierten Winzern Kollwentz, Leberl und Prieler haben sich John Nittnaus, Roland Velich/Moric (Mehrheit der Weine aus Lutzmannsburg) und Hannes Schuster als die „Benchmark-Winzer" etabliert. Neben Chardonnay, Blaufränkisch und Prädikatsweinen erleben hier Grüner Veltliner und St. Laurent neue Höhenflüge.

Das **Mittelburgenland** steht für Blaufränkisch und Cuvées. Albert Gesellmann in Deutschkreutz, Roland Velich/Moric in Lutzmannsburg und Wellanschitz in Neckenmarkt sind die Weingüter, die die Qualitätslatte beim Blaufränkisch festlegen. Oscar Szemes hat mit dem 2019er seinen besten *Arachon* gekeltert und Silvia Heinrich komponierte mit *Elegy 2019* eine der besten Cuvées.

Am **Eisenberg** sind die Felle verteilt. Wachter-Wiesler, Krutzler und Kopfensteiner keltern sensationelle Riedenweine. Jalits, StephanO und Thom Wachter verbesserten sich enorm.

Die **Südsteiermark** ist fest in Hand der STK-Winzer. Innerhalb dieser Gruppierung geht die Stildiskussion weiter und alle Winzer feilen an ihrer Handschrift. Wohlmuth keltert im Kitzecker Raum Schiefer Rieslinge der Extraklasse. Der Aufsteiger der letzten Jahre ist das Weingut Kodolitsch (nicht Mitglied der STK-Gruppe), wo man sowohl mit Sauvignon blanc als auch Chardonnay extrem erfolgreich ist.

Das **Vulkanland** hat mit Neumeister und Frauwallner zwei Winzer, die die besten Lagen in Straden bearbeiten. Die Herausforderer der beiden sind Josef Scharl, Winkler-Hermaden, Krispel und Müller.

Als Resümee der umfassenden Verkostung können Weinliebhaber heuer wieder exzellente Qualitäten erwarten. Der Jahrgang 2022 offeriert beim Weißwein eine offene und früh antrinkbare Qualität. Das heißt nicht, dass die Weine über weniger Reifepotenzial verfügen. Beim Rotwein ist die Konzentration ähnlich wie beim 2021er, wobei viele der besten 2021 erst auf den Markt kommen. Raritäten und autochthonen Rebsorten sind nach wie vor Geheimtipps und sollten verkostet werden. Österreichs Sekte strahlen so einladend wie nie zuvor. Bründlmayer, Schloss Gobelsburg, Jurtschitsch, Loimer und Steininger aus Langenlois, Malat aus Furth-Palt, Stift Klosterneuburg und Schlumberger im Wiener Raum, Zuschmann-Schöfmann und das Gut Hardegg im Weinviertel, die A-Nobis Sektkellerei im Burgenland, Harkamp und Tement in der Südsteiermark, Josef Scharl und die Eruptionswinzer offerieren österreichische Sekte mit einzigartigem Charakter.

Freuen Sie sich auf das kommende Jahr, in dem weitere 2021er bis zu den 2023ern verkostet werden und diese Vielfalt und das Qualitätsniveau auf demselben sein werden. Einige der heuer verkosteten Weine werden zu den künftigen Legenden des österreichischen Weinbaus zählen. Die Abfolge der sehr guten bis sensationellen Jahrgänge 2019, 2020, 2021 und 2022 wird mit dem gerade geernteten 2023 in die Verlängerung gehen.

Willi Balanjuk

Die besten Weine

Weiß

100 2021 Sauvignon Blanc T.M.S Ried Rosengarten
Weingut Kodolitsch

100 2021 Chardonnay Ried Pössnitzberger
Kapelle I Südsteiermark DAC G STK
Erwin Sabathi

100 2021 Sauvignon Blanc Ried Pössnitzberger
Kapelle Südsteiermark DAC G STK
Erwin Sabathi

100 2021 Sauvignon Blanc Ried Trinkaus
Südsteiermark DAC G STK
Familienweingut Sattlerhof

100 2021 Sauvignon Blanc Ried Zieregg Kår
Südsteiermark DAC G STK
Familienweingut Tement

100 2015 Sauvignon Blanc Ried Zieregg XT G STK
Familienweingut Tement

99+ 2022 Riesling Alte Reben Ried Heiligenstein
Kamptal DAC 1 ÖTW
Weingut Bründlmayer

99 2023 Riesling Smaragd Ried Steinertal
Wachau DAC
Leo Alzinger

99 2022 Sauvignon Blanc Ried Buch Vulkanland
Steiermark DAC G STK
Weingut Frauwallner-Straden

99 2023 Riesling Smaragd Ried Singerriedel
Wachau DAC
Franz Hirtzberger

99 2021 Sauvignon Blanc Alte Reben Vulkanland
Steiermark DAC
Weingut Neumeister

99 2022 Grüner Veltliner Ried Rosenberg
Wagram DAC 1 ÖTW
Weingut Bernhard Ott

99 2023 Grüner Veltliner Ried Kellerberg
Weingut F. X. Pichler

99 2023 Riesling Ried Kellerberg
Weingut F. X. Pichler

99 2021 Chardonnay Ried Kästenbaum
Gumpoldskirchen
Weingut Familie Reinisch

99 2021 Ried Pfarrweingarten
Südsteiermark DAC G STK
Familienweingut Sattlerhof

99 2021 Sauvignon Blanc Ried Alter Kranachberg
Südsteiermark DAC G STK
Familienweingut Sattlerhof

99 2021 Fassreserve Ried Edelschuh G STK
Weingut Wohlmuth

98+ 2021 Sauvignon Blanc Privat
Vulkanland Steiermark DAC
Weingut Frauwallner-Straden

98+ 2019 Privat
Weingut Gross

98+ 2023 Grüner Veltliner Smaragd Honivogl®
Wachau DAC
Franz Hirtzberger

98+ 2023 Riesling Smaragd Ried Schütt
Weingut Knoll

98+ 2022 Chardonnay Ried Katterstein
Weingut Kollwentz, Römerhof

98+ 2023 Riesling Ried Steinertal
Weingut F. X. Pichler

98+ 2021 Grüner Veltliner Ried Kellerberg „S"
Pichler-Krutzler

98+ 2023 Grüner Veltliner Smaragd Ried
Zwerithaler Kammergut Wachau DAC
Weingut Prager

98+ 2023 Riesling Smaragd Wachstum Bodenstein
Wachau DAC
Weingut Prager

98+ 2022 Sauvignon Blanc Alte Reben Ried
Pössnitzberg Südsteiermark DAC G STK
Erwin Sabathi

98 2023 Grüner Veltliner Smaragd Ried Steinertal
Wachau DAC
Leo Alzinger

98 2023 Riesling Smaragd Ried Loibenberg
Wachau DAC
Leo Alzinger

98 2023 Riesling Ried Kalkofen Wachau DAC
FJ Gritsch

98 2023 Riesling Ried Heiligenstein-Rotfels
Kamptal DAC 1 ÖTW
Weingut Hirsch

98 2023 Riesling Smaragd Ried Setzberg
Wachau DAC
Franz Hirtzberger

98 2023 Riesling Smaragd Ried Bruck Alte
Parzellen Wachau DAC
Josef & Georg Högl

98 2022 Riesling Ried Heiligenstein Alte Reben
Kamptal DAC 1 ÖTW
Weingut Jurtschitsch

98 2023 Grüner Veltliner Smaragd Ried Schütt
Weingut Knoll

98 2023 Riesling Smaragd Ried Kellerberg
Weingut Knoll

98 2021 Sauvignon Blanc Alte Reben Ried
Kogelberg Südsteiermark DAC
Weingut Kodolitsch

98 2022 Chardonnay Gloria
Weingut Kollwentz, Römerhof

98 2021 Morillon Ried Welles
Südsteiermark DAC G STK
Weingut LacknerTinnacher

98 2017 Ried Welles Reserve
Weingut LacknerTinnacher

98 2021 Sauvignon Blanc Ried Flamberg
Südsteiermark DAC G STK
Weingut LacknerTinnacher

98 2021 Sauvignon Blanc Ried Grubthal
Südsteiermark DAC
Weingut MUSTER.gamlitz

98 2022 Sauvignon Blanc Ried Moarfeitl
Vulkanland Steiermark DAC G STK
Weingut Neumeister

98 2022 Grüner Veltliner Ried Stein Engabrunn
Kamptal DAC 1 ÖTW
Weingut Bernhard Ott

98 2023 Grüner Veltliner Ried Loibenberg
Weingut F. X. Pichler

98 2023 Riesling Smaragd Ried Achleithen
Wachau DAC
Rudi Pichler

98 2021 Grüner Veltliner Ried Wunderburg
Pichler-Krutzler

98 2022 Chardonnay Alte Reben Ried
Pössnitzberg Südsteiermark DAC G STK
Erwin Sabathi

98 2021 Morillon Ried Zieregg Steilriegel
Südsteiermark DAC G STK
Familienweingut Tement

98 2021 Veltliner 333
Weingut Türk

98 2022 Sauvignon Blanc Ried Edelschuh
Südsteiermark DAC G STK
Weingut Wohlmuth

Die besten Weine

97+ 2022 Rotgipfler Ried Rosenberg
Weingut Alphart

97+ 2022 Chardonnay Reserve Ried Steinberg
Weingut Bründlmayer

97+ 2023 Riesling Smaragd Ried Singerriedel
Wachau DAC
Domäne Wachau

97+ 2020 Sauvignon Blanc Ried Nussberg
Südsteiermark DAC G STK
Weingut Gross

97+ 2023 Riesling Smaragd Ried Kollmitz
Wachau DAC
Weinhofmeisterei Mathias Hirtzberger

97+ 2021 Gewürztraminer Ried Krois
Südsteiermark DAC 1 STK
Weingut Wolfgang Maitz

97+ 2022 Morillon Ried Moarfeitl
Vulkanland Steiermark DAC G STK
Weingut Neumeister

97+ 2023 Riesling Privat Ried Hochäcker
Kremstal DAC 1 ÖTW
Wein-Gut Nigl

97+ 2023 Grüner Veltliner Smaragd Ried Achleithen
Wachau DAC
Rudi Pichler

97+ 2021 Sauvignon Blanc Therese & Zeit Ried
Theresienhöhe Südsteiermark DAC 1 STK
Weingut Polz

97+ 2023 Riesling Ried Hochäcker
Kremstal DAC 1 ÖTW
Weingut Familie Proidl

97+ 2022 Riesling Ried Heiligenstein
Kamptal DAC 1 ÖTW
Schloss Gobelsburg

97+ 2022 Zierfandler Ried Mandel-Höh 1 ÖTW
Weingut Stadlmann

97+ 2023 Riesling Ried Dr. Wunsch
Südsteiermark DAC
Weingut Wohlmuth

97 2022 Riesling Ried Heiligenstein
Kamptal DAC 1 ÖTW
Weingut Allram

97 2023 Grüner Veltliner Smaragd Ried Atzberg
Obere Steilterrassen
Weingut Atzberg

97 2023 Riesling Ried Heiligenstein
Kamptal DAC 1 ÖTW
Weingut Bründlmayer

97 2023 Riesling Smaragd Ried Kellerberg
Wachau DAC
Domäne Wachau

97 2023 Riesling Smaragd Limitierte
Edition Wachau DAC
Johann Donabaum

97 2023 Riesling Smaragd Ried Setzberg
Wachau DAC
Johann Donabaum

97 2022 Riesling Ried Heiligenstein
Kamptal DAC 1 ÖTW
Weingut Eichinger

97 2022 Weißburgunder Ried Buch
Vulkanland Steiermark DAC G STK
Weingut Frauwallner-Straden

97 2023 Riesling Ried Dürnsteiner Burg Reserve
Wachau DAC
FJ Gritsch

97 2020 Morillon Ried Nussberg Preschnigg
Große STK
Weingut Gross

97	2023 Grüner Veltliner Ried Lamm Kamptal DAC 1 ÖTW *Weingut Hirsch*	97	2023 Wiener Gemischter Satz DAC Ried Langteufel 1 ÖTW *Rotes Haus*
97	2023 Grüner Veltliner Smaragd Ried Schön Alte Parzellen Wachau DAC *Josef & Georg Högl*	97	2021 Sauvignon Blanc Ried Kranachberg Kreuz Südsteiermark DAC G STK *Hannes Sabathi*
97	2023 Riesling Ried Berg Traisental DAC 1 ÖTW *Markus Huber*	97	2021 Chardonnay Ried Schemming Vulkanland Steiermark DAC Eruption G Lage *Josef Scharl*
97	2021 Riesling Ried Heiligenstein Rotfels Kamptal DAC 1 ÖTW *Weingut Jurtschitsch*	97	2021 Sauvignon Blanc Auron Ried Schemming Vulkanland Steiermark DAC Eruption G Lage *Josef Scharl*
97	2020 Sauvignon Blanc Ried Hochstermetzberg Südsteiermark DAC G STK *Weingut Wolfgang Maitz*	97	2023 Riesling Ried Schreck Kremstal DAC 1 ÖTW *Weingut Stadt Krems*
97	2022 Riesling Ried Wieland Kremstal DAC 1 ÖTW *Weingut Mantlerhof, Geschwister Agnes & Josef Mantler*	97	2023 Grüner Veltliner Smaragd Ried Schütt Wachau DAC *Tegernseerhof, Familie Mittelbach*
97	2023 Riesling Nussberg Weißer Marmor *Mayer am Pfarrplatz*	97	2023 Riesling Smaragd Ried Kellerberg Wachau DAC *Tegernseerhof, Familie Mittelbach*
97	2023 Riesling Der Wein vom Stein Traisental DAC *Ludwig Neumayer*	96+	2021 Chardonnay Ried Altenberg *Paul Achs*
97	2023 Grüner Veltliner Herzstück Ried Kirchenberg 1 ÖTW *Wein-Gut Nigl*	96+	2023 Grüner Veltliner Smaragd Limitierte Edition Wachau DAC *Johann Donabaum*
97	2022 Grüner Veltliner Ried Spiegel Wagram DAC 1 ÖTW *Weingut Bernhard Ott*	96+	2023 Grüner Veltliner Smaragd Ried Kollmütz Wachau DAC *Weinhofmeisterei Mathias Hirtzberger*
97	2023 Riesling Ried Ehrenfels Kremstal DAC 1 ÖTW *Weingut Familie Proidl*	96+	2023 Riesling Smaragd Ried Singerriedel Wachau DAC *Wolfgang Hofstätter*
97	2021 Sauvignon Blanc Ried Sernauberg Exzellenz Südsteiermark DAC *Weingut Riegelnegg, Olwitschhof*	96+	2023 Grüner Veltliner Smaragd Ried Kollmitz *Karl Holzapfel*

Die besten Weine

96+ 2023 Riesling Smaragd Ried Vorderseiber
Karl Holzapfel

96+ 2023 Ried Hochberg
Moric, Roland Velich

96+ 2022 Chardonnay Ried Freudshofer Leithaberg DAC
Anita & Hans Nittnaus

96+ 2022 Sauvignon Blanc Therese Ried Theresienhöhe Südsteiermark DAC 1 STK
Weingut Polz

96+ 2023 Grüner Veltliner Smaragd Best of Wachau DAC
Familie Schmelz

96+ 2023 Grüner Veltliner Ried Ungerberg
Rosi Schuster

96+ 2023 Riesling Ried Grillenparz Kremstal DAC 1 ÖTW
Weingut Stadt Krems

96+ 2021 Sauvignon Blanc Ried Oberglanzberg Südsteiermark DAC
Weingut Tschermonegg

96+ 2021 Sauvignon Blanc Ried Kirchleiten Vulkanland Steiermark DAC G STK
Weingut Winkler-Hermaden

96+ 2021 Sauvignon Blanc „Don't Cry" Ried Stermetzberg Südsteiermark DAC
Ewald Zweytick

96 2022 Riesling Ried Gaisberg „Perm" Kamptal DAC 1 ÖTW
Weingut Allram

96 2022 Chardonnay Privat
Weingut Alphart

96 2022 Rotgipfler Ried Rodauner Top Selektion 1 ÖTW
Weingut Alphart

96 2018 Grüner Veltliner Smaragd Ried Achleiten „LR"
Domäne Wachau

96 2021 Sauvignon Blanc Ried Urlkogel Reserve Südsteiermark DAC
Weingut Elsnegg

96 2022 Roter Veltliner Ried Steinberg Privat Wagram DAC 1 ÖTW
Josef Fritz

96 2022 Chardonnay Ried Steinriegel
Weingut Gesellmann

96 2019 Chardonnay Ried Thenau Leithaberg DAC
Toni Hartl

96 2023 Grüner Veltliner Ried Berg Traisental DAC 1 ÖTW
Markus Huber

96 2023 Grüner Veltliner Smaragd Ried Achleiten Wachau DAC
Weingut Josef Jamek

96 2023 Riesling Smaragd Ried Klaus Wachau DAC
Weingut Josef Jamek

96 2022 Riesling Ried Heiligenstein Kamptal DAC 1 ÖTW
Weingut Loimer

96 2022 Roter Veltliner Ried Ungut
Weingut Mantlerhof, Geschwister Agnes & Josef Mantler

96 2021 Sauvignon Blanc Ried Schlingelberg Fuhreg Südsteiermark DAC
Weingut Peter Masser

96 2023 Riesling Ried Preussen 1 ÖTW
Mayer am Pfarrplatz

96	2021 Gewürztraminer Ried Hochwarth Vulkanland Steiermark DAC Eruption G Lage *Weingut Müller*		96	2017 Sauvignon Blanc „Der Mann im Mond" Ried Annaberg Reserve *Josef Scharl*
96	2021 Resonanz Burgunder *Weingut NeueHeimat*		96	N. V. Tradition Heritage Cuvée 10 Jahre Edition 852 *Schloss Gobelsburg*
96	2021 Resonanz Sauvignon Blanc *Weingut NeueHeimat*		96	2022 Weinviertel DAC Große Reserve *Hans Setzer*
96	2020 Sauvignon Blanc Reserve Südsteiermark DAC G STK *Hannes Sabathi*		96	2023 Riesling Smaragd Ried Achleiten Wachau DAC *Karl Stierschneider, Kartäuserhof*
96	2023 Riesling Alte Reben Ried Pfaffenberg Kremstal DAC 1 ÖTW *Weingut Salomon Undhof*		96	2021 Chardonnay Grand Select *Fritz Wieninger*
96	2023 Riesling Alte Reben Ried Steiner Kögl Kremstal DAC 1 ÖTW *Weingut Salomon Undhof*			

Rot

100	2021 Blaufränkisch Ried Altenberg *Paul Achs*		99	2022 Blaufränkisch Lutzmannsburg Alte Reben *Moric, Roland Velich*
100	2021 Blaufränkisch hochberc *Weingut Gesellmann*		99	2022 Admiral *Weingut Pöckl*
100	2021 Blaufränkisch Ried Goldberg Leithaberg DAC *Weingut Prieler*		99	2022 Rêve de Jeunesse *Weingut Pöckl*
100	2021 Blaufränkisch Ried Reihburg Eisenberg DAC Reserve *Wachter-Wiesler*		99	2022 Blaufränkisch Ried Lama *Rosi Schuster*
99	2020 G *Weingut Gesellmann*		99	2021 Blaufränkisch Ried Prantner Eisenberg DAC *Weinbau Straka*
99	2022 Blaufränkisch Perwolff *Weingut Krutzler*		99	2021 Blaufränkisch Ried Saybritz Eisenberg DAC Reserve *Wachter-Wiesler*

Die besten Weine

98+ 2021 Blaufränkisch Ried Jungenberg
Leithaberg DAC
Anita & Hans Nittnaus

98+ 2022 Blaufränkisch Müllendorf Ried Santen
Rosi Schuster

98+ 2021 Blaufränkisch Ried Ratschen
Eisenberg DAC Reserve
Wachter-Wiesler

98+ 2021 Blaufränkisch Ried Weinberg
Eisenberg DAC Reserve
Wachter-Wiesler

98 2021 Grassl Reserve
Weingut Philipp Grassl

98 2019 Syrah Monument
Toni Hartl

98 2019 Blaufränkisch Ried Setz
Weingut Kollwentz, Römerhof

98 2021 M1
Gerhard Markowitsch

98 2022 Blaufränkisch Ried Maissner
Moric, Roland Velich

98 2022 Blaufränkisch Ried Schwemmer
Moric, Roland Velich

98 2021 Ried Spitzerberg Obere Spitzer 1 ÖTW
Weingut Dorli Muhr

98 2021 Blaufränkisch Ried Marienthal
Leithaberg DAC
Weingut Prieler

98 2020 Pinot Noir Ried Kästenbaum
Gumpoldskirchen
Weingut Familie Reinisch

98 2021 St. Laurent Ried Holzspur 1 ÖTW
Weingut Familie Reinisch

98 2022 St. Laurent Zagersdorf
Rosi Schuster

98 2021 Blaufränkisch Ried Mariental
Weingut Ernst Triebaumer

97+ 2021 Werner Achs Reserve
Werner Achs

97+ 2021 Steinzeiler
Weingut Kollwentz, Römerhof

97+ 2021 Ried Reihburg Eisenberg DAC Reserve
Familie Kopfensteiner

97+ 2021 Ried Spitzerberg Kobeln
Carnuntum DAC 1 ÖTW
Weingut Dorli Muhr

97+ 2021 Ried Spitzerberg Obere Roterd 1 ÖTW
Weingut Dorli Muhr

97+ 2021 Blaufränkisch Ried Gritschenberg
Leithaberg DAC
Anita & Hans Nittnaus

97+ 2021 Pinot Noir Ried Holzspur
Weingut Familie Reinisch

97+ 2021 Blaufränkisch „Well" Alte Reben
Weingut Wellanschitz

97+ 2021 Blaufränkisch Ried Sonnensteig
Weingut Wellanschitz

97 2022 1st bayer
Weingut St. Bayer

97 2021 Bela Rex
Weingut Gesellmann

97 2019 Blaufränkisch Ried Alter Berg
Leithaberg DAC
Heike & Gernot Heinrich

97 2019 Ried Salzberg
Heike & Gernot Heinrich

97	2019 Edition Silvia Heinrich Blaufränkisch Alte Reben *Weingut Heinrich, Silvia Heinrich*	96+	2021 Zweigelt friend & foe Ried Bühl Reserve *Weingut St. Bayer*
97	2021 Ried Saybritz Eisenberg DAC Reserve *Familie Kopfensteiner*	96+	2021 Blaufränkisch Ried Ruster Oberer Wald Leithaberg DAC *Kurt Feiler, Weingut Feiler-Artinger*
97	2019 M56 Blaufränkisch Ried Marienthal Leithaberg DAC *Weingut MAD*	96+	2020 Blaufränkisch Ried Point *Weingut Kollwentz, Römerhof*
97	2022 Ried Rosenberg Carnuntum DAC 1 ÖTW *Gerhard Markowitsch*	96+	2021 Ried Bärnreiser Anna Christina Carnuntum DAC 1 ÖTW *Franz & Christine Netzl*
97	2021 Netzl Privat *Franz & Christine Netzl*	96+	2022 Zweigelt Neusiedlersee DAC Reserve *Weingut Pöckl*
97	2022 Rosso e Nero *Weingut Pöckl*	96+	2021 Blaufränkisch Ried Bodigraben „Schiefer und Gneis" Mittelburgenland DAC *Weinhof Anna & Oscar Szemes/Arachon T.FX.T*
97	2021 Blaufränkisch Ried Rosengarten Eisenberg DAC *Weinbau Straka*	96	2021 Ried Reihburg Eisenberg DAC Reserve *Weingut Jalits*
97	2021 Blaufränkisch Kristallin *Weingut Ernst Triebaumer*	96	2021 Blaufränkisch Ried Reisbühl Leithaberg DAC *Weingut Michael Kirchknopf*
97	2021 Blaufränkisch Ried Plachen *Weingut Günter + Regina Triebaumer*	96	2021 Konquest *WG K+K Kirnbauer*
97	2021 Blaufränkisch Ried Königsberg Eisenberg DAC Reserve *Thom Wachter*	96	2021 Ried Szapary Eisenberg DAC Reserve *Familie Kopfensteiner*
97	2021 Blaufränkisch Ried Szapary Alter Garten Eisenberg DAC Reserve *Thom Wachter*	96	2022 Merlot *Weingut Krutzler*
97	2021 Pinot Noir Grand Select *Fritz Wieninger*	96	2021 Peccatum *Weingut Leberl*
96+	2022 Blaufränkisch Ried Ungerberg *Paul Achs*	96	2021 Blaufränkisch Ried Bärnreiser Carnuntum DAC 1 ÖTW *Gerhard Markowitsch*

Die besten Weine

96	2020 Blaufränkisch Ried Lange Ohn Leithaberg DAC *Anita & Hans Nittnaus*		96	2021 Blaufränkisch Gloriette ® Ried Kirchberg Leithaberg DAC *Erwin Tinhof*
96	2021 Pinot Noir Scharlemanje *Josef Scharl*		96	2021 Blaufränkisch Ried Oberer Wald *Weingut Ernst Triebaumer*
96	2019 Ariane *Franz Schindler*		96	2021 Blaufränkisch Ried Oberer Wald *Weingut Günter + Regina Triebaumer*
96	2020 Grande Cuvée d'Or *Franz Schindler*		96	2021 Blaufränkisch Privat Reserve Mittelburgenland DAC Reserve *Juliana Wieder*
96	2022 Schwarz Rot *Weingut Schwarz*		96	2021 Cabernet Franc Ried Steinberg *Stefan Zehetbauer*

Rosé

93+	2022 Schilcher Ried Hochgrail Sonnenhang Weststeiermark DAC *Weingut Lex Langmann*		92	2022 Pinot Noir Rosé *Herrenhof Lamprecht*
93+	2023 Der Elefant im Porzellanladen *Weingut Strehn*		92	2023 Hill Angel Rosé *Weingut Leo Hillinger*
93+	2022 Love Story *Weingut Strehn*		92	2023 Rosalia DAC Rosé „The Origin of Rosé" *Weingut Migsich*
93	2022 Schilcher Ried Edla Weststeiermark DAC *Weingut Lex Langmann*		92	2023 Zweigelt Rosé „Dame mit Einhorn" *Weingut Familie Pitnauer*
92+	2023 Rosé Célestia *Weingut Höpler*		92	2023 Rosé *Weingut Schüller*
92+	2023 Schilcher Ried Hochgrail Weststmk. DAC *Weingut Lex Langmann*		92	2023 Rosé *Weingut Wendelin, Elisabeth & Christian Gangl*

Raw Wine

94+	2022 Roter Traminer Freyheit *Heike & Gernot Heinrich*		94	2023 Traminer Natural *Weingut Hajszan Neumann*
94	2022 Traminer *Andreas Gsellmann*		94	2022 Graue Freyheit *Heike & Gernot Heinrich*

94	2022 Tochter Weiß Anita & Hans Nittnaus	94	2020 Pinot Blanc Betonei Weingut StephanO
94	2022 Gemischter Satz Kurios Natur weiß Josef Piriwe	93+	2022 Aspekt Muskateller Weingut NeueHeimat
94	2023 GV Erdverbunden Natural Wine Wine by S. Pratsch	93+	2021 Pontic Weingut Taubenschuss

Prädikatswein

98+ 2021 Welschriesling TBA No. 6
Kracher, Weinlaubenhof

98+ 2021 Sämling 88 TBA Ried Domkapitel Neusiedlersee DAC Reserve
Hans Tschida, Angerhof

98 2021 Grande Cuvée TBA No. 3
Kracher, Weinlaubenhof

98 2021 Scheurebe TBA No. 5
Kracher, Weinlaubenhof

98 2021 Gelber Muskateller Trockenbeerenauslese
Hans Tschida, Angerhof

98 2021 Welschriesling TBA Ried Domkapitel Neusiedlersee DAC Reserve
Hans Tschida, Angerhof

97+ 2021 Mosaik Trockenbeerenauslese
Weingut Alexander Egermann

97+ 2021 Scheurebe TBA Essenz Ried Edelgrund
Weingut Gebrüder Nittnaus

97 2021 Welschriesling Trockenbeerenauslese
Weingut Theresa & Gerhard Haider

96+ 2022 Gelber Muskateller Ruster Ausbruch DAC
Weingut Günter + Regina Triebaumer

96 2022 Muskateller Trockenbeerenauslese
Hannes Sabathi

96 2022 Ruster Ausbruch DAC
Weingut Günter + Regina Triebaumer

95+ 2022 Sauvignon Blanc Trockenbeerenauslese
Familienweingut Sattlerhof

95 2021 Trockenbeerenauslese
Weingut Höpler

95 2022 Scheurebe Trockenbeerenauslese
Weingut PMC Münzenrieder

95 2021 Weißburgunder Trockenbeerenauslese
Weingut Nimmervoll

95 2021 Ruster Ausbruch DAC
Harald Tremmel

94+ 2022 Chardonnay Trockenbeerenauslese
Gerhard Ehn

94+ 2022 Gewürztraminer Trockenbeerenauslese
Weingut Gießauf-Nell

94+ N. V. Zweigelt Trockenbeerenauslese
Weingut Theresa & Gerhard Haider

94+ 2022 Sämling TBA Neusiedlersee DAC Reserve
Andi Kroiss

Die besten Weine

94+ 2022 Welschriesling
Trockenbeerenauslese
Weingut PMC Münzenrieder

94+ 2022 Goldene Finesse
Salzl, Seewinkelhof

94+ 2022 Welschriesling Eiswein
Weingut Schwarz Familie Schwarz

94+ 2022 Trockenbeerenauslese
Weingut Karl & Gustav Strauss

94+ 2017 Welschriesling Trockenbeerenauslese
Familienweingut Trabos

Historischer Wein

100 2019 Sauvignon Blanc Ried Pössnitzberger
Kapelle Südsteiermark DAC G STK
Erwin Sabathi

99 2019 Sauvignon Blanc Ried Buch
Vulkanland Steiermark DAC G STK
Weingut Frauwallner-Straden

97+ 2021 Riesling Ried Heiligenstein
Kamptal DAC 1 ÖTW
Weingut Eichinger

97 2013 Blaufränkisch Ried Altenberg
Paul Achs

97 2019 Blaufränkisch „Well" Alte Reben
Weingut Wellanschitz

96 2015 Blaufränkisch Ried Eisner
Toni Hartl

96 2006 Peccatum
Weingut Leberl

96 2017 Siddhartha Trockenbeerenauslese
Johannes Münzenrieder

96 2017 Chardonnay Trockenbeerenauslese
Weingut PMC Münzenrieder

96 2017 Morillon Ried Sausaler Schlössl
Weingut Wohlmuth

95+ 2013 Grüner Veltliner Ikon Stein Reserve
Ludwig Neumayer

95+ 2013 Sauvignon Blanc Ried Sernauberg
Weingut Riegelnegg, Olwitschhof

95 2015 Welschriesling TBA
Weingut Eichberger

95 2016 Riesling Ried Zöbinger Heiligenstein
Weingut Leindl

95 2015 Weißburgunder Sekt 100 Monate
Weingut Steininger

95 2011 Jana Paulina
Weingut Josef Tesch

95 2011 Blaufränkisch Mittelburgenland DAC Reserve
Juliana Wieder

94+ 2015 Roter Traminer Reserve Ried Herrentrost
Winzerhof Fam. Dockner

94+ 2014 Riesling Ried Pfaffenberg
Kremstal DAC Reserve 1 ÖTW
Weingut Salomon Undhof

94 2015 Grüner Veltliner Smaragd Ried Setzberg
Weingut Roman Gritsch

94 2021 Furmint vom Sandstein
Herrenhof Lamprecht

94 2016 Grüner Veltliner Ried Loiserberg
Kamptal DAC 1 ÖTW
Weingut Jurtschitsch

94 2013 Grüner Veltliner
Simon Kemetner

94 2018 Sauvignon Blanc Ried Hochstrandl
Vulkanland Steiermark DAC
Weingut Krispel

94 2012 Sauvignon Blanc Ried Greisdorf Reserve
Weingut Lex Langmann

94 2013 Pinot Noir Anning
Weingut Loimer

94 2016 Pinot Noir Große Reserve
Weingut Malat

94 2005 Riesling „De Vite" Premium
RM Weingut Roland Minkowitsch

94 2017 Grüner Veltliner Ried Käferberg
Alte Reben Kamptal DAC Reserve
Rudolf Rabl

94 2010 Riesling Ried Sunogeln
Kremstal DAC Reserve 1 ÖTW
Josef Schmid

94 2006 Blaufränkisch Leithaberg
Erwin Tinhof

94 2011 Riesling Ried Wechselberg Spiegel
Kamptal DAC Reserve 1 ÖTW
Weingut Topf

94 2015 Cabernet Franc Ried Steinberg
Stefan Zehetbauer

Schaumwein

97 N. V. Cuvée Courage Zero Dosage
Ebner-Ebenauer

96+ 2016 Blanc de Blancs Sekt Austria
Große Reserve
Weingut Malat

95+ 2013 Grande Cuvée Extra Brut Sekt
A-Nobis Sektkellerei

95+ N. V. Blanc de Blancs Extra Brut
Sekt Austria Reserve g.U.
Weingut Bründlmayer

95+ 2019 Sekt Austria Blanc de Noir g.U.
Große Reserve brut nature
Weingut Esterházy

95 2019 Cuvée 1217 Blanc de Blanc Extra Brut Sekt
A-Nobis Sektkellerei

95 N. V. Blanc de Blancs Brut Nature Sekt
Große Reserve Langenlois g.U.
Weingut Loimer

95 2017 Chardonnay Brut Sekt Austria
Große Reserve
Schlumberger Wein- und Sektkellerei

95 2017 Mathäi Große Reserve Brut Nature g.U. Wien
Stift Klosterneuburg

95 N. V. Blanc de Blancs Extra Brut Sekt G.R.
Weingut Taubenschuss

95 2020 Chardonnay Sekt Brut Große Reserve
Weingut Zuschmann-Schöfmann

94+ N. V. Blanc de Noirs Brut Nature Große Reserve
Weingut Loimer

94+ 2019 Brut Nature Sekt Austria Reserve
Weingut Malat

94 2019 V Brut Nature
Graf Hardegg

94 2018 Chardonnay Sekt Große Reserve
Blanc de Blancs Ried Oberewitsch
Georg Regele

Die Besten in der
WACHAU

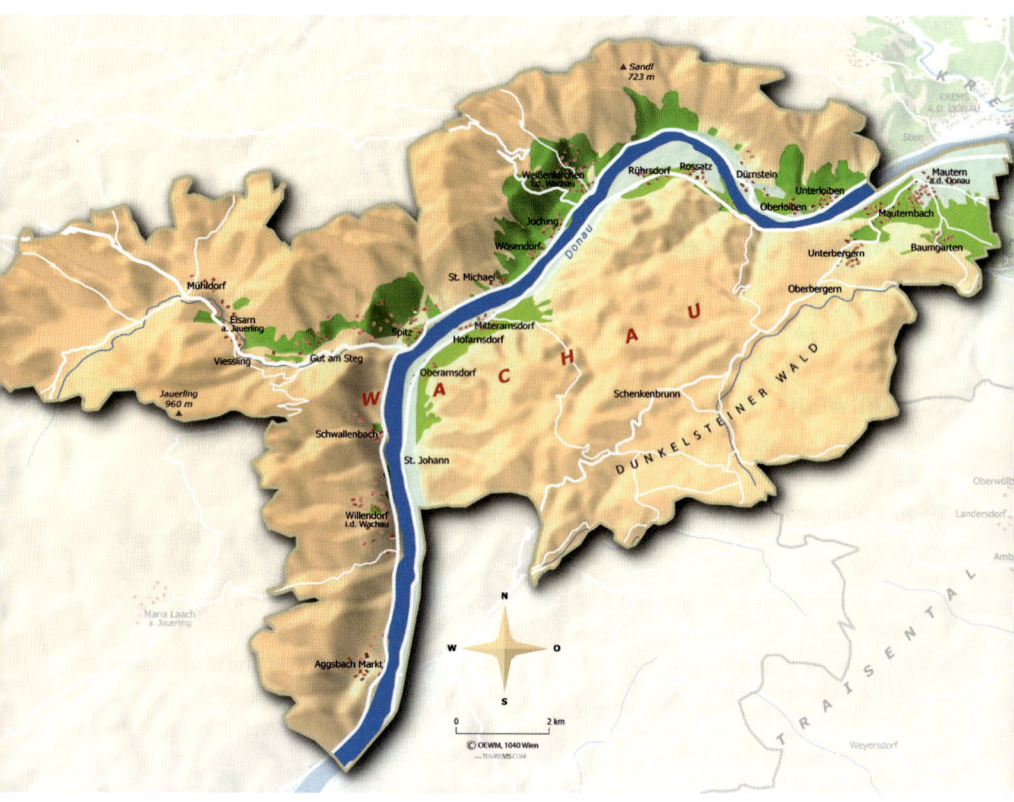

Rebfläche: 1.344 ha. Das enge Donautal zwischen Melk und Krems gilt als eine der schönsten Flusslandschaften der Welt. Auf steilen Urgesteinsterrassen reifen die Reben unter idealen Wachstumsbedingungen.
Rebsorten: Grüner Veltliner, Riesling

99	*2023 Riesling Smaragd Ried Steinertal Wachau DAC* ·	**Leo Alzinger**
99	*2023 Riesling Smaragd Ried Singerriedel Wachau DAC* ·	**Franz Hirtzberger**
99	*2023 Grüner Veltliner Ried Kellerberg* ·	**Weingut F. X. Pichler**
99	*2023 Riesling Ried Kellerberg* ·	**Weingut F. X. Pichler**
98+	*2023 Grüner Veltliner Smaragd Honivogl ® Wachau DAC* ·	**Franz Hirtzberger**
98+	*2023 Riesling Smaragd Ried Schütt* ·	**Weingut Knoll**
98+	*2023 Riesling Ried Steinertal* ·	**Weingut F. X. Pichler**
98+	*2021 Grüner Veltliner Ried Kellerberg „S"* ·	**Pichler-Krutzler**
98+	*2023 Grüner Veltliner Smaragd Ried Zwerithaler Kammergut Wachau DAC* ·	**Weingut Prager**
98+	*2023 Riesling Smaragd Wachstum Bodenstein Wachau DAC* ·	**Weingut Prager**
98	*2023 Grüner Veltliner Smaragd Ried Steinertal Wachau DAC* ·	**Leo Alzinger**
98	*2023 Riesling Smaragd Ried Loibenberg Wachau DAC* ·	**Leo Alzinger**
98	*2023 Riesling Ried Kalkofen Wachau DAC* ·	**FJ Gritsch**
98	*2023 Riesling Smaragd Ried Setzberg Wachau DAC* ·	**Franz Hirtzberger**
98	*2023 Riesling Smaragd Ried Bruck Alte Parzellen Wachau DAC* ·	**Josef & Georg Högl**
98	*2023 Grüner Veltliner Smaragd Ried Schütt* ·	**Weingut Knoll**
98	*2023 Riesling Smaragd Ried Achleithen Wachau DAC* ·	**Rudi Pichler**
98	*2021 Grüner Veltliner Ried Wunderburg* ·	**Pichler-Krutzler**
97+	*2023 Riesling Smaragd Ried Singerriedel Wachau DAC* ·	**Domäne Wachau**
97+	*2023 Riesling Smaragd Ried Kollmitz Wachau DAC* ·	**Weinhofmeisterei Mathias Hirtzberger**
97	*2023 Grüner Veltliner Smaragd Ried Atzberg Obere Steilterrassen* ·	**Weingut Atzberg**
97	*2023 Riesling Smaragd Limitierte Edition Wachau DAC* ·	**Johann Donabaum**
97	*2023 Grüner Veltliner Smaragd Ried Schütt Wachau DAC* ·	**Tegernseerhof, Familie Mittelbach**
96+	*2023 Riesling Smaragd Ried Singerriedel Wachau DAC* ·	**Wolfgang Hofstätter**
96+	*2023 Grüner Veltliner Smaragd Ried Kollmitz* ·	**Karl Holzapfel**
96+	*2023 Grüner Veltliner Smaragd Best of Wachau DAC* ·	**Familie Schmelz**

Leo Alzinger

Der Generationenwechsel im Hause Alzinger ist fließend vonstattengegangen. Auch wenn sich Leo Alzinger junior während seiner Wanderjahre in der internationalen Weinwelt neue Perspektiven eröffneten, entschied er dennoch, den Weg seines Vaters fortzusetzen: Weine zu machen, die ungeschminkt von ihrer Herkunft erzählen, von den besonderen Steilterrassenlagen der östlichen Wachau. Leo Alzinger senior hat früh erkannt, wie man diese perfekten Bedingungen nutzt und daraus Veltliner und Rieslinge keltert, die unverfälscht und charakteristisch sind. Immer noch arbeiten Vater und Sohn Hand in Hand, und das ist gut, entstehen so doch überaus präzise und vielschichtige Weine, die jedes Jahr zu den besten des Landes zählen.

Foto: Pamela Schmatz

3601 Unterloiben 11
T 02732/779 00
M weingut@alzinger.at
www.alzinger.at

Öffnungszeiten
nach Vereinbarung
Rebfläche
11 ha
Rebsorten
GV, Rl
Anbau
KIP, nachhaltig
Verschlussarten
NK, DV

99 2023 Riesling Smaragd Ried Steinertal Wachau DAC 13,5 %, €€€
Hellgelb, ausgeprägte, vielschichtige Nase, Weingartenpfirsich, Verbene, gelbe Nektarine, Melisse, körperreich, engmaschige, straffe Textur, feiner, mineralischer Abgang, langer, fruchtiger Nachhall, Kumquat und Marille im Finish, Potenzial.

98 2023 Grüner Veltliner Smaragd Ried Steinertal Wachau DAC 13,5 %, €€€
Helle Farbe, ausgeprägtes, vielschichtiges Bukett, Physalis, kandierte Mandeln, nussige Würze, Verbene, körperreich, balanciert, elegante Textur, seidiger Gerbstoff im Abgang, sehr langer Nachhall, Kumquat und Lemongrass im Rückaroma, Potenzial.

98 2023 Riesling Smaragd Ried Loibenberg Wachau DAC 13,5 %, €€€
Helle Farbe, vielschichtiges, jugendliches Fruchtspiel, Weingartenpfirsich, Marille, Verbene, zart florale Anklänge, kräftiger Wein, straff und dichte Struktur, eleganter Trinkfluss, mineralischer Abgang, langer, fruchtiger Nachhall, Physalis im Rückaroma, Potenzial.

97+ 2023 Grüner Veltliner Smaragd Ried Loibenberg Wachau DAC 13,5 %, €€€
Hellgelb, ausgeprägte, jugendliche Aromatik, kandierte Orange, Kumquat, Mandeln, zarte Würze, kräftiger Wein, dicht und engmaschige Struktur, fruchtig-pikanter Gerbstoff, engmaschiges Finish, sehr langer Nachhall, Physalis im Rückaroma.

97 2023 Riesling Smaragd Ried Höhereck Wachau DAC 13,5 %, €€€
Hellgelb, jugendlich, intensive Nase, Pfirsich und Nektarine, gelb und weiß kandierte Noten, körperreich, dicht und straffe Texrur, feines Finish, Physalis und Weingartenpfirsich im Nachhall, lang anhaltend.

96 2023 Grüner Veltliner Smaragd Ried Liebenberg Wachau DAC 13,5 %, €€€
Helle Farbe, einladende, reife Fruchtnoten, gelbe Steinobstnoten, Pfirsich, Apfel und kandierte Orange, nussige Würze, körperreich, straff, balancierter Trinkfluss, feiner Gerbstoff im Abgang, Kumquat und rosa Grapefruit im Rückaroma, Potenzial.

Weingut Atzberg

Inmitten der Wachau liegt der Atzberg. Bereits 1382 wurde er unter dem Namen „Ärtzberg" als Weinbauriede erwähnt. Wie der ursprüngliche Name erahnen lässt, ist der Boden überaus erzhaltig. Wegen der beschwerlichen Bearbeitung der steilen Riede wurde der Weinbau am Atzberg in den 1950er-Jahren aufgegeben. Einige Jahrzehnte später attestierte ihr der ausgewiesene Wachauexperte Weinpfarrer Hans Denk eine Qualität, die selbst in der Wachau einzigartig sei. So wurde sie ab 2008 in unzähligen Arbeitsstunden teilweise in Handarbeit rekultiviert. Die südliche Ausrichtung, die optimale Sonneneinstrahlung, die kühle Luft vom angrenzenden Waldviertel und die unmittelbare Nähe zur Donau ergeben ein einzigartiges Mikroklima, von dem die Trauben profitieren. Die steile Lage mit bis zu 75 Prozent Hangneigung wird ausschließlich händisch kultiviert. Jedes Jahr entstehen vom Atzberg zwei Weine, die zu den interessantesten Gewächsen der Region zählen.

Foto: Robert Herbst

97 2023 Grüner Veltliner Smaragd Ried Atzberg Obere Steilterrassen
14 %, €€€
Helle Farbe, ausgeprägte, komplexe Nase, Verbene-Ingwer, Physalis, Steinobst, Melisse, Gewürznelke, körperreich, engmaschige, lebendige Textur, fruchtig-pfeffriger Abgang, Apfelquitte und rosa Grapefruit im Rückaroma, Riesenpotenzial.

95+ 2023 Grüner Veltliner Smaragd Ried Atzberg Steilterrassen
13,5 %, €€€
Jugendliche Farbe, ausgeprägtes Bukett, Physalis, Kapern, Verbene, Nektarine, gehaltvoll, lebendige Textur, engmaschiges, pikantes Finish, lang anhaltend, Birnenquitte im Rückaroma.

Mieslingtal 3
3620 Spitz
T 0650/720 36 63
M office@atzberg.at
www.atzberg.at

Öffnungszeiten
nach tel. Vereinbarung
Rebfläche
2 ha
Rebsorte
GV
Anbau
KIP, nachhaltig
Verschlussarten
NK, DV

Wachau

Domäne Wachau

3601 Dürnstein 107
T 02711/371
M office@domaene-wachau.at
www.domaene-wachau.at

Öffnungszeiten
April–Okt. Mo.–Sa. 10–17,
Nov.–März Mo.–Fr. 10–17
(Fei. Ru.)
Rebfläche
ca. 400 ha
Flaschenanzahl
2,5 Mio.
Rebsorten
GV, RI, PN, GM, ZW, CH, PB, NE, TR
Anbau
KIP, konventionell, nachhaltig vegan, Sustainable Austria
Verschlussarten
NK, DV
Gastronomie
Vinothek, Kellerschlössel-Heuriger

Genossenschaft neu gedacht. Unter der Leitung von Roman Horvath MW und Heinz Frischengruber entwickelte sich die Domäne Wachau zu einem der visionärsten Betriebe der Wachau. Das Fundament dafür bilden die enge Zusammenarbeit mit ihren Wachauer Weinhauern und mitunter mühsam zu bewirtschaftende Steillagen. Durchschnittlich weniger als zwei Hektar pro Betrieb werden weitgehend händisch bearbeitet. Respekt vor der Natur ist dabei ein wesentlicher Faktor: Mit über 150 Hektar biologisch bewirtschafteten Weingärten ist die Domäne Wachau das bedeutendste heimischen Bio-Weingut. Weine aus bekannten Rieden wie Achleiten, Brandstatt oder Kellerberg sollen ihre einzigartige Herkunft widerspiegeln, eine unverkennbare, puristische Stilistik zeigen, aber auch Tiefgang aufweisen.

97+ 2023 RI Smaragd Ried Singerriedel Wachau DAC 13 %, FP, €€€
Jugendliche Farbe, vielschichtiges Bukett, gelber Pfirsich, Melisse, Verbene, stoffig, dicht und engmaschige Struktur, lebendiger, eleganter Trinkfluss, sehr lang anhaltend, Physalis und Weingartenpfirsich im Rückaroma, Riesenpotenzial.

97 2023 GV Smaragd Ried Kellerberg Wachau DAC 13,5 %, FP, €€€
Jugendliche Farbe, kandierte Orange, Nashi-Birne, Verbene, Limette, zarte Würze, körperreich, straff, lebendiger Trinkfluss, feiner, pikanter Gerbstoff, fruchtig-würziger Nachhall, sehr lang anhaltend.

97 2023 RI Smaragd Ried Kellerberg Wachau DAC 13,5 %, FP, €€€
Helle Farbe, intensive Aromatik, rosa Grapefruit, Weingartenpfirsich, Mandarine, gehaltvoll, straff, dicht und fruchtig unterlegter Gerbstoff, pikanter Nachhall, sehr lang anhaltend.

96+ 2023 RI Smaragd Ried Achleiten Wachau DAC 13,5 %, FP, €€€
Helle Farbe, ausgeprägte Steinobstnoten, Pfirsich, Limette, rosa Grapefruit, straff, dicht, lebendiger Fluss, pikant-fruchtiger Gerbstoff im Finish, sehr lang anhaltend, Potenzial.

96 2018 Grüner Veltliner Smaragd Ried Achleiten „LR" 13,5 %, €€€
Jugendliche Farbe, vielschichtiges Bukett, Nashi-Birne, Zesten, Steinobst, Gewürznelke, Verbene, körperreich, dicht und feines, pikantes Finish, langer Nachhall, Kumquat und Apfelquitte im Rückaroma.

96 2023 GV Smaragd Ried Achleiten Wachau DAC 14 %, FP, €€€
Jugendliche Farbe, vielschichtige Nase, Birnenquitte, kandierte Orange, Mandeln und Würze, gehaltvoll, balancierte Textur, feiner Gerbstoff, langer Nachhall, engmaschiges Finish, Kumquat im Rückaroma.

95+ 2023 GV Smaragd Ried Axpoint Wachau DAC 13,5 %, FP, €€€
Jugendliche Farbe, komplexe Aromatik, Kumquat, nussige Würze, Gewürznelke, Grapefruit, körperreich, straff, lebendiger Trinkfluss, fruchtig-pfeffriges Finish, Limette und Quitte im Rückaroma, langer Nachhall.

Wachau

Johann Donabaum

Johann Donabaum junior, Winzer in fünfter Generation, hat schon in jungen Jahren das Ruder von seinem Vater übernommen und das Traditionsweingut mit viel Enthusiasmus und Können neu ausgerichtet. Mit gerade einmal zwanzig Jahren hatte er sich damals das ehrgeizige Ziel gesteckt, zu den Topwinzern der Wachau aufzuschließen. Die Rebflächen wurden verdreifacht, der Ertrag wurde halbiert und der Fokus des ehemaligen Heurigenbetriebs auf die Produktion von Spitzenweinen gelegt. Das Know-how der Eltern im Weingarten und die Bemühungen der jungen Generation im Keller blieben nicht unbelohnt: Die Topweine von den Lagen Setzberg, Offenberg und Spitzer Point erzielen beste Bewertungen im In- und Ausland und zeichnen sich durch Filigranität, Vielschichtigkeit und eindringliche Mineralität aus. Der Betrieb zählt heute zu den besten in der Wachau.

Foto: Florian Schulte

Laaben 15
3620 Spitz
T 0676/931 31 50, 02713/24 88
M info@weingut-donabaum.at
www.weingut-donabaum.at

Öffnungszeiten
Verkostung nach Vereinbarung
Rebfläche
10 ha
Flaschenanzahl
100.000
Rebsorten
GV, NE, RI, GM, CH
Anbau
konventionell, nachhaltig
Verschlussarten
NK, DV
Sonstiges
Übernachtungsmöglichkeit

97 2023 Riesling Smaragd Limitierte Edition Wachau DAC 14%, FP, €€€
Jugendliche Farbe, komplexes Bukett, ausgeprägte Steinobst-Noten, Weingartenpfirsich, gelbe Nektarine, Physalis, körperreich, dicht und druckvolle Struktur, engmaschiges, zart mineralisches Finish, sehr langer Nachhall, rosa Grapefruit im Rückaroma, Potenzial.

97 2023 Riesling Smaragd Ried Setzberg Wachau DAC 13,5%, FP, €€€
Jugendliche Farbnoten, ausgeprägtes, komplexes Bukett, Weingartenpfirsich, Zesten, Physalis, körperreich, dicht und straffe Textur, feines, mineralisches Finish, rosa Grapefruit und Nektarine im Abgang, sehr lang anhaltend, Potenzial.

96+ 2023 GV Smaragd Limitierte Edition Wachau DAC 13,5%, FP, €€€
Jugendliche Farbnoten, vielschichtiges Bukett, Steinobst, Verbene-Ingwer-Noten, kandierte Orange, Kapern, körperreich, dicht und lebendiger Trinkfluss, feines Tannin und Mandeln im Finish, lang anhaltend, Riesenpotenzial.

96 2023 Riesling Smaragd Ried Offenberg Wachau DAC 13,5%, FP, €€€
Helle Farbe, ausgeprägtes Bukett, Maracuja, Steinobst, Mandarine, körperreich, straff, lebendige Textur, fruchtig-pikanter Abgang, Zitronenmelisse und Kumquat im Nachhall, Potenzial.

95+ 2023 GV Smaragd Ried Spitzer Point Wachau DAC 13,5%, FP, €€€
Hellgelb, ausgeprägtes Bukett, Nashi-Birne, Pomelo, Earl Grey, Verbene, nussige Würze, körperreich, lebendige Textur, feiner, pikanter Abgang, Quitte im Nachhall, lang anhaltend, Potenzial.

95 2023 RI Smaragd Ried Vogelleithen Wachau DAC 13,5%, FP, €€€
Helle Farbe, intensive, kühle Fruchtnoten, Pfirsich, weiße Nektarine, Verbene, Kamille, stoffig, lebendige, straffe Struktur, fruchtig-präzises Finish, Grapefruit im Nachhall, gute Länge.

94+ 2023 GV Smaragd Ried Kirchweg Wachau DAC 13,5%, FP, €€€
Jugendliche Farbe, einladendes Fruchtspiel, Mandarine, gelber Pfirsich, zarte Nusswürze, Mandeln, körperreich, dicht und straff, balancierter Trinkfluss, fruchtig-pikanter Abgang, gute Länge.

Wachau

Josef Fischer

Laute Töne sind nicht der Stil von Josef Fischer. In Ruhe und beinahe unbemerkt stellte er das Weingut, das seine Familie seit dem 19. Jahrhundert bewirtschaftet, auf neue Beine. Die Rebberge rund um Rossatz werden biologisch und biodynamisch bewirtschaftet, im Keller wird im Tempo der natürlichen Hefen gearbeitet: also langsam. Verschiedene Einzellagen sorgen für unterschiedliche Klima- und Bodenverhältnisse, die den Weinen individuellen Charakter verleihen. Das Ergebnis: Grüne Veltliner und Rieslinge, die ihren eigenen Rhythmus finden dürfen und nicht vorgegebenen Verkaufsterminen folgen müssen. Da kann es schon sein, dass ein Wein ein paar Monate oder gar Jahre länger im Fass bleibt, bis er ganz zu sich gefunden hat.

95 2022 Grüner Veltliner Smaragd Privat Wachau DAC 13,5 %, €€€
Kräftige Farbnoten, kandierte Mandeln und Orange, Blütenhonig, Kumquat, Gewürznelke, körperreich, engmaschige Struktur, feines Tannin, Zesten und nussige Würze im Nachhall.

95 2022 Riesling Smaragd Ried Kreuzberg Wachau DAC 12,5 %, €€€
Jugendliche Farbe, komplexe Aromatik, Weingartenpfirsich, Physalis, reife Marillennoten, kräftiger Wein, fruchtig-präziser Abgang, lang anhaltend, Zesten und Naktarine im Rückaroma.

3602 Rossatz 58
T 0650/496 24 44
M office@josefischer.at
www.josef-fischer.at

94+ 2022 Grüner Veltliner Smaragd Ried Kreuzberg Wachau DAC 13 %, €€€
Jugendliche Farbe, kandierte Orange, Mandeln, Antipasti-Noten, körperreich, engmaschig, pikanter Gerbstoff, Verbene und Kumquat im Rückaroma, langer Nachhall.

Öffnungszeiten
nach Vereinbarung
Rebfläche
11,5 ha
Rebsorten
GV, RI, GM
Anbau
Umstellung organisch-biologisch, nachhaltig, biodynamisch ohne Zertifizierung
Verschlussarten
NK, DV
Sonstiges
Übernachtungsmöglichkeit

94 2022 Riesling Smaragd Ried Kirnberg Wachau DAC 12,5 %, €€€
Jugendliche Farbe, ausgeprägte Fruchtnoten, kandierte Orange und Ananas, gelber Pfirsich, stoffiger Wein, lebendige Struktur, harmonischer Trinkfluss, Grapefruit und Kumquat im Abgang.

93+ 2022 Grüner Veltliner Smaragd Ried Mugler Wachau DAC 13,5 %, €€€
Kräftige Farbe, Blütenhonig, nussige Würze, Gewürznelke, körperreich, harmonische Textur, pikanter Gerbstoff und fruchtiger Schmelz im Abgang, Potenzial.

92 2023 Riesling Federspiel Rossatz Wachau DAC 12,5 %, €€
Helle Farbe, jugendliche Fruchtnoten, grüner Apfel, Limette, Marille, stoffig, markantes Frucht-Säure-Spiel, fruchtig-präziser Abgang, gute Länge.

91 2023 Grüner Veltliner Federspiel Rossatz Wachau DAC 12,5 %, €€
Helle Farbe, zarte Würze, Zitrusnoten, Steinobst, saftiger Wein, lebendiger Trinkfluss, fruchtig-pikanter Abgang.

Wachau

FJ Gritsch

Franz-Josef Gritsch führt das Familienweingut bereits in siebenter Generation – beheimatet im historischen Mauritiushof in Spitz an der Donau. Naheliegend, dass hier Tradition und überliefertes Wissen von großer Bedeutung sind. Der Winzer ist aber auch überzeugt, dass Qualität nur durch kontinuierliche Weiterentwicklung erreicht werden kann. Der „kalmuck-Keller", wo der Wein nach modernstem Stand der Technik gekeltert wird, steht daher für die Gegenwart. Die Verbindung von Tradition und Zeitgeist zeigt sich auch im Weingarten: Einerseits wurden alte Steinterrassen in den vergangenen Jahren rekultiviert, wie etwa in der Ried Kalkofen im Spitzer Graben, andererseits setzt man aber auch hier auf die Errungenschaften neuester Technik. Daneben bewirtschaftet Franz-Josef Gritsch auch den Burgweingarten in Dürnstein, den letzten großen Weingarten innerhalb der historischen Stadtmauer.

Foto: Weingut FJ Gritsch

Kirchenplatz 13
3620 Spitz
T 02713/24 50
M office@gritsch.at
www.gritsch.at

Öffnungszeiten
Mo.–Sa. 9–12, 13–17
Rebfläche
15 ha
Rebsorten
GV, RI, SB, GM
Anbau
KIP, konventionell, nachhaltig
Verschlussarten
NK, DV
Sonstiges
Übernachtungsmöglichkeit

98 2023 Riesling Ried Kalkofen Wachau DAC 13,5 %, €€€
Jugendliche Farbe, intensive komplexe Aromatik, Weingartenpfirsich, Kamille, Passionsfrucht, gehaltvoll, engmaschig, lebendiger, eleganter Trinkfluss, zart mineralisches Finish, Nektarine und Physalis im Rückaroma, sehr langer Nachhall, Riesenpotenzial.

97 2023 RI Ried Dürnsteiner Burg Reserve Wachau DAC 13,5 %, €€€
Jugendliche Farbe, einladende reife Frucht, Pfirsich, Honigmelone, kandierte Orange und Ananas, opulent, dicht, gut stützende Säure, feines Tannin, saftiger, balancierter Fruchtschmelz, Marillenkompott im Abgang, sehr langer Nachhall, Potenzial.

96+ 2023 Grüner Veltliner Ried Singerriedel Wachau DAC 14 %, €€€
Jugendliche Farbe, ausgeprägte, komplexe Nase, kandierte Orange, Papaya, Nashi-Birne, nussige Würze, körperreich, straff, dicht und lebendiger Trinkfluss, zart pfeffriger Abgang, langer Nachhall, Quitte im Rückaroma, Potenzial.

95+ 2023 Grüner Veltliner Ried Klaus Wachau DAC 14 %, €€€
Jugendliche Farbe, ausgeprägte Aromatik, Ingwer, Honigmelone, kandierte Noten, gehaltvoll, dicht, lebendiger Trinkfluss, feiner Gerbstoff im Abgang, langer Nachhall, Zesten im Rückaroma.

95+ 2023 Riesling Ried Tausendeimerberg Wachau DAC 13,5 %, €€€
Jugendlich, kandierte Aromen, Maracuja, Pfirsich, körperreich, straffe, lebendige Textur, fruchtiges Finish, feiner Gerbstoff, balancierter Schmelz im Abgang, lang anhaltend, Potenzial.

95 2023 Grüner Veltliner Ried Loibenberg Wachau DAC 14 %, €€€
Jugendliche Farbe, komplexe Nase, Papaya, Orange, nussige Würze, körperreich, gut stützende Säure, pikanter Gerbstoff im Abgang, fruchtiger Nachhall, Kumquat im Rückaroma.

93 2023 Grüner Veltliner Ried Axpoint Wachau DAC 12,5 %, €€
Jugendliche Farbe, ausgeprägte Aromatik, kandierte Orange, Steinobst, Verbene, kräftig, lebendige Textur, eleganter Trinkfluss, pikantes Finish, fruchtiger, langer Nachhall.

Wachau

Weingut Roman Gritsch

Ein traditioneller Familienbetrieb in Spitz: Rupert Gritsch und sein Sohn Roman haben sich mit Leib und Seele dem Weinbau verschrieben. Von den 7 Hektar Rebflächen befinden sich 4 Hektar auf extrem steilen und schwierig zu bewirtschaftenden Hängen. Die Paradelagen des Hauses sind der Setzberg und der 1000-Eimerberg, Letzterer ist auch das Wahrzeichen des alten Wachauer Weinorts Spitz. Auf kristallinen Verwitterungsböden und Paragneis entstehen charaktervolle Weine mit ausgeprägter Mineralität. Weitere Lagen sind Steinporz und Gasslreith. Neben den Paradesorten Riesling und Grüner Veltliner produziert man auch Neuburger, Weißburgunder und Muskateller.

Foto: Stefan Gritsch

Radlbach 11
3620 Spitz
T 02713/22 08
M wein@romangritsch.at
www.romangritsch.at

Öffnungszeiten
nach Vereinbarung
Rebsorten
GV, RI, NE
Anbau
konventionell, nachhaltig
Verschlussarten
NK, DV
Gastronomie
Buschenschank
Sonstiges
Übernachtungsmöglichkeit

94+ 2023 Riesling Smaragd Ried Setzberg Wachau DAC 13,5 %, €€
Jugendliche Farbe, zarte Reduktionsnoten, gewinnt mit Luft Steinobst, kandierte Ananas, Melone, opulenter Wein, gutes Frucht-Säure-Spiel, zarter Schmelz im Abgang, Potenzial.

94 2022 Riesling Smaragd Ried Tausendeimerberg Wachau DAC 13,5 %, €€
Kräftige Farbe, komplexe Nase, kandierte Noten, ein Touch Petrol, körperreich, lebendiges Frucht-Säure-Spiel, feiner Gerbstoff, Physalis und Weingartenpfirsich im Rückaroma.

94 2023 Grüner Veltliner Smaragd Ried Steinporz Wachau DAC 13,5 %, €€
Jugendliche Farbe, nuanciertes Bukett, Papaya, Birnenquitte, kandierte Orange, nussige Würze, körperreicher Wein, straffe Textur, pikanter Abgang, zarter Schmelz im Nachhall, lang anhaltend.

93+ 2023 Neuburger Smaragd Wachau DAC 14 %, €€
Jugendliche Farbe, kandierte Mandeln, Papaya, körperreich, gut stützende Säure, pikanter Gerbstoff im Abgang, Grapefruit und Kumquat im Rückaroma, gute Länge, Potenzial.

93 2023 Grüner Veltliner Smaragd Terrassen Wachau DAC 13,5 %, €€
Jugendliche Farbe, kandierte Orange, Steinobst, pilzige Noten, Gewürznelke, körperreich, balancierte Textur, fruchtig-pikanter Abgang, gute Länge, Kumquat im Rückaroma.

92+ 2023 Grüner Veltliner Federspiel Ried Setzberg Wachau DAC 12,5 %, €
Helle Farbe, zarte Kräuternoten, Steinobst, Verbene, stoffiger Wein, lebendiger Trinkfluss, pikantes Finish, gute Länge.

HISTORISCHER WEIN

94 2015 Grüner Veltliner Smaragd Ried Setzberg

Wachau

Franz Hirtzberger

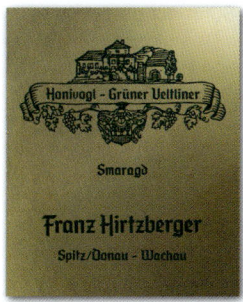

Die Weißweine von Franz Hirtzberger zählen zu den bekanntesten und begehrtesten im In- und Ausland. Hirtzberger ist nicht nur ein Aushängeschild der Region, er hat die Wachau auch maßgeblich geprägt. Die Spitzer Weine Singerriedel und Honivogl sind Weinfreunden auf der ganzen Welt ein Begriff. Hirtzbergers Gewächse sind von einer beeindruckenden Vehemenz und prägen sich auf ewige Zeiten am Gaumen ein. Inzwischen hat Franz Hirtzberger junior die Leitung des legendären Weinguts übernommen. Er versteht es nicht nur, dem hohen Qualitätslevel zu entsprechen, es gelingt ihm auch, eigene Akzente zu setzen und den herausragenden Weinen noch mehr Finesse zu verleihen.

99 2023 Riesling Smaragd Ried Singerriedel Wachau DAC 13,5 %, €€€
Helle Farbe, ausgeprägtes, jugendliches Bukett, Weingartenpfirsich, Physalis, Blutorange, Melisse und Kamille, körperreich, dicht und engmaschige Struktur, pikantes, fruchtiges Finish, mineralischer Abgang, sehr lang anhaltend, Mandarine und gelbe Nektarine im Nachhall, großartiger Riesling.

98+ 2023 Grüner Veltliner Smaragd Honivogl ® Wachau DAC 14 %, €€€
Jugendliche Farbe, ausgeprägtes, vielschichtiges Bukett, kandierte Orange, Kumquat, Verbene, Gewürznelke, zart pfeffrige Würze, gehaltvoll, dicht und straffe Textur, fruchtig-pikantes, engmaschiges Finish, sehr lang anhaltend, Quitte und Physalis im Nachhall, Riesenpotenzial.

Kremser Straße 8
3620 Spitz
T 02713/22 09
M weingut@hirtzberger.com
www.hirtzberger.com

Öffnungszeiten
nach Vereinbarung
Rebfläche
30 ha
Flaschenanzahl
180.000
Rebsorten
GV, RI, PG, CH, NE, GM, PB
Anbau
konventionell, nachhaltig
Verschlussart
NK

98 2023 Riesling Smaragd Ried Setzberg Wachau DAC 13,5 %, €€€
Helle Farbe, intensive Nase, Physalis, Weingartenpfirsich, Passionsfrucht, stoffig, dicht und engmaschige Struktur, fruchtig-präzises Finish, mineralischer Nachhall, sehr lang anhaltend, Riesenpotenzial.

97 2023 Riesling Smaragd Ried Steinporz Wachau DAC 13,5 %, €€€
Hellgelb, einladendes Fruchtspiel, gelber Pfirsich, Mandarine, Physalis, stoffiger Wein, dicht und eleganter Trinkfluss, fruchtig-balancierter Abgang, sehr langer Nachhall, Marille und Zitronenmelisse im Nachhall.

96 2023 GV Smaragd Ried Axpoint Wachau DAC 13,5 %, €€€
Jugendliche Farbe, intensive Nase, Verbene, Gewürznelke, Nashi-Birne, Tabak, Quitte, stoffig, engmaschige Struktur, pikanter Abgang, Kumquat und Mandeln im Nachhall, Potenzial.

95 2023 Grüner Veltliner Smaragd Rotes Tor Wachau DAC 13,5 %, €€€
Jugendliche Farbe, ausgeprägtes, komplexes Bukett, kandierte Orange, Birnenquitte, Gewürznelke, gehaltvoll, balancierter Trinkfluss, fruchtig-pikantes Finish, langer Nachhall, Grapefruit und nussige Würze im Rückaroma.

94+ 2023 Chardonnay Smaragd 14 %, €€€
Jugendliche Farbe, nuanciertes Bukett, kandierte Orange, Haselnuss, Melone, Maracuja, Karamell, gehaltvoll, balancierter Trinkfluss, fruchtiges Finish, langer Nachhall.

Wachau

Weinhofmeisterei Mathias Hirtzberger

Mathias Hirtzberger ist der jüngste Sohn der bekannten Wachauer Winzerfamilie Hirtzberger. Gemeinsam mit seiner Frau Hanna beschreitet er ganz eigene Pfade. Die beiden haben sich 2014 selbstständig gemacht und vinifizieren seither ausdrucksstarke Grüne Veltliner und Rieslinge in ihrem Weingut in Wösendorf. „So wenig wie möglich und so viel wie nötig" ist das Leitmotiv. Durch nachhaltige Bewirtschaftung der Weingärten, intensive Handarbeit und selektive Handlese will das junge Winzerpaar präzise und ausdrucksstarke Weine produzieren, die sich durch Jahrgangs- und Lagen-Authentizität auszeichnen.

Foto: Julius Hirtzberger

Hauptstraße 142
3610 Wösendorf
T 02715/229 15
M buero@weinhofmeisterei.at
www.weinhofmeisterei.at

Rebfläche
10 ha
Rebsorten
GV, RI
Anbau
konventionell, nachhaltig
Verschlussart
NK
Gastronomie
Restaurant

97+ 2023 Riesling Smaragd Ried Kollmitz Wachau DAC 13,5 %, €€€
Helle Farbe, komplexe Aromatik, Weingartenpfirsich, kandierte Orange, Nektarine, Zitronenmelisse, stoffig, dicht und engmaschiges, zart mineralisches Finish, lang anhaltend, Physalis im Rückaroma, Potenzial.

96+ 2023 Grüner Veltliner Smaragd Ried Kollmütz Wachau DAC 13,5 %, €€€
Helle Farbnoten, jugendliche, vielschichtige Aromen in der Nase, Nashi-Birne, Quitte, Verbene, Mandeln und Steinobst, körperreich, lebendige, straffe Struktur, fruchtig-pikanter Abgang, sehr langer Nachhall, Kumquat und nussige Würze im Rückaroma.

95+ 2023 Grüner Veltliner Smaragd Spitaler Wachau DAC 13,5 %, €€€
Hellgelb, ausgeprägtes, komplexes Bukett, Zesten, Antipasti-Noten, Gewürznelke, Earl Grey, kräftiger Wein, dicht und feines, pfeffriges Finish, zarter Schmelz und Quitte im Rückaroma.

95 2023 Riesling Smaragd Ried Bach Wachau DAC 13,5 %, €€€
Helle Farbnoten, vielschichtige Fruchtnoten, gelber Pfirsich, Melone, kandierte Orange, Passionsfrucht, körperreich, harmonische Textur, eleganter Trinkfluss, fruchtiger Schmelz im Abgang, langer Nachhall, Potenzial.

94+ 2023 Grüner Veltliner Smaragd Greif Wachau DAC 13,5 %, €€€
Helle Farbe, jugendlich, intensive Nase, Grapefruit, Verbene, grüner Tee, gelbes Steinobst, saftiger Wein, harmonischer Trinkfluss, Physalis und Mandeln im Abgang, langer Nachhall.

93+ 2023 Riesling Federspiel Zier Wachau DAC 12,5 %, €€
Blassgelb, ausgeprägtes Pfirsich- und Grapefruitaroma, Mandarine, gelbe Nektarine, saftig, lebendiger, animierender Trinkfluss, fruchtig-präzises Finish, gute Länge.

93 2023 Grüner Veltliner Federspiel Treu Wachau DAC 12,5 %, €€
Hellgelb, intensive Frucht-Würze-Noten, kandierte Orange, Mandeln, Verbene, stoffig, lebendiger, eleganter Trinkfluss, fruchtig-pikanter Abgang, langer Nachhall.

Wachau

Wolfgang Hofstätter

Bereits die dritte Generation der Familie Hofstätter hat sich dem Wein verschrieben. Ihre Herkunft Spitz prägt, das gilt für die Weine genauso wie für die Familie selbst – hier lebt und arbeitet sie. Der Traditionsbetrieb versucht, mit Herz und Verstand die Balance zwischen traditionellem Weinbau und moderner Kellertechnik, zwischen Regionalität und Internationalität zu finden. Die Leidenschaft für guten Wein ist dabei der Antrieb. Aus Respekt vor der Natur versucht die Familie, sorgsam mit ihren Weingärten umzugehen – für sie das kostbarste Gut, Wurzel und Zukunft des Betriebs. Gemeinsames Arbeiten hat am Weingut Tradition. Man hilft zusammen und unterstützt sich gegenseitig. Gemeinsam freut man sich dann auch über das Erreichte. Aus den Lagen Singerriedel, 1000-Eimerberg, Steinporz, Harzenleiten und Burgberg werden würzige Grüne Veltliner und elegante Rieslinge, aber auch Neuburger und weiße Burgundersorten vinifiziert, die die Herkunft und Handschrift der Winzer widerspiegeln.

96+ 2023 RI Smaragd Ried Singerriedel Wachau DAC 14 %, FP, €€€
Helle Farbe, intensives Fruchtspiel, gelbe Steinobstnoten, Pfirsich, kandierte Ananas, stoffig, balancierte Textur, fruchtiges, präzises Finish, lang anhaltend, zarter Schmelz im Nachhall.

95 2019 Riesling Smaragd Ried Singerriedel 13,5 %
Hellgelb, vielschichtiges Bukett, Weingartenpfirsich, Verbene, Kamille, Physalis, körperreich, dicht und lebendiger Trinkfluss, fruchtig-präzises Finish, lang anhaltend, zarter Schmelz in Nachhall, Potenzial.

95 2023 GV Smaragd Best of Quitten 2 Wachau DAC 14 %, €€€
Helle Farbe, vielschichtige Nase, Zesten, Gewürznelke, Birnenquitte, Kapern, gehaltvoll, dicht und balancierter Trinkfluss, feiner Gerbstoff, Physalis und grüner Tee im Nachhall, Potenzial.

95 2023 RI Smaragd Ried 1000-Eimerberg Wachau DAC 13,5 %, €€€
Jugendliche Farbe, einladendes Fruchtspiel, Weingartenpfirsich, kandierte Ananas, Mandarine, körperreich, dicht und lebendiger Trinkfluss, fruchtig, präzises Finish, langer Nachhall, Potenzial.

94+ 2023 GV Smaragd Ried 1000-Eimerberg Wachau DAC 14 %, FP, €€€
Helle Farbe, einladende, gelbe Fruchtnoten, Melone, kandierte Orange, Kumquat, zart nussige Würze, körperreich, opulenter Wein, weiche Textur, fruchtig-pikanter Abgang, lang anhaltend, Potenzial.

94 2023 Neuburger Smaragd Spitz Wachau DAC 14 %, FP, €€€
Jugendliche Farbe, einladende reife Fruchtnoten, kandierte Mandeln, Orange und Kumquat, körperreich, pikanter Gerbstoff, zarter, fruchtiger Schmelz im Abgang, lang anhaltend.

92+ 2023 GV Federspiel Ried Steinporz Wachau DAC 12,5 %, €€
Helle Farbe, jugendliche Frucht, Marille, Nektarine, Kumquat, stoffig, lebendige Struktur, fruchtiger Abgang, rosa Grapefruit im Finish, gute Länge.

Foto: Nimo Zimmerhackl

Quitten 2
3620 Spitz
T 0664/526 06 74
M office@weingut-hofstaetter.at
www.weingut-hofstaetter.at

Öffnungszeiten
nach Vereinbarung
Rebfläche
8,5 ha
Flaschenanzahl
50.000
Rebsorten
GV, RI, PB, ZW, NE, CH
Anbau
KIP, konventionell, nachhaltig
Verschlussarten
NK, DV

Josef & Georg Högl

Josef und Georg Högls Weine kommen vorwiegend von den extrem steilen und schroffen Terrassenlagen des Spitzer Grabens, dem westlichsten und höchstgelegenen Teil der Wachau. Schon der Vater von Josef Högl investierte in den Bau der Anlagen viel Zeit und Mühe – eine Kunst, die er an die nächste Generation weitergab. Josef Högl und sein Sohn Georg kennen die Eigenheiten ihrer Lagen genau und bringen deren jeweilige Typizität in den Weinen präzise zum Ausdruck. Die Toplagen des Hauses sind Bruck und Schön, die von der Nähe zum Waldviertel profitieren. Neu im Sortiment ist die Ried Brandstatt als Einzellage. Selbst im Sommer sind die Nächte im Spitzer Graben kühl, das verleiht den Weinen eine feine Säure und besondere Finesse. Außerdem bewirtschaftet man noch Lagen am 1000-Eimerberg, am Kaiserberg und in Loiben. Vinifiziert werden vielschichtige Veltliner und elegante Rieslinge mit deutlicher Mineralität und Tiefgang – Weine, die jedes Jahr zu den besten der Wachau zählen.

Vießling 31
3620 Spitz
T 02713/84 58
M office@weingut-hoegl.at
www.weingut-hoegl.at

Öffnungszeiten
Mo.–Sa. 9–11, 13–17 nach Vereinbarung
Rebfläche
10 ha
Flaschenanzahl
60.000
Rebsorten
GV, RI, GM, SB, CH
Anbau
nachhaltig
Verschlussarten
NK, DV

98 2023 Riesling Smaragd Ried Bruck Alte Parzellen Wachau DAC
13,5 %, FP, €€€
Helle Farbe, vielschichtige Nase, Weingartenpfirsich, Yuzu, Grapefruit, Marille, stoffig, dicht und balancierter Trinkfluss, fruchtig, mineralisches Finish, sehr langer Nachhall, Physalis und Marille im Rückaroma, Riesenpotenzial.

97 2023 Grüner Veltliner Smaragd Ried Schön Alte Parzellen
Wachau DAC 14 %, FP, €€€
Helle Farbe, vielschichtiges Bukett, Birnenquitte, Gewürznelke, Verbene, Kumquat, körperreich, balancierte Struktur, engmaschiges, feinkörniges Finish, Mandeln, nussige Würze und Physalis im Rückaroma, Potenzial.

96+ 2023 Grüner Veltliner Smaragd Ried Schön Wachau DAC 13,5 %, €€€
Helle Farbe, Nashi-Birne, Apfelquitte, zarte Würze, Verbene, körperreich, harmonische Struktur, fruchtig-balancierter Abgang, langer Nachhall, zarter Schmelz und Riesenpotenzial.

96+ 2023 Riesling Smaragd Ried Bruck Wachau DAC 13,5 %, €€€
Helle Farbe, intensive Nase, Weingartenpfirsich, Limette, Zitronenmelisse, stoffig, dicht und lebendige Struktur, engmaschiges Finish, fruchtig, mineralisches Finish, lang anhaltend, rosa Grapefruit im Rückaroma.

96 2023 Riesling Smaragd Vision Wachau DAC 13,5 %, €€€
Jugendliche Farbe, vielschichtige Nase, gelber Pfirsich, kandierte Ananas, Mandarine, körperreich, dicht und lebendiger Trinkfluss, fruchtig-präzises Finish, engmaschiger Abgang, langer Nachhall, fruchtiger Schmelz im Nachhall.

94+ 2023 GV Smaragd Ried Brandstatt Wachau DAC 14 %, €€€
Helle Farbe, kandierte Orange, Mandeln, nussige Würze, Kumquat, stoffig, balancierter Trinkfluss, fruchtig, pikanter Abgang, lang anhaltend.

Karl Holzapfel

3610 Joching 36
T 02715/23 10
M weingut@holzapfel.at
www.holzapfel.at

Öffnungszeiten
Mo.–Sa. 9–17, So. 10–16
Rebfläche
14 ha
Rebsorten
GV, RI, PB, ZW
Anbau
konventionell, nachhaltig
Verschlussarten
NK, DV
Gastronomie
Restaurant
Sonstiges
Übernachtungsmöglichkeit

Das Weingut befindet sich in einem ehemaligen Lesehof, errichtet vor 700 Jahren. Heute werden 14 Hektar Rebflächen traditionell bewirtschaftet. Darunter befinden sich Toplagen wie Achleiten, Vorderseiber, Weitenberg, Klaus und Kollmitz. Auf den einzigartigen Böden gedeihen Trauben erster Klasse. Die Temperaturschwankungen und die unterschiedlichen Höhenlagen der Weingärten sorgen für genügend Säure, die den Weinen Frische und Eleganz verleiht. Karl Holzapfel will fein-fruchtige, charaktervolle Gewächse kreieren. Vor allem seine Smaragde zeichnen sich durch komplexes Aromaspiel und großes Reifepotenzial aus. Der lange Kontakt mit der Feinhefe soll zudem für Vielschichtigkeit sorgen. Das Sortiment umfasst Grünen Veltliner, Riesling und Weißburgunder. Die Selektion „Hippolyt" zeigt besondere Cremigkeit und Struktur.

96+ 2023 Grüner Veltliner Smaragd Ried Kollmitz 13,5 %, €€€
Helle Farbe, Nashi-Birne, kandierte Mandeln und Orange, zarte Würze, kräftig, balancierte Struktur, engmaschiges Finish, feiner Gerbstoff und Extraktsüße im Nachhall, Potenzial.

96+ 2023 Riesling Smaragd Ried Vorderseiber 13,5 %, €€€
Helle Farbe, rosa Grapefruit, Weingartenpfirsich, Mandarine, stoffig, dicht und engmaschige Struktur, pikantes, fruchtiges Finish, Physalis im Rückaroma, sehr lang anhaltend.

95 2023 Grüner Veltliner Smaragd Ried Achleiten 13,5 %, €€€
Helle Farbe, saftige, gelbe Fruchtnoten, Nashi-Birne, Verbene, Gewürznelke, körperreich, balancierter Trinkfluss, fruchtiger Schmelz und Pikanz im Abgang, gute Länge.

93+ 2023 Grüner Veltliner Federspiel Ried Vorderseiber 12,5 %, €€
Helle Farbe, intensive Pfirsichnoten, Mandarine, zarte Würze, kräftiger Wein, dicht, engmaschige Struktur, fruchtig-pikanter Abgang, sehr langer Nachhall, Potenzial.

93+ 2023 Riesling Federspiel Ried Klaus 12,5 %, €€
Helle Farbe, ausgeprägtes Pfirsicharoma in der Nase, Physalis und kandierte Ananas, straffe Struktur, eleganter Trinkfluss, fruchtiges Finish, lang anhaltend, Zitronenmelisse im Rückaroma.

93 2023 Grüner Veltliner Federspiel Ried Achleiten 12,5 %, €€
Helle Farbe, jugendliche, intensive Aromatik, Steinobst, Mandarine, Gewürznelke und Verbene, stoffiger Wein, lebendiger Trinkfluss, pikanter Abgang, gute Länge.

Wachau

Weingut Josef Jamek

Inmitten einzigartiger Terrassenweingärten, die das Wachauer Landschaftsbild seit vielen Jahrhunderten prägen, betreibt die Familie Jamek in vierter Generation Weinbau. Man bewirtschaftet 25 Hektar in den besten Lagen. In der bekannten Steillage Ried Klaus gedeihen Rieslinge von ausgeprägter Komplexität und Aromatik. Die Urgesteinsterrassen der Rieden Achleiten und Liebenberg sind für terroirgeprägte Grüne Veltliner bekannt. Die Rieden Hochrain und Zweikreuzgarten in Wösendorf wiederum werden in einer über vierzigjährigen Kooperation mit dem Benediktinerstift Melk bewirtschaftet. Hier wachsen Weißburgunder und Grüner Veltliner. Die Arbeit in Weinberg und Keller erfolgt schonend und traditionell unter Berücksichtigung notwendiger Innovationen, immer mit dem Ziel, höchste Qualität abzufüllen. Nachhaltigkeit und der Erhalt der für die Wachau so typischen natürlichen Terrassenmauern prägen die Tätigkeit im Weingarten.

Foto: Mia Bodenstein

Josef-Jamek-Straße 45
3610 Joching
T 02715/22 35
M info@weingut-jamek.at
www.weingut-jamek.at

Öffnungszeiten
Di.–Do., Sa. 11.30–16,
Fr. 11.30–21
Rebfläche
25 ha
Flaschenanzahl
170.000
Rebsorten
GV, RI, PB, CH, GM, ZW, PN
Anbau
konventionell
Verschlussarten
NK, DV
Gastronomie
Restaurant

96 2023 Grüner Veltliner Smaragd Ried Achleiten Wachau DAC 14 %, €€€
Jugendliche Farbe, komplexe Aromatik, nussige Würze, Papaya, kandierte Orange, körperreich, engmaschige Textur, fruchtiger Schmelz, pikanter Gerbstoff im Abgang, zart pfeffriger Nachhall, Potenzial.

96 2023 Riesling Smaragd Ried Klaus Wachau DAC 14 %, €€€
Jugendliche Farbe, vielschichtige Nase, kandierte Noten, Pfirsich, Physalis, Melisse, gehaltvoll, dicht und straffe Struktur, engmaschiges, zart mineralisches Finish, Weingartenpfirsich und Mandarine im Rückaroma, Potenzial.

95 2023 Grüner Veltliner Smaragd Ried Liebenberg Wachau DAC 13,5 %, €€€
Jugendliche Farbe, kandierte Orange und Mandeln, Steinobst, Verbene, körperreicher Wein, harmonische Textur, nussige Würze im Abgang, zarter Schmelz im Rückaroma.

95 2023 Weißburgunder Smaragd Wösendorf Wachau DAC 14 %, €€€
Helle Farbe, einladende, reife Frucht in der Nase, Melone, gelber Pfirsich, kandierte Mandeln, körperreicher Wein, harmonischer Trinkfluss, feiner Gerbstoff, fruchtiger Schmelz und Kumquat im Rückaroma, Potenzial.

94+ 2023 Riesling Smaragd Dürnsteiner Freiheit Wachau DAC 13,5 %, €€€
Jugendliche Farbe, vielschichtige Fruchtnoten, gelber Pfirsich, Zitronenmelisse, Kamille, körperreich, balancierte Textur, fruchtig-präzises Finish, Marillenkompott im Rückaroma.

92 2023 Chardonnay Joching 13 %, €€
Blassgelbe Farbe, zarte Fruchtnoten, Mandarine, Limette, gelber Apfel, straffer Wein, lebendiger Trinkfluss, fruchtiges Finish.

Wachau

Weingut Knoll

3601 Unterloiben 132
T 02732/793 55
M weingut@knoll.at

Öffnungszeiten
nach Vereinbarung
Rebfläche
18,5 ha
Flaschenanzahl
185.000
Rebsorten
GV, RI, GM, TR, CH, PN
Anbau
konventionell
Verschlussart
NK
Gastronomie
Restaurant „Loibnerhof"

Es gibt ein Weinetikett, das sich von allen anderen wesentlich unterscheidet. In leuchtendem Orange ist darauf der heilige Urban abgebildet. Aber auch die Weine haben schon seit drei Jahrzehnten weltweit Kultstatus. Sie spiegeln perfekt das einzigartige Terroir der Wachau wider und sind an Eleganz und Tiefgang kaum zu überbieten. Die Rieslinge und Veltliner der Lage Schütt zählen Jahr für Jahr zu den besten des Landes. Als Emmerich Knoll das Weingut in den 1970er-Jahren übernahm, war ihm bereits die Besonderheit der Wachauer Lagen bewusst. Mit Akribie verschrieb er sich dem Ziel, aus diesen Lagen auch die allerbesten Weine abzufüllen. Die Rechnung ging auf. Der Familienbetrieb, der generationsübergreifend arbeitet, steht sowohl für finessenreiche Lagentypizität als auch für die Langlebigkeit seiner Gewächse. Auch bei Prädikatsweinen zeigen die Knolls ihr Können.

98+ 2023 Riesling Smaragd Ried Schütt 13,5 %, €€€
Helle Farbe, intensive, komplexe Aromatik, Weingartenpfirsich, Limette, kandierte Orange, straff, dicht und engmaschige Textur, feines, mineralisches Finish, rosa Grapefruit und Melisse im Nachhall.

98 2023 Grüner Veltliner Smaragd Ried Schütt 13 %, €€€
Helle Farbe, komplexe, jugendliche Frucht, kandierte Orange, gelber Pfirsich, Gewürznelke, stoffig, balancierte Textur, fruchtiges Finish, Kumquat und Zesten im Abgang, pikanter Nachhall.

98 2023 Riesling Smaragd Ried Kellerberg 13,5 %, €€€
Helle Farbe, kühle, expressive Nase, Weingartenpfirsich, Physalis, Pomelo, straff, lebendige Struktur, engmaschig, kühl wirkender Riesling mit feinem mineralischem Finish, gute Länge.

98 2023 Riesling Smaragd Vinothekfüllung 14 %, €€€
Helle Farbe, einladendes Fruchtspiel, gelber Pfirsich, kandierte Noten, körperreich, lebendiger Trinkfluss, zartes Tannin, fruchtiger Schmelz und Marille im Nachhall, Potenzial.

97 2023 Grüner Veltliner Smaragd Vinothekfüllung 14 %, €€€
Jugendliche Farbe, gelbe Frucht, kandierte Orange und Mandeln, Papaya, gehaltvoll, dicht und straffe Struktur, engmaschiges Finish, feinstes Tannin, Zesten und Kumquat im Nachhall, Potenzial.

96+ 2023 Riesling Smaragd Ried Loibenberg 13,5 %, €€€
Helle Farbe, einladende, gelbe Steinobstnoten, Mandarine, Physalis, straff, lebendiger Trinkfluss, fruchtiger Schmelz im Abgang, lang anhaltend.

96 2023 Grüner Veltliner Smaragd Ried Loibenberg 13,5 %, €€€
Jugendliche Farbe, einladende, gelbe Fruchtnoten, Nashi-Birne, Melone, Verbene, leicht würzig, körperreich, balancierte Struktur, engmaschiges Finish, pikanter Nachhall, Zesten und Mandeln im Abgang.

Wachau

Weingut Franz Mayer

Weine aus dem Spitzer Graben: Das Familienweingut wird in dritter Generation von Barbara und Franz Mayer geführt. Im Spitzer Graben sowie am gegenüberliegenden Donauufer in Rossatz und Rührsdorf, bewirtschaftet man neun Hektar Weingärten nach biologischen Richtlinien. Ob im Weingarten oder im Keller – Mut zur Weiterentwicklung kennzeichnen den Betrieb. Die größte Herausforderung und auch die größte Freude ist für das Winzerpaar, die spezifischen Eigenschaften jeder einzelnen Rebsorte und Lage bestmöglich darzustellen. Dabei gönnt man den Weinen Ruhe und die nötige Zeit, um sich zu entwickeln und zu reifen. So sollen charakteristische und lagerfähige Gewächse entstehen.

94 2023 Neuburger Spitzer Graben 13,5 %, €€
Helle Farbe, intensive Nase, Nashi-Birne, Mandarine, gelber Pfirsich, nussige Würze, körperreich, feiner Gerbstoff, Apfelquitte und Grapefruit im Nachhall, lang anhaltend.

94 2023 Riesling Smaragd Ried Setzberg 13,5 %, €€
Helle Farbe, ausgeprägtes Fruchtspiel, gelber Pfirsich, Physalis, Mandarine, ein Touch Maracuja, körperreich, gut stützende Säure, fruchtiger Schmelz und Kumquat im Abgang, langer Nachhall.

93 2023 Grüner Veltliner Smaragd Ried Mühlgraben 13,5 %, €€
Jugendliche Farbe, ausgeprägte Nase, Grapefruit, Earl Grey, nussige Würze, Steinobst, körperreich, balancierter Trinkfluss, pikanter Gerbstoff und zarter Schmelz im Abgang, langer Nachhall.

Gut am Steg 11
3590 Spitz
T 0664/390 23 79
M office@mayerwein.at
www.mayerwein.at

Öffnungszeiten
Weinverkauf nach tel. Vereinbarung
Rebfläche
9,5 ha
Rebsorten
GV, RI, NE, PB, GM, RM, MT, SL, ZW
Anbau
Umstellung organisch-biologisch, nachhaltig
Verschlussarten
NK, DV
Gastronomie
Buschenschank (siehe Website)

92+ 2023 Weißburgunder Smaragd Spitzer Graben 13,5 %, €€
Jugendliche Farbe, einladendes Fruchtspiel, gelber Apfel, Mandarine, kandierte Orange, körperreich, harmonische Textur, fruchtiger, leicht süßer Schmelz im Abgang, lang anhaltend.

92 2021 Müller Thurgau M Raw 13 %, €€
(maischevergoren) Orangefarben, leichte Trübung, Zeste und Limette, Apfelschorle, stoffig, harmonische Textur, zarter Gerbstoff, gute Länge.

92 2023 Grüner Veltliner Federspiel Spitzer Graben 12,5 %, €
Jugendliche Farbe, Blütenhonig, Grapefruit, Granny Smith, Antipasti-Noten, stoffig, lebendige Struktur, gutes Frucht-Säure-Spiel, pikantes Finish.

92 2023 Riesling Federspiel Spitzer Graben 12,5 %, €
Helle Farbe, Limette, Steinobst, zarte Würze, Mandarine, kräftiger Wein, lebendiger Trinkfluss, fruchtiges Finish, gute Länge.

Wachau

Christine Mazza

Mit Christine Mazza hat 2016 die nächste Generation den Betrieb übernommen, und nun bewirtschaften Mutter und Tochter das Weingut gemeinsam. Sie arbeiten Hand in Hand im Weingarten, im Keller und auch beim Heurigen. Mensch, Natur, Handwerk und Kultur in Einklang zu bringen, ist den beiden Winzerinnen ein großes Anliegen. Ihre fruchtig-eleganten Weine sollen diese Lebenseinstellung wiedergeben. Die wichtigsten Sorten sind Grüner Veltliner und Riesling, erweitert wird das Angebot um Gelben Muskateller, Chardonnay und Zweigelt. Alle Weine sind vegan.

93 2023 Riesling Smaragd Ried Achleiten 13,5 %, €€
Jugendliche Farbe, reifer gelber Pfirsich, Honigmelone, zart kandierte Noten, kräftiger Wein, balancierte Textur, fruchtigpräzises Finish, feiner Schmelz im Nachhall.

92+ 2023 Grüner Veltliner Smaragd Ilses Lesung 14,5 %, €€
Jugendliche Farbe, kandierte Orange, Honig-Ingwer-Noten, Melone, körperreich, harmonische Textur, fruchtiger Schmelz im Abgang, gute Länge.

92+ 2023 Grüner Veltliner Smaragd Ried Weitenberg 15 %, €€
Jugendliche Farbe, Blütenhonig, Birnenquitte, Zesten, zarte Würze, opulenter Wein, weiche Textur, feiner Gerbstoff, Fruchtkaramell im Nachhall.

92+ 2023 Riesling Ried Vorder Seiber 13,5 %, €€
Jugendliche Farbe, kandierte Ananas und Orange, Steinobst, körperreicher Wein, harmonischer Trinkfluss, fruchtiger Schmelz im Abgang, gute Länge.

91+ 2023 Gelber Muskateller Smaragd 14 %, €€
Helle Farbe, zart florale Noten, traubige Anklänge, Mango, körperreicher Wein, weiche Textur, fruchtiger Schmelz im Abgang.

90 2023 Grüner Veltliner Federspiel Ried Hinter der Burg 12,5 %, €
Helle Farbe, fruchtig-pikante Nase, Einlegewürze, Zitrusnoten, straffer Wein, fruchtiger Abgang.

Foto: Lochlan Blair LOXPIX

Auf der Burg 124
3610 Weißenkirchen in der Wachau
T 02715/23 00
M weingut@mazza.at
www.mazza.at

Öffnungszeiten
nach Vereinbarung
Rebfläche
3 ha
Flaschenanzahl
15.000
Rebsorten
GV, RI, GM, CH, ZW, RO
Anbau
nachhaltig, KIP, vegan
Verschlussart
DV
Gastronomie
Heuriger

Wachau

Anton Nothnagl

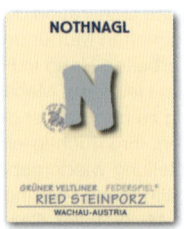

Radlbach 7
3620 Spitz
T 02713/26 12, 0664/979 22 25
M weingut@nothnagl.at
www.nothnagl.at

Öffnungszeiten
tägl. 8–18 und nach Vereinbarung
Rebfläche
11,5 ha
Flaschenanzahl
120.000
Rebsorten
GV, RI, SB, PB, CH, GM
Anbau
konventionell, nachhaltig
Verschlussart
DV
Sonstiges
Übernachtungsmöglichkeit

Der Rondellenhof in Spitz an der Donau ist seit 1872 im Besitz der Familie. Anton Nothnagl leitet seit 1997 den Betrieb, aber auch sein Sohn Christian ist bereits voll eingebunden und unterstützt ihn in den Weingärten und im Keller. Die Weingärten liegen in den besten Rieden von Spitz, wie etwa Setzberg, 1000 Eimerberg, Steinporz, Pluris, Spitzer Graben, Burgberg und Axpoint. Angebaut werden Grüner Veltliner, Riesling, Gelber Muskateller, Chardonnay, Weißburgunder und Sauvignon blanc. Die Arbeit in Presshaus und Keller, der 2001 renoviert wurde, stellt eine ideale Mischung aus überlieferter Tradition und moderner Technik dar. 2017 begann auch der Bau eines neuen Presshauses.

95 2023 Grüner Veltliner Smaragd Ried Setzberg Wachau DAC 14 %, €€
Helle Farbe, vielschichtiges Bukett, Antipasti-Noten, Grapefruit, Verbene, kandierte Orange, körperreich, dicht und engmaschige Struktur, lebendiger Trinkfluss, nussige Würze im Abgang, Physalis im Rückaroma.

95 2023 Riesling Smaragd Ried 1000-Eimerberg Wachau DAC 13,5 %, €€
Helle Farbe, intensive, jugendliche Aromatik in der Nase, Weingartenpfirsich, Physalis, kandierte Noten, körperreich, lebendige, engmaschige Textur, präzises, fruchtiges Finish, Mandarine im Rückaroma, Potenzial.

95 2023 Riesling Smaragd Ried Setzberg Wachau DAC 13,5 %, €€
Helle Farbe, ausgeprägte, komplexe Fruchtnoten, kandierte Ananas, Maracuja, gelber Pfirsich, körperreich, dicht, lebendiger Trinkfluss, fruchtig im Abgang, lang anhaltender Nachhall.

93+ 2023 Grüner Veltliner Smaragd Ried Burgberg Wachau DAC 13,5 %, €€
Helle Farbe, einladend reife Frucht in der Nase, gelber Pfirsich und Apfel, zarte Würze, kräftiger Wein, lebendiger Trinkfluss, pikantes Finish, fruchtiger Schmelz im Nachhall.

93 2023 Chardonnay Smaragd Spitz 14 %, €€
Jugendliche Farbe, kandierte Orange, Mandeln, Kumquat, körperreich, lebendiger Trinkfluss, zarter Gerbstoff und fruchtsüßer Schmelz im Abgang, gute Länge.

92+ 2023 Grüner Veltliner Federspiel Ried Steinporz Wachau DAC 12,5 %, €
Helle Farbe, jugendliches Fruchtspiel, Steinobst, Gewürznelke, stoffiger Wein, lebendiges Frucht-Säure-Spiel, eleganter Trinkfluss, pikantes Finish, gute Länge.

92+ 2023 Riesling Federspiel Ried Steinporz Wachau DAC 12,5 %, €
Helle Farbe, ausgeprägte Pfirsich- und Marillennoten, Mandarine, stoffiger Wein, fruchtig unterlegte Struktur, zarter Schmelz im Abgang, gute Länge.

Wachau

Weingut F. X. Pichler

Lucas Pichler führt heute gemeinsam mit seiner Frau Johanna das bekannte Familienweingut. Die Erfahrungen der Generationen sind ihr Kapital, aber auch ihre Verantwortung, der sie sich gerne stellen – aus Respekt und Wertschätzung gegenüber Familie und Geschichte, Wein und Natur. Ihr Kapital sind aber auch erstklassige Rebstöcke, die noch der Großvater von Lucas Pichler pflanzte. Bereits er war ein Qualitätsfanatiker und dokumentierte akribisch die Leistung der einzelnen Weinstöcke – mit dem Ziel, das Erbgut der Besten zu vermehren. Der Vater von Lucas, Franz Xaver Pichler, schaffte dann den internationalen Durchbruch. Für großen Wein benötigt man Spitzenlagen und den unbändigen Willen, etwas Einzigartiges daraus zu schaffen – davon sind Vater und Sohn überzeugt. Sie besitzen beides. Große Weine tragen aber auch eine Handschrift. Lucas Pichler versteht es, die feinen Nuancen der einzelnen Lagen in ihrer jeweiligen Charakteristik spürbar und schmeckbar zu machen. Finesse, Struktur und Vielschichtigkeit zeichnen sie aus.

Foto: Weingut F.X.Pichler

Oberloiben 57
3601 Dürnstein
T 02732/853 75
M weingut@fx-pichler.at
www.fx-pichler.at

Öffnungszeiten
nach Vereinbarung
Rebfläche
20 ha
Rebsorten
GV, RI, GM
Anbau
KIP, organisch-biologisch, nachhaltig
Verschlussarten
NK, DV

99 2023 Grüner Veltliner Ried Kellerberg 13,5 %, €€€
Helle Farbe, intensive, komplexe Aromatik, Kumquat, Apfelquitte, Verbene, florale Noten, Heublumen, stoffig, dicht, engmaschig, feinstes Tannin, präzises, würziges Finish, sehr lang anhaltend.

99 2023 Riesling Ried Kellerberg 13 %, €€€
Helle Farbe, intensive, vielschichtige Aromatik, Weingartenpfirsich, Marille, Melisse, Verbene, stoffig, dicht und engmaschige Struktur, fruchtig-mineralisches Finish, sehr, sehr langer Nachhall, Physalis und rosa Grapefruit im Rückaroma, Potenzial.

98+ 2023 Riesling Ried Steinertal 13 %, €€€
Helle Farbe, intensive Fruchtnoten, Weingartenpfirsich, Marille, weiße Nektarine, stoffig, dicht und engmaschig, lebendiger, eleganter Trinkfluss, präzises, fruchtig-mineralisches Finish, langer Nachhall.

98 2023 Grüner Veltliner Ried Loibenberg 13 %, €€€
Helle Farbe, intensive Aromatik, Physalis, zarte Nusswürze, Grapefruit, Tee-Noten, dicht und druckvoll, feinster Gerbstoff, engmaschig, Kumquat und Mandeln im Nachhall, Potenzial.

98 2023 Grüner Veltliner Ried Steinertal 12,5 %, €€€
Helle Farbe, jugendliche Fruchtnoten, Pomelo, Verbene, Kamille, straff, engmaschig, lebendiger Trinkfluss, pikantes Finish, zartes Pfefferl im Nachhall, lang anhaltend, „cooler Stil".

98 2023 Riesling Ried Loibenberg 12,5 %, €€€
Blassgelb, jugendlich, komplexe Nase, Marille, Physalis, Ananas, straff, dicht, druckvoll, lebendiger Trinkfluss, präzises Finish, feinster Gerbstoff und Pfirsich im Nachhall, sehr lang anhaltend.

94+ 2023 Grüner Veltliner Dürnstein 13 %, €€€
Helle Farbe, saftige, gelbe Frucht, seidig, straff, lebendige Struktur, präzises Finish, engmaschig.

Rudi Pichler

Rudi Pichler zählt zur Weinmacherelite der Wachau. Schon früh erkannte er das Potenzial des Wachauer Terroirs. Dem Wösendorfer Winzer ist es dank seines eigenständigen Stils und seinem Perfektionismus gelungen, Weine von Weltformat zu schaffen. Inzwischen ist mit Theresa und Rudi junior auch schon die nächste Generation mit am Werk. Gemeinsam verfolgen sie konsequent das Ziel, charaktervolle Gewächse zu produzieren, die ihre Herkunft zu hundert Prozent widerspiegeln. Zu den Toplagen des Weinguts in Wösendorf gehören Kollmütz, Hochrain, Kirchweg und in Weißenkirchen die Lage Achleithen. Die Weißweine zeichnen sich durch enormes Reifepotenzial aus.

98 2023 Riesling Smaragd Ried Achleithen Wachau DAC 13,5 %, €€€
Helle Farbe, jugendlich, intensive Nase, Weingartenpfirsich, Zitronenmelisse, Kamille, Nektarine, stoffig, dicht und engmaschige Struktur, eleganter Trinkfluss, zart mineralisches Finish, lang anhaltend, Physalis und rosa Grapefruit im Nachhall, Potenzial.

97+ 2023 Grüner Veltliner Smaragd Ried Achleithen Wachau DAC 13,5 %, €€€
Helle Farbe, intensive, vielschichtige Aromatik, Physalis, Kumquat, Quitte, Earl Grey, Verbene, gehaltvoll, engmaschige, straffe Textur, feiner Gerbstoff, fruchtig-pikanter Abgang, sehr langer Nachhall, nussige Würze im Finish, Potenzial.

97+ 2023 Riesling Smaragd Ried Hochrain Wachau DAC 13,5 %, €€€
Helle Farbe, zarte Reduktionsnoten, dahinter Weingartenpfirsich, Nektarine, Kumquat, stoffig, straff, lebendiger Trinkfluss, fruchtig unterlegter Gerbstoff, lang anhaltend, Potenzial.

Marienfeldweg 122
3610 Wösendorf
T 02715/22 67
M weingut@rudipichler.at
www.rudipichler.at

97 2023 GV Smaragd Ried Hochrain Wachau DAC 13,5 %, €€€
Helle Farbe, kandierte Orange, Nashi-Birne, Mandeln, stoffig, balancierte, dichte Textur, feiner Gerbstoff, fruchtig-floraler Nachhall, sehr lang anhaltend, zarter Schmelz im Finish, Potenzial.

Öffnungszeiten
ausschließlich nach Vereinbarung
Rebfläche
15 ha
Flaschenanzahl
90.000
Rebsorten
GV, RI, PB, RV
Anbau
KIP, konventionell, nachhaltig
Verschlussart
NK

96+ 2023 GV Smaragd Ried Kollmütz Wachau DAC 13,5 %, €€€
Helle Farbe, jugendliche Reduktion, gewinnt mit Luft Birnenquitte, kandierte Mandeln und Orange, Verbene, körperreich, harmonischer Trinkfluss, feiner Gerbstoff, engmaschiges Finish, sehr lang anhaltend.

95+ 2023 Riesling Smaragd Ried Kirchweg Wachau DAC 13,5 %, €€€
Helle Farbe, dezente Reduktion, gewinnt mit Luft Marille, Weingartenpfirsich, Physalis, straff, lebendiger, eleganter Trinkfluss, fruchtig, präzises Finish, gute Länge, rosa Grapefruit im Rückaroma.

95 2023 Weißburgunder Terrassen Smaragd Wachau DAC 14 %, €€
Jugendliche Farbe, einladendes Fruchtspiel, gelber Apfel, Mandarine, Zesten, Haselnuss, gehaltvoll, balancierte, lebendige Struktur, fruchtig-pikanter Abgang, zarter Schmelz im Nachhall, lang anhaltend.

Wachau

Pichler-Krutzler

Der Wein war ihnen schon in die Wiege gelegt. Elisabeth Pichler-Krutzler entstammt dem Wachauer Weingut F. X. Pichler und Erich Krutzler dem Weingut Krutzler aus dem Südburgenland. Nach ihrer Heirat war ein eigenes Weingut die logische Folge. Man konzentriert sich auf Grünen Veltliner und Riesling und verarbeitet heute Trauben von rund 15 Hektar aus besten Rieden. Das konsequente Verfolgen höchster Qualität machte sich von Beginn an bezahlt. Die hohe Traubenqualität der Toplagen Ried Loibenberg, Ried Pfaffenberg, Ried Supperin und Ried Kellerberg sind Basis und Garant für das hohe Qualitätsniveau der Weine. Die Kellerarbeit ist sehr reduziert unter dem Motto „Passion und Respekt". Daran wird auch der Ausbau des neuen Kellers nichts ändern, meinen Elisabeth und Erich. Die Pichler-Krutzler-Weine stehen für puristischen Sorten- und Riedencharakter mit großem Reifepotenzial.

Foto: www.markusroessle.com

Oberloiben 16
3601 Dürnstein
T 02732/718 06
M office@pichler-krutzler.at
www.pichler-krutzler.at

Öffnungszeiten
nach Vereinbarung
Rebfläche
15 ha
Flaschenanzahl
75.000
Rebsorten
PB, GV, RI, BF
Anbau
organisch-biologisch
Verschlussarten
NK, DV

98+ 2021 Grüner Veltliner Ried Kellerberg „S" 13,5 %, €€€
Helle Farbe, intensive, gelbe Aromatik, Verbene, Quitte, rosa Grapefruit, straff, dicht und feines Tannin, pfeffriges Rückaroma, lang anhaltend, Pikanz und Physalis im Rückaroma, Potenzial.

98 2021 Grüner Veltliner Ried Wunderburg 13 %, €€€
Jugendliche Farbe, vielschichtige Nase, Quitte, Melone, rosa Grapefruit, zarte Würze, Verbene, stoffig, dicht und lebendige Struktur, pikantes, pfeffriges Finish, sehr lang anhaltend, grüner Tee im Rückaroma, Potenzial.

98 2022 Riesling Ried Pfaffenberg Alte Reben Kremstal DAC 13 %, €€€
Jugendliche Farbe, intensive Aromatik, Weingartenpfirsich, Mandarine, straff, lebendiger Trinkfluss, fruchtig-engmaschiges Finish, rosa Grapefruit im Nachhall.

97+ 2022 Grüner Veltliner Ried Pfaffenberg Alte Reben 13 %, €€€
Jugendliche Farbe, intensives, vielschichtiges Bukett, Kumquat, zarte Holzwürze, dicht und engmaschige Struktur, präzises Tannin, vermittelt kühle Aromatik, pfeffriges Finish, Potenzial.

97 2023 Riesling Ried Loibenberg Wachau DAC 13 %, €€€
Helle Farbe, zart Weingartenpfirsich, Kumquat, Physalis, straff, lebendige Textur, eleganter Trinkfluss, fruchtiges Finish, zarter Gerbstoff, langer Nachhall.

96+ 2023 Riesling Ried Pfaffenberg Kremstal DAC 13 %, €€€
Jugendliche Farbe, ausgeprägtes Fruchtspiel, kandierte Ananas, Marille, straff, lebendige Struktur, fruchtig-präzises Finish, langer Nachhall.

95+ 2023 Grüner Veltliner Ried Supperin Wachau DAC 13 %, €€€
Jugendliche Farbe, kandierte Orange, Kumquat, Melone, gehaltvoll, dicht und harmonische Textur, feiner Gerbstoff im Abgang, lang anhaltend, Physalis im Rückaroma.

Wachau

Weingut Prager

„Vom Stein zum Wein", so die Devise von Toni und Robert Bodenstein. Die Ambition von Vater und Sohn liegt im Ausloten des Qualitätspotenzials der einzelnen Lagen. Das Ziel der beiden ist, individuelle, archetypische Weine ins Glas zu bringen, die den einzigartigen Charakter ihrer Herkunft in sich tragen. Der als „Terroirist der Wachau" bekannte Toni Bodenstein versucht, Geschichte und Zukunft in seinem Schaffen zu verbinden. So erfolgen die Arbeiten in Weinberg und Keller nach traditionellen Methoden, gepaart mit Innovationen. Das Ergebnis sind authentische, inspirierende Weine. Mit Respekt vor der Natur, Wertschätzung der Umwelt und Verantwortung gegenüber kommenden Generationen entstehen Weine, die Finesse mit Ausdruck und Kraft vereinen. Auszeichnungen bestätigen die Arbeit von Ilse, Robert und Toni Bodenstein.

Foto: Ralph Darabos

Wachaustraße 48
3610 Weißenkirchen in der Wachau
T 02715/22 18
M info@weingutprager.at
www.weingutprager.at

Öffnungszeiten
nach Vereinbarung
Rebfläche
18 ha
Rebsorten
GV, RI
Anbau
KIP, konventionell, nachhaltig
Verschlussarten
NK, DV

98+ 2023 Grüner Veltliner Smaragd Ried Zwerithaler Kammergut Wachau DAC 14 %, €€€
Helle Farbe, intensive, vielschichtige Nase, Kamille, Verbene, Quitte, Physalis, gehaltvoll, dicht, straffe Struktur, engmaschiger, eleganter Trinkfluss, fruchtig-pikanter Abgang, pfeffrige Würze und Pomelo im Nachhall, sehr lang anhaltend, Riesenpotenzial.

98+ 2023 RI Smaragd Wachstum Bodenstein Wachau DAC 13,5 %, €€€
Helle Farbe, intensive, vielschichtige Aromatik, kandierte Orange und Ananas, Maracuja, gelber Pfirsich, kräftig, balanciert, lebendiger Trinkfluss, präzises, fruchtiges Finish, sehr lang anhaltend, rosa Grapefruit und Pfirsich im Nachhall, Potenzial.

98 2023 GV Ried Achleiten Smaragd Wachau DAC 14 %, €€€
Blassgelb, intensive Aromatik, rosa Grapefruit, Steinobst, Verbene, Kamille, stoffig, dicht und straffe Textur, engmaschiger Trinkfluss, fruchtig-pikantes Finish, lang anhaltend, Lemongrass und Physalis im Rückaroma, Potenzial.

98 2023 GV Smaragd R. Achleiten Stockkultur Wachau DAC 14,5 %, €€€
Helle Farbe, vielschichtiges Bukett, kandierte Orange, Verbene-Ingwer-Honig, Gewürznelke, körperreich, lebendiger Trinkfluss, fruchtig-pikanter Abgang, lang anhaltend, Kumquat und Mandeln im Rückaroma, Potenzial.

98 2023 Riesling Smaragd Ried Achleiten Wachau DAC 13,5 %, €€€
Helle Farbe, einladende gelbe Steinobst-Frucht, Marille, Pfirsich, kräftig, engmaschige Struktur, fruchtiger Abgang, zarter Schmelz, kandierte Ananas im Rückaroma, sehr lang anhaltend, Potenzial.

97+ 2023 Riesling Smaragd Ried Klaus Wachau DAC 13,5 %, €€€
Helle Farbe, intensive Nase, gelbe Nektarine, Physalis, Weingartenpfirsich, stoffig, lebendige, balancierte Struktur, fruchtiger Schmelz im Abgang, Mandarine und rosa Grapefruit im Nachhall.

97 2023 GV Smaragd Wachstum Bodenstein Wachau DAC 14,5 %, €€€
Helle Farbe, ausgeprägtes Bukett, Verbene, Lemongrass, Steinobst, Physalis, gehaltvoll, balanciert, lebendig, fruchtig-pikanter Abgang, lang anhaltend, Kumquat im Rückaroma.

Wachau

Familie Schmelz

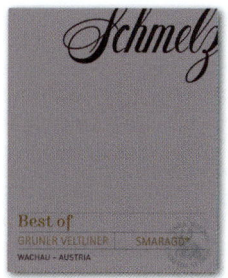

Das renommierte Weingut in Joching wird seit 2018 von Thomas und Bianca Schmelz geführt. Dabei wird das junge Winzerpaar aber noch tatkräftig von den Eltern unterstützt. Monika und Johann Schmelz haben das Weingut über viele Jahre an die Spitze der Wachauer Betriebe geführt. Auch Florian, der Bruder von Thomas, bringt seine Kenntnisse ein und trägt so zum Erfolg bei. Das Terroir rund um Joching bietet dafür ideale Voraussetzungen: Die Rieden Pichl Point, Stein am Rain, Steinriegl und Dürnsteiner Freiheit zählen zu den besten Lagen der Region. Wichtigste Rebsorte ist der Grüne Veltliner, der rund 60 Prozent der Gesamtproduktion ausmacht, gefolgt von Riesling, Muskateller und Sauvignon blanc. Die lagentypischen Weine können auch in der „Weinbühne" genossen werden, einem modernen Verkostungsraum mit herrlichem Blick über die Weingärten.

Foto: Michael Parak

Weinbergstraße 14
3610 Joching
T 02715/24 35
M info@schmelzweine.at
www.schmelzweine.at

Öffnungszeiten
Mo.–Sa. 10–12, 13–17 für Verkostung
Rebfläche
13 ha
Rebsorten
GV, RI, GM, SB
Anbau
konventionell, nachhaltig
Verschlussart
DV
Gastronomie
Heuriger, Verkostung in der „Weinbühne"

96+ 2023 Grüner Veltliner Smaragd Best of Wachau DAC 14,5 %, €€€
Helle Farbe, intensive, komplexe Nase, Physalis, Birnenquitte, kandierte Orange, zarte Würze, körperreicher Wein, dicht und harmonische Textur, feiner Gerbstoff, sehr lang anhaltend, Riesenpotenzial.

96 2023 Grüner Veltliner Smaragd Ried Kollmitz Wachau DAC 14 %, €€€
Helle Farbe, kandierte Fruchtnoten, Birnenquitte, zarte Würze, körperreich, gut stützende Säure, pikantes Finish, lang anhaltend, pfeffrige Noten im Nachhall, Potenzial.

95+ 2023 Grüner Veltliner Smaragd Ried Steinertal Wachau DAC 14,5 %, €€€
Helle Farbe, ausgeprägtes, fruchtiges Bukett, Nashi-Birne, kandierte Orange, Quitte, zarte Würze, Mandarine, körperreich, straffe, engmaschige Struktur, balanciert-pikanter Gerbstoff, lang anhaltend.

95+ 2023 Riesling Smaragd Ried Höhereck Dürnsteiner Freiheit Wachau DAC 13,5 %, €€€
Helle Farbe, ausgeprägte Steinobstnoten, gelber Pfirsich, Mandarine, kandierte Ananas, gehaltvoll, balancierter Trinkfluss, feines, elegantes Fruchtfinish, langer Nachhall, Marille im Rückaroma.

95 2023 Grüner Veltliner Smaragd Ried Loibenberg Wachau DAC 14,5 %, €€€
Helle Farbe, vielschichtiges Bukett, Weingartenpfirsich, Verbene, Gewürznelke, Melone, opulenter Wein, harmonische Textur, fruchtig-pikantes Finish, Kumquat im Rückaroma, lang anhaltend.

94+ 2023 Riesling Smaragd Ried Steinriegl Wachau DAC 13,5 %, €€€
Blassgelb, jugendliches Fruchtspiel, Weingartenpfirsich, Limette, Mandarine, kräftig, lebendiger Trinkfluss, fruchtig-präziser Abgang, Physalis im Finish.

94 2023 GV Smaragd Ried Pichl Point Wachau DAC 14 %, €€€
Helle Farbe, nuancierte Nase, Steinobst, zarte Würze, Zesten, körperreich, lebendiger Trinkfluss, pikanter Gerbstoff, gute Länge.

Wachau

Adrienne & Heinz Sigl

Das Weingut liegt mitten in den Weinbergen von Rossatz am rechten Donauufer der Wachau. Kreativität und Gefühl, gepaart mit fundierter Ausbildung und moderner Weintechnologie, bilden die Grundlage für hochwertige Weine, die unter anderem aus den Rieden Himmelreich, Frauenweingärten und Kirnberg kommen. Neben den Klassikern Grüner Veltliner und Riesling zählt Gelber Muskateller zu den wichtigsten Sorten des Betriebs. Die besonderen Klimaverhältnisse der Wachau, vorausschauende und qualitätsorientierte Arbeit im Weingarten sowie schonende Verarbeitung bilden die Basis für eine unverwechselbare Charakteristik. Kein Jahr gleicht dem anderen. Die Herausforderung für Heinz Sigl besteht darin, kontinuierlich reintönige und vielschichtige Gewächse zu produzieren. Mit dem Jahrgang 2021 sind ihre Weine biozertifiziert.

3602 Rossatz 175
T 02714/63 02
M wein@weingut-sigl.at
www.weingut-sigl.at

Öffnungszeiten
nach Vereinbarung
Rebfläche
8 ha
Rebsorten
GV, RI, GM
Anbau
organisch-biologisch, nachhaltig
Verschlussart
DV

95+ 2023 Riesling Smaragd Ried Kirnberg Wachau DAC 13,5 %, €€
Helle Farbe, saftige, gelbe Steinobst-Frucht, Mandarine, stoffig, balancierter, fruchtiger Schmelz im Abgang, lang anhaltend, kandierte Ananas und Marille im Rückaroma, Potenzial.

95 2023 Grüner Veltliner Smaragd Ried Kirnberg Wachau DAC 14 %, FP, €€
Helle Farbe, nuanciertes, komplexes Bukett, Kumquat, Gewürznelke, gelbe Frucht, Melone, körperreich, balancierte Textur, engmaschiges, pikantes Finish, Kumquat und nussige Würze im Rückaroma, Potenzial.

94+ 2019 Grüner Veltliner Smaragd Ried Kirnberg 14,5 %, €€€
Jugendliche Farbe, komplexe Aromatik, gelber Pfirsich, Melone, Zesten, Kapern, Gewürznelke, barocker Wein, straffe Textur, fruchtig-pikanter Abgang, zarter Schmelz im Nachhall, Potenzial.

94+ 2023 Grüner Veltliner Smaragd Ried Himmelreich Wachau DAC 13,5 %, €€
Helle Farbe, intensive, vielschichtige Nase, gelbe, einladende Frucht, Honigmelone, Nektarine, Birnenquitte, kandierte Orange, körperreich, lebendige, harmonische Textur, fruchtiger Schmelz und zart pfeffrig würzige Noten im Abgang, langer Nachhall.

92+ 2023 Riesling Federspiel Rossatz Wachau DAC 12,5 %, €€
Helle Farbe, intensives Fruchtspiel, Steinobst, Mandarine, Maracuja, straff, lebendiger Trinkfluss, fruchtiger Schmelz im Abgang, gute Länge.

92 2023 Grüner Veltliner Federspiel Kreuzberg 12,5 %, €€
Helle Farbe, vielschichtige Nase, nussige Würze, Steinobst, kandierte Orange, straff, balancierter Trinkfluss, pikantes Finish, gute Länge.

Karl Stierschneider, Kartäuserhof

Im 14. Jahrhundert wurde der Lesehof der Kartause Aggsbach erbaut, seit 1862 wird er unter dem Namen Kartäuserhof von der Familie Stierschneider bewirtschaftet, die ihn liebevoll restauriert und die Rebfläche auf knapp 10 Hektar ausgeweitet hat. Die herausragenden Lagen werden sorgfältig bearbeitet, um die jeweilige Qualität des Terroirs zu betonen. Tradition wird behutsam mit Fortschritt kombiniert, indem man sich auf die Erfahrung der vorigen Generationen besinnt, dabei aber die Errungenschaften von heute berücksichtigt. Die wichtigsten Rebsorten sind Grüner Veltliner und Riesling, zudem kultiviert man Gelben Muskateller, Rosenmuskateller, Sauvignon blanc, Traminer und Zweigelt.

Foto: Karl Stierschneider

Kremser Straße 6
3610 Weißenkirchen in der Wachau
T 0664/210 33 11, 02715/23 74
M karl@stierschneider.at
www.stierschneider.at

Öffnungszeiten
Mo.–Fr. 8–17,
Sa., So., Fei. 10.15–15.30
Rebfläche
9,5 ha
Flaschenanzahl
70.000
Rebsorten
GV, RI, SB, ZW, GM, RM, TR
Anbau
konventionell, nachhaltig
Verschlussarten
NK, DV

96 2023 Riesling Smaragd Ried Achleiten Wachau DAC 13,5 %, €€€
Jugendliche Farbe, ausgeprägte Steinobstaromen, gelber Pfirsich, Marille, kandierte Ananas, kräftiger Wein, engmaschige Textur, fruchtig unterlegter Trinkfluss, zart mineralisches Finish, fruchtiger Nachhall, Riesenpotenzial.

95+ 2023 Grüner Veltliner Smaragd Ultimo Wachau DAC 14 %, €€€
Jugendliche Farbe, ausgeprägte, komplexe Aromatik, Nashi-Birne, kandierte Orange, Papaya, gelber Pfirsich, körperreicher Wein, harmonische Struktur, engmaschiges, pikantes Finish, lang anhaltend, Kumquat im Rückaroma, Potenzial.

94+ 2023 Grüner Veltliner Smaragd Urbestand Wachau DAC 14 %, €€€
Jugendliche Farbe, komplexes Bukett, Birnenquitte, Blütenhonig, gelbe Steinobstaromen, gehaltvoll, dicht und straffe Struktur, pikanter Gerbstoff, Zesten im Rückaroma, Potenzial.

93+ 2023 Grüner Veltliner Federspiel Ried Achleiten Wachau DAC 12,5 %, €€
Helle Farbe, ausgeprägte, komplexe Nase, Kumquat, Mandeln, Grapefruit, kräftiger Wein, engmaschige, lebendige Textur, feines, pikantes Finish, langer Nachhall.

93 2023 Grüner Veltliner Federspiel Ried Klaus Wachau DAC 12,5 %, €€
Helle Farbe, jugendliches Fruchtspiel, Grapefruit, Gewürznelke, nussige Würze, markantes Säurespiel, pfeffrige Noten und Pomelo im Rückaroma, langer Nachhall.

93 2023 Riesling Federspiel Ried Steinriegl Wachau DAC 12,5 %, €€
Helle Farbe, ausgeprägtes Pfirsichbukett, kandierte Orange und Ananas, lebendiger Trinkfluss, fruchtiger Schmelz im Abgang, gute Länge.

Wachau

Paul Stierschneider, Urbanushof

Die Anfänge des Familienweinguts reichen bis ins Jahr 1696 zurück. Das alte Winzerhaus mit schönem Innenhof und herrlichem Blick auf Stift Dürnstein lädt zum Verkosten ein. Die Weine profitieren vom Zusammenspiel des milden Mikroklimas, der Nähe zur Donau und der Nachbarschaft zum kühlen Waldviertel. Die Tageswärme wird von den Steinterrassen gespeichert, und die nächtliche Kühle erhält die Säurestruktur der Trauben. Daraus entstehen elegante und fruchtige Weine mit vielschichtiger Aromatik. Loibenberg, Rothenberg, Steinertal und Schütt zählen zu den Toplagen des Hauses.

95 2023 Riesling Smaragd Ried Loibenberg Wachau DAC 14%, €€€
Helle Farbe, intensive Frucht, kandierte Ananas, gelber Pfirsich, gehaltvoll, dicht und harmonischer Trinkfluss, engmaschiges Finish, balancierter Schmelz im Nachhall.

94+ 2023 Grüner Veltliner Smaragd Ried Schütt Wachau DAC 14,5%, €€€
Helle Farbe, vielschichtiges Bukett, kandierte Orange und Mandeln, nussige Würze, körperreich, dicht und balancierter Trinkfluss, Zesten und Birnenquitte im Rückaroma, Potenzial.

94 2023 Riesling Smaragd Ried Rothenberg Wachau DAC 13,8%, €€€
Jugendliche Farbe, kandierte Orange, reife Marille, Naktarine, gehaltvoller Riesling, balancierter Trinkfluss, fruchtiger Schmelz und Kumquat im Abgang, langer, fruchtiger Nachhall.

93+ 2023 Grüner Veltliner Smaragd Ried Loibenberg Wachau DAC 14,5%, €€€
Helle Farbe, kandierte Orange, Nashi-Birne, Estragon, Gewürznelke, körperreicher Wein, weiche Textur, fruchtiger Schmelz im Abgang, gute Länge, lang anhaltend, Potenzial.

93 2023 Riesling Ried Loibenberg Terrassen Wachau DAC 13%, €€
Helle Farbe, ausgeprägtes, jugendliches Fruchtspiel, Steinobst, Pomelo, kandierte Noten, saftiger Wein, lebendiger Trinkfluss, fruchtiger Schmelz im Abgang, lang anhaltender Nachhall.

92+ 2023 Sauvignon Blanc Smaragd Loiben Wachau DAC 13,8%, €€
Helle Farbe, ausgeprägtes Bukett, Einlegegewürze, Antipasti-Noten, zart florale Anklänge, körperreicher Wein, harmonische Textur, fruchtsüßer Schmelz im Abgang, Potenzial.

92 2023 Gelber Muskateller Guglzipf Wachau DAC 12,5%, €€
Blassgelb, intensive Aromatik, zarte Blütenanklänge, Muskatnuss, gelber Pfirsich, Maracuja, saftiger Wein, harmonische Textur, fruchtiger Schmelz im Abgang, gute Länge.

3601 Oberloiben 17
T 02732/727 50
M weingut@urbanushof.cc
www.urbanushof.cc

Öffnungszeiten
nach Vereinbarung,
Weinverkauf jederzeit
Rebfläche
5,5 ha
Flaschenanzahl
35.000
Rebsorten
GV, RI, GM, SB, CH, ZW
Anbau
KIP, nachhaltig
Verschlussarten
NK, DV
Gastronomie
Heuriger
Sonstiges
Übernachtungsmöglichkeit

Wachau

Tegernseerhof, Familie Mittelbach

Der Tegernseerhof blickt auf eine über 1.000 Jahre währende Geschichte zurück. Heute ist das Weingut im Besitz der Familie Mittelbach und wird von Martin Mittelbach geführt. Die Trauben für die Weine stammen aus den besten Lagen der Wachau, darunter Schütt, Steinertal, Kellerberg, Loibenberg und Höhereck. Sowohl Grüner Veltliner als auch Riesling haben, insbesondere im Smaragdbereich, eine ganz eigene Stilistik und überzeugen mit prägnanter Mineralität, einem breit gefächerten Aromenspektrum und Tiefgang.

97 2023 Grüner Veltliner Smaragd Ried Schütt Wachau DAC
13,5 %, FP, €€€
Helle Farbe, ausgeprägtes Frucht-Würze-Spiel, Kumquat, Gewürznelke, Limette, stoffig, dicht und engmaschige Struktur, pikanter Gerbstoff und fruchtig, präziser Nachhall, zartes Pfefferl im Rückaroma, Potenzial.

Foto: Pamela Schmatz

3601 Unterloiben 12
T 02732/853 62
M office@tegernseerhof.at
www.tegernseerhof.at

Öffnungszeiten
nach Vereinbarung
Rebfläche
23 ha
Rebsorten
GV, RI, NE, GE, PN
Anbau
KIP, nachhaltig
Verschlussart
DV
Gastronomie
Heuriger, Alter Klosterkeller in Dürnstein

97 2023 Riesling Smaragd Ried Kellerberg Wachau DAC
13,5 %, FP, €€€
Helle Farbe, einladende, gelbe Pfirsichnoten, Mandarine, rosa Grapefruit, Passionsfrucht, körperreich, balancierte Struktur, fruchtig-präzises Finish, langer Nachhall, Physalis im Rückaroma.

96+ 2023 Grüner Veltliner Smaragd Ried Höhereck Wachau DAC
13,5 %, FP, €€€
Helle Farbe, intensive Nase, Kräuter Grapefruit, Lemongrass, stoffig, lebendige Struktur, engmaschig, pikantes Finish, fruchtig-würziger Nachhall, Potenzial.

96 2023 Grüner Veltliner Smaragd Ried Loibenberg Wachau DAC
13,5 %, FP, €€€
Helle Farbe, intensive Nase, Verbene, Gewürznelke, Steinobst, Mandarine, straff, lebendiger Trinkfluss, pikanter Gerbstoff im Abgang, langer Nachhall, fruchtig-würziges Rückaroma.

96 2023 Riesling Smaragd Ried Loibenberg Wachau DAC
13,5 %, FP, €€€
Helle Farbe, ausgeprägtes Bukett, intensives Fruchtspiel, Weingartenpfirsich, Nektarine, Verbene, Melisse, stoffig, dicht und straffe Struktur, feiner Gerbstoff im Abgang, Kumquat und Yuzu im Rückaroma, Potenzial.

96 2023 Grüner Veltliner Smaragd Ried Steinertal Wachau DAC 13,5 %, FP, €€€
Jugendliche Farbe, ausgeprägte, komplexe Aromatik, Steinobst, Mandarine, kandierte Ananas, stoffig, dicht und balanciert, harmonischer Trinkfluss, fruchtig unterlegter Gerbstoff, langer Nachhall.

94 2023 Grüner Veltliner Smaragd Bergdistel Wachau DAC
13,5 %, FP, €€€
Helle Farbe, nuanciertes Bukett, Verbene, reife gelbe Fruchtnoten, Melone, Ingwer, körperreich, straff, balancierter Trinkfluss, pikantes Finish, nussige Würze im Nachhall.

Die Besten im
KAMPTAL

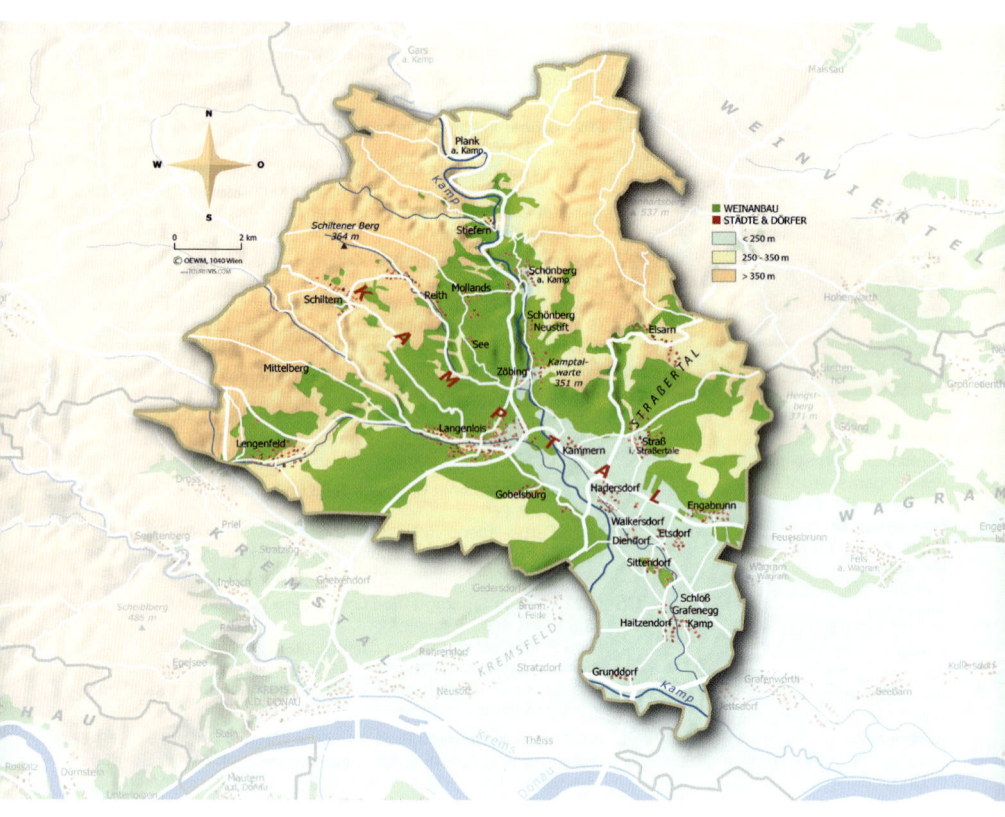

Rebfläche: 3.907 ha. Das Kamptal ist von Lehm- und Lössböden dominiert; auch Urgestein hat seine Spuren hinterlassen. Hier entstehen feinfruchtige, aromatische und gleichzeitig kraftvolle, füllige Weißweine, auch Rotwein gewinnt an Bedeutung.
Rebsorten: Grüner Veltliner, Riesling und Burgundersorten

99+ *2022 Riesling Alte Reben Ried Heiligenstein Kamptal DAC 1 ÖTW* · **Weingut Bründlmayer**

98 *2023 Riesling Ried Heiligenstein-Rotfels Kamptal DAC 1 ÖTW* · **Weingut Hirsch**

98 *2022 Riesling Ried Heiligenstein Alte Reben Kamptal DAC 1 ÖTW* · **Weingut Jurtschitsch**

97+ *2022 Chardonnay Reserve Ried Steinberg* · **Weingut Bründlmayer**

97+ *2022 Riesling Ried Heiligenstein Kamptal DAC 1 ÖTW* · **Schloss Gobelsburg**

97 *2022 Riesling Ried Heiligenstein Kamptal DAC 1 ÖTW* · **Weingut Allram**

97 *2022 Grüner Veltliner Ried Lamm Kamptal DAC 1 ÖTW* · **Weingut Bründlmayer**

97 *2021 Riesling Ried Heiligenstein Rotfels Kamptal DAC 1 ÖTW* · **Weingut Jurtschitsch**

96 *2022 Riesling Ried Gaisberg „Perm" Kamptal DAC 1 ÖTW* · **Weingut Allram**

96 *2023 Grüner Veltliner Ried Gaisberg Kamptal DAC 1 ÖTW* · **Weingut Hirsch**

96 *2023 Riesling Ried Gaisberg Kamptal DAC 1 ÖTW* · **Weingut Hirsch**

96 *2022 Riesling Ried Heiligenstein Kamptal DAC 1 ÖTW* · **Weingut Loimer**

96 *2022 Grüner Veltliner Ried Lamm Kamptal DAC 1 ÖTW* · **Schloss Gobelsburg**

96 *N. V. Tradition Heritage Cuvée 10 Jahre Edition 852* · **Schloss Gobelsburg**

95+ *2022 Riesling Ried Gaisberg Kamptal DAC 1 ÖTW* · **Weingut Allram**

95+ *N. V. Sauvignon Blanc Anno Dazumal 6-8-9* · **Heinrich Weixelbaum**

95 *2022 Grüner Veltliner Ried Spiegel 1 ÖTW Kamptal DAC Reserve* · **Ludwig Ehn**

95 *2022 Riesling Ried Heiligenstein Kamptal DAC 1 ÖTW* · **Ludwig Ehn**

95 *2022 Riesling Ried Gaisberg Kamptal DAC 1 ÖTW* · **Weingut Eichinger**

95 *2023 Riesling Ried Heiligenstein Kamptal DAC 1 ÖTW* · **Weingut Leindl**

95 *N. V. Blanc de Blancs Brut Nature Sekt Große Reserve Langenlois g.U.* · **Weingut Loimer**

95 *2023 Riesling Ried Heiligenstein Kamptal DAC 1 ÖTW* · **Weingut Barbara Öhlzelt**

95 *2015 Weißburgunder Sekt 100 Monate* · **Weingut Steininger**

95 *2022 Riesling Ried Heiligenstein Kamptal DAC 1 ÖTW* · **Weingut Topf**

Kamptal

Weingärtnerei Aichinger

Die Weine von Maximilian Aichinger sind von den für Weinbau günstigen klimatischen Bedingungen des Kamptals geprägt: Starke Tageserwärmung und kühle nächtliche Fallwinde aus dem nahen Waldviertel sorgen für eine einzigartige Aromatik, aber auch die Geologie der Region ist besonders. Man nützt diese Einflüsse und ist bemüht, daraus herkunftstypische Weine zu produzieren. Erfahrung einerseits, aber auch Mut zu Neuem und moderne Vinifikation ergeben Weine mit Charakter. Man versucht, Bewährtes zu erhalten und Neues zu integrieren. Auf Löss- und Urgesteinsterrassen wachsen Grüner Veltliner, Riesling, Sauvignon blanc, Gemischter Satz, Weißburgunder, Roter Traminer, Zweigelt, Cabernet Sauvignon und Merlot. 12,5 Hektar Weinberge werden – seit mehr als einem halben Jahrhundert naturnah – mit größter Sorgfalt bewirtschaftet.

Foto: Weingut Aichinger

Hauptstraße 15
3562 Schönberg am Kamp
T 02733/82 37
M kamptal@wein-aichinger.at
www.wein-aichinger.at

Öffnungszeiten
nach Vereinbarung
Rebfläche
12,5 ha
Rebsorten
GV, RI, PB, SB, TR, ZW, CS, ME
Anbau
KIP, konventionell, nachhaltig
Verschlussarten
DI, GL, DV
Gastronomie
Heuriger
Sonstiges
Übernachtungsmöglichkeit

94 2021 Grüner Veltliner Ried Kalvarienberg Kamptal DAC Reserve 13,5 %, €€
Helle Farbe, vielschichtiges Bukett, Kumquat, Verbene, nussige Würze, kandierte Noten, körperreicher Wein, lebendiger, engmaschiger Trinkfluss, zart pfeffriges Finish, lang anhaltend, Physalis im Rückaroma.

94 2021 Riesling X 15 %, €€€
Kräftige Farbe, komplexe Aromatik, Physalis, kandierte Orange, rosa Grapefruit, Blütenhonig, opulenter Wein, gut stützende Säure, fruchtsüßer Schmelz im Abgang, zarter Gerbstoff, lang anhaltend, braucht Zeit.

94 2022 Riesling Ried Rosenberg Kamptal DAC Reserve 13 %, €€
Jugendliche Farbe, vielschichtiges Bukett, Marille, gelber Pfirsich, kandierte Ananas, Melisse, körperreich, straffe, lebendige Struktur, engmaschiger Abgang, fruchtiger Schmelz im Finish, langer Nachhall.

92+ 2023 Riesling Terrassen Kamptal DAC 12,5 %, €
Helle Farbe, jugendliche Fruchtnoten, Pfirsich, Mandarine, kandierte Noten, stoffiger Wein, lebendiger Trinkfluss, fruchtiges Finish, Grapefruit und Physalis im Nachhall.

92 2022 Weißburgunder Oberalbing 13,5 %, €€
Helle Farbe, gelbe Fruchtnoten, Apfel, Mandarine, Mandeln, harmonischer Trinkfluss, fruchtiger Schmelz im Abgang, gute Länge.

91 2023 Grüner Veltliner Löss Schönberg Kamptal DAC 12,5 %, €
Helles Gelb, dezentes Fruchtspiel, Grapefruit, gelber Apfel, leichte Würze, lebendige Struktur, CO_2 spürbar, fruchtig-pikanter Abgang.

HISTORISCHER WEIN

93 2012 Weißburgunder Oberalbing

Kamptal

Weingut Allram

Die Winzerfamilie Haas-Allram konnte sich durch jahrzehntelange konsequente Qualitätsarbeit an der Spitze etablieren. Seit 2015 leitet mit Lorenz Haas-Allram die vierte Generation die Geschicke des Traditionsbetriebs. Viele individuelle, starke Charaktere machen die Weine der Familie aus. Die Summe aus Erfahrungen und verschiedenen Fähigkeiten lässt charakteristische Weine entstehen. Dabei schöpft man aus einem großen Potenzial: Toplagen wie Heiligenstein, Gaisberg und Renner werden mit viel Hingabe bewirtschaftet. Man will authentische Weine keltern, die diese besondere Herkunft klar zum Ausdruck bringen. Grundlage dafür sind lebendige Böden, eine bunte Fauna und Flora in den Weinbergen, minimale Eingriffe in die Reifungsprozesse der Weine und Mut zu Neuem.

Foto: Julius Hirtzberger

Herrengasse 3
3491 Straß im Straßertale
T 0664/121 59 83, 02735/22 32
M weingut@allram.at
www.allram.at

Öffnungszeiten
Mo.–Sa. 8–12, 13–18 nach Vereinbarung
Rebfläche
30 ha
Rebsorten
GV, RI, PB, PG, CH, GM, ZW, SL
Anbau
organisch-biologisch, nachhaltig
Verschlussarten
NK, DV
Sonstiges
Übernachtungsmöglichkeit

97 2022 Riesling Ried Heiligenstein Kamptal DAC 1 ÖTW 13 %, €€€
Jugendliche Farbe, komplexe, intensive Nase, kandierte Ananas, gelber Pfirsich, Kumquat, körperreich, engmaschige, straffe Struktur, zartes, mineralisches Finish, langer Nachhall, Marille und Physalis im Rückaroma, Potenzial.

96 2022 Riesling Ried Gaisberg „Perm" Kamptal DAC 1 ÖTW 13 %, €€€
Jugendliche Farbe, vielschichtige Aromen, gelber Pfirsich, kandierte Noten, Verbene, Physalis, körperreich, straff und engmaschig, lebendiger Trinkfluss, zart mineralisches Finish, fruchtig, lang anhaltender Nachhall, Potenzial.

95+ 2022 Riesling Ried Gaisberg Kamptal DAC 1 ÖTW 13 %, €€€
Helle Farbnoten, intensive, jugendliche Aromen, gelbe Steinobstnoten, leicht florale Noten, Pfirsich, Mandarine, körperreich, lebendige, straffe Textur, feiner Gerbstoff und zarter Schmelz im Abgang, langer Nachhall, Potenzial.

95 2022 Grüner Veltliner Ried Lammberg Kamptal DAC 13 %, €€€
Jugendliche Farbnoten, komplexe Aromatik, Steinobst, Birnenquitte, nussige Würze, Limette, körperreich, dicht und straffe Struktur, pikantes Tannin, langer fruchtiger Nachhall, Potenzial.

94+ 2022 GV Ried Gaisberg Kamptal DAC 1 ÖTW 13,5 %, €€€
Helle Farbe, einladende komplexe Frucht, kandierte Orange, Melone, Kumquat, Gewürznelke, stoffig, harmonische Textur, feines Tannin und Frucht im Abgang, langer Nachhall.

94 2022 Grüner Veltliner Ried Renner Kamptal DAC 1 ÖTW 13 %, €€€
Helle Farbe, nuanciertes, komplexes Bukett, kandierte Orange, Pomelo, Papaya, körperreich, balancierte Textur, fruchtigwürziger Abgang, lang anhaltend, Potenzial.

93 2022 Grauburgunder Reserve 13,5 %, €€€
Jugendliche Farbe, komplexes Bukett, kandierte Orange, Mandeln, Marzipan, körperreich, harmonischer Trinkfluss, feines Tannin, zarter Schmelz, langer Nachhall.

Kamptal

Weingut Bründlmayer

Zwettler Straße 23
3550 Langenlois
T 02734/21 72-0
M weingut@bruendlmayer.at
www.bruendlmayer.at

Öffnungszeiten
Mo.–Fr. 8–17
Rebfläche
90 ha
Rebsorten
GV, RI, PG, GM, CH, SL,
PN, ZW, CF
Anbau
organisch-biologisch,
nachhaltig,
Sustainable Austria
Verschlussarten
NK, DV
Gastronomie
Heurigenhof Bründlmayer,
Walterstraße 14,
3550 Langenlois,
www.heurigenhof.at
Sonstiges
Übernachtungsmöglichkeit

Willi Bründlmayer ist einer der ganz Großen der Weinwelt. Sein Name ist untrennbar mit dem Zöbinger Heiligenstein verbunden. Der 350 Meter hohe Berg im nördlichen Kamptal zählt zu den besten Weinlagen der Welt. Dort macht Bründlmayer faszinierende Rieslinge, die sich durch Eleganz, Präzision und Tiefgang auszeichnen. Seine Veltliner, Burgunder, Rotweine und die nach traditioneller Methode erzeugten Schaumweine sind eine Klasse für sich. Dem Ausnahmewinzer und seinem jungen Önologenteam rund um Master of Wine Andreas Wickhoff und Vertriebsleiter Thomas Klinger gelingt es, jeden Jahrgang in der Topliga zu platzieren. Bründlmayer ist ein Visionär, der immer wieder neue Ideen entwickelt, um die Qualität der Weine weiter zu steigern. Als einer der Ersten der Region setzte er auf umweltschonende Methoden.

99+ 2022 Riesling Alte Reben Ried Heiligenstein Kamptal DAC 1 ÖTW 13,5 %, €€€
Helle Farbe, vielschichtiges Bukett, ein Hauch von Reduktion, mit Luft gelber Pfirsich, Apfelquitte, Passionsfrucht, Kamille und Melisse, körperreich, dicht, lebendige Textur, mineralisches Finish, zarter Schmelz und Weingartenpfirsich im Nachhall, Riesenpotenzial.

97+ 2022 Chardonnay Reserve Ried Steinberg 13 %, €€€
Jugendliche Farbe, intensive Nase, leichte Reduktionsnoten, mit Luft kandierte Orange, Grapefruit, Physalis, rauchig-röstige Anklänge, kräftig, dicht, engmaschig, feinster Gerbstoff im Abgang, zart mineralisches Finish, lang anhaltend, Riesenpotenzial.

97 2022 Grüner Veltliner Ried Lamm Kamptal DAC 1 ÖTW 13 %, €€€
Helle Farbe, intensive Nase, sehr zarte Reduktionsnoten, gewinnt mit Luft rosa Grapefruit, straff, dicht und engmaschige Struktur, pikantes, zart pfeffriges Finish, lang anhaltend, Riesenpotenzial.

97 2023 Riesling Ried Heiligenstein Kamptal DAC 1 ÖTW 13 %, FP, €€€
Helles Gelb, intensive, vielschichtige Fruchtnoten, Weingartenpfirsich, kandierte Ananas, Mandarine, stoffig, dicht und lebendiger Trinkfluss, fruchtig,präzises Finish, lang anhaltender Abgang, Marille und Physalis im Nachhall, Potenzial.

96+ 2022 GV Ried Käferberg Kamptal DAC 1 ÖTW 13 %, €€€
Helle Farbe, intensive, vielschichtige Aromatik, rosa Grapefruit, Verbene, nussige Würze, Gewürznelke, gehaltvoll, dicht, engmaschiges, fruchtig-pfeffriges Finish, lang anhaltend, Yuzu und Physalis im Rückaroma, Riesenpotenzial.

95+ 2023 GV Langenloiser Alte Reben Kamptal DAC 13,5 %, FP, €€€
Jugendliche Farbnoten, vielschichtige Nase, kandierte Mandeln, Steinobst, Gewürznelke, stoffig, engmaschig, pikanter Abgang, langer fruchtiger Nachhall, Birnenquitte im Finish, Potenzial.

95+ N. V. Blanc de Blancs Extra Brut Sekt Austria Reserve g.U. 12 %, €€€
(CH) Jugendliche Farbe, vielschichtiges Bukett, kandierte Orange, Mandeln, Birne, Biskuit, feines Mousseux, balancierter Trinkfluss, fruchtig-pikanter Abgang, lang anhaltend, Potenzial.

Kamptal

Weingut Gerhard Deim

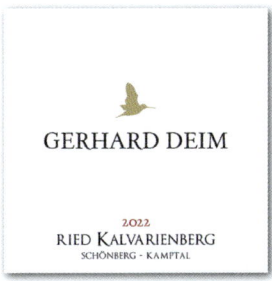

Schönberg am Kamp liegt in einem Talkessel am nördlichen Ende des Kamptals und zeichnet sich durch ein Kleinklima mit heißen Tagen und besonders kühlen Nächten aus. Hier fokussiert sich das Weingut Gerhard Deim auf die Stärken der Region: Grünen Veltliner und Riesling. Das Fundament des Weinguts ist die generationsübergreifende Zusammenarbeit und die damit verbundene Verbindung aus altbewährten Methoden und Experimentierfreudigkeit. Alt und Jung verbindet dabei das Streben nach kompromissloser Qualität – sowohl bei Rieden- und Reserveweinen als auch bei Orts- und Gebietsweinen. Jeder einzelne Rebstock wird mit Sorgfalt gehegt und gepflegt.

Foto: Weingut Gerhard Deim

Kalvarienberg 8
3562 Schönberg am Kamp
T 02733/87 63
M wein@deim.at
www.gerharddeim.at

Öffnungszeiten
nach Vereinbarung
Rebfläche
20 ha
Rebsorten
GV, RI, GM, SB, ZW
Anbau
nachhaltig
Verschlussarten
NK, DV

94 2022 Riesling Ried Irbling Kamptal DAC 13,5 %, €€€
Jugendliche Farbe, komplexe Nase, Weingartenpfirsich, rosa Grapefruit, Nektarine, körperreich, dicht und balancierte Textur, eleganter Trinkfluss, feinfruchtiger Schmelz im Abgang, langer Nachhall, Mandarine im Rückaroma.

93+ 2022 Grüner Veltliner Ried Kalvarienberg Kamptal DAC 13,5 %, €€€
Jugendliche Farbe, vielschichtige Aromatik, Papaya, Gewürznelke, Antipasti-Noten, körperreich, harmonische Textur, feiner Gerbstoff, fruchtiger Nachhall, Potenzial.

93+ 2022 Riesling Ried Heiligenstein Kamptal DAC 13,5 %, €€€
Jugendliche Farbe, Physalis, Pfirsich, kandierte Noten, gehaltvoll, balancierter Trinkfluss, fruchtig-pikanter Abgang, Marille und Limette im Nachhall.

93 2022 Grüner Veltliner Ried Bernthal Kamptal DAC 13 %, €€
Jugendliche Farbe, nuancierte Aromen, Zesten, Nashi-Birne, Antipasti-Noten, körperreich, harmonische Struktur, pikanter Abgang, gute Länge.

92+ 2023 Grüner Veltliner Schönberg Kamptal DAC 13 %, €€
Helle Farbe, jugendliche Aromatik, gelber Apfel, Mandarine, Verbene und Gewürznelke, kräftig, animierender Trinkfluss, fruchtiger Abgang.

92+ 2023 Riesling Schönberg Kamptal DAC 13 %, €€
Jugendliche Farbe, einladendes Fruchtspiel, gelbe Pfirsich-Noten, Mandarine, Passionsfrucht, stoffig, lebendige Textur, fruchtiger Abgang und Nachhall, gute Länge.

HISTORISCHER WEIN

93+ 2013 Grüner Veltliner Ried Kalvarienberg Kamptal DAC Reserve

Ludwig Ehn

Das Geschwisterpaar Michaela und Ludwig Ehn ist die fünfte Generation im Betrieb und bewirtschaftet mit viel Liebe einige der besten Langenloiser Rieden. Es ist den beiden wichtig, dabei weitgehend naturnah zu arbeiten. Die Bandbreite an Spitzenlagen bildet den Grundstock für eine Sortenvielfalt, die im Kamptal selten geworden ist. Neben den Leitsorten Riesling und Grüner Veltliner hat sich das Weingut den Sorten Sauvignon blanc, Chardonnay und Muskateller sowie dem traditionellen Gemischten Satz verschrieben. In behutsamer Vinifizierung entstehen ausgewogene, ausdrucksstarke Weine mit hoher Trinkfreudigkeit.

Foto: Ludwig Ehn

Bahnstraße 3
3550 Langenlois
T 0664/100 94 80, 02734/22 96
M weingut.ehn@ehnwein.at
www.ehnwein.at

Öffnungszeiten
Ab-Hof-Verkauf nach Vereinbarung
Rebfläche
15 ha
Flaschenanzahl
70.000
Rebsorten
GV, RI, GM, CH, SB, SY, PN, CS, ZW
Anbau
nachhaltig
Verschlussart
DV

95 2022 Grüner Veltliner Ried Spiegel 1 ÖTW Kamptal DAC Reserve 13,5 %, €€€
Jugendliche Farbe, einladende gelbe Fruchtnoten, Melone, Kumquat, stoffig, balancierte Textur, feiner Gerbstoff, zarter Schmelz im Abgang, langer Nachhall, Potenzial.

95 2022 Riesling Ried Heiligenstein Kamptal DAC 1 ÖTW 13,5 %, €€€
Helle Farbe, saftige, reife Fruchtnoten, gelber Pfirsich, kandierte Ananas, stoffig, balanciertes, lebendiges Frucht-Säure-Spiel, fruchtiger Schmelz im Abgang, langer Nachhall, Potenzial.

94+ 2019 Grüner Veltliner „Titan" Ried Spiegel Kamptal DAC Reserve 1 ÖTW 15 %, €€€
Jugendliche Farbe, vielschichtige Aromatik, kandierte Orange, Birne und Mandeln, nussige Würze, opulenter Wein, lebendiger Trinkfluss, feines, pikantes Tannin, Gewürznelke und Apfelquitte im Nachhall, braucht Zeit.

92+ 2023 Sauvignon Blanc 12,5 %, €€
Helle Farbe, ausgeprägte Aromatik, zarte Blütenanklänge, Cassis, Einlegegewürze, lebendiger Trinkfluss, fruchtig-pikanter Abgang, lang anhaltend.

92 2023 Gemischter Satz 12,5 %, €€
Blassgelbe Farbe, zarte Kräuteranklänge, Antipasti-Noten, Mandarine, stoffiger Wein, harmonischer Trinkfluss, fruchtig-pikanter Abgang, gute Länge.

92 2023 Grüner Veltliner Ried Panzaun Kamptal DAC 13 %, €€
Helle Farbe, vielschichtiges Bukett, Verbene, kandierte Orange, stoffiger Wein, lebendiger Trinkfluss, zarter Schmelz, gute Länge.

92 2023 Riesling Langenlois Urgestein Kamptal DAC 13 %, €€
Helle Farbe, intensive Fruchtnoten, Marille, Nektarine, Limette, körperreicher Wein, lebendiger Trinkfluss, fruchtig im Abgang, langer Nachhall.

Weingut Eichinger

Hinter jedem Wein stehen Menschen, die ihn gemeinsam mit der Natur erschaffen haben. Birgit und Gloria Eichinger sind Winzerinnen, die mit Behutsamkeit, Konsequenz und viel Gespür elegante und charakterstarke Weine produzieren. Für die beiden entstehen große Gewächse sowohl im Kopf als auch im Herzen. „Weiterentwicklung statt Stillstand – Individualität statt Mainstream" lautet ihr Credo, das sie ganz an die Spitze der Kamptaler Weingüter gebracht hat. Alle ihre Weine tragen eine unverwechselbare Handschrift und zeigen klar ihre Herkunft.

97 2022 Riesling Ried Heiligenstein Kamptal DAC 1 ÖTW 13 %, €€€
Helle Farbe, nuanciertes, vielschichtiges Bukett, gelber Pfirsich, Mandarine, Nektarine, stoffig, druckvoller Wein, dicht und balancierte Struktur, fruchtiger Schmelz und Pikanz im Abgang, lang anhaltend, Potenzial.

95 2022 Grüner Veltliner Ried Gaisberg Kamptal DAC 1 ÖTW 13 %, €€€
Helle Farbe, nuanciertes Bukett, komplexe Fruchtnoten, Steinobst, Birnenquitte, Melone, nussige Würze, stoffig, balancierte Struktur, feiner Gerbstoff und fruchtiger Schmelz im Finish, lang anhaltend, Potenzial.

95 2022 Grüner Veltliner Ried Lamm 1 ÖTW Kamptal DAC 13 %, €€€
Jugendliche Farbe, komplexes Bukett, Birnenquitte, Physalis, nussige Würze, Verbene, kräftig, dicht und engmaschige Struktur, feiner, pikanter Gerbstoff, zarter Schmelz im Finish, langer Nachhall.

95 2022 Riesling Ried Gaisberg Kamptal DAC 1 ÖTW 13 %, €€€
Helles Gelb, ausgeprägte Steinobstnoten, Mandarine, kandierte Ananas, stoffig, dicht und balancierte Struktur, harmonischer Trinkfluss, fruchtiger Schmelz im Abgang, sehr lang anhaltend, Potenzial.

93+ 2022 Grüner Veltliner Ried Grub Kamptal DAC 13 %, €€€
Kräftige Farbnoten, ausgeprägtes Bukett, Antipasti-Noten, Zesten, Nashi-Birne, Limette, kräftig, balancierte Struktur, leicht süßer Fruchtschmelz im Abgang, lang anhaltend.

92+ 2023 Riesling Strass Kamptal DAC 12,5 %, €€
Jugendliche Farbe, ausgeprägte Steinobstaromen, Mandarine, kräftig, lebendiger Trinkfluss, fruchtig-pikantes Finish, langer Nachhall.

HISTORISCHER WEIN

97+ 2021 Riesling Ried Heiligenstein Kamptal DAC 1 ÖTW

Langenloiser Straße 365
3491 Straß im Straßertale
T 02735/56 48
M office@weingut-eichinger.at
www.weingut-eichinger.at

Öffnungszeiten
Mo.–Sa. 8–17 nach Vereinbarung
Rebfläche
16 ha
Rebsorten
GV, RV, RI, CH
Anbau
KIP, konventionell, nachhaltig
Verschlussarten
NK, DV

Weingut Haimerl

Im traditionsreichen Weingut, dessen Geschichte bis ins Jahr 1829 zurückgeht, ist jetzt die siebente Generation am Ruder: Johannes Haimerl, ein Tüftler mit Liebe zum Detail. Die Weingärten tragen bekannte Namen wie Spiegel, Redling und Haid. Im kontrastreichen Mikroklima des Kamptals fühlen sich die Leitsorten des Betriebs, Grüner Veltliner und Riesling, besonders wohl. Von Löss bis Schotter, die Vielfalt der Böden bringt sortentypische und charakteristische Weine hervor. Im Keller sollen Geduld, altes Weinbauwissen und moderne Technik für ausdrucksstarke Weine mit Persönlichkeit sorgen.

Foto: Robert Herbst

Schlossstraße 60–62
3550 Gobelsburg
T 02734/21 24
M weingut@haimerl.at
www.haimerl.at

Öffnungszeiten
nach Vereinbarung
Rebfläche
25 ha
Rebsorten
GV, RR, CH, GM, SB, MT, ZW, SL, BF
Anbau
nachhaltig
Verschlussarten
NK, DI, DV

93 2022 Grüner Veltliner Ried Spiegel Kamptal DAC Reserve 1 ÖTW 13 %, €€
Jugendliche Farbnoten, komplexes Bukett, Birnenquitte, Kapern, zarte Würze, Steinobst, kräftig, harmonische Struktur, fruchtunterlegtes Tanninfinish, zarter Schmelz, Potenzial.

92+ 2022 Grüner Veltliner Ried Redling Kamptal DAC Reserve 13,5 %, €€
Jugendliche Farbe, reife gelbe Fruchtnoten, Melone, Papaya, leichte Nusswürze, kräftig, balancierter Trinkfluss, Zesten, pikanter Abgang, gute Länge.

92+ 2022 Riesling Ried Haid Kamptal DAC 13,5 %, €€
Jugendliche Farbe, nuanciertes Fruchtspiel, Physalis, kandierte Orange, Mandarine, kräftiger Wein, lebendiger Trinkfluss, fruchtiger Schmelz im Abgang, langer Nachhall.

92 2022 Chardonnay Ried Redling 13,5 %, €€
Jugendliche Farbe, kandierte Orange und Birne, Mandeln, zart Vanille, körperreich, cremige Textur, fruchtiger Schmelz im Abgang, gute Länge.

92 2023 Grüner Veltliner Ried Kirchgraben Kamptal DAC 12,5 %, €
Jugendliche Farbnoten, abwechslungsreiche Aromen, Grapefruit, Zesten, Mandeln, zarte Würze, kräftig, lebendige Struktur, pikantes Finish, langer Nachhall.

91+ 2023 Grüner Veltliner Gobelsburg „Edition" Kamptal DAC 12,5 %, €
Helle Farbnoten, jugendliche Aromatik, gelber Apfel, zarte Würze, Nektarine, Verbene, kräftig, gut stützende Säure, pikanter Abgang, langer fruchtiger Nachhall.

91 2023 Riesling Gobelsburg Kamptal DAC 12,5 %, €
Helle Farbe, jugendliche Fruchtnoten, Steinobst, Mandarine, stoffig, gutes Frucht-Säure-Spiel, fruchtiger Abgang, gute Länge.

Kamptal

Weingut Hirsch

In einem 500 Jahre alten Zehenthof in Kammern widmet sich die Familie Hirsch mit ganzer Leidenschaft der Weinbereitung. Die Philosophie lautet: „Der Boden macht den Wein." Mehr noch als die Rebsorte entscheidet die Lage über den Charakter der Weine, ist der Bio-Winzer überzeugt. Hirsch-Weine sollen stets Terroirweine sein. Dabei setzt man ausschließlich auf Grünen Veltliner und Riesling – Rebsorten, die ihre Herkunft präzise abbilden. Aus biodynamisch bewirtschafteten Weingärten in den Toplagen Lamm, Gaisberg, Grub, Renner und Heiligenstein-Rotfels entstehen Weine mit Eigensinn, in denen sich die Kraft der Region widerspiegelt: Weine mit Leichtigkeit, Spannung und Vitalität.

Foto: Studio Pliens

Hauptstraße 76
3493 Kammern
T 02735/24 60
M info@weingut-hirsch.at
www.weingut-hirsch.at

Öffnungszeiten
nach Vereinbarung
Rebfläche
30 ha
Rebsorten
GV, RI
Anbau
biodynamisch,
respekt-BIODYN
Verschlussart
DV

98 2023 Riesling Ried Heiligenstein-Rotfels Kamptal DAC 1 ÖTW 13,5 %, €€€
Helle Farbe, ausgeprägtes, vielschichtiges Bukett, Weingartenpfirsich, gelbe Nektarine, Verbene, Zitronenmelisse, Kamille, stoffig, dicht und engmaschiges, zart mineralisches Finish, langer Nachhall, Marille und rosa Grapefruit im Rückaroma.

97 2023 Grüner Veltliner Ried Lamm Kamptal DAC 1 ÖTW 13 %, €€€
Helle Farbe, komplexes Bukett, Nashi-Birne, nussige Würze, Gewürznelke, kandierte Orange, gelbe Steinobstnoten, kräftig, dicht und engmaschige Textur, fruchtig-pikantes Finish, sehr langer Nachhall, Physalis und grüner Tee im Rückaroma.

96 2023 Grüner Veltliner Ried Gaisberg Kamptal DAC 1 ÖTW 13 %, €€€
Helle Farbe, intensive, komplexe Aromatik, Kumquat, Apfelquitte, Nashi-Birne, Gewürznelke, stoffig, lebendig, engmaschige Textur, eleganter Trinkfluss, pikanter Abgang, lang anhaltend, Verbene, Kamille und Mandeln im Nachhall.

96 2023 Riesling Ried Gaisberg Kamptal DAC 1 ÖTW 13 %, €€€
Helle Farbe, intensives Fruchtspiel, Weingartenpfirsich, Physalis, Melisse, kandierte Ananas, stoffig, lebendiger, animierender Trinkfluss, fruchtig,engmaschiges Finish, zarter Schmelz, langer Nachhall.

95+ 2023 Riesling Ried Heiligenstein Kamptal DAC 1 ÖTW 13 %, €€€
Helle Farbnoten, einladende, intensive Steinobst-Aromen, Pfirsich, Marille, ein Touch Passionsfrucht, kandierte Noten, kräftig, lebendiger, eleganter Trinkfluss, fruchtig-präzises Finish, langer Nachhall.

95 2023 Grüner Veltliner Ried Grub Kamptal DAC 1 ÖTW 13 %, €€€
Jugendliche Farbe, ausgeprägte gelbe Fruchtnoten, Melone, Steinobst, kandierte Orange, zarte Würze, kräftig, balancierte Textur, fruchtig-pikanter Abgang, langer Nachhall, Mandeln, nussige Würze und Zesten im Rückaroma.

95 2023 Grüner Veltliner Ried Renner Kamptal DAC 1 ÖTW 13 %, €€€
Helle Farbnoten, vielschichtige Nase, einladendes Fruchtspiel, Grapefruit, Nashi-Birne, Verbene, stoffiger Wein, dicht und lebendiger Trinkfluss, feines, pikantes Tanninfinish, langer fruchtiger Nachhall.

Kamptal

Weingut Jurtschitsch

Rudolfstraße 39
3550 Langenlois
T 02734/21 16
M weingut@jurtschitsch.com
www.jurtschitsch.com

Öffnungszeiten
Mo.–Do. 8–12, 13–16.30,
Fr. 8–12
Rebfläche
60 ha
Rebsorten
GV, RI, CH, ZW, PN, CS
Anbau
KIP, organisch-biologisch, nachhaltig
Verschlussarten
NK, DI, DV

Nachhaltig, biologisch und ökologisch. Diese drei Begriffe liegen Stefanie und Alwin Jurtschitsch besonders am Herzen. Ihr Forschungstrieb, verbunden mit dem überlieferten Wissen der Eltern, lässt die beiden Winzer ausdrucksstarke und herkunftsbezogene Weine kultivieren. Sowohl bei durchdachten Pflanzensymbiosen und der Verwendung von Komposttees im Weingarten als auch bei der Vinifikation im Keller, die mit Fingerspitzengefühl und Geduld erfolgt, ist all ihr Tun ist von aufmerksamer Gelassenheit geprägt. Egal ob klassischer Grüner Veltliner und Riesling oder ausdrucksstarker Naturwein – wichtig ist den beiden, dass alle Weine die Geschichte ihrer Herkunft erzählen.

98 2022 Riesling Ried Heiligenstein Alte Reben Kamptal DAC 1 ÖTW 13%, €€€
Blassgelb, jugendlich, intensives Bukett, komplexes Fruchtspiel, Melisse, Passionsfrucht, Weingartenpfirsich, straff, dicht und engmaschige Textur, fruchtig-mineralisches Finish, sehr langer Nachhall, Potenzial.

97 2021 Riesling Ried Heiligenstein Rotfels Kamptal DAC 1 ÖTW 13%, €€€
Jugendliche Farbe, intensive, komplexe Nase, Weingartenpfirsich, Zitronenmelisse, Jasmintee, ein Hauch von Passionsfrucht, stoffiger Wein, engmaschig, lebendige Struktur, präzises, leicht mineralisches Finish, sehr langer Nachhall, Potenzial.

97 2022 Grüner Veltliner Ried Dechant Kamptal DAC 1 ÖTW 13%, €€€
Helle Farbe, nuancierte, jugendliche Aromatik, Kamille, Verbene, rosa Grapefruit, stoffig, elegant, balancierte Textur, pikantes Tannin und zart pfeffrige Würze im Nachhall, sehr eleganter Stil.

96+ 2022 Grüner Veltliner Ried Lamm Kamptal DAC 1 ÖTW 13%, €€€
Helle Farbe, vielschichtige Aromatik, Grapefruit, Verbene, Pomelo, Verbene und Mandeln, straff, lebendiger Trinkfluss, engmaschiges Finish, sehr lang anhaltend, Potenzial, eleganter Stil.

95 2021 Riesling Ried Heiligenstein Steinwand Kamptal DAC 1 ÖTW 13%, €€€
Jugendliche Farbe, intensives Fruchtspiel, rosa Grapefruit, Melisse, Weingartenpfirsich, straffe Textur, engmaschiger Trinkfluss, fruchtig-mineralischer Abgang, sehr lang anhaltend, Potenzial.

95 2022 Grüner Veltliner Ried Käferberg Kamptal DAC 1 ÖTW 13%, €€€
Jugendliche Farbe, reife gelbe Fruchtnoten, Papaya, kandierte Orange, Quitte, stoffiger Wein, harmonische Textur, balancierter Trinkfluss, pikanter Nachhall.

HISTORISCHER WEIN

94 2016 Grüner Veltliner Ried Loiserberg Kamptal DAC 1 ÖTW

Kamptal

Simon Kemetner

Das Bioweingut Kemetner in Etsdorf wird seit vergangenem Jahr bereits in zwölfter Generation von Simon Kemetner geführt. Unterstützt wird Simon nach wie vor von seinem Vater Leopold. Das Ziel ist, traditionelle Methoden und neue Erkenntnisse gut miteinander zu verbinden. Seit dem Jahrgang 2011 ist das Weingut biozertifiziert. Die Pflege der Weingärten im Einklang mit der Natur ist der Familie ein besonderes Anliegen. Im Keller arbeitet Simon vorwiegend mit natürlichen Hefen, auf Aufbesserung und Mostkonzentration wird verzichtet. Das Ergebnis sind charaktervolle und lagentypische Weine. 2012 wurde das Winzersiegel der Familie Kemetner aus dem 17. Jahrhundert per Zufall wiederentdeckt und schmückt jetzt das Etikett.

Foto: Martin Herndler

Obere Marktstraße 2
3492 Etsdorf am Kamp
T 0660/462 68 18, 02735/51 47
M weingut@kemetner.at
www.kemetner.at

Öffnungszeiten
nach tel. Vereinbarung
Rebfläche
9 ha
Rebsorten
GV, RI, MT, CH, ZW, PN, EW, CS, SB, RM
Anbau
organisch-biologisch
Verschlussarten
NK, DV

94 2023 Grüner Veltliner Alte Reben Ried Karl Kamptal DAC 13,5 %, FP, €€
Jugendliche Farbe, komplexe Nase, kandierte Orange, Birne und Mandeln, Blütenhonig, körperreich, gut stützende Säure, feiner Gerbstoff, Gewürznelke und Physalis im Nachhall, Potenzial.

93 2023 Grüner Veltliner Ried Hölle Kamptal DAC 14 %, FP, €€
Jugendliche Farbe, kandierte Orange, Nashi-Birne, Papaya, opulenter Wein, balancierte Textur, pikanter Gerbstoff, Kumquat im Rückaroma, langer Nachhall.

92+ 2023 Grüner Veltliner Ried Karl Kamptal DAC 13 %, FP, €€
Jugendliche Farbe, Kumquat, Antipasti-Noten, Melone, zarte Würze, körperreicher Wein, harmonische Textur, fruchtiger Abgang, zarter Schmelz im Nachhall.

92 2023 Sauvignon Blanc #nofilter 11,5 %, FP, €
Helles Goldgelb, kandierte Orange, Fenchel, Gewürznelke, kräftig, engmaschige Struktur, zarter Gerbstoff, pikanter Nachhall, fruchtiges Rückaroma.

91+ 2023 Grüner Veltliner Grafenegg Kamptal DAC 12,5 %, €
Helle Farbe, zart fruchtiges Bukett, Nashi-Birne, leicht würzig, kräftiger Wein, animierender Trinkfluss, fruchtig-pikantes Finish, gute Länge.

91 2023 Roter Muskateller #nofilter 11 %, FP, €€
Kräftige Farbe, leicht rötlicher Stich, intensive Nase, kandierte Orange, Feige, Lemongrass und Melisse, saftig, harmonische Textur, floraler Nachhall.

HISTORISCHER WEIN
94 2013 Grüner Veltliner

Der verantwortungsvolle Umgang mit Ressourcen hat in den österreichischen Weinbau längst Eingang gefunden. Seit 2015 werden Betriebe, die in ökologischer, ökonomischer und sozialer Hinsicht nachhaltig wirtschaften, vom österreichischen Weinbauverband zertifiziert.

Kamptal

Weingut Leindl

Das Weingut Leindl ist ein junger, dynamischer Betrieb in Zöbing. Man bewirtschaftet 8 Hektar Weingärten, wobei man bemüht ist, lagentypische Weine zu produzieren, die sich durch markante Mineralität auszeichnen. Hauptaugenmerk des Betriebs liegt auf Grünem Veltliner und Riesling. Von beiden Sorten vinifiziert man das gesamte Spektrum: von leichten, frisch-fruchtigen Einstiegsgewächsen bis hin zu strukturierten Lagen- und Reserveweinen.

95 2023 Riesling Ried Heiligenstein Kamptal DAC 1 ÖTW 13 %, FP, €€€
Blassgelb, einladendes Fruchtspiel, Weingartenpfirsich, kandierte Ananas, stoffig, balancierte Textur, fruchtiger Schmelz im Abgang, sehr lang anhaltend, Potenzial.

94 2023 Grüner Veltliner Ried Seeberg Kamptal DAC 1 ÖTW 13,5 %, FP, €€
Helles Gelb, saftige, gelbe Fruchtnoten, Verbene, Kumquat, stoffig, harmonische Struktur, pikantes Finish, zarter, fruchtiger Schmelz im Abgang, langer Nachhall.

94 2023 Riesling Ried Kogelberg Kamptal DAC 1 ÖTW 13,5 %, FP, €€
Helle Farbe, einladendes Steinobst-Bukett, gelber Pfirsich, Nektarine, kandierte Ananas, stoffig, balancierte Textur, fruchtiger Schmelz im Abgang, gute Länge.

93 2022 V 14,5 %, €€€
(VI) Jugendliche Farbe, intensive Nase, kandierte Birne, Melone, Blütenhonig, opulenter Wein, balancierte Textur, feiner Gerbstoff, fruchtig-pikanter Abgang, lang anhaltend.

Foto: www.pov.at

Am Wechselberg 12
3561 Zöbing
T 0676/508 23 13
M info@weingutleindl.at
www.weingutleindl.at

Rebfläche
8 ha
Rebsorten
GV, RI, VI, GM
Anbau
KIP
Verschlussarten
NK, DV

93 2023 Grüner Veltliner Ried Eichelberg Kamptal DAC 13,5 %, FP, €€
Helle Farbe, komplexe Aromatik, Melone-Ingwer, kandierte Orange, Gewürznelke, gehaltvoll, lebendiger Trinkfluss, pikanter Gerbstoff im Abgang, fruchtiger Schmelz im Nachhall, lang anhaltend.

92+ 2023 Grüner Veltliner Langenlois Kamptal DAC 12,5 %, €
Helles Gelb, jugendliches Fruchtspiel, Pomelo, Mandarine, kandierte Noten, zarte Würze, stoffig, lebendiger Trinkfluss, nussige Würze im Abgang, fruchtiger Nachhall.

HISTORISCHER WEIN

95 2016 Riesling Ried Zöbinger Heiligenstein

Kamptal

Weingut Loimer

Authentische Weine sind immer geprägt von ihrem Ursprung. Und sie erzählen eine Geschichte. Die Loimer-Weine erzählen von Herkunft, von der Kraft der Natur und dem respektvollen Umgang mit Boden, Pflanze, Tier und Mensch. Idealerweise soll das Weingut als „geschlossener Betriebsorganismus" funktionieren, der möglichst alle Elemente der landwirtschaftlichen Produktion selbst hervorbringt. Das Ergebnis ist Herkunft pur: individuelle, von ihrem Terroir geprägte Weine, entstanden im Rhythmus der Natur – eigenständig, mitunter auch kontroversiell. Grundlage dafür sind Geduld, Präzision und minimale Einflussnahme.

Foto: Andreas Hofer

Haindorfer Vögelweg 23
3550 Langenlois
T 02734/22 39-0
M weingut@loimer.at
www.loimer.at

Öffnungszeiten
Mo.–Fr. 8–12, 13–17;
März–Okt.: Do., Fr. 8–12, 13–18
Rebfläche
85 ha
Flaschenanzahl
600.000
Rebsorten
GV, RI, CH, PG, PN, ZW, GM, TR
Anbau
biodynamisch,
respekt-BIODYN,
nachhaltig
Verschlussarten
NK, DI, DV

96 **2022 Riesling Ried Heiligenstein Kamptal DAC 1 ÖTW 13 %, FP, €€€**
Helle Farbe, intensive Nase, vielschichtige Frucht, kandierte Ananas, gelber Pfirsich, Mandarine, stoffig, balancierter Trinkfluss, fruchtiger Schmelz und zart mineralisches Finish, langer Nachhall.

95 **2022 Grüner Veltliner Ried Käferberg Kamptal DAC 1 ÖTW 13 %, FP, €€€**
Jugendliche Farbe, vielschichtige Aromatik, Grapefruit, Limette, Kräuter, Kumquat, Verbene, kräftig, dicht und gutes Frucht-Säure-Spiel, pikanter Abgang, lang anhaltend.

95 **2022 Riesling Ried Steinmassl Kamptal DAC 1 ÖTW 13 %, FP, €€€**
Helle Farbe, Zesten, Grapefruit, zarte Kräuternoten, zarter Pfirsich, lebendige Struktur, engmaschiger Trinkfluss, zarter Schmelz im Finish, gute Länge.

95 **N. V. Blanc de Blancs Brut Nature Sekt Große Reserve Langenlois g.U. 12 %, €€€**
(CH/PB/PG) Jugendliche Farbe, vielschichtige Nase, kandierte Birne und Orange, Brioche, sehr feine Perlage, balancierter Trinkfluss, fruchtig-pikanter Abgang, lang anhaltend, Grapefruit und Physalis im Nachhall.

94+ **N. V. Blanc de Noirs Brut Nature Große Reserve Gumpoldskirchen g.U. 12 %, €€€**
(PN/ZW/SL) Kräftige Farbe, nuanciertes Bukett, kandierte Aromen, zart florale Anklänge, Kumquat, Biskuit, feines Mousseux, straff, lebendiger Trinkfluss, fruchtig-pikanter Abgang, Steinobst und Mandeln im Nachhall.

94 **2022 Pinot Noir Anning 12 %, FP, €€€**
Jugendlich, transparente Farbnoten, Cranberry, Weichsel, Bitterschokolade, stoffig, lebendiger Trinkfluss, feiner Gerbstoff, fruchtiger Nachhall, lang anhaltend.

|HISTORISCHER WEIN|

94 **2013 Pinot Noir Anning**

Maglock-Nagel

Foto: Reinhard Podolsky

Talstraße 116
3491 Straß im Straßertale
T 02735/26 48
M info@maglock-nagel.at
www.maglock-nagel.at

Öffnungszeiten
nach Vereinbarung
Rebfläche
16 ha
Rebsorten
GV, RI, FV, WR, ZW, SL
Anbau
KIP, konventionell,
nachhaltig
Verschlussarten
NK, DV

Das Weingut Maglock-Nagel liegt im Strassertal zwischen den Toplagen Gaisberg und Wechselberg. Die Weine sind geprägt von den dort herrschenden geologischen und klimatischen Bedingungen. Man versucht, die spezifische Charakteristik jeder einzelnen Lage, aber auch des jeweiligen Jahrgangs herauszuarbeiten. Der Fokus liegt auf Grünem Veltliner und Riesling, aber auch Frühroter Veltliner und Weißburgunder, Zweigelt und Sankt Laurent werden mit Hingabe vinifiziert. Man ist überzeugt, dass für physiologisch reife und gesunde Trauben angepasste Laubarbeit, durchdachte Begrünung und bodenschonende Bearbeitung wichtig sind. Das traditionelle Weingut setzt nach wie vor auf Handlese, wodurch in mehreren Durchgängen geerntet werden kann. Das ermöglicht ein breites stilistisches Spektrum – von frisch und fruchtbetont bis vielschichtig und gehaltvoll.

93 **2022 Grüner Veltliner Ried Gaisberg Kamptal DAC Reserve 13,8 %, €€**
Jugendliche Farbe, komplexe Nase, Antipasti-Noten, Zesten, nussige Würze, körperreicher Wein, dicht und engmaschige Textur, balancierter Trinkfluss, pikanter Abgang, lang anhaltend, Potenzial.

92+ **2023 Riesling Ried Gaisberg Kamptal DAC 13,5 %, €€**
Helle Farbe, intensive Nase, Steinobst, Marille, kandierte Ananas, kräftig, lebendiger Trinkfluss, fruchtiger Schmelz im Abgang, langer Nachhall.

92 **2023 Grüner Veltliner Ried Rosengartl Kamptal DAC 13,5 %, €**
Helle Farbe, kandierte Noten, feine Würze, Birne, körperreicher Wein, harmonische Textur, fruchtig-pikanter Abgang, gute Länge.

92 **2023 Riesling Ried Wechselberg Kamptal DAC 13,5 %, €**
Helle Farbe, ausgeprägtes Bukett, Steinobst, kandierte Ananas, körperreich, lebendiger Trinkfluss, fruchtig, leicht süßer Schmelz im Finish, gute Länge.

91+ **2022 Weißburgunder Reserve 13,5 %, €€**
Helle Farbe, einladendes Fruchtspiel, gelber Apfel, Nektarine, kandierte Noten, körperreich, lebendiger Trinkfluss, zarter Schmelz im Abgang, gute Länge.

91+ **2023 Grüner Veltliner Ried Wechselberg Kamptal DAC 13 %, €**
Helle Farbe, einladende Fruchtnoten, Melone, kandierte Mandeln und Orange, zarte Würze, kräftig, balancierte Struktur, Ingwer-Honig-Noten im Finish, gute Länge.

HISTORISCHER WEIN

93+ **2017 Grüner Veltliner Ried Gaisberg Kamptal DAC Reserve**

Kamptal

Weingut Barbara Öhlzelt

Vor 20 Jahren hat Barbara Öhlzelt mit der Weinproduktion auf bescheidenen 1,3 Hektar begonnen. Heute bewirtschaftet sie fünf Mal so viel Fläche, ist aber mit 6,5 Hektar immer noch ein kleiner Betrieb. Die Winzerin gilt als Riesling-Spezialistin – rund 45 Prozent ihrer Weingärten sind damit bepflanzt. Sie beherrscht aber auch Grünen Veltliner, der in fünf Varianten erscheint. Vom klassischen Ortswein Zöbinger bis zur 1. ÖTW Lage Lamm (im Holz vergorenen). Beim Riesling sind es vier verschiedene Varianten: der Ortswein Zöbinger mit dem Barock-Etikett, der Riesling Ried Blauenstein (früher Seeberg) sowie zwei ÖTW-Lagenrieslinge: Heiligenstein und Kogelberg. Seit 2007 produziert sie gemeinsam mit ihrem Mann, dem Gastronomen Karl Schwillinsky, Kamptal Verjus. Die alkoholfreie Variante wurde zu einem zweiten Standbein. Er wird in unterschiedlichen Sorten, Säure- und Geschmacksrichtungen erzeugt. Seit 2020 ist Barbara Öhlzelts Betrieb Mitglied der Österreichischen Traditionsweingüter.

Foto: Weingut Barbara Öhlzelt

Eichelbergstraße 32
3561 Zöbing am Kamp
T 02734/48 57, 0664/444 34 12
M barbara@weinberggeiss.at
www.weinberggeiss.at
www.verjus.at

Öffnungszeiten
Mo.–Fr. 8–17, Sa., So. nach Vereinbarung
Rebfläche
6,5 ha
Rebsorten
GV, RI, GE, PB, CH, RV, PB, GS
Anbau
konventionell, nachhaltig
Verschlussarten
NK, DV
Gastronomie
„Zu Tisch im Weingut"

95 2023 Riesling Ried Heiligenstein Kamptal DAC 1 ÖTW 13 %, €€€
Helle Farbe, ausgeprägtes, vielschichtiges Fruchtspiel, Weingartenpfirsich, kandierte Ananas, Zitronenmelisse, gehaltvoller Wein, harmonischer Trinkfluss, fruchtiger Abgang, zarter, leicht süßer Schmelz im Nachhall, Potenzial.

94+ 2023 Grüner Veltliner Ried Lamm Kamptal DAC 1 ÖTW 13,5 %, €€€
Jugendliche Farbe, komplexes Bukett, kandierte Orange, Birne und Mandeln, Würze, körperreich, balancierte Struktur, gut stützende Säure, feiner Gerbstoff, pikanter Nachhall, fruchtiger Schmelz im Rückaroma, Potenzial.

93+ 2023 Riesling Ried Kogelberg Kamptal DAC 1 ÖTW 13 %, €€€
Helles Gelb, nuanciertes Bukett, Marille, Mandarine, kandierte Aromen, Lemongrass, kräftig, balancierter Trinkfluss, fruchtiger Abgang und zarter Schmelz im Finish.

93 2023 Gemischter Satz „Gut Gegen Nordwind" 13 %, €€
Helles Gelb, einladendes Fruchtspiel, Steinobst, Physalis, kandierte Noten, körperreich, lebendiger Trinkfluss, feines Tannin und Frucht im Abgang, Grapefruit im Rückaroma, gute Länge.

93 2023 Grüner Veltliner Ried Blauenstein Kamptal DAC 13,5 %, €€
Jugendliche Farbe, vielschichtige Aromen, Bratapfel, kandierte Orange, Mandeln, nussige Würze, körperreich, balancierte Textur, feiner Gerbstoff und Frucht im Abgang, Physalis im Rückaroma.

93 2023 Riesling Ried Blauenstein Kamptal DAC 13 %, €€
Helles Gelb, intensives Bukett, gelber Pfirsich und Nektarine, Kumquat, Zesten, kräftiger Riesling, balancierter Trinkfluss, fruchtiger Abgang und feiner Schmelz im Finish, langer Nachhall.

92 2022 Riesling Ried Heiligenstein Kamptal DAC 1 ÖTW 13 %, €€€
Helle Farbe, intensive Frucht, Pfirsich, Mandarine, Limette, kandierte Noten, stoffig, lebendige Textur, fruchtiger Schmelz im Abgang.

Rudolf Rabl

Rudolf Rabl kann 80 Hektar Rebflächen sein Eigen nennen: Das traditionsreiche Weingut bewirtschaftet seit Generationen einige der besten Hanglagen rund um Langenlois. Inzwischen helfen auch seine Kinder Johanna und Tobias tatkräftig im Betrieb mit. Dank des besonderen Mikroklimas und mineralreichen Bodens entstehen vielfältige und facettenreiche Weiß- und Rotweine. Im Keller setzt man auf Spontangärung und langen Maischekontakt. Es wird, nicht zu kalt, zwischen acht Wochen und vier Monaten vergoren, was bewirkt, dass das Fruchtfleisch und die Schalen mehr Extrakte und Aromastoffe abgeben. Die Premiumlinie von alten Rebstöcken der besten Lagen wird unter der Bezeichnung Alte Reben abgefüllt.

Weraingraben 10
3550 Langenlois
T 02734/23 03
M office@weingut-rabl.at
www.weingut-rabl.at

Öffnungszeiten
Mo.–Do. 8–12 und 13–16, Fr. 8–12 nach tel. Vereinbarung
Rebfläche
80 ha
Rebsorten
GV, RI, GM, SB, CH, ZW, BB, SL, ME, PN, SY
Anbau
KIP, konventionell, nachhaltig
Verschlussarten
DV, KK

94 2022 Grüner Veltliner Ried Loiserberg Alte Reben Kamptal DAC 13,5 %, €€
Jugendliche Farbnoten, kandierte Orange, Nashi-Birne, Antipasti-Noten, Gewürznelke, körperreich, balancierte Struktur, feiner Gerbstoff, fruchtiger Nachhall, Kumquat und Zesten im Rückaroma, Potenzial.

94 2022 Riesling Ried Schenkenbichl Alte Reben Kamptal DAC 13,5 %, €€€
Helle Farbe, gelber Pfirsich, Nektarine, zart florale Noten, Physalis, körperreich, ausgewogenes Frucht-Säure-Spiel, zarter Schmelz im Abgang, langer Nachhall, Marille im Rückaroma.

93+ 2022 Grüner Veltliner Ried Käferberg Alte Reben Kamptal DAC 13,5 %, €€€
Jugendliche Farbe, ausgeprägtes Bukett, kandierte Orange, Mandeln, Kumquat, gehaltvoll, balancierter Trinkfluss, feines, pikantes Tannin, zarter Schmelz im Rückaroma, Potenzial.

93+ 2022 Riesling Ried Steinhaus Rote Erde Kamptal DAC 13,5 %, €€€
Jugendliche Farbe, vielschichtige Fruchtnoten, Nektarine, kandierte Ananas, Mandarine, kräftiger Wein, lebendig, harmonische Struktur, feiner, leicht süßer Schmelz im Abgang, langer Nachhall.

92+ 2023 Riesling Langenlois Kamptal DAC 12,5 %, €
Helle Farbe, jugendliches Fruchtspiel, Mandarine, Pfirsich und Zitrusnoten, kandierte Ananas, körperreich, lebendiger Trinkfluss, gut eingebundene Restsüße im Finish.

92 2023 Grüner Veltliner Langenlois Kamptal DAC 12,5 %, €
Helle Farbe, einladendes Fruchtspiel, Apfel, Nektarine, Mandarine, zart würzig, kräftig, jugendliche Textur, pikantes Finish, gute Länge.

HISTORISCHER WEIN

94 2017 Grüner Veltliner Ried Käferberg Alte Reben Kamptal DAC Reserve

Kamptal

Winzerhof Sax

Der traditionsreiche Weinbaubetrieb produziert mit viel Engagement sortentypische Weine, welche die spezifischen Klima- und Bodenbedingungen des Kamptals zur Geltung bringen. Ein hohes Maß an Sonnenstunden und kühle Nächte sorgen für fruchtintensive und finessenreiche Weißweine, die von den gebietstypischen Löss- und Urgesteinsböden geprägt sind. Seit 2013 werden die Topweine auch spontan vergoren, um den Herkunftscharakter noch deutlicher zum Ausdruck zu bringen. Grüner Veltliner und Riesling bilden den Schwerpunkt im Sortiment, zudem setzt man auf einen für die Region typischen Sortenmix.

Foto: Winzerhof Sax

93+ 2021 Grüner Veltliner Ried Thal Kamptal DAC Reserve 13,5 %, €€
Helle Farbnoten, vielschichtige Nase, Verbene, Zesten, Nashi-Birne, Grapefruit, körperreich, lebendige, engmaschige Struktur, fruchtig-pikanter Abgang, lang anhaltend, Kumquat im Rückaroma.

93 2022 Riesling Ried Loiserberg Kamptal DAC Reserve 13,5 %, €€
Helle Farbe, intensive Fruchtnoten, rosa Grapefruit, Pfirsich, Mandarine, kräftiger Wein, lebendiger Trinkfluss, fruchtig-präzises Finish, langer Nachhall.

92 2022 Chardonnay Saxess XIV 13,5 %, €€
Jugendliche Farbe, kandierte Orange, Melone, zarte Holzwürze, körperreich, balancierte Textur, Grapefruit und Karamell im Nachhall.

92 2022 Grüner Veltliner Ried Panzaun Kamptal DAC Reserve 13,5 %, €€
Helle Farbe, nuanciertes Bukett, Kräuter, Grapefruit, Nashi-Birne, gehaltvoll, dicht und balancierter Trinkfluss, feiner Gerbstoff und Frucht im Nachhall, gute Länge.

91+ 2023 Weißburgunder 13,5 %, €
Helle Farbe, gelbe Fruchtnoten, Apfel, Pfirsich, körperreicher Wein, lebendiger Trinkfluss, fruchtiger Schmelz im Abgang, gute Länge.

91 2022 Grüner Veltliner Alte Reben Kamptal DAC Reserve 13,5 %, €
Helle Farbe, jugendliches Fruchtspiel, zarte Würze, Grapefruit, kandierte Noten, balancierte Textur, fruchtig-pikanter Abgang.

90 2023 Grüner Veltliner Kamptal DAC 12,5 %, €
Helle Farbe, jugendliches Bukett, grüner Apfel, Verbene, lebendiger Trinkfluss, fruchtig-pikanter Abgang.

Walterstraße 16
3550 Langenlois
T 02734/23 49
M office@winzersax.at
www.winzersax.at

Öffnungszeiten
Mo.–Fr. 8–18, Sa., So. nach tel. Vereinbarung
Rebfläche
30 ha
Flaschenanzahl
180.000
Rebsorten
RI, GV, FV, PB, CH, BP, ZW, GM, MT
Anbau
KIP
Verschlussarten
NK, DV

Kamptal

Schloss Gobelsburg

Schloss Gobelsburg ist das älteste Weingut der Donauregion Kamptal und kann auf eine dokumentierte Weinbaugeschichte bis ins 12. Jahrhundert zurückblicken. Zisterzienser-Mönche, die sich dazumal aus dem Burgund in ganz Europa ansiedelten, erhielten ihre ersten Weingärten in der Region im Jahr 1171. Heute konzentriert sich das Weingut auf typische Herkunftsweine der Donau-Appellationen in den drei Kategorien Gebiets-, Orts- und Riedenweine. Es werden aber auch vier verschiedene Schaumwein-Cuvées nach traditioneller Methode erzeugt. Außerdem beschäftigt man sich mit historischer Weinbereitung, die Weine werden unter der Bezeichnung „Tradition" abgefüllt. Das Weingut ist Mitglied der Österreichischen Traditionsweingüter, die eine Lagenklassifikation in Österreich etablierten.

Foto: Michael Moosbrugger

Schlossstraße 16
3550 Langenlois
T 02734/24 22
E schloss@gobelsburg.at
www.gobelsburg.at

Öffnungszeiten
Mo.–Fr. 8–12, 13–17,
Sa. 11–17
Rebfläche
85 ha
Rebsorten
GV, RI, PN, SL, ZW, ME
Anbau
KIP, konventionell,
nachhaltig
Verschlussarten
NK, DV
Gastronomie
Vinothek

97+ 2022 Riesling Ried Heiligenstein Kamptal DAC 1 ÖTW 13 %, €€€
Jugendliche Farbe, ausgeprägte, komplexe Nase, reifer Pfirsich und Nektarine, Passionsfrucht, kandierte Noten, stoffig, dicht, eleganter, engmaschiger Trinkfluss, fruchtiges Finish, langer Nachhall, zarter Schmelz, Physalis und rosa Grapefruit im Abgang, Potenzial.

96 2022 Grüner Veltliner Ried Lamm Kamptal DAC 1 ÖTW 13,5 %, €€€
Jugendliche Farbe, komplexes Fruchtspiel, gelbes Steinobst, Kumquat, Melone, nussige Würze, Marzipan, körperreich, straffe Textur, engmaschiges Finish, sehr lang anhaltend, Riesenpotenzial.

96 N. V. Tradition Heritage Cuvée 10 Jahre Edition 852 13,5 %, €€€
(GV/RI) Kräftige Farbe, komplexe Aromatik, nussige Würze, kandierte Noten, Mandeln, ein Hauch Karamell, kräftiger Wein, dicht und lebendige Struktur, feiner Gerbstoff, Grapefruit, Zesten und Physalis im pikanten Nachhall.

95+ 2022 Riesling Ried Gaisberg Kamptal DAC 1 ÖTW 13,5 %, €€€
Jugendliche Farbnoten, einladende gelbe Frucht, Pfirsich, kandierte Orange und Ananas, Verbene, körperreich, lebendige Textur, dicht, fruchtig-pikanter Abgang, langer Nachhall, Nektarine und Melisse im Finish.

95 2022 Grüner Veltliner Ried Grub Kamptal DAC 1 ÖTW 13,5 %, €€€
Jugendliche Farbe, vielschichtige Nase, kandierte Orange, nussige Würze, Gewürznelke, gehaltvoll, dicht und straffe Textur, fruchtig-pikanter Abgang, feiner Schmelz und Physalis im Rückaroma, Potenzial.

94+ 2022 Grüner Veltliner Ried Renner Kamptal DAC 1 ÖTW 13,5 %, €€€
Helle Farbe, einladende reife Fruchtnoten, Melone, Kumquat, Verbene, feine Würze, stoffig, dicht und engmaschiger Trinkfluss, zarter Schmelz und Pikanz im Abgang, gute Länge.

94 2022 Grüner Veltliner Ried Spiegel Kamptal DAC 13,5 %, €€€
Jugendliche Farbe, komplexe Aromatik, Kumquat, kandierte Orange, Gewürznelke, zarte Würze, körperreich, dicht und balancierter Trinkfluss, pikanter Gerbstoff, Mandeln und Zesten im Nachhall, Potenzial.

Kamptal

Weingut Steininger

Die Familie Steininger hat mit einer sorten- und jahrgangsreinen Versektung eine eigene „Sektphilosophie" geschaffen. Neben hochwertigen Grundweinen wie Grünem Veltliner, Riesling, Sauvignon blanc, Traminer, Muskateller, Chardonnay, Weißburgunder, Cabernet Sauvignon, aber auch roten Rebsorten ist eine behutsame zweite Gärung in der Flasche Voraussetzung für fruchtbetonte und duftige Schaumweine. Nicht nur bei den Sekten, auch bei den Stillweinen setzt man auf die Betonung der Sortentypizität. Die Stilistik ist zudem durch das spezifische Klima und die Böden des Kamptals geprägt und soll charakteristische Weine ergeben. Bei den Lagensekten stehen neben dem Jahrgang und der Sortentypizität auch das Terroir, also die Herkunft im Vordergrund. Diese drei Komponenten vereinen sich in den großen Sekt-Reserven: Riesling Heiligenstein, Grüner Veltliner Steinhaus und Weißburgunder Panzaun, die an der Spitze der österreichischen Sektpyramide angesiedelt sind.

Walterstraße 2
3550 Langenlois
T 02734/23 72
M office@weingut-steininger.at
www.weingut-steininger.at

Öffnungszeiten
Mo.–Fr. 8–12, 13–17,
Sa. 9–12
Rebfläche
75 ha
Rebsorten
GV, RI, SB, PB, ZW, GM
Anbau
KIP, konventionell, nachhaltig
Verschlussarten
NK, DV

94 2022 Grüner Veltliner Ried Lamm Kamptal DAC Reserve 1 ÖTW 13,5 %, €€€
Helle Farbe, nuanciertes Bukett, kandierte Orange, Kumquat, feine Würze, gehaltvoll, balanciert, straffe Textur, engmaschiges Finish, fruchtiger Schmelz im Abgang, gute Länge.

93+ 2020 Grüner Veltliner Sekt Austria Reserve NÖ g.U. 13 %, €€€
Jugendliche Farbe, abwechslungsreiches Bukett, kandierte Birne, Apfelnoten, Steinobst, harmonische Perlage, balancierte Textur, fruchtig-pikantes Finish, gute Länge.

93+ 2021 Riesling Sekt Austria Reserve NÖ g.U. 13 %, €€€
Jugendliche Farbe, einladendes Fruchtspiel, kandierte Orange, gelber Pfirsich, Mandarine, jugendliche Perlage, balanciertes Frucht-Säure-Spiel, zarter Schmelz im Abgang, animierender Trinkfluss.

93+ 2022 Grüner Veltliner Ried Kogelberg Kamptal DAC Reserve 1 ÖTW 13,5 %, €€€
Helle Farbe, nuanciertes Bukett, kandierte Orange, Nashi-Birne, körperreich, balanciert, harmonischer Trinkfluss, zarter Schmelz und feiner Gerbstoff im Finish.

93 2021 Traminer Sekt Austria Reserve NÖ g.U. 13 %, €€€
Kräftige Farbe, vielschichtiges Bukett, kandierte Orange, ein Hauch exotischer Noten, jugendliche Perlage, harmonisches Frucht-Säure-Spiel, Kumquat und nussige Würze im Finish, zarter Schmelz.

92+ 2022 Cabernet Sauvignon Rosé Sekt 12,5 %, €€€
Jugendliches, zartes Rosé, nuanciertes Bukett, kandierte Frucht, rotbeerige Anklänge, jugendliches Mousseux, balancierter Trinkfluss, fruchtiger Schmelz im Abgang.

HISTORISCHER WEIN
95 2015 Weißburgunder Sekt 100 Monate

Weingut Topf

Im südlichen Kamptal, am Fuße des Gaisbergs, findet man das Traditionsweingut der Familie Topf. Dort, wo seit fünf Generationen Wissen und Handwerk weitergegeben werden, entstehen Weine mit unverkennbarer Handschrift. Hans und Magdalena Topf arbeiten gemeinsam mit ihren Söhnen Hans-Peter und Maximilian im Einklang mit der Natur. Traditionen zu wahren, das erlernte Handwerk weiterzugeben und Sorgfalt in den Weinbergen sind die Eckpfeiler ihres Schaffens. Die einzigartige Beschaffenheit von Klima und Böden der Kamptaler Lagen ermöglicht es, jedem Wein Herkunftsausdruck zu verleihen. Der Stolz der Winzerfamilie gilt vor allem den Ersten Lagen Offenberg, Gaisberg, Wechselberg, Spiegel, Heiligenstein und Renner. Die Weine aus diesem einzigartigen Terroir zeichnen sich durch Finesse und Unverwechselbarkeit aus.

Foto: richard-schabetsberger.com

Talstraße 162
3491 Straß im Straßertale
T 02735/24 91
M office@weingut-topf.at
www.weingut-topf.at

Öffnungszeiten
Mo.–Sa. 8–12, 13–17
(So., Fei. Ru.)
Rebfläche
50 ha
Flaschenanzahl
350.000
Rebsorten
GV, RI, CH, ZW, PN
Anbau
KIP, konventionell, organisch-biologisch, nachhaltig
Verschlussarten
NK, DV

95 2022 Riesling Ried Heiligenstein Kamptal DAC 1 ÖTW 14 %, €€€
Jugendliche Farbnoten, komplexe Nase, Pfirsich, Physalis, Quitte, kandierte Ananas, körperreich, balanciertes Frucht-Säure-Spiel, feines Tannin, pikantes Finish, fruchtiges Rückaroma, langer Nachhall.

95 2022 Riesling Ried Heiligenstein Steinwand „M" Kamptal DAC 1 ÖTW 13,5 %, €€€
Helle Farbe, ausgeprägte, reife Fruchtnoten, kandierte Ananas, gelber Pfirsich, stoffig, harmonische Textur, engmaschig, feines, fruchtig-florales Finish, langer Nachhall, Potenzial.

94+ 2022 Riesling Ried Wechselberg Spiegel Kamptal DAC 1 ÖTW 13,5 %, €€€
Jugendliche Farbe, intensive Nase, kandierte Noten, gelber Pfirsich, Mandarine, Melisse, stoffig, harmonische Textur, feines Tannin, lang anhaltend, Physalis im Nachhall, Potenzial.

94 2018 Pinot Noir Ried Stangl „HP" 12,5 %, €€€
Transparente Farbe, nuanciertes Bukett, Cranberry, Kirsche, Preiselbeere, Kakao, zart röstig, stoffig, harmonische Struktur, feiner Gerbstoff im Abgang, langer Nachhall.

94 2022 Grüner Veltliner Ried Gaisberg Kamptal DAC 1 ÖTW 13,5 %, €€€
Helle Farbe, reife gelbe Fruchtnoten, Zesten, Quitte, Gewürznelke, körperreich, harmonische Textur, engmaschig und zarter Schmelz im Finish, langer fruchtiger Nachhall.

92+ 2020 Chardonnay Ried Hasel 13,5 %, €€€
Kräftige Farbe, nuanciertes Bukett, feine Holzwürze, Birnenquitte, Blütenhonig, körperreicher Wein, harmonische Textur, Melone und Kumquat im Abgang, gute Länge, würziger Nachhall.

HISTORISCHER WEIN

94 2011 Riesling Ried Wechselberg Spiegel Kamptal DAC Reserve 1 ÖTW

Kamptal

Heinrich Weixelbaum

Weinbergweg 196
3491 Straß im Straßertale
T 02735/22 69
M weixelbaum@invinoweix.at
www.invinoweix.at

Öffnungszeiten
nach tel. Vereinbarung
Rebfläche
30 ha
Flaschenanzahl
140.000
Rebsorten
GV, RI, SB, PB, RV, ZW, ME
Anbau
organisch-biologisch
Verschlussarten
NK, DV
Sonstiges
Übernachtungsmöglichkeit

Die Familie Weixelbaum lebt und arbeitet im regen Austausch mit der Natur – inzwischen in dritter Generation. Das bildet die Grundlage für charaktervolle Weine, die die Leidenschaft zu ihrem Beruf widerspiegeln sollen. Die über Generationen weitergegebene Hauertradition gibt ihr dabei Bodenhaftung. Auf ganzheitliche, ökologische Grundsätze, Biodiversität und Handarbeit legt sie großen Wert, jeder Arbeitsschritt ist davon geprägt. Auf etwa 30 Hektar Rebflächen pflegt sie rund 150.000 Rebstöcke. Der Schwerpunkt liegt auf Weißwein, aber es gibt auch ein kleines, feines Sortiment in Rot.

95+ N. V. Sauvignon Blanc Anno Dazumal 6-8-9 14,5 %, €€€
Jugendliche Farbe, vielschichtige Nase, Einlegegewürze, Holunderblüte, Cassis, opulenter Wein, harmonische Textur, engmaschiger Trinkfluss, zarter Schmelz im Nachhall, lang anhaltend, riesiges Potenzial.

95 2021 Riesling Ried Gaisberg Kamptal DAC 1 ÖTW 13,5 %, €€€
Helle Farbe, vielschichtiges Bukett, gelbe Steinobst-Noten, Nektarine, Pfirsich, Pomelo, kräftig, lebendige Struktur, engmaschiges Finish, langer Nachhall, Kumquat und Marille im Rückaroma.

94 2022 Grüner Veltliner Ried Gaisberg Kamptal DAC 1 ÖTW 13,5 %, €€€
Jugendliche Farbe, vielschichtiges Bukett, nussige Würze, kandierte Orange, Quitte, körperreich, balancierte Textur, feines Tannin, pikanter Nachhall und zarter Schmelz im Finish.

94 2022 Riesling Ried Heiligenstein Kamptal DAC 1 ÖTW 13,5 %, €€€
Helle Farbe, intensive Pfirsichnoten, gelbe Nektarine, kandierte Ananas, körperreich, gut stützende Säure, zarter Gerbstoff, Kumquat im Rückaroma, langer Nachhall.

93+ 2021 Roter Veltliner Wahre Werte 13 %, €€
Helle Farbe, intensive Fruchtnoten, Grapefruit, kandierte Orange, Mandeln, körperreicher Wein, gut stützende Säure, feines Tannin, Physalis im Rückaroma, langer Nachhall.

93 2021 Riesling Alte Reben Kamptal DAC 12,5 %, €€
Helle Farbe, rosa Grapefruit, Mandarine, kandierte Noten, lebendiges Frucht-Säure-Spiel, fruchtig-pikanter Abgang, langer Nachhall.

92+ 2023 Grüner Veltliner Strass Kamptal DAC 12,5 %, €
Blassgelbe Farbe, jugendliches Fruchtspiel, Mandarine, Marille, Apfel, Verbene, stoffig, gutes Frucht-Säure-Spiel, pikanter Abgang, lang anhaltend.

Die Besten im
KREMSTAL

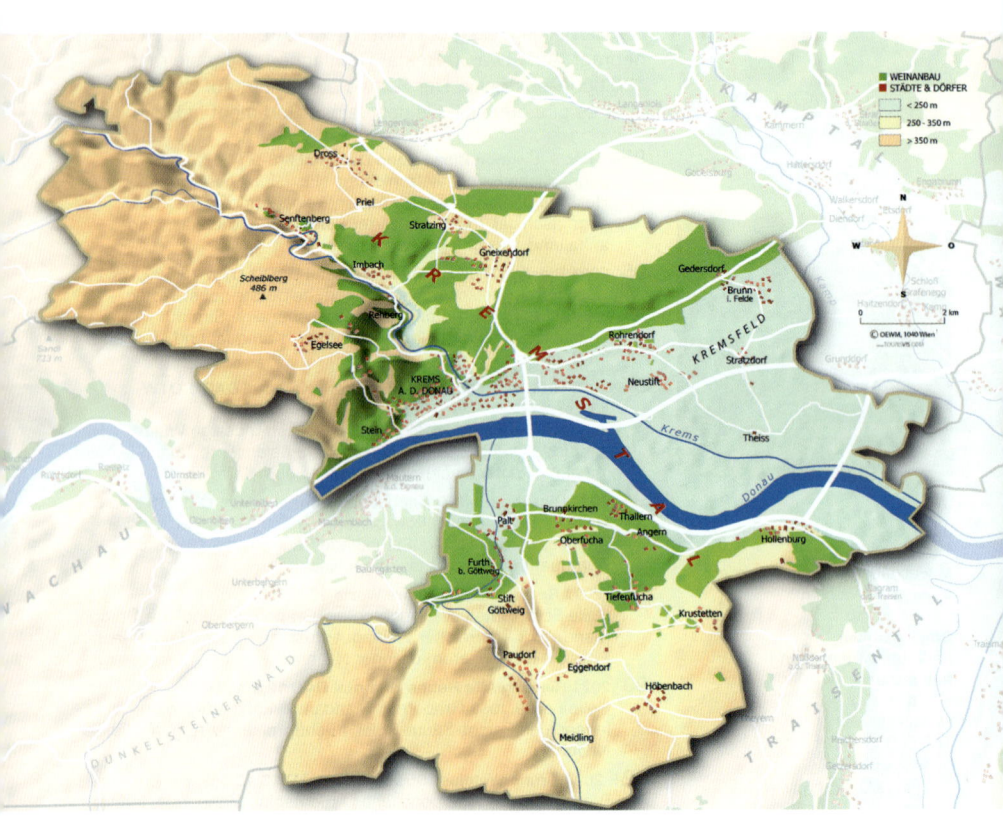

Rebfläche: 2.368 ha. Hier findet man die klassischen Böden: Urgestein im westlichen Teil, Löss und Lehm im Osten und Süden. Es gedeihen vor allem bukettreiche und fruchtbetonte, elegante Weißweine.
Rebsorten: Grüner Veltliner, Riesling, Weißburgunder, Zweigelt

98   *2021 Veltliner 333 ·* **Weingut Türk**

97+ *2023 Riesling Privat Ried Hochäcker Kremstal DAC 1 ÖTW ·* **Wein-Gut Nigl**

97+ *2023 Riesling Ried Hochäcker Kremstal DAC 1 ÖTW ·* **Weingut Familie Proidl**

97   *2022 Riesling Ried Wieland Kremstal DAC 1 ÖTW ·* **Weingut Mantlerhof, Geschwister Mantler**

97   *2023 Grüner Veltliner Herzstück Ried Kirchenberg 1 ÖTW ·* **Wein-Gut Nigl**

97   *2023 Riesling Ried Ehrenfels Kremstal DAC 1 ÖTW ·* **Weingut Familie Proidl**

97   *2023 Riesling Ried Schreck Kremstal DAC 1 ÖTW ·* **Weingut Stadt Krems**

96+ *2016 Blanc de Blancs Sekt Austria Große Reserve ·* **Weingut Malat**

96+ *2023 Grüner Veltliner Ried Pellingen Kremstal DAC 1 ÖTW ·* **Wein-Gut Nigl**

96+ *2023 Riesling Ried Grillenparz Kremstal DAC 1 ÖTW ·* **Weingut Stadt Krems**

96   *2022 Roter Veltliner Ried Ungut ·* **Weingut Mantlerhof, Geschwister Agnes & Josef Mantler**

96   *2023 Grüner Veltliner Ried Pellingen Kremstal DAC 1 ÖTW ·* **Weingut Familie Proidl**

96   *2023 Riesling Alte Reben Ried Steiner Kögl Kremstal DAC 1 ÖTW ·* **Weingut Salomon Undhof**

96   *2023 Riesling Alte Reben Ried Pfaffenberg Kremstal DAC 1 ÖTW ·* **Weingut Salomon Undhof**

95+ *2021 Grüner Veltliner Ried Kreuzberg „Das weiße Mammut" Kremstal DAC Reserve ·* **Weingut Forstreiter**

95+ *2023 Riesling Ried Stratzinger Sunogeln 1 ÖTW Kremstal DAC Reserve ·* **Josef Schmid**

95   *2022 Grüner Veltliner Ried Frechau Elitar Kremstal DAC Reserve ·* **Wolfgang Aigner**

95   *2022 Riesling Ried Moosburgerin Kremstal DAC 1 ÖTW ·* **Weingut Buchegger**

95   *2021 Grüner Veltliner Ried Leiten „Privatfüllung Gudrun" Reserve Kremstal DAC ·* **Winzerhof Fam. Dockner**

95   *2022 Riesling Ried Marthal Kremstal DAC Reserve 1 ÖTW ·* **Mayr, Vorspannhof**

95   *2022 Riesling „Kellerterrassen" Ried Gebling 1 ÖTW Reserve Kremstal DAC ·* **Hermann Moser**

95   *2022 Riesling Ried Steiner Hund ·* **Lesehof Stagård**

95   *2023 Riesling Ried Pfaffenberg Kremstal DAC 1 ÖTW ·* **Weingut Stift Göttweig**

95   *2022 Grüner Veltliner Ried Kremser Frechau Kremstal DAC 1 ÖTW ·* **Weingut Türk**

Wolfgang Aigner

Das Weingut blickt auf eine 250 Jahre währende Tradition zurück und agiert trotzdem am Puls der Zeit. Lange Zeit wurde es als klassischer Mischbetrieb geführt, erst Franz Aigner junior konzentrierte sich ausschließlich auf Wein. Er war einer der ersten Flaschenabfüller der Region und erwarb Toplagen wie Kremser Sandgrube und Weinzierlberg. Heute führen Wolfgang und Elfi Aigner gemeinsam mit ihrem Sohn Christian den Betrieb. Grüner Veltliner und Riesling passen nach ihrem Dafürhalten am besten in die Region und sind daher auch die Leitsorten des Betriebs. Außerdem setzt man wie schon der Vater und der Großvater auf Weine mit Reifepotenzial, die sich vom Massengeschmack abheben sollen.

95 2022 Grüner Veltliner Ried Frechau Elitar Kremstal DAC Reserve 13,5 %, €€€
Jugendliche Farbe, vielschichtiges Bukett, Antipasti-Noten, Kumquat, Honigmelone, Earl Grey, Tabak, körperreich, dicht und gut stützende Säure, feiner, pikanter Gerbstoff, Zesten und Mandeln im Rückaroma, Potenzial.

94 2022 Grüner Veltliner Ried Obere Sandgrube Privat Kremstal DAC Reserve 13 %, €€
Jugendliche Farbe, komplexe Nase, gelber Pfirsich, Mandeln, Nashi-Birne, Tabak, körperreich, dicht und engmaschige Textur, pikantes Tanninfinish, Kumquat und nussige Würze im Nachhall, langer Nachhall, Potenzial.

92+ 2022 Grüner Veltliner 1773 Kremstal DAC 12,5 %, €€
Jugendliche Farbe, ausgeprägtes Bukett, Zesten, Antipasti-Noten, Birnenquitte, stoffiger Wein, lebendiger Trinkfluss, Kumquat und Limette im Abgang, langer Nachhall.

92+ 2022 Riesling Ried Weinzierlberg Kremstal DAC 13,5 %, €€
Jugendliche Farbe, nuanciertes Bukett, gelber Pfirsich, Mandarine, kandierte Noten, gehaltvoll, balanciertes Frucht-Säure-Spiel, zarter Schmelz und Physalis im Nachhall.

91 2022 Riesling Kremstal DAC 12,5 %, €€
Kräftige Farbe, kandierte Noten, Blütenhonig, markantes Säurespiel, fruchtig-würziger Abgang, zarter Schmelz.

91 2022 Grüner Veltliner Kremstal DAC 12,5 %, €
Helle Farbe, einladendes Bukett, Pomelo, Verbene, nussige Würze, stoffig, lebendiger Trinkfluss, pikantes Finish, fruchtiger Nachhall.

91 2023 Grüner Veltliner Weinzurl Kremstal DAC 12 %, €
Jugendliche Farbe, kandierte Orange, Verbene, Grapefruit, lebendige Textur, fruchtig-pikanter Abgang, gute Länge.

Wiener Straße 133
3500 Krems an der Donau
T 0664/88 92 94 93, 02732/845 58
M info@aigner-wein.at
www.aigner-wein.at

Öffnungszeiten
nach Vereinbarung
Rebfläche
20 ha
Rebsorten
GV, RI, GM, CH, ZW, SB
Anbau
KIP, konventionell, nachhaltig
Verschlussarten
NK, DV
Sonstiges
Übernachtungsmöglichkeit

Kremstal

Weingut Buchegger

Sowohl im Vorspannhof Dross als auch im Weingut Buchegger legt Silke Mayr den Fokus auf höchste Qualität. Ganz im Osten des Weinbaugebiets Kremstal, in Gedersdorf, gedeihen die Buchegger-Weine. Das Zusammenspiel von Boden und Klima ist von besonderer Finesse und Vielfalt – das Ergebnis sind außergewöhnliche Weine mit Eleganz und Mineralität, die Herkunftscharakter besitzen. Die Erhaltung eines humusreichen Bodens ist für die Winzerin dabei von größter Bedeutung. Gesundes Bodenleben und beste Lagen sind für sie die Voraussetzung für hervorragende Traubenqualität. Silke Mayr und ihr Team rund um Kellermeister Michael Nastl zeigen viel Engagement – man weiß aber auch, wann man der Natur ihren Lauf lassen muss, und gibt den Weinen die Zeit, die sie zur Entfaltung brauchen.

Foto: WWW.POV.AT

3552 Droß 300
T 02719/300 56
M buchegger@vorspannhof.at
www.buchegger.at

Öffnungszeiten
Mo.–Fr. 8–13, Sa. 9.30–13
Rebfläche
13 ha
Rebsorten
GV, RI, CH, ZW, ME, RV
Anbau
KIP, konventionell, nachhaltig
Verschlussart
DV

95 2022 Grüner Veltliner Ried Vordernberg Kremstal DAC Reserve 1 ÖTW 13 %, €€€
Jugendliche Farbe, vielschichtige Nase, Verbene, Gewürznelke, Physalis, kräftig, dicht und balancierter Trinkfluss, fruchtiger Schmelz und Kumquat im Nachhall, sehr lang anhaltend, Potenzial.

95 2022 Riesling Ried Moosburgerin Kremstal DAC 1 ÖTW 13 %, €€€
Helle Farbe, einladendes Fruchtspiel, kandierte Noten, Steinobst, Mandarine, stoffig, balancierte Textur, fruchtig-pikanter Abgang, zarter Schmelz und Steinobst im Rückaroma, Potenzial.

93+ 2022 Grüner Veltliner Leopold Kremstal DAC 13,5 %, €€
Jugendliche Farbnoten, nuanciertes Frucht-Würze-Spiel in der Nase, Verbene und Kamille, kandierte Orange und nussige Würze, stoffig, dicht und harmonischer Trinkfluss, pikanter Gerbstoff und Kumquat im Nachhall, gute Länge.

93+ 2023 Riesling Ried Tiefenthal Kremstal DAC 13 %, €€
Helle Farbe, jugendliche Aromatik, kandierte Frucht, Ananas, Melisse, körperreich, lebendiger Trinkfluss, fruchtiger Abgang, zarter Schmelz, gute Länge.

93 2023 Grüner Veltliner Ried Geppling Kamptal DAC 12,5 %, €€
Helle Farbe, einladendes Fruchtspiel, Steinobst, Mandarine, Pomelo, kräftig, dicht und lebendige Textur, zarte Würze im Abgang, langer Nachhall.

93 2023 Roter Veltliner Ried Tiefenthal 13 %, €€
Helle Farbe, intensive, jugendliche Frucht, Grapefruit, kandierte Birne und Orange, Physalis, kräftiger Wein, dicht und straffe Textur, feiner Gerbstoff, Mandeln und Bratapfel im Nachhall.

92+ 2023 Grüner Veltliner Pfarrweingarten Kremstal DAC 13 %, €€
Helle Farbe, jugendliche Fruchtnoten, Kumquat, Steinobst, gelber Apfel, zarte Würze, stoffig, gut stützende Säure, fruchtig-pikanter Abgang, lang anhaltend.

Kremstal

Winzerhof Fam. Dockner

Foto: Winzerhof Fam. Dockner/Chris Rogl

Rund um den Göttweiger Berg bewirtschaften Sepp und Josef Dockner 95 Hektar Weingärten. Die beiden können auf viele erfolgreiche Jahre zurückblicken. Sepp kümmert sich um die Weingärten und um das Management im Betrieb. Sein Sohn Josef trägt als Önologe und Kellermeister die Verantwortung für die Vinifikation. Ihr Weinkeller, genannt „JOE-Keller" zählt technologisch und architektonisch zu den modernsten des Landes. Die wichtigsten Lagen sind die Rieden Frauengrund, Oberfeld, Steinbühel, Lusthausberg, Gottschelle, Himmelreich, Leiten und Rosengarten. Grüner Veltliner und Riesling dominieren das Sortiment. Ergänzt wird das Weißweinangebot durch Muskateller, Sauvignon blanc, Weißburgunder und Chardonnay. Die Rotweinsorten sind Zweigelt, St. Laurent, Pinot noir, Cabernet Sauvignon und Merlot, die Topcuvée wird unter dem Namen „Sacra" abgefüllt. Eine weitere Leidenschaft der Dockners ist die Sektmanufaktur am Kremser Frauengrund, wo sie Schaumweine nach traditioneller Methode produzieren.

Ortsstraße 30
3508 Höbenbach
T 02736/72 162
M winzerhof@dockner.at
www.dockner.at

Öffnungszeiten
Mo.–Sa. 9–12, 13–18
Rebfläche
95 ha + 95 ha Vertrag
Rebsorten
GV, RI, GM, SB, PB, CH, ZW, SL, ME, CS, PN
Anbau
KIP, konventionell, nachhaltig
Verschlussarten
NK, DI, DV
Gastronomie
Heuriger, Weinmenüs und Winzerbrunch (Termine siehe Website)

95 2021 Grüner Veltliner Ried Leiten „Privatfüllung Gudrun" Reserve Kremstal DAC 13,5 %, €€€
Jugendliche Farbe, komplexes Bukett, Zesten, Kumquat, Gewürznelke, Mandeln, grüner Tee, körperreich, dicht und engmaschige Struktur, pikantes Finish, zarter Schmelz und Gewürznelke im Nachhall, Potenzial.

95 2021 RI Ried Leiten „Privatfüllung Sepp" Kremstal DAC Res. 13 %, €€€
Jugendliche Farbe, intensives Bukett, vielschichtige Fruchtnoten, Steinobst, kandierte Ananas, Mandarine, gehaltvoll, animierendes Frucht-Säure-Spiel, balanciertes, fruchtiges Finish, langer Nachhall, Physalis und rosa Grapefruit im Abgang, Potenzial.

93+ 2022 GV Ried Gottschelle Kremstal DAC Reserve 1 ÖTW 13 %, €€
Helle Farbe, vielschichtiges Bukett, Zesten, Mandeln, Papaya, nussige Würze, körperreich, harmonischer Trinkfluss, engmaschiges Finish, Gewürznelke und Kumquat im Nachhall, lang.

93+ 2022 GV Ried Steinbühel Kremstal DAC Reserve 1 ÖTW 13 %, €€
Helle Farbnoten, ausgeprägte Aromatik, Nashi-Birne, gelbe Nektarine, feine Würze, gehaltvoll, harmonischer Trinkfluss, fruchtig-pikanter Abgang, lang anhaltender Schmelz im Nachhall.

93+ 2022 RI Ried Gottschelle 1 ÖTW Reserve Kremstal DAC 13 %, €€
Jugendliche Farbnoten, intensives Fruchtspiel, reifer Pfirsich, Mandarine, körperreich, harmonischer Trinkfluss, gut stützendes Säurespiel, fruchtiger Abgang, Physalis im Nachhall, lang anhaltend.

93 2020 Sacra 13,5 %, €€€
(CS/ME/ZW) Dunkler Farbkern, vielschichtige Aromen in der Nase, Cassis, Bitterschokolade, leicht röstige Anklänge, gehaltvoll, balanciert, feines Tannin, langer Nachhall, fruchtiges Rückaroma.

HISTORISCHER WEIN
94+ 2015 Roter Traminer Reserve Ried Herrentrost

Kremstal

Winzerhof Fam. Josef Dürauer

In dem kleinen familiengeführten Winzerhof wird Tradition hochgehalten Gleichzeitig will man den Blick in Richtung Zukunft richten. Behutsame Arbeit am Weinstock und Handlese sind dabei für den Winzer ebenso wesentlich wie die Errungenschaften moderner Kellertechnologie. Zu den wichtigsten Rieden des Betriebs zählen Oberfeld, Gottschelle und Landwid. Diese Namen haben ihren Ursprung vor Hunderten von Jahren, und jede Riede hat ihre Besonderheit. Auf ihren Urgesteins- und Lössböden gedeihen nicht nur Grüner Veltliner, Riesling, Chardonnay, Muskateller und Roter Veltliner, sondern auch einige Rotweinsorten. Verarbeitet werden die Weine im 200 Jahre alten Gewölbekeller, wo sie dann auch in aller Ruhe reifen können.

Foto: Winzerhof Dürauer

Aignerstraße 11
3511 Furth bei Göttweig
T 02732/762 03
M info@winzerhof-duerauer.at
www.winzerhof-duerauer.at

Rebfläche
5,5 ha
Flaschenanzahl
30.000
Rebsorten
GV, RV, RI, CH, GM, ZW
Anbau
KIP, konventionell, nachhaltig
Verschlussart
DV
Gastronomie
Heuriger
Sonstiges
Übernachtungsmöglichkeit

93 2021 Grüner Veltliner Ried Gottschelle Kremstal DAC Reserve 14 %, €€
Jugendliche Farbe, komplexe Aromatik in der Nase, Mandeln, Birnenquitte, Marzipan, Grapefruit, körperreich, balancierte, lebendige Textur, fruchtig-pikanter Abgang, lang anhaltend.

92 2023 Grüner Veltliner Ried Gottschelle Kremstal DAC 12,5 %, €
Helle Farbe, nuanciertes Bukett, gelbe Steinobst-Aromen, Nashi-Birne, zarte Würze, stoffig, lebendige Struktur, fruchtig-pikanter Abgang, gute Länge.

91+ 2023 Riesling Furth Kremstal DAC 12,5 %, €
Helle Farbe, ausgeprägtes Bukett, Nektarine, Pfirsich, kandierte Noten, saftiger Wein, animierender Trinkfluss, fruchtig-süßer Schmelz im Abgang, gute Länge.

91+ 2023 Roter Veltliner Göttweigerberg 12,5 %, €
Jugendliche Farbe, dezentes Fruchtspiel, kandierte Mandeln und Orange, lebendiger Trinkfluss, gut stützende Säure, zart-fruchtiges Finish, Kumquat im Nachhall.

91 2023 Chardonnay Göttweigerberg 14 %, €
Jugendliche Farbe, dezente Fruchtnoten, Kumquat, Apfel-Zitrus-Noten, gehaltvoll, dicht und balancierte Textur, fruchtiges Finish, gute Länge.

90 2023 Gemischter Satz Sabrina 12 %, €
Jugendliche Farbe, kandierte Orange und Birne, Melone, saftiger Wein, balancierte Textur, fruchtig-süßer Schmelz im Abgang.

HISTORISCHER WEIN

93 2015 Grüner Veltliner Ried Gottschelle Reserve Kremstal DAC

77

Kremstal

Weingut Forstreiter

Das Weingut in Hollenburg befindet sich seit 1868 im Familienbesitz. Derzeit wird es von Isabella und Meinhard Forstreiter sowie ihrem Sohn Daniel geführt. Der Grundstein für die Qualität der Weine wird im Weingarten gelegt, indem man versucht, eng mit der Natur zusammenzuarbeiten. Die Rieden liegen auf einer Seehöhe von 200 Metern direkt an der Donau. Der Großteil der Reben wächst in südöstlich ausgerichteten Terrassenweingärten auf sogenanntem Hollenburger Konglomerat. Die Böden mit unterschiedlichen Lössauflagen und das besondere Mikroklima bringen fruchtige und würzig-pfeffrige Weine hervor, allen voran Grünen Veltliner, der in verschiedenen Varianten ausgebaut wird. Im Keller versucht man, bei der Weinwerdung möglichst wenig einzugreifen. Zudem werden Riesling, Muskateller, Sauvignon blanc sowie Zweigelt und Sankt Laurent ausgebaut.

Foto: Nadine Poncioni Rusnov

Obere Hollenburger
Hauptstraße 36
3506 Krems-Hollenburg
T 02739/22 96
M weingut@forstreiter.at
www.forstreiter.at

Öffnungszeiten
Mo.–Fr. 9.30–11.30, 14–18,
Sa. 9.30–14
Rebfläche
54 ha
Rebsorten
GV, RI, GM, ZW, SL, SB
Anbau
KIP, konventionell,
nachhaltig
Verschlussarten
NK, DI, DV
Gastronomie
Vinothek

95+ 2021 Grüner Veltliner Ried Kreuzberg „Das weiße Mammut"
Kremstal DAC Reserve 13,5%, €€€
Kräftige Farbe, komplexes Bukett, Quitte, Nashi-Birne, kandierte Frucht, Antipasti-Noten, körperreich, dicht und straffe Textur, engmaschiges Finish, feiner, pikanter Gerbstoff, Gewürznelke und Kumquat im Finish, sehr langer Nachhall, Potenzial.

93 2022 Grüner Veltliner „Little Mammut" Kremstal DAC 13,5%, €€
Helle Farbe, nuancierte Aromatik, kandierte Orange, Papaya, Gewürznelke, körperreich, balancierte Struktur, pikantes Finish, feiner Schmelz im Nachhall, Verbene und Kumquat im Rückaroma.

93 2022 Grüner Veltliner Ried Schiefer Kremstal DAC 13,5%, €€
Helle Farbe, nuanciertes, vielschichtiges Bukett, kandierte Orange, Mandeln, Honig-Ingwer, zarte Würze, gehaltvoll, dicht, lebendige Textur, pikanter Abgang, langer Nachhall, fruchtiges Rückaroma.

93 2022 Riesling Ried Schiefer Kremstal DAC 13,5%, €€
Helle Farbe, vielschichtige Aromen, gelber Pfirsich, Mandarine, kandierte Noten, körperreich, lebendiges Frucht-Säure-Spiel, fruchtig-präziser Abgang, Marille und Physalis im Nachhall.

93 2023 Grüner Veltliner Ried Kogl Kremstal DAC 12,5%, €
Helle Farbe, intensive Nase, Grapefruit, Limette, kandierte Noten, straff, jugendliche Struktur, lebendiger Trinkfluss, pikantes Finish, Gewürznelke und Kumquat im Nachhall, lang anhaltend.

92 2022 Chardonnay 13,5%, €€
Jugendliche Farbe, nuanciertes Bukett, gelbe, reife Fruchtnoten, Melone, Apfel, Kumquat, körperreich, balancierter Trinkfluss, Grapefruit und nussige Würze im Abgang, gute Länge.

91 2023 Riesling Schotter Kremstal DAC 13,5%, €
Hellgelb, nuancierte Frucht, Mandarine, Melisse, kandierte Anklänge, saftiger Wein, lebendiger Trinkfluss, fruchtiges Finish.

Lukas Hagen

Das im Kremser Stadtteil Rehberg gelegene Weingut wurde 1922 von Lukas Hagen von seinen Eltern übernommen. Auf rund 16 Hektar Rebflächen werden hauptsächlich Weißweine, aber auch einige Rotweine vinifiziert. Das Kleinklima des nahe gelegenen Donautals sowie die herbe, kühle Luft des Waldviertels ermöglichen eine besondere Würzigkeit und Finesse der Weine. Mit Maßnahmen wie kurzem Rebschnitt, sorgfältiger Laubarbeit, umweltbewusster Weingartenbewirtschaftung und schonender Traubenkelterung will man Spitzenqualitäten erzeugen. Aus den Rebsorten Grüner Veltliner, Riesling, Chardonnay, Weißburgunder, Gelber Muskateller und Zweigelt sollen so charaktervolle Gewächse entstehen.

93   2023 Grüner Veltliner Ried Holzgasse Alte Reben Kremstal DAC Reserve 14 %, FP
Jugendliche Farbnoten, komplexe Nase, Kumquat, Nashi-Birne, Antipasti-Noten, körperreich, lebendige Textur, feiner Gerbstoff, langer Nachhall.

93   2023 Riesling Ried Altenburg Kremstal DAC Reserve 13,5 %, FP
Jugendliche Farbe, einladende gelbe Steinobst-Noten, Blütenhonig, Melone, körperreich, harmonische Textur, fruchtig-pikanter Abgang, Pfirsich im Rückaroma.

92   2023 Grüner Veltliner Ried Holzgasse Kremstal DAC 13,5 %
Helle Farbe, ausgeprägtes Bukett, nussige Würze, Grapefruit, kandierte Noten, kräftiger Wein, gut stützende Säure, pikantes Finish.

92   2023 Riesling Ried Weinzierlberg Kremstal DAC 13 %
Helle Farbe, feine Steinobst-Noten, gelber Pfirsich, Physalis, Mandarine, stoffiger Wein, fruchtiger Schmelz im Abgang, gute Länge.

91   2023 Grüner Veltliner Ried Goldberg Kremstal DAC 13 %
Helle Farbe, zart-fruchtige Nase, dezente Würze, kandierte Orange, kräftiger Wein, lebendiger Trinkfluss, pikanter Abgang.

90   2023 Chardonnay 14 %
Helle Farbe, gelber Apfel, Mandarine, saftiger Wein, fruchtig unterlegter Trinkfluss, pikantes Finish, gute Länge.

Seilerweg 45
3500 Krems
T 0664/113 16 91, 02732/781 60
M info@weingut-hagen.at
www.weingut-hagen.at

Öffnungszeiten
nach Vereinbarung
Rebfläche
16 ha
Flaschenanzahl
75.000
Rebsorten
GV, RI, PB, CH, ZW, GM
Anbau
KIP, konventionell, nachhaltig
Verschlussart
DV

Kremstal

Weingut Malat

Das seit 1722 bestehende Weingut liegt am Fuße des Stifts Göttweig, am südlichen Donauufer zwischen Krems und dem Göttweiger Berg, und wird mittlerweile in der zehnten Generation von Michael Malat geführt. Der Betrieb bietet ein breites Spektrum an hochwertigen Gewächsen: Es werden Weiß-, Rot- und Süßweine, aber auch Sekt produziert, wobei die Trauben ausschließlich aus den eigenen Weingärten kommen. Konsequente Qualitätsarbeit und durchdachte Innovationen haben das Weingut im In- und Ausland bekannt gemacht. Dahinter stecken intensive Bemühungen und voller Einsatz: Penible Laub- und Bodenarbeit, händische Ernte, schonende Pressung, bewusst langsame Gärdauer und umsichtige Vinifikation sind die wichtigsten Grundlagen für qualitätsvolle Weine.

Foto: Pamela Schmatz

Hafnerstraße 12
3511 Furth-Palt
T 02732/829 34
M weingut@malat.at
www.malat.at

Öffnungszeiten
Mo.–Do. 7–16, Fr. 7–11,
Sa., So. nach tel. Vereinbarung
Rebfläche
40 ha
Flaschenanzahl
250.000
Rebsorten
GV, RI, CH, PB, GM, PG, CS, ME, SL, PN, ZW, SB, GT
Anbau
KIP, konventionell,
Umstellung organisch-biologisch, nachhaltig
Verschlussarten
NK, DV
Sonstiges
Übernachtungsmöglichkeit

96+ 2016 Blanc de Blancs Sekt Austria Große Reserve 12,5 %, €€€
(CH) Jugendliche Farbe, intensive, komplexe Nase, kandierte Orange, Mandeln und Birne, Brioche, Kumquat, sehr feines Mousseux, eleganter Trinkfluss, balancierte Textur, engmaschiges, pikantes Finish, nussige Würze und Grapefruit im Rückaroma, sehr langer Nachhall, Potenzial.

94+ 2019 Brut Nature Sekt Austria Reserve 12 %, €€€
(CH/PN) Jugendliche Farbe, komplexes Bukett, Zesten, Mandeln, Bratapfel, Grapefruit, feine Perlage, straff, lebendiger Trinkfluss, fruchtiges Finish, pikanter Nachhall, Kumquat im Rückaroma.

94+ 2019 St. Laurent Große Reserve 13 %, €€€
Dunkler Farbkern, vielschichtige Nase, Cranberry, Brombeere, ein Hauch „Brett", körperreicher Wein, straff, engmaschige Struktur, feines Tannin, langer, fruchtig-pikanter Nachhall.

94 2019 Brut Rosé Sekt Austria Reserve 12 %, €€€
(PN) Kräftiges Lachsrosa, zarte Kirsch-Weichsel-Noten, Mandeln, Brioche, jugendliches, feines Mousseux, animierender Trinkfluss, fruchtig-pikanter Abgang, lang anhaltend.

92+ 2023 Grüner Veltliner Ried Höhlgraben Kremstal DAC 12,5 %, €€
Hellgelb, einladende Fruchtaromen, Steinobst, Grapefruit, Verbene und Gewürznelke, körperreich, gut stützende Säure, fruchtig-pikanter Abgang, gute Länge.

HISTORISCHER WEIN

94 2016 Pinot Noir Große Reserve

Kremstal

Weingut Mantlerhof, Geschwister Agnes & Josef Mantler

Foto: Mantler, Mantlerhof

Brunn im Felde, Hauptstraße 50
3494 Gedersdorf
T 02735/82 48
M weingut@mantlerhof.com
www.mantlerhof.com

Öffnungszeiten
nach Vereinbarung
Rebfläche
15 ha
Flaschenanzahl
ca. 70.000
Rebsorten
GV, RV, RI, NE, GM
Anbau
organisch-biologisch,
Umstellung biologisch-
dynamisch
Verschlussarten
NK, DV

Das Weingut hat seit 200 Jahren seinen Sitz in einem historischen Lesehof des Stifts Admont. Auf beeindruckenden Terrassen aus Löss, deren hellgelbe Wände weithin nach Süden leuchten, kultiviert man die klassischen Weißweine der Region, Grünen Veltliner und Riesling aus verschiedensten Lagen. Besonders verbunden fühlt man sich jedoch dem Roten Veltliner. Auch Neuburger und Gelber Muskateller werden ausgebaut, Grüner Sylvaner wurde neu gepflanzt. Der Löss, nach Äolus, dem griechischen Gott des Windes, mit seinem hohen Kalk- und Luftgehalt prägt den Stil der Weine. Saftig, extraktreich und strukturiert sollen sie sein. Es gibt vier Erste Lagen: Spiegel, Moosburgerin, Wieland und Steingraben. Alle Weine haben ausgeprägten Sortencharakter und verfügen über Lagerpotenzial. Der Mantlerhof ist Gründungsmitglied der Österreichischen Traditionsweingüter. Seit 2006 arbeitet man nach biologischen Kriterien – nun stellt man auch auf biodynamische Wirtschaftsweise um.

97 2022 Riesling Ried Wieland Kremstal DAC 1 ÖTW 13%, €€€
Helle Farbe, nuanciert, vielschichtiges Bukett, Weingartenpfirsich, Williamsbirne, kandierte Noten, Physalis, stoffig, lebendiger Trinkfluss, balanciertes Finish, rosa Grapefruit und Mandarine im Nachhall, Potenzial.

96 2022 Roter Veltliner Ried Ungut 13,5%, €€€
Jugendliche Farbe, kandierte Orange, Mandeln und gelber Pfirsich, Haselnuss, gehaltvoll, dicht und balanciert, engmaschiges Finish, Karamell und Williamsbirne im Nachhall, sehr lang anhaltend, Riesenpotenzial.

95 2022 GV Ried Moosburgerin Kremstal DAC 1 ÖTW 13%, €€€
Helle Farbe, vielschichtige Nase, Kumquat, Papaya, Verbene, körperreich, balancierte Struktur, engmaschiges, pikantes Finish, sehr lang anhaltend, nussige Würze im Nachhall.

95 2022 GV Ried Spiegel Kremstal DAC 1 ÖTW 13,5%, €€€
Helle Farbe, intensive, vielschichtige Aromatik, Verbene, Würze, Kumquat, Zesten, straff, dicht und lebendiger Trinkfluss, pikantes, würziges Finish, lang anhaltend, Potenzial.

95 2022 Riesling Ried Steingraben Kremstal DAC 1 ÖTW 13%, €€€
(htr.) Jugendliche Farbe, intensive, reife Steinobst-Noten, kandierte Ananas, Melone, gehaltvoll, dicht und gut stützendes Säurespiel, Zesten und Pikanz im Rückaroma, Potenzial.

94 2023 Roter Veltliner Ried Reisenthal 13,5%, €€€
Helle Farbe, kandierte Orange und Mandeln, Physalis, Bratapfel, Papaya, körperreich, balancierte Struktur, feiner Gerbstoff und fruchtiger Schmelz im Abgang, lang anhaltend.

93 2023 Neuburger Hommage 13%, €€
Jugendliche Farbe, nuanciertes Bukett, Bratapfel, Zesten, Mandeln, Mandarine, stoffig, balanciert, fruchtiger Schmelz im Abgang, gute Länge.

Kremstal

Mayr, Vorspannhof

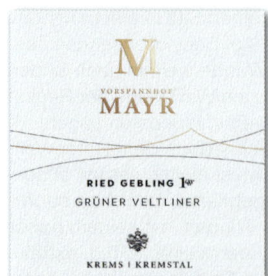

Der Vorspannhof Mayr mit seiner über 500 Jahren alten Geschichte ist heute eine Institution. Aus der Pferdewechselstation von einst ist heute eines der Topweingüter der Region geworden. Im Vorspannhof kommt zusammen, was das Kremstal ausmacht: beste Lagen, aber auch respektvoller Umgang mit der Natur sowie Gespür fürs Weinmachen. Das Weingut wird von Silke Mayr geführt, die mit ihrem engagierten Team rund um Kellermeister Michael Nastl 14 Hektar Weingärten kultiviert, darunter so bekannte Lagen wie Kremser Gebling, Marthal und Kremsleithen. Im hochmodernen Keller des historischen Gutshofs will man finessenreiche, herkunftstypische Gewächse vinifizieren, die möglichst viel von dem in sich tragen, was die jeweilige Sorte und Lage ausmacht. Seit 2020 ist das Weingut Mitglied bei den Österreichischen Traditionsweingütern.

Foto: WWW.POV.AT

Herrngasse 48
3552 Droß
T 02719/300 56
M weingut@vorspannhof.at
www.vorspannhof.at

Öffnungszeiten
Mo.–Fr. 8–13, Sa. 9.30–13
Rebfläche
14 ha
Rebsorten
GV, RI, GM, SB, CH, ZW
Anbau
KIP, konventionell, nachhaltig
Verschlussarten
NK, DV

95 2022 Grüner Veltliner Ried Kremser Gebling Kremstal DAC Reserve 1 ÖTW 14 %, €€
Jugendliche Farbe, vielschichtige Nase, kandierte Frucht, Papaya, Gewürznelke, körperreich, engmaschiger Trinkfluss, pikanter Gerbstoff, fruchtiger Schmelz im Nachhall, Potenzial.

95 2022 Riesling Ried Marthal Kremstal DAC Reserve 1 ÖTW 13,5 %, €€
Jugendliche Farbnoten, vielschichtiges Bukett, Orangenzesten, Steinobst, Melisse, Physalis, gehaltvoll, lebendige Textur, balancierter Trinkfluss und zarter Schmelz im Finish, langer Nachhall, Kumquat im Rückaroma, Potenzial.

94 2018 Grüner Veltliner Ried Gebling Kremstal DAC Reserve 1 ÖTW 13,5 %, €€
Jugendliche Farbe, ausgeprägtes Bukett, Birnenquitte, Zesten, Gewürznelke, gehaltvoll, balancierte Textur, fruchtig-pikanter Abgang, sehr lang anhaltend, Grapefruit und Mandeln im Rückaroma.

93+ 2019 Grüner Veltliner Drei Rosen Reserve 14 %, €€€
Kräftige Farbe, komplexe Nase, Birnenquitte, Gewürznelke, Zesten, körperreich, gut stützende Säure, feiner Gerbstoff, langer Nachhall, nussige Würze und kandierte Orange im Rückaroma.

93 2021 Riesling Moadoi 13 %, €€€
(htr.) Helle Farbe, kandierte Orange und Ananas, Steinobst, körperreich, lebendiger Trinkfluss, fruchtiger Schmelz im Abgang, gute Länge, Potenzial.

93 2023 Riesling Ried Kremsleithen Kremstal DAC 13 %, €€
Hellgelb, ausgeprägte, reife Steinobstnoten, Marille, Pfirsich, Grapefruit, körperreich, dicht und lebendige Textur, fruchtiger Abgang, langer Nachhall.

92+ 2023 Grüner Veltliner Ried Loiser Weg Kremstal DAC 13,5 %, €€
Helle Farbe, jugendliche Frucht in der Nase, Pfirsich, Apfel, Mandarine, zarte Würze, kräftig, gutes Frucht-Säure-Spiel, pikantes Finish, fruchtiger Nachhall, gute Länge.

Hermann Moser

Foto: Regina Hügli

Bahnstraße 36
3495 Rohrendorf bei Krems
T 02732/838 41
M office@moser-hermann.at
www.moser-hermann.at

Öffnungszeiten
Mo.–Fr. 8–18, Sa. 10–18,
So. 10–15
Rebfläche
22 ha
Rebsorten
GV, RI, GM, SB, CH, ZW
Anbau
KIP, Umstellung biologisch-dynamisch
Verschlussarten
NK, DV

Das Weingut Hermann Moser in Rohrendorf ist seit seiner Gründung in Familienhand. Heute führt Martin Moser den Betrieb gemeinsam mit seiner Frau Carmen in 23. Generation. Auf den einzigartigen Böden des Kremstals wachsen jene Trauben, die Martin Moser zu sortentypischen und charaktervollen Weinen vinifizieren will, die sowohl Frische als auch Lagerfähigkeit besitzen. Dabei setzt man auf traditionelle Handarbeit und zeitgeistiges Denken. Von der als Erste Lage klassifizierten Ried Gebling kommen tiefgründige, elegante Grüne Veltliner und Rieslinge, denen der Löss eine unverwechselbare Note mit markant mineralischen Tönen verleiht. Das Winzerpaar ist überzeugt, dass ein vitaler Boden die Voraussetzung für gesunde Weinstöcke ist. Mit dem Jahrgang 2024 ist das Weingut daher auch zertifiziert biologisch.

95 2022 Riesling „Kellerterrassen" Ried Gebling Kremstal DAC Reserve 1 ÖTW 13,5 %, €€€
Helle Farbe, einladende, reife Steinobstfrucht, Nektarine, Honigmelone, kandierte Ananas, gehaltvoll, dicht und balancierter Trinkfluss, fruchtiger Schmelz im Abgang, lang anhaltend, Potenzial.

94+ 2022 Grüner Veltliner „Hannah" Ried Gebling Kremstal DAC Reserve 1 ÖTW 14 %, €€€
Jugendliche Farbe, intensive Nase, Grapefruit, Antipasti-Noten, Kräuter, gehaltvoll, dicht und feiner Gerbstoff im Abgang, zarter Schmelz und Verbene im Nachhall.

93+ 2022 Grüner Veltliner „Der Löss" Ried Gebling Kremstal DAC Reserve 1 ÖTW 13,5 %, €€€
Jugendliche Farbe, vielschichtige Aromen, gelbe Nektarine, Melone, Gewürznelke, gehaltvoll, balancierte Textur, feiner Gerbstoff und pikanter Nachhall.

92+ 2023 Grauburgunder 14 %, €€
Kräftige Farbe, nuanciertes Bukett, Zesten, kandierte Orange, Mandeln, Haselnuss, körperreich, dicht und balancierte Textur, feiner Gerbstoff, fruchtiger Schmelz im Abgang.

92+ 2023 Grüner Veltliner „Kaiserstiege" Rohrendorf Kremstal DAC 13,5 %, €€
Hellgelb, ausgeprägte Nase, Mandarine, Apfel, Zesten, Nashi-Birne, feine Würze, körperreich, lebendiger Trinkfluss, würziger Nachhall, gute Länge.

92+ 2023 Riesling „Kaiserstiege" Rohrendorf Kremstal DAC 13 %, €€
Helle Farbe, nuanciertes Fruchtspiel, gelber Pfirsich und Nektarine, kandierte Noten, körperreich, harmonische Textur, gut stützende Säure, präsenter, fruchtsüßer Schmelz im Finish, langer Nachhall.

92+ 2023 Viognier „V" 13 %, €€
Helle Farbe, nuanciertes Bukett, Birnenquitte, Melone, zarte Würze, kräftig, straffe Textur, feiner Gerbstoff und Physalis im Finish, langer Nachhall.

Kremstal

Lenz Moser

Seit Jahrzehnten stehen die Weine der Kellerei Lenz Moser für Qualität aus Österreich. Damals sowie heute setzt Lenz Moser auf die Verbindung von Tradition und Innovation und gute Zusammenarbeit mit heimischen Winzerfamilien, die mit Leidenschaft und langjähriger Erfahrung ihre Weingärten bewirtschaften. Dabei werden sie vom Team rund um Kellereileiter Michael Rethaller unterstützt. Der Betrieb besitzt aber auch einen ultramodernen Weinkeller, der technisch alle Stücke spielt. Das Resultat ist ein vielfältiges Spektrum an Qualitätsweinen mit hohem Trinkgenuss.

94 2020 Trockenbeerenauslese Prestige 8,5 %, €€
(WR) Goldgelb, kandierte Birne, Mandeln, Blütenhonig, kräftig, harmonische Textur, gut balancierte Restsüße, langer Nachhall.

91 2021 Blauer Zweigelt Reserve Prestige 13 %, €
Jugendliche Farbnoten, zarte Kirsch-Weichsel-Anklänge, Nougat, stoffiger Wein, balancierte Textur, zartes Tannin, fruchtiger Nachhall.

91 2021 Blaufränkisch Barrique Prestige 13,5 %, €
Kräftiger Farbkern, dunkle Beeren, Heidelbeere, rauchig-röstige Anklänge, gehaltvoll, harmonischer Trinkfluss, kerniges Tannin und Frucht im Abgang.

91 2023 Grüner Veltliner Prestige 12,5 %, €
Hellgelb, nuanciertes Bukett, gelbe Frucht, zarte Würze, kandierte Noten, stoffig, balancierte Textur, fruchtiger Abgang, gute Länge.

90 2023 Gelber Muskateller Prestige 12 %, €
Helle Farbe, nuancierte Nase, zarte Fruchtanklänge, Blüten, kandierte Noten, saftiger Wein, harmonischer Trinkfluss, fruchtig balanciertes Finish.

90 2023 Grüner Veltliner Selection 12 %, €
Helle Farbe, zartes Fruchtspiel, gelber Apfel, Steinobst, kandierte Noten, stoffiger Wein, lebendiger Trinkfluss, fruchtiger Schmelz im Abgang.

90 2023 Riesling Prestige 12,5 %, €
Helle Farbe, jugendliche Frucht, Pfirsich, Mandarine, Melone, kräftiger Wein, lebendige Struktur, fruchtig-süßer Schmelz im Abgang.

Lenz-Moser-Straße 1
3495 Rohrendorf bei Krems
T 02732/855 41
M office@lenzmoser.at
www.lenzmoser.at

Öffnungszeiten
Mo.–Fr. 8–15
Rebfläche
2.300 ha Vermarktungsfläche
Anbau
konventionell, nachhaltig
Verschlussarten
NK, DV

Kremstal

Weingut Müller

Hollenburger Straße 12
3508 Krustetten
T 02739/26 91
M info@weingutmueller.at
www.weingutmueller.at

Öffnungszeiten
Mo.–Fr. 8–12, 13–17
Rebsorten
GV, RR, GM, SB, ZW, PB, CH, ME, SL, CS, PN
Anbau
KIP, konventionell, nachhaltig
Verschlussarten
NK, DV
Gastronomie
Heuriger, Vinothek

Im malerischen Krustetten im südlichen Kremstal befindet sich das Weingut der Familie Müller, das seit 1936 besteht, wobei die Weinbautradition des Hauses bis 1270 zurückreicht. Aktuell führen die dritte und vierte Generation den Betrieb gemeinsam. Die Weingärten liegen rund um den Göttweiger Berg und erstrecken sich donauaufwärts bis in die Wachau. Die gesamte Familie ist im Betrieb eingebunden, alle haben eine klar definierte Verantwortlichkeit. Gemäß dem Grundsatz „Die Wurzel der Qualität steckt im Weingarten" wird auf schonende Kultivierung der Weingärten besonderen Wert gelegt, um das Beste jeder Riede herauszuarbeiten. Die im Weingarten gewachsene Qualität wird dabei mit möglichst wenig Einflussnahme in die Flasche gebracht.

93+ 2022 Riesling Ried Goldberg Kremstal DAC Reserve 13 %, €€€
Jugendliche Farbe, saftige, gelbe Fruchtnoten, Physalis, gelber Pfirsich, kandierte Orange, körperreich, dicht und balancierte Struktur, fruchtig-präzises Finish, langer Nachhall.

93 2015 Grüner Veltliner Ried Gottschelle Kremstal DAC 13,5 %, €€€
Jugendliche Farbe, vielschichtiges Bukett, Antipasti-Noten, Kapern, nussige Würze, Melone, opulenter Wein, weiche Textur, feiner Gerbstoff, Marzipan und fruchtiger Schmelz im Abgang.

92+ 2023 Chardonnay Reserve Ried Fuchaberg 13,5 %, €€
Jugendliche Farbe, einladende, gelbe Frucht, Vanille, zart röstig, Mandarine, Zesten, kräftiger Wein, balancierte Textur, pikanter Abgang, lang anhaltend.

92+ 2023 Riesling Ried Silberbichl Kremstal DAC 13 %, €€
Helle Farbe, ausgeprägte Frucht, gelber Pfirsich, kandierte Ananas, Mandarine, kräftig, lebendiger Trinkfluss, fruchtiger Schmelz im Abgang, gute Länge.

92 2020 Zweigelt Reserve 13,5 %, €
Reife, transparente Farbe, kandierte Orange, Weichsel, zart Nougat, körperreich, lebendige Struktur, fruchtig-pikanter Abgang, langer Nachhall.

92 2023 Grüner Veltliner Ried Kremser Kogl Kremstal DAC 12,5 %, €
Helle Farbe, jugendliche Fruchtwürze, Steinobst, Grapefruit, kräftiger Wein, harmonische Textur, pikantes Finish, Kumquat im Nachhall.

92 2023 Grüner Veltliner Ried Neuberg Kremstal DAC 13 %, €
Jugendliche Farbnoten, reife, gelbe Frucht im Auftakt, Steinobst, Nashi-Birne, Mandeln, zarte Würze, kräftig, lebendige Textur, fruchtiger Abgang.

Kremstal

Wein-Gut Nigl

Foto: Weingut Nigl

Kirchenberg 1
3541 Senftenberg
T 02719/26 09
M info@weingutnigl.at
www.weingutnigl.at

Öffnungszeiten
Weinverkauf: Mo.–Sa. 9–17
Rebfläche
25 ha
Rebsorten
GV, RI, GM, SB, ZW, ME, PN
Anbau
KIP, konventionell, nachhaltig
Verschlussarten
NK, DV
Gastronomie
Restaurant
Sonstiges
Übernachtungsmöglichkeit

Martin Nigl ist einer der Qualitätspioniere der Region. Das Weingut liegt am Ortseingang von Senftenberg am Fuße des Burgbergs. Die besten Weine des Hauses werden unter der Bezeichnung Privat abgefüllt – eine Selektion der besten Trauben aus den Ersten Lagen Pellingen und Hochäcker. Sie sind geprägt von den für das nördliche Kremstal so typischen Urgesteinsböden. Verwitterter Granit verleiht den Weinen ihre charakteristische Mineralität. Tagsüber speichern die Böden die Wärme der Sonne, nachts umweht die Reben ein kühles Lüftchen aus dem angrenzenden Waldviertel.

97+ 2023 Riesling Privat Ried Hochäcker Kremstal DAC 1 ÖTW
13,5 %, FP, €€€
Hellgelb, intensive, vielschichtige Aromatik, Maracuja, Weingartenpfirsich, Physalis, Zitronenmelisse, gehaltvoll, lebendige, dichte Struktur, engmaschiger Trinkfluss, zart mineralische Anklänge im Abgang, Steinobst und Zesten im Nachhall, Riesenpotenzial.

97 2023 Grüner Veltliner Herzstück Ried Kirchenberg 1 ÖTW
14 %, FP, €€€
Helle Farbe, einladende, komplexe Fruchtnoten, kandierte Ananas, Physalis, gelber Pfirsich, gehaltvoll, dicht und lebendige Struktur, fruchtig-pikanter Abgang, zart mineralische Noten, sehr langer Nachhall, Potenzial.

96+ 2023 Grüner Veltliner Ried Pellingen Kremstal DAC 1 ÖTW
13,5 %, FP, €€€
Blassgelb, reife, gelbe Fruchtnoten, kandierte Orange, Honigmelone, Kumquat, Verbene, gehaltvoll, balancierter Trinkfluss, fruchtig-pikanter Gerbstoff im Abgang, lang anhaltend, Zesten und nussige Würze im Rückaroma.

96 2023 Riesling Ried Goldberg Kremstal DAC 1 ÖTW 14,5 %, FP, €€€
Blassgelb, intensive, vielschichtige Nase, kandierte Orange und Ananas, Nektarine, Melisse, stoffig, dicht und engmaschiger Trinkfluss, zart mineralischer Abgang, feiner Schmelz und langer Nachhall, Riesenpotenzial.

93+ 2023 Grüner Veltliner Ried Zwetl 1 ÖTW 13,5 %, FP, €€€
Blassgelb, jugendlich, komplexe Nase, kandierte Noten, Melone, zart nussige Würze, saftig, balancierter Trinkfluss, gut stützende Säure, pikantes Finish, lang anhaltend, Kumquat im Rückaroma.

93+ 2023 Sauvignon Blanc 13,5 %, €€€
Helle Farbe, nuanciertes Bukett, intensive Johannisbeere, Steinobst, Kumquat und Pimentos, kräftig, balancierte Struktur, fruchtiger Abgang, zarte Würze und Physalis im Nachhall, gute Länge.

93 2020 Pinot Noir 14 %, €€€
Transparente, leicht gereifte Farbe, Kornelkirsche, Cranberry, kandierte Noten, Kakao, gehaltvoll, balancierte Textur, fruchtiges, feinkörniges Finish, langer Nachhall.

Kremstal

Weingut Familie Proidl

Foto: Edwin Dullinger

Oberer Markt 5
3541 Senftenberg
T 02719/24 58, 0676/556 51 85
M weingut@proidl.com
www.proidl.com

Öffnungszeiten
Mo.–Fr. 8–12, 13–16, Sa. 9–12
und nach Vereinbarung
Rebfläche
30 ha
Flaschenanzahl
120.000
Rebsorten
RI, GV, GM, ZW, CS, ME, TR, CH
Anbau
KIP, konventionell,
Umstellung biologisch-
dynamisch, nachhaltig
Verschlussart
DV

Die Familie Proidl blickt auf eine jahrhundertealte Weinbautradition zurück. Das Weingut liegt am Beginn des Kremstals. Das Zusammentreffen kühler Luftströme aus dem Waldviertel und milder Temperaturen des Donauraums, in Kombination mit Gneisverwitterungsböden, bietet ideale Bedingungen für Weine mit ausgeprägtem Charakter. Franz Proidl und sein Sohn Patrick wissen diese Vorzüge zu nutzen. Sie verstehen sich als Weinbauern mit Leib und Seele, die Tradition und Innovation lebendig miteinander verbinden. Auf der Hälfte der Weinbaufläche wächst Grüner Veltliner. Ein Drittel der kargsten und steilsten Lagen ist mit Riesling bestockt. Kleine Mengen an Gelbem Muskateller, Traminer und Chardonnay, die durch die spezifische Mineralität der Senftenberger Böden Eigenständigkeit zeigen, runden das Weißweinsortiment ab.

97+ 2023 Riesling Ried Hochäcker Kremstal DAC 1 ÖTW 13 %, FP, €€€
Helle Farbe, vielschichtiges Bukett, ein Hauch von Reduktion, mit Luft Weingartenpfirsich, Physalis, Nektarine, stoffig, dicht und lebendig-eleganter Trinkfluss, fruchtig-mineralischer Abgang, lang anhaltend, Mandarine und gelbe Nektarine im Nachhall, Potenzial.

97 2023 Riesling Ried Ehrenfels Kremstal DAC 1 ÖTW 13 %, FP, €€€
Helle Farbe, ausgeprägtes Fruchtspiel, Weingartenpfirsich, kandierte Ananas, Mandarine, stoffig, lebendige Struktur, harmonischer, eleganter Trinkfluss, fruchtiger Schmelz im Abgang, lang anhaltend, Potenzial.

96 2023 GV Ried Pellingen Kremstal DAC 1 ÖTW 13,5 %, FP, €€€
Helle Farbe, vielschichtige Aromatik, Verbene, Kamille, Physalis, rosa Grapefruit, kandierte Noten, stoffig, balancierte Textur, fruchtig-pikantes Finish, lang anhaltend, fruchtiger Nachhall, Potenzial.

95+ 2023 GV Ried Ehrenfels Kremstal DAC 1 ÖTW 13,5 %, FP, €€€
Helle Farbe, nuanciertes Bukett, Kumquat, kandierte Orange, Verbene, zarte Würze, stoffig, dicht und engmaschige Textur, feiner, pikanter Gerbstoff, fruchtiger Schmelz im Nachhall, gute Länge, Potenzial.

95 2022 Riesling Generation X 13,5 %, €€€
Jugendliche Farbe, intensive Nase, Kumquat und Papaya, kandierte Orange, gelber Pfirsich am Gaumen, balancierte Textur, fruchtig-pikanter Abgang, sehr lang anhaltend, Potenzial.

95 2023 Riesling Ried Pfeningberg Kremstal DAC 1 ÖTW 13 %, FP, €€€
Helle Farbe, vielschichtige Aromatik, gelber Pfirsich, Mandarine, Kamille, Physalis, kräftig, lebendige, straffe Struktur, fruchtig-mineralischer Abgang, gute Länge, Kumquat und rosa Grapefruit im Nachhall, Potenzial.

94+ 2022 Grüner Veltliner Generation X 14 %, €€€
Jugendliche Farbe, Nashi-Birne, kandierte Orange, nussige Anklänge, Melone, opulenter Wein, weiche Textur, feiner Gerbstoff und fruchtig-süßer Schmelz im Abgang, langer Nachhall, Potenzial.

Kremstal

Weingut Salomon Undhof

Foto: Susanne Hassler-Smith

Undstraße 10
3500 Stein an der Donau
T 02732/832 26
M office@salomonwines.com
www.salomonwein.at

Öffnungszeiten
Mo.–Fr. 13–17 und nach
tel. Vereinbarung
Rebfläche
25 ha
Flaschenanzahl
120.000
Rebsorten
GV, RI, TR, GM
Anbau
KIP, nachhaltig
Verschlussarten
NK, DV
Gastronomie
Vinothek

Das Weingut ist seit 1792 im Besitz der Familie Salomon. Ihre kristallklaren, trockenen Rieslinge und Veltliner stammen aus besten Terrassenlagen entlang der Donau. Weine für frühes Trinkvergnügen sollen leicht und duftig sein, die besten Lagenweine von bekannten Rieden wie Kögl, Pfaffenberg, Wieden oder Wachtberg hingegen mit der Flaschenreife Komplexität entwickeln. Nachhaltige und naturnahe Bewirtschaftung der Weingärten wird großgeschrieben, man liest per Hand. Heute wird der Undhof in neunter Generation von den Zwillingen Fanny Marie und Bert Salomon geführt. Bert kümmert sich um Weingarten und Keller, Fanny Marie um Vertrieb und Marketing. Ihren Eltern Bertold und Gertrud Salomon bleibt nun mehr Zeit, um sich auf ihr Weingut Salomon Estate in Finniss River in Australien zu konzentrieren, das sie in den 1990er-Jahren gründeten.

96 2023 Riesling Alte Reben Ried Pfaffenberg Kremstal DAC 1 ÖTW 13 %, FP, €€€
Helle Farbe, intensive, vielschichtige Aromatik, Passionsfrucht, kandierte Ananas, Nektarine, körperreich, dicht und lebendiger Trinkfluss, fruchtiger Schmelz und Pikanz im Abgang, Physalis im Finish, gute Länge und Potenzial.

96 2023 Riesling Alte Reben Ried Steiner Kögl Kremstal DAC 1 ÖTW 13,5 %, FP, €€€
Jugendliche Farbnoten, vielschichtige Aromen, Kumquat, Weingartenpfirsich, Nektarine, gehaltvoll, dicht und druckvoll, engmaschige Struktur, fruchtig-pikantes Finish, gut verwobener Schmelz und Physalis im Nachhall, Riesenpotenzial.

95+ 2023 GV Ried Lindberg Alte Reben Kremst. DAC 1 ÖTW 14 %, FP, €€€
Helle Farbe, intensive Nase, vielschichtiges Bukett, Physalis, kandierte Orange, Verbene, körperreich, dicht und straffe Textur, fruchtig-pikantes Finish, Lemongrass und Kumquat im Nachhall, zarter Schmelz, Potenzial.

95 2023 GV Ried Wachtberg Kremstal DAC 1 ÖTW 13,5 %, FP, €€€
Helle Farbe, einladendes Fruchtspiel, kandierte Orange, Kumquat, Steinobst, Verbene, kräftiger Wein, lebendiger Trinkfluss, fruchtig, pikanter Abgang, gut eingebundener Schmelz im Finish, langer Nachhall.

94+ 2023 Riesling Ried Kögl Kremstal DAC 1 ÖTW 13,5 %, FP, €€€
Helle Farbe, saftige, gelbe Steinobstfrucht, Pfirsich, Nektarine, kandierte Ananas, stoffig, balancierter Trinkfluss, fruchtig, leicht süßer Schmelz im Abgang, Potenzial.

94 2023 GV Ried Goldberg Alte Reben Kremstal DAC 13,5 %, FP, €€€
Helle Farbe, nuanciertes Bukett, Birnenquitte, Grapefruit, Verbene, grüner Tee, stoffiger Wein, lebendige Struktur, feiner Gerbstoff, lang anhaltender Abgang, Kumquat im Rückaroma.

| HISTORISCHER WEIN |

94+ 2014 Riesling Ried Pfaffenberg Kremstal DAC Reserve 1 ÖTW

Kremstal

Josef Schmid

Seit 1865 befindet sich das Weingut in Stratzing, einem kleinen Ort auf einem Hochplateau zwischen Krems und Langenlois, im Eigentum der Familie Schmid. Seit 1991 leitet Josef Schmid den heute 20 Hektar großen Betrieb und vinifiziert Weine nach den Richtlinien nachhaltiger Produktion. Unterschiedliche Terroirs ermöglichen es, jeder Rebsorte optimale Bedingungen zu bieten. Das Ziel des Winzers ist, daraus charakteristische Weine entstehen zu lassen. Von den Schiefer- und Urgesteinslagen kommen Gewächse mit ausgeprägter Mineralität, während Lagen mit Lössböden eher würzige Weine begünstigen. Grüner Veltliner und Riesling sind die wichtigsten Sorten des Betriebs, aber auch Chardonnay, Gelber Muskateller und Sauvignon blanc werden ausgebaut. Die Rotweinsorten Zweigelt und Cabernet Sauvignon runden das Sortiment ab. Seit 2015 ist der Betrieb Mitglied der Österreichischen Traditionsweingüter.

Foto: Weingut Josef Schmid

Obere Hauptstraße 38
3552 Stratzing
T 02719/82 88
M weingut@j-schmid.at
www.j-schmid.at

Öffnungszeiten
nach Vereinbarung
Rebfläche
20 ha
Flaschenanzahl
120.000
Rebsorten
GV, RI, CH, GM, SB, ZW, NE
Anbau
KIP, konventionell, nachhaltig
Verschlussarten
NK, DI, DV

95+ 2023 Riesling Ried Stratzinger Sunogeln 1 ÖTW Kremstal DAC Reserve 13,5 %, FP, €€€
Jugendliche Farbe, vielschichtige Aromatik, Pfirsich, Mandarine, kandierte Noten, Physalis, kräftiger Wein, lebendige, engmaschige Textur, feiner Gerbstoff und viel Frucht im Finish, zarter Schmelz, Nektarine und Marille im Rückaroma, Potenzial.

94+ 2023 GV Ried Frechau Kremstal DAC Reserve 1 ÖTW 14 %, FP, €€€
Jugendliche Farbe, vielschichtiges Bukett, Kumquat, Zesten, Gewürznelke, Lemongrass, gehaltvoll, dicht und engmaschiges Finish, pikanter Nachhall, sehr lang anhaltend, Physalis im Rückaroma, Potenzial.

94 2023 Grüner Veltliner Ried Gebling Kremstal DAC Reserve 1 ÖTW 13,5 %, FP, €€€
Helle Farbe, ausgeprägte gelbe Fruchtnoten, Steinobst, Melone, Kumquat, zarte Würze, stoffig, dicht und balancierter Trinkfluss, pikantes Tannin im Abgang, lang anhaltend, Potenzial.

93+ 2023 Riesling Ried Lengenfelder Pfeiffenberg Kamptal DAC Reserve 13 %, FP, €€€
Helle Farbe, ausgeprägtes Fruchtspiel, Nektarine, Mandarine, zarter Pfirsich, kräftiger Wein, animierendes Frucht-Säure-Spiel, zarter Schmelz im Abgang, Marille und Grapefruit im Nachhall.

93 2023 GV Alte Reben Kremstal DAC Reserve 13,5 %, FP, €€
Helle Farbnoten, nuancierte Aromatik, kandierte Birne, Antipasti-Noten, Gewürznelke, gehaltvoll, dicht und lebendige Textur, pikantes Finish, lang anhaltend, Grapefruit im Nachhall.

92 2023 Grüner Veltliner Kremser Löss Kremstal DAC 13 %, €€
Hellgelb, einladende Fruchtnoten, Apfel, Pfirsich, Zesten, Gewürznelke, saftiger Wein, trinkfreudige Textur, fruchtig-pikantes Finish, gute Länge.

HISTORISCHER WEIN

94 2010 Riesling Ried Sunogeln Kremstal DAC Reserve 1 ÖTW

Weingut Stadt Krems

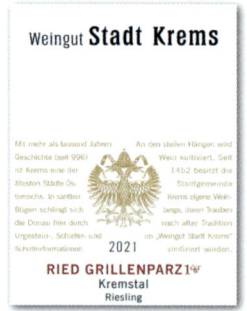

Das Weingut Stadt Krems zählt mit seinen gut 570 Jahren Geschichte zu den ältesten Weinproduzenten Österreichs. Es entstand aus den Besitzungen der sogenannten „Bürgerspitalstiftung" und den Legaten des kaiserlichen Burggrafs zu Krems, Ulrich von Dachsberg, der 1452 die Stadt mit Weingärten beschenkte. Seit 2003 führt Fritz Miesbauer den Betrieb zusammen mit seinem engagierten Team. Gemeinsam gelang es ihnen, das historische Weingut in einen modernen, erfolgreichen Betrieb umzuwandeln. Es war 1992 eines der Gründungsmitglieder der Österreichischen Traditionsweingüter (ÖTW) und wurde bereits zwei Mal vom renommierten Weinmagazin Wine Spectator in die Liste der Top 100 aufgenommen. Man bewirtschaftet 40 Hektar Rebflächen, darunter historische Lagen wie Grillenparz, Lindberg, Schreck, Weinzierlberg und Wachtberg, wobei der Schwerpunkt auf Grünem Veltliner und Riesling liegt.

Foto: Weingut Stadt Krems

Stadtgraben 11
3500 Krems an der Donau
T 02732/801 44-1
M office@weingutstadtkrems.at
www.weingutstadtkrems.at

Öffnungszeiten
Mo.–Fr. 9–12, 13–17
Rebfläche
40 ha
Flaschenanzahl
350.000
Rebsorten
GV, RI, GM, CH
Anbau
KIP, konventionell, nachhaltig
Verschlussarten
NK, DV

97 2023 Riesling Ried Schreck Kremstal DAC 1 ÖTW 13 %, FP, €€€
Helle Farbe, intensive, vielschichtige Nase, Weingartenpfirsich, Verbene-Ingwer, Honig, dicht und straff, engmaschige Struktur, lebendiger Trinkfluss, fruchtig-mineralisches Finish, lang anhaltend, Kumquat und Marille im Nachhall, Potenzial.

96+ 2023 Riesling Ried Grillenparz Kremstal DAC 1 ÖTW 13 %, FP, €€€
Helle Farbe, intensive Nase, Weingartenpfirsich, Melisse, kandierte Anklänge, straff, dicht und engmaschiger Trinkfluss, fruchtig-präziser Abgang, Mandarine und Marille im Nachhall, sehr lang anhaltend, Potenzial.

94+ 2023 GV Ried Lindberg Kremstal DAC 1 ÖTW 13,5 %, FP, €€€
Helle Farbnoten, komplexe Nase, gelbes Steinobst, Gewürznelke, Antipasti-Noten, Melone-Ingwer, Mandarine, körperreich, lebendige Struktur, feiner Gerbstoff im Finish, lang anhaltend, Grapefruit im Nachhall, Potenzial.

94+ 2023 GV Ried Wachtberg Kremstal DAC 1 ÖTW 13,5 %, FP, €€€
Jugendliche Farbe, einladendes Fruchtspiel, Papaya, Birne, Verbene, zarte Würze, stoffig, dicht und engmaschiger, lebendiger Trinkfluss, fruchtig-pikantes Finish, langer Nachhall, Birnenquitte im Rückaroma.

93 2023 GV Ried Weinzierlberg Kremstal DAC 1 ÖTW 13 %, FP, €€
Jugendliche Farbe, einladendes Fruchtspiel, kandierte Orange, Melone und Kumquat, kräftiger Wein, balancierte Textur, fruchtiger Schmelz und Würze im Abgang, langer Nachhall.

93 2023 Riesling Stein Kremstal DAC 13 %, €€
Helle Farbe, einladende Frucht, Mandarine, kandierte Anklänge, straff, lebendiger Trinkfluss, fruchtiges Finish, langer Nachhall.

92+ 2023 Grüner Veltliner Stein Kremstal DAC 13,5 %, €€
Hellgelb, jugendliches Bukett, Verbene, Kumquat, gelbe Aromatik, zart-würzig, gehaltvoll, gut stützende Säure, fruchtiger Schmelz im Finish, langer Nachhall, Physalis im Abgang.

Kremstal

Lesehof Stagård

Foto: Pamela Schmatz

Hintere Fahrstraße 3
3500 Krems-Stein
T 0660/191 70 60
M office@stagard.at
www.stagard.at

Öffnungszeiten
Mo.–Fr. 9–16 nach Vereinbarung
Rebfläche
17 ha
Flaschenanzahl
100.000
Rebsorten
GV, RI, PB, ZW
Anbau
organisch-biologisch,
biodynamisch, Demeter
Verschlussarten
NK, DV
Gastronomie
Vinothek
Sonstiges
Übernachtungsmöglichkeit

2008 übernahmen Urban und seine Frau Dominique den Lesehof Stagård, das Weingut von Urbans Eltern, und krempelten ihn komplett um. Sie stellten auf biologische Bewirtschaftung um und hatten von Beginn an das Ziel, Weine zu machen, die von ihren Ideen, ihren Reben und Rieden erzählen sollten. Mutige, spannende und authentische Weine sollten es sein, die Spaß machen, aber auch fordern. Dabei setzen sie vor allem auf Riesling, weil er ihnen wie keine andere weiße Sorte schmeckt und am besten für die Region geeignet ist. Die kargen, steinigen Böden und das spezielle Mikroklima sorgen für späte Reife und eine damit verbundene Vielschichtigkeit der Aromen. Die ganze Bandbreite und der Facettenreichtum der Sorte werden in mittlerweile zwölf Versionen gezeigt. Dabei beeindruckt jede einzelne Lage mit einer ganz eigenen Charakteristik. Zudem werden spannende Natural Wines und Pet Nats produziert. Inzwischen bewirtschaftet man nach biodynamischen Richtlinien.

95 2022 Riesling Ried Steiner Hund 12 %, FP, €€€
Jugendliche Farbe, komplexes Bukett, Weingartenpfirsich, kandierte Noten, Zitronenmelisse, Verbene, kräftiger Wein, dicht und lebendiger Trinkfluss, engmaschiges Finish, rosa Grapefruit und Marille im Nachhall, lang anhaltend.

94+ 2022 Riesling Ried Steiner Schreck 12 %, FP, €€€
Jugendliche Farbe, vielschichtige Aromatik, Nektarine, Physalis, kandierte Noten, stoffig, gut stützendes Säurespiel, fruchtig-pikanter Abgang, lang anhaltend, Kumquat und Pfirsich im Nachhall.

94+ 2023 Riesling Ried Pfaffenberg 12 %, FP, €€€
Jugendliche Farbe, intensive Nase, Weingartenpfirsich, Mandarine, Verbene, Melisse, gehaltvoll, dicht und lebendiger Trinkfluss, engmaschiges Finish, rosa Grapefruit und kandierte Orange im Nachhall, Potenzial.

94 2022 Riesling Ried Braunsdorfer 12 %, FP, €€€
Jugendliche Farbnoten, gelbe Steinobstaromen, Nektarine, ein Hauch Passionsfrucht, Pfirsich, stoffig, harmonische Textur, Kumquat im Finish, Frucht im Rückaroma, lang anhaltend.

93+ 2023 Riesling Ried Gaisberg 12 %, FP, €€€
Jugendliche Farbnoten, reife Fruchtprägung, Pfirsich, Mandarine, Kumquat, kräftig, lebendiges Frucht-Säure-Spiel, präzises Finish, Physalis im Nachhall.

93 2023 Riesling Handwerk 12 %, €€
Jugendliche Farbe, kandierte Orange und Ananas, Mandarine, kräftig, dicht und lebendiger Trinkfluss, markantes Säurespiel, fruchtiger Schmelz im Abgang, gute Länge.

93 2023 Rock n' Riesling 10 %, FP, €€
Jugendliche Farbnoten, ausgeprägtes Bukett, kandierte Noten, gelber Pfirsich, Physalis, stoffig, lebendige Struktur, animierender Trinkfluss, fein verwobene Restsüße, Marille im Nachhall.

Kremstal

Weingut Stift Göttweig

Gegenüber von Krems, am Göttweiger Berg, liegt das Weingut Stift Göttweig. Im 11. Jahrhundert ließen sich hier die Benediktiner nieder, und bereits im 16. Jahrhundert waren die Weine des Stifts aufgrund ihrer Qualität bekannt und beliebt. Seit mehr als zehn Jahren leitet Fritz Miesbauer nun die Bewirtschaftung der Weinberge sowie die Vinifizierung der Weine. Unterstützt wird er dabei von Verkaufsprofi Franz Josef Gansberger, der für die Betreuung von Gastronomie und Handel zuständig ist. Es ist ihnen gelungen, Stift Göttweig unter den Topweingütern des Kremstals zu platzieren. 30 Hektar bester Lagen am Göttweiger Berg gehören zum Weingut, einige Lagen sind mehr als tausend Jahre alt. Besonders stolz ist Miesbauer auf die Ersten Lagen, vor allem auf die Erste Lage Steiner Ried Pfaffenberg.

Foto: WWW.POV.AT

Göttweig 1
3511 Furth bei Göttweig
T 02732/801 44-0
M office@weingutstift goettweig.at
www.weingutstiftgoettweig.at

Öffnungszeiten
Mo.–Fr. 9–12, 13–17
Rebfläche
30 ha
Flaschenanzahl
250.000
Rebsorten
GV, RI, PN, CH, ZW
Anbau
KIP, konventionell, nachhaltig
Verschlussarten
NK, DV
Gastronomie
Restaurant, Vinothek
Sonstiges
Übernachtungsmöglichkeit

95 2023 Riesling Ried Pfaffenberg Kremstal DAC 1 ÖTW 13 %, FP, €€€
Hellgelb, vielschichtige Zitrusnoten, Pfirsich, kandierte Anklänge, kräftig, dicht und engmaschige Struktur, fruchtig-pikanter Abgang, sehr langer Nachhall, Kumquat und Nektarine im Rückaroma.

94+ 2023 Grüner Veltliner Ried Gottschelle Kremstal DAC 1 ÖTW 13 %, FP, €€€
Helle Farbe, vielschichtiges Bukett, Nashi-Birne, Physalis, tabakige Würze, gelbe Frucht, körperreich, fruchtig, pikanter Gerbstoff im Abgang, langer Nachhall, Potenzial.

94+ 2023 Riesling Ried Silberbichl Kremstal DAC 1 ÖTW 13 %, FP, €€€
Helle Farbe, nuanciertes Bukett, Weingartenpfirsich, Melisse, Kumquat, gehaltvoll, lebendiger Trinkfluss, balancierte Textur, fruchtig-präzises Finish, lang anhaltend, Marille im Rückaroma.

93 2022 Pinot Noir 13 %, €€
Jugendliche, transparente Farbe, rotbeerige Fruchtnoten, Schlehe, Kakao, stoffig, balancierte Struktur, eleganter Trinkfluss, fruchtiges Finish, gute Länge.

92+ 2023 Grüner Veltliner Furth Kremstal DAC 12,5 %, €€
Hellgelb, jugendliches Fruchtspiel mit etwas Würze, Zitrus, Lemongrass, stoffig, harmonischer Trinkfluss, zarter Schmelz im Abgang, gute Länge.

92+ 2023 Riesling Furth Kremstal DAC 12,5 %, €€
Blassgelb, jugendliche Steinobst-Noten, Mandarine, Nektarine, kandierte Anklänge, straff, lebendiges Frucht-Säure-Spiel, Limette im Finish wird von zartem Schmelz balanciert, gute Länge.

Weingut Türk

Kirchengasse 16
3552 Stratzing
T 02719/28 46-0
M info@weinguttuerk.at
www.weinguttuerk.at

Öffnungszeiten
Mo.–Fr. 8–12, 13–18,
Sa., So. nach Vereinbarung
Rebfläche
18 ha
Rebsorten
GV, RI, CH, GM, ZW, CS
Anbau
KIP, Umstellung organisch-biologisch
Verschlussarten
NK, DV

Franz Türk ist bekannt für hervorragende Grüne Veltliner: vom leichten, frischen Sommerwein über die Klassiker von Löss und Urgestein bis hin zu vielschichtigen Erste-Lage-Weinen. Der Veltliner dominiert mit über 75 Prozent die Rebflächen, etwa die Hälfte davon geht in den Export. Das Gut wurde 1836 erworben und mit jeder Generation ausgebaut. Mit dem Jahrgang 2016 führte man als erstes Weingut weltweit eine Art „Boden-Etikett" ein: Jede Sorte bekommt der Färbung des Bodens oder der Frucht entsprechend eine bestimmte Farbe – je kräftiger die Farbe, desto gehaltvoller der Wein. Die Erste-Lage-Weine werden in den Farben Gold, Silber und Bronze gekennzeichnet. Ein Geheimtipp sind die Süßweine.

98 2021 Veltliner 333 14 %, €€€
(GV) Helle Farbe, komplexe Aromatik, Kumquat, gelbes Steinobst, Birnenquitte, Verbene, nussige Würze, körperreich, engmaschige Struktur, eleganter Trinkfluss, pikanter Gerbstoff, Physalis und rosa Grapefruit im Nachhall, Riesenpotenzial, perfekter Sortencharakter.

95 2022 Grüner Veltliner Ried Kremser Frechau Kremstal DAC 1 ÖTW 13,5 %, €€€
Helle Farbe, komplexe Aromatik, gelbe Nektarine, Verbene, zarte Nusswürze, gehaltvoll, dicht und balancierte Textur, fruchtig-pikanter Schmelz, lang anhaltend, fruchtiger Schmelz und Physalis im Rückaroma.

94+ 2022 Grüner Veltliner Ried Kremser Thurnerberg 1 ÖTW 13,5 %, €€€
Helle Farbe, vielschichtige Aromen, Zesten, Grapefruit, Verbene, stoffig, dicht und balancierte Struktur, fruchtiger Schmelz im Nachhall, lang anhaltend, Potenzial.

94 2022 Riesling Ried Wachtberg Kremstal DAC 13,5 %, €€€
Jugendliche Farbe, kandierte Frucht, Orange, Ananas, Mandarine, körperreich, dicht und balancierte Struktur, pikanter Gerbstoff, fruchtig, leicht süßer Schmelz im Finish, langer Nachhall, Potenzial.

94 2023 Blauer Zweigelt Eiswein 10,5 %, €€€
Jugendlich, leicht rötliche Farbnoten, ausgeprägtes Bukett, Nougat, Kirschkompott, Blütenhonig, Zesten, stoffig, lebendige Struktur, feiner Gerbstoff und fruchtiger Schmelz im Abgang, jugendliche Restsüße, Potenzial.

94 2023 Gelber Muskateller Beerenauslese 10,5 %, €€€
Helles Goldgelb, nuanciertes Bukett, zarte Blütenanklänge, Maracuja, gelber Pfirsich, saftige Beerenauslese, lebendige Struktur, gut stützende Säure, fein verwobene Restsüße im Abgang, floraler Nachhall.

92+ 2023 Grüner Veltliner vom Urgestein Kremstal DAC 12,5 %, €€
Helle Farbe, intensive Nase, jugendliche Steinobst-Noten, Mandarine, Gewürznelke, Limette, straff, lebendiger Trinkfluss, pikanter Abgang, Kumquat im Rückaroma.

Kremstal

Winzer Krems

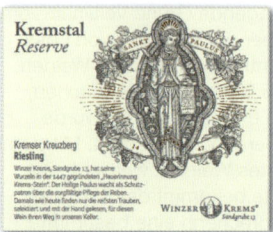

„Sandgrube 13" ist wohl jedem heimischen Weintrinker ein Begriff: Der erfolgreiche Betrieb liegt mitten in den Weingärten der Kremser Sandgrube. Die Erzeugergemeinschaft vereint rund 700 Winzer, die mit viel Engagement die Weingärten in Krems und Umgebung bewirtschaften. Das Ergebnis sind gesunde und reife Trauben, die dank eines ausgeklügelten Übernahmesystems schnellstmöglich zur Entsaftung gebracht werden. Sie sind die Grundlage blitzsauberer und bekömmlicher Weine, die das gesamte Qualitätsspektrum umfassen: vom duftig-frischen Sommerwein bis hin zur körperreichen Lagenreserve.

Foto: WWW.POV.AT/Robert Herbst

Sandgrube 13
3500 Krems an der Donau
T 02732/855 11
M office@winzerkrems.at
www.winzerkrems.at
www.sandgrube13.at

Öffnungszeiten
Mo.–Sa. 9–17, Mai–Okt.:
auch So., Fei. 10–16
Rebfläche
1.200 ha
Rebsorten
GV, RI, CH, GM, SB, PB,
FV, MT, ZW, SL, PN, BP
Anbau
KIP, konventionell,
nachhaltig
Verschlussarten
NK, DV
Sonstiges
Weinerlebnis-Rundgang

93 2023 Grüner Veltliner Ried Wachtberg Kremstal DAC Reserve 14 %, FP, €€
Helle Farbe, vielschichtiges Bukett, Papaya, kandierte Noten, Honigmelone, opulenter Wein, balancierte Struktur, fruchtiger Schmelz im Abgang, feines Tannin, langer Nachhall.

92 2022 Pinot Noir Kellermeister Reserve 14 %, €€
Transparente Farbnoten, kandierte Orange, Kirsche, Cranberry, körperreich, gut stützende Säure, feiner Gerbstoff, Nougat und Weichsel im Rückaroma.

92 2023 Riesling Ried Kreuzberg Kremstal DAC Reserve 13,5 %, FP, €€
Jugendliche Farbe, ausgeprägte Fruchtnoten, gelber Pfirsich, Mandarine, kandierte Orange, kräftig, balancierter Trinkfluss, zarter Schmelz im Abgang, gute Länge.

91+ 2023 Donauriesling 13,5 %, €
(PIWI) Helle Farbe, einladend gelbe Fruchtnoten, Pfirsich, Melone, körperreicher Wein, balancierte Textur, Zesten und Mandarine im Abgang, gute Länge.

91+ 2023 Grüner Veltliner Ried Goldberg Kellermeister Privat Kremstal DAC 13 %, €
Hellgelb, nuancierte Aromatik, Zesten, Grapefruit, nussige Würze, kräftiger Wein, lebendige Struktur, feiner Gerbstoff, süßer Schmelz im Finish.

91 2023 Blütenmuskateller 12,5 %, €
(PIWI) Helle Farbe, intensive Nase, Kräuter, Melisse, zart floral, straff, fruchtig-pikanter Abgang, gute Länge.

91 2023 Riesling Ried Kremsleithen „Kellermeister Privat" Kremstal DAC 13 %, €
Helle Farbe, nuancierte Fruchtnoten, Mandarine, Steinobst, kandierte Noten, stoffig, lebendiger Trinkfluss, fruchtiger Abgang, langer Nachhall.

Weingut Zöhrer

Foto: Stefan Seelig

Sandgrube 1
3500 Krems an der Donau
T 02732/831 91
M weingut@zoehrer.at,
toni@zoehrer.at
www.zoehrer.at

Öffnungszeiten
Mo.–Fr. 8–12, 13–16
Rebsorten
GV, RI, CH, GE, GM, ZW, PN
Anbau
KIP
Verschlussart
DV
Sonstiges
Übernachtungsmöglichkeit

Die Wurzeln des Weinguts reichen bis in die Zeit der Babenberger, also ins 13. Jahrhundert zurück. Die Hauertradition und das Wissen über Weinbau wurden von einer Generation an die nächste weitergereicht. Heute wird das Weingut von Toni Zöhrer geleitet, der konsequent daran arbeitet, das Potenzial des Kremstals auszuschöpfen. Sein Ziel ist, das spezifische Terroir von besten Lagen wie Ried Obere Sandgrube, Ried Weinzierlberg, Gebling, Thurnerberg, Kremser Limberg, Kapuzinerberg und Wachtberg in seinen Gewächsen zum Ausdruck zu bringen. Der Schwerpunkt liegt auf Grünem Veltliner und Riesling von teils bis zu hundert Jahre alten Rebstöcken.

93+ 2023 Grüner Veltliner Ried Frechau Kremstal DAC 12,5%, FP, €€
Jugendliche Farbe, komplexes Bukett, kandierte Orange und Mandeln, Nashi-Birne, Pomelo, zarte Kräuteranklänge, kräftiger Wein, gutes Frucht-Säure-Spiel, pikantes Finish, feiner Gerbstoff und Kumquat im Nachhall, Potenzial.

93 2023 Grüner Veltliner Ried Gebling Kremstal DAC 12,5%, FP, €€
Jugendliche Farbnoten, einladendes Fruchtspiel, Zesten, Grapefruit, Mandarine, zarte Würze, kräftig, gut stützende Säure, feines Tannin und zarter Fruchtschmelz im Abgang, gute Länge.

93 2023 Riesling Ried Limberg Kremstal DAC 12%, FP, €€
Jugendliche Farbe, ausgeprägte Steinobst-Noten, Marille, gelber Pfirsich, Mandarine, kräftiger Wein, lebendiges Frucht-Säure-Spiel, zarter Schmelz im Abgang, lang anhaltend.

92+ 2023 Grüner Veltliner Ried Kapuzinerberg Kremstal DAC 12,5%, FP, €€
Jugendliche Farbe, nuanciertes Bukett, kandierte Orange, Verbene, Antipasti-Noten, stoffig, lebendige Struktur, pikantes Finish, gute Länge.

92 2023 Grüner Veltliner Ried Wachtberg Kremstal DAC 12,5%, FP, €€
Jugendliche Farbe, Nashi-Birne, kandierte Orange, feine Würze, körperreich, Antipasti-Noten, zarter Schmelz im Abgang, gute Länge.

92 2023 Riesling Ried Weinzierlberg Kremstal DAC 12,5%, FP, €€
Jugendliche Farbe, ausgeprägte Fruchtnoten, gelber Pfirsich, kandierte Ananas, lebendiger Trinkfluss, fruchtig-präzises Finish, zarter Schmelz im Nachhall, gute Länge.

90 2023 Riesling Ried Gebling Kremstal DAC 12,5%, FP, €€
Kräftige Farbe, dezentes Fruchtspiel, kandierte Orange, Pfirsichkompott, stoffiger Wein, harmonische Textur, süßer Schmelz im Abgang.

Die Besten im
TRAISENTAL

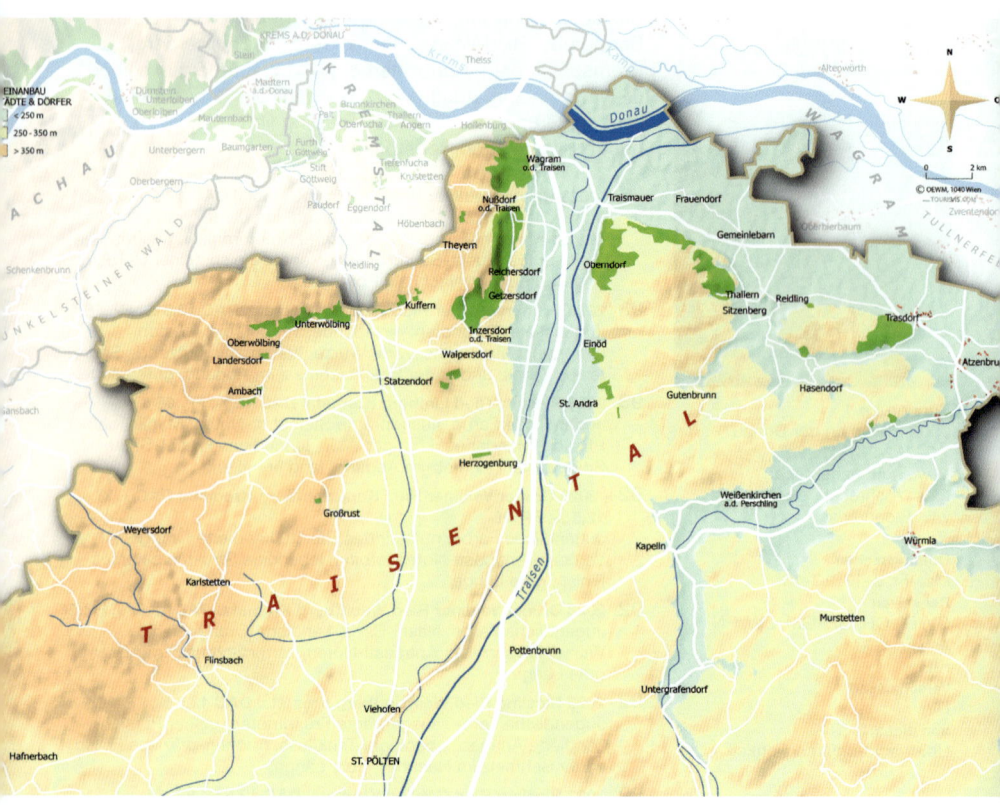

Rebfläche: 815 ha. Das junge, aufstrebende Weinbaugebiet hat landesweit den höchsten Anteil an Grünem Veltliner. Fast 65 % sind hier mit der österreichischen Ursorte bestockt, keine andere Rebsorte kommt auf über 5 %.
Rebsorte: Grüner Veltliner

97	*2023 Riesling Ried Berg Traisental DAC 1 ÖTW ·* **Markus Huber**
97	*2023 Riesling Der Wein vom Stein Traisental DAC ·* **Ludwig Neumayer**
96	*2023 Grüner Veltliner Ried Berg Traisental DAC 1 ÖTW ·* **Markus Huber**
96	*2023 Grüner Veltliner Der Wein vom Stein Traisental DAC ·* **Ludwig Neumayer**
96	*2023 Riesling Ried Rothenbart Traisental DAC 1 ÖTW ·* **Ludwig Neumayer**
95+	*2023 Riesling Ried Rothenbart Traisental DAC 1 ÖTW ·* **Markus Huber**
94+	*2021 Grüner Veltliner Brigos Ried Bergen Traisental DAC Reserve ·* **Karl Brindlmayer**
94	*2022 Riesling Ried Pletzengraben Traisental DAC 1 ÖTW ·* **Tom Dockner**
94	*2023 Grüner Veltliner Ried Rosengarten Traisental DAC ·* **Weinkultur Preiß**
93+	*2023 Grüner Veltliner Ried Rosengarten Traisental DAC Reserve ·* **Weingut Leopold Figl**
93+	*2023 Grüner Veltliner Ried Rosengarten Traisental DAC ·* **Herwald Hauleitner**
93+	*2023 Grüner Veltliner Ried Alte Setzen Traisental DAC Reserve ·* **Weingut Siedler Alex.**

Karl Brindlmayer

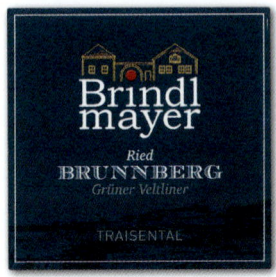

Seit 1833 im Familienbesitz, betreibt inzwischen Karl Brindlmayer in sechster Generation das Winzerhandwerk mit Engagement und Begeisterung. Unterstützt wird er dabei von seiner Familie, gemeinsam bewirtschaften sie Weingärten rund um Traismauer. Die Weine von dort werden nunmehr als Ortsweine interpretiert und erhalten so einen höheren Stellenwert. Die Voraussetzungen für außergewöhnliche, prägnante Weine mit Herkunftscharakter sind für den Winzer das einzigartige Terroir des Traisentals mit seinen kalkhaltigen Böden und das relativ kühle Mikroklima. Links der Traisen befinden sich die Toplagen „Bergen" und „Sonnleithen" sowie rechts des Flusses „Brunnberg". Der Fokus liegt auf Grünem Veltliner, der sich aufgrund der jeweiligen Gegebenheiten in den einzelnen Lagen in unterschiedlichen Facetten präsentiert. Auch dem Riesling widmet man besondere Aufmerksamkeit. Unter der Bezeichnung „Brigos", der keltischen Bezeichnung für „mächtig", werden zudem körperreiche und kräftige Weine abgefüllt.

Foto: Karl Baldrian

Wachaustraße 23
3133 Traismauer-Wagram
T 02783/598
M wein@brindlmayer.at
www.bykarl.at

Öffnungszeiten
nach Vereinbarung
Rebfläche
13 ha
Rebsorten
GV, RI, CH, GM, GE, BO, ZW, BP, RO
Anbau
KIP, konventionell, nachhaltig
Verschlussarten
NK, DV
Gastronomie
Vinothek

94+ 2021 Grüner Veltliner Brigos Ried Bergen Traisental DAC Reserve 13,5 %, €€
Jugendliche Farbnoten, vielschichtige Aromatik, kandierte Orange, Gewürznelke, Kumquat, zarte Würze, körperreich, dicht und straffe Struktur, engmaschiges Finish, feiner Gerbstoff, lang anhaltend, Grapefruit und Physalis im Nachhall.

93+ 2022 Grüner Veltliner Ried Brunnberg Traisental DAC 13 %, €€€
Jugendliche Farbe, vielschichtiges Bukett, kandierte Orange, Mandeln und Melone, nussige Würze, kräftiger Wein, dicht und pikantes Finish, zart pfeffriges Finish, langer Nachhall, Potenzial.

93+ 2023 Riesling Terrassen Ried Sonnleithen Traisental DAC 13,5 %, €€
Helle Farbe, ausgeprägte Fruchtnoten, gelber Pfirsich, Passionsfrucht, Physalis, körperreich, dicht und straffe Struktur, Grapefruit im Finish, langer Nachhall, Potenzial.

92+ 2023 Grüner Veltliner Alte Reben Traisental DAC 13,5 %, €
Jugendliche Farbnoten, einladendes Frucht-Würze-Spiel, Steinobst, Kumquat, Verbene, Gewürznelke, körperreich, gut stützendes Säurespiel, pikantes Finish, gute Länge.

92 2023 Grüner Veltliner Flower Traisental DAC 14 %, €€
Jugendliche Farbe, nuanciertes Bukett, Kumquat, Nashi-Birne, Verbene, Mandeln, gehaltvoll, dicht und präzises Finish, pikanter Nachhall.

92 2023 Riesling Traismauer Villages Traisental DAC 13 %, €€
Helle Farbe, jugendliches Fruchtspiel, Steinobst, Mandarine, kandierte Noten, stoffig, lebendiger Trinkfluss, zarter Fruchtschmelz im Abgang, gute Länge.

91+ 2022 Zweigelt Ried Eichberg Reserve 13,5 %, €
Jugendliche Farbe, einladendes Fruchtspiel, Kirsche, Cranberry, Kakao, leicht röstige Noten, körperreich, balancierte Textur, feiner Gerbstoff im Abgang, fruchtiger Nachhall.

Traisental

Tom Dockner

Für Thomas Dockner ist eine besondere Herausforderung, das für die Region typische Konglomeratsgestein – eine einzigartige Kalkzusammensetzung – in seinen Weinen zum Ausdruck zu bringen. Seine Familie steht ihm dabei tatkräftig zur Seite. Für eine optimale Reife lässt er den Weinen genügend Zeit zur Entwicklung. Sein Aushängeschild ist der Grüne Veltliner Ried Hochschopf Traisental 1 ÖTW.
Die Besonderheiten der Riede sind nicht nur das Mikroklima und der extrem kalkreiche Boden, sondern auch die bis zu 80 Jahre alten Rebstöcke. Jede der Lagen verweist auf besondere Bedingungen, aus denen charakteristische Veltliner, Rieslinge, Traminer und Pinots noirs entstehen.

Foto: Helge Woell

Traminerweg 3
3134 Theyern
T 0664/544 17 79
M weingut@docknertom.at
www.docknertom.at

Öffnungszeiten
nach Vereinbarung
Rebfläche
23 ha
Rebsorten
GV, RI, ZW, TR, PN
Anbau
KIP, Umstellung organisch-biologisch, nachhaltig
Verschlussarten
NK, DV

94 2022 Riesling Ried Pletzengraben Traisental DAC 1 ÖTW 13 %
Helle Farbe, einladendes Fruchtspiel, Weingartenpfirsich, Limette, Zesten, kräftig, lebendige Textur, animierendes Frucht-Säure-Spiel, fruchtig, präzises Finish, gute Länge.

93+ 2020 Pinot Noir Kalk Konglomerat 13 %
Gereifte, transparente Farbnoten, einladende Kirsch-Preiselbeer-Noten, Nougat, Bitterschokolade, reife Erdbeere, stoffiger Wein, balancierte Textur, feinstes Tannin, Zesten und Cranberry im Nachhall.

93+ 2022 Grüner Veltliner Ried Hochschopf Traisental DAC 1 ÖTW 13 %
Jugendliche Farbe, saftige, gelbe Fruchtnoten, Papaya, kandierte Mandeln und Orange, stoffig, balancierte Textur, engmaschiges, pikantes Finish, sehr langer Nachhall.

93+ 2022 Grüner Veltliner Ried Pletzengraben Traisental DAC 1 ÖTW 13 %
Helle Farbe, nuanciertes Bukett, Steinobst, Limette, zarte Nusswürze, stoffig, dicht und engmaschig, harmonischer Trinkfluss, pikantes Finish, lang anhaltend.

93 2022 Traminer Kalk Konglomerat 13 %
Jugendliche Farbe, vielschichtige Nase, Litschi, kandierte Orange, zarte Rosenholz-Anklänge, kräftiger Wein, harmonische Struktur, pikantes Finish, gute Länge.

92 2023 Grüner Veltliner Ried Theyerner Berg Traisental DAC 12,5 %
Helle Farbe, nuanciertes Bukett, gelbe Frucht, Verbene und Würze, kräftig, lebendiger Trinkfluss, pikanter Abgang, gute Länge.

92 2023 Riesling Parapluiberg Traisental DAC 12,5 %
Jugendliche Farbe, ausgeprägtes Bukett, Steinobst, Pfirsich, Mandarine, kräftiger Wein, lebendiges Frucht-Säure-Spiel, feiner Schmelz im Abgang, gute Länge.

Weingut Leopold Figl

Foto: David Schreiber

Wagramer Straße 34
3133 Traismauer
T 0660/198 10 35
M office@weingut-figl.at
www.weingut-figl.at

Öffnungszeiten
nach tel. Vereinbarung
Rebfläche
12 ha
Rebsorten
GV, RI, ZW, CH, GM
Anbau
KIP
Verschlussarten
NK, DV

Die Familie Figl betreibt seit 1960 Weinbau im unteren Traisental. 2012 hat Leopold Figl junior das elterliche Weingut übernommen. Die Weingärten befinden sich im Umkreis von Wagram ob der Traisen auf Lössböden, wobei Konglomerat das Muttergestein bildet. Durch den neuen modernen Weinkeller wurden perfekte Bedingungen für die schonende Verarbeitung der Trauben geschaffen. Glaswände im Inneren des Weinguts ermöglichen es Besuchern, die verschiedenen Abläufe der Vinifikation zu beobachten. Leopold Figl ist bekannt für fruchtige, würzige Weine mit harmonischer Säurestruktur, allen voran Grüner Veltliner und Riesling. Ein „Blanc de Blancs"-Sekt aus Chardonnaytrauben nach der traditionellen Methode krönt sein Sortiment.

93+ 2022 Grüner Veltliner Große Reserve 14 %, FP
Jugendliche Farbnoten, komplexes Bukett, Antipasti-Noten, Gewürznelke, Zesten, körperreicher Wein, balancierte Textur, pikantes Tannin und fruchtiger Schmelz im Abgang, lang anhaltend, Potenzial.

93+ 2023 Grüner Veltliner Ried Rosengarten Traisental DAC Reserve 14 %, FP
Jugendliche Farbe, kandierte Orange, Nashi-Birne, Steinobst, Blütenhonig, kräftiger Wein, balancierte Textur, pikanter Gerbstoff, langer Nachhall.

93 2023 Grüner Veltliner Ried Sonnleithen Traisental DAC Reserve 14 %, FP
Jugendliche Farbe, ausgeprägtes Bukett, Kumquat, kandierte Orange, Gewürznelke, gehaltvoll, dicht und lebendige Textur, fruchtig-pikanter Gerbstoff, lang anhaltend, Zesten im Rückaroma.

92+ 2020 Blanc de Blancs Vintage Brut Sekt Austria Reserve g.U. 12,5 %
(CH) Jugendliche Farbe, komplexe Nase, kandierte Orange und Birne, Mandeln, Biskuit, jugendliche Perlage, harmonischer Trinkfluss, balancierter Abgang, pikanter Nachhall.

92+ 2023 Grüner Veltliner Ried Setzen Traisental DAC 13 %
Helle Farbe, einladende, gelbe Fruchtnoten, Steinobst, Nashi-Birne, nussige Würze, Verbene, kräftig, gut stützende Säure, fruchtig-pikanter Abgang, zarter Schmelz im Finish, langer Nachhall.

92+ 2023 Riesling Ried Sonnleithen Traisental DAC 13 %
Helle Farbe, ausgeprägtes Fruchtspiel, gelber Pfirsich, Zitronenmelisse, Mandarine, kräftiger Wein, lebendige Struktur, fruchtiger Schmelz im Abgang, langer Nachhall.

Herwald Hauleitner

Foto: Regina Hügli

Geymüllergasse 3
3133 Wagram ob der Traisen,
Weinkeller im Flohbergweg
T 02783/63 93, 0676/951 98 13
M traisental@weingut-hauleitner.at
www.hauleitner.at

Öffnungszeiten
nach tel. Vereinbarung
Rebfläche
9 ha
Rebsorten
GV, RI, PB, ZW, GM
Anbau
KIP
Verschlussart
DV

Herwald und Raphaela Hauleitner bewirtschaften den Familienbetrieb, der seit 1932 besteht. Das Ziel ist, authentische Weine mit Frucht und Schmelz zu erzeugen, die von ihrer Herkunft geprägt sind. Die unterschiedlichen Bodenarten des Traisentals wie Löss, Konglomerat, schwerer, lehmiger Ton und Muschelkalk sorgen für individuelle Gewächse. Vor allem Grüner Veltliner und Riesling, aber auch Gelber Muskateller aus der Ried Bergen sind die Steckenpferde von Herwald Hauleitner. Mineralität und Sortentypizität sollen dabei im Vordergrund stehen. Die Veltliner-Serie startet mit dem fruchtigen Ortswein „Wagramer Terrassen". Bei den Lagenweinen sorgt der tiefgründige und kalkhaltige Lössboden vor allem in der Toplage Sonnleithen für Frucht und Struktur. Zudem werden drei weitere Lagenveltliner vom Rosengarten, vom Parapluiberg und vom Venusberg vinifiziert, die aufgrund ihrer Herkunft unterschiedliche Charaktere besitzen. Auch ein spontan vergorener Riesling wird ohne Zusatz von Hefen ausgebaut.

93+ 2023 Grüner Veltliner Konglomerat Traisental DAC 14 %, €€
Helle Farbe, vielschichtige Aromen, nussige Würze, Birnenquitte, Mandeln, Zesten, gehaltvoll, dicht und harmonischer Trinkfluss, feiner Gerbstoff, fruchtiger Schmelz im Finish, langer Nachhall, Kumquat im Abgang, Potenzial.

93+ 2023 Grüner Veltliner Ried Rosengarten Traisental DAC 13,5 %, €
Hellgelb, ausgeprägte, jugendliche Frucht, Steinobst, Mandarine, Physalis, zarte Würze, gehaltvoll, lebendige Textur, fruchtig-pikantes Finish, langer Nachhall.

93 2023 Grüner Veltliner Ried Sonnleithen Traisental DAC 13 %, €
Hellgelb, einladende gelbe Fruchtnoten, Pfirsich, Melone, Gewürznelke, zarte Würze, kräftiger Wein, straffe Textur, fruchtig-pikanter Gerbstoff, zarter Schmelz im Abgang, langer Nachhall, Potenzial.

93 2023 Grüner Veltliner Venusberg Traisental DAC 13,5 %, €
Helle Farbe, vielschichtige Aromen, Nashi-Birne, Physalis, Grapefruit, Verbene, kräftig, dicht und gutes Frucht-Säure-Spiel, feines Tannin, fruchtiger Nachhall, gute Länge, Kumquat im Rückaroma.

93 2023 Riesling Ried Sonnleithen Spontan Traisental DAC 13,5 %, €
Helle Farbe, einladende Fruchtnoten, gelber Pfirsich, kandierte Ananas, Mandarine, körperreich, lebendige Textur, fruchtiges Finish, zarter Schmelz im Abgang, langer Nachhall.

92+ 2023 Grüner Veltliner Parapluiberg Traisental DAC 14 %, €
Helle Farbe, ausgeprägte, reife Frucht, gelber Pfirsich und Nektarine, Zesten, nussige Würze, barocker Auftakt am Gaumen, weiche Textur, feines Tannin und fruchtsüßer Schmelz im Finish.

91+ 2023 Grüner Veltliner Wagramer Terrassen Traisental DAC 13 %, €
Helle Farbe, nuanciertes Bukett, Zesten, zarte Würze, Verbene, kräftig, lebendige Struktur, fruchtiges Finish, langer Nachhall.

Traisental

Weinbau Thomas Heinrich

Am Familienweingut Thomas Heinrich verfolgt man konsequent das Ziel, Weine von höchster Qualität zu erzeugen. Dafür packt die ganze Familie mit an. Die Weingärten umfassen eine Rebfläche von 4,5 Hektar, die sorgsam bewirtschaftet werden. Die Reben stehen auf trockenen, kalkhaltigen und schottrigen Böden. Besondere Klimafaktoren bringen warme Tage und kühle Nächte und sorgen so für feine Aromatik und würzige Finesse der Weine. Das Hauptaugenmerk des Winzers liegt beim Grünen Veltliner. Dabei ist der Veltliner von der Ried Eichberg das Flaggschiff des Hauses, er soll sich besonders tiefgründig und vielschichtig zeigen. Davon kann man sich im neu errichteten Verkostungsraum überzeugen.

Foto: Christoph Wichtl

Veltlinerweg 4
3133 Hilpersdorf
T 0664/595 79 87
M office@weinbau-heinrich.at
www.weinbau-heinrich.at

Öffnungszeiten
Mo.–Fr. 8–18, Sa. 8–12 nach tel. Vereinbarung;
Weinzimmer: Fr. 16–19
Rebfläche
4,5 ha
Flaschenanzahl
20.000
Rebsorten
GV, GE, GM, NE, MT, FV, ZW, BP, PG
Anbau
KIP
Verschlussart
DV
Gastronomie
Heuriger

92+ 2021 Grüner Veltliner Ried Silberboden Reserve 13,5 %, €
Jugendliche Farbnoten, gelbe Steinobstnoten, kandierte Mandeln und Birne, Würze, körperreich, balancierter Trinkfluss, zarter Gerbstoff, gelbfruchtiger Schmelz im Nachhall.

92+ 2023 Grauburgunder Ried Nasenberg 13,5 %, €€
Jugendliche Farbe, zart rauchige Anklänge, Bratapfel, Mandeln, am Gaumen gelbfruchtig, cremige Textur, zarter Gerbstoff, Vanille im Nachhall.

92 2022 Neuburger Jakob Reserve 14 %, €€
Kräftige Farbe, nussige Würze, kandierte Orange, opulenter Wein, weiche Textur, präsenter Gerbstoff, fruchtiger Nachhall.

91+ 2023 Grüner Veltliner Ried Eichberg Traisental DAC 13 %, €
Helle Farbe, Zesten, Mandeln, Physalis, kräftiger Wein, gut stützende Säure, fruchtig-pikanter Abgang, langer Nachhall.

91 2021 Cuvée Pfarrkeller 13 %, €€
(ZW/BF) Jugendliche Farbe, Heidel- und Brombeere, Kakao, zarte Kirschnoten, körperreich, harmonische Textur, feines Tannin, fruchtiger Nachhall.

90 2023 Gelber Muskateller 12,5 %, €
Helle Farbe, zart florale Noten, Melisse, Maracuja, lebendige Textur, fruchtiger Schmelz im Abgang.

90 2023 Grüner Veltliner Hubertus Traisental DAC 12,5 %, €
Hellgelb, einladend, reife Fruchtnoten, Gewürznelke, stoffig, lebendige Textur, fruchtiger Schmelz im Abgang, gute Länge.

Traisental

Rudolf Hofmann

Foto: David Schreiber

Oberndorfer Straße 41
3133 Traismauer
T 0676/313 35 66
M office@weingut-hofmann.at
www.weingut-hofmann.at

Öffnungszeiten
nach Vereinbarung
Rebfläche
15 ha
Rebsorten
GV, RI, SB, GM, CH, PB
Anbau
organisch-biologisch,
nachhaltig
Verschlussart
DV
Gastronomie
Vinothek „WeinArtZone" in 3133
Traismauer, Hauptplatz 1
(April–Okt. So.–Fr. 15–19,
Sa. 10–19)

Rudolf Hofmann geht seinen eigenen Weg: Seit dem Jahr 2000 bewirtschaftet der Quereinsteiger sein Weingut am östlichen Traisenufer, das inzwischen zu den führenden Betrieben der Region zählt. Organisch-biologisch zu wirtschaften war eine Herzensentscheidung, ein Nachhaltigkeitsprojekt zu starten, nationale und internationale Forschungspartner einzubinden, ein weiterer Schritt. Seine Lagen Fuchsenrand und Kogelberg sind die Herzstücke des Weinguts: Während die Riede Fuchsenrand mit ihren Muschelkalk- und Lössböden dem Veltliner optimale Bedingungen bietet, fühlt sich auf der Riede Kogelberg mit ihren kargen Konglomerats- und Schotterböden vor allem der Riesling wohl. Die Hälfte der Anbaufläche ist mit Veltliner bepflanzt, etwa zwanzig Prozent mit Riesling. Beide Rebsorten werden zu gebietstypischen Weinen verarbeitet. Die „O-Range"-Weine präsentieren Facetten neuer und alter Vinifikationsmethoden mit unverkennbarer Herkunftscharakteristik und der Handschrift des Winzers.

93 2020 GV Ried Fuchsenrand Vintage Traisental DAC Reserve 14 %, €€
Jugendliche Farbe, ausgeprägtes Bukett, Antipasti-Noten, Kapern, kandierte Orange, Blütenhonig, opulenter Wein, weiche Textur, fruchtiger Schmelz im Abgang, sehr langer Nachhall, Papaya im Rückaroma, Potenzial.

93 2023 Riesling Ried Kogelberg Traisental DAC 13 %, €€
Helle Farbe, ausgeprägtes Bukett, gelbe Nektarine und Pfirsich, Zesten, körperreich, harmonische Struktur, fruchtsüßer Schmelz im Abgang, lang anhaltend, Kumquat und Mandarine im Nachhall, Potenzial.

92+ 2023 Grüner Veltliner Ried Kogelberg Traisental DAC 13 %, €
Hellgelb, intensive, vielschichtige Nase, Nashi-Birne, Gewürznelke, Verbene, Kumquat, gehaltvoll, engmaschig, lebendiger Trinkfluss, pikanter Abgang, langer Nachhall.

92 2023 CMS 12,5 %, €
(SB/GM/CH) Helle Farbe, jugendliches Bukett, kandierte Orange, Steinobst, zart floral, Lemongrass, straffer Wein, lebendiger Trinkfluss, fruchtiger Schmelz im Abgang, gute Länge.

92 2023 Riesling Oberndorf Traisental DAC 13 %, €
Helle Farbe, ausgeprägtes Bukett, kandierte Ananas, Pfirsich, Passionsfrucht, körperreich, lebendiger Trinkfluss, fruchtsüßer Schmelz im Abgang, lang anhaltend, Marille im Rückaroma.

91+ 2023 Grüner Veltliner Oberndorf Traisental DAC 12,5 %, €
Helle Farbe, jugendliche Fruchtnoten, Steinobst, kandierte Noten, Mandeln, kräftiger Wein, harmonische Textur, fruchtiger Abgang, langer Nachhall.

91 2023 Sauvignon Blanc 12,5 %, €
Helle Farbe, intensive Nase, Einlegegewürze, Pimiento, Kräuter, Steinobstklänge, am Gaumen leicht floral, lebendige Struktur, fruchtig-pikanter Abgang, gute Länge.

Traisental

Markus Huber

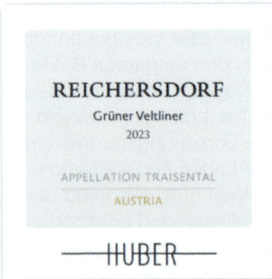

Das Weingut von Markus Huber zählt zu den größten Exporteuren im Qualitätsweinbereich: Man liefert in 35 verschiedene Länder. Auf 50 Hektar werden großteils Weißweine angebaut, allen voran Grüner Veltliner. Der engagierte Winzer hat dafür teilweise brach liegende steile Rieden rekultiviert: Alte Setzen, Zwirch, Rothenbart und Berg bieten ideale Bedingungen für finessenreiche Weine. Die besonderen klimatischen Verhältnisse in den terrassierten Südosthängen und der hier vorherrschende kalkreiche Boden sind die Grundlage für feine und langlebige Gewächse.

Foto: Weingut Huber/www.loutocky.com

Weinriedenweg 13
3134 Reichersdorf
T 0699/12 78 37 23, 02783/829 99
M office@weingut-huber.at
www.weingut-huber.at

Öffnungszeiten
Mo.–Sa. 9–16.30
Rebfläche
50 ha
Rebsorten
GV, RI, SB, GM, PB, PN
Anbau
organisch-biologisch, nachhaltig
Verschlussarten
NK, DI, DV

97 2023 Riesling Ried Berg Traisental DAC 1 ÖTW 13 %, FP, €€€
Helle Farbe, jugendlich, intensive Nase, Weingartenpfirsich, gelbe Nektarine, Melisse, kräftig, lebendiger, animierender Trinkfluss, elegante Textur, fruchtiger Abgang, lang anhaltend, leicht mineralisch, Physalis im Rückaroma, Potenzial.

96 2023 Grüner Veltliner Ried Berg Traisental DAC 1 ÖTW 13,5 %, FP, €€€
Jugendliche Farbe, einladende, gelbe Fruchtnoten, Steinobst, Nashi-Birne, Kumquat, Gewürznelken, körperreich, dicht und balanciertes Frucht-Säure-Spiel, zarte Würze im Abgang, lang anhaltend, fruchtiges Finish, Grapefruit im Finish, Potenzial.

95+ 2023 Riesling Ried Rothenbart Traisental DAC 1 ÖTW 13 %, FP, €€€
Helle Farbe, intensive, vielschichtige Aromatik, Verbene, Yuzu, Weingartenpfirsich, dicht und straffe, engmaschige Textur, zart mineralischer Abgang, lang anhaltend, fruchtiges Finish und rosa Grapefruit im Nachhall.

95 2023 Grüner Veltliner Ried Zwirch Traisental DAC 1 ÖTW 13,5 %, FP, €€
Helle Farbe, intensives Bukett, Grapefruit, kandierte Orange, Lemongrass, körperreich, dicht und lebendiger Trinkfluss, fruchtig-pikantes Finish, lang anhaltend, Gewürznelke und Physalis im Rückaroma.

94+ 2023 Grüner Veltliner Ried Alte Setzen Traisental DAC 1 ÖTW 13 %, FP, €€
Helle Farbe, jugendliches Fruchtspiel, Kumquat, Zesten, Gewürznelke, zarte Würze, kräftiger Wein, straff, lebendige Struktur, engmaschiges, pikantes Finish, langer Nachhall.

93+ 2023 Riesling Reichersdorf Traisental DAC 13 %, €€
Hellgelb, jugendliche, nuancierte Frucht, Kumquat, Marille, Mandarine, körperreich, harmonische Textur, gutes Frucht-Säure-Spiel, engmaschiges, pikantes Finish, langer, fruchtiger Nachhall, Weingartenpfirsich im Rückaroma.

93 2023 Grüner Veltliner Reichersdorf Traisental DAC 13,5 %, €€
Helle Farbe, jugendliches Frucht-Würze-Bukett, Grapefruit, Zesten, Verbene, zarte Würze, lebendiger Trinkfluss, engmaschige Struktur, fruchtig-pikanter Abgang, lang anhaltend.

Ludwig Neumayer

Der renommierte Winzer Ludwig Neumayer produzierte schon Ende der 1980er-Jahre Weine, die Aufsehen erregten und das Traisental international bekannt machten. Seine Weine sollen Archetypen feiner und eleganter, aber auch dicht gewirkter und langlebiger weißer Terroirweine sein. Die besten davon – Grüner Veltliner, Riesling und der Weißburgunder „Wein vom Stein" wachsen auf flachgründigen, kalkhaltigen Konglomeratböden in den Lagen Zwirch und Rothenbart – sind individuelle und komplexe Weine, die zwei Jahrzehnte oder länger reifen können. Das Aushängeschild des Weinguts ist der „Ikon", eine persönliche Interpretation der Essenz des jeweiligen Jahrgangs, der nur in besonderen Jahren produziert wird. Diese präzisen und vielschichtigen Terroirweine zeigen oft erst nach einigen Jahren ihr wirkliches Potenzial.

Foto: Katharina Stögmüller

Dorfstraße 37
3131 Inzersdorf ob der Traisen
T 0664/256 30 10, 02782/811 10
M neumayer@weinvomstein.at
www.weinvomstein.at

Öffnungszeiten
nach Vereinbarung
Rebfläche
15 ha
Rebsorten
GV, RI, SB, PB
Anbau
KIP, konventionell, nachhaltig
Verschlussart
DV

97 2023 Riesling Der Wein vom Stein Traisental DAC 13 %, €€€
Helle Farbe, intensives Bukett, Weingartenpfirsich, kandierte Frucht, Maracuja und Ananas, Kamille, körperreich, lebendige Textur, zartes Tannin und fruchtiger Schmelz im Abgang, sehr lang anhaltend, Physalis im Rückaroma, Riesenpotenzial.

96 2023 Grüner Veltliner Der Wein vom Stein Traisental DAC 13,5 %, €€€
Jugendliche Farbe, vielschichtiges Bukett, kandierte Orange, Mandeln, nussige Würze, körperreich dicht und engmaschige Textur, pfeffriges Finish, langer Nachhall, Birnenquitte, Riesenpotenzial.

96 2023 Riesling Ried Rothenbart Traisental DAC 1 ÖTW 13 %, €€€
Helle Farbe, vielschichtiges Bukett, Weingartenpfirsich, Zitronenmelisse, Mandarine, kandierte Noten, kräftig, lebendiger Trinkfluss, engmaschiges Finish, fruchtiger Schmelz im Nachhall, rosa Grapefruit und Mandarine im Nachhall, Potenzial.

94+ 2023 Weißburgunder Der Wein vom Stein 14 %, €€€
Jugendliche Farbe, vielschichtige Aromatik, kandierte Orange, Mandeln, Haselnuss, körperreich, lebendiger Trinkfluss, engmaschiges Finish, Zesten und Kumquat im Finish, lang anhaltend, Potenzial.

93 2023 Grüner Veltliner Schieflage Traisental DAC 12,5 %, €€
Helle Farbe, kandierte Orange, Physalis, Mandarine, zarte Würze, stoffig, lebendiger Trinkfluss, pikantes Finish, lang anhaltend, Grapefruit im Rückaroma.

92+ 2023 Sauvignon Blanc Giess 13 %, €€€
Helle Farbe, ausgeprägtes Bukett, Antipasti-Noten, Pimiento, ein Hauch Cassis, stoffiger Wein, lebendiger Trinkfluss, Holunderblüte und Pfirsich im Finish, gute Länge.

HISTORISCHER WEIN

95+ 2013 Grüner Veltliner Ikon Stein Reserve

Traisental

Weinkultur Preiß

Familie Preiß bewirtschaftet auf ihrem Familienbetrieb 12 Hektar Weinkulturen, die sich rund um den idyllischen Ort Theyern im Traisental befinden. Die Weingärten, meist kleinste Terrassen, sind geprägt von eiszeitlich abgelagertem Konglomeratgestein und teils mächtigen Lössanwehungen mit hohem Kalkgehalt. Das macht die besondere Stilistik der Weine aus: komplexe, mineralische Weine, die Rückgrat, Finesse und Charakter besitzen sollen. Die bedeutendsten Rieden sind Brunndoppel (Konglomerat), Berg (Konglomerat), Hochschopf (Konglomerat & Löss), Rosengarten (Löss) und Pletzengraben (Konglomerat). Dabei dominiert Grüner Veltliner mit über 60 Prozent, aber auch Riesling, Gelber Muskateller, Chardonnay, Sauvignon blanc und Zweigelt finden gute Bedingungen vor.

Foto: Julius Hirtzberger

Ringgasse 4
3134 Theyern
T 0660/485 45 58, 02783/67 31
M wine@kulturpreiss.at
www.weinkulturpreiss.at

Öffnungszeiten
Mo.–Sa. 8–11, 13–18 nach tel. Vereinbarung (So., Fei. Ru.)
Rebfläche
12 ha
Rebsorten
GV, RI, ZW, CH, SB, GM
Anbau
Umstellung organisch-biologisch
Verschlussarten
NK, DV
Sonstiges
Weinverkostungen,
Übernachtungsmöglichkeit

94 2023 Grüner Veltliner Ried Rosengarten Traisental DAC 13,5 %, €€
Helle Farbe, vielschichtige Aromen, Nashi-Birne, Melone, kandierte Orange, Gewürznelke, körperreich, balancierte Struktur, pikanter Gerbstoff im Finish, langer Nachhall, Potenzial.

94 2023 Riesling Ried Pletzengraben Traisental DAC 13,5 %, €€
Hellgelb, intensive Fruchtnoten, gelber Pfirsich, Physalis, Mandarine, stoffig, lebendige Struktur, fruchtiger Schmelz und Grapefruit im Nachhall, lang anhaltend, Potenzial.

93 2022 Grüner Veltliner Ried Brunndoppel Traisental DAC Reserve 13,5 %, €€
Jugendliche Farbe, reife, gelbe Frucht, kandierte Orange und Mandeln, Nashi-Birne, Kumquat, körperreich, harmonische Textur, feines Tannin und Frucht im Finish, langer Nachhall.

92 2023 Grüner Veltliner Nussdorf Traisental DAC 13,5 %, €€
Helle Farbe, jugendliches Fruchtspiel, grüner Apfel, Steinobst, zarte Würze, Kumquat, körperreicher Wein, dicht und engmaschige Struktur, pikantes Finish, fruchtiger Nachhall, gute Länge.

92 2023 Grüner Veltliner Ried Hochschopf Traisental DAC 13,5 %, €€
Helle Farbe, einladende, gelbe Frucht, Papaya, Honigmelone, Gewürznelke, Mandeln, körperreich, harmonischer Trinkfluss, fruchtig-pikanter Abgang, langer Nachhall.

92 2023 Riesling Kammerling Traisental DAC 13 %, €
Helle Farbe, ausgeprägtes Fruchtspiel, gelber Pfirsich, kandierte Ananas, stoffig, gutes Frucht-Säure-Spiel, zarter Schmelz im Finish, fruchtiger Nachhall.

HISTORISCHER WEIN

93 2016 Chardonnay Ried Brunndoppel

Winzerhaus Hans Schöller

Das Winzerhaus Hans Schöller inmitten des Traisentals ist ein tradtioneller Familienbetrieb, der in dritter Generation geführt wird. Man vertraut auf Altbewährtes, setzt aber auch neue Akzente. Mit einem Anteil von 65 Prozent führt der Grüne Veltliner die Sortenpalette an, er wird sowohl klassisch und leicht als auch kräftig und gehaltvoll ausgebaut. Hans Schöller fühlt sich mit dem Winzerhandwerk genauso verbunden wie mit dem Traisental – eine Verbundenheit, die auch in seinen Weinen zu spüren ist. Mittlerweile bringt sich auch sein Sohn Hansi in den Betrieb ein. Ein im Barrique ausgebauter Grauburgunder ist sein ganzer Stolz. Grete Schöller hingegen führt gemeinsam mit dem zweiten Sohn Sebastian den Heurigen.

93 2022 Grauburgunder Meilenstein 13,5 %, €€
Kräftige Farbe, nuanciertes Bukett, präsente Holzwürze, Karamell, Haselnuss, gelbe Frucht, gehaltvoll, harmonische, cremige Textur und harmonischer Trinkfluss, pikantes Gerbstoff-Finish, gute Länge.

92+ 2023 Grüner Veltliner Ried Sonnleithen Traisental DAC 13,5 %, €€
Helle Farbe, Nashi-Birne, kandierte Orange, zarte Würze, Verbene, körperreich, balancierte Struktur, leicht CO_2 spürbar, fruchtiger Schmelz im Abgang, gute Länge.

92+ N. V. Blanc de Blanc Sekt Austria Reserve Brut Nature 12,5 %, €€€
(CH) Jugendliche Farbe, komplexe Aromatik, Bratapfel, kandierte Orange, zarte Würze, stoffiger Sekt, jugendliche Perlage, fruchtig-pikanter Abgang.

92 2022 Grüner Veltliner Vollmondlese Traisental DAC 13 %, €€
Helle Farbnoten, reife, gelbe Frucht, tabakige Würze, Verbene, Papaya, gehaltvoll, gut stützende Säure, feiner Gerbstoff und Kumquat im Rückaroma.

92 2023 Riesling Parapluiberg Traisental DAC 12,5 %, €
Jugendliche Farbe, ausgeprägte Steinobstnoten, Marille, Pfirsich, kandierte Orange, kräftiger Wein, lebendiger Trinkfluss, zart fruchtiger Schmelz im Abgang.

91+ 2023 Grüner Veltliner Ried Rosengarten Traisental DAC 13 %, €
Helle Farbe, einladende, reife Fruchtnoten, Gewürznelke, Verbene, Zesten, kräftiger Wein, harmonischer Trinkfluss, fruchtig-pikanter Abgang.

Foto: Stefanie Winter

Wagramer Straße 10
3133 Traismauer
T 0664/426 62 61
M winzerhaus@weinschoeller.at
www.weinschoeller.at

Öffnungszeiten
Mo.–Fr. 9–18
Rebfläche
11 ha
Rebsorten
GV, RI, PG, CH, GM, RV, ZW, ME, CS, SY
Anbau
KIP, konventionell, nachhaltig
Verschlussart
DV
Gastronomie
Heuriger
Sonstiges
Übernachtungsmöglichkeit

Traisental

Weingut Siedler Alex.

Manuela und Alexander Siedler sind auf dem Familienweingut bereits die fünfte Generation. Das Hauptaugenmerk liegt auf Weißwein, wobei sich neben den Traisentaler Standardsorten Grüner Veltliner und Riesling auch Weißburgunder, Rivaner, Frühroter Veltliner, Gelber Muskateller und Sauvignon blanc sowie die roten Sorten Zweigelt und Merlot im Sortiment finden. Der gelernte Önologe möchte traditionelle Produktionsmethoden mit innovativer Technologie verknüpfen, um regionaltypische Weine mit wiedererkennbarem Lagencharakter zu vinifizieren.

93+ 2023 Grüner Veltliner Ried Alte Setzen Traisental DAC Reserve 14,5 %, FP, €€
Jugendliche Farbe, kandierte Noten, Nashi-Birne, Mandeln, nussige Würze, körperreich, balancierte Struktur, pikanter Gerbstoff, Kumquat und ein Hauch von Vanille im Nachhall, Potenzial.

92+ 2023 Grüner Veltliner Ried Buchhammer Traisental DAC 13,5 %, €
Helle Farbe, jugendliche Aromatik, Steinobst, kandierte Orange, Gewürznelke, gehaltvoll, harmonische Textur, fruchtig-pikanter Abgang, gute Länge.

92 2023 Riesling Ried Alte Setzen Traisental DAC 13 %, €
Helle Farbe, zarter Pfirsich in der Nase, Mandarine und Limette, stoffiger Wein, harmonische Textur, fruchtsüßer Schmelz im Abgang, gute Länge.

91+ 2023 Grüner Veltliner Tradition Traisental DAC 12,5 %, €
Helle Farbe, nuanciertes Bukett, Steinobst, Verbene, Gewürznelke, Kapern, stoffig, lebendige Textur, fruchtig-pikantes Finish, Grapefruit im Rückaroma.

91+ 2023 Sauvignon Blanc Konglomerat 13 %, €
Helle Farbe, ausgeprägtes Bukett, Grapefruit, grüner Paprika, Einlegegewürze, kräftig, lebendige Struktur, florales Finish, gute Länge.

91+ 2023 Weißburgunder Parapluiberg 13,5 %, €
Helle Farbe, gelbe Fruchtnoten, Mandeln, Haselnuss, körperreich, balancierte Textur, engmaschiges Finish, fruchtiger Nachhall.

> HISTORISCHER WEIN

93 2018 Grüner Veltliner final select Traisental DAC Reserve

Obere Ortsstraße 25
3134 Reichersdorf
T 0699/11 73 41 10
✉ office@weingut-siedler.at
www.weingut-siedler.at

Öffnungszeiten
Fr. 16–18 und nach Vereinbarung
Rebfläche
12 ha
Rebsorten
GV, RI, PB, GM, ZW, SB, CH, ME
Anbau
KIP, konventionell, nachhaltig
Verschlussarten
NK, DV

Notizen

Die Besten am
WAGRAM

Rebfläche: 2.720 ha. Das Weinbaugebiet Wagram erstreckt sich entlang der Donau östlich von Krems bis nach Klosterneuburg. Auf lössreichen und kalkhaltigen Böden wächst eine beeindruckende Vielfalt an Weinen heran, darunter auch Eisweinraritäten.
Rebsorten: Grüner Veltliner, Frühroter und Roter Veltliner, Zweigelt

99	*2022 Grüner Veltliner Ried Rosenberg Wagram DAC 1 ÖTW* · **Weingut Bernhard Ott**
98	*2022 Grüner Veltliner Ried Stein Engabrunn Kamptal DAC 1 ÖTW* · **Weingut Bernhard Ott**
97	*2022 Grüner Veltliner Ried Spiegel Wagram DAC 1 ÖTW* · **Weingut Bernhard Ott**
96	*2022 Roter Veltliner Ried Steinberg Privat Wagram DAC 1 ÖTW* · **Josef Fritz**
96	*2020 Roter Veltliner Ried Steinberg Privat Wagram DAC 1 ÖTW* · **Josef Fritz**
95	*2021 Roter Veltliner Josef vs. Johannes Wagram DAC* · **Josef Fritz**
95	*2021 Weißburgunder Trockenbeerenauslese* · **Weingut Nimmervoll**
95	*2017 Mathäi Große Reserve Brut Nature g.U. Wien* · **Stift Klosterneuburg**
94+	*2022 Chardonnay Trockenbeerenauslese* · **Gerhard Ehn**
94+	*2022 Roter Veltliner Ried Berg Eisenhut 1 ÖTW* · **Familie Schuster**
94+	*2021 St. Laurent Reserve Ried Stiftsbreite Tattendorf* · **Stift Klosterneuburg**
94	*2021 Grüner Veltliner Gehnius Große Reserve Wagram DAC* · **Gerhard Ehn**
94	*2022 Roter Veltliner Ried Steinberg Reserve Wagram DAC* · **Harald Ernst**
94	*2022 Grüner Veltliner Ried Brunnthal Wagram DAC 1 ÖTW* · **Franz Leth**
94	*2022 Roter Veltliner Ried Scheiben Wagram DAC 1 ÖTW* · **Franz Leth**
94	*2021 Beerenauslese Sweet Elli* · **Weingut Preisinger-Reinberger**
93+	*2021 Grüner Veltliner Ried Goldberg Wagram Reserve* · **Weingut Wolfgang Benedikt**
93+	*2022 Grüner Veltliner Ried Fumberg Privat Wagram DAC* · **Weingut Blauensteiner**
93+	*2023 Riesling Ried Steinberg Selektion* · **Harald Ernst**
93+	*2013 Roter Veltliner Wision Ried Scheiben* · **Weingut Kolkmann**
93+	*2023 Grüner Veltliner Löss IV Ried Brunnthal Wagram DAC* · **Franz Sauerstingl**
93+	*2023 Roter Veltliner Ried Gösinger Mittersteig Wagram DAC* · **Gerald Waltner**
93	*2020 Quercus No. 2* · **Andreas Alt**
93	*2022 Roter Veltliner Ried Hinterberg Wagram DAC* · **Familie Bauer**

Wagram

Andreas Alt

Seit der Übernahme des elterlichen Weinguts konzentriert sich Andreas Alt auf seinen persönlichen Stil, der sich in typischen fruchtigen Weißweinen mit klarem regionalen Herkunftscharakter zeigt. Aber auch die roten Sorten haben einen hohen Stellenwert. Das spiegelt sich einerseits in einem klassischen Zweigelt und andererseits in den internationalen Sorten Merlot, Syrah, Pinot noir und Cabernet Franc wider. Sie reifen zwölf bis 36 Monate im Barrique, um sie für eine lange Lagerung vorzubereiten.

93 2020 Quercus No. 2 14 %, €€
(ZW/ME/SY) Kräftiger Farbkern, nuanciertes Bukett, Heidelbeere, Cassis, Kirsche, leicht röstige Noten, Kakao, gehaltvoll, balanciert am Gaumen, engmaschiger Gerbstoff im Finish, Brombeere und Nougat im Nachhall.

92+ 2022 Grüner Veltliner Ried Eisenhut 14 %, €€
Jugendliche Farbe, vielschichtiges Bukett, kandierte Orange, Physalis, Gewürznelke, körperreich, balancierte Textur, pikanter Abgang, fruchtiger Schmelz im Nachhall.

92 2019 Zweigelt Reserve 14 %, €€
Kräftiger Farbkern, komplexes Bukett, Herzkirsche, Tabak, leicht rauchige Anklänge, gehaltvoll, balancierte Textur, samtiges Tanninfinish, Bitterschokolade und Kirsch-Weichsel im Nachhall.

91+ 2023 Grüner Veltliner Ried Goldberg 13,5 %, €
Helles Gelb, ausgeprägtes Bukett, gelber Apfel, Nashi-Birne, florale Anklänge, körperreich, harmonische Struktur, pikantes Finish, langer Nachhall.

90+ 2023 Gelber Muskateller 13 %, €
Helle Farbe, ausgeprägte Nase, florale Noten, exotische Frucht, Anklänge von Holunderblüte, stoffig, lebendiger Trinkfluss, CO_2-geprägt, fruchtiges Finish, gute Länge.

90 2023 Roter Veltliner Wagram DAC 12,5 %, €
Helle Farbe, einladendes Fruchtspiel, Birne, Nektarine, roter Apfel, Zimt, stoffig, balancierte Textur, fruchtiger Schmelz im Finish.

HISTORISCHER WEIN
92 2015 Pinot Noir Reserve

Foto: privat

Hauptstraße 32
3471 Großriedenthal
T 0664/202 01 53, 02279/72 28
M wagram@weingut-alt.at
www.weingut-alt.at

Öffnungszeiten
nach Vereinbarung
Rebfläche
10 ha
Rebsorten
GV, ZW, RV, RI, PN, CF, ME, SY, GM
Anbau
konventionell
Verschlussarten
NK, DI, DV

Familie Bauer

Foto: Gerald Hoermann

Hauptstraße 68
3471 Großriedenthal
T 02279/72 04
M info@familiebauer.at
www.familiebauer.at

Öffnungszeiten
Sa. 8–18 nach Vereinbarung
Rebfläche
28 ha
Rebsorten
GV, RV, RI, PB, CH, ZW, PN
Anbau
organisch-biologisch
Verschlussarten
NK, DV
Sonstiges
Übernachtungsmöglichkeit

Das Weingut Bauer hat seinen Sitz in Großriedenthal, dort, wo sich Fuchs und Hase Gute Nacht sagen. Im Betrieb nimmt Grüner Veltliner zwar einen großen Teil der Rebflächen ein, doch schon zu Großvaters Zeiten wurde hier Roter Veltliner, die regionaltypische Rebsorte des Wagram, mit eigenen Selektionen beständig weiter veredelt. Besonderes Augenmerk legt das Bio-Weingut auf lebendige und gesunde Böden. Großriedenthal liegt am oberen Kamm des Wagram, wo neben mächtigen Lössformationen auf den Hochebenen auch Schotter- und Sandböden vorkommen. So wurden die Burgundersorten auf einem kalkhaltigen Lössboden ausgepflanzt, und auf sandig-schottrigem Lössboden gedeiht neben Rotem Veltliner auch Riesling. Man experimentiert auch mit PIWI-Sorten wie Donauriesling und Donauveltliner, zudem werden drei verschiedene Natural Wines gekeltert. Auch Beeren- und Trockenbeerenauslesen sowie Eiswein finden sich im Sortiment.

93 2015 Weißburgunder Ried Eisenhut Reserve 13,5 %, €€€
Kräftige Farbe, nuanciertes Bukett, kandierte Aromen, Melone, Mandeln, nussige Würze, körperreich, balancierter Trinkfluss, fruchtig-pikanter Abgang, langer Nachhall, am Punkt.

93 2022 Grüner Veltliner Ried Hinterberg Wagram DAC 13,5 %, €€
Jugendliche Farbe, einladende gelbe Fruchtnoten, Apfel und Nektarine, kandierte Orange, zarte Würze, körperreich, harmonische Struktur, Mandeln und Zesten im Abgang, langer Nachhall, Potenzial.

93 2022 Roter Veltliner Ried Hinterberg Wagram DAC 13,5 %, €€
Jugendliche Farbe, Physalis, Birnenquitte, zarte Holzwürze, körperreicher Wein, fruchtiger Auftakt, harmonische Textur, feines Tannin, Frucht-Karamell im Nachhall, Potenzial.

93 2023 Grüner Veltliner Ried Goldberg Wagram DAC 13 %, €
Jugendliche Farbe, einladende gelbe Steinobstfrucht, Pfirsich, Apfel, Blütenhonig, kräftiger Wein, harmonische Textur, zartes Tannin, fruchtiger Schmelz im Nachhall.

92+ 2022 Riesling Ried Hinterberg Wagram DAC 13 %, €€
Jugendliche Farbe, reife gelbe Frucht, Melone, Nektarine, körperreich, straffe Textur, feiner Gerbstoff, fruchtiger Nachhall.

92 2022 Roter Veltliner Urig 13,5 %, €€€
Bernsteinfarben, nuancierte Fruchtnoten, Mandarine, Pfirsich, kräftiger Wein, dicht und engmaschiger Trinkfluss, markantes Tanninfinish, Zesten und Maroni im Nachhall.

92 2023 Roter Veltliner Terrassen Wagram DAC 12,5 %, €
Helle Farbe, kandierte Birne, Mandeln, Melone, körperreicher Wein, zarter Gerbstoff, Kumquat im Rückaroma.

Wagram

Weingut Bauer Zaussenberg

Auf den sanften Hügeln von Zaussenberg befinden sich vorwiegend Lehm-Löss-Böden – die ideale Voraussetzung für charaktervolle Grüne und Rote Veltliner. Gemeinsam mit ihrem Sohn Florian führen Claudia und Josef Bauer ihr Weingut, das bereits seit 1747 im Besitz der Familie ist. Man fühlt sich in der täglichen Arbeit im Weingarten stark mit der Natur verbunden. Um optimales ökologisches Gleichgewicht in den Weingärten zu erhalten, entschied man sich, auf biologische Wirtschaftsweise umzustellen. Alle Weine ab dem Jahrgang 2021 sind nun biozertifiziert. Für die Familie hat die Qualität des Weins ihren Ursprung im Weingarten. Jede Tätigkeit im Keller kann nur ein Bewahren dessen sein, was die Natur liefert. Man bewirtschaftet 17 Hektar mit einem Mix aus verschiedenen Weißweinsorten, allen voran Grüner und Roter Veltliner. Je nach Erntezeitpunkt zeigen beide Sorten ein differenziertes Aromenspektrum, von leicht fruchtig bis kräftig und ausdrucksstark. Zusätzlich bewirtschaften sie Versuchsflächen mit PIWI-Sorten wie Donauriesling, Donauveltliner und Blütenmuskateller.

Foto: Charly Steiner

Ortsstraße 12
3701 Zaussenberg
T 0664/73 83 20 87
M bauer@zaussenberg.at
www.zaussenberg.at

Öffnungszeiten
nach tel. Vereinbarung
Rebfläche
17 ha
Rebsorten
GV, RV, RI, PB, CH, SB, GM, ZW, BB, MT, Donauriesling
Anbau
organisch-biologisch
Verschlussarten
DI, DV

92+ 2021 Grüner Veltliner Ried Leithen Reserve Wagram DAC 13,5%, €€
Helle Farbe, nuanciertes Bukett, kandierte Orange und Birne, gelber Apfel, zarte Würze, Papaya, gehaltvoll, gut stützende Säure, feiner Gerbstoff, lang anhaltend.

92 2022 Grüner Veltliner Ried Steinberg Wagram DAC 13,5%, €€
Jugendliche Farbe, saftige, reife Frucht, Antipasti-Noten, Feige, Steinobst, körperreich, harmonischer Trinkfluss, zarter Schmelz, langer Nachhall.

92 2022 Roter Veltliner Ried Leithen Wagram DAC 13%, €€
Goldgelb, vielschichtiges Bukett, Marzipan, Haselnuss, gelber Apfel, körperreich, balancierter Textur, fruchtiger Schmelz und Birnenquitte im Abgang, langer Nachhall.

90+ 2023 Grüner Veltliner Ried Himmelreich Wagram DAC 13%, €
Helle Farbe, zartes Fruchtspiel, kandierte Orange, zarte Blütenanklänge, körperreich, balancierte Struktur, fruchtig, leicht süßer Schmelz im Finish.

90+ 2023 Sauvignon Blanc Wagram DAC 13%, €
Helles Gelb, intensive Nase, Brennnessel, zarte Blütenanklänge, Einlegegewürze, harmonische Textur, Grapefruit und Melisse im Finish, gute Länge.

90 2023 Riesling Wagram DAC 13,5%, €
Helles Gelb, dezente Frucht, Limette, Steinobst, Grapefruit, gehaltvoll, harmonischer Trinkfluss, Pfirsich und zarter Schmelz im Abgang.

90 2023 Roter Veltliner Wagram DAC 13,5%, €
Helle Farbe, dezentes Fruchtspiel, kandierte Orange, gelber Apfel, Mandeln, körperreich, balancierte Textur, Quitte im Finish, gute Länge.

Michael Bauer

Michael Bauer übernahm 2017 das Weingut von seinem Vater – seither konnte er viel bewegen und umstrukturieren: Qualität, Herkunft und Zeit wurden nunmehr zu entscheidenden Faktoren. Auch das Thema Nachhaltigkeit ist dem jungen Winzer ein Anliegen. Seine Weine spiegeln die Veränderungen wider: Vom Grüner Veltliner Gebietswein bis hin zum Alte Reben Veltliner soll Herkunft spürbar sein. Er gibt ihnen auch die nötige Zeit, die sie für ihre Entwicklung benötigen. In Zukunft will Michael Bauer seine Weine noch später auf den Markt bringen, damit sie ihr volles Potenzial entfalten können. Als äußeres Zeichen dieser Veränderungen wurde auch das Etikett modernisiert. Es zeigt den Wiedehopf, der in der Region beinahe verschwunden war, jetzt aber wieder heimisch ist. Seit 2019 gibt es auch ein Heurigenlokal.

Mitterstockstall 27
3470 Kirchberg am Wagram
T 0664/531 46 41
M office@weingut-michaelbauer.at
www.weingut-michaelbauer.at

Öffnungszeiten
Mo.–Sa. 10–12, 15–18 nach Vereinbarung
Rebfläche
17 ha
Rebsorten
GV, RI, RV, GM, SB, PB, MT
Anbau
KIP
Verschlussarten
NK, DV
Gastronomie
Heuriger

93 2023 Roter Veltliner Ried Steinberg Wagram DAC 13,5 %, FP, €€
Jugendliche Farbe, komplexes Bukett, Kumquat, Mandel, Haselnuss, Williamsbirne, körperreich, balancierte Textur, feines Tannin im Finish, Birnenquitte im Rückaroma, Potenzial.

92+ 2022 Grüner Veltliner Alte Reben Wagram DAC 13,5 %, €€
Jugendliche Farbe, komplexe Nase, kandierte Orange, Steinobst, Nashi-Birne, Verbene, körperreich, balancierte, straffe Textur, Granny Smith und Physalis im Nachhall, lang anhaltend.

92+ N. V. Roter Veltliner „Vintages" 13,5 %, €€€
(2021, 2022, 2023) Jugendliche Farbe, intensive Nase, kandierte Orange, Nashi-Birne, zart rauchig-röstige Noten, Gewürznelke, gehaltvoll, lebendig, balancierte Textur, fruchtiges Finish, Mandarine und Nektarine im Nachhall.

92 2022 Roter Veltliner Ried Mordthal „M²" Wagram DAC 13,5 %, €€
Jugendliche Farbe, vielschichtiges Bukett, Kumquat, kandierte Orange, Zimt, Grapefruit, körperreich, harmonischer Trinkfluss, fruchtig-pikanter Abgang, lang anhaltend.

92 2023 Grüner Veltliner Ried Schlossberg Wagram DAC 13,5 %, €€
Jugendliche Farbe, intensive Nase, Steinobst, Mandarine, Gewürznelke, weißer Pfeffer, körperreich, balancierte Textur, Birnenquitte und Mandeln im Finish, langer Nachhall.

91+ 2023 Grüner Veltliner Ried Steinberg Wagram DAC 13,5 %, €
Helle Farbe, ausgeprägtes Fruchtspiel, Papaya, Nashi-Birne, gelber Apfel, zarte Würze, körperreich, balancierter Trinkfluss, fruchtig-pikantes Finish, Grapefruit im Nachhall.

Franz Bayer

„Wein ist Leidenschaft in flüssiger Form" ist der Leitspruch von Franz Bayer. Seine Rieden liegen am Fuße des Wagrams und erstrecken sich über 26 Hektar. Die Charakteristik der Lagen und Böden sowie das warme pannonische Klima bieten optimale Bedingungen für hochwertige Weine – die Gebietstypizität seiner Gewächse ist dem Winzer daher auch ein großes Anliegen. Man setzt auf Sortenvielfalt, die weit über die klassischen Rebsorten wie Roter und Grüner Veltliner hinausgeht. Der experimentierfreudige Winzer setzt neue Akzente und vinifiziert auch Muskateller und Burgunder-Variationen wie etwa einen Graubrugunder, der die Charakteristik des Wagrams abbilden soll. Seine Erfahrung und sein Wissen ermöglichen ihm, die Gegebenheiten der Natur bestmöglich zu nutzen.

Kremser Straße 17
3465 Königsbrunn
T 02278/23 45
M fb@weingutfb.at
www.weingutfb.at

Rebfläche
26 ha
Rebsorten
GV, FV, GM, SB, RI, PB, CH, MU, RO, ZW, BB, CS, ME, SL, EW, RM
Anbau
KIP
Verschlussarten
NK, DV
Gastronomie
Vinothek

93 2021 Roter Veltliner Ried Bromberg Wagram DAC 13 %
Jugendliche Farbe, komplexes Bukett, Birnenquitte, Melone, kandierte Orange, Mandeln, körperreich, animierender Trinkfluss, dicht und feines Tannin im Abgang, lang anhaltender fruchtiger Nachhall.

92+ 2023 Roter Veltliner Ried Rainthal Wagram DAC 12,5 %
Jugendliche Farbe, ausgeprägtes, komplexes Bukett, Mandarine, Melone, Zimt, gelber Apfel, körperreich, harmonischer Trinkfluss, feiner Gerbstoff, fruchtig-pikanter Abgang, langer Nachhall.

91+ 2023 Grüner Veltliner Ried Hochrain Wagram DAC 12,5 %
Helle Farbe, nuanciertes Bukett, Steinobst, Verbene, kandierte Noten, körperreich, lebendiger Trinkfluss, pikanter Abgang, zarter Schmelz im Finish.

91 2023 Gelber Muskateller 12,5 %
Jugendliche Farbe, intensive Nase, Zitronenmelisse, zarte Holunderblüte, Kräuter, kandierte Noten, stoffig, lebendiger Trinkfluss, CO_2-geprägt, fruchtig-florales Finish, gute Länge.

91 2023 Riesling 12,5 %
(htr.) Kräftige Farbe, einladende gelbe Aromen, Mango, kandierte Orange und Ananas, stoffiger Wein, balancierte Textur, fein verwobene Restsüße im Abgang, gute Länge.

90 2023 Grüner Veltliner Königsbrunn Wagram DAC 12,5 %
Jugendliche Farbnoten, saftige, reife Fruchtnoten, Melone, Birne und zarte Würze, kräftig, harmonische Textur, fruchtiger Abgang.

90 2023 Roter Muskateller 12,5 %
Jugendliche Farbnoten, einladendes Fruchtspiel, Mandarine, Holunderblüte, stoffig, lebendiger Trinkfluss, fruchtiger Schmelz im Abgang, Maracuja und Zesten im Nachhall.

Weingut Wolfgang Benedikt

Wolfgang Benedikt gehört zur dynamischen und innovativen Winzergeneration am Wagram. Gemeinsam mit seiner Frau Kristina führt er einen Traditionsbetrieb mit modernem Weinverständnis. In den letzten Jahren wurde das Weingut stetig weiterentwickelt und den Anforderungen des nachhaltigen Qualitätsweinbaus angepasst. In den Weingärten des Betriebs wurde zunehmend der Weg einer boden- und pflanzenschonenden Bewirtschaftung mit biologischer Ausrichtung eingeschlagen. Das Portfolio des „Wagramer Selektion"-Winzers reicht von unkomplizierten, sauber ausgebauten Klassikweinen bis zu vollmundigen Lagen- und Reserveweinen mit großem Lagerpotenzial. Wichtigste Rebsorte dabei ist der Grüne Veltliner.

Foto: Weingut Benedikt

Mallon 26
3470 Kirchberg am Wagram
T 0676/636 24 90, 02279/24 75
M office@benedikt.cc
www.benedikt.cc

Öffnungszeiten
nach tel. Vereinbarung
Rebfläche
10 ha + 10 ha Traubenzukauf
Rebsorten
GV, GM, FV, CH, RR, ZW, ME, RV
Anbau
KIP, konventionell
Verschlussart
DV

93+ 2021 Grüner Veltliner Ried Goldberg Wagram Reserve 14 %, €€
Jugendliche Farbe, vielschichtige Aromen, Zesten, Kumquat, Limette, feine Würze, gehaltvoll, gut stützende Säure, pikanter Gerbstoff im Finish, fruchtiger, lang anhaltender Nachhall.

93 2023 Grüner Veltliner Ried Goldberg Wagram DAC 14 %, €€
Jugendliche Farbnoten, vielschichtiges Bukett, Physalis, Melone, kandierte Noten, Gewürznelke, körperreich, harmonische Struktur, Antipasti-Anklänge und nussige Würze im Finish, zarter Schmelz.

92 2023 Roter Veltliner Wagram DAC 13 %, €
Helle Farbe, saftige gelbe Frucht in der Nase, Honigmelone, Steinobst, Mandeln, körperreich, balancierter Trinkfluss, zartes Tannin und fruchtiger Abgang, Kumquat und Karamell im Nachhall.

91+ 2023 Grüner Veltliner Ried Schafflerberg Wagram DAC 13,5 %, €
Jugendliche Farbe, kandierte Orange, Mandeln, gelber Apfel, körperreich, balancierte Textur, zarter Gerbstoff und fruchtsüßer Schmelz im Finish.

91+ 2023 Riesling Ried Kirchensteig Wagram DAC 13,5 %, €
Helle Farbe, kandierte Aromen, Orange, Ananas und gelber Pfirsich, opulenter Wein, weiche Textur, fruchtsüßer Schmelz im Abgang, Marillenkompott im Nachhall.

91 2023 Grüner Veltliner Ried Scheiben Wagram DAC 13 %, €
Helle Farbe, einladende Frucht in der Nase, Mandarine, Pfirsich, kandierte Birne und Mandeln, saftiger Wein, lebendiger Trinkfluss, fruchtiger Schmelz im Abgang.

90 2023 Gelber Muskateller Wagram DAC 12,5 %, €
Helle Farbe, zart florales Bukett, Steinobst, saftiger Wein, weiche Textur, fruchtiger Schmelz im Abgang.

Wagram

Weingut Blauensteiner

Foto: Nikolaus Korab

Obere Zeile 12
3482 Gösing am Wagram
T 0664/923 30 96, 02738/21 16
M weingut@blauensteiner.com
www.blauensteiner.com

Öffnungszeiten
nach Vereinbarung
Rebfläche
8,5 ha
Rebsorten
GV, CH, SB, RI, ZW, GM, RV
Anbau
nachhaltig
Verschlussart
DV

Mit Christoph Blauensteiner hat bereits die nächste Generation das Weingut übernommen. Nach Beendigung seiner Fachausbildung und Praktika bei renommierten Winzern wird er sich nun ausschließlich um den Weinbau kümmern. Er führt fort, was sein Vater Leopold erfolgreich aufgebaut hat, will aber auch einige neue Ideen und Vorstellungen verwirklichen. So reifen bereits ein spontan vergorener Grüner Veltliner und ein im Barrique ausgebauter Chardonnay im Keller. Das Sortenspektrum soll sich nicht ändern, nach wie vor spielt Grüner Veltliner die Hauptrolle im Betrieb, findet die heimische Rebsorte doch auf den Lössböden des Wagrams beste Bedingungen vor.

93+ 2022 Grüner Veltliner Ried Fumberg Privat Wagram DAC 14,5%, €€
Jugendliche Farbe, komplexes Bukett, kandierte Orange, gelber Pfirsich, nussige Würze, Grapefruit, gehaltvoller Wein, dicht und harmonische Textur, zarter Schmelz und Mandeln im Nachhall, Honigmelone im Rückaroma.

92 2023 Grüner Veltliner Ried Fumberg Wagram DAC 14%, €€
Jugendliche Farbe, ausgeprägte Aromen, grüner Apfel, Melisse, Mandarine, Zesten, körperreich, balancierte Textur, fruchtig-pikantes Finish, Birnenquitte im Nachhall.

92 2023 Roter Veltliner Ried Fumberg Wagram DAC 13,5%, €€
Jugendliche Farbnoten, intensives Bukett, Papaya, Mandeln, rosa Grapefruit, zarte Würze, körperreich, harmonische Textur, pikanter Gerbstoff, Birnenquitte im Finish, gute Länge.

91+ 2023 Grüner Veltliner Ried Essenthal Wagram DAC 13%, €€
Helle Farbe, fruchtgeprägtes Bukett, Mandarine, Kumquat, Steinobst, Gewürznelke, kräftiger Wein, lebendige Textur, fruchtiges Finish, langer Nachhall.

91 2023 Chardonnay Ferrara Wagram DAC 13,5%, €€
Jugendliche Farbe, fruchtig-würzige Aromen in der Nase, Grapefruit, Mandarine, grüne Banane, körperreich, balancierte Textur, zarter Schmelz im Abgang, gute Länge.

91 2023 Orange Yellow 12,5%, €€
(GM) Orange Farbe, ausgeprägtes Bukett, Maracuja, Apfelmost, stoffiger Wein, lebendiges Frucht-Säure-Spiel, pikantes, fruchtiges Finish, Quitte im Nachhall.

Karl Ecker

Der Familienbetrieb bewirtschaftet knapp acht Hektar Rebflächen, die vorwiegend mit Grünem Veltliner, aber auch Riesling, Chardonnay und Gelbem Muskateller bepflanzt sind. Zweigelt wird als einzige Rotweinrebsorte kultiviert und klassisch ausgebaut. Karl Ecker versucht mit viel Engagement, seinen Weinen einen unverkennbaren Stil zu verleihen, der von den einzigartigen Böden und dem Kleinklima des Wagram geprägt ist.

93 2023 Grüner Veltliner Ried Mordthal Wagram DAC 13,5 %, €€
Jugendliche Farbnoten, gelbes Steinobst, Mandeln, Nashi-Birne, nussige Würze, körperreich, lebendiger Trinkfluss, pikanter Gerbstoff, zarter Schmelz im Abgang, langer Nachhall, Apfelquitte im Rückaroma.

93 2023 Roter Veltliner Ried Schlossberg Wagram DAC 13 %, €
Helle Farbnoten, intensives Bukett, Weingartenpfirsich, Mandeln, Sternanis, Kumquat, körperreich, dicht und lebendige Textur, feiner Gerbstoff, zarter Fruchtschmelz im Finish, langer Nachhall, Potenzial.

92+ 2022 Grüner Veltliner Ried Mordthal Wagram DAC 14,5 %, €€
Jugendliche Farbe, vielschichtiges Bukett, kandierte Orange und Birne, Mandeln, Antipasti-Noten, körperreich, straff, gut stützende Säure, feines Tannin und Frucht im Finish, lang anhaltend.

92 2023 Grüner Veltliner Ried Rainthal Wagram DAC 13 %, €
Jugendliche Farbe, intensive Aromatik, Physalis, kandierte Noten, Nashi-Birne, zarte Würze, körperreich, balancierte Textur, feines Tannin, pikanter Nachhall, gute Länge.

91 2023 Grüner Veltliner Ried Schlossberg Wagram DAC 12,5 %, €
Helle Farbe, zart fruchtig, Grapefruit, kandierte Orange, saftiger Wein, grüner Apfel und Quitte im Nachhall.

Ringgasse 3
3465 Unterstockstall
T 0650/373 42 11, 02279/23 20
M winzerhof-ecker@aon.at
www.winzerhof-ecker.com

Rebfläche
8 ha
Rebsorten
GV, FV, CH, RI, GM, ZW
Anbau
KIP
Verschlussart
DV
Gastronomie
Heuriger

Gerhard Ehn

Foto: Ehn Gerhard

Kapellenberg 47
3470 Engelmannsbrunn
T 0664/195 11 63, 02279/273 77
M office@weinhofehn.at
www.weinhofehn.at

Öffnungszeiten
nach Vereinbarung
Rebfläche
10 ha
Rebsorten
GV, PB, CH, RR, FV, ZW, RV
Anbau
KIP
Verschlussart
DV

Der Wagram mit seinen Lössböden und dem einzigartigen Klima bietet für Gerhard Ehn ideale Bedingungen, um hochwertige Weine zu produzieren. 2003 hat er den Familienbetrieb übernommen und ihn Schritt für Schritt modernisiert. Der Winzer setzt auf ein breites Sortenspektrum, wobei Grüner Veltliner den Schwerpunkt bildet. Das Flaggschiff des Hauses, „Gehnius – Große Reserve", wird nur in besonders guten Jahrgängen abgefüllt. Bei der Vinifizierung setzt Gerhard Ehn auf bewährte Methoden, kombiniert mit moderner Kellereitechnologie, um fruchtbetonte, vielschichtige Weine mit hohem Lagerpotenzial zu produzieren. Die Pflege der Weingärten erfolgt vorwiegend per Hand, so sollen hervorragende Qualitäten entstehen.

94+ 2022 Chardonnay Trockenbeerenauslese 7 %, €€€
Kräftige goldgelbe Farbe, Blütenhonig, Mango, kandierte Orange und Birne, stoffige TBA, lebendige Textur, gut stützende Säure, massive, gute verwobene Restsüße, Frucht und Karamell im Abgang, Maracuja im Rückaroma.

94 2021 Grüner Veltliner Gehnius Große Reserve Wagram DAC 13,5 %, €€
Jugendliche Farbnoten, komplexes Bukett, Physalis, Honig-Ingwer, nussige Würze, körperreich, dicht und straffe Struktur, pikanter Gerbstoff, zarter Schmelz im Finish, Zesten im Nachhall, Potenzial.

92+ 2023 Grüner Veltliner Ried Mordthal Wagram DAC 13,5 %, €€
Jugendliche Farbe, einladende gelbe Frucht, Melone, Papaya, Antipasti-Noten, körperreich, harmonische Struktur, zartes Tannin, kandierte Orange und Mandeln im Rückaroma.

92 2023 Grüner Veltliner Ried Hochrain Wagram DAC 12,5 %, €
Helle Farbe, komplexes Bukett, Zesten, Kumquat, Gewürznelke, kräftiger Wein, lebendige Textur, pikantes Tannin und fruchtiger, langer Nachhall.

92 2023 Grüner Veltliner Ried Satz Wagram DAC 13 %, €
Jugendliche Farbe, ausgeprägte Fruchtnoten, roter Apfel, Nashi-Birne, Mandarine, Steinobst, kräftiger Wein, lebendige Struktur, zartes Tannin, pikanter Abgang, langer Nachhall.

92 2023 Roter Veltliner Ried Bromberg Wagram DAC 13,5 %, €€
Jugendliche Farbe, einladendes Bukett, Kumquat, Mandeln, nussige Würze, körperreich, balancierte Textur, pikantes Finish, zart fruchtiger Schmelz im Abgang.

Wagram

Harald Ernst

Großwiesendorf 34
3701 Großweikersdorf
T 0664/177 13 38, 02955/703 25
M weingut.ernst@aon.at
www.weingut-ernst.at

Öffnungszeiten
nach Vereinbarung
Rebfläche
14 ha
Rebsorten
GV, RI, SB, GM, RV, PB, FV
Anbau
KIP
Verschlussart
DV

Alte Hauertradition in Verbindung mit moderner Kellertechnologie ist für den Familienbetrieb der Schlüssel zu qualitativ hochwertigen Weinen. Das Liebkind von Harald Ernst ist der Grüne Veltliner, der in verschiedenen Ausbaustufen vinifiziert wird. Dank der für die Region so typischen Lössböden verfügen die Weine über genügend Extrakt und somit Lagerpotenzial. Auf naturnahe Bewirtschaftung wird großer Wert gelegt: Als sein größtes Kapital betrachtet der Winzer den Boden, den er auch für die nächsten Generationen gesund und vital erhalten will. Artenvielfalt in der Pflanzen- und Tierwelt und intakte Bodenorganismen sind ihm ein großes Anliegen. Daher wird versucht, mit verschiedenen Pflanzen und Kräutern Leben in die Weingärten zu bringen.

94 2022 Roter Veltliner Ried Steinberg Reserve Wagram DAC 13%, €€
Jugendliche Farbe, ausgeprägte, vielschichtige Aromatik, Williamsbirne, Mandeln, gelber Apfel, Nektarine, körperreich, dicht und engmaschige Textur, feines Tannin, langer Nachhall, Birnenquitte im Rückaroma, Potenzial.

93+ 2022 Grüner Veltliner Ried Steinberg Reserve Wagram DAC 13,5%, €€
Jugendliche Farbe, vielschichtiges Bukett, Antipasti-Noten, Papaya, kandierte Birne, Gewürznelke, körperreich, harmonischer Trinkfluss, fruchtiger Schmelz und Kumquat im Finish, lang anhaltend, Potenzial.

93+ 2023 Riesling Ried Steinberg Selektion 13,5%, €€
Jugendliche Farbe, intensive, komplexe Aromatik, Nektarine, Passionsfrucht, kandierte Ananas, gehaltvoll, lebendige Struktur, Physalis und zarter Schmelz im Abgang, lang anhaltend.

93+ 2023 Roter Veltliner Ried Steinberg Wagram DAC 14%, €€
Jugendliche Farbe, komplexe Nase, kandierte Orange, Mango, Marzipan, Mandeln, gehaltvoll, harmonische Textur, feiner Gerbstoff und fruchtiges Finish, zarter Schmelz im Nachhall, Potenzial.

93 2023 Riesling Ried Steinberg Wagram DAC 13%, €
Helle Farbe, jugendliche Fruchtnoten, Mandarine, Marille, kräftig, gut stützende Säure, Pfirsich und Zesten im Abgang, langer Nachhall, feiner Schmelz.

92+ 2022 Weißburgunder Reserve 13,5%, €€
Jugendliche Farbe, ausgeprägtes Bukett, Nashi-Birne, Mandeln, Grapefruit, harmonische Struktur, pikanter Gerbstoff, Melone und zarter Schmelz im Abgang.

92+ 2023 Grüner Veltliner Großwiesendorf Reserve Wagram DAC 13,5%, €
Jugendliche Farbnoten, einladende Frucht, gelber Apfel, kandierte Orange, Mandeln, körperreich, balancierte Textur, pikantes Finish, fruchtiger Schmelz im Nachhall, gute Länge.

Wagram

Josef Fritz

Das traditionelle Weingut ist durchaus auch gegenüber modernen Einflüssen aufgeschlossen. Mit großem Wissen vereint Josef Fritz Altbewährtes mit neuen Technologien. Gleichzeitig versucht der Winzer, möglichst naturnah zu arbeiten und systemische Mittel so selten wie möglich einzusetzen. Auf 15 Hektar Fläche wachsen 80 Prozent Weißweinreben, wobei die große Liebe von Josef Fritz der Rote Veltliner ist. Er baut drei verschiedene Varianten der inzwischen seltenen Weißweinsorte aus. Durch rigorose Selektion im Weingarten sowie schonende Lese und Verarbeitung im Weinkeller gelingen jedes Jahr charaktervolle und hochwertige Weine. Seit 2020 ist der Betrieb Mitglied bei den Österreichischen Traditionsweingütern.

Foto: Anna Stöcher

Ortsstraße 3
3701 Zaussenberg
T 02278/25 15
M office@weingut-fritz.at
www.weingut-fritz.at

Öffnungszeiten
nach Vereinbarung
Rebfläche
15 ha
Rebsorten
GV, RV, RI, TR, CH, SL, PB, ZW, PN
Anbau
KIP, konventionell, nachhaltig
Verschlussarten
NK, DV
Gastronomie
Restaurant „Himmelreich"

96 2020 Roter Veltliner Ried Steinberg Privat Wagram DAC 1 ÖTW 14 %, €€€
Jugendliche Farbe, komplexes Bukett, kandierte Orange, Honigmelone, Nashi-Birne, Kumquat, gehaltvoll, balancierte Struktur, pikanter Gerbstoff im Abgang, Mandeln und Zesten im Nachhall.

96 2022 Roter Veltliner Ried Steinberg Privat Wagram DAC 1 ÖTW 13 %, €€€
Jugendliche Farbe, vielschichtiges Bukett, Papaya, kandierte Birne, Honigmelone, gelbe Nektarine, körperreich, engmaschige Struktur, feinstes Tannin, Physalis und rosa Grapefruit im Nachhall, Potenzial.

95 2021 Roter Veltliner Josef vs. Johannes Wagram DAC 13 %, €€€
Kräftige Farbe, Nashi-Birne, Zesten, Grapefruit, feine Würze, körperreicher Wein, markantes Frucht-Säure-Spiel, pikanter Gerbstoff, langer Nachhall, Kumquat und Limette im Rückaroma.

94+ 2022 Roter Veltliner Ried Mordthal Wagram DAC 1 ÖTW 13 %, €€€
Helle Farbe, komplexe Aromatik, Quitte, Mandeln, kandierte Orange, körperreich, dicht, harmonische Textur, feines Tannin, Physalis im Rückaroma.

93 2022 Chardonnay Große Reserve Wagram DAC 13 %, €€
Jugendliche Farbe, ausgeprägtes Bukett, Grapefruit, kandierte Orange, feine Holzwürze, körperreich, gut stützende Säure, feiner Gerbstoff, Quitte im Nachhall, gute Länge.

93 2022 Riesling Ried Schafberg Wagram DAC 12,5 %, €€€
Jugendliche Farbe, nuanciertes Steinobstaroma, Limette, Melisse, kandierte Noten, kräftiger Wein, lebendiger Trinkfluss, fruchtig-präziser Abgang, gute Länge.

93 2023 Roter Veltliner Ried Steinberg Wagram DAC 13 %, €€
Helle Farbe, einladendes Fruchtspiel, Pfirsich, Nashi-Birne, Melone, kräftiger Wein, lebendiger Trinkfluss, fruchtiger Schmelz im Abgang, gute Länge.

Rainer Gerhold

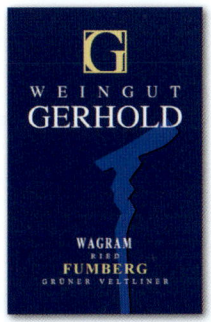

Das Weinörtchen Gösing befindet sich in einer Höhenlage am Wagram und grenzt im Norden ans Weinviertel und im Westen ans Kamptal. Die nach Süden und Südosten ausgerichteten Weingärten und der kühle Einfluss vom Norden sorgen für Frucht und Finesse. Die Lagen des Betriebs, Goldberg, Mittersteig, Zeisleiten und Fumberg, befinden sich rund um das Weingut und sind mit Grünem und Rotem Veltliner, Weißburgunder, Riesling und etwas Sylvaner bepflanzt. Aber auch die roten Sorten Zweigelt und Sankt Laurent werden angebaut. Sie alle finden auf dem typischen Wagramer Löss optimale Bedingungen, wobei Grüner Veltliner das Sortiment dominiert. Vom unkomplizierten Trinkgenuss bis zu komplexen Gewächsen wie „Fumberg" und „Mittersteig" ist alles dabei.

Foto: cicero.at

Untere Zeile 17
3482 Gösing am Wagram
T 02738/22 41
M info@gerhold.cc
www.gerhold.cc

Öffnungszeiten
Mo.–Sa. 8–18 nach Vereinbarung
Rebfläche
11,5 ha
Rebsorten
GV, RV, PB, RI, GS, ZW, SY, SL
Anbau
KIP
Verschlussart
DV

93 2023 Grüner Veltliner Ried Mittersteig Wagram DAC 14 %, €
Jugendliche Farbe, ausgeprägtes Bukett, Kumquat, Marzipan, Nashi-Birne, gehaltvoll, harmonischer Trinkfluss, engmaschige Struktur, fruchtig-pikanter Abgang, gute Länge.

92 2023 Grüner Veltliner Ried Fumberg Wagram DAC 13,5 %, €
Jugendliche Farbe, ausgeprägte Nase, Kumquat, Verbene, Gewürznelke, gehaltvoll, harmonische Textur, pikanter Gerbstoff, Zesten im Rückaroma.

92 2023 Riesling Ried Fumberg Wagram DAC 12,5 %, €
Helle Farbe, dezentes Fruchtspiel, Pfirsich, Nektarine, körperreich, fruchtig unterlegter Trinkfluss, zarter Schmelz im Finish, gute Länge.

92 2023 Roter Veltliner Ried Goldberg Wagram DAC 13 %, €
Helle Farbe, nuanciertes Bukett, Mandeln, Zesten, Kumquat, körperreich, gut stützende Säure, lebendiger Trinkfluss, fruchtiger Abgang.

91 2023 Grüner Sylvaner 13,5 %, €
Helle Farbe, jugendliches Bukett, gelber Apfel, florale Anklänge, Verbene, gehaltvoll, harmonische Textur, fruchtiger Schmelz im Abgang.

90+ 2023 Grüner Veltliner Ried Zeisleiten Wagram DAC 13 %, €
Helle Farbe, kandierte Frucht, Nashi-Birne, zarte Würze, körperreich, weiche Textur, fruchtiger Schmelz im Abgang.

90 2023 Weißburgunder Gösing Wagram DAC 14 %, €
Helle Farbe, zart fruchtiges Bukett, Apfel, Pfirsich, Mandarine, opulenter Wein, weiche Textur, fruchtiger Schmelz im Abgang.

Wagram

Weingut Greil

Das Weingut wird seit 1778 als Familienbetrieb geführt. Früher gehörte der Zehenthof zum Kloster St. Andrä an der Traisen, dessen Mönche das Anwesen im Mittelalter begründeten. Drei Terrakottastatuen, die Göttinnen für Obst- und Weinbau sowie Landwirtschaft, kamen aus der Toskana nach Unterstockstall. Eine davon ziert heute das Weinetikett der Familie Greil. Norbert Greil, der 2003 das Weingut von seinen Eltern übernommen hat, ist überzeugt, dass der Wein im Weingarten entsteht. Er ist daher bestrebt, die natürlichen Ressourcen optimal zu nutzen. Der Winzer will seine Weine lediglich so gut wie möglich auf ihrem Weg begleiten, so wenig wie möglich eingreifen und ihnen die Zeit lassen, die sie für ihre Reifung brauchen – mit dem Ziel, authentische und vielschichtige Gewächse zu produzieren.

Alte Weinstraße 4
3465 Unterstockstall
T 02279/21 39
M office@weingut-greil.at
www.weingut-greil.at

Öffnungszeiten
Mo.–Fr. 8–12, 13–16, Sa. 13–16
Rebfläche
8 ha
Rebsorten
GV, FV, PB, TR, RI, CH, GM, MT, ZW, BB, PN
Anbau
konventionell
Verschlussarten
NK, DV

92 2019 Rendezvous 13,5 %, €€
(ZW/PN) Rubinrote Farbe, leicht gereifter Rand, nuanciertes Bukett, Kirsche, zarte Würze, Bitterschokolade, Pflaume, körperreich, balancierte Textur, feiner Gerbstoff im Abgang, fruchtiger Nachhall.

91+ 2023 Grüner Veltliner Ried Steinthal Wagram DAC 13 %, €
Helle Farbe, zartes Bukett, kandierte Noten, reifer Apfel, Verbene, kräftiger Wein, lebendiger Trinkfluss, Grapefruit und Birne im Abgang.

91+ 2023 Terra Chardonnay 14 %, €
Helle Farbe, ausgeprägte Aromen, Melone, kandierte Orange, Banane, körperreich, harmonischer Trinkfluss, zarter Schmelz im Abgang, gute Länge.

90 2023 Terra Weißburgunder 14,5 %, €
Blassgelbe Farbe, gelber Apfel, Mandeln, kandierte Orange, opulenter Wein im Auftakt, weiche Textur, kandierte Orange und Birne im Abgang, leicht CO_2 spürbar, mittlere Balance.

89+ 2023 Gelber Muskateller 12,5 %, €
Blassgelb, jugendlich, intensive Nase, Holunderblüte, Limette, stoffig, lebendige Struktur, CO_2-geprägt, zarter Fruchtschmelz im Abgang.

HISTORISCHER WEIN

91+ 2018 Grüner Veltliner Terra Aurie

Weinhof Grill, Gudrun Grill-Gnauer

Der Weinhof Grill beschäftigt sich intensiv mit Grünem Veltliner, der am Wagram hervorragende Voraussetzungen findet. Die Palette reicht von leicht fruchtigen bis zum kräftigen und gereiften Wein. Besonderes Augenmerk legt die Winzerin Gudrun Grill-Gnauer auf die alte Rebsorte Roter Veltliner. Aber auch Riesling findet auf den tiefgründigen Lössböden gute Bedingungen, um ein ausgeprägtes Aroma und ausgewogene Säure zu entwickeln. Weißburgunder und Chardonnay sind Grundlage der Cuvée Emilia. Das Ziel der Winzerin ist, Weine zu erzeugen, die einfach und unkompliziert zu trinken sind und Spaß bereiten; aber auch Gewächse zu kreieren, die Kraft und Struktur besitzen und für eine lange Lagerung geeignet sind.

93 2022 Grüner Veltliner Runa Wagram DAC 13,5 %, €€
Kräftige Farbe, kandierte Orange, Mandeln und zart Karamell, Mango, gehaltvoll, balancierte Textur, feines Tannin, fruchtiger Schmelz im Abgang, langer Nachhall, Physalis im Rückaroma.

92+ 2023 Grüner Veltliner Ried Scheiben Selektion Wagram DAC 13 %, €
Jugendliche Farbe, vielschichtige Aromatik, Honig-Ingwer-Noten, gelbfruchtige Anklänge, Mandeln, körperreich, balancierte Textur, feiner pikanter Abgang, fruchtiger Nachhall, zarter Schmelz, gute Länge.

92 2022 Roter Veltliner Ried Fumberg Wagram DAC 13 %, €€
Jugendliche Farbe, Mandeln, Nougat, Birne, Zesten, körperreich, lebendige Textur, fruchtiger Schmelz im Abgang, gute Länge.

92 2023 Riesling Ried Wora Wagram DAC 13 %, €
Helle Farbe, ausgeprägte Steinobst-Noten, Marille, gelbe Nektarine, kandierte Orange, stoffig, balancierte Struktur, fruchtiger Schmelz im Abgang, gute Länge.

91+ 2023 Grüner Veltliner Ried Scheiben Wagram DAC 13 %, €
Helle Farbe, einladendes Fruchtspiel, Melone, kandierte Orange, Kumquat, zarte Würze, kräftig, harmonische Struktur, fruchtiger Schmelz im Abgang, gute Länge.

91 2023 Roter Veltliner Wagram DAC 13 %, €
Jugendliche Farbe, kandierte Mandeln und Orange, Nashi-Birne, stoffig, harmonische Textur, zartes Tannin, Zesten im Rückaroma.

Foto: Gudrun Grill-Gnauer

Untere Marktstraße 19
3481 Fels am Wagram
T 02738/22 39
M gudrun.grill@aon.at
www.weinhof-grill.com

Öffnungszeiten
nach Vereinbarung
Rebfläche
12 ha
Rebsorten
GV, RV, PB, RI, ZW
Anbau
KIP, organisch-biologisch
Verschlussart
DV

Bioweingut Groiß

Foto: Astrid Bartl

Kleinwiesendorf 24
3701 Großweikersdorf
T 02955/702 34
M office@weingutgroiss.at
www.weingutgroiss.at

Öffnungszeiten
nach tel. Vereinbarung
Rebfläche
18 ha
Flaschenanzahl
70.000
Rebsorten
GV, RI, GM, MT, ZW, CS, CH, RV, ME
Anbau
organisch-biologisch
Verschlussart
DV

Karin und Herbert Groiß bewirtschaften seit vielen Jahren ihre Weingärten biologisch, seit 2019 sind sie zertifiziert. Wein zu machen ist für sie nicht nur ein Beruf, sondern eine Lebenseinstellung. Das Winzerpaar arbeitet eng mit der Natur und passt sich bei seiner Arbeit ihren Vorgaben und Zyklen an. Man unterstützt die natürlichen Kräfte, um die Reben stark und gesund zu halten. Immer mit dem Bestreben, ein Gleichgewicht zwischen Tradition und Innovation zu finden. Grüner Veltliner ist die meistangebaute Rebsorte des Weinguts, aber auch Roter Veltliner und andere weiße und rote Sorten werden zu charakteristischen Gewächsen vinifiziert. Die Verbundenheit mit der Natur zeigt sich auch auf den Flaschenetiketten mit Tier- und Pflanzenmotiven.

93 **2021 Grüner Veltliner Alte Reben Wagram DAC 13 %, €**
Jugendliche Farbe, kandierte Birne, Mandeln und nussige Würze, Verbene, körperreich, dicht und lebendiger Trinkfluss, engmaschiger Gerbstoff, Kumquat im Finish, lang anhaltend.

92+ **2023 Grüner Veltliner Ried Steinberg Wagram DAC 14 %, €**
Helle Farbe, vielschichtige Nase, kandierte Aromen, Mandeln und Orange, Papaya, opulenter Wein, cremige Textur, animierender Trinkfluss, pikantes Finish, Kumquat im Rückaroma, gute Länge.

92+ **2023 Roter Veltliner Wagram DAC 13,5 %, €**
Helle Farbe, ausgeprägtes Bukett, Nashi-Birne, Mandeln, Nektarine, Papaya, körperreich, balancierte Textur, fruchtiges, reifes Finish, langer Nachhall.

91+ **2023 Gemischter Satz Wagram DAC 13 %, €**
Helle Farbe, jugendliches Fruchtspiel, Mandarine, Grapefruit, zart würzig, kräftig, lebendige Textur, fruchtig-pikantes Finish, langer Nachhall.

91+ **2023 Riesling Wagram DAC 12,5 %, €**
Blassgelbe Farbe, kandierte Steinobst-Noten, Mandarine, Limette, stoffig, lebendiger Trinkfluss, fruchtiger Schmelz und zarter Pfirsich im Nachhall.

91 **2023 Chardonnay Wagram DAC 14 %, €**
Jugendliche Farbe, Grapefruit, kandierter Apfel und Orange, gehaltvoll, dicht und cremiger Trinkfluss, feiner Gerbstoff und gelbe Fruchtnoten im Abgang, zarter Schmelz.

90 **2023 Grüner Veltliner Classic Wagram DAC 12,5 %, €**
Jugendliche Farbe, dezentes Bukett, Apfel-Zitrus-Noten, zart würzig, stoffig, lebendige Textur, fruchtig-pikanter Abgang.

Weingut Kolkmann

Gerhard und Horst Kolkmann sind ein eingespieltes Team, und mit Horst Kolkmann junior haben sie nunmehr tatkräftige Verstärkung: Gemeinsam gelingt es ihnen, Jahr für Jahr qualitativ hochwertige Weine zu produzieren. Die 60 Hektar Weingärten in den besten Lagen rund um Fels am Wagram werden inzwischen biologisch bewirtschaftet. Auch wenn die Herzen der Winzer für den Grünen und Roten Veltliner schlagen, hegt man auch große Liebe für alle anderen Sorten und pflegt sie mit derselben Sorgfalt. Die Weine sollen regionstypisch und abseits internationaler Stilistik und Geschmackstrends sein. Vielmehr möchte man authentische und bodenständige Gewächse schaffen, die aus heimischen Rebsorten vinifiziert werden und vom Wagramer Terroir geprägt sind. Mit dem Jahrgang 2022 sind alle Weine von Horst Kolkmann junior auch biozertifiziert.

Foto: KERMER

Kremser Straße 53
3481 Fels am Wagram
T 02738/24 36
M office@kolkmann.at
www.kolkmann.at

Öffnungszeiten
Mo.–Sa. 9–17
(So. Ru., Fei. siehe Website)
Rebfläche
60 ha
Rebsorten
GV, RI, RV, PB, SÄ, CH, SB, MT, FV, ZW, CS, PN, GM, RO
Anbau
KIP, organisch-biologisch, nachhaltig
Verschlussarten
NK, DV
Sonstiges
Degustationsgebäude

93+ 2013 Roter Veltliner Wision Ried Scheiben 13,5 %, €€€
Goldgelb, einladendes Bukett, reife Fruchtnoten, Nashi-Birne, kandierte Mandeln und Banane, Grapefruit, körperreich, dicht, balanciertes Frucht-Säure-Spiel, Zimt und Marzipan im Abgang, fruchtiger, lang anhaltender Nachhall, Potenzial.

93 2022 Grüner Veltliner Reserve Ried Brunnthal Wagram DAC 13,9 %, €€€
Kräftige Farbe, vielschichtiges Bukett, reife gelbe Aromatik, Blütenhonig, kandierte Orange und Mandeln, Nashi-Birne, gehaltvoll, lebendiger Trinkfluss, pikantes Finish, gelbe Fruchtnoten und zarte Hefenoten im Nachhall, Potenzial.

92+ 2023 Grüner Veltliner Ried Brunnthal Wagram DAC 13,7 %, €€
Jugendliche Farbe, ausgeprägtes Bukett, kandierte Orange, Anklänge von Brioche, Melone, körperreich, lebendiger Trinkfluss, fruchtig-pikanter Abgang, lang anhaltend, Potenzial.

92+ 2023 Riesling Ried Fumberg Wagram DAC 13,9 %, €€
Helle Farbe, jugendliche Nase, gelbe Nektarine, Pfirsich, Mandarine, kräftiger Wein, animierendes Frucht-Säure-Spiel, Marille und Physalis im Nachhall, gute Länge.

92+ 2023 Roter Veltliner Ried Scheiben Wagram DAC 14,2 %, €€
Jugendliche Farbnoten, komplexe Nase, kandierte Birne, Orange und Mandeln, Kardamom, körperreich, balancierter Trinkfluss, feines Tannin und Frucht-Zimt im Nachhall, Potenzial.

91+ 2023 Weißburgunder 13,8 %, €€
Helle Farbe, nuanciertes Bukett, Mandeln, Kumquat, grüner Apfel, kräftiger Wein, balancierter Trinkfluss, fruchtig-pikantes Finish, gute Länge.

90+ 2023 Grüner Veltliner Fels Wagram DAC 12,4 %, €€
Jugendliche Farbe, reife gelbe Fruchtnoten, Apfel, Papaya, zarte Würze, saftiger Wein, balancierte Textur, jugendliches CO_2, fruchtiger Abgang.

Wagram

Franz Leth

Die Familie Leth betreibt seit drei Generationen eines der führenden Weingüter des Wagrams. Auf den mächtigen Lössterrassen fühlen sich Grüner und Roter Veltliner besonders wohl, Riesling hingegen liebt den kargen roten Schotter – ein Relikt der Ur-Donau. Franz Leth junior keltert daraus eine breite Palette an verschiedenen Stilistiken – von frisch fruchtigen Sommerweinen über elegante Klassiker bis zu hochreifen „Erste Lagen"-Gewächsen mit Herkunftscharakter und Reifepotenzial. Dabei ist man sich der Verantwortung gegenüber der Natur bewusst, das Weingut wirtschaftet nachhaltig und seit dem Jahrgang 2021 auch zertifiziert biologisch.

Kirchengasse 6
3481 Fels am Wagram
T 02738/22 40
M office@weingut-leth.at
www.weingut-leth.at

Öffnungszeiten
Mo.–Sa. 8–12, 13–17
(So., Fei. Ru.)
Rebfläche
50 ha
Rebsorten
GV, RV, RI, SB, CH, PB, GM, ZW, PN, SL, CS
Anbau
organisch-biologisch, nachhaltig
Verschlussarten
NK, DV

94 2022 Grüner Veltliner Ried Brunnthal Wagram DAC 1 ÖTW 13 %, €€
Jugendliche Farbe, nuanciertes Bukett, Nashi-Birne, Zesten, Antipasti-Noten, körperreich, harmonischer Trinkfluss, pikantes Finish, lang anhaltender Abgang.

94 2022 Grüner Veltliner Ried Scheiben Wagram DAC 1 ÖTW 13 %, €€€
Jugendliche Farbe, komplexe Aromatik, Bratapfel, kandierte Orange, nussige Würze, körperreich, dicht und harmonische Textur, feines Tannin, pikanter Nachhall, Kumquat im Rückaroma, Potenzial.

94 2022 Roter Veltliner Ried Scheiben Wagram DAC 1 ÖTW 13 %, €€€
Jugendliche Farbnoten, komplexes Bukett, kandierte Orange, Mandeln, Haselnuss, gehaltvoll, dicht und harmonische Struktur, pikantes Tannin, Kumquat im Rückaroma, langer Nachhall, Potenzial.

94 2023 Roter Veltliner Beerenauslese 8 %, €€€
Goldgelb, komplexes Bukett, Blütenhonig, feine Botrytisnoten, kandierte Birne und Mandeln, kräftig, lebendige Textur, gut eingebundene Restsüße, Karamell und Zesten im Nachhall, Potenzial.

93+ 2022 Chardonnay Grande Reserve Wagram DAC 13 %, €€€
Kräftige Farbe, vielschichtiges Bukett, kandierte Birne, Mandeln, gelber Apfel, ein Hauch Vanille, opulent, cremige Textur, feiner Gerbstoff, Karamell und Honigmelone im Rückaroma.

93 2023 Roter Veltliner Ried Fumberg Wagram DAC 13 %, €€
Helle Farbe, gelbe Fruchtnoten, Pfirsich, Papaya, Grapefruit, kräftiger Wein, gut stützende Säure, fester Gerbstoff, Quitte im Nachhall, gute Länge.

93 2023 Weißburgunder Reserve Wagram DAC 13 %, €€€
Jugendliche Farbe, ausgeprägtes Fruchtspiel, gelber Apfel, Zesten, kandierte Mandeln, körperreicher Wein, harmonischer Trinkfluss, zarter Schmelz im Rückaroma, langer Nachhall.

M. Mayer

Kremser Straße 19
3465 Königsbrunn am Wagram
T 0676/8823 44 42
M weingut@m-mayer.at
www.m-mayer.at

Öffnungszeiten
nach Vereinbarung
Rebfläche
8,5 ha
Rebsorten
GV, RI, GM, ZW, SL, RV
Anbau
KIP
Verschlussart
DV
Gastronomie
Heuriger

Das Weingut wird als Familienbetrieb geführt. Die Arbeit rund um den Wein bestimmt den Rhythmus der Mayers. Das Hauptaugenmerk von Matthias Mayer liegt auf dem für den Wagram typischen Grünen Veltliner. Es ist ihm ein Anliegen, zu zeigen, wie facettenreich sich die Sorte präsentiert. Grüner Veltliner wird daher in drei verschiedenen Varianten angeboten: vom spritzig-leichten Sommerwein über klassisch-würzig bis zur Reserve, die sich dicht und opulent zeigt. Ansonsten setzt man auf ein breites Sortiment, wobei auch Rotem Veltliner und Gelbem Muskateller eine wichtige Rolle zukommt. Ertragsbegrenzung und akribische Weingartenarbeit sind dabei die wesentlichen Faktoren, um fruchtig-frische und trinkfreudige Weine zu produzieren.

92+ 2022 Grüner Veltliner Ried Mordthal Reserve 13,1 %, €€
Kräftige Farbe, komplexes Bukett, Antipasti-Noten, Grapefruit, kandierte Orange, Mandeln, zart pfeffrige Anklänge, körperreich, lebendiger Trinkfluss, Physalis im Nachhall, lang anhaltend.

92+ 2023 Roter Veltliner Ried Steinberg Wagram DAC 13,6 %, €
Helle Farbe, intensive Nase, roter Apfel, Kardamom, Mandeln, Zesten, kräftiger Wein, balancierte Textur, fruchtig-pikantes Finish, lang anhaltend, Nashi-Birne und Kumquat im Nachhall.

92 2023 Grüner Veltliner Ried Bromberg Wagram DAC 13,2 %, €
Jugendliche Farbnoten, gelbe Frucht, Nashi-Birne, Kräuter, grüner Apfel, körperreich, harmonische Struktur, zarter Schmelz im Abgang, langer Nachhall.

90+ 2023 Grüner Veltliner Stoamasl Wagram DAC 13 %, €
Jugendliche Farbe, nuanciertes Bukett, gelber Apfel, zarte Würze, kandierte Birne, körperreich, lebendiger Trinkfluss, fruchtig-pikanter Abgang.

90+ 2023 Riesling Wagram DAC 13,4 %, €
Helle Farbe, einladendes Fruchtspiel, gelber Pfirsich, Mandarine, kandierte Anklänge, körperreich, lebendige Struktur, fruchtsüßer Schmelz im Abgang, Nektarine im Nachhall.

90 2023 Gelber Muskateller Wagram DAC 12,4 %, €
Blassgelb, jugendliches Bukett, florale Noten, Melisse, kandierte Anklänge, lebendige Struktur, Limette und zarter Fruchtschmelz im Abgang.

Wagram

Weingut Nimmervoll

Gregor Nimmervoll begann in jungen Jahren mit drei kleinen Weingärten, um seinen Lebenstraum zu verwirklichen. Heute, 20 Jahre später, steht das Weingut am Wagram für qualitätsvolle Weine. Der Winzer will Weine keltern, die von ihrer Herkunft geprägt sind und zeitlose Aushängeschilder der Region darstellen – abseits von Trends und Modeerscheinungen. Neben Grünem Veltliner spielt zusehends auch Roter Veltliner eine tragende Rolle im Weingut. Flaggschiff ist dabei der Veltliner Ried Eisenhut. Mit der aktuellen Kollektion will man aber auch den Weißburgunder aufs Podest heben. Eiserne Brücke und Engilmar sollen zeigen, dass auch dem Burgunder die Zukunft am Wagram gehört. Zudem vinifiziert man eine Trockenbeerenauslese aus dem Jahrgang 2021. Die Balance aus Süße und Säure soll einen Wein für die Ewigkeit ergeben.

Foto: Robert Herbst

Steingassl 30
3470 Engelmannsbrunn
T 0676/950 36 82
M office@nimmervoll.cc
www.nimmervoll.cc

Öffnungszeiten
nach tel. Vereinbarung
Rebfläche
14 ha + 3 ha
Rebsorten
GV, RI, PB, TR, BA, ZW, RV
Anbau
KIP
Verschlussart
DV

95 2021 Weißburgunder Trockenbeerenauslese 8 %, €€€
Goldgelbe Farbe, vielschichtige Aromen, kandierte Birne, Mandeln und Blütenhonig, zart rauchig, kräftige TBA, dicht und lebendiges Frucht-Säure-Spiel, gut eingebundene Restsüße, Dörrobst und Grapefruit im Wechselspiel, langer Nachhall.

93 2022 Grüner Veltliner Engilmar Wagram DAC 13,5 %, €€
Kräftige Farbe, kandierte Orange, Honig-Ingwer, Melone, körperreicher Wein, weiche Textur, feines Tannin im Abgang, fruchtiger Nachhall, Potenzial.

93 2022 Weißburgunder Engilmar Wagram DAC 13,5 %, €€€
Helle Farbe, gelber Apfel, Honigmelone, kandierte Mandeln, stoffiger Wein, lebendige Struktur, feiner Gerbstoff, fruchtiger Nachhall, lang anhaltend.

93 2023 Roter Veltliner Ried Eisenhut Wagram DAC 13,5 %, €€
Helle Farbe, intensive Fruchtnoten, Mango, Kumquat, gelber Pfirsich, gehaltvoller Wein, balancierte Textur, feiner Gerbstoff, Frucht und Karamell im Rückaroma, Potenzial.

92+ 2022 Traminer Wagramlöss Wagram DAC 13 %, €
Jugendliche Farbe, Blütenhonig, Litschi, Pfirsichkompott, Mandeln, opulenter Wein, harmonischer Trinkfluss, fruchtig-pikanter Abgang, lang anhaltend.

92+ 2022 Weißburgunder Eiserne Brücke Wagram DAC 13,5 %, €€
Jugendliche Farbe, gelber Apfel, kandierte Mandeln und Orange, körperreich, gut stützende Säure, Frucht und Karamell im Abgang, langer Nachhall.

92+ 2023 Grüner Veltliner Ried Schafflerberg Wagram DAC 13,5 %, €€
Jugendliche Farbe, Kumquat, kandierte Noten, würzige Anklänge, körperreich, harmonische Textur, fruchtig-pikanter Abgang, zarter Schmelz, langer Nachhall.

Wagram

Weingut Bernhard Ott

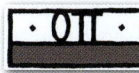

Will man Terroir, muss man auf Interventionen verzichten, ist Bernhard Ott überzeugt. Das heißt für den namhaften Winzer vor allem, darauf zu vertrauen, dass sich die Natur aus eigener Kraft entwickeln kann, wenn man sie lässt. Mit dem Umstieg auf die Biodynamie 2006 hat er sich ganz dem Rhythmus der Natur angepasst: kompromisslos und offen für das, was der jeweilige Jahrgang bereithält. Er setzt fast ausschließlich auf Grünen Veltliner, der tiefgründige Löss bekommt diesem besonders gut. Bei der Bewirtschaftung der Weingärten erfolgt vieles von Hand. Man setzt auf intensive Begrünung, schonende Bodenbearbeitung und spontane Gärung durch Hefen. Im Keller benutzt er handbetriebene Traubenmühlen und eine Korbpresse, er mazeriert die Trauben mit Stiel. Die Gärung und Lagerung auf der Vollhefe erfolgen in großen Holzfässern – für eigenständige Weine, die für unverwechselbaren Geschmack stehen.

Foto: Weingut Bernhard Ott

Neufang 36
3483 Feuersbrunn
T 02738/22 57
M bernhard@ott.at
www.ott.at

Öffnungszeiten
Mo.–Fr. 8–12, 13–17 nach Vereinbarung, April–Okt.
Sa. 10–17, So. 10–14

Rebfläche
50 ha

Rebsorten
GV, RI, SB, GE, ZW

Anbau
biodynamisch,
respekt-BIODYN

Verschlussarten
NK, DV

Gastronomie
Vinothek

99 2022 Grüner Veltliner Ried Rosenberg Wagram DAC 1 ÖTW 13%, €€€
Helle Farbe, intensive, komplexe Aromatik, Physalis, Verbene, Melisse, zarter Würze-Schleier, saftiger Wein, eleganter Trinkfluss, engmaschiges, pikantes Finish, sehr langer Nachhall, rosa Grapefruit und Kamille im Rückaroma, seidiger Grüner Veltliner.

98 2022 GV Ried Stein Engabrunn Kamptal DAC 1 ÖTW 13%, €€€
Helles Gelb, intensive, vielschichtige Nase, kühle Fruchtnoten, Physalis, Pomelo, rosa Grapefruit, Verbene, straff, eleganter Trinkfluss, präzises, leicht pfeffriges Finish, sehr lang anhaltend, Grüner Veltliner mit Finesse.

97 2022 Grüner Veltliner Ried Spiegel Wagram DAC 1 ÖTW 13%, €€€
Helle Farbe, vielschichtige, tiefe Aromatik, Verbene, Kamille, grüner Tee, kandierte Limette, Mandeln, Kumquat, stoffig, balancierte Textur, engmaschiges, pikantes Finish, sehr langer Nachhall, Physalis im Rückaroma, Potenzial.

95+ 2023 Grüner Veltliner Ried Brenner Wagram DAC 13%, €€€
Helles Gelb, vielschichtige Fruchtnoten, Pfirsich, gelber Apfel, Kumquat, zarte Würze, kräftig, harmonischer Fluss, Honig-Ingwer im Abgang, pikanter Nachhall, Physalis im Rückaroma.

94 2023 Grüner Veltliner Der Ott ® Wagram DAC 13,5%, €€€
Helles Gelb, ausgeprägte, intensive Aromatik, Kamille, Steinobst, Jasmin-Tee, Verbene, körperreich, dicht und eleganter Trinkfluss, pikantes Finish, fruchtiger Nachhall, lang anhaltend.

94 2023 Riesling Ried Kirchthal 13%, FP, €€€
Helle Farbe, intensive Nase, Steinobst, Marille, gelber Pfirsich, lebendiger Trinkfluss, fruchtiger Abgang, lang anhaltend, Weingartenpfirsich im Rückaroma, Potenzial.

93 2023 Grüner Veltliner Ried Gmirk Gösing Wagram DAC 13%, €€€
Helle Farbe, einladende Fruchtnoten, Mandarine, Marille, Verbene, stoffiger Wein, lebendige Struktur, präzises Finish, Gewürznelke und Physalis im Nachhall.

Wagram

Weingut Preisinger-Reinberger

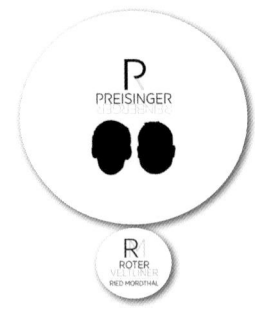

Rupert Reinberger hängte sein Maschinenbaustudium an den Nagel, um Weinbauer zu werden. Sein Schwiegervater Franz Preisinger brachte ihm Schritt für Schritt die jahrhundertealte Tradition des Weinhandwerks bei. Der Wagram ist für den Neowinzer etwas Besonderes, die bis zu vierzig Meter hohen Geländestufen aus eiszeitlichem Löss sind ein hervorragender Nährboden für die Reben. Sie geben den Weinen Unverkennbarkeit, die es zu achten und zu bewahren gilt. Der Großteil der Rebfläche ist mit weißen Rebsorten bestückt, nebenbei werden auch ein paar vollmundige Rotweine produziert. Dabei legt man großen Wert auf Handarbeit. Der Verzicht auf Insektizide und Herbizide sowie ein aktives Begrünungsmanagement in den Weingärten sind schon jetzt selbstverständlich, die Umstellung auf biologische Bewirtschaftung ist mit dem Jahrgang 2023 abgeschlossen. Der alte Lösskeller bietet perfekte Bedingungen für die Reifung der Weine. So können Weine entstehen, die merkbar von ihrer Herkunft geprägt sind.

Foto: Jürgen Pistracher

Brunnengasse 1
3465 Unterstockstall
T 0664/531 11 08
M info@weingut-pr.at
weingut-pr.at

Öffnungszeiten
Mo.–Fr. 8–17 nach tel. Vereinbarung
Rebfläche
10 ha
Flaschenanzahl
50.000
Rebsorten
GV, MT, ZW, FV, RI, NE, PB, BB, RV
Anbau
organisch-biologisch
Verschlussarten
NK, DV

94 2021 Beerenauslese Sweet Elli 9 %, €€
(PB) Goldgelb, komplexe Aromatik, Blütenhonig, Papaya, kandierte Mandeln und Birne, stoffige BA, balancierte Textur, fein eingebundene Restsüße, langer fruchtiger Nachhall.

92+ 2022 Grüner Veltliner Ried Rainthal Wagram DAC 13,5 %, €€
Kräftige Farbe, ausgeprägtes Bukett, Kumquat, kandierte Birne und Orange, Gewürznelke, gehaltvoll, gut stützendes Säurespiel, fruchtig-pikanter Abgang, lang anhaltend, Potenzial.

92+ 2022 Roter Veltliner Ried Mordthal Wagram DAC 13 %, €€
Kräftige Farbe, gelber Apfel, Mandeln, Kardamom, Zesten, körperreich, lebendiger Trinkfluss, feiner Gerbstoff und zarter Schmelz im Abgang, langer Nachhall.

91+ 2023 Pinot Blanc Unterstockstall Wagram DAC 13,5 %, €
Helle Farbe, gelber Apfel, kandierte Noten, Nashi-Birne, körperreich, balanciertes Frucht-Säure-Spiel, Mandeln und Mandarine im Nachhall, zarter Schmelz.

90+ 2023 Gemischter Satz Dreifärbig Wagram DAC 12 %, €
Jugendliche Farbe, nuanciertes Bukett, Apfel, Grapefruit, würzige Noten, grasige Anklänge, animierende Struktur, florales Finish, gute Länge.

90+ 2023 Grüner Veltliner Kirchberg Wagram DAC 12,5 %, €
Jugendliche Farbe, nuancierte Nase, grüner Apfel, florale Anklänge, Gewürznelke, stoffig, balancierter Trinkfluss, fruchtig-pikanter Abgang, gute Länge.

[HISTORISCHER WEIN]

93 2017 Grüner Veltliner Ried Mordthal Jungfernlese

Franz Sauerstingl

Foto: Foto Wilke

Parkstraße 11
3481 Fels am Wagram
T 0676/704 80 70
M franz@sauerstingl.at
www.sauerstingl.at

Öffnungszeiten
Mo.–Sa. nach Vereinbarung
Rebfläche
13 ha
Rebsorten
GV, MT, RI, PB, RV, ZW, FV
Anbau
KIP
Verschlussart
DV

„All you need is Löss" lautet der Slogan von Franz Sauerstingl junior, der den Familienbetrieb mit viel Engagement leitet. Der Fokus liegt auf Grünem Veltliner, der in vier verschiedenen Varianten angeboten wird: von Löss I bis Löss IV. Die Kategorien decken die unterschiedlichen Stilistiken von leichtem, gebietstypischem Veltliner bis hin zu gehaltvollen und konzentrierten Lagenweinen ab. Die Namen beziehen sich auf die für die Rebsorte besonders geeigneten tiefgründigen Lössböden rund um Fels. Auch die Wagramer Spezialität Roter Veltliner rückt immer mehr ins Rampenlicht. In besonders guten Jahren wird daraus ein Reservewein von den Lagen Scheiben und Schafflerberg gekeltert, der die für die Sorte charakteristische Eleganz und Struktur zum Ausdruck bringen soll.

93+ **2023 Grüner Veltliner Löss IV Ried Brunnthal Wagram DAC 13,5 %, €€**
Jugendliche Farbe, ausgeprägte Fruchtnoten, Honigmelone, Nashi-Birne, kandierte Orange und Mandeln, Gewürznelke, opulenter Wein, fruchtsüßer Auftakt, straffe Textur, pikanter Gerbstoff, fruchtiger Schmelz im Nachhall.

93 **2022 Roter Veltliner Reserve Wagram DAC 14 %, €€**
Kräftige Farbe, kandierte Orange, Blütenhonig, Bratapfel, opulenter Wein, harmonische Textur, feiner Gerbstoff, Frucht und Karamell im Nachhall.

93 **2023 Grüner Veltliner Löss III Ried Scheiben Wagram DAC 13,5 %, €€**
Jugendliche Farbe, komplexe Nase, Antipasti-Noten, Papaya, Honigmelone, zarte Würze, gehaltvoller Wein, engmaschige Struktur, fruchtiges Tanninfinish, zarter Schmelz und Kamille im Rückaroma.

92 **2023 Grüner Veltliner Löss II 13 %, €**
Helle Farbe, ausgeprägte Nase, Mandeln, Steinobst, nussige Würze, kräftiger Wein, fruchtig unterlegter Trinkfluss, pikanter Abgang, fruchtiger Nachhall.

91 **2023 Grüner Veltliner Löss I 12,5 %, €**
Helle Farbe, einladendes Fruchtspiel, Pfirsich, Apfel, Grapefruit, zarte Würze, animierender Trinkfluss, fruchtiger Abgang.

91 **2023 Roter Veltliner 12,5 %, €**
Jugendliche Farbe, einladende gelbe Fruchtnoten, Melone, Papaya, Steinobst, kräftiger Wein, straffe Textur, fruchtig-pikanter Abgang.

Wagram

Weingut Schachinger

Inmitten des Wagrams bewirtschaftet Leopold Schachinger gemeinsam mit seiner Familie voller Leidenschaft und Engagement den 7 Hektar großen Weinbaubetrieb. Hauptsorte ist der für die Region typische Grüne Veltliner, ausgebaut in mehreren Varianten, von leicht bis kräftig, von staubtrocken bis restsüß. Aber auch aus den anderen Sorten des Betriebs, Frühroter Veltliner, Rivaner, Chardonnay, Riesling, Sämling, Sauvignon blanc, Blauburger und Zweigelt, entstehen dank des Wagramer Lössbodens fruchtige und vor allem trinkfreudige Weine. Neben dem Weinbau betreibt man auch klassischen Ackerbau.

92+ 2021 Rivaner Trockenbeerenauslese Leonie 9,3 %, €€
(MT) Goldgelb, einladendes Bukett, Papaya, Mango, kandierte Orange, balancierte Textur, zarter Gerbstoff, gut eingebundene Restsüße, fruchtsüßer Nachhall.

92 2022 Grüner Veltliner Exklusiv 13,5 %, €€
Jugendliche Farbe, kandierte Orange und Mandeln, Papaya, Gewürznelke, opulenter Wein, weiche Textur, feiner Gerbstoff, fruchtiger Schmelz im Abgang, Zesten im Rückaroma, Potenzial.

91+ 2023 Riesling Wagram DAC 13 %, €
Helles Gelb, ausgeprägtes Bukett, kandierte Orange, Pfirsich, Mandarine, kräftiger Wein, balancierte Textur, CO_2 spürbar, Marille im Abgang, gute Länge.

91 2020 Julia Exklusiv 13,5 %, €
(ZW/BB) Jugendliche Farbnoten, nuanciertes Bukett, Pflaume, Bitterschokolade, Zimt, körperreich, balancierter Trinkfluss, feiner Gerbstoff und Kirsche im Nachhall.

90 2022 Grüner Veltliner Manuel 13,7 %, €
Jugendliche Farbe, dezentes Fruchtspiel, Antipasti-Noten, Nashi-Birne, Apfel, körperreich, balancierte Textur, fruchtiger Abgang, gute Länge.

90 2023 Sämling 88 13,5 %, €
(lieblich) Jugendliche Farbe, intensive Aromatik, Blütenanklänge, kandierte Orange und Birne, Gewürznelke, saftig, balanciertes Frucht-Säure-Spiel, präsente Restsüße im Abgang.

90 2023 Sauvignon Blanc Wagram DAC 12,5 %, €
Jugendliche Farbe, intensive Aromatik, grasige Noten, Melisse, Steinobst, körperreich, lebendige Textur, pikanter Nachhall.

Foto: Christina Wenzina

Marktstraße 2
3465 Königsbrunn am Wagram
T 02278/23 39, 0676/333 07 67
M office@weingut-schachinger.at
www.weingut-schachinger.at

Öffnungszeiten
nach Vereinbarung,
Hofladen tägl. 7–20
Rebfläche
7 ha
Rebsorten
GV, RI, BB, FV, CH, SÄ, SB, ZW
Anbau
KIP
Verschlussart
DV
Gastronomie
Buschenschank

Familie Schuster

Foto: Steve Haider

Hauptstraße 61
3471 Großriedenthal
T 02279/72 03
M office@weingut-schuster.at
www.weingut-schuster.at

Öffnungszeiten
Mo.–Sa. nach Vereinbarung
Rebfläche
13 ha
Rebsorten
GV, RV, RI, SB, ZW, PN, CH
Anbau
organisch-biologisch
Verschlussarten
NK, DV
Sonstiges
Übernachtungsmöglichkeit

„Lust auf Löss" lautet die Devise des Weinguts Schuster, hat doch die Geologie einen unverkennbaren Einfluss auf die beiden Paradesorten des Biobetriebs – den Grünen und den Roten Veltliner. Thomas Schuster hat bereits zu einem Großteil die Agenden des Weinguts von seinen Eltern übernommen. Durch seine Ausbildung, diverse Praktika im In- und Ausland sowie die Mitarbeit am Weingut von klein auf ist der junge Winzer darauf gut vorbereitet. Verantwortungsvolles Arbeiten im Einklang mit der Natur ist ihm ein besonderes Anliegen. Dafür steht symbolisch der Marienkäfer, der auf den Etiketten abgebildet ist. Die Weine präsentieren sich ausdrucksstark und terroirbetont, vor allem die Einzellagen zeigen großes Potenzial.

94+ 2022 Roter Veltliner Ried Berg Eisenhut 1 ÖTW 13,5 %, €€
Jugendliche Farbe, kandierte Orange, Nashi-Birne, Melone, gehaltvoll, balancierte Textur, Pfirsich und Mango am Gaumen, feiner, pikanter Gerbstoff, zarter Schmelz im Nachhall, lang anhaltend, Potenzial.

93+ 2022 Grüner Veltliner Gutsreserve 14 %, FP, €€€
Jugendliche Farbe, nuanciertes Bukett, kandierte Orange und Mandeln, tabakige Anklänge, Nashi-Birne, Gewürznelke, körperreich, balancierte Textur, feiner Gerbstoff und fruchtiger Schmelz im Abgang, Physalis im Nachhall, Potenzial.

93+ 2022 Grüner Veltliner Ried Eisenhut Wagram DAC 1 ÖTW 13 %, €€
Helles Gelb, komplexes Bukett, gelbe Steinobstnoten, Nashi-Birne, zarte Würze, gehaltvoll, dicht und balancierte Trinkfluss, pikanter Gerbstoff, fruchtiger Nachhall, gute Länge.

93+ 2022 Roter Veltliner Ried Goldberg „Miriam" Wagram DAC 13,5 %, €€€
Jugendliche Farbe, vielschichtige Nase, kandierte Orange und Birne, Karamell, Marzipan, körperreich, dicht und balancierte Struktur, feiner Gerbstoff, Mandeln und Zesten im Abgang, lang anhaltend, Potenzial.

93 2021 Pinot Noir Reserve 13,5 %, €€
Jugendliche, transparente Farbe, nuancierte Frucht, rot- und dunkelbeerige Noten, Cranberry, zart röstige Anklänge, körperreich, balancierte Struktur, feiner Gerbstoff im Abgang, Bitterschokolade und fruchtiger Nachhall.

93 2023 Roter Veltliner Ried Altweingarten Wagram DAC 13 %, €€
Helle Farbe, ausgeprägtes Fruchtspiel, Steinobst, Mandarine, Nashi-Birne, Mandeln, Melisse, kräftig, lebendige Textur, animierender Trinkfluss, fruchtig-pikanter Abgang, gute Länge.

92 2023 Roter Veltliner Wagram DAC 12,5 %, €
Helle Farbe, jugendliches Fruchtspiel, Steinobst, Ringlotte, Kumquat, kräftig, balanciert, animierender Trinkfluss, fruchtiger Schmelz im Abgang, Grapefruit und gelber Apfel im Nachhall, trinkfreudig.

Wagram

Stift Klosterneuburg

Seit seiner Gründung 1114 betreibt das Stift Klosterneuburg Weinbau und ist damit das älteste Weingut Österreichs. Die Weingärten befinden sich in ausgewählten Lagen von Klosterneuburg, Wien, Gumpoldskirchen und Tattendorf. Sorgfältige Weingartenpflege und Offenheit für neue Ideen lassen Jahr für Jahr hochwertige Weine entstehen. Als erstes klimaneutrales Weingut Österreichs ist man ein Vorreiter in Sachen Nachhaltigkeit und Klimaschutz. Das Sortiment gliedert sich in zwei Linien: Die Ortsweine zeigen sich fruchtbetont und sollen die Typizität ihres Herkunftsorts widerspiegeln; die Lagenweine aus physiologisch hochreifen Trauben stammen aus den besten Weingärten und sind konzentriert und langlebig.

Foto: Weingut Stift Klosterneuburg

Rathausplatz 24
3400 Klosterneuburg
T 02243/411-522
M weingut@stift-klosterneuburg.at
www.stift-klosterneuburg.at

Öffnungszeiten
Mo.–Fr. 10–18, Sa. 10–17,
So. 12–17 (Fei. Ru.)
Rebfläche
108 ha
Rebsorten
GV, RI, PB, CH, ZF, GT,
ZW, BF, SL
Anbau
KIP, konventionell, nachhaltig
Verschlussarten
NK, DV
Gastronomie
Vinothek

95 **2017 Mathäi Große Reserve Brut Nature g.U. Wien 12,5 %**, €€€
(CH) Jugendliche Farbe, vielschichtige Nase, Mandeln, Bratapfel, Zesten, kandierte Orange, Brioche, sehr feine Perlage, fruchtig-pikantes Finish, langer Nachhall, Kumquat im Rückaroma.

94+ **2021 Chorus 14 %**, €€€
(CS/ME/SL) Tiefdunkler Farbkern, intensive, vielschichtige Aromen, Kornelkirsche, Johannisbeere, Zedern, rauchig-röstig, Kakao, gehaltvoll, dicht und straffe Struktur, feines Tannin, Bitterschokolade, Mandeln und Brombeere im Nachhall, Potenzial.

94+ **2021 St. Laurent Reserve Ried Stiftsbreite Tattendorf 13 %**, €€€
Jugendlich, kräftige Farbe, vielschichtige Nase, Wacholder, Kakao, Brombeere, rauchig-röstig, körperreich, dicht und straffe Textur, sehr feiner Gerbstoff, lang anhaltend, Kakao und Cassis im Rückaroma, Potenzial.

93 **2023 Uvae Solae 13 %**, €€
(RI, maischevergoren) Orange Farbe, ausgeprägtes Fruchtspiel, Pfirsich, Kumquat, Grapefruit, körperreich, markantes Säurespiel, feiner Gerbstoff, lang anhaltender Abgang, fruchtiger Nachhall.

93 **2023 Wiener Gemischter Satz DAC Ried Weisleiten 13 %, FP**, €€€
Jugendliche Farbe, nuanciertes Bukett, Kumquat, Melone, Grapefruit, körperreicher Wein, harmonischer Trinkfluss, feiner Gerbstoff, zart fruchtiges Finish, gute Länge.

92+ **2022 Grüner Veltliner Reserve Ried Steinriegel Wagram DAC 13,5 %**, €€€
Jugendliche Farbe, komplexe Nase, Melone, Zesten, Birnenquitte, Gewürznelke, körperreich, balancierte Textur, pikanter Abgang, zarter Schmelz im Nachhall, lang anhaltend.

92 **2023 Zierfandler Rotgipfler Gumpoldskirchen Thermenregion DAC 14 %**, €€
Jugendliche Farbe, kandierte Orange und Birne, Mandarine, körperreicher Wein, gut stützende Säure, zarter Gerbstoff, lang anhaltender Abgang, leichter Schmelz im Nachhall.

Urbanihof, Paschinger

Foto: Robert Herbst

St.-Urban-Straße 3
3481 Fels am Wagram
T 02738/23 44-12, 23 44-13
M weingut@urbanihof.at
www.urbanihof.at

Öffnungszeiten
Mo.–Fr. 7–12, 13–17, 1. Sa. im Monat nach Vereinbarung
Rebfläche
45 ha
Flaschenanzahl
200.000
Rebsorten
GV, BB, FV, WR, RR, CH, MT, SB, CS, GM, RV, ME, ZW
Anbau
organisch-biologisch
Verschlussarten
NK, DV

„Tradition trifft Moderne" ist das Leitmotiv des Bio-Weinguts Urbanihof aus Fels. Seit 1598 im Familienbesitz, wird es inzwischen in elfter Generation von Sonja und Franz Paschinger geführt. Mit ihren Kindern Lisa und Jakob steht bereits die zwölfte Generation in den Startlöchern. Alle vier setzen konsequent auf biologischen Anbau und nachhaltige Praktiken, um Weine höchster Qualität zu produzieren. Die Weingärten des Urbanihofs erstrecken sich malerisch entlang der Lösshügel von Fels, die ideale Bedingungen für die Reifung der Trauben bieten. Sorgfältige Bewirtschaftung und Fachwissen, das von Generation zu Generation weitergegeben wird, spiegeln sich in jedem ihrer Weine wider. Ob Weißwein, Rotwein oder der entalkoholisierte Wein Zero.

93 2020 Grüner Veltliner „1598" Ried Dorner 13 %, €€
Kräftige Farbe, komplexe Nase, tabakige Würze, Mandeln, Zesten, körperreich, dicht und engmaschige Struktur, feiner Gerbstoff, zarter Schmelz und Kumquat im Rückaroma, Potenzial.

92+ 2022 Grüner Veltliner Alte Reben Ried Dorner Wagram DAC 13,5 %, €€
Jugendliche Farbe, komplexe Nase, Antipasti-Noten, Quitte, Mandarine, körperreicher Wein, harmonischer Trinkfluss, feiner Gerbstoff, fruchtiger Schmelz im Nachhall.

92+ 2023 Grüner Veltliner Ried Brunnthal Wagram DAC 12,5 %, €€
Jugendliche Farbe, komplexe Aromatik, kandierte Noten, Lemongrass, Tabak, kräftiger Wein, harmonischer Trinkfluss, pikantes Finish, fruchtiger, leicht süßer Schmelz im Nachhall.

92 2023 Riesling Wagram DAC 13 %, €€
Helle Farbe, ausgeprägte Frucht, gelber Pfirsich, Maracuja, kandierte Noten, stoffig, lebendiger Trinkfluss, fruchtiger Abgang, zarter Schmelz im Rückaroma

91 2023 Grüner Veltliner 4U Wagram DAC 12 %, €
Helle Farbe, einladende Fruchtnoten, gelber Apfel und Mandarine, kandierte Noten, kräftiger Wein, harmonischer Trinkfluss, pikanter Abgang.

90 2023 Merlot Rosé 12 %, €€
Blasses Rosa, zarte Fruchtnoten, ein Touch Erdbeere und Kirsche, stoffig, harmonische Textur, fruchtiger Abgang.

HISTORISCHER WEIN

93+ 2021 Grüner Veltliner Ried Dorner Grande Reserve Wagram DAC

Wagram

Gerald Waltner

Innerhalb von zehn Jahren ist es Gerald Waltner gelungen, den bis dahin auf Traubenverkauf ausgerichteten Betrieb komplett umzustrukturieren und an die Spitze der Wagramer Weingüter zu führen. Die größte Aufmerksamkeit schenkt er dabei dem Grünen Veltliner, der am Wagram mit seinem einzigartigen Terroir beste Voraussetzungen vorfindet. Gerald Waltner baut die Rebsorte in verschiedenen Varianten aus: Ob leicht-fruchtig, strukturiert oder gehaltvoll, alle sollen die Charakteristik der jeweiligen Lage widerspiegeln. Waltners Ziel ist, charaktervolle und unverwechselbare Weine zu kreieren. Auch Roter Veltliner, Riesling, Weißburgunder, Chardonnay, Muskateller und Zweigelt finden sich im Programm.

Foto: Margarethe.Lechner.Gusenbauer.Photography

Am Berg 18
3470 Engelmannsbrunn
T 0664/926 60 90, 02279/24 71
M info@weingutwaltner.at
www.weingutwaltner.at

Öffnungszeiten
nach tel. Vereinbarung
Rebfläche
11 ha
Rebsorten
GV, PB, RI, GM, CH, ZW
Anbau
KIP
Verschlussart
DV

93+ 2023 Roter Veltliner Ried Gösinger Mittersteig Wagram DAC 13,5 %
Helle Farbe, nuanciertes Bukett, Birnenquitte, Melone, Mandarine, körperreicher Wein, dicht und straffe Struktur, feiner Gerbstoff, fruchtiger Nachhall, Potenzial.

93 2021 Grüner Veltliner Ried Dorner Wagram DAC 13,5 %, €€
Jugendliche Farbe, vielschichtiges Bukett, Nashi-Birne, kandierte Orange, nussige Würze, Verbene, körperreich, dicht, lebendige Struktur, engmaschiges Finish, pikanter Abgang, lang anhaltend.

93 2023 Grüner Veltliner Ried Dorner Wagram DAC 14 %
Jugendliche Farbe, Antipasti-Noten, kandierte Orange, Nashi-Birne, zarte Würze, körperreich, lebendige Struktur, pikanter Gerbstoff, fruchtiger Nachhall, gute Länge.

92 2023 Grüner Veltliner Ried Steinbertz Wagram DAC 13 %
Jugendliche Farbe, komplexes Bukett, Nashi-Birne, Mandarine, Mandeln, körperreich, gutes Frucht-Säure-Spiel, fruchtig-pikanter Abgang, zarter Schmelz.

92 2023 Riesling Ried Kirchensteig 13,5 %
Helle Farbe, intensive Steinobstnoten, Weingartenpfirsich, kandierte Ananas, Mandarine, körperreich, lebendiger Trinkfluss, zarter Schmelz im Rückaroma, gute Länge.

91 2023 Grüner Veltliner Ried Hochrain Wagram DAC 12,5 %
Jugendliche Farbe, nuanciertes Bukett, gelbe Fruchtnoten, zarte Würze, Mandarine, stoffig, lebendige Textur, fruchtiger Abgang, gute Länge.

90+ 2023 Roter Veltliner Wagram DAC 12,5 %
Jugendliche Farbe, saftige Fruchtnoten, gelber Apfel, Mandeln, Kumquat, stoffig, balancierte Struktur, fruchtiger Abgang, gute Länge.

Notizen

Die Besten im
CARNUNTUM

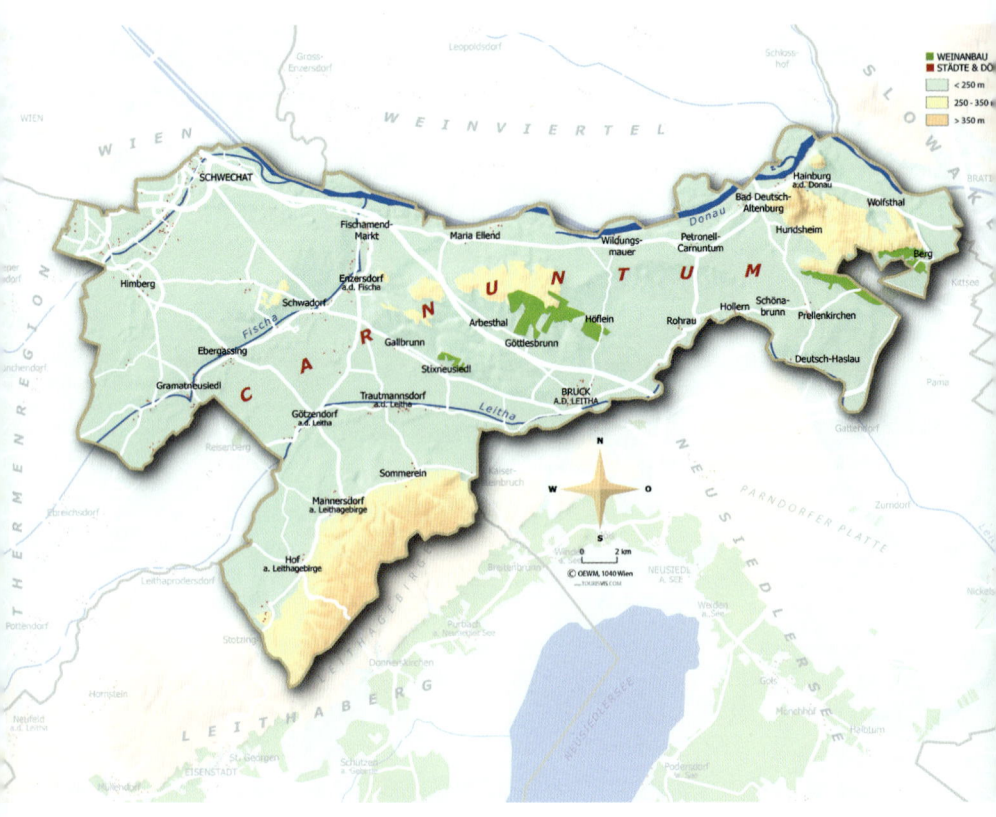

Rebfläche: 906 ha. Das Weinbaugebiet liegt um die Orte Göttlesbrunn, Höflein und Prellenkirchen. Der Weinbau ist durch den Klimaeinfluss des Neusiedler Sees und der Donau äußerst begünstigt; es gibt Lehm-, Sand-, Schotter- und Lössböden.
Rebsorten: Grüner Veltliner, Burgundersorten; Zweigelt, Blaufränkisch

98	*2021 Grassl Reserve* · **Weingut Philipp Grassl**
98	*2021 M1* · **Gerhard Markowitsch**
98	*2021 Ried Spitzerberg Obere Spitzer 1 ÖTW* · **Weingut Dorli Muhr**
97+	*2021 Ried Spitzerberg Kobeln Carnuntum DAC 1 ÖTW* · **Weingut Dorli Muhr**
97+	*2021 Ried Spitzerberg Obere Roterd 1 ÖTW* · **Weingut Dorli Muhr**
97	*2022 Ried Rosenberg Carnuntum DAC 1 ÖTW* · **Gerhard Markowitsch**
97	*2021 Netzl Privat* · **Franz & Christine Netzl**
96+	*2021 Ried Bärnreiser Anna Christina Carnuntum DAC 1 ÖTW* · **Franz & Christine Netzl**
96	*2022 Ried Bärnreiser Carnuntum DAC 1 ÖTW* · **Weingut Philipp Grassl**
96	*2021 Blaufränkisch Ried Bärnreiser Carnuntum DAC 1 ÖTW* · **Gerhard Markowitsch**
95+	*2021 Massive a. [rot]* · **Weingut Artner**
95+	*2021 Böheim Privat* · **Weingut Böheim**
95+	*2022 Zweigelt Ried Haidacker Carnuntum DAC 1 ÖTW* · **Lukas Markowitsch**
95	*2022 Zweigelt Ried Schüttenberg Carnuntum DAC 1 ÖTW* · **Weingut Philipp Grassl**
95	*2022 Cuvée Lukas* · **Lukas Markowitsch**
95	*2021 Blaufränkisch Ried Spitzerberg Carnuntum DAC* · **Josef Pimpel**
95	*2022 Ried Haidacker Carnuntum DAC 1 ÖTW* · **Weingut Taferner**
95	*2020 V.I.B. Very Important Bottle* · **Weingut Taferner**
94+	*2021 Blaufränkisch Ried Kirchweingarten Carnuntum DAC 1 ÖTW* · **Weingut Artner**
94	*2021 Zweigelt Ried Haidacker Carnuntum DAC 1 ÖTW* · **Walter Glatzer**
94	*2022 Blaufränkisch Ried Bärnreiser Carnuntum DAC 1 ÖTW* · **Walter Glatzer**
94	*2019 Ried Steinäcker Carnuntum DAC* · **Leo Jahner**
94	*2022 Pegasos Wald und Schotter* · **Weingut Familie Pitnauer**

Weingut Artner

Das Weingut liegt im Zentrum des Weinbaugebiets Carnuntum, seine Geschichte reicht bis 1650 zurück. Aus der ehemals gemischten Landwirtschaft wurde ein reiner Weinbaubetrieb. Seit den 1980er-Jahren legt die Familie den Fokus auf die Produktion von Weinen mit Authentizität und Charakter. Kräftige Löss- und karge Kalkböden sowie das kontinental-pannonische Klima mit dem kühlenden Einfluss der Donau bieten dabei ideale Bedingungen für die Weinreben. Man hat sich auf die heimischen Sorten Zweigelt und Blaufränkisch spezialisiert, aber auch auf die internationalen Rebsorten Syrah, Cabernet Sauvignon und Merlot. Auch bei den Weißweinen können die Artners eine breite Palette gebietstypischer Gewächse vorweisen.

Foto: Katharina Roßboth

Dorfstraße 93
2465 Höflein
T 02162/631 42
M weingut@artner.co.at
www.artner.co.at

Öffnungszeiten
nach Vereinbarung
Rebfläche
40 ha
Flaschenanzahl
300.000
Rebsorten
ZW, BF, SY, CS, ME, GV, WR, RI, GM, SB, CH
Anbau
organisch-biologisch
ab Jahrgang 2021
Verschlussarten
NK, DV
Gastronomie
Heuriger, Restaurant, Vinothek

95+ 2021 Massive a. [rot] 14 %, FP, €€€
(ZW/SY/BF) Intensiv, dunkler Farbkern, komplexe Aromatik, Kakao, dunkle Beeren, Verbene, Gewürznelke, rauchig-röstige Noten, körperreich, dicht, engmaschiges, feinkörniges Tanninfinish, sehr lang anhaltend, Schwarztee im Rückaroma, Riesenpotenzial.

94+ 2021 BF Ried Kirchweingarten Carnuntum DAC 1 ÖTW 14 %, €€€
Jugendlicher, kräftiger Farbkern, ausgeprägtes Bukett, Brombeere, Zedern, Bitterschokolade, körperreich, straff, gut stützende Säure, fester, feiner Gerbstoff im Abgang, Wacholder und Zwetschke im Rückaroma, lang anhaltend, Potenzial.

94+ 2021 Ried Aubühl Carnuntum DAC 1 ÖTW 14 %, €€€
(ZW/BF/ME) Jugendlich, kräftige Farbe, ausgeprägte, dunkle Beerenfrucht, Marzipan, Schwarztee, leichte Holzwürze, gehaltvoll, dicht und straffe Textur, fester, feiner Gerbstoff im Abgang, Kakao und Cranberry im Nachhall.

94+ 2021 Syrah And Ever 13,5 %, €€€
Kräftige Farbnoten, vielschichtiges Bukett, Heidelbeere, Wacholder, zarte Würze, stoffig, dicht und lebendiger Trinkfluss, fester, feiner Gerbstoff, Gewürznelke, Tomatenrispen und Brombeere im Rückaroma, Potenzial.

94 2022 Amarok Carnuntum DAC 14 %, FP, €€€
(ZW/BF/SY/ME) Jugendlich, tiefdunkler Farbkern, komplexe Nase, Heidelbeere, Tabak, Brombeere, fein verwobene Röstaromen, körperreich, lebendige Struktur, engmaschiges, festes Tannin im Abgang, pfeffrige Noten im Finish, lang anhaltend.

94 2022 Chardonnay massive a. [weiß] 14,5 %, €€€
Jugendliche Farbe, ausgeprägte, einladende Fruchtnoten, Nashi-Birne, kandierte Orange, zart Karamell, barocker Wein, balancierte, straffe Textur, feiner Gerbstoff und Zesten im Abgang, lang anhaltend, Kumquat und zarter Schmelz im Nachhall.

93+ 2021 Zweigelt Ried Steinäcker Carnuntum DAC 1 ÖTW 14 %, €€€
Dunkler Farbkern, jugendliche Fruchtnoten, Schwarzkirsche, Weichsel, kandierte Orange, Kakao, körperreich, harmonische Textur, Bitterschokolade und Kirschkompott im Finish, sehr gute Länge.

Weingut Böheim

Das sympathische Tochter-Vater-Gespann Stefanie und Johann Böheim sorgt für Aufsehen im Carnuntum. Die beiden bewirtschaften knapp über 20 Hektar – in ihren Augen die ideale Größe, um Qualität auf hohem Niveau gewährleisten zu können. Beim Weißwein liegt der Schwerpunkt auf Chardonnay und Weißburgunder. Im Rotweinbereich ist das Flaggschiff des Hauses die Lagencuvée Stuhlwerker aus Zweigelt, Blaufränkisch und Merlot.

95+ 2021 Böheim Privat 14 %, FP, €€€
(ZW/ME/BF) Kräftiger Farbkern, intensive Aromatik, Wacholder, Cassis, Kirsche, leicht rauchig-röstige Noten, Kirsche, gehaltvoll, dicht und straffe Textur, engmaschiges, feinkörniges Finish, sehr lang anhaltend, Brombeere und Bitterschokolade im Nachhall, Potenzial.

94+ 2022 Ried Stuhlwerker Carnuntum DAC 1 ÖTW 14 %, FP, €€€
(ZW/ME/BF) Kräftige, tiefdunkle Farbe, vielschichtige Nase, Kakao, Bitterschokolade, Wacholder, Hollerkoch, körperreich, dicht und engmaschige Struktur, präzises Finish, lang anhaltend.

93 2023 Grüner Veltliner Alte Reben Carnuntum DAC 14 %, €€
Hellgelb, jugendliche Fruchtwürze in der Nase, Gewürznelke, Kumquat, Steinobst, körperreich, lebendiger Trinkfluss, fruchtig-pikanter Abgang, zarter Schmelz im Nachhall.

92+ 2023 Chardonnay Carnuntum DAC 13,5 %, €€
Jugendliche Farbe, nuanciertes Bukett, Steinobst, Zesten und Zitrusnoten, körperreich, lebendiger Trinkfluss, fruchtig-pikanter Abgang, Grapefruit im Nachhall.

92+ 2023 Roter Veltliner 14 %, €€
Jugendliche Farbe, vielschichtige Nase, kandierte Orange, Physalis, Nashi-Birne, gehaltvoll, balancierte Textur, fruchtiger Schmelz im Abgang, gute Länge.

91 2023 Rosy Friends 13,5 %, €
(ZW/ME/SY/PN) Zartes Lachsrosa, jugendliches Bukett, Weichsel, Cranberry, Mandarine, stoffiger Wein, lebendige Textur, fruchtig-pikanter Schmelz im Finish, gute Länge.

Hauptstraße 38
2464 Arbesthal
T 02162/88 59
M wein@gut-boeheim.at
www.gut-boeheim.at

Öffnungszeiten
Mo.–Fr. 10–12, 12.30–18
Rebfläche
20 ha
Rebsorten
GV, GM, SB, CH, ZW, BF, ME, SY, PB
Anbau
KIP, konventionell, nachhaltig
Verschlussarten
NK, DV
Gastronomie
Heuriger

Carnuntum

Walter Glatzer

Foto: Weingut Glatzer

**Rosenbergstraße 5
2464 Göttlesbrunn
T** 02162/84 86
M info@weingutglatzer.at
www.weingutglatzer.at

Öffnungszeiten
Mo.–Sa. 8–17
Rebfläche
35 + 10 ha Zukauf
Flaschenanzahl
250.000
Rebsorten
SB, GV, PB, ZW, SL, BF, PN, ME, SY, PB, CH
Anbau
organisch-biologisch
Verschlussarten
NK, DI, DV

Das Weingut von Walter Glatzer gehört zu den renommiertesten Betrieben in Carnuntum. Die Liebe zum Handwerk will man in jede Flasche einfließen lassen. Auf 35 Hektar Weinbaufläche gedeihen weiße und rote Trauben, deren Charakter von der Natur und dem Witterungsverlauf geprägt ist. Mit dem Jahrgang 2018 kamen die ersten biozertifizierten Weine auf den Markt. Die Rotweine machen mehr als drei Viertel der Rebfläche aus, sie werden parzellenrein in Stahltanks oder Holzgärständern vergoren und danach in Holzfässern unterschiedlicher Größen bis zu 15 Monate ausgebaut. Seit 2019 ist der Betrieb Mitglied der Österreichischen Traditionsweingüter. Aus den Ersten Lagen kommen ein reinsortiger Zweigelt vom Haidacker, eine Cuvée vom Rosenberg sowie ein Blaufränkisch vom Bärnreiser. Inzwischen gibt es auch schon erste eigene Weine von Walter Glatzers Tochter Hanna, die mit verschiedenen Weinstilen experimentiert.

94 2021 Zweigelt Ried Haidacker Carnuntum DAC 1 ÖTW 13,5 %, €€€
Kräftiger Farbkern, ausgeprägtes Bukett, Schwarzkirsche, Kakao, Heidelbeere, Hagebutten, zarte Holzwürze, straff, balancierte Textur, feines Tannin, lang anhaltend, fruchtiger Nachhall.

94 2022 Blaufränkisch Ried Bärnreiser Carnuntum DAC 1 ÖTW 13,5 %, FP, €€€
Dunkler Farbkern, intensive, vielschichtige Aromatik, Brombeere, rauchig-röstige Noten, körperreich, dicht und balancierte Struktur, fester, feiner Gerbstoff, fruchtig-würziger Nachhall, Heidelbeere im Nachhall.

93+ 2022 St. Laurent Alte Reben 13,5 %, FP, €€
Jugendlich, kräftige Farbe, dunkle Beeren, Wacholder, rauchig, zarte Würze, stoffig, engmaschige Struktur, fester Gerbstoff, pikanter Nachhall, Brombeere im Rückaroma.

93 2022 Traminer Hanna Glatzer Bunte Weine 12,5 %, €€
(htr.) Kräftige Farbe, kandierte Orange, Litschi, Rosenholz, körperreich, feiner Gerbstoff, fein verwobene Restsüße, Marzipan, Mango im Rückaroma, lang anhaltend.

92+ 2021 Pinot Noir Hanna Bunte Weine 12,5 %, €€
Jugendliche, transparente Farbe, rotbeerige Aromen, Steinpilze, Zedern, stoffig, lebendiger Trinkfluss, feines Tannin, lang anhaltend, fruchtig-pikanter Nachhall.

92+ 2022 Chardonnay Ried Kräften 13 %, €€
Jugendliche Farbe, kandierte Orange, feine Würze, Karamell, Kumquat, kräftig, dicht und balancierte Textur, feiner Gerbstoff und Frucht im Finish, gute Länge.

92 2022 Weißburgunder Göttlesbrunn Carnuntum DAC 13 %, €€
Jugendliche Farbe, einladendes Fruchtspiel, gelber Apfel, Mandarine, kandierte Noten, körperreich, harmonischer Trinkfluss, fruchtiger Schmelz im Abgang.

Weingut Philipp Grassl

Foto: T. Dietz

Am Graben 4+6
2464 Göttlesbrunn
T 02162/84 83
M office@weingut-grassl.com
www.weingut-grassl.com

Öffnungszeiten
nach Vereinbarung
Rebfläche
30 ha
Flaschenanzahl
180.000
Rebsorten
ZW, SL, ME, BF, GV, CH, SB
Anbau
organisch-biologisch
Verschlussarten
NK, DV

Philipp Grassl ist einer der führenden Winzer im Carnuntum. Er bewirtschaftet rund 30 Hektar beste Lagen in der Region. Der erfolgreiche Winzer möchte keine modischen Gewächse produzieren, sondern Weine kreieren, die zeitlos und unverwechselbar sind – Weine, die ihre Herkunft zeigen. Der Schwerpunkt liegt beim Rotwein, wobei Zweigelt, Blaufränkisch und Sankt Laurent die wichtigsten Protagonisten sind. Die Weingärten werden biologisch bewirtschaftet. Im Keller werden sie vorwiegend mit natürlichen Hefen spontan vergoren und kaum filtriert. Weißweine und klassische Rotweine werden im Edelstahltank oder in großen Holzfässern ausgebaut, während die Lagenweine, allen voran die Ried Bärnreiser, zuerst in offenen Holzgärständern mazeriert werden, um dann in kleinen Fässern und Tonneaus zu reifen.

98 2021 Grassl Reserve 14,5 %, €€€
(ME/BF/ZW) Intensive Farbe, ausgeprägtes, vielschichtiges Bukett, Johannisbeere, Schwarzkirsche, Kakao, Zedern und zart röstig, kandierte Orange, gehaltvoll, dicht und straffe Textur, engmaschiges, feinstes Tannin im Abgang, sehr langer Nachhall, Bitterschokolade und Cranberry im Rückaroma, Riesenpotenzial.

96 2022 Ried Bärnreiser Carnuntum DAC 1 ÖTW 14 %, FP, €€€
(ZW/BF/ME) Kräftige Farbnoten, einladende, nuancierte Frucht, Preisel- und Brombeere, Bitterschokolade, Lebkuchen, Kirsche, körperreich, dicht und balancierte Struktur, feines Tanninfinish, sehr lang anhaltend, Cassis und Nougat im Nachhall, Potenzial.

95 2022 Syrah 14 %, FP, €€€
Jugendlich, kräftige Farbe, vielschichtige Nase, Holunder, Brombeere, zart pfeffrige Noten, Tabak, ein Hauch Oliven, gehaltvoll, straff, harmonische Textur, markantes, feines Tannin, sehr lang anhaltend, Potenzial.

95 2022 Zweigelt Ried Schüttenberg Carnuntum DAC 1 ÖTW 14 %, €€€
Jugendliche Farbe, intensive, komplexe Nase, Kirschlikör, Weichsel, Marzipan, Kakao, gehaltvoll, dicht und lebendiger Trinkfluss, engmaschiges, feinkörniges Finish, langer Nachhall, Potenzial.

94 2022 Chardonnay Ried Rothenberg Carnuntum DAC 13,5 %, €€€
Jugendliche Farbe, vielschichtige Nase, kandierte Orange, Mandeln, Grapefruit, zarte Würze, körperreich, dicht und harmonische Textur, fruchtig-pikanter Gerbstoff im Abgang, Quitte und Physalis im Nachhall.

93 2022 St. Laurent Alte Reben 12,5 %, €€€
Kräftiger Farbkern, nuancierte Aromatik, Heidelbeere, Wacholder, Gewürznelke, stoffig, dicht, balancierte Struktur, feiner Gerbstoff im Abgang, gute Länge, Lebkuchen und Brombeere im Rückaroma.

93 2022 Welschriesling Alte Reben 13,5 %, €€€
(Amphore) Helle Farbe, ausgeprägtes Bukett, Steinobst, Mandarine, Grapefruit, körperreich, lebendige Struktur, harmonischer Trinkfluss, engmaschiges Finish, fruchtiger Nachhall, gute Länge.

Leo Jahner

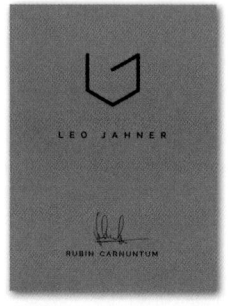

Feldgasse 32–35
2403 Wildungsmauer
T 0664/180 39 20, 02163/23 26
M weingut@jahner.at
www.jahner.at

Öffnungszeiten
nach tel. Vereinbarung
Rebfläche
10 ha
Rebsorten
GV, WR, SB, CH, GM, ZW, SL, SY, BF, ME, CS
Anbau
Umstellung organisch-biologisch
Verschlussarten
NK, DI, DV
Gastronomie
Buschenschank
Sonstiges
Übernachtungsmöglichkeit

Das 10 Hektar große Weingut direkt an der Donau, geführt von Leo Jahner, wird von mehreren Generationen betrieben. Mit Vision und Ehrgeiz ist es der Familie gelungen, den Betrieb entsprechend den zeitgemäßen Anforderungen zu verändern. Die Weingärten liegen in Wildungsmauer und Höflein, sie werden ständig erweitert. Leo Jahner und seine Familie verbringen viele Stunden im Weingarten, um den Reben bestmögliche Aufmerksamkeit und Pflege zukommen zu lassen. Im Keller werden sie nach der Vergärung teils im Stahltank verarbeitet, teils im Barrique ausgebaut, dabei hält sich der Anteil an roten und weißen Sorten die Waage. Das Potenzial des Carnuntums zu erkennen, permanent am eigenen Profil zu arbeiten und beste Qualität abzuliefern, sind die Aufgaben, die sich der junge Winzer selbst gestellt hat.

94+ 2019 Wild Wall 14 %, €€€
(ZW/BF/ME/CS) Kräftiger Farbkern, komplexe Nase, Brombeere, feine Röstaromen, körperreicher Wein, straffe Struktur, feinkörnige, feste Tannine, Bitterschokolade und Cranberry im Nachhall, lang anhaltend.

94 2019 Ried Steinäcker Carnuntum DAC 13,5 %, €€€
(ZW/BF) Kräftiger Farbkern, nuanciertes Bukett, Brombeere, Kirsche, Nougat, rauchig-röstige Noten, körperreich, straff, lebendige Struktur, feiner Gerbstoff, lang anhaltend, Wacholder und Heidelbeere im Nachhall.

93 2020 Small Wall 13,5 %, €€
(BF) Kräftiger Farbkern, ausgeprägte Fruchtnoten, Brombeere, Hollerkoch, zarte Würze, leicht röstig, gehaltvoll, harmonische Textur, fruchtig-pikanter Gerbstoff im Finish, gute Länge.

93 2023 Chardonnay Höflein Carnuntum DAC 13 %, €€
Jugendliche Farbe, kandierte Orange, Mandeln, Mandarine, Vanille, kräftig, lebendige Textur, cremig, fruchtiger Abgang, zarter Schmelz im Nachhall, nussige Würze im Rückaroma.

92 2023 Grüner Veltliner Carnuntum DAC 12,5 %, FP, €
Helle Farbe, jugendliches Fruchtspiel, kandierte Orange, Verbene, Nashi-Birne, Gewürznelke, stoffig, lebendiger Trinkfluss, Schmelz im Abgang.

92 2023 Sauvignon Blanc 13 %, €
Helle Farbe, intensive Nase, Antipasti-Noten, Pimentos, kandierte Mandeln, Johannisbeere, stoffig, balancierte Struktur, fruchtiger Schmelz im Finish.

91 2023 Zweigelt Carnuntum DAC 13 %, €
Jugendliche Farbe, intensive Frucht, Kirsche, Heidelbeerjoghurt, lebendige Struktur, fruchtiger Schmelz im Finish.

Gerhard Markowitsch

Für Gerhard Markowitsch gibt es vier Faktoren, die seine Weine bestimmen: Geduld – er lässt den Weinen die Zeit zum Reifen, die sie brauchen; Balance – das harmonische Zusammenspiel von Klima, Böden und Handschrift des Winzers; Charakter – er formt die Weine nicht, sondern lässt ihnen ihren spezifischen Ausdruck; Technik – bei der Vinifikation unterstützend, aber nicht prägend. Inzwischen wird er von seiner Tochter Johanna unterstützt. Zweigelt und Blaufränkisch sind ihre Leidenschaft, Chardonnay und Pinot noir eine Herzensangelegenheit. Um den Weinen noch mehr Präzision zu verleihen, fokussieren sich die beiden darauf, die Unterschiede ihrer Lagen herauszuarbeiten. Den spezifischen Herkunftscharakter in die Flasche zu bringen, ist ihre Mission. Dabei setzen sie auf Handlese, Handwerk und nachhaltige Bewirtschaftung.

Foto: Stefan Joham

Pfarrgasse 6
2464 Göttlesbrunn
T 02162/82 22
M weingut@markowitsch.at
www.markowitsch.at

Öffnungszeiten
Mo.–Fr. 8–12, 13–17, Sa. 10–13
nach Vereinbarung
Rebfläche
90 ha
Flaschenanzahl
600.000
Rebsorten
GV, CH, SB, ZW, BF, PN, ME, PB
Anbau
KIP, organisch-biologisch, nachhaltig
Verschlussarten
NK, DV

98 2021 M1 14,5 %, €€€
(ME/BF) Tiefdunkler Farbkern, verführerische, komplexe Aromatik, Bitterschokolade, Schwarzkirsche, Cranberry, feine Röstaromen, Orangenzesten, körperreich, dicht und engmaschige Textur, feinkörniger Gerbstoff, sehr lang anhaltend, Cassis, Physalis und Kornelkirsche im Rückaroma, Riesenpotenzial.

97 2022 Ried Rosenberg Carnuntum DAC 1 ÖTW 14 %, FP, €€€
(ZW/BF/ME) Tiefdunkle Farbe, intensive, vielschichtige Aromatik, Schwarzkirsche, Nougat, Bitterschokolade, Cranberry, Kumquat, körperreich, dicht und straff, engmaschige Struktur, feinster Gerbstoff, fruchtig-pikanter Nachhall, Riesenpotenzial.

96 2021 BF Ried Bärnreiser Carnuntum DAC 1 ÖTW 14 %, €€€
Tiefdunkler Farbkern, intensive, komplexe Aromatik, Cassis, Brombeere, Bitterschokolade, zarte Würze, Verbene, körperreich, dicht und straffe Textur, balancierter Trinkfluss, Waldbeeren, Kakao und Cranberry im Nachhall, Potenzial.

95 2022 ZW Ried Kirchweingarten Carnuntum DAC 1 ÖTW 13,5 %, FP, €€€
Jugendlich, kräftige Farbe, komplexes Bukett, Kakao, Heidelbeere, Schwarzwälder Kirsch, Nougat, körperreich, balancierte Struktur, feinster Gerbstoff und fruchtig, langer Nachhall, eleganter Zweigelt-Stil.

94+ 2022 Pinot Noir Reserve 13 %, €€€
Jugendliche Farbe, einladendes Fruchtspiel, Bitterschokolade, Kornelkirsche, reife Erdbeere, kräftig, dicht, harmonische Struktur, feines Tannin, Nougat und Schwarzkirsche im Nachhall, Potenzial.

94 2022 Chardonnay Ried Schüttenberg Carnuntum DAC 13 %, €€€
Hellgelb, komplexe Nase, kandierte Orange und Mandeln, feine Holzwürze, Pomelo, dicht, balancierter Trinkfluss, sehr lang anhaltend, Kumquat im Nachhall, Potenzial.

93 2022 Göttlesbrunn Weiß Carnuntum DAC 13 %, €€
(CH/PB) Helle Farbnoten, einladendes Fruchtspiel, kandierte Orange, Steinobst, kräftig, harmonische Textur, gut stützende Säure, fruchtig-pikantes Finish, gute Länge, Zesten im Nachhall.

Lukas Markowitsch

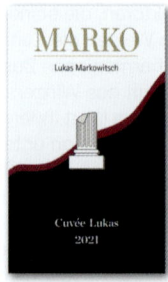

Foto: Caio Kauffmann

Kiragstettn 1
2464 Göttlesbrunn
T 02162/82 26
M weingut@lukas-markowitsch.com
www.lukas-markowitsch.com

Öffnungszeiten
Mo.–Sa. 8–12, 13–17
Rebfläche
15 ha
Flaschenanzahl
120.000
Rebsorten
ZW, ME, BF, SL, CS, GV, SB, CH, GM, WR
Anbau
KIP, konventionell, nachhaltig
Verschlussarten
NK, DV

Das 15 Hektar große Familienweingut wird von den Brüdern Johann und Lukas Markowitsch geführt. Die beiden übernahmen von ihren Eltern großartige Weingärten in den besten Lagen. Die Rieden Rosenberg, Schüttenberg und Haidacker sind beste Südlagen in Göttlesbrunn. Alte Rebstöcke, modernes Laubmanagement und schonendste Bodenbearbeitung bringen Jahr für Jahr hochreifes Traubenmaterial. Der Fokus auf punktgenaue Lesezeitpunkte ergibt sich durch die klimatischen Veränderungen. Einer der Topweine des Hauses ist die Cuvée Lukas aus Zweigelt, Blaufränkisch und Merlot, mit der man bereits viele Auszeichnungen erreicht hat. Neben Wettbewerben in Fachmagazinen gewann man mit dem Zweigelt Ried Haidacker auch mehrmals den Salon Österreichischer Weine. Beim Weißwein keltert man Chardonnay, Grünen Veltliner und Sauvignon blanc. Das Ziel der Brüder ist, hochwertige Qualitäten mit Herkunftscharakter zu keltern.

95+ 2022 Zweigelt Ried Haidacker Carnuntum DAC 1 ÖTW 14 %, €€€
Tiefdunkler Farbkern, intensive, vielschichtige Nase, Kornelkirsche, Heidelbeere, Kakao, fein verwobene Röstaromen, stoffig, dicht und engmaschiger Trinkfluss, feinstes Tannin, Schwarzkirsche und Nougat im Nachhall, sehr lang anhaltend, Riesenpotenzial.

95 2022 Cuvée Lukas 14 %, €€€
(ME/ZW/BF) Kräftige, jugendliche Farbe, vielschichtiges Bukett, Schwarzkirsche, Lakritze, Bitterschokolade, Wacholder, körperreich, balancierte Struktur, engmaschiges, feinkörniges Finish, lang anhaltend, Nougat im Rückaroma, Riesenpotenzial.

94 2022 Chardonnay Ried Rosenberg Carnuntum DAC 14 %, €€
Kräftige Farbnoten, einladende, reife Frucht, Honigmelone, gelber Apfel und Pfirsich, Karamell, zarte Holzwürze, gehaltvoll, dicht und cremige Textur, feines Tannin, langer Nachhall, Potenzial.

94 2022 Ried Eisenbach Carnuntum DAC 14 %, €€
(ZW/BF/ME) Kräftige Farbe, intensive Aromatik, Brombeere, Weichsel, Kakao, leicht röstige Noten, Verbene, stoffig, dicht und engmaschige Struktur, fester, feiner Gerbstoff im Abgang, langer Nachhall, Potenzial.

93+ 2022 Merlot 14,5 %, €€
Kräftige Farbe, intensive Nase, Zwetschke, Heidelbeere, Nougat, zart rauchig, gehaltvoll, dicht und balancierte Struktur, fester Gerbstoff und langer Nachhall, Potenzial.

93 2022 Göttlesbrunn Alte Reben Carnuntum DAC 14 %, €€
(ZW/ME/BF) Jugendlich, kräftige Farbe, intensive Aromatik, Kirsche, Cranberry, stoffig, dicht, lebendige Struktur, feiner Gerbstoff, fruchtig-pikanter Nachhall, lang anhaltend.

92 2022 Rubin Carnuntum DAC 13,5 %, €€
(ZW) Jugendliche Farbnoten, saftiges Fruchtspiel, Heidelbeere, Kirsche, Nougat, Kakao, stoffig, einladender Trinkfluss, feinkörniges Tannin, zarter Fruchtschmelz im Nachhall, gute Länge.

Carnuntum

Weingut Dorli Muhr

Foto: Anna Stöcher

Weingartenweg 6
2472 Prellenkirchen
T 0664/180 40 39
M Dorli@dorlimuhr.at
www.dorlimuhr.at

Öffnungszeiten
nach Vereinbarung
Rebfläche
12 ha
Flaschenanzahl
50.000
Rebsorten
BF, SY
Anbau
organisch-biologisch
Verschlussarten
NK, DI

Dorli Muhr bewirtschaftet rund zwölf Hektar Rebflächen am Spitzerberg, wovon elf Hektar mit Blaufränkisch bestockt sind. Fasziniert von den Terroir-Unterschieden zwischen den jeweiligen Parzellen, füllt sie ihre Topweine von den höchsten Lagen des Spitzerbergs getrennt nach Subrieden ab. So entstand eine Serie von Weinpersönlichkeiten, die deutlich ihre Herkunft abbilden. Ihre Weine sind aber auch von der eindeutigen Signatur des Weinguts geprägt: Finesse, seidige Tannine, präzise und charmante Aromatik, dicht und dennoch leichtfüßig. Beeindruckend auch das neue Kellereigebäude, das nach nachhaltigen Richtlinien erbaut wurde.

98 2021 Ried Spitzerberg Obere Spitzer 1 ÖTW 13 %, €€€
(BF) Jugendliche Farbnoten, intensive, vielschichtige Aromen, Granatapfel, Wacholder, Cassis, Cranberry, körperreich, engmaschige, straffe Textur, eleganter Trinkfluss, feinster Gerbstoff im Abgang, sehr lang anhaltend, Kornelkirsche im Rückaroma, Riesenpotenzial.

97+ 2021 Ried Spitzerberg Kobeln Carnuntum DAC 1 ÖTW 13 %, €€€
(BF) Jugendliche Farbe, komplexe Aromatik, Brombeere, Verbene, Physalis, Kornelkirsche, kräftig, engmaschiger, lebendiger Trinkfluss, feines Tannin, sehr lang anhaltend, Physalis im Rückaroma, Riesenpotenzial.

97+ 2021 Ried Spitzerberg Obere Roterd 1 ÖTW 13 %, €€€
(BF) Jugendliche Farbnoten, ausgeprägte, komplexe Nase, Verbene, Heidelbeere, Earl Grey, Preiselbeere, kräftiger Wein, lebendiger, eleganter Trinkfluss, feinstes Tannin im Finish, sehr langer Nachhall, Kornelkirsche und Kumquat im Rückaroma, Potenzial.

96 2021 Ried Spitzerberg Kranzen Carnuntum DAC 1 ÖTW 13 %, €€€
(BF) Jugendliche Farbe, komplexes Bukett, Cranberry, Kirsche, Verbene, Weichsel, kräftig, lebendige Struktur, engmaschiger Trinkfluss, fester, feiner Gerbstoff im Abgang, lang anhaltend, Brombeere im Rückaroma, Potenzial.

95+ 2021 Ried Kirchweingarten Carnuntum DAC 1 ÖTW 13 %, €€€
(BF) Jugendliche Farbe, intensive Aromatik, Kornelkirsche, Preisel- und Brombeere, Verbene, stoffiger Wein, lebendige Struktur, pikantes Finish, lang anhaltend, Physalis und kräutrige Noten im Rückaroma, Potenzial.

95+ 2021 Syrah 13,5 %, €€€
Jugendliche, kräftige Farbe, intensive Nase, Brombeere, Wacholder, zarte Kräuternoten, Zedern, stoffiger Wein, dicht und straffe Struktur, feinkörniges, leicht pfeffriges Finish, sehr langer Nachhall, Brombeere und Gewürznelke im Abgang, Potenzial.

94 2021 Blaufränkisch Prellenkirchen Samt & Seide 13 %, €€€
Jugendliche Farbe, ausgeprägtes Fruchtspiel, Cranberry, Blutorange, kandierte Noten, Schwarztee, saftiger Wein, lebendiger Trinkfluss, feines, engmaschiges Finish, fruchtiger, langer Nachhall.

Carnuntum

Franz & Christine Netzl

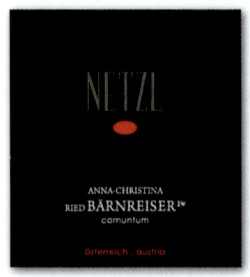

Christina Netzl leitet gemeinsam mit ihrem Vater das bekannte Weingut. Die beiden ergänzen einander perfekt: Während Franz Netzl seine Erfahrung und sein Wissen einbringt, sorgt seine Tochter für frischen Wind und Innovation. Das Ziel von beiden ist, die Charakteristik der jeweiligen Rebsorte und die Herkunftstypizität in ihren Weinen herauszuarbeiten. Grundlage dafür ist für sie der Rebstock, daher bewirtschaften sie ihre Weingärten organisch-biologisch. Der Zweigelt ist aufgrund seiner sensorischen und stilistischen Bandbreite die Basis nahezu aller ihrer Weine. So bildet er lagenrein von der Ried Haidacker und als wichtigster Part der Cuvée Anna-Christina die Spitze des Sortiments. Als Mitglied der ÖTW soll sich der Fokus ihrer Arbeit in Zukunft noch mehr auf die einzigartigen Lagen und deren spezifischen Ausdruck richten.

Foto: www.JuliusHirtzberger.com

Rosenbergstraße 17
2464 Göttlesbrunn
T 02162/82 36
M weingut@netzl.com
www.netzl.com

Öffnungszeiten
Mo.–Fr. 9–18 nach Vereinbarung,
Sa. 9–16 (So., Fei. Ru.)
Rebfläche
30 ha
Rebsorten
WR, GV, CH, PB, GM, ZW, SL, ME, CS, SY, BF
Anbau
organisch-biologisch
Verschlussarten
NK, DI, DV

97 2021 Netzl Privat 14,5 %, €€€
(ZW/ME) Intensive, tiefe Farbe, vielschichtige Aromatik, Schwarzkirsche, Bitterschokolade, rauchig-röstige Noten, Cassis, gehaltvoll, dicht und straffe Struktur, engmaschiges, feinkörniges Finish, sehr lang anhaltend, Riesenpotenzial.

96+ 2021 Ried Bärnreiser Anna Christina Carn. DAC 1 ÖTW 14 %, €€€
(ZW/BF/ME) Kräftige, jugendliche Farbe, vielschichtige Aromen, Brombeere, Wacholder, Kakao, Anklänge von Zedern, körperreich, dicht und straffe Textur, engmaschiges Finish, sehr lang anhaltend, Marzipan und Preiselbeere im Nachhall, Potenzial.

95 2021 Merlot 15 %, €€€
Jugendlich, kräftige Farbe, intensive, komplexe Nase, Schwarzkirsche, Lakritze, Verbene, Gewürznelke, Nougat, barocker Auftakt, druckvoller Wein, harmonische Textur, feinkörniges Tannin, sehr lang anhaltend, Bitterschokolade, Mandeln und kandierte Orange im Nachhall, Riesenpotenzial.

95 2021 Ried Haidacker Carnuntum DAC 1 ÖTW 13,5 %, €€€
(ZW) Jugendlich, kräftige Farbe, vielschichtige Aromatik, Kornelkirsche, Cranberry, Nougat, Heidelbeere und Bitterschokolade, straffe Textur, feines Tannin, sehr langer Nachhall.

94 2021 Göttlesbrunn „Edles Tal" Carnuntum DAC 14 %, €€
(ZW/ME/SY) Kräftige, jugendliche Farbe, komplexes Bukett, dunkelbeerige Noten, zarte Kräuteranklänge, Wacholder, Pflaume, leicht rauchig, körperreich, dicht und balancierte Struktur, fester, feiner Gerbstoff, langer Nachhall, Potenzial.

93 2022 Chardonnay Ried Altenberg Carnuntum DAC 13 %, €€€
Jugendliche Farbe, nuanciertes Bukett, kandierte Orange, nussige Würze, Mandeln, Steinobst, körperreich, balancierte, straffe Struktur, lang anhaltend, Kumquat im Rückaroma.

93 2023 Weißburgunder Ried Altenberg Carnuntum DAC 13,5 %, €€
Helle Farbe, ausgeprägtes Fruchtspiel, gelber Pfirsich und Apfel, Mandarine, körperreich, lebendiger Trinkfluss, fruchtig-pikantes Finish, lang anhaltend, zarter Schmelz im Nachhall, Potenzial.

Josef Pimpel

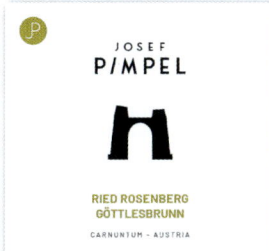

Brucker Straße 6
2404 Petronell-Carnuntum
T 0676/615 33 65
M weingut@pimpel.com
www.pimpel.com

Öffnungszeiten
Mo.–Sa. 8–18
Rebfläche
13 ha
Rebsorten
GV, WR, CH, SB, GT, ZW, BF, SL, ME, SY
Anbau
KIP
Verschlussarten
NK, DV

Josef Pimpel ist Winzer aus Leidenschaft. Für ihn ist Weinmachen ein Handwerk. „Die Natur gibt den Rahmen vor, ich male das Bild", so sein Credo. Er versucht, die Balance zwischen Tradition und moderner Önologie zu finden. Die Rotweine finden dank idealer Klima- und Bodenvoraussetzungen beste Bedingungen vor. Neben Zweigelt ist Josef Pimpel für seinen Blaufränkisch und seine roten Cuvées bekannt. Aber auch Grüner Veltliner und Chardonnay stehen im Fokus. Die Rotweine werden im großen Holz- oder Barriquefass ausgebaut. Die Weißweine bleiben nach der Gärung auf der Feinhefe. In den besten Jahren wird auch ein Lagen-Blaufränkisch hergestellt. Authentische und elegante Weine zu erzeugen, die das einzigartige Terroir widerspiegeln, ist das Ziel des Winzers.

95 2021 Blaufränkisch Ried Spitzerberg Carnuntum DAC 13 %, FP, €€€
Intensive Farbe, vielschichtige Aromen, Kornelkirsche, Brombeere, Gewürznelke, rauchig-röstig, kräftiger Wein, dicht und lebendige Struktur, feinkörniges Finish, lang anhaltend, Granatapfel im Rückaroma.

94+ 2022 Blaufränkisch Ried Spitzerberg Carnuntum DAC 13 %, €€€
Kräftige Farbe, intensive, jugendliche Fruchtnoten, Cassis, Heidel- und Brombeere, röstige Noten, Bitterschokolade, stoffig, balancierte Struktur, engmaschiges Finish, fester Gerbstoff im Nachhall.

93+ 2022 Blaufränkisch Prellenkirchen Carnuntum DAC 13 %, €€
Kräftiger Farbkern, ausgeprägtes Bukett, Wacholder, Heidelbeere, zarte Würze, Cranberry, stoffig, balancierte Textur, feines Tannin, gute Länge, Brombeere im Rückaroma.

93 2022 Vom Limes 13,5 %, €€
(BF/ZW/ME) Kräftige Farbe, vielschichtige Aromen, rauchig-röstig, Kirsche, Lakritze, Brombeere, stoffig, lebendiger Trinkfluss, feinkörniges Tannin, langer Nachhall, Potenzial.

93 2023 Chardonnay Ried Steinriegel Carnuntum DAC 13,5 %, FP, €€
Jugendliche Farbe, saftige Frucht, Grapefruit, Mandarine, Bratapfel, stoffig, balancierter Trinkfluss, fruchtig-pikanter Gerbstoff, lang anhaltend.

92 2022 Rubin Carnuntum 13,5 %, €€
(ZW) Kräftige, jugendliche Farbe, einladende Kirschnoten, Nougat, kräftig, fruchtige Struktur, zartes Tanninfinish, gute Länge.

Weingut Familie Pitnauer

Foto: LisiLehner-Fotografie

Weinbergstraße 4-6
2464 Göttlesbrunn
T 02162/82 49
M weingut@pitnauer.com
www.pitnauer.com

Öffnungszeiten
Mo.–Fr. 8–17, Sa. nach Voranmeldung
Rebfläche
22 ha
Rebsorten
GV, SB, GM, ZW, ME, SY, CS, CF, CH
Anbau
nachhaltig
Verschlussarten
NK, DV

Die Geschichte des Weinguts Familie Pitnauer ist eng mit dem farbenfrohen Zugvogel Bienenfresser verbunden. Als sich 1986 die ersten Brutpaare in Göttlesbrunn niederließen, inspirierten sie das Winzerpaar Edith und Hans Pitnauer zu ihrem Zweigelt Bienenfresser, mit dem sie dann auch bekannt wurden. Mittlerweile nistet der Bienenfresser seit über 30 Jahren in ihren Rieden und ist das Wappentier des Familienweinguts. Heute führen ihr Sohn Johannes und dessen Lebensgefährtin Romana die Familientradition fort, setzen aber auch neue Akzente. Die 22 Hektar Weingärten werden nachhaltig und mit Leidenschaft bewirtschaftet. Die Traubenlese erfolgt von Hand, um hohe Qualität zu gewährleisten. Die Geschichte des Weinguts spiegelt die Verbindung von Liebe zu Natur, Tradition und moderner Weinherstellung wider.

94 2022 Pegasos Wald und Schotter 14,5 %, FP, €€€
(SY) Jugendlich, tiefe Farbnoten, komplexes Bukett, Wacholder, Verbene, Gewürznelke, Brombeere, röstig, körperreich, balancierte Struktur, engmaschiges Finish, lang anhaltend, würziger Nachhall, Potenzial.

93+ 2022 Quo Vadis Merlot vom Schotter Carnuntum DAC 15 %, FP, €€€
Intensive Farbe, ausgeprägtes Bukett, Nougat, Bitterschokolade, Schwarzkirsche, Gewürznelke, gehaltvoll, lebendiger Trinkfluss, feines Tannin, fruchtiger Nachhall.

93 2021 Zweigelt Ried Haidacker Carnuntum DAC 1 ÖTW 14,5 %, €€€
Jugendliche Farbnoten, einladende Kirschfrucht, Kakao, Lakritze, Nougat, opulenter Wein, straffe Textur, feines Tannin, zarter Schmelz im Nachhall, lang anhaltend.

92+ 2021 Chardonnay Ried Kräften Carnuntum DAC 15 %, €€
Jugendliche Farbe, ausgeprägte, gelbe Frucht, Steinobst, Melone, zarte Würze, opulenter Wein, cremige Textur, gut stützende Säure, fruchtig-würziges Finish, gute Länge.

92+ 2021 Zweigelt Bienenfresser Carnuntum DAC 14 %, €€
Jugendliche Farbe, einladende Fruchtnoten, Kirsche, Nougat, Bitterschokolade, gehaltvoll, straff, lebendiger Trinkfluss, Schwarzkirsche und Kakao im Nachhall.

92 2023 Zweigelt Rosé „Dame mit Einhorn" 13 %, €€
Helles Lachsrosa, zartes Bukett, Weichsel, Preiselbeeren, stoffig, lebendiger Trinkfluss, fruchtig-pikantes Finish.

91 2023 Gelber Muskateller Selektion 12 %, €
Helle Farbe, nuanciertes Bukett, leicht florale Noten, Nektarine, Mandarine, stoffig, lebendiger Trinkfluss, fruchtiges Finish.

Carnuntum

Weingut Taferner

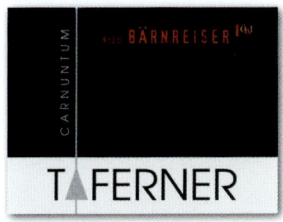

Foto: WARDA NETWORK

Pfarrgasse 2
2464 Göttlesbrunn
T 02162/84 65
M weingut@tafi.at
www.tafi.at

Öffnungszeiten
Mo.–Fr. 9–17, Sa. 9–13
Rebfläche
25 ha
Flaschenanzahl
200.000
Rebsorten
GV, PB, CH, GM, ZW, SL, CS, BF, SB
Anbau
organisch-biologisch
Verschlussarten
NK, DI, DV
Gastronomie
Heuriger

Das Weingut von Karoline Taferner liegt im Herzen des Carnuntums. Die Weingärten befinden sich auf den sonnigen Südhängen des Arbesthaler Hügellands. Schwere Böden mit Lehm und Löss, Sand und Schotter bieten den kräftigen Rotweinen und vollmundigen Weißweinen beste Bedingungen. Aus diesem Grund werden ihre 25 Hektar Weingärten biologisch bewirtschaftet. Im Fokus stehen autochthone Rebsorten wie Zweigelt und Blaufränkisch, die Terroir und Region unverwechselbar widerspiegeln. Aber auch internationale Rebsorten werden ausgebaut. So profitieren etwa auch Chardonnay und Weißburgunder von den geologischen und klimatischen Vorzügen der Region. Die Auswahl der Rebsorten wurde mit Bedacht für jeden einzelnen Weinberg und seine natürlichen Gegebenheiten getroffen. Das Ziel ist, Weine zu schaffen, die zeigen, woher und von wem sie kommen – geprägt von Boden, Klima und den Menschen.

95 2020 V.I.B. Very Important Bottle 14 %, €€€
(CS/ME) Dunkler Farbkern, leicht gereifter Rand, Cassis, Blutorange, Zedern, Bitterschokolade, gehaltvoll, dicht und balanciert, feinstes Tannin, langer Nachhall, Kumquat und Kirsche im Rückaroma.

95 2022 Ried Haidacker Carnuntum DAC 1 ÖTW 14 %, €€€
(ZW/ME/CS) Kräftige Farbnoten, intensive, vielschichtige Nase, Kornelkirsche, Brombeere, Bitterschokolade, leicht rauchig, körperreich, balancierte Textur, feinkörniges Tannin, lang anhaltend, Kakao und Schwarzkirsche im Nachhall, Potenzial.

94+ 2022 Ried Bärnreiser Carnuntum DAC 1 ÖTW 14 %, €€€
(ZW/BF) Kräftige Farbe, vielschichtige Nase, Schwarzkirsche, Nougat, leicht rauchig, körperreich, straff, gut stützende Säure, feiner Gerbstoff, dicht und fruchtiger Nachhall, Bitterschokolade und Brombeere im Nachhall.

94 2022 Tribun Cabernet Sauvignon 14 %, €€€
Kräftiger Farbkern, Cassis, Verbene, Blutorange, Bitterschokolade, straffer Wein, balancierte Struktur, feiner Gerbstoff, lang anhaltendes Finish, Pflaume und Nougat im Nachhall.

94 2023 Chardonnay Ried Schüttenberg Carnuntum DAC 13,5 %, FP, €€€
Jugendliche Farbe, vielschichtige Nase, Zesten, Kumquat, Steinobst, zarte Würze, körperreich, engmaschige Struktur, feiner Gerbstoff und fruchtiger Nachhall, lang anhaltend, Potenzial.

93 2023 Weißburgunder Ried Altenberg Carnuntum DAC 13,5 %, FP, €€€
Jugendliche Farbe, vielschichtige Nase, kandierte Noten, Bratapfel, Grapefruit, körperreich, dicht und straffe Textur, feiner Gerbstoff, langer Nachhall, Potenzial.

92+ 2023 Göttlesbrunn Weiß Carnuntum DAC 13 %, FP, €€
(CH/PB/GV) Jugendliche Farbe, nuanciertes Bukett, Kumquat, Nashi-Birne, Grapefruit, stoffig, lebendiger Trinkfluss, fruchtig-pikantes Finish, gute Länge.

Die Besten im
WEINVIERTEL

Rebfläche: 13.858 ha. Das größte und nördlichste Anbaugebiet Österreichs könnte man als Veltlinerland bezeichnen, etwa 50 % der Weingärten nimmt diese typisch österreichische Sorte ein. Es dominieren Löss- und Schwarzerdeböden.
Rebsorten: Grüner Veltliner, Riesling, Weißburgunder, Chardonnay

97 *N. V. Cuvée Courage Zero Dosage* · **Ebner-Ebenauer**

96 *2022 Weinviertel DAC Große Reserve* · **Hans Setzer**

95+ *2021 Weinviertel DAC Große Reserve Grüner Veltliner Endlos* · **Weingut Dürnberg**

95+ *2022 Grüner Veltliner Black Edition* · **Ebner-Ebenauer**

95+ *2023 Grüner Veltliner Ried Pankraz Reserve* · **Ingrid Groiss**

95 *2022 Ried Karlsberg Cuvée* · **Hofkellerei des Fürsten von Liechtenstein**

95 *2020 Grüner Veltliner Stockkultur* · **Weingut Neustifter**

95 *N. V. Blanc de Blancs Extra Brut Sekt Große Reserve* · **Weingut Taubenschuss**

95 *2020 Chardonnay Sekt Brut Große Reserve* · **Weingut Zuschmann-Schöfmann**

94+ *2022 Welschriesling Eiswein* · **Bio-Weingut Schwarz Familie Schwarz**

94+ *2021 Weinviertel DAC Reserve Grüner Veltliner Ried Galgenberg* · **Winzerhof Stift**

94+ *2021 Weinviertel DAC Reserve Grüner Veltliner Äußere Bergen* · **Weingut Zull**

94 *2023 Weinviertel DAC Grüner Veltliner Ried Hoher Weg Reserve* · **Weingut Frank**

94 *2022 Gelber Traminer Ried Plankenfeld Große Reserve* · **Weingut Gilg**

94 *2019 V Brut Nature* · **Graf Hardegg**

94 *2022 Weinviertel DAC Grüner Veltliner Reserve Ried Mühlberg* · **Gruber Röschitz**

94 *2022 Weinviertel DAC Grüner Veltliner Große Reserve Ried Hochstrass* · **Weingut Hofbauer-Schmidt**

94 *2022 Grüner Veltliner Große Reserve Steinzeit* · **Weingut Jordan, Simone & Johannes Hiller-Jordan**

94 *N. V. Gewürztraminer Premium* · **RM Weingut Roland Minkowitsch**

94 *2021 Grüner Veltliner Privat Reserve* · **Weingut Pass**

94 *2023 Weinviertel DAC Hommage Grüner Veltliner Reserve* · **R. & A. Pfaffl**

94 *2023 Grüner Veltliner Erdverbunden Natural Wine* · **Wine by S. Pratsch**

94 *2020 Chardonnay Ried Hohenleiten Beerenauslese* · **Weinrieder**

94 *2023 Weinviertel DAC Reserve Ried Aichleiten* · **Weingut Schwarzböck**

Weinviertel

Christoph Bauer

Christoph Bauer bewirtschaftet im Pulkautal 20 Hektar Weingärten. Bei der Vinifikation setzt er auf eine Mischung aus Tradition und Innovation. Das Weingut steht für handwerklich gemachte Weine mit klarem Sorten- und Jahrgangscharakter. Bedachtes Arbeiten im Weingarten ist dafür die Voraussetzung: Seit 2015 bewirtschaftet die Familie ihre Weingärten daher organisch-biologisch. Reife Trauben und schonende Verarbeitung sind für Christoph Bauer die Basis für ausdrucksstarke Weine. Das Gebiet um Jetzelsdorf bietet einerseits sehr gute Lagen und Böden für Weißweine, aber auch warme Kessellagen, die für die roten Sorten bestens geeignet sind.

Foto: Astrid Bartl

2053 Jetzelsdorf 49
T 0676/369 09 00, 02944/23 04
M office@bauerwein.at
www.bauerwein.at

Öffnungszeiten
nach Vereinbarung
Rebfläche
20 ha
Rebsorten
GV, RI, ZW, BP, WR, SB, PN, CS, ME, PG
Anbau
organisch-biologisch
Verschlussarten
NK, DV

93 2021 Zweigelt Privat Ried Strasshaide 14 %, €€€
Kräftige Farbe, reife dunkle Beerenfrucht, Kirsche, Bitterschokolade, harmonische Textur, fruchtig-pikantes Finish, feiner Gerbstoff, lang anhaltend.

93 2023 Grauburgunder TBA 13 %, €€€
Helles Goldgelb, intensive Nase, kandierte Birne, präsente Botrytisnote, Karamell, Nougat, körperreich, harmonische Textur, gut verwobene Restsüße, Potenzial.

92+ 2023 Weinviertel DAC Grüner Veltliner Spezial 15 %, €
Jugendliche Farbe, reife, gelbe Steinobst-Noten, Mandeln, Melone, Nashi-Birne, opulenter Wein, harmonische Textur, pikanter Gerbstoff, gute Länge.

92 2023 Grauer Burgunder 14 %, €
Jugendliche Farbe, reife gelbe Fruchtnoten, Kumquat, Mandeln, stoffiger Wein, feiner Gerbstoff, gute Länge.

91+ 2023 Weinviertel DAC 13 %, €
(GV) Jugendliche Farbe, komplexes Bukett, kandierte Birne und Orange, zarte Würze, körperreich, harmonische Textur, gutes Frucht-Säure-Spiel, pikanter Abgang, lang anhaltend.

90 2021 Pinot Noir Ried Gerichtsberg 13 %, €€
Gereifte, transparente Farbe, Kirsche, Pflaume, balancierte Struktur, zarter Gerbstoff.

Norbert Bauer

2053 Jetzelsdorf 180
T 02944/25 65
M office@bauer-wein.com
www.bauer-wein.com

Öffnungszeiten
Mo.–Fr. 8–12, Sa. 10–18
Rebfläche
90 ha
Rebsorten
GV, RI, GM, SB, CH, WR, ZW,
SL, BF, BP, CS, ME, CF
Anbau
KIP, konventionell, nachhaltig
Verschlussarten
NK, DV
Sonstiges
Übernachtungsmöglichkeit

Foto: Martin Mathes

Das traditionsreiche Weingut liegt im Pulkautal, direkt an der Grenze zu Tschechien, und ist bereits seit 1721 in Familienhand. Im Einklang mit der Natur und den besonders günstigen klimatischen Bedingungen der Region bewirtschaften Norbert, Gisela und Willy Bauer – die elfte Generation am Weingut – mehr als 100 Einzellagen auf rund 90 Hektar Rebflächen. Der Lagenmix ist vielfältig und spiegelt sich in seiner ganzen Bandbreite im Sortiment wider: Kessellagen sowie Steillagen mit Löss- und Urgesteinsböden bieten ideale Bedingungen für Zweigelt, Sankt Laurent und den im Weinviertel selten gewordenen Blaufränkisch. Aber auch die gängigen Weißweinsorten wie Grüner Veltliner, Riesling und Chardonnay fühlen sich hier wohl. Moderne Kellertechnologie, verbunden mit traditionellem Handwerk und langjähriger Erfahrung, bildet die Grundlage für hochwertige Weine.

93+ 2022 Weinviertel DAC Reserve Grüner Veltliner Ried Holzweg 13 %, €€
Jugendliche Farbe, ausgeprägte, gelbe Fruchtnoten, Honigmelone, kandierte Orange und Birne, Kumquat, körperreich, dicht und gut stützende Säure, fein verwobene Restsüße und pikanter Gerbstoff, fruchtiger Schmelz im Finish, Potenzial.

92+ 2021 Sankt Laurent Ried Schatzberg 13 %, €€
Dunkler Farbkern, vielschichtiges Bukett, Wacholder, Leder, Earl Grey, rauchig-röstig, körperreich, dicht und straffe Textur, fester Gerbstoff im Finish, zarter Schmelz im Nachhall, Potenzial.

92 2023 Mischsatz vom alten Weingarten 12,5 %, €
(GE) Helle Farbe, saftige, jugendliche Fruchtnoten, Pfirsich, Mandarine, Zesten, Gewürznelke, körperreich, lebendiger Trinkfluss, fruchtiger Schmelz im Abgang, gute Länge.

92 2023 Weinviertel DAC Grüner Veltliner Alte Rebe Ried Diermannsee 12,5 %, €€
Jugendliche Farbnoten, ausgeprägte Aromatik, Zesten, Mandeln, Limette, kräftiger Wein, animierender Trinkfluss, zart CO_2-geprägt, fruchtiger Abgang, langer Nachhall.

92 2023 Zweigelt Haugsdorfer Freyheit 13 %, €
Kräftige Farbe, intensive, vielschichtige Nase, Heidelbeere, Weichsel, Cranberry, tabakige Würze, kräftiger Wein, dicht und lebendige Textur, fester Gerbstoff und zarter Schmelz im Abgang.

91+ 2023 Riesling Ried Altenberg 12,5 %, €
Hellgelb, intensive Nase, gelbes Steinobst, kandierte Orange und Ananas, kräftiger Wein, jugendlicher Trinkfluss, CO_2-geprägte Struktur, balancierte Restsüße im Abgang, gute Länge.

Weinviertel

Weingut Matthias Beyer

Foto: WWW.POV.AT

Hauptplatz 5
3743 Röschitz
T 0680/116 86 61
M info@beyerwein.at
www.beyerwein.at

Öffnungszeiten
nach tel. Vereinbarung
Rebfläche
10 ha
Rebsorten
GV, RI, WR, CH, SB, ZW
Anbau
konventionell
Verschlussarten
NK, DV

Seit 1642 betreibt die Familie Weinbau. Nun führt Matthias Beyer den Betrieb, er wird von seinen Eltern tatkräftig unterstützt. Nach Praktika im In- und Ausland ist sein Ziel, die Qualität mit jedem Jahrgang zu steigern und ausdrucksstarke Weine zu keltern. Auf zehn Hektar sind hauptsächlich Weißweinsorten gepflanzt, die mit Liebe und Sorgfalt zu frischen, präzisen Gewächsen ausgebaut werden. Im Weingarten ist penible Handarbeit und Verständnis für die Natur oberstes Gebot. Im Keller werden die Weine so schonend wie möglich vinifiziert, damit die Qualität aus dem Weingarten nicht verloren geht. Die mineralischen Böden von Röschitz verleihen den Weinen eine unverkennbare Note, die besonders beim Grüner Veltliner und Riesling zur Geltung kommt.

93 2022 Grüner Veltliner Barrique 12,9 %, €€
Jugendliche Farbe, reife, gelbe Fruchtnoten, Honigmelone, kandierte Orange, stoffig, Gewürznelke, körperreich, straff, lebendige Textur, gut stützende Säure, feiner, pikanter Gerbstoff, Grapefruit im Nachhall.

92 2023 Grüner Veltliner Ried Kirchengraben 13 %, FP, €€
Jugendliche Farbe, reife, gelbe Fruchtnoten, Melone, kandierte Noten, Mandeln, nussige Würze, körperreich, harmonische Textur, würziges Finish, fruchtiger Nachhall.

92 2023 Weinviertel DAC Grüner Veltliner Ried Königsberg 13 %, €
Helle Farbe, intensive Aromatik, kandierte Orange, Mandeln und Steinobst, Antipasti-Noten, körperreich, dicht und balancierte Struktur, feiner Gerbstoff im Abgang.

91+ 2023 Riesling 13 %, €
Helle Farbe, vielschichtige Aromatik, Pfirsich, Nektarine, kandierte Ananas, stoffig, balancierte Textur, fruchtig-süßer Abgang.

91 2023 Chardonnay 13 %, €
Jugendliche Farbe, reife, gelbe Frucht, Blütenhonig, Vanille, stoffig, balancierte, cremige Textur, fruchtiger Schmelz und Karamell im Abgang.

90 2023 Grüner Veltliner Klassik 13 %, €
Helle Farbe, intensive Nase, Einlegegewürze, Limette, Maracuja, stoffig, lebendiger Trinkfluss, fruchtig-pikantes Finish.

Weinviertel

Weingut Deutsch

Seit drei Generationen betreibt die Familie Deutsch Weinbau in Hagenbrunn im südlichen Weinviertel. Die neun Hektar umfassenden Rebflächen des Betriebs befinden sich auf den Hängen des Bisambergs rund um Hagenbrunn. Unterschiedlichste Böden, Hanglagen und Kleinklimazonen in diesen Rieden ermöglichen es, für die Rebsorten die jeweils optimalen Wachstums- und Reifebedingungen zu finden. Dabei werden nicht nur für die Region typische Weißweinsorten, sondern auch gehaltvolle Rotweine internationaler Stilistik und hochgradige Süßweine vinifiziert.

Foto: Stephan Doleschal

93 2021 Cabernet & Merlot Reserve 14,5 %, €€
Jugendlich, intensiver Farbkern, komplexes Bukett, Kakao, Nougat, Pflaume, Schwarzkirsche, rauchige Anklänge, körperreich, dicht, feinkörniges Tannin, sehr langer Nachhall, Bitterschokolade im Rückaroma.

93 2022 Sauvignon Blanc Privat 13 %, €€
Helle Farbe, vielschichtiges Bukett, Antipasti-Noten, Pimentos, Cassis, körperreich, engmaschige Struktur, Steinobst und Holunderblüte im Abgang, gute Länge.

92+ 2021 Zweigelt Reserve 14 %, €€
Tiefdunkle Farbe, ausgeprägtes Kirsch-Weichsel-Bukett, zart rauchig, Bitterschokolade, markantes, feinkörniges Tannin, gute Länge.

92 2023 Sauvignon Blanc Ried Aichleiten 12,5 %, €
Blassgelb, ausgeprägtes Bukett, zarte Blütenaromen, Pimentos, Einlegegewürze, stoffiger Wein, balancierte Struktur, Maracuja im Nachhall.

91+ 2023 Weinviertel DAC Grüner Veltliner 13 %, €
Hellgelb, nuanciertes Bukett, Kumquat, Zesten, Gewürznelke und zarte Würze, kräftiger Wein, lebendige Textur, CO_2 präsent, fruchtig-pikanter Abgang, langer Nachhall.

91 2023 Gemischter Satz 12,5 %, €
Helle Farbe, jugendliches Fruchtspiel, Apfel-Zitrus-Noten, Mandarine, stoffiger Wein, lebendiger Trinkfluss, CO_2-geprägte Struktur.

91 2023 Riesling Ried Kellerberg 13 %, €
Hellgelb, vielschichtige Steinobst-Noten, kandierte Ananas und gelber Pfirsich, Mandarine, stoffiger Wein, balancierte Textur, gut verwobene Restsüße im Finish.

Weinberggasse 40
2102 Hagenbrunn
T 0699/12 56 86 70,
02262/67 25 62
M office@weingut-deutsch.at
www.weingut-deutsch.at

Öffnungszeiten
Fr. 14–18, nach Vereinbarung
Rebfläche
9 ha
Rebsorten
GV, SB, RI, CH, ZW, CS, ME, GM
Anbau
KIP
Verschlussarten
NK, DV
Gastronomie
Heuriger

Weinviertel

Weingut Dürnberg

Foto: Weingut Dürnberg

Neuer Weg 284
2162 Falkenstein
T 02554/853 15
M weingut@duernberg.at
www.duernberg.at

Öffnungszeiten
Mo.–Do. 7–16, Fr. 7–12
Rebfläche
59 ha
Rebsorten
GV, PB, CH, ZW, SB, GM, PG, RI, PN
Anbau
KIP, konventionell, nachhaltig, vegan
Verschlussarten
NK, DV

Das Weingut Dürnberg befindet sich im traditionsreichen Weinort Falkenstein. Seit dem 12. Jahrhundert ist der Weinbau hier belegt, zwischen dem 13. und 17. Jahrhundert wurden die Weinbauangelegenheiten zwischen Wien und Brünn vom Falkensteiner Berggericht geregelt. Die Etiketten der Weinflaschen zeigen einen Auszug aus einem der ältesten Weingesetzbücher, dem Falkensteiner „Bergtaidingbuch" von 1309, als Hommage an die lange Weinbautradition der Region. Die kühle Charakteristik verdanken die Weine dem außergewöhnlichen Terroir. Günstiges Mikroklima und kalkreiche Böden bewirken eine ideale Traubenreife. So können Weine mit feiner Aromatik, ausgeprägter Frucht und vitalem Säurespiel entstehen. Grüner Veltliner in all seinen Facetten ist die Leitsorte. Ein Schwerpunkt liegt aber auch auf den Burgundersorten, die von den kalkreichen Höhenlagen rund um Falkenstein profitieren.

95+ 2021 Weinviertel DAC Große Reserve GV Endlos 13,5 %, €€€
Jugendliche Farbnoten, vielschichtiges Bukett, kandierte Orange, Earl Grey, Honig-Ingwer, Nashi-Birne, körperreich, engmaschige Struktur, feines Tannin, fruchtiger Abgang, lang anhaltend, Kumquat im Rückaroma, Potenzial.

94+ 2021 Weinviertel DAC Reserve GV Ried Rabenstein 13,5 %, €€€
Helle Farbe, komplexe Aromatik, Zesten, nussige Würze, Lemongrass, Verbene, körperreich, gut stützende Säure, feiner, pikanter Gerbstoff, zarter Schmelz, langer, fruchtiger Nachhall, Riesenpotenzial.

94 2021 Ortolan Cuvée Prestige Reserve 13,5 %, €€€
(CH/PB/GV) Kräftige Farbnoten, vielschichtige Nase, Mandeln, Gewürznelke gelbes Steinobst, kandierte Orange, körperreich, dicht und straffe Textur, feiner Gerbstoff im Abgang, Zesten und nussige Würze im Nachhall, Potenzial.

93+ 2021 Gemischter Satz Ried Kirchberg Reserve 14 %, €€€
Helle Farbnoten, komplexe Aromatik, Physalis, kandierte Orange, Mandeln, opulenter Wein, straffe Struktur, pikantes Tannin, langer Nachhall, Grapefruit und Kumquat im Finish.

93 2022 Weinviertel DAC Reserve Grüner Veltliner Tradition 13 %, €€
Jugendliche Farbnoten, ausgeprägtes Bukett, reife Fruchtnoten, Melone, gelbes Steinobst, Antipasti-Noten, zarte Würze, körperreich, harmonische Struktur, nussige Würze im Abgang, langer Nachhall.

93 2022 Weißburgunder Falkenstein Reserve 13 %, €€
Jugendliche Farbe, vielschichtiges Fruchtspiel, kandierte Orange, Bratapfel, Melone, Mandeln, gehaltvoll, harmonische Textur, fruchtig-pikanter Abgang, feiner Schmelz, lang anhaltend.

91 2022 Rosé aus der Provinz 13,5 %, €€
(PN/CS/ME) Lachsrosa, leicht orange Noten, dezente Frucht, leicht florale Anklänge, Zesten, stoffiger Wein, harmonische Textur, zarter Gerbstoff, fruchtig-pikanter Nachhall.

Weinviertel

Ebner-Ebenauer

Foto: Christof Wagner

Laaer Straße 5
2170 Poysdorf
T 02552/26 53
M office@ebner-ebenauer.at
www.ebner-ebenauer.at

Öffnungszeiten
nach Vereinbarung
Rebfläche
18 ha
Rebsorten
GV, RI, CH, PB, PN, SL
Anbau
respekt-BIODYN
Verschlussarten
NK, DV
Sonstiges
Vinothek, kulinarische Events

2007 wurden Marions Négociant-Weinhaus und Manfreds Weingut zusammengelegt. Unter dem Namen Ebner-Ebenauer konnten die Kapazitäten der beiden Vollblutwinzer gebündelt werden. Von Anfang an zählten sie zu den spannendsten Betrieben des Winviertels. So werden ausschließlich Einzellagenweine von mehr als 30-jährigen Rebstöcken gekeltert, wobei die „Alten Reben" 50 bis 70 Jahre alt sind. Die Alten Reben sieht das Winzerpaar als Privileg, Ernte von Hand und schonendste pumpenfreie Verarbeitung als Bedingung. Im Keller wird auf elaborierte Technik verzichtet; Handwerk und Zeit spielen eine tragende Rolle. Respekt vor Böden, Pflanzen und altem Weinhandwerk verbietet alles, was einen massiven Eingriff bedeutet. Auch mit ihren Jahrgangssekten ohne Dosage sorgen sie im In- und Ausland für Furore. Die Konsequenz daraus: biodynamisches Wirtschaften. Ihr Ziel ist, Weine mit Spannung und Tiefgang zu keltern: Weine, die berühren.

97 **N. V. Cuvée Courage Zero Dosage 12,5 %, €€€**
Jugendliche, kräftige Farbe, nuanciertes Bukett, Grapefruit, Zesten, Lebkuchen, feine Perlage, lebendiger Trinkfluss, Limette, Nougat und pikantes Finish, langer Nachhall, Potenzial.

95+ **2022 Grüner Veltliner Black Edition 13 %, €€€**
Jugendliche Farbe, komplexes Bukett, Nashi-Birne, Kumquat, gelbe Nektarine, Quitte, nussige Würze, körperreich, engmaschige, balancierte Textur, pikanter Gerbstoff, Mandeln und Physalis im Rückaroma, Potenzial.

95 **2023 Grüner Veltliner Ried Sauberg 12,9 %, €€€**
Jugendliche Farbe, vielschichtige Nase, Mandeln, Nashi-Birne, Quitte, nussige Würze, körperreich, dicht und lebendiger Trinkfluss, fruchtig-pfeffriges Finish, pikanter Nachhall, Potenzial.

94+ **2020 Pinot Noir Black Edition 13 %, €€€**
Jugendliche, leicht transparente Farbe, komplexes Bukett, Cranberry, Erdbeere, Nougat, Bitterschokolade, kräftiger Wein, lebendige Struktur, pikantes, feinkörniges Finish, Preiselbeere und Kakao im Nachhall, Potenzial.

94+ **2022 Chardonnay Black Edition 13 %, €€€**
Helle Farbe, intensives, komplexes Bukett, Zesten, Birnenquitte, rosa Grapefruit, nussige Würze, kräftiger Wein, dicht und engmaschige Struktur, feiner Gerbstoff, lang anhaltender Nachhall, Physalis und Mandeln im Rückaroma, Potenzial.

94+ **2023 Grüner Veltliner Alte Reben 13,1 %, €€€**
Jugendliche Farbe, komplexe Nase, nuanciertes Frucht-Würze-Spiel, Verbene, Earl Grey, Nashi-Birne, Zesten, körperreich, dicht, engmaschige Struktur, feines Tannin, pikanter Nachhall, lang.

93 **2023 Weinviertel DAC GV Ried Hermannschachern 13 %, €€**
Hellgelb, einladende Frucht, gelber Apfel, Kumquat, Gewürznelke, stoffiger Wein, lebendige Textur, fruchtig-pikanter Abgang, lang anhaltend, Physalis und Grapefruit im Rückaroma.

Weinviertel

Weingut Eichberger

Bei der Familie Eichberger trifft Beruf auf Verantwortung, Arbeit auf Freude und Tradition auf Moderne. Ein gesunder Boden sowie Handarbeit stehen dabei im Mittelpunkt. Die Weingärten befinden sich im Heimatort Eibesbrunn auf einem kleinen Hügel in Putzing. Beides kleine Orte, die von ihrem speziellen Mikroklima geprägt sind. Ziel der Familie ist, die Besonderheiten dieser konträren Lagen im Wein zum Ausdruck zu bringen. Um Biodiversität zu fördern, stellte das Weingut 2023 auf biologische Bewirtschaftung um. Die große Leidenschaft gilt dem Grünen Veltliner, der in verschiedenen Varianten ausgebaut wird – von unkompliziert leicht bis hin zum vielschichtigen Lagenwein.

Foto: Astrid Bartl

Großebersdorfer Straße 12
2203 Eibesbrunn
T 02245/24 76
M office@weinguteichberger.at
www.weinguteichberger.at

Öffnungszeiten
Mo.–Sa. nach tel. Vereinbarung
Rebfläche
20 ha
Rebsorten
GV, RI, WR, CH, GM, ZW,
BB, SL, ME
Anbau
KIP, Umstellung organisch-biologisch, nachhaltig
Verschlussarten
NK, DI, DV

93+ 2021 Ich bin Ich Chardonnay Große Reserve 14 %, €€€
Helle Farbe, ausgeprägtes Bukett, Holzwürze, ein Hauch Vanille, Melone, körperreich, balancierte, cremige Textur, feiner Gerbstoff, langer Nachhall.

93 2019 Grande Cuvée 14 %, €€
(ZW/BB) Kräftiger Farbkern, vielschichtige Nase, Bitterschokolade, leicht röstige Noten, ein Hauch „Brett", opulenter Wein, balancierte Textur, sehr feines Tannin, lang anhaltend, Brombeere im Rückaroma.

92 2021 Grande Cuvée Reserve 14 %, €€
(ZW/BB) Dunkler Farbkern, Schwarzkirsche, Nougat, Kakao, Heidelbeere, balancierte Textur, feiner Gerbstoff, Bitterschokolade und kandierte Orange im Rückaroma.

91 2022 Riesling Ried Hoadberg 13 %, €
Helle Farbe, zart-fruchtige Aromatik in der Nase, weißer Pfirsich, Mandarine, lebendiger Trinkfluss, balancierte Restsüße im Abgang, langer Nachhall.

91 2023 Weinviertel DAC Grüner Veltliner Ried Kirchthal 13 %, €
Helle Farbe, einladendes Fruchtspiel, Pfirsich, Mandarine und gelber Apfel, körperreich, lebendige Struktur, pikantes Finish, gute Länge.

90+ 2023 Grüner Veltliner Ried Hundspoint 13,5 %, €
Blassgelb, gelb-fruchtiges Bukett, kandierte Noten, weiche Textur, fruchtiger Schmelz im Abgang.

HISTORISCHER WEIN

95 2015 Welschriesling TBA

Weinviertel

Weingut Faber-Köchl

Foto: Karma+Pitch

Am Schenkberg 11
2130 Eibesthal
T 0650/224 47 97
M office@faber-koechl.at
www.faber-koechl.at

Öffnungszeiten
nach tel. Vereinbarung
Rebfläche
8 ha
Flaschenanzahl
40.000
Rebsorten
GV, RI, TR, PB, ZW, PN, BF
Anbau
organisch-biologisch
Verschlussarten
NK, DV

Mit nur einem Hektar Rebland begann Maria Faber 1999 als Quereinsteigerin – ihre Tochter Anna war damals acht Jahre alt. Mittlerweile bewirtschaftet Anna Faber eine mehr als acht Mal so große Anbaufläche. Nach ihren Praktika bei renommierten Weingütern in Deutschland und Neuseeland löste die studierte Önologin 2015 ihre Mutter als Chefin für Keller und Weingärten ab. Im Sommer 2023 übernahm sie dann auch die gesamte Leitung des Weinguts. Die Verbundenheit zur Natur hat sie von ihrer Mutter geerbt, den achtsamen Umgang mit den Ressourcen der Natur von klein auf gelernt. Grüner Veltliner, Riesling und Pinot blanc liegen der Jungwinzerin besonders am Herzen. Sie möchte Weine entstehen lassen, die von ihrer Herkunft erzählen.

93 2021 Pinot Noir 13%, €€
Jugendliche transparente Farbe, Kornelkirsche, Erdbeere, Nougat, kräftiger Wein, animierender Trinkfluss, fruchtig-seidiges Tannin, gute Länge.

93 2023 Köchl Verzeichnis 508 Cuvée Weiß 13,4%, FP, €€
(PB/RI/GV) Jugendliche Farbe, komplexes Bukett, kandierte Orange, Birnenquitte, Mandarine, gehaltvoll, balancierte Textur, zart-fruchtiger Schmelz im Finish, gute Länge, gelbe Frucht im Rückaroma.

92+ 2022 Grüner Veltliner Natural 11,6%, €€
Goldgelb, intensive Nase, zarte Reduktion, leichter Gerbstoff, gewinnt mit Luft Fruchtnoten, Birnenquitte, Grapefruit, straffe Struktur, pikantes Finish.

92 2020 Quercus Cuvée Rot 12,7%, €€
(BF/ZW) Jugendliche Farbnoten, dunkelbeerige Anklänge, Bitterschokolade, röstig-rauchige Noten, kräftiger Wein, balancierte Textur, feiner Gerbstoff, Pflaume und Kakao im Nachhall.

92 2023 Grüner Veltliner Ried Saazen 13,3%, FP, €€
Jugendliche Farbe, kandierte Fruchtnoten, Gewürznelke, Antipasti-Noten, körperreich, weiche Textur, fruchtiger Schmelz im Abgang.

91 2022 Riesling Alte Rebe 12,9%, €€
Jugendliche Farbnoten, einladende, reife Frucht, Honigmelone, Zesten, gelber Pfirsich, körperreich, balancierter Trinkfluss, präsente Restsüße im Finish, langer Nachhall.

91 2022 Rosé Natural 13,1%, €€
(ZW/PN/BF) Kräftig roséfarben, kandierte Noten, Johannisbeere, körperreich, weiche Textur, fruchtiger Schmelz im Abgang, zarter Gerbstoff.

Weinviertel

Weinbau Fink & Kotzian

„Wenn schon Winzer, dann aus ganzem Herzen", das ist der Leitspruch von Christian Fink. Man soll bei jedem einzelnen seiner Weine spüren, mit wie viel Aufmerksamkeit er gekeltert wurde. Dazu gehört auch, dass die verschiedenen Jahrgänge ihre jeweilige Charakteristik zeigen dürfen. Grüner Veltliner spielt der Region entsprechend eine große Rolle. Aber auch Riesling, Gelber Muskateller, Sauvignon blanc und Roter Traminer werden vinifiziert. Der erfolgreichste Wein ist der Riesling „Berg und Meer", das Aushängeschild wiederum der „O.T. Reserve". In nur wenigen Jahren konnte sich Christian Fink mit seinem Boutiqueweingut in der heimischen und internationalen Weinszene etablieren.

Foto: Eva Kelety

Gauderndorf 40
3730 Eggenburg
T 0664/390 26 02
M christian@weinfink.at
www.weinfink.at

Öffnungszeiten
nach Vereinbarung
Flaschenanzahl
40.000
Rebsorten
GV, GE, CH, PB, TR, GM, RR, SB, RV
Anbau
KIP, Umstellung organisch-biologisch
Verschlussart
DV

93 2022 O.T. Reserve 13,5 %, €€
(CH/PB) Kräftige Farbe, Bratapfel, kandierte Orange und Birne, leicht rauchig, körperreicher Wein, dicht und straffe Struktur, feiner Gerbstoff im Abgang, Mandeln und Kumquat im Rückaroma.

92+ 2022 Grauer Mönch 13 %, €€
(PG) Goldgelb, leichter Kupferton, nuanciertes Bukett, kandierte Orange, Grapefruit, zarte Kräuternote, körperreich, harmonische Textur, präsenter Gerbstoff, lang anhaltend, nussige Würze im Rückaroma.

92+ 2022 Weinviertel DAC Grüner Veltliner Ried Hintern Dorf 13 %, €
Jugendliche Farbe, Antipasti-Noten, Birnenquitte, zarte Würze, stoffiger Wein, harmonische Textur, nussige Würze im Abgang.

92+ 2022 O.T. 13,5 %, €
(CH/PB) Jugendliche Farbe, Grapefruit, Quitte, zarte Würze, gehaltvoll, lebendige Textur, feines, pikantes Finish, langer Nachhall.

92 2018 Sauvignon Blanc z.T. 14,5 %, €€
Kräftige Farbe, intensive Nase, Einlegegewürze, Estragon, gehaltvoll, balancierte Textur am Gaumen, fruchtig süßer Schmelz am Gaumen, floraler Nachhall.

91 2022 Riesling Berg und Meer 13,5 %, €
Jugendliche Farbnoten, ausgeprägte Frucht, Marille, Nektarine, ein Hauch Petrol, harmonische Struktur, fruchtiger Abgang, zarter Schmelz.

91 2022 Weißer Mönch 12,5 %, €€
(PB) Jugendliche Farbe, kandierte Birne, Nougat, zarte Holzwürze, kräftiger Wein, harmonische Textur, Gerbstoff im Abgang.

Weingut Frank

Kellergasse 5
2171 Herrnbaumgarten
T 02555/23 00
M frank@weingutfrank.at
www.weingutfrank.at

Öffnungszeiten
nach Vereinbarung
Rebfläche
23 ha
Rebsorten
GV, RI, ZW, PB, CH, CS, PN, ME
Anbau
KIP, konventionell,
nachhaltig, vegan
Verschlussarten
NK, DV

Familie Frank bewirtschaftet seit 1724 Weingärten in Herrnbaumgarten im nordöstlichen Weinviertel. Die beiden wichtigsten Bodentypen in diesem Gebiet sind karge, kalkreiche, steinige Böden, wie etwa bei der Ried Baumgartleiten, sowie tiefgründige Lössböden, wie etwa Hoher Weg und Johannesbergen. Das Klima im Norden ist etwas kühler, was den Weinen zusätzliche Aromatik und Frische verleiht. Sanfter Rebschnitt, intensive Pflege der Rebstöcke, schonende Verarbeitung der Trauben und eine einfach gehaltene Kellerwirtschaft sind die Grundpfeiler der Weinbereitung für Harald Frank. Seine Cousine Katrin Frank achtet auf Nachhaltigkeit und naturnahes Arbeiten.

94 2019 Weinviertel DAC Grüner Veltliner Ried Hoher Weg 13,5 %, €€€
Jugendliche Farbe, komplexes Bukett, Zesten, Nashi-Birne, Gewürznelke, Kapern, körperreich, dicht und engmaschige Textur, fruchtig-würziges Finish, langer Nachhall, Physalis im Rückaroma.

94 2023 Weinviertel DAC Grüner Veltliner Ried Hoher Weg Reserve 13,5 %, FP, €€€
Jugendliche Farbe, vielschichtige Aromen, Zesten, Nashi-Birne, Antipasti-Noten, Melone, gehaltvoll, lebendige Textur, pikanter Gerbstoff, Mandeln und Kumquat im Nachhall, Potenzial.

93 2022 Riesling Ried Krainholz 13 %, €€€
Helle Farbe, intensive, komplexe Steinobst-Noten, Mandarine, Physalis, körperreich, dicht und straffe Struktur, fruchtig-präzises Finish, lang anhaltender Nachhall, Marille und rosa Grapefruit im Nachhall.

93 2023 Weinviertel DAC Reserve Grüner Veltliner Ried Baumgartleiten 13 %, FP, €€€
Jugendliche Farbe, vielschichtiges Bukett, Antipasti-Noten, kandierte Orange, nussige Würze, körperreich, engmaschiges Finish, pikanter Abgang, Birnenquitte im Rückaroma.

93 2023 Weinviertel DAC Reserve Grüner Veltliner Ried Johannesbergen 13,5 %, €€
Jugendliche Farbe, vielschichtige Aromen, Honigmelone, nussige Würze, Papaya, Quitte, gehaltvoll, straff, engmaschiges Finish, fruchtig-würziger Nachhall.

92+ 2023 Weinviertel DAC Grüner Veltliner 12,5 %, €
Helle Farbe, jugendliches Fruchtspiel, grüner Apfel, Kumquat, Mandarine, zarte Würze, kräftig, animierender Trinkfluss, pikant-würziger Abgang, langer Nachhall.

92 2023 Riesling Herrnbaumgarten 12 %, €€
Helle Farbe, jugendliche Aromatik, Mandarine, gelber Pfirsich, kandierte Anklänge, stoffig, lebendiges Frucht-Säure-Spiel, zarter, leicht süßer Fruchtschmelz im Abgang, lang anhaltend.

Weinviertel

Weingut Gilg

Das seit 1940 bestehende Weingut liegt in Hagenbrunn im südlichen Weinviertel, nahe der Wiener Stadtgrenze. Es werden 10 Hektar Rebflächen in den besten Lagen bewirtschaftet. 80 Prozent der Weingärten sind mit Weißweinsorten bepflanzt, wobei der Hauptanteil bei Grünem Veltliner liegt, aber auch Sauvignon blanc, Welschriesling, Chardonnay, Riesling, Gelber Muskateller und Traminer finden sich im Sortiment. Die Rotweinflächen teilen sich Zweigelt, Merlot und Cabernet Sauvignon. Im neu errichteten Weinkeller werden die Trauben nach modernsten Standards verarbeitet – mit dem Ziel, Topqualität abzufüllen.

Foto: Werbeagentur www.gi17.com

Schlossgasse 33
2102 Hagenbrunn
T 02262/67 27 81
M weingut@gilg.at
www.weingut-gilg.at

Öffnungszeiten
Fr. 13–18
Rebfläche
10 ha
Rebsorten
GV, WR, SB, GM, RI, TR, CH, ZW, ME, CS, RV, GS
Anbau
KIP
Verschlussarten
NK, DV
Gastronomie
Heuriger (ÖZ siehe Website)

94 2022 Gelber Traminer Ried Plankenfeld Große Reserve 14,5 %, €€€
Jugendliche Farbe, komplexe Aromatik, Rosenholz, zart florale Anklänge, reifer Pfirsich, körperreich, dicht und engmaschige Struktur, feiner Gerbstoff, fruchtiger Schmelz im Finish, sehr lang anhaltend, großes Potenzial.

93+ 2021 Cabernet Sauvignon Valentina's Große Reserve 14 %, €€€
Tiefdunkler Kern, vielschichtiges Bukett, Cassis, Brombeere, feine röstige Noten, Kakao, körperreicher Wein, engmaschige Struktur, feines Tannin, lang anhaltender Abgang, Potenzial.

93 2022 Riesling Ried Aichleiten Große Reserve 14 %, €€
Jugendliche Farbe, vielschichtiges Bukett, kandierte Ananas, Steinobst, gehaltvoller Wein, balancierter Trinkfluss, feines Tannin und fruchtig-süßer Schmelz im Finish, lang anhaltend, Potenzial.

92+ 2023 Gelber Traminer 14,5 %, €
(htr.) Helle Farbe, kandierte Orange, Mango, Birnenkompott, opulenter Wein, weiche Textur, pikanter Gerbstoff, gut verwobene Restsüße, langer Nachhall.

92 N. V. Riesling Sekt 12,5 %, €€
Kräftige Farbe, kandierte Orange, Steinobst-Noten, Biskuit, jugendliche Perlage, fruchtig unterlegter Trinkfluss, fruchtiger Schmelz im Finish, Pfirsich im Rückaroma.

91+ 2021 Zweigelt Reserve 13,5 %, €€
Kräftige Farbe, dunkelbeerige Frucht, zart rauchig-röstige Noten, stoffig, Kirschfrucht am Gaumen, feiner Gerbstoff, Bitterschokolade und Pflaume im Nachhall.

91+ 2023 Roter Veltliner Ried Tagnern 13 %, €
Helle Farbe, Lemongrass, kandierter Apfel und Banane, Nashi-Birne, körperreich, straffe Textur, fruchtig-pikanter Abgang.

Weinviertel

Graf Hardegg

Foto: Florian Smetana

Großkadolz 1
2062 Seefeld-Kadolz
T 02943/22 03
M office@guthardegg.at
www.guthardegg.at

Öffnungszeiten
Mo.–Do. 8–12, 13–16 nach Vereinbarung
Rebfläche
26 ha
Flaschenanzahl
150.000
Rebsorten
GV, RI, CH, VI, ZW, ME, PN
Anbau
organisch-biologisch
Verschlussart
DV

Das 26 Hektar große Bio-Weingut ist Teil des namhaften Guts Hardegg im nördlichsten Weinviertel. Unter dem Motto „gelebte Artenvielfalt" bilden Landwirtschaft und Biodiversität eine Symbiose – der Artenschutz wird proaktiv gefördert. Die Schaffung eines hochwertigen Ökosystems steht dabei im Mittelpunkt. „Eine zukunftsfähige Landwirtschaft braucht Feld- und Singvögel, Insekten, Niederwild und vor allem lebendige Böden", ist der Eigentümer und Landwirt, Maximilian Hardegg, überzeugt. Dieser ganzheitliche Ansatz wird besonders am Weingut deutlich: Durch Kompost aus der betriebsinternen Kreislaufwirtschaft und Grünschnitt aus den landwirtschaftlichen Blühflächen gelang es, die kargen Sand-Rohgesteinsböden mit hohem Kalkanteil zu vitalisieren und die Rebstöcke zu stärken. Neben den regionstypischen Klassikern wie Grünem Veltliner oder Riesling ist das Weingut auch für Pinot noir, Roten Veltliner und für Exoten wie dem Viognier „V" und Forticus (ein Süßwein im Stil eines Vintage Ports) bekannt. Auch die Winzersekte, allesamt Große Reserven, genießen hohe Anerkennung.

94 **2019 V Brut Nature 12%, €€€**
(VI) Jugendliche Farbe, nuanciertes Bukett, Nashi-Birne, Quitte, Bratapfel, jugendliche Perlage, lebendiger Trinkfluss, fruchtig-pikanter Abgang, langer Nachhall.

94 **2022 Viognier 14%, €€€**
Helle Farbe, kandierte Birne, Honigmelone, Steinobst, Verbene, Kamille, körperreich, dicht und engmaschige Struktur, feines Tannin, Mandeln und Zesten im Abgang, langer Nachhall, Potenzial.

93 **2015 Forticus 17%, €€€**
(ME) Gereifte Farbe, dezentes Fruchtspiel, tabakige Würze, Waldboden, am Gaumen Kirschlikör, harmonische Textur, gut eingebundene Restsüße, Nougat im Nachhall, Ideal für Kombination mit Schokolade.

93 **2019 Brut Große Reserve 12%, €€€**
(CH/PN) Jugendliche Farbe, nuanciertes Bukett, Grapefruit, Biskuit, lebendiges Mousseux, stoffig, harmonischer Trinkfluss, fruchtiger Schmelz im Abgang, pikanter Nachhall, gute Länge.

93 **2022 Riesling Ried Steinbügel 14%, €€€**
Helle Farbe, intensive Nase, zart Weingartenpfirsich, Kamille, Melisse, gehaltvoll, balancierter Trinkfluss, fruchtig-präzises Finish, lang anhaltend, fruchtiger Nachhall.

92+ **2022 Grüner Veltliner Ried Steinbügel 13,5%, €€€**
Helle Farbe, nuanciertes Bukett, tabakige Würze, Mandeln, straffer Wein, lebendiger Trinkfluss, feiner Gerbstoff, pikanter Nachhall.

92 **2019 Pinot Noir Ried Steinbügel 13,5%, €€€**
Reife transparente Farbe, einladendes Fruchtspiel, Cranberry, Weichsel, feine Holzwürze, straffe Textur, lebendiges Frucht-Säure-Spiel, pikanter Nachhall.

Ingrid Groiss

Foto: Gerald Hoermann

Tullner Straße 472
2014 Breitenwaida
T 0676/392 77 03
M info@ingrid-groiss.at
www.ingrid-groiss.at

Öffnungszeiten
Fr. ab 17, Sa. ab 16,
So., Fei. ab 11
Rebsorten
GV, GE, RI, PN
Anbau
organisch-biologisch
Verschlussarten
NK, DV
Gastronomie
Heuriger, Vinothek

Ingrid Groiss ist eine Quereinsteigerin, die mit grenzenloser Leidenschaft und einem absoluten Gefühl für Qualität das Weingut ihrer Eltern weiterführt. Ihre Weine sind von ungekünstelter Eleganz und Präzision, sie haben aber auch Charakter und Tiefgang. Sie spiegeln unverfälscht ihre Herkunft und die persönliche Handschrift der Winzerin wider – wirkliche Terroirweine ohne kosmetische Hilfsmittel. Vergoren wird spontan mit natürlichen Hefen, ausgebaut zunehmend im großen Holz. Mit dem Jahrgang 2019 sind alle Weine biozertifiziert. Kernstück ihres kleinen, aber feinen Angebots sind ein herausragender Gemischter Satz aus dem alten Weingarten ihrer Großmutter und der Grüne Veltliner Sauberg Tradition.

95+ 2023 Grüner Veltliner Ried Pankraz Reserve 13%, FP, €€€
Helle Farbe, intensive, nuancierte Nase, Nashi-Birne, nussige Würze und Mandeln, Papaya, körperreich, dicht und straffe Struktur, feines, pikantes Tannin, sehr langer Nachhall, pfeffriges Finish, Potenzial.

95 2023 Grüner Veltliner Ried Sauberg „Tradition" 13%, FP, €€€
Jugendliche Farbe, komplexe Aromatik, Antipasti-Noten, kandierte Orange, Mandarine, zart nussige Würze, stoffig, dicht und lebendiger Trinkfluss, engmaschiges, feines Tannin, lang anhaltender Abgang, zart pfeffriges Finish, Mandeln und Physalis im Rückaroma.

94 2023 Riesling Ried Auf der Henne Reserve 13%, FP, €€€
Helle Farbe, ausgeprägte, einladende Fruchtnoten, gelber Pfirsich, Kumquat, Mandarine, Pomelo, straff, dicht und druckvolle Textur, fruchtig-präzises Finish, Physalis im Finish, langer Nachhall, Marille und Nektarine im Rückaroma.

93+ 2023 Weinviertel DAC Reserve Grüner Veltliner Ried In der Schablau 13%, FP, €€
Helle Farbe, intensive, vielschichtige Nase, Quitte, Mandarine, Pimentos, kräftiger Wein, straff, gutes Frucht-Säure-Spiel, feiner Gerbstoff und Kumquat und Gewürznelke im Finish, lang anhaltend, Potenzial.

93 2023 Gemischter Satz Braitenpuechtorff 12,5%, €€
Helle Farbe, jugendliche Fruchtnoten, Steinobst, kandierte Noten, florale Anklänge, lebendiger, animierender Trinkfluss, fruchtiges Finish, pikanter Nachhall, gute Länge.

93 2023 Weinviertel DAC Grüner Veltliner Braitenpuechtorff 12,5%, €€
Helles Gelb, ausgeprägte Aromatik, jugendliche Steinobst-Noten, Nektarine, Pfirsich, Antipasti-Anklänge, Gewürznelke, straff, guter Trinkfluss, feines Tannin, Kumquat und Grapefruit im Nachhall, lang anhaltend.

92+ 2023 Riesling Braitenpuechtorff 12,5%, €€
Helle Farbe, nuancierte Steinobst-Noten, gelbe Nektarine, Mandarine, stoffig, lebendige Struktur, fruchtig-pikanter Abgang, gute Länge.

Gruber Röschitz

Roggendorfer Straße 7
3743 Röschitz
T 02984/27 65
M office@gruber-roeschitz.at
www.gruber-roeschitz.bio

Öffnungszeiten
Verkostung & Weinshop:
Do.–Sa. 13–19
Rebsorten
GV, RI, CH, GM, ZW, PN, SL, ME
Anbau
organisch-biologisch,
nachhaltig
Verschlussarten
NK, DV
Sonstiges
Vinothek, Weinevents,
Kellerführung, Verkostung

Das Bio-Weingut Gruber Röschitz liegt im nördlichen Weinviertel und wird nun in dritter Generation von den Geschwistern Maria, Ewald und Christian betrieben. Der Schwerpunkt liegt auf den Sorten Grüner Veltliner, Riesling, Pinot noir und Sankt Laurent. Die Weinstöcke wachsen unweit des Manhartsberges auf speziellen Urgesteinsböden, an der Grenze zum Waldviertel. Dank des besonderen Klimas – die Tage im Sommer sind heiß, die Nächte kühl – weisen die Weine eine vielschichtige Aromatik auf. Seit 2013 werden die Weingärten biologisch bewirtschaftet. Man arbeitet mit der Natur – nicht nur im Weingarten, auch im neu gebauten Weingutsgebäude, das im Frühling 2024 eröffnet wurde. Diverse Maßnahmen tragen zur Energieautarkie bei.

94 2020 Riesling Black Vintage 12 %, €€€
Jugendliche Farbe, vielschichtiges Bukett, kandierte Ananas, Nektarine, stoffig, gut stützende Säure, fruchtig, präzises Finish, langer Nachhall, Pfirsich und ein Hauch Ananas im Rückaroma, Potenzial.

94 2022 Weinviertel DAC Grüner Veltliner Reserve Ried Mühlberg 13 %, €€€
Jugendliche Farbe, vielschichtige Aromatik, Nashi-Birne, Antipasti-Noten, Steinobst, Kumquat, gehaltvoll, engmaschige Textur, harmonischer Trinkfluss, pikanter Gerbstoff und fruchtiger, lang anhaltender Nachhall.

92+ 2022 Riesling Ried Königsberg 13 %, €€
Jugendliche Farbnoten, ausgeprägte Aromatik, Mandarine, gelber Pfirsich, körperreich, lebendiger Trinkfluss, Physalis im Finish, langer Nachhall.

92+ 2023 Weinviertel DAC Grüner Veltliner Ried Hundspoint 13 %, €€
Helles Gelb, intensives Bukett, Mandarine, zarte Würze, gelber Apfel, Verbene, stoffig, jugendliche Textur, animierender Trinkfluss, pikantes Finish, gute Länge, Physalis im Rückaroma.

92+ 2023 Weinviertel DAC Grüner Veltliner Ried Reipersberg 13 %, €€
Helles Gelb, ausgeprägtes Bukett, Limette, gelbe Steinobst-Noten, würzige Anklänge, Gewürznelke, körperreich, lebendige Struktur, fruchtiges Finish, langer Nachhall.

91+ 2023 Riesling Röschitz 12,5 %, €€
Helles Gelb, intensives Fruchtspiel, Steinobst, Grapefruit, Mandarine, stoffig, lebendiger Trinkfluss, fruchtiger Schmelz im Abgang, gute Länge.

91+ 2023 Weinviertel DAC Grüner Veltliner Röschitz 12,5 %, €
Helle Farbe, jugendliche Aromatik, Limette, Mandarine, kandierte Orange, Würze, kräftig, lebendiger Trinkfluss, pikanter Abgang, gute Länge.

Weinviertel

Weingut Hagn

Foto: Stefanie Winter

Hauptstraße 154
2024 Mailberg
T 02943/22 56
M info@hagn-weingut.at
www.hagn-weingut.at

Öffnungszeiten
Mo.–Fr. 10–12, 13–17,
Sa., So. 10–17
Rebfläche
50 ha
Rebsorten
GV, RR, GM, SB, CH, WR,
ZW, ME, PN
Anbau
KIP, konventionell, nachhaltig
Verschlussarten
NK, DI, DV
Gastronomie
Restaurant (Do. 16–24, Fr.,
Sa. 10–24, So. 10–22)
Sonstiges
Übernachtungsmöglichkeit

Seit mehr als 300 Jahren widmet man sich am niederösterreichischen Weingut Hagn dem Weinbau. Wolfgang und Leo Hagn junior, die den Betrieb 2006 übernahmen, kombinieren wertvolles Wissen und die uralte Familientradition mit neuen Ansätzen. Mit Engagement und Leidenschaft gelang es ihnen, an die Spitze der Weinviertler Betriebe anzuschließen. Der Fokus liegt klar auf Grünem Veltliner – vom unkomplizierten Alltagswein bis zum vielschichtigen Lagengewächs. Zudem wird ein vielfältiger Mix aus Weiß- und Rotweinen verschiedener Ausbaustufen produziert. Nicht nur das Sortiment wurde in den letzten Jahren ausgebaut, auch das Weingut selbst: Neue eigene Verkostungsräume, aber auch ein eigenes Restaurant entstanden.

93+ 2017 Grüner Veltliner Unique 14 %, €€€
Helles Goldgelb, nussige Würze, pilzige Noten, Waldboden, Kumquat, Papaya, opulenter Wein, balancierter Trinkfluss, feiner Gerbstoff, pikanter Nachhall, lang anhaltend.

93+ 2022 Weinviertel DAC Reserve „Green Hunter" 13,5 %, €€
(GV) Jugendliche Farbnoten, ausgeprägte, reife Frucht, gelber Pfirsich, Melone, Apfel, nussige Würze, Gewürznelke, gehaltvoll, harmonische Textur, pikanter Gerbstoff, fruchtiger Nachhall, gute Länge, Potenzial.

93 2021 Chardonnay Unique 14,5 %, €€€
Kräftige Farbe, nuanciertes Bukett, Papaya, kandierte Orange, Vanille, zart Holzwürze, opulenter Wein, weich und cremige Textur, fruchtiger Schmelz im Abgang, Potenzial.

92+ 2023 Grüner Veltliner Ried Hundschupfen 13 %, €
Helle Farbe, ausgeprägte Frucht, Mandarine, Melone, Lemongrass, zarte Würze, gehaltvoll, harmonische Struktur, balanciertes Finish, Nashi-Birne und Grapefruit im Nachhall.

92 2023 Grüner Veltliner Ried Antlasbergen 13 %, €
Helle Farbe, einladende, reife Steinobst-Aromen, Antipasti-Noten, Zesten, feine Würze, kräftig, lebendige Struktur, pikantes Finish, fruchtiger Schmelz im Nachhall.

90+ 2023 Gelber Muskateller 11,5 %, €
Helle Farbe, ausgeprägtes Bukett, florale Noten, zarte Würze, stoffiger Wein, balancierte Textur, Maracuja und Holunderblüte im Abgang.

90 2023 Chardonnay Classic 13 %, €
Helle Farbe, feine Fruchtnoten, Naktarine, gelber Apfel, kandierte Orange, stoffiger Wein, harmonische Textur, fruchtiger Abgang.

Weingut Haindl-Erlacher

Foto: Astrid Bartl

Johannesgasse 20
2120 Wolkersdorf im Weinviertel
T 02245/23 72
M info@weingut-erlacher.at
www.weingut-erlacher.at

Öffnungszeiten
Sa. 8–18 und nach Vereinbarung
Rebfläche
16 ha
Rebsorten
GV, PB, WR, CH, SB, RI, NE, ME, ZW
Anbau
KIP, nachhaltig seit Jahrgang 2023
Verschlussarten
NK, DV

„Weine mit Ausdruck, die Eindruck hinterlassen" ist das Leitmotiv von Romana und Walter Erlacher. Das Weingut liegt in Wolkersdorf vor den Toren Wiens – bepflanzt mit vorwiegend Grünem Veltliner. Die ehemalige österreichische Weinkönigin und der Quereinsteiger aus der Steiermark besitzen 16 Hektar Rebflächen, die sie nachhaltig bewirtschaften. Die Trauben werden von Hand gelesen und stammen ausschließlich aus den eigenen Weingärten. Im Keller setzt man auf natürliche Weinbereitung und viel Zeit. Ungeschminkt, klar und geradlinig sollen die Weine sein – mit Ecken und Kanten. Man bietet eine große Sortenvielfalt, wobei weiße Burgundersorten von alten Rebstöcken eine wichtige Rolle spielen. Die Premiumweine zeichnen sich durch späte Lese und kleine Erträge aus. Sie werden im großen Holzfass vergoren und ausgebaut.

93 2021 Grauburgunder Premium 13 %, FP, €€
Jugendliche Farbe, Zesten, nussige Würze, Mandeln, Steinobst am Gaumen, balancierte Struktur, fruchtig unterlegter Gerbstoff im Abgang, gute Länge.

92+ 2023 Grüner Veltliner Alte Reben 13 %, €
Helle Farbe, ausgeprägtes Fruchtspiel, Maracuja, Verbene, Kumquat, körperreich, balancierter Trinkfluss, pikantes Finish, gute Länge.

92 2021 Weißburgunder Premium 13 %, FP, €€
Helle Farbe, Mango, gelber Pfirsich, Kumquat, körperreicher Wein, cremige Textur, Frucht und Karamell im Abgang.

92 2023 Neub.eginn 12 %, €
(NE) Helle Farbe, kandierte Früchte, Mandeln, Apfelkompott, stoffig, harmonische Textur, fruchtig-pikanter Abgang, eleganter Stil.

91+ 2023 Chardonnay Premium 13 %, FP, €€
Helle Farbe, gelbe Fruchtnoten, Melone, Apfel, Zesten, kräftiger Wein, cremige Textur, fruchtiger Schmelz im Abgang.

91+ 2023 Weinviertel DAC Grüner Veltliner 12,5 %, €
Helle Farbe, nuanciertes Bukett, leicht Antipasti-Noten, stoffig, balancierte Textur, lebendiger Trinkfluss, fruchtiger Abgang.

91 2023 Pinot Blanc Ried Ochsleiten 13 %, €
Helle Farbe, reife Apfelnoten, Mandarine und Pfirsich, saftiger Wein, balancierte Textur, fruchtiger Schmelz im Abgang.

Weinviertel

Weingut Hess

Untere Hauptstraße 16
2223 Hohenruppersdorf
T 0664/242 16 56,
0699/10 41 93 33
M wein@weinguthess.at
www.weinguthess.at

Öffnungszeiten
siehe Website
Rebfläche
10 ha
Rebsorten
GV, GM, PB, CH, RI, ZW, BF, PG
Anbau
Umstellung organisch-biologisch,
ab Ernte 2024 bio-organisch
Verschlussarten
NK, DV
Gastronomie
Buschenschank

Foto: Weingut Hess

Der Familienbetrieb bewirtschaftet beste Lagen in Hohenruppersdorf mit dem Ziel, authentische und für die Region typische Weine zu produzieren. Man ist stolz auf die eigenen Weingärten, der Boden, auf dem sie wachsen, ist für die Familie der größte Schatz. Daher werden sie sorgfältig gehegt und gepflegt. Die Weingärten wachsen dort, wo es schon seit Hunderten von Jahren Reben gab. Rieden wie Gaisrupp, Rothenpüllen und Potschallen waren damals schon in Landkarten eingetragen und sind nach wie vor die Basis für charakteristische Weine. Im Keller wird das gewonnene Traubenmaterial sorgsam verarbeitet. Die Weine sollen Trinkfreude bereiten und die Handschrift der Winzer widerspiegeln.

93 **2021 Weiße Reben 13,5 %, €€**
(PG/PB) Kräftige Farbe, kandierte Orange, Birnenquitte, Mandeln und Nougat, kräftig, straffe Textur, zartes Tannin, Kumquat im Rückaroma, langer Nachhall.

93 **2022 Beerenauslese 9,5 %, €€**
(RI/PB/CH) Goldgelb, komplexe Aromatik, Blütenhonig, Zesten, Mango, stoffige Beerenauslese, balanciertes Frucht-Säure-Spiel, fein verwobene Restsüße, Papaya und Passionsfrucht im Nachhall.

92+ **2022 Grüner Veltliner Ried Rothenpüllen 12,5 %, €€**
Jugendliche Farbnoten, kandierte Orange und Mandeln, Pfirsich, gelber Apfel, zarte Würze, kräftiger Wein, lebendige Textur, fruchtiges Finish, langer Nachhall.

92 **2022 Grüner Veltliner Ried Gaisrupp 12 %, €€**
Helles Gelb, nuanciertes Bukett, Zesten, Kumquat, Nektarine, Gewürznelke, straffe Textur, balancierter Trinkfluss, fruchtiger Abgang.

92 **2023 Riesling Ried In Bergen 13 %, €€**
Helle Farbe, ausgeprägte Aromatik, gelber Pfirsich, Mandarine, Verbene, körperreich, lebendiger Trinkfluss, fruchtiger Schmelz im Abgang, Nektarine im Nachhall.

91 **2023 Grüner Veltliner Hohenruppersdorf 12,5 %, €**
Helle Farbe, fruchtig geprägtes Bukett, grüner Apfel, Verbene und Mandarine, saftiger Wein, balancierte Textur, fruchtiger Abgang.

Weingut Hirschbüchler

Hauptstraße 84
2120 Obersdorf
T 0699/11 70 15 79
M weingut@hirschbuechler.at
www.hirschbuechler.at

Öffnungszeiten
siehe Website
Rebfläche
43 ha
Flaschenanzahl
20.000
Rebsorten
GV, GM, WR, GE, RI, PB, CH, TR, SL, ZW, CS, BF
Anbau
KIP, konventionell, nachhaltig
Verschlussart
DV
Gastronomie
Heuriger
Sonstiges
Übernachtungsmöglichkeit

Seit Generationen wird in der Familie Weinbau betrieben. Roswitha und Franz Hirschbüchler haben sich Ende der 1990er-Jahre entschieden, ausschließlich auf Wein zu setzen. Mit Fleiß und Hingabe haben sie gemeinsam mit ihrem Sohn Daniel ein erfolgreiches Weingut geschaffen. Inzwischen führen ihre Kinder Elisabeth und Daniel den Familienbetrieb weiter. Die Familie zieht an einem Strang und vinifiziert sortentypische Weine mit hohem Qualitätsanspruch. Im Mittelpunkt steht Grüner Veltliner in allen Facetten, aber auch andere weiße Rebsorten werden ausgebaut. Neben stillen Weinen produziert man Schaumweine, seit dem Jahrgang 2023 auch vegane Weine.

91+ 2022 Blanc de Blancs Sekt brut 11 %, €€
(CH/PB) Jugendliche Farbe, nuanciertes Bukett, kandierte Orange, Kumquat, Mandeln, lebendiges Mousseux, gut stützende Säure, fruchtig-pikantes Finish, Grapefruit im Nachhall.

91+ 2022 Weinviertel DAC Grüner Veltliner Reserve „Platzhirsch" 14 %, €€
Jugendliche Farbnoten, kandierte Orange, Honig-Ingwer, zarte Würze, körperreich, harmonischer Trinkfluss, fruchtiger Abgang.

91 2023 Chardonnay 13 %, €
Helle Farbe, Kumquat, Mandarine, stoffiger Wein, lebendiger Trinkfluss, pikantes Finish.

91 2023 Weinviertel DAC Grüner Veltliner Ried Wartberg 13 %, €
Helles Gelb, Zesten, feine Würze, Melone, Apfel, kräftiger Wein, gut stützende Säure, pikanes Finish, fruchtiger Nachhall.

90+ 2023 Weißburgunder 13,5 %, €
Helle Farbe, gelber Apfel, Mandeln, kandierte Orange, körperreicher Wein, harmonischer Trinkfluss, fruchtiger Abgang.

89+ 2023 Gelber Muskateller 11,5 %, €
Blassgelbe Farbe, ausgeprägtes Bukett, Kräuter, zarte Blüten, lebendiger Trinkfluss, pikanter Abgang.

89 2021 Blaufränkisch 13,5 %, €€
Transparente Farbe, nuanciertes Bukett, Zwetschke, Nougat, Heidelbeerjoghurt, saftiger Wein, fruchtiger Schmelz im Abgang.

Weinviertel

Weingut Hirtl

Foto: Andi Bruckner

Brunngasse 72
2170 Poysdorf
T 0699/14 00 06 11, 02552/21 82
M office@weingut-hirtl.at
www.weingut-hirtl.at

Öffnungszeiten
nach Vereinbarung
Rebfläche
25 ha
Rebsorten
GV, WR, PB, CH, RI, GM, BB, ZW, ME, BP
Anbau
KIP, konventionell, nachhaltig
Verschlussarten
DI, DV

300 Jahre Weinbautradition prägen das Weingut Hirtl, das trotz Weltoffenheit ein bodenständiges Familienunternehmen geblieben ist. Die Verbindung von Tradition und modernem Geist soll stilechte Weinviertler Weine mit Tiefgang entstehen lassen. Man weiß um das Potenzial der Lagen rund um Poysdorf und legt Wert auf ein gesundes Ökosystem im Weingarten – auch im Keller bemüht man sich um entsprechendes Fingerspitzengefühl. Bei der Lese wird streng selektiert und im Keller bleiben die Weine lange auf der Feinhefe. Der Ausdruck der Herkunft soll sich im gesamten Sortiment widerspiegeln und Weine mit Struktur und Tiefgang entstehen lassen: Grüne Veltliner, Rieslinge und Burgunder, fruchtige Muskateller sowie samtige Rotweine zeigen typischen Weinviertler Charakter in allen stilistischen Facetten – allesamt Gewächse abseits kurzlebiger Trends.

93 2023 Grüner Veltliner Ried Bürsting 12,5 %, €
Helle Farbe, ausgeprägte Aromatik, Physalis, Mandarine, gelber Apfel, nussige Würze, Antipasti-Anklänge, kräftig, dicht, engmaschige Struktur, würziges Finish, fruchtiger, lang anhaltender Nachhall.

92+ 2020 Chardonnay Reserve 13,5 %, €€
Jugendliche Farbe, kandierte Orange, feine Holzwürze, Melone, kräftiger Wein, dicht, engmaschige Struktur, balancierter Trinkfluss, fruchtig-pikantes Finish, lang anhaltend.

92+ 2023 Weinviertel DAC Grüner Veltliner Ried Kirchberg 12,5 %, €
Helles Gelb, komplexes Bukett, kandierte Mandeln und Orange, nussige Würze, stoffig, dicht und harmonischer Trinkfluss, pikanter Gerbstoff und Frucht im Abgang, gute Länge.

92+ 2023 Weinviertel DAC Grüner Veltliner Ried Waldberg 12,5 %, €
Helle Farbe, vielschichtiges Bukett, Pfirsich, Antipasti-Noten, Physalis, gelber Apfel, stoffiger Wein, dicht und lebendiger Trinkfluss, fruchtig-pikanter Gerbstoff im Abgang, langer Nachhall.

92 2023 Riesling Exklusiv 13 %, €
Helles Gelb, ausgeprägte Steinobst-Noten, Pfirsich, Nektarine, Mandarine, gehaltvoll, animierender Trinkfluss, fruchtiger Schmelz im Abgang, gute Länge.

92 2023 Weinviertel DAC Grüner Veltliner Franz 12,5 %, €
Helle Farbe, ausgeprägtes Bukett, Mandarine, Nektarine, Gewürznelke, kräftiger Wein, lebendige Textur, zarter Gerbstoff, fruchtiges Finish, lang anhaltend.

91+ 2023 Chardonnay Exklusiv 13 %, €
Helle Farbe, Kumquat, Zesten, Grapefruit, körperreicher Wein, cremige Textur, fruchtiger Schmelz im Abgang, gute Länge.

Weinviertel

Weingut Hofbauer-Schmidt

Foto: MS-Fototeam Martin Sommer

Hauptstraße 54
3472 Hohenwarth, Manhartsberg
T 0664/112 39 89, 02957/221
M weingut@hofbauer-schmidt.at
www.hofbauer-schmidt.at

Öffnungszeiten
Mo.–Sa. 9–12, 13–18
Rebfläche
15 ha + 10 ha
Rebsorten
GV, RV, SB, RI, PB, MT, Sylvaner
Anbau
KIP, Umstellung organisch-biologisch, nachhaltig
Verschlussarten
NK, DV

Die gemeinsame Leidenschaft der Familie Hofbauer-Schmidt ist ihr Weingut in Hohenwarth, im „Dreiländereck" Kamptal, Wagram und Weinviertel. Petra und Leopold Hofbauer-Schmidt prägten das Weingut in den letzten dreißig Jahren. Sie erweiterten die Rebflächen und erarbeiteten sich eine individuelle Weinstilistik. Seit 2016 sorgt ihr Sohn Johannes für frische Energie. Die enge Zusammenarbeit der Generationen sowie der Mix aus langjähriger Erfahrung und neuen Ideen sind für das Weingut von Vorteil. Leitsorten sind Grüner Veltliner und die autochthone Sortenrarität Roter Veltliner. Jedes Jahr werden hochwertige Qualitäten in den verschiedenen Ausbauvarianten produziert. „Der Boden der Lage muss spürbar werden", sind sich die beiden Kellermeister Leopold und Johannes einig. Man setzt auf Nachhaltigkeit und schonenden Umgang mit der Natur.

94 2022 Weinviertel DAC Grüner Veltliner Große Reserve Ried Hochstrass 14 %, €€€
Kräftige Farbnoten, komplexes Bukett, Nashi-Birne, Quitte, Zesten, nussige Würze, körperreich, dicht, balancierter Trinkfluss, feiner Gerbstoff und Extraktsüße im Abgang, lang anhaltend, Potenzial.

93 2022 Weinviertel DAC Grüner Veltliner Reserve Ried Kellerberg 13,5 %, €€
Kräftige Farbe, vielschichtiges Bukett, kandierte Orange, Mango und Melone, nussige Würze, gehaltvoll, straff, dicht, feiner Gerbstoff im Abgang, Nashi-Birne und Quitte im Rückaroma, langer Nachhall.

93 2023 Roter Veltliner Alte Reben 13,5 %, €€
Jugendliche Farbnoten, ausgeprägte gelbe Fruchtnoten, Honigmelone, Mango, körperreich, dicht, harmonischer Trinkfluss, feines Tannin, fruchtiger, leicht süßer Schmelz im Abgang, lang anhaltend, Potenzial.

92+ 2023 Weinviertel DAC GV Reserve Alte Reben 13,5 %, €€
Jugendliche Farbe, einladendes Bukett, Honigmelone, Mandarine, Kumquat, kräftiger Wein, straffe Textur, fruchtig-pikanter Abgang, zarter Schmelz und Gewürznelke im Nachhall.

91+ 2023 Roter Veltliner Ried Hochstrass 13 %, €
Jugendliche Farbe, kandierte Birne, Bratapfel, Steinobst, stoffiger Wein, dicht und harmonischer Trinkfluss, fruchtig-pikanter Abgang, gute Länge.

91 2023 Grüner Sylvaner 13,5 %, €
Helle Farbe, ausgeprägtes Bukett, Lemongrass, Grapefruit, Kräuter, stoffiger Wein, harmonischer Trinkfluss, feines Tannin im Abgang, Zesten im Rückaroma.

90 2023 Sauvignon Blanc 13 %, €
Helle Farbe, nuanciertes Bukett, zart florale Noten, grasige Anklänge, Paprika, stoffig, lebendiger Trinkfluss, pikanter Abgang.

Weinviertel

Weingut Humer

Foto: Weingut Humer/Martin Mathes

Kremser Straße 10
3712 Maissau
T 02958/826 11
M office@humerwein.at
www.humerwein.at

Öffnungszeiten
nach Vereinbarung
Rebfläche
12 ha
Rebsorten
GV, PB, ZW, RR, CH, GM, SB
Anbau
KIP
Verschlussarten
DI, DV
Gastronomie
Buschenschank

Der Weinbau in Maissau hat eine lange Tradition: Die erste urkundliche Erwähnung findet man 1114, die Geschichte des Weinguts Humer beginnt 1844. Heute ist der Betrieb einer der letzten verbliebenen Weingüter am Südosthang des Manhartsbergs. Wo sich einst das Urmeer befand, treffen heute unterschiedliche Gesteinsschichten aufeinander. Die Besonderheit des Terroirs liegt in den verschiedenen Bodenformationen wie Lehm, Sand, Löss und Urgestein. Dank des Zusammenspiels aus Geologie, Lage und Waldnähe zählen die Rieden um Maissau zu den interessantesten der Region. Das Qualitätsdenken der Winzerfamilie beginnt bereits im Weingarten: Naturnahe Bewirtschaftung soll das Bodenleben fördern. Davon profitieren auch die Weine, die sich eigenständig und abseits des Mainstreams präsentieren.

93+ 2022 Weinviertel DAC Große Reserve Ried Bauerngraben 13 %, FP, €€
(GV) Jugendliche Farbe, komplexe Aromatik, tiefe Fruchtnoten, Einlegegewürze, Zesten, Gewürznelke, opulenter Wein, weiche Textur, feiner Gerbstoff im Abgang, nussige Würze im Rückaroma.

93+ 2023 Weinviertel DAC Reserve Grüner Veltliner Vintage 13,5 %, FP, €€
Jugendliche Farbe, intensives Bukett, Kumquat, gelber Pfirsich, Antipasti-Noten, kräftiger Wein, straffe Textur, feines Tannin, Gewürznelke und Zesten im Rückaroma, Potenzial.

93 2023 Weinviertel DAC Reserve Grüner Veltliner Alte Reben 13,5 %, FP, €€
Jugendliche Farbe, vielschichtige Nase, Melone, kandierte Orange, Nashi-Birne, zarte Würze, kräftiger Wein, harmonische Textur, fruchtig-pikanter Abgang, feiner Gerbstoff und Potenzial.

91+ 2021 Zweigelt Reserve 14 %, €€
Jugendliche Farbe, Kirsch-Weichsel-Noten, Feige, Nougat, körperreich, balancierte Textur, Bitterschokolade und Cranberry im Finish.

91 2023 Weinviertel DAC Grüner Veltliner Ried Neuberg Schanz 13 %, €
Helle Farbe, komplexe Aromen, Kumquat, nussige Würze, kandierte Orange, kräftiger Wein, harmonische Textur, pikantes Finish, fruchtiger Nachhall.

91 2023 Weißburgunder Ried Neuberg Schanz 13,5 %, €
Helle Farbe, gelbe Fruchtnoten, Apfel, Mandarine, Mandeln, kräftiger Wein, balancierte Textur, fruchtsüßer Schmelz im Abgang, gute Länge.

90+ 2023 Weinviertel DAC Grüner Veltliner Ried Ziegelgraben 13 %, €
Helle Farbe, nuanciertes Bukett, zarte Fruchtnoten, grüner Apfel, Nektarine, stoffiger Wein, gutes Frucht-Säure-Spiel, zart würziger Abgang, langer Nachhall.

Weingut Hummel

Foto: Astrid Bartl

Am Bach 9
3714 Niederschleinz
T 02959/26 92, 0676/758 39 31
M wein@hummel-kurt.at
www.hummel-weinviertel.at

Öffnungszeiten
nach tel. Vereinbarung
(So., Fei. Ru.)
Rebfläche
9 ha
Rebsorten
GV, RI, ZW, PB, CH, GM
Anbau
konventionell
Verschlussarten
DI, DV
Gastronomie
Verkostungen

Schritt für Schritt haben Beatrix und Kurt Hummel ihr kleines Weingut aufgebaut. Aus den drei Hektar Rebfläche sind mittlerweile neun Hektar geworden. Groß genug, um das Weingut zu einem Topbetrieb zu etablieren, klein genug, um alte Tradition und Handwerk konsequent weiterführen zu können. Die Familie arbeitet vorausschauend und mit viel persönlichem Einsatz. Dabei hat man sich ganz dem Grünen Veltliner verschrieben. Auf rund 70 Prozent der Anbaufläche gedeiht die Paradesorte des Weinviertels, die Kurt Hummel in fünf verschiedenen Ausbaustufen vinifiziert: von leicht, würzig und pfeffrig bis gehaltvoll, vollmundig und kräftig. Die restliche Rebfläche teilen sich Weißburgunder, Riesling, Chardonnay, Gelber Muskateller und Zweigelt. Die humusreichen Lössböden rund um Niederschleinz bieten zusammen mit dem pannonischen Klima perfekte Voraussetzungen für den Weinbau. Sein Gespür für den Wein hat Kurt Hummel an die nächste Generation weitergegeben. Seine Tochter Laura arbeitet nach Beendigung der Weinbauschule und des Praktikums inzwischen hauptberuflich im Betrieb mit und lässt schon all ihre Ideen einfließen – die „Big Flight"-Reserve-Linie ist ihre erste eigene Kreation.

93+ 2019 Zweigelt Big Flight Grande Reserve 14 %, €€€
Dunkler Farbkern, leicht gereifter Rand, einladende Kirschnoten, Zwetschke, Kakao, Nougat, opulenter Wein, reife, balancierte Struktur, samtiges Tanninfinish, gute Länge, Feige in der Rückaromatik.

93+ 2020 Weinviertel DAC GV Big Flight Große Reserve 13,5 %, €€€
Jugendliche Farbe, vielschichtige Nase, Nashi-Birne, kandierte Noten, Melone, körperreich, dicht, straff, harmonischer Trinkfluss, pikanter Gerbstoff und Frucht im Abgang, langer Nachhall.

92+ 2023 Grüner Veltliner Hummel 9 13 %, €
Helle Farbe, kandierte Mandeln und Orange, leichte Antipasti-Noten, körperreich, harmonische Textur, fruchtig-pikanter Abgang, langer Nachhall.

92 2023 Weinviertel DAC Grüner Veltliner Ried Sätzen 12,5 %, €
Helle Farbe, nuancierte Frucht, Marille, Nektarine, Kamille, Physalis, körperreich, lebendige Textur, pikantes Finish, gute Länge.

91+ 2023 Weißburgunder 12,5 %, €
Helles Gelb, animierendes Fruchtspiel, grüner Apfel, Mandarine, Melone, kräftig, balancierte Textur, zarter Schmelz im Abgang.

91 2023 Chardonnay 12,5 %, €
Helle Farbe, kandierte Noten, Bratapfel, Mandarine, saftiger Wein, harmonische Textur, fruchtiger Abgang.

91 2023 Grüner Veltliner Hummlisch 12,5 %, €
Helle Farbe, gelbe Fruchtnoten, kandierte Anklänge, kräftiger Wein, lebendige Textur, fruchtiger Schmelz im Abgang.

Weinviertel

Weingut Jordan, Simone & Johannes Hiller-Jordan

Foto: Weingut Jordan

Groß-Reipersdorf 12
3741 Pulkau
T 0664/411 26 62
M office@weingut-jordan.at
www.weingut-jordan.at

Öffnungszeiten
Verkostungen nach Vereinbarung
Rebfläche
12 ha
Rebsorten
GV, RR, CH, ZW, ME, SL, BB
Anbau
KIP
Verschlussarten
NK, DV

Seit 1858 wird in Groß-Reipersdorf bei Pulkau Weinbautradition großgeschrieben. Winzer zu sein bedeutet für Simone und Hannes Hiller-Jordan, die Faszination der Natur einzufangen, Sensibilität für die Erfordernisse der Weingärten zu entwickeln und die besten Qualitäten, die die Natur zulässt, in den Keller zu bringen. Das Fundament für die Weine ist für sie der Boden. Das Winzerpaar will nicht am Status quo stehenbleiben, sondern sich ständig weiterentwickeln – mit beiden Beinen auf dem Boden stehend und in die Zukunft blickend. Im Weißwein-dominierten Weinviertel bilden die Pulkauer Lagen eine Ausnahme, hier werden auch hochwertige Rotweine ausgebaut. Im Weingut wird aber auch eine große Bandbreite an Grünen Veltlinern produziert – von klassisch pfeffrig über gehaltvoll, im Holz- oder Granitsteinfass gereift, bis hin zum Winzersekt und einem Pet Nat.

94 2022 Grüner Veltliner Große Reserve Steinzeit 13,5 %, €€€
Jugendliche Farbe, Birnenquitte, Grapefruit, nussige Würze, kandierte Frucht, Kumquat, körperreich, engmaschige Struktur, feiner Gerbstoff, lang anhaltend, Physalis im Nachhall.

93+ 2020 Riesling Brut Sekt Austria Große Reserve 12 %, €€€
Jugendliche Farbe, ausgeprägtes Bukett, kandierte Orange, Marille, Mandarine, feine Perlage, lebendiger Trinkfluss, fruchtiger Schmelz im Abgang, langer Nachhall, feiner Riesling-Charakter.

93+ 2022 Weinviertel DAC Grüner Veltliner Reserve Alte Reben 13 %, €€
Jugendliche Farbe, vielschichtiges Bukett, Tabak, pfeffrige Noten, Zesten, kräftiger Wein, dicht und harmonische Textur, feiner Gerbstoff, Quitte im Rückaroma, langer Nachhall.

92+ 2021 Zweigelt Rubin Reserve 13 %, €€
Jugendliche, transparente Farbe, Zwetschke, Kakao, Kirsche, leicht rauchig, straffe Textur, feiner Gerbstoff, lang anhaltend.

92+ 2022 Crushed Chardonnay 12,5 %, €€
(Amphore) Goldgelbe Farbe, Zesten, Kräuter, Kumquat, Quitte, stoffig, fester Gerbstoff, langer Nachhall, Physalis im Rückaroma.

92 2021 Grüner Veltliner Brut Sekt Austria Reserve 12,5 %, €€
Helle Farbe, nuanciertes Bukett, Kumquat, kandierte Orange und Birne, nussige Würze, jugendliches, feines Mousseux, lebendiger Trinkfluss, fruchtig-pikanter Abgang, gute Länge.

92 2023 Riesling vom Urgestein Ried Wehrleiten 13 %, €€
Helle Farbe, einladendes Fruchtspiel, Marille, gelber Pfirsich, kandierte Orange, körperreich, lebendiger Trinkfluss, zarter Schmelz im Abgang, gute Länge.

Respiz-Hof Kölbl

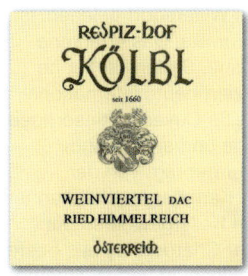

Foto: Reinhard Podolsky

Winzerstraße 5
3743 Röschitz
T 02984/27 79, 0676/528 67 13
M weingut@respiz-hof.at
www.respiz-hof.at

Öffnungszeiten
nach Vereinbarung
Rebfläche
14 ha
Rebsorten
GV, RI, PB, NE, GM, ZW, BF, CH, SB
Anbau
KIP
Verschlussart
DV
Gastronomie
Heuriger
Sonstiges
Übernachtungsmöglichkeit

Bereits seit 1660 ist das Weingut Kölbl in Röschitz ansässig, und seit 1998 trägt es den Namen Respiz-Hof Kölbl. Respiz (Rebspitz) ist der ursprüngliche Ortsname von Röschitz. Als eines der ältesten Weingüter in Röschitz zeugt der Name von der langen Verbundenheit der Familie zum Ort. Die Hauptsorten sind traditionell Grüner Veltliner mit 50 Prozent Rebanteil und Riesling, die besonders gut auf den verwitterten Urgesteins- und Lössböden gedeihen. Außerdem werden Sauvignon blanc, Neuburger, Weißburgunder, Gelber Muskateller, Chardonnay, Zweigelt und Blaufränkisch produziert. Naturnaher Weinbau und Ertragsreduktion sollen gesunde Trauben, die schonende Verarbeitung fruchtig-aromatische Weine begünstigen. Ziel ist, die Weine möglichst naturbelassen in die Flasche zu füllen. Für den Betrieb ist Weinqualität kein Zufall, sondern das Zusammenwirken von Natur und Mensch.

93 2022 Grüner Veltliner vom Urgestein Reserve 13,5 %, €€
Jugendliche Farbe, gelbe Steinobstnoten, Kumquat, Mandeln, Verbene, körperreich, balancierte Textur, fruchtig-pikantes Finish, lang anhaltend, Gewürznelke im Rückaroma.

92 2023 Riesling vom Urgestein Ried Galgenberg 13,5 %, €
Jugendliche Farbe, intensive Fruchtnoten, kandierte Orange, gelber Pfirsich, Kumquat, zarte Würze, balancierte Textur, feiner Gerbstoff, gute Länge.

92 2023 Weinviertel DAC Grüner Veltliner Ried Himmelreich 13 %, €
Helle Farbe, komplexe Nase, kandierte Noten, Kumquat, nussige Würze, körperreich, dicht und straff, fruchtig-pikantes Finish, zarter Schmelz im Nachhall.

91+ 2023 Weißburgunder Ried Hundspoint 13,5 %, €
Helle Farbe, gelber Apfel, Honigmelone, stoffiger Wein, weiche Textur, fruchtiger Schmelz im Abgang, gute Länge, süßer Nachhall.

91 2023 Chardonnay Granit 13,5 %, €
Helle Farbe, gelbe Steinobstaromen, kandierte Noten, Melone, körperreich, harmonischer Trinkfluss, feiner Gerbstoff, fruchtiger Schmelz im Nachhall.

91 2023 Weinviertel DAC Grüner Veltliner Ried Reipersberg 12,5 %, €
Helles Gelb, jugendliches Bukett, Limette, Antipasti-Noten, Steinobst, kräftig, gutes Frucht-Säure-Spiel, pikanter Abgang, fruchtiger Nachhall.

90 2023 Gemischter Satz 11 %, €
Helle Farbe, zarte Fruchtnoten, Zitrus, grüner Apfel, straffe Struktur, Grapefruit im Finish.

Weinviertel

Hofkellerei des Fürsten von Liechtenstein

Die Hofkellerei, nahe des Schlosses Wilfersdorf gelegen, ist seit 1436 im Besitz der fürstlichen Familie. Das erfahrene Team um Sommelière Prinzessin Marie, Stefan Tscheppe und Önologe Josef Stumvoll produziert heute international renommierte, herkunftsgeprägte weiße Cuvées, reinsortigen Riesling und Grünen Veltliner. Frische und animierende Cool-Climate-Weine, in ihrer Struktur geprägt von den kalkhaltigen Lössböden der Rieden Karlsberg und Johannesbergen, die in den jahrhundertealten Kellergewölben der Hofkellereireifen reifen. Wie auch der Chardonnay aus besten Rieden am Leithaberg und Blaufränkisch. In Vaduz, Liechtenstein, hingegen werden aus der Ried Herawingert rare, alpine Pinot noirs vinifiziert. Die Hofkellerei und ihre Weine erschließen sich einem am besten bei einem Besuch im Weinviertel, der Vinothek im Gartenpalais in Wien oder in Vaduz, Liechtenstein.

Foto: Hofkellerei des Fürsten von Liechtenstein

Brünnerstraße 8
2193 Wilfersdorf
T 02573/22 19 27
M wein@hofkellerei.at
www.hofkellerei.com

Öffnungszeiten
Mo.–Fr. und 1. Sa. im Monat 10–16.30
Rebfläche
31 ha
Flaschenanzahl
120.000
Rebsorten
GV, RI, CH, ZW, ME, BF
Anbau
KIP, Umstellung organisch-biologisch
Verschlussarten
NK, DV
Gastronomie
Vinothek, Café, Hofkellerei Liechtenstein im Gartenpalais – Vinothek & Bar in 1090 Wien, Fürstengasse 1

95 2022 Ried Karlsberg Cuvée 13 %, €€€
(RI/GV) Jugendliche Farbe, komplexe Nase, kandierte Frucht, Quitte, Physalis, körperreich, dicht und lebendige Struktur, feiner Gerbstoff und lang anhaltend, Kumquat und gelber Pfirsich im Rückaroma, Potenzial.

94 2021 Grüner Veltliner Eiswein 10 %, €€€
Goldgelb, Blütenhonig, Kräuter, Steinobst, Zesten, stoffig, lebendige Textur, balancierte Restsüße, Birnenquitte im Abgang, gute Länge.

94 2022 Riesling Ried Karlsberg Privat 13 %, €€€
Jugendliche Farbnoten, Zesten, Pfirsich, Mandarine, stoffig, lebendige Textur, engmaschiger Trinkfluss, Physalis und Grapefruit im Finish, langer Nachhall, Potenzial.

93 2022 Grüner Veltliner Ried Karlsberg 13 %, €€
Jugendliche Farbnoten, vielschichtiges Bukett, Zesten, nussige Würze, Kumquat, kräftiger Wein, balancierte Textur, dicht und engmaschiges Finish, langer Nachhall, pikantes Finish.

93 2023 Herrnbaumgarten Cuvée 13 %, FP, €€
(RI/GV) Jugendliche Farbnoten, komplexes Bukett, Zesten, nussige Würze, Kumquat, Steinobst, Verbene, Gewürznelke, körperreich, straff, balancierter Trinkfluss, feiner Gerbstoff, Quitte und Grapefruit im Rückaroma, lang anhaltend.

92 2020 Zweigelt Profundo 13 %, €€
Kräftige Farbe, vielschichtiges Bukett, Schwarzkirsche, kandierte Orange, Bitterschokolade, Nougat, kräftig, balancierte Textur, feines Tannin, fruchtiger Nachhall, gute Länge.

91 2023 Rosé 12,5 %, FP, €€
(ZW) Jugendliche Farbe, einladendes Fruchtspiel, Weichsel, Kirsche, saftiger Wein, lebendige Struktur, fruchtiges Finish, gute Länge.

Weinviertel

Gerhard J. Lobner

Foto: Paul Breuss

Hauptstraße 62
2261 Mannersdorf an der March
T 0650/801 83 97
M benita@weingut-lobner.at
www.weingut-lobner.at

Öffnungszeiten
nach tel. Vereinbarung
Rebfläche
10 ha
Rebsorten
GV, WR, RI, GT, CS
Anbau
KIP, konventionell,
Umstellung organisch-biologisch,
nachhaltig
Verschlussart
DV

„Großer Wein schmeckt nicht einfach nur gut, er erzählt auch eine Geschichte", sind Benita und ihr Vater Gerhard J. Lobner überzeugt. Er soll geprägt sein von der Landschaft, dem Klima und der Persönlichkeit des Winzers. Der Weingutsleiter der Wiener Weingüter Mayer am Pfarrplatz und Rotes Haus ist seit 2014 auch für die Geschicke des Familienweinguts in Mannersdorf an der March verantwortlich und führt dieses gemeinsam mit Tochter Benita Lobner. Auf 10 Hektar Rebflächen wird der Fokus auf Grünen Veltliner und Riesling gelegt, wobei Riesling seine große Leidenschaft ist. Die anspruchsvolle Sorte findet an der March auf den terrassierten Weinbergen ideale Bedingungen vor. Lobner beschäftigt sich aber auch mit dem im Weinviertel typischen, aber unterschätzten Welschriesling. Er wird vollreif geerntet und als kräftiger und vielschichtiger Wein abgefüllt.

93 2022 Terra Aurea Ried Rochusberg 13 %, €€
(GV/RI/PB/WR) Helle Farbe, einladende gelbe Frucht, Pfirsich, Melone, kandierte Orange und Birne, körperreich, balancierter Trinkfluss, fruchtiges Finish, langer Nachhall.

93 2023 Riesling unterm Kirschbaum Ried Gelsenberg 10 %, €€
(lieblich) Sehr helle Farbe, intensive Nase, kandierte Ananas, gelbe Nektarine, Melone, saftiger Riesling, balancierte Textur, gut eingebundene Restsüße, fruchtiger Schmelz im Nachhall, lang anhaltend.

92+ 2022 Grüner Veltliner Ried Rochusberg 13 %, €€
Helle Farbe, kandierte Orange, zarte Würze, Mandarine, körperreich, balancierte Struktur, fruchtiger Schmelz im Abgang, gute Länge.

92+ 2022 Riesling Ried Gelsenberg 13 %, €€
Helles Gelb, intensive Aromatik, Weingartenpfirsich, kandierte Noten, Marille, stoffig, dicht und straffe Textur, fruchtig, präzises Finish, gute Länge.

92 2023 Riesling Mannersdorf an der March 13 %, €
Blassgelb, jugendliches Fruchtspiel, Pfirsich, Nektarine, Mandarine, kräftiger Wein, straffe Textur, fruchtiges Finish, gute Länge.

92 2023 Weinviertel DAC Grüner Veltliner Mannersdorf an der March 12,5 %, €
Blassgelb, nuancierte Aromatik, Verbene, Grapefruit, zart Kräuter, kräftiger Wein, lebendige Textur, fruchtig-pikantes Finish, langer Nachhall.

Weinviertel

Malteser Ritterorden

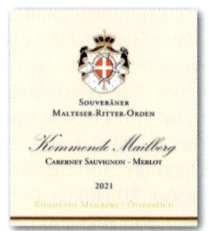

Foto: Weinkellerei Lenz Moser

Seit 1969 bewirtschaftet Lenz Moser die Weingärten des Souveränen Malteser-Ritter-Ordens in Pacht. Der 900 Jahre alte Leitsatz „Optimus Quisque" (Gerade die Besten) wird auch heute noch beherzigt: Man will Qualität statt Quantität und die Erhaltung vitaler Böden – dafür setzt man auf organische Düngung und viel Handarbeit im Weingarten. Die wichtigsten Rebsorten, die auf 50 Hektar kultiviert werden, sind Grüner Veltliner im Weißweinbereich – er kommt als fruchtig-frischer Wein auf den Markt –, bei den Rotweinen wiederum dominiert Zweigelt, der sich kraftvoll präsentiert. Flaggschiff ist die Cuvée „Kommende Mailberg" aus Cabernet Sauvignon und Merlot.

92 2023 Grüner Veltliner Ried Hundschupfen 13 %, €
Helle Farbe, nuanciertes Fruchtspiel, zarte Würze, Mandarine, kräftiger Wein, lebendige Struktur, pikanter Abgang, gute Länge.

91+ 2021 Kommende Mailberg 14 %, €€
(CS/ME) Gereifte Farbe, intensives Bukett, Kirsche, Cassis, Bitterschokolade, stoffiger Wein, harmonische Struktur, feiner Gerbstoff, Lebkuchen und Pflaumen im Nachhall.

90 2021 Blauer Zweigelt 13 %, €
Jugendliche Farbe, gereifter Rand, Kirsch-Weichsel-Anklänge, kräftiger Wein, harmonische Textur, leicht raues Tanninfinish, zarter Schmelz.

90 2021 Merlot 14 %, €€
Gereifte Farbe, kandierte Orange, Nougat, zarte Holzwürze, kräftiger Wein, würziges Finish, zarter Schmelz.

90 2023 Weinviertel DAC Grüner Veltliner 12,5 %, €
Helle Farbe, nuanciertes Fruchtspiel, gelber Apfel, Mandarine, Zitrus, stoffig, harmonischer Trinkfluss, fruchtiges Finish.

89 2022 Chardonnay 13 %, €
Blassgelbe Farbe, Melone, kandierte Orange, körperreicher Wein, weiche Textur, fruchtig-pikanter Abgang.

Schafflerhof 199
2024 Mailberg; Vertrieb:
Lenz Moser AG, Lenz-Moser-Straße 1, 3495 Rohrendorf
T 02732/855 41
M office@lenzmoser.at
www.lenzmoser.at
www.schlossweingut-malteser-ritterorden.at

Öffnungszeiten
Schlossvinothek Mailberg: tägl. 11–18, Kellershop Lenz Moser in Rohrendorf: Mo.–Fr. 8–15
Rebfläche
50 ha
Flaschenanzahl
200.000
Rebsorten
GV, CH, ZW, CS, ME
Anbau
konventionell
Verschlussarten
NK, DV
Gastronomie
Vinothek
Sonstiges
Übernachtungsmöglichkeit

Weingut Leo Maurer

Foto: Matthias Maurer

Winzerstraße 19
3743 Röschitz
T 0676/358 38 07
M info@maurerwein.at
www.maurerwein.at

Öffnungszeiten
nach Vereinbarung
Rebfläche
12 ha
Rebsorten
GV, RI, CH, PB, SB, GM, ZW
Anbau
KIP
Verschlussarten
NK, DV

Die Familie Maurer ist mit Leib und Seele im Weinviertel verwurzelt, das Wissen um qualitätsorientiertes Weinhandwerk wird von Generation zu Generation weitergegeben. Heute führt Leo Maurer den Betrieb gemeinsam mit seiner Lebensgefährtin. Er setzt vor allem auf die Leitsorte des Weinviertels, den Grünen Veltliner, der sich am Manhartsberg besonders wohlfühlt. Bei der Bewirtschaftung der Weingärten, die in den besten Rieden auf Löss- und Urgesteinsböden liegen, legt man Wert auf Nachhaltigkeit. Durch schonende Vinifikation entstehen Jahr für Jahr ausdrucksstarke und mineralische Weine.

93+ 2023 Grüner Veltliner MLM Ried Himmelreich 14 %, €€
Jugendliche Farbe, vielschichtiges Bukett, Nashi-Birne, kandierte Orange, Nektarine, opulenter Auftakt, harmonische Struktur, fruchtiger Schmelz und pikanter Gerbstoff im Finish, sehr lang anhaltend, Kumquat und Pfirsich im Rückaroma, Potenzial.

92+ 2023 Grüner Veltliner Granitjuwel Ried Stoitzenberg 13,5 %, €
Helle Farbe, komplexes Bukett, Zesten, Lemongrass, Verbene, nussige Würze, straffe Textur, feines Tannin, Papaya und Kumquat im Rückaroma.

92 2023 Chardonnay Ried Hiataberg 14,5 %, €
Helle Farbe, Kumquat, Mandarine, gelber Apfel, Grapefruit, opulenter Auftakt, harmonischer Trinkfluss, pikantes Finish, zarter Schmelz.

91+ 2021 Zweigelt Roter James 13 %, €€
Jugendliche Farbe, zartes Fruchtspiel, Erdbeerjoghurt, Kirsche, harmonischer Trinkfluss, Nougat, zarter Gerbstoff, gute Länge.

91+ 2023 Grüner Veltliner Urkristall 13 %, €
Helle Farbe, einladendes Fruchtspiel, gelbes Steinobst, Birne, Mandarine, saftiger Wein, harmonischer Trinkfluss, kandierte Noten im Abgang.

91+ 2023 Pinot Blanc Ried Hiataberg 13,5 %, €
Helle Farbe, reifes Steinobst, Pfirsich, Mandarine, gehaltvoller Wein, harmonischer Trinkfluss, fruchtiger Schmelz im Abgang, gute Länge.

91 2023 Weinviertel DAC 12,5 %, €
(GV) Helle Farbnoten, einladendes Fruchtspiel, Steinobst, Mandarine, Zesten, harmonische Struktur, fruchtiges, lang anhaltendes Finish.

Weinviertel

Weingut Mayr Minichhofen

Der Familienbetrieb liegt in der Weinviertler Kleinregion Schmidatal am Fuße des Manhartsbergs. Sand aus dem Urmeer und Schotter der Urdonau als geologische Gegebenheit prägen die Weine auf besondere Weise. Das Ziel der Familie ist, möglichst naturnahe, qualitativ hochwertige Weine zu produzieren. Umsichtige Pflege der Rebstöcke, Sorgfalt im Keller, aber auch die Liebe zum Winzerberuf sind die Voraussetzungen für regionstypische Gewächse. Im Betrieb agieren mit Vater und Sohn zwei Generationen, Erfahrung und moderne Ideen treffen dabei aufeinander – zum Wohle der Qualität.

92 2021 Riesling Manus 13 %, €€
Helle Farbe, Grapefruit, zarte Petrolnoten, körperreich, lebendiges Frucht-Säure-Spiel, zarter Fruchtschmelz im Finish, langer Nachhall.

92 2022 Weinviertel DAC Reserve 13,5 %, €€
(GV) Jugendliche Farbe, Nashi-Birne, kandierte Orange, Steinobst, körperreicher Wein, gut stützende Säure, pikantes Finish, fruchtiger Nachhall.

91+ 2023 Grüner Veltliner Ried Hüttenthal 13,5 %, €
Helle Farbe, gelbe Frucht, Steinobst, Melone, zarte Würze, Mandeln, körperreich, lebendiger Trinkfluss, pikanter Gerbstoff im Abgang, fruchtiger Nachhall.

91+ 2023 Riesling Ried Hirtental 13 %, €
Helle Farbe, jugendliches Fruchtspiel, Zitrus, weißer Pfirsich, Mandarine, stoffig, lebendiges Säurespiel, zarter Schmelz im Abgang.

91+ 2023 Roter Veltliner Ried Hüttenthal 12,5 %, €
Helle Farbe, kandierte Orange, Nektarine, Melone, körperreich, straffe Textur, fruchtiger Abgang, gute Länge.

91 2022 Gemischter Satz „Großvata" 13 %, €
Jugendliche Farbe, Zesten, gelber Apfel, Limette, körperreich, markantes Säurespiel, präsenter Gerbstoff.

90 2023 Weinviertel DAC Grüner Veltliner Ried Hirtental 12,5 %, €
Helle Farbe, gelbe Frucht, zarte Würze, stoffiger Wein, harmonische Textur, fruchtiges Finish.

Minichhofen 12
3720 Ravelsbach
T 0676/620 54 87
M office@weingut-mayr.at
www.weingut-mayr.at

Öffnungszeiten
nach tel. Vereinbarung
Rebfläche
9 ha
Rebsorten
GV, RI, RV, GM, TR, CS, ME, BB, WR, ZW, PB, CH, BP
Anbau
KIP, konventionell
Verschlussarten
NK, DI, GL, DV

Weinviertel

RM Weingut Roland Minkowitsch

Das Weingut Roland Minkowitsch im südöstlichen Weinviertel besteht seit über 400 Jahren. Martin und seine Frau Blandine, einer Französin, leiten heute das renommierte Weingut mit Enthusiasmus: Verankert in der Tradition, schöpft man aus der Erfahrung voriger Generationen – mit dem Ziel, authentische Weine zu keltern. Die sandigen Löss- und Lehmböden und der pannonische Klimaeinfluss tragen zu einer ganz eigenständigen Charakteristik der Weine bei. Das Weingut ist eines der letzten weltweit, das die gesamte Produktion noch heute mit der Baumpresse, die seit 1820 im Einsatz ist, verarbeitet. Alle Trauben werden handverlesen und die Weine schonend vinifiziert. Der Riesling „de vite" ist schon seit Jahrzehnten das Flaggschiff des Hauses. Die Gewürztraminer-Rebstöcke sind bis zu siebzig Jahre alt. Neuerdings wird auch ein Viognier mit dem Namen „Sept" gekeltert.

Kirchengasse 64
2261 Mannersdorf an der March
T 0650/590 00 62, 02283/36 39
M weingut@roland-minkowitsch.at
www.roland-minkowitsch.at

Öffnungszeiten
Mo.–Sa. 8–19 (So., Fei. Ru.)
Rebfläche
12,5 ha
Flaschenanzahl
50.000
Rebsorten
RI, GV, WR, CH, GT, GM, VI
Anbau
nachhaltig
Verschlussarten
DI, DV

94 N. V. Gewürztraminer Premium 13,5 %, €€
(htr.) Jugendliche Farbe, intensives Bukett, Eibisch, Litschi, zarte Rosenholznoten, körperreich, straffe Textur, feinstes Tannin im Finish, balancierte Restsüße, sehr lang anhaltend, Potenzial.

93 2022 Grüner Veltliner Ried Rochusberg 12,5 %, €€€
Helle Farbe, ausgeprägtes Bukett, kandierte Orange und Birne, Gewürznelke, Tabak, körperreich, engmaschige Textur, gut stützende Säure, pikanter Abgang, Quitte im Nachhall.

93 2022 Viognier Sept 12 %, €€€
Jugendliche Farbe, Honigmelone, Marzipan, Nashi-Birne, kräftiger Wein, harmonische Textur, feines Tannin, Kumquat im Rückaroma.

93 2023 Grüner Veltliner Rochus 13 %, €€
Jugendliche Farbe, einladende gelbe Fruchtnoten, kandierte Orange, Verbene, körperreich, lebendiger Trinkfluss, fruchtig-pikantes Finish, lang anhaltend, Mandeln im Rückaroma.

93 2023 Riesling Ried Lange Lissen „De Vite" 13 %, €€
Helle Farbe, intensive Aromatik, kandierte Orange und Ananas, Physalis, körperreich, lebendiger, engmaschiger Trinkfluss, feines Tannin und Fruchtschmelz im Abgang, Lemongrass und Pfirsich im Rückaroma.

92 2023 Gelber Muskateller 13 %, €€
Helle Farbe, ausgeprägtes Bukett, zart florale Noten, gelber Pfirsich, Lemongrass, stoffiger Wein, harmonische Textur, fruchtiger Schmelz im Abgang, Maracuja im Rückaroma.

HISTORISCHER WEIN
94 2005 Riesling „De Vite" Premium

Weinviertel

Weingut Neustifter

Foto: Adrian Almasan

Laaer Straße 10
2170 Poysdorf
T 02552/34 35
M info@weingut-neustifter.at
www.weingut-neustifter.at

Öffnungszeiten
nach Vereinbarung, Ab-Hof-Verkauf im Hotel, tägl. 8–20
Rebfläche
24 ha
Rebsorten
GV, RI, BP, PB, BB, CS, ZW, CH, BF, PN, FV, GS
Anbau
organisch-biologisch
Verschlussarten
NK, DV
Gastronomie
Heuriger, Restaurant
Sonstiges
Übernachtungsmöglichkeit

Das Bioweingut der Familie Neustifter liegt idyllisch inmitten der Poysdorfer Weingärten. Monika Neustifter bewirtschaftet die rund 24 Hektar gemeinsam mit ihrem Vater Karl und mithilfe der gesamten Familie. Zu ihren besten Lagen zählen Maxendorf, Saurüsseln und Hermannschachern. Letztere zählen zu den ältesten Rieden Poysdorfs – Aufzeichnungen darüber reichen bis 1338 zurück. Respekt vor der Natur, liebevolle Pflege der Reben und die Arbeit in den Weingärten stehen für Vater und Tochter im Vordergrund. Hauptsorte ist der Grüne Veltliner, der in verschiedenen Varianten angeboten wird – vom Weinviertel DAC bis zur „Neustifter Stockkultur". Neben Veltliner und Rosé werden auch Rotweine wie Zweigelt, Pinot noir und Cabernet Sauvignon mit viel Leidenschaft vinifiziert.

95 2020 Grüner Veltliner Stockkultur 14 %, €€€
Jugendliche Farbnoten, reife gelbe Fruchtnoten, Physalis, Grapefruit, Antipasti-Noten, nussige Würze, körperreich, dicht, engmaschige Struktur, feinster Gerbstoff und Extraktsüße im Abgang, sehr lang anhaltend, Kumquat im Nachhall, Potenzial.

92 2021 Terroir Ried Maxendorf 14,2 %, €€
(ZW/ME/CS) Kräftige Farbe, nuanciertes Bukett, Brombeere, Bitterschokolade, Kirsche, leicht rauchig, körperreich, straff, fester Gerbstoff, langer Nachhall.

92 2023 Grüner Veltliner Exklusiv Ried Hermannschachern 14,5 %, €€
Jugendliche Farbe, kandierte Orange, Nashi-Birne, Antipasti-Noten, gehaltvoll, balancierte Struktur, fruchtig-würziger Abgang, langer Nachhall.

91+ 2023 Gemischter Satz Exklusiv 13,2 %, €
Helle Farbe, Blütenhonig, kandierte Orange und Mandeln, Bratapfel, körperreich, dicht und balancierte Textur, fruchtiges Finish, Kumquat im Nachhall.

91+ 2023 Rosé Cabernet Sauvignon Klassik 11,9 %, €
Zarte Rosé-Farbe, nuanciertes Bukett, Weichsel, Preiselbeere, Kumquat, stoffig, lebendige Struktur, gutes Frucht-Säure-Spiel, fruchtig-pikanter Abgang, gute Länge.

91 2023 Riesling Exklusiv 13,3 %, €
Helle Farbe, kandierte Frucht, Orange, Ananas und Apfel, körperreich, harmonische Textur, feines Tannin, fruchtiger Schmelz und balancierte Restsüße im Abgang.

90 2023 Weinviertel DAC Grüner Veltliner 12,2 %, €
Helle Farbe, nuanciertes Bukett, Pomelo, Verbene, zarte Würze, gelber Apfel, stoffig, dicht und lebendiger Trinkfluss, pikantes Finish, gute Länge.

Weinviertel

Weingut Andreas Ott

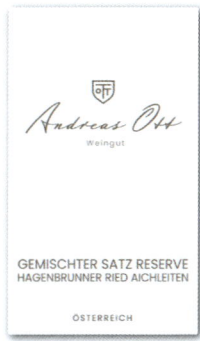

Das Familienweingut liegt im südlichen Weinviertel, im bekannten Heurigenort Hagenbrunn. Inzwischen wird der 12 Hektar große Betrieb von Andreas Ott geleitet, der ihn mit Engagement und Leidenschaft für Weinbau in die Zukunft führt. Er setzt etliche Maßnahmen, um für die kontinuierliche Qualität der Weine zu sorgen. So stimmt der Winzer etwa die Auswahl der Rebsorten exakt auf die jeweilige Lage, deren Bodenzusammensetzung und das dort herrschende Mikroklima ab. Er strebt dabei stets nach höchster Qualität und regionaler Typizität. Das vielfältige Sortiment reicht von würzigen Grünen Veltlinern verschiedener Ausbaustile über fruchtige Burgunder und einen frischen Gemischten Satz bis zu kräftigen Rotweinen.

Foto: Stephan Doleschal

Schloßgasse 9
2102 Hagenbrunn
T 02262/67 21 20
M office@andreasott.at
www.andreasott.at

Rebfläche
12 ha
Rebsorten
GV, RI, GM, SB, CH, PB, GE, ZW, ME
Anbau
konventionell
Verschlussart
DV
Gastronomie
Heuriger (Termine siehe Website)

93 2021 Weinviertel DAC Reserve Grüner Veltliner Hagenbrunner Ried Sätzen 14 %, €€
Helle Farbe, vielschichtige Aromatik, Zesten, Nashi-Birne, Gewürznelke, körperreich, balancierte Struktur, pikantes Finish, zarter Schmelz im Nachhall, Potenzial.

92 2022 Cuvée Reserve 14 %, €€
(ME/ZW/SL) Gereifte Farbe, intensive Nase, Cassis, zarte Holzwürze, Bitterschokolade, körperreich, straffe Struktur, feinkörniges Tannin, lang anhaltend.

91+ 2022 Gemischter Satz Reserve 13,5 %, €€
Jugendliche Farbe, nuanciertes Bukett, Mandeln, Dörrobst, Nashi-Birne, körperreich, harmonische Textur, präsenter Gerbstoff, würziger Nachhall.

91+ 2023 Weinviertel DAC Grüner Veltliner Hagenbrunner Ried Aichleiten 13 %, €
Blassgelb, jugendlich, fruchtige Nase, Mandarine, kandierte Orange, Verbene, körperreich, harmonischer Trinkfluss, fruchtiger Schmelz im Abgang, gute Länge.

91 2021 Merlot Reserve 14 %, €€
Gereifte Farbnoten, Heidelbeere, Kakao, Nougat, opulenter Wein, weiche Textur, feines Tannin, Bitterschokolade im Rückaroma.

90+ 2023 Gemischter Satz 13 %, €
Blassgelbe Farbe, gelber Apfel, Mandarine, Pfirsich, stoffig, gut stützende Säure, fruchtiger Abgang, Grapefruit im Rückaroma.

90 2023 Sauvignon Blanc 13 %, €
Helle Farbe, intensives Bukett, grasige Noten, Einlegegewürze, Paprika, körperreich, harmonische Textur, fruchtig-floraler Abgang.

Weingut Pass

Etzmannsdorf 11
3722 Straning-Grafenberg
T 0664/591 21 42, 02984/33 81
M office@weingut-pass.at
www.weingut-pass.at

Öffnungszeiten
Mo.–Fr. 8–18, Sa. 9–12,
So. nach Vereinbarung
Rebfläche
9 ha
Rebsorten
GV, RI, PB, ZW, GM, WR
Anbau
KIP, konventionell
Verschlussarten
DI, GL, DV

Gerald Pass führt in vierter Generation den Weinbaubetrieb im westlichen Weinviertel. Tradition in Kombination mit modernem Wissen und Mut zur Veränderung – das sind die Grundpfeiler seines Schaffens. Viel Augenmerk legt er auf die harmonische Zusammenarbeit mit der Natur. Mit all ihren Besonderheiten soll sie die Taktgeberin sein. Den natürlichen Kreislauf der Weinwerdung mit Gefühl, Intuition und Verständnis zu begleiten ist für den Winzer Voraussetzung für hohe Qualität. Er will keinen gängigen Trends hinterherlaufen, sondern eigenständige und charaktervolle Weine schaffen, die vom Terroir des Manhartsbergs geprägt sind. Der Urgesteinsboden aus verwittertem Granit und Gneis verleiht seinen Weinen Mineralität und Tiefgang.

94 2021 Grüner Veltliner Privat Reserve 13,1 %, €€
Helles Gelb, intensive, komplexe Aromen, kandierte Orange, Mandeln, Papaya, grüner Tee, Pfirsich, opulent, lebendiger Trinkfluss, engmaschiges Finish, fein verwobener Fruchtschmelz im Abgang, lang anhaltend, Potenzial.

92+ 2023 Grüner Veltliner Ried Sätzen 12,8 %, €€
Helle Farbe, komplexe Nase, kandierte Mandeln und Orange, ein Touch Maracuja, körperreich, harmonische Textur, fruchtig-pikanter Abgang und Schmelz.

91+ 2020 Zweigelt Ried Hohenrain Reserve 13,1 %, €€
Gereifte, leicht transparente Farbe, zarte Kirschnoten, Nougat, feiner Gerbstoff, fruchtiger Schmelz im Abgang, gute Länge.

91+ 2023 Grüner Veltliner Ried Steinperz 12,5 %, €
Helles Gelb, ausgeprägte Aromatik in der Nase, Antipasti-Noten, Kapern, Lemongrass, gelbe Frucht, kräftiger Wein, lebendige Struktur, fruchtiges Finish.

91 2023 Weinviertel DAC Grüner Veltliner Alte Rebe 12,8 %, €
Blassgelb, jugendliche Fruchtnoten, Pfirsich, grüner Apfel, Mandarine, Verbene, kräftig, lebendiger Trinkfluss, fruchtsüßer Schmelz im Finish, gute Länge.

90 2022 Riesling Ried Gaisberg 12,2 %, €
Helle Farbe, dezente Fruchtnoten, Steinobst, Verbene, leichte Würze, stoffiger Wein, lebendiger Trinkfluss, pikanter Abgang.

R. & A. Pfaffl

Das Weingut Pfaffl steht für kontinuierlich hohe Qualität. Das war unter Roman Pfaffls Rigide so, und daran hat sich auch mit der nächsten Generation nichts geändert. Kein Wunder: Roman Josef Pfaffl steht seinem Vater in Sachen Qualitätsfanatismus und Bereitschaft für Innovationen um nichts nach. Das Weingut ist weit über die Grenzen Österreichs hinaus für seine herausragenden Grünen Veltliner bekannt. Doch auch Riesling, Chardonnay, Zweigelt und Sankt Laurent heimsen Jahr für Jahr Prämierungen und Auszeichnungen ein. Neu im Sortiment ist ein trocken ausgebauter, exotisch anmutender Muskateller Reserve.

94 **2021 Heidrom Grande Reserve 14 %, €€€**
(CS/ME) Dunkler Farbkern, vielschichtiges Bukett, Cassis, Bitterschokolade, leicht rauchig, opulenter Wein, markantes Frucht-Säure-Spiel, feste, feinkörnige Tannine, Nougat und Feige im Rückaroma, Potenzial.

94 **2023 Riesling Reserve Passion 14 %, €€€**
Jugendliche Farbe, intensive, vielschichtige Nase, gelber Pfirsich, Physalis, Melone, gehaltvoll, lebendige Struktur, fruchtiger Schmelz im Finish, langer Nachhall, Kumquat im Rückaroma.

94 **2023 Weinviertel DAC Hommage Grüner Veltliner Reserve 14,5 %, €€€**
Helles Gelb, ausgeprägtes Bukett, Papaya, Zesten, gelber Pfirsich, Ingwer-Melone, opulenter Wein, harmonische Struktur, feines Tannin, fruchtsüßer Nachhall, gute Länge, Potenzial.

93 **2022 Chardonnay Reserve Vision 14,5 %, €€€**
Jugendliche Farbe, vielschichtige Nase, kandierte Orange und Birne, zart rauchig-röstige Noten, Karamell, körperreich, balancierte Textur, feiner Gerbstoff und zarter Schmelz im Nachhall.

93 **2022 Excellent Reserve 14 %, €€€**
(ZW/CS/ME) Tiefdunkler Farbkern, komplexes Bukett, Heidelbeere, Kirsche, rauchig-röstige Aromen, Bitterschokolade, gehaltvoll, engmaschiges Finish, lang anhaltend, Cranberry im Finish.

93 **2023 Weinviertel DAC Golden Grüner Veltliner Reserve 14,5 %, €€€**
Helle Farbe, komplexe Aromatik, Nashi-Birne, Zesten, Gewürznelke, Verbene, gehaltvoll, balancierte Textur, feines Tannin, fruchtiger Nachhall, lang anhaltend, Kumquat im Rückaroma.

92+ **2023 Muskateller Reserve Juwel 14 %, €€€**
Helle Farbe, intensive Nase, kandierte Ananas, Orange, zart Holunderblüte, körperreich, lebendige Textur, fruchtiger Schmelz im Abgang.

Schulgasse 21
2100 Stetten
T 02262/67 34 23
M wein@pfaffl.at
www.pfaffl.at

Öffnungszeiten
Mo.–Fr. 8–12, 13–17
Rebfläche
150 ha
Rebsorten
GV, RI, SB, CH, PB, ZW, CS, SL, PN, ME, PG, MU
Anbau
KIP, konventionell, nachhaltig
Verschlussarten
DI, DV
Gastronomie
Vinothek

Weinviertel

Winzerfamilie Pfalz

Foto: Winzerfamilie Pfalz/Karl Hofstätter

Parkstraße 22
2223 Hohenruppersdorf
T 0677/619 448 54, 02574/83 77
M markus@winzerfamilie-pfalz.at
www.winzerfamilie-pfalz.at

Öffnungszeiten
Mo.–Sa. 8–20, So., Fei. 9–20
und nach Vereinbarung
Rebfläche
8,4 ha
Rebsorten
GV, RI, SÄ, WR, PB, MO, BB,
RO, ZW, Donauveltliner,
Donauriesling
Anbau
Umstellung organisch-biologisch
Verschlussarten
NK, DV
Sonstiges
Weingartenwanderungen, Sunset Tasting, Picknick im Weingarten

Der Weinbaubetrieb in Hohenruppersdorf ist seit 1610 im Familienbesitz. Man bewirtschaftet die Weingärten nachhaltig, verzichtet auf Herbizide und sät Begrünungsmischungen zwischen den Rebstöcken. Die Menge wird durch Ausbrechen von Trieben und Trauben reduziert, durch den optimalen Zeitpunkt der Ernte und selektiver Handlese sollen beste Qualitäten erzielt werden. Die Trauben werden schonend verarbeitet, wobei nur die notwendigsten Maßnahmen erfolgen, um den Wein in Ruhe entstehen zu lassen. Mit der Erfahrung von Michael und Rosemarie Pfalz und den innovativen Ideen ihres Sohnes Markus werden Weine in verschiedensten Ausbaustufen hergestellt. Neben einer leichten, klassischen Linie produziert man auch eine vollmundige Linie, die trotzdem niedrig im Alkohol ist. Markus Pfalz keltert zudem mit seiner „Tradition"-Linie naturbelassene, puristische Weine, die nach langer Lagerung ungeschönt und unfiltriert abgefüllt werden.

92 2022 Grüner Veltliner Markus natura 12,5 %, €€
Goldgelb, zarte Trübung, nuanciertes Bukett, Birne, Apfelschale, Quitte, mandelige Noten, körperreich, feiner Gerbstoff, lang anhaltender Abgang.

91 2023 Riesling Ried Steinberg 13 %, €
Helles Gelb, zarte Steinobstnoten, Marille, zart Grapefruit, körperreich, lebendiger Trinkfluss, fruchtiges Finish.

91 N. V. Cuvée Exclusiv 13,5 %, €€
(BB/RO) Tiefdunkle Farbe, Heidelbeere, erdige Noten, Rote Rübe, Kakao, opulenter Wein, weiche Textur, feiner Gerbstoff, Nougat im Rückaroma, gute Länge.

90+ 2023 Muskat Ottonel 11 %, €
Helle Farbe, nuanciertes Bukett, florale Noten, Lemongrass, Muskatnuss, stoffig, harmonischer Trinkfluss, balancierte Struktur, fruchtiger Schmelz im Abgang.

89 2023 Rosé Marie 11 %, €
(ZW) Blassrosa, zart fruchtig, stoffiger Wein, lebendige Textur, fruchtsüßer Abgang.

89 2023 Weinviertel DAC Grüner Veltliner 12,5 %, €
Helle Farbe, dezentes Bukett, zarte Apfelnoten, leicht würzig, harmonische Textur, fruchtiger Abgang.

89 2023 Weißburgunder Alte Reben Sur Lie 13 %, €
Blassgelbe Farbe, zart fruchtige Noten, Mandarine, gelber Apfel, kräftiger Wein, balancierter Trinkfluss, rauer Gerbstoff.

Christian Pleil

Adlergasse 32
2120 Wolkersdorf im Weinviertel
T 02245/24 07
M weingut@pleil.at
www.pleil.at

Öffnungszeiten
Sa. 9.30–15 und nach Vereinbarung
Rebfläche
18 ha
Flaschenanzahl
100.000
Rebsorten
GV, CH, RI, SB, ZW, ME
Anbau
KIP, konventionell, nachhaltig
Verschlussarten
NK, DV

Die Familie Pleil betreibt seit Generationen Weinbau. Christian Pleil hat nach verschiedenen Praktika in Deutschland, Kalifornien, Südafrika und Australien den traditionsreichen Betrieb übernommen. Auf 18 Hektar sind vierzig Prozent der Rebflächen mit Grünem Veltliner, der Lieblingssorte des jungen Winzers, und der Rest mit Riesling, Chardonnay, Sauvignon blanc, Merlot und Zweigelt bepflanzt. Im Keller werden die Weißweine in Stahltanks mit kontrollierter, kühler Gärung ausgebaut, um Fruchtigkeit und Sortencharakter zu erhalten. Die Rotweine werden nach dem biologischen Säureabbau im großen Holzfass ausgebaut und teilweise auch im Barrique gelagert. Christian Pleil forciert einen klaren und erfrischenden Weinstil mit markanter Herkunfts- und Sortencharakteristik.

92 2023 Donauriesling 13%, €
(PIWI) Helle Farbe, ausgeprägtes Fruchtspiel, Pfirsich, gelber Apfel, stoffiger Wein, balancierte Textur, fruchtiger Schmelz im Abgang.

92 2023 Gemischter Satz Ried Wienerfeld 12,5%, €
Helle Farbe, einladende Fruchtnoten, gelber Apfel, Pfirsich, Mandeln, stoffiger Wein, harmonische Textur, zarter Gerbstoff im Abgang.

92 2023 Weinviertel DAC Grüner Veltliner Ried Sonnleiten 13%, €
Helle Farbe, kandierte Noten, Orange, Melone, zarte Antipasti-Noten, körperreich, harmonische Textur, pikantes Finish, gute Länge.

91 2023 Blütenmuskateller 12,5%, €
(PIWI) Helle Farbe, einladende Frucht- und Blütenaromatik, Mandarine, stoffig, lebendiger Trinkfluss, fruchtiger Nachhall.

91 2023 Sauvignon Blanc 12,5%, €
Blassgelb, ausgeprägtes Bukett, grasig, Einlegegewürze, zarte Blütennoten, körperreich, harmonische Textur, fruchtiger Schmelz im Abgang.

90 2023 Chardonnay Ried Wienerfeld 13,5%, €
Kräftige Farbe, Birne, Zesten, Mandarine, körperreicher Wein, weiche Textur, pikantes Finish.

90 2023 Weinviertel DAC Klassik Grüner Veltliner 12,5%, €
Helle Farbe, jugendliches Bukett, gelber Apfel, Mandarine, zarte Würze, lebendiger Trinkfluss, fruchtiger Abgang.

Weinviertel

Wine by S. Pratsch

Foto: Astrid Bartl

Milchhausstraße 5
2223 Hohenruppersdorf
T 0676/624 97 73
M office@pratsch.at
www.pratsch.at

Öffnungszeiten
Mo.–Fr. 13–14 und nach
tel. Vereinbarung
Rebfläche
50 ha
Rebsorten
GV, SB, RR, ZW, PN, CS, SL
Anbau
organisch-biologisch
Verschlussarten
NK, DV
Sonstiges
Übernachtungsmöglichkeit

Weine mit Tiefgang – dafür soll das Logo mit dem tief wurzelnden Weinstock stehen. Vor über 30 Jahren hat Willi Pratsch als einer der Pioniere des biologischen Weinbaus im Weinviertel begonnen und seine Leidenschaft und Fertigkeiten an seinen Sohn Stefan weitergegeben. Mit Gespür für den individuellen Charakter des Weins konnte er sich in der Weinszene etablieren und auch international Erfolge erzielen. Die Einzigartigkeit des Bodens seiner Weingärten als Lebensraum für die Tier- und Pflanzenwelt ist für den Winzer die Grundlage seines Schaffens. Er ist überzeugt, dass sich die durch langjährige Pflege aufgebaute Vitalität des Bodens positiv auf Qualität und Charakter der Weine auswirkt. Ausgeprägte, natürliche Mineralität und Langlebigkeit haben dabei einen besonderen Stellenwert. Die Weine kommen in den Kategorien Classic, Lagen-, Reserve- und Naturweine auf den Markt.

94 2022 Grüner Veltliner Ried Steinberg Große Reserve 13 %, €€€
Helles Goldgelb, komplexe Nase, Nashi-Birne, Papaya, kandierte Mandeln, Melone, gehaltvoll, balancierte, weiche Textur, feiner Gerbstoff und Extraktsüße im Finish, langer Nachhall, Zesten im Rückaroma, Potenzial.

94 2023 Grüner Veltliner Erdverbunden Natural Wine 13 %, €€€
(maischevergoren) Leicht trüb, kräftige Farbe, Kumquat, kandierte Noten, Gewürznelke, Melone, kräftiger Wein, straff, engmaschige Struktur, präsenter Gerbstoff und Grapefruit im Finish, gute Länge, Potenzial.

94 2023 Riesling Ried Heiligenberg 12,8 %, €
Jugendliche Farbe, gelber Pfirsich, kandierte Orange und Ananas, stoffiger Wein, lebendiger, engmaschiger Trinkfluss, fruchtig-präzises Finish, langer Nachhall, Nektarine und rosa Grapefruit im Rückaroma.

94 2023 Traminer Erdverbunden Natural Wine 13 %, €€€
(maischevergoren) Trüb, kräftige Farbe, intensive Nase, Papaya, kandierte Grapefruit, Mango, kräftig, dicht und straffe Textur, engmaschiges Finish, markanter Gerbstoff, Birne und Pfirsich im Nachhall, lang anhaltend.

93 2023 Grüner Veltliner Ried Heiligenberg 13 %, €€
Kräftige Farbe, kandierte Orange, Birnenquitte, Papaya, Mandeln, Antipasti-Noten, gehaltvoll, dicht und lebendiger Trinkfluss, fruchtig-pikanter Abgang, zarter Schmelz im langen Nachhall.

92 2023 Grüner Veltliner Ried Rotenpüllen 13 %, €
Jugendliche Farbnoten, ausgeprägte Zitrusnoten, Physalis, Limette, leichte Würze, stoffig, straff, markantes Frucht-Säure-Spiel, Grapefruit im Abgang, lang anhaltend.

91 2023 Weinviertel DAC Grüner Veltliner 11,5 %, €
Helle Farbe, Grapefruit, Gewürznelke, stoffiger Wein, lebendiger Trinkfluss, fruchtig-pikantes Finish.

Weingut Pröll

Nr. 48
3710 Radlbrunn
T 0664/233 10 68, 02956/34 41
M proell@weingut-proell.at
www.weingut-proell.at

Öffnungszeiten
nach Vereinbarung, Open House:
Mai–Dez. jeden 1. Sa. 13–18
Rebfläche
20 ha
Rebsorten
GV, RI, ZW, CH, FV, BB, ME,
CS, MT, SY, GM, SB
Anbau
KIP
Verschlussarten
NK, DV

Tradition, Perfektion und Verbundenheit mit der Region sind die Eckpfeiler des Denkens und Schaffens der Familie Pröll. Qualität, die Verbundenheit mit der Natur und das Bestreben, Altes und Neues zu verbinden, zeichnen das Weingut aus. Der Grüne Veltliner ist die Leitsorte des 20 Hektar großen Betriebs beim Mannhartsberg. Die unterschiedlichen Rieden mit ihren jeweiligen Bodenstrukturen ermöglichen eine Vielfalt an Weinen – von leicht-fruchtigen bis zu korpulenten Weiß- und Rotweinen. Die Gewächse sollen ein Stück Weinviertler Lebensgefühl vermitteln.

92+ 2019 Chardonnay Reserve 13,5 %, €€
Kräftige Farbe, Bratapfel, leicht röstige Noten, Zesten, körperreich, harmonische, cremige Textur, präsenter Gerbstoff und fruchtiger Schmelz im Abgang, Karamell im Rückaroma, gute Länge.

92+ 2023 Grüner Veltliner Ried Lehlen Der geistliche Pröll 14 %, €
Jugendliche Farbe, kandierte Orange und Mandeln, Blütenhonig, Gewürznelke, opulent, weiche Textur, pikanter Abgang, fruchtiger Schmelz im Nachhall.

91 2023 Sauvignon Blanc Ried Karln 13 %, €
Helle Farbe, intensives Bukett, grasig, Paprika, Steinobst, stoffig, Holunderblüten am Gaumen, lebendiger Trinkfluss, pikantes Finish.

91 2023 Weinviertel DAC Grüner Veltliner Ried Lehlen 12,5 %, €
Helle Farbe, ausgeprägtes Fruchtspiel, Limette, Grapefruit, Antipasti-Noten, stoffig, lebendige Textur, Zitrusnoten und zarter Schmelz im Abgang.

90+ 2023 Riesling Ried Kirchberg 13 %, €
Blassgelbe Farbe, kandierte Orange, Pfirsichkompott, stoffig, harmonischer Trinkfluss, süß-fruchtiger Abgang.

90+ 2023 Weinviertel DAC Grüner Veltliner Ried Steiningen 13 %, €
Helle Farbnoten, einladende Fruchtnoten, Steinobst, Mandarine, Kapern, stoffig, gutes Frucht-Säure-Spiel, kandierte Orange im Nachhall.

90 2023 Chardonnay Ried Karln 13,5 %, €
Helle Farbe, Grapefruit, Zesten, kräftiger Wein, weiche Textur, fruchtiger Schmelz im Abgang.

Weingut Matthias Reckendorfer

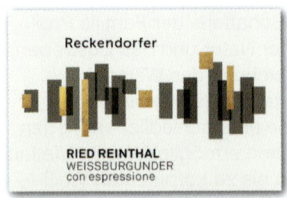

Foto: Nicole Heiling

Wintergasse 3
2252 Ollersdorf
T 0676/423 91 49, 02283/35 48
M office@weingut-reckendorfer.at
www.weingut-reckendorfer.at

Öffnungszeiten
nach Vereinbarung
Rebfläche
15 ha
Rebsorten
GV, WR, RI, PB, GM, MT, ZW
Anbau
KIP, konventionell, Umstellung organisch-biologisch, nachhaltig
Verschlussarten
NK, DV

Matthias Reckendorfer hat sich auf Weißburgunder und Riesling spezialisiert – zwei Rebsorten, die in seiner Heimat Ollersdorf an der March mit ihren kalkreichen Lehm- und Lössböden immer schon zu Hause waren. Der Ort liegt am Eingang zum Weinviertel und ist im Norden von einem Eichenwald gut gegen kalte Nordwinde geschützt. Der 25-jährige passionierte Musiker übernahm 2019 das Weingut seiner Eltern – mit dem Jahrgang 2024 bringt er seinen ersten biozertifizierten Wein auf den Markt. Den Weißburgundersekt „Maestoso Reserve brut Blanc de Blancs" und „Ried Reinthal Weißburgunder con espressione" zieren bereits die neuen Etiketten mit einer stilisierten Tonspur, die Weine sind mit Termini aus der Musik beschrieben. „Weine mit Klang" sind es auch, die Matthias Reckendorfer produzieren möchte.

92 2020 Maestoso Sekt Austria Reserve Blanc de Blancs 11,5 %, €€€
(PB) Helle Farbe, nuanciertes Bukett, kandierter Apfel, Orange und Mandeln, jugendliches Mousseux, harmonischer Trinkfluss, fruchtig-pikanter Abgang.

92 2022 Weißburgunder Ried Reinthal „Con Espressione" 12,5 %, €€
Helle Farbe, intensives Bukett, grüner Apfel, Mandarine, Pfirsich, stoffiger Wein, dicht und straffe Textur, fruchtig-pikantes Finish, gute Länge.

92 2023 Riesling „Delicato" 12,5 %, €
Helle Farbe, einladende gelbe Steinobstnoten, Pfirsich, Nektarine, Mandarine, stoffig, balanciert, fein verwobene Restsüße im Abgang, gute Länge.

91+ 2023 Weinviertel DAC Grüner Veltliner „Andantino" 12,5 %, €
Helle Farbe, ausgeprägte Fruchtnoten, Grapefruit, grüner Apfel, nussige Würze, kräftig, dicht und lebendige Textur, pikantes Finish, langer Nachhall.

91 2023 Weinviertel DAC Grüner Veltliner „Allegro" 12,5 %, €
Helle Farbe, jugendliches Bukett, Antipasti-Noten, Grapefruit, zarte Würze, stoffig, animierender Trinkfluss, fruchtiges Finish, zarter Schmelz.

90 2023 Muskateller „Brillante" 11,5 %, €
Blassgelb, intensive Nase, leichte Blütenanklänge, Mandarine, Maracuja, stoffig, jugendlicher Trinkfluss, CO_2 spürbar, zarter Schmelz im Abgang.

90 2023 Weißburgunder „Cantabile" 12,5 %, €
Helle Farbe, gelber Apfel, kandierte Orange und Mandeln, stoffig, lebendige Textur, fruchtsüßer Schmelz im Finish.

Weinrieder

Nach Praktika bei heimischen und internationalen Weingrößen sucht Lukas Rieder nun im eigenen Betrieb den Weg abseits des Üblichen: von der Arbeit im Weingarten über den Ausbau im Keller bis hin zur Vermarktung. Mit seiner individuellen Vorstellung von Wein will er in keine Schablonen gepresst werden. Seine Gewächse sollen Charakter, Kraft und Finesse vereinen und langlebig sein. Die Basis dafür sieht der Winzer im Weingarten. Er konzentriert sich auf die Zyklen der Natur und versucht, die Weingartenarbeit darauf abzustimmen. Späte Ernte und lange Reife auf der Feinhefe sollen die Weine zu Langstreckenläufern machen. Weine, die noch nach Jahren mit Vitalität beeindrucken.

Untere Ortsstraße 44
2170 Kleinhadersdorf-Poysdorf
T 02552/22 41
M office@weinrieder.at
www.weinrieder.at

Öffnungszeiten
Verkostung Sa. 14–18 und nach Vereinbarung
Rebfläche
20 ha
Rebsorten
GV, RI, PB, CH, WR
Anbau
KIP
Verschlussarten
DI, DV

94 2020 Chardonnay Ried Hohenleiten Beerenauslese 10,5 %, €€
Helle Farbe, vielschichtige Nase, Maracuja, Blütenhonig, körperreich, gut stützendes Säurespiel, balancierte Restsüße im Finish, langer Nachhall, Potenzial.

93 2023 Weißburgunder Ried Birthal 13,5 %, €
Jugendliche Farbe, intensive Nase, Zesten, Marzipan, Haselnuss, opulenter Wein, cremige Textur, fruchtig-pikanter Abgang, lang anhaltend, Karamell und kandierte Orange im Rückaroma, Potenzial.

92+ 2021 Grüner Veltliner Alte Reben 13,5 %, €€
Kräftige Farbe, expressives Bukett, Antipasti-Noten, kandierte Orange, nussige Würze, opulenter Wein, weiche Textur, fruchtiger Schmelz im Finish, lang anhaltend.

92 2023 Chardonnay Ried Bockgärten 13,5 %, €€
Helle Farbe, kandierte Orange, gelber Apfel, ein Hauch Karamell, körperreicher Wein, lebendige Struktur, feiner Gerbstoff, langer Nachhall.

92 2023 Riesling Ried Bockgärten 13 %, €€
Helle Farbe, intensive Nase, kandierte Orange und Ananas, saftiger Wein, balancierter Trinkfluss, feiner Gerbstoff, fruchtiger Schmelz im Nachhall, gute Länge.

91+ 2023 Grüner Veltliner Ried Schneiderberg 13 %, €
Helle Farbe, Nashi-Birne, kandierte Orange, Mandeln, körperreicher Wein, balancierte Textur, fruchtiger Schmelz im Abgang, gute Länge.

91+ 2023 Weinviertel DAC Grüner Veltliner Klassik 12,5 %, €
Helles Gelb, jugendliches Bukett, gelbe Fruchtnoten, feine Würze, Verbene, Kumquat, kräftiger Wein, balancierter Trinkfluss, pikantes Finish, fruchtiger Nachhall, gute Länge.

Weingut Schüller

Foto: Stefan Joham

Nr. 15
2073 Pillersdorf
T 0676/787 08 13, 02946/84 29
M info@weingut-schueller.at
www.weingut-schueller.at

Öffnungszeiten
nach Vereinbarung
Rebfläche
16 ha
Rebsorten
GV, BP, RR, BB, WR, PB, CH, GM, ZW, ME, SY, MT, RO
Anbau
KIP
Verschlussarten
NK, DI, DV
Gastronomie
Kellergassenführungen

Kerstin und Nadine Schüller betreiben den Familienbetrieb in Pillersdorf nahe Retz. Wenn die Winzerinnen am Werken sind, bedeutet das Frauenpower pur. Gelebte Tradition in Verbindung mit moderner Kellertechnik, Handwerk, Liebe zum Detail, Respekt vor der Natur und bedingungslosem Qualitätsanspruch sind ihre Grundsätze beim Weinmachen. So entstehen Gewächse mit Persönlichkeit, Charakter und dem gewissen Etwas. Unterschiedlichste Bodenverhältnisse erlauben eine breite Sortenpalette mit Schwerpunkt Grünem Veltliner.

93 2021 Cuvée Exklusive Nadine 13,1 %, €€
(ZW/ME) Tiefdunkler Farbkern, komplexe Nase, Bitterschokolade, Brombeere, Kirsche, Johannisbeere, körperreich, dicht und straffe Textur, engmaschiges Finish, feiner Gerbstoff, langer Nachhall.

93 2022 Weinviertel DAC Reserve Grüner Veltliner 13 %, €€
Helle Farbe, kandierte Orange, Nashi-Birne, Quitte, nussige Würze, körperreich, dicht und balancierte Textur, feiner Gerbstoff, Mandeln und Kumquat im Nachhall, lang anhaltend.

92 2022 Weißburgunder 12,5 %, €
(htr.) Helle Farbe, nuanciertes Bukett, gelber Apfel, Mandarine, kandierte Orange, Melone, stoffig, balancierte Textur, fruchtiger Schmelz im Abgang, gute Länge, Speisenbegleiter.

92 2022 Zweigelt Exklusiv 13,8 %, €€
Jugendliche Farbe, einladende Kirschfrucht, Nougat, zart Bitterschokolade, gehaltvoll, balancierter Trinkfluss, feiner Gerbstoff im Abgang, gute Länge, Cranberry im Nachhall.

92 2023 Rosé 12,7 %, €
(ZW) Jugendliche Rosé-Farbe, ausgeprägtes Bukett, Cranberry, Heidelbeere, florale Noten, stoffig, lebendiger Trinkfluss, pikantes Finish, Ribisel und Weichsel im Nachhall.

91+ 2023 Chardonnay 13,9 %, €
Helle Farbe, kandierte Orange, Grapefruit, Kumquat, körperreich, straff, feines Tannin, fruchtiger Nachhall.

91+ 2023 Weinviertel DAC Grüner Veltliner Ried Hochsteinerberg 13,3 %, €
Helle Farbe, nuanciertes Bukett, Nashi-Birne, kandierte Orange, gelber Apfel, zarte Würze, körperreich, lebendige Struktur, fruchtiger Schmelz im Abgang.

Bio-Weingut Schwarz Familie Schwarz

Die Familie Schwarz in Schrattenberg ist seit Generationen in der Weinwirtschaft tätig. Seit geraumer Zeit verfolgt man mit der organisch-biologischen Bewirtschaftung der Weingärten einen nachhaltigen und ökologischen Weg. Bei der Weinbereitung agiert man äußerst zurückhaltend – regulierende Maßnahmen unterbleiben bewusst –, den Weinen wird zudem genügend Zeit für ihre Entwicklung gegeben. Dieser Ansatz ermöglicht es, Jahr für Jahr eigenständige Gewächse in allen Kategorien hervorzubringen – ob rot, weiß oder rosé, trocken, süß, prickelnd oder alkoholfrei. Dabei setzt man auf ein breites Sortiment aus heimischen und internationalen Rebsorten, die ihre Herkunft abbilden sollen.

94+ 2022 Welschriesling Eiswein 5,5 %, €€€
Goldgelb, nuanciertes Bukett, gelber Pfirsich, Blütenhonig, guter Eisweincharakter, Zesten, stoffig, lebendiges Frucht-Säure-Spiel, balancierte Restsüße, lang anhaltend, Potenzial.

92 2019 Syrah Premium 13,5 %, €€€
Dunkler Farbkern, gereifter Rand, komplexe Nase, Bitterschokolade, zarte Würze, Heidelbeere, körperreicher Wein, straffe Textur, feiner Gerbstoff im Abgang, gute Länge.

92 2021 Chardonnay Premium 13,5 %, €€€
Jugendliche Farbe, intensive Nase, Holzwürze, Apfelquitte, Grapefruit, körperreicher Wein, harmonische Textur, feiner Gerbstoff im Finish, gute Länge.

91+ 2019 Cabernet Sauvignon Premium 13,5 %, €€€
Dunkler Farbkern, leicht gereifter Rand, Bitterschokolade, Johannisbeere, Mandeln, zarte Würze, körperreich, straffe Textur, feiner Gerbstoff.

91 2020 Tradition 13 %, €€
(BF/SL/ZW) Gereifte Farbe, kandierte Frucht, Kirsche, zarte Würze, Kakao, körperreich, harmonischer Trinkfluss, fester Gerbstoff, gute Länge.

91 2022 Riesling Selection 13,5 %, €€
Jugendliche Farbe, kandierte Fruchtnoten, gelber Pfirsich, Mango-Noten, körperreich, harmonische Textur, fruchtiger Schmelz im Abgang.

90 2020 Pinot Noir Premium 13 %, €€€
Gereifte, transparente Farbe, Dörrobst, Feige, Pflaume, lebendiger Trinkfluss am Gaumen, samtiges Tannin, Nougat im Nachhall.

Kleine Zeile 8
2172 Schrattenberg
T 02555/25 44, 0664/833 89 60
M office@schwarzwines.com
www.schwarzwines.com

Öffnungszeiten
Mo.–Sa. nach tel. Vereinbarung
Rebsorten
ZW, SL, BF, CS, SY, ME, BP, PN, GV, GE, CH, GM, RI, WR, SB, TR
Anbau
organisch-biologisch
Verschlussarten
NK, GL, DV
Sonstiges
Vinothek, Seminar- und Übernachtungsmöglichkeit

Weinviertel

Weingut Schwarzböck

Foto: Steve Haider

Hauptstraße 56–58
2102 Hagenbrunn
T 02262/67 27 40
M weingut@schwarzboeck.at
www.schwarzboeck.at

Öffnungszeiten
Mo.–Fr. 10–12, 13–17, Sa. 10–17
Rebfläche
23 ha
Rebsorten
GV, GM, RI, ZW, PG, ME, GE, PB, CH
Anbau
organisch-biologisch, nachhaltig
Verschlussarten
NK, DV, NK bei Sekt
Gastronomie
Vinothek

In Hagenbrunn im südlichen Weinviertel führen Anita und Rudi Schwarzböck ihr Weingut mit Ambition und Leidenschaft. Die beiden wollen authentische und finessenreiche Weine erzeugen, die das Terroir widerspiegeln. Produziert werden Weiß-, Rot- und Süßweine, aber auch ein nach traditioneller Methode erzeugter Sekt. Die Liebe zur Natur spiegelt sich in der ökologischen Bewirtschaftung wider. Die Weißweine werden im Stahltank oder im Holzfass ausgebaut, die Rotweine reifen in großen Holzfässern und Barriques. Allen Lagenweinen wird viel Zeit gegeben. Das Ziel sind langlebige Weine, die nach einigen Jahren Flaschenreife zur Hochform auflaufen. Das Weingut ist organisch-biologisch zertifiziert.

94 **2023 Weinviertel DAC Reserve Ried Aichleiten 14 %, FP, €€**
(GV) Jugendliche Farbe, ausgeprägtes Bukett, Honigmelone, Steinobst, Gewürznelke, feine Würze, körperreich, dicht und engmaschiger Trinkfluss, feines Tannin, Kumquat und Verbene im Rückaroma.

93 **2022 Grauburgunder Reserve Ried Aichleiten 13,5 %, €€**
Kräftige Farbe, Kupfer-Noten, kandierte Orange und Mandeln, Karamell, körperreich, balancierte Textur, präsentes Tannin, fruchtiger Schmelz im Nachhall, lang anhaltend, Potenzial.

93 **2022 Riesling Reserve Ried Aichleiten 13,5 %, €€**
Helle Farbe, ausgeprägtes Fruchtspiel, gelber Pfirsich, Physalis, Grapefruit, Mandarine, kräftig, engmaschige Struktur, fruchtig, leicht süßer Schmelz im Abgang.

93 **2023 Grüner Veltliner Premium Ried Sätzen 14 %, €€**
Jugendliche Farbnoten, nuanciertes Bukett, Papaya, Zesten, nussige Würze, körperreich, lebendiger Trinkfluss, pikantes Finish, langer Nachhall.

92+ **2018 Grande Reserve Ried Fürstenberg 14 %, €€**
(ME/CS) Kräftiger Farbkern, rauchig-röstige Noten, Cassis, Tomatenblätter, körperreicher Wein, balancierte Textur, feinkörniges Tannin, lang anhaltend.

92 **2023 Weißburgunder Hohe Ried 13,5 %, €€**
Jugendliche Farbe, einladendes Fruchtspiel, gelber Apfel, Mandarine, kandierte Orange, balancierte Textur, feiner Gerbstoff, fruchtiger Nachhall.

91 **2023 Gemischter Satz Hagenbrunn 12,5 %, €**
Helle Farbe, kandierter Apfel, Mandarine, Pfirsich, saftiger Wein, harmonischer Trinkfluss, fruchtig-pikanter Abgang, gute Länge.

Hans Setzer

Seit 1705 ist das Weingut in Familienbesitz und wird von Generation zu Generation weitergegeben. Für Uli und Hans Setzer gehören Weinmachen und Weingenießen zum Lebensstil – es bedeutet für sie Leidenschaft und Herausforderung zugleich. Die beiden bewirtschaften 30 Hektar bester Weingärten in Hohenwarth am Fuße des Manhartsbergs, wo sie versuchen, die Tradition der Eltern mit modernster Kellertechnologie zu verbinden. Inzwischen werden sie dabei auch von ihren Kindern, Marie-Theres und Eugen, unterstützt. Hohenwarth am Manhartsberg liegt auf knapp 400 Metern Seehöhe und ist prädestiniert für Grünen und Roten Veltliner. Die beiden heimischen Rebsorten bilden das Herzstück des Weinguts und werden sowohl als unkomplizierte Leichtweine als auch als gehaltvolle Lagenweine ausgebaut.

96 2022 Weinviertel DAC Große Reserve 13,5 %, €€€
(GV) Jugendliche Farbe, intensive, komplexe Aromen, Papaya, Zesten, Kapern, Gewürznelke, rosa Grapefruit, körperreicher Wein, engmaschiger Trinkfluss, balancierte Textur, nussige Würze und zart pfeffrige Noten im Abgang, feines Tannin, sehr langer Nachhall, Birnenquitte und Physalis im Finish, Riesenpotenzial.

95+ 2023 Weinviertel DAC Reserve Ried Laa „8000" 13,5 %, €€€
(GV) Helles Gelb, intensive, komplexe Aromatik, gelber Pfirsich, Antipasti-Noten, Mandeln, Papaya, körperreich, lebendige, engmaschige Struktur, pikanter Gerbstoff, pfeffrige Anklänge und Birnenquitte im Rückaroma, Potenzial.

94+ 2023 Weinviertel DAC Reserve Ried Kirchengarten 13,5 %, €€€
(GV) Helles Gelb, komplexes Bukett, kandierte Orange, nussige Würze, Nashi-Birne, Mandeln, gehaltvoll, straff, lebendige Textur, engmaschiges, pikantes Tanninfinish, lang anhaltend, Apfelquitte und Grapefruit im Nachhall.

93+ 2023 Roter Veltliner Ried Kreimelberg 13,5 %, €€€
Jugendliche Farbe, Zesten, Honigmelone, Pfirsich, Mandeln, körperreich, balancierte Textur, pikantes Tannin, Blütenhonig und Physalis im Finish.

93+ 2023 Weinviertel DAC Reserve Ried Kronberg 13,5 %, €€€
(GV) Jugendliche Farbnoten, vielschichtige Aromen, reifes Steinobst, Mandarine, nussige Würze, körperreich, lebendiger Trinkfluss, zartes Tannin, fruchtiger Nachhall, Physalis im Rückaroma.

Hauptstraße 64
3472 Hohenwarth
T 02957/228
M setzer@weingut-setzer.at
www.weingut-setzer.at

Öffnungszeiten
nach Vereinbarung
Rebfläche
30 ha
Flaschenanzahl
> 200.000
Rebsorten
GV, RV, RI, CH, SB, PB, ZW, ME
Anbau
KIP, konventionell, nachhaltig, vegan
Verschlussarten
DI, DV

Weinviertel

Weingut Sonnenhügel, Christoph Schleinzer

Foto: Weingut Sonnenhügel

Herrengasse 59
2074 Unterretzbach
T 02942/206 74
M office@weingut-sonnenhuegel.at
www.weingut-sonnenhuegel.at

Rebfläche
16 ha
Rebsorten
GV, BP, WR, RI, PB, ZW, BB, GM, SB, CH, TR
Anbau
organisch-biologisch
Verschlussarten
NK, DI, DV
Gastronomie
Buschenschank
Sonstiges
Übernachtungsmöglichkeit

Das Weingut Sonnenhügel liegt im nördlichen Weinviertel und wird seit Generationen von der Familie Schleinzer bewirtschaftet. Die Böden sind von Löss dominiert und das Klima ist von heißen, niederschlagsarmen Sommern und milden Wintern geprägt. Im Weingut setzt man auf viel Handarbeit und sorgfältige Vinifikation. Die Weingärten werden nach strengen biologischen Vorgaben bewirtschaftet, man will so wenig wie möglich in die natürlichen Vorgänge und in die Entwicklung der Weine eingreifen. Neben Grünem Veltliner und anderen Weißweinsorten gibt es auch spannende Rote. Alle Weine werden so produziert, dass die klare Handschrift der Familie, die Region und die Böden erkennbar sind.

92   **2021 Baldur 14,5 %, €€**
(ZW/ME/CF) Dunkler Farbkern, zarte Fruchtnoten, Würze, Pflaume, opulenter Wein, weiche Textur, feiner Gerbstoff, Bitterschokolade und Heidelbeere im Nachhall.

91   **2023 Gelber Traminer 15 %, €€**
(htr.) Jugendliche Farbe, kandierte Birne und Orange, opulenter Wein, weiche Textur, fruchtiger Schmelz im Abgang, Apfelquitte im Rückaroma.

91   **2023 Weißburgunder Retzbach 12 %, €**
Helle Farbe, reife gelbe Fruchtnoten, Melone, körperreich, balancierte Textur, fruchtiger, leicht süßer Schmelz im Abgang, gute Länge.

90   **2023 Chardonnay Kirchengarten 13,5 %, €**
Helle Farbe, kandierte Orange, Blütenhonig, stoffiger Wein, cremige Textur, süßer Schmelz im Finish.

90   **2023 Sauvignon & Muskat 12 %, €**
(SB/GM) Helle Farbe, nuanciertes Bukett, florale Noten, Kräuter, stoffiger Wein, lebendiger Trinkfluss, zarter Schmelz im Finish.

89+   **2023 Weinviertel DAC Grüner Veltliner 12 %, €**
Helle Farbe, zarte Fruchtnoten, gelber Apfel, stoffiger Wein, harmonische Textur, fruchtiger Schmelz im Abgang.

Weingut Spangl

Foto: Katharina Stögmüller

Gasse 2
2276 Reintal
T 02557/50 00, 0664/515 86 55
M wein@weingut-spangl.at
www.weingut-spangl.at

Öffnungszeiten
nach Vereinbarung
Rebsorten
GV, RI, CH, SB, MT, WR, TR, ZW, BF, ME
Anbau
KIP
Verschlussart
DV

Mit handwerklicher Sorgfalt und Feingefühl für das lebendige Produkt Wein bewirtschaftet Christina Spangl den Betrieb bereits in fünfter Generation. Schon immer war es ihrer Familie wichtig, Weine abseits von herrschenden Trends zu erzeugen. Präzise, geradlinig und kompromisslos sollen sie sein. Eine achtsame Bewirtschaftung der Weingärten und der respektvolle Umgang mit den Böden sind für sie seit jeher die Grundvoraussetzung für ausdrucksstarke Weine. Die Gewächse sollen eigenständigen Charakter besitzen und ihre Herkunft klar zeigen.

92+ 2022 Grüner Veltliner Alte Ried 13 %, €€
Helle Farbe, vielschichtige Nase, Kumquat, kandierte Orange, nussige Würze, körperreicher Wein, harmonische Textur, feiner Gerbstoff, pikanter Nachhall.

91+ 2023 Chardonnay 13,5 %, €
Jugendliche Farbe, kandierte Orange, Honigmelone, Mandarine, körperreich, lebendige Struktur, feiner Gerbstoff, gute Länge.

91+ 2023 Traminer 14,5 %, €€
Helle Farbe, einladendes Bukett, Pfirsichkompott, Litschi, florale Noten, opulenter Wein, weiche Textur, zarter Fruchtschmelz, Physalis im Rückaroma.

91 2022 Riesling 13 %, €
Helle Farbe, ausgeprägte Fruchtnoten, reifer Pfirsich, Melone, kräftiger Wein, balancierte Textur, zarter Fruchtschmelz im Finish.

91 2023 Weinviertel DAC Grüner Veltliner Reintal 12,5 %, €
Helle Farbe, nuanciertes Bukett, gelber Apfel, kandierte Orange, Verbene, kräftiger Wein, lebendiger Trinkfluss, fruchtig-pikanter Abgang, gute Länge.

90 2021 Merlot 14,5 %, €
Transparente Farbe, gereifter Rand, Feige, Nougat, opulenter Wein, weiche Textur, zartes Tannin.

Weinviertel

Weingut spusu Familie Pichler

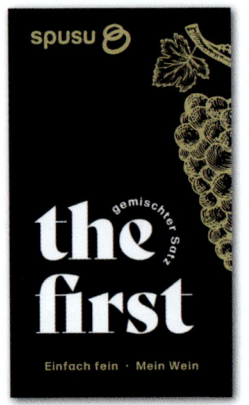

Bereits die Väter von Andrea und Franz Pichler hatten ihren eigenen Weingarten. Als ambitionierte Weingenießer und kritische Weinverkoster haben sie es sich zum Ziel gesetzt, einen Qualitätswein in die Flasche zu bringen, der am Gaumen begeistert und im Abgang Geheimnisse offenbart. Mit viel Liebe und fundiertem Fachwissen pflegt Veronika Pichler die Weingärten vom Rebschnitt bis zur Weinlese. Behutsamer Umgang mit der Natur ist ihr dabei wichtig. Nur handverlesene Trauben werden im Keller verarbeitet – mit Liebe zum Detail entstehen besondere, bio-zertifizierte Weine. Als Unternehmerehepaar managen Andrea und Franz Pichler Vertrieb und Marketing. Für ihre Kunden wünschen sie sich vollendeten Weingenuss.

93 2022 Gemischter Satz The First 12,5 %, €€€
Helle Farbe, komplexes Bukett, Weingartenpfirsich, Quitte, Mandarine, gehaltvoll, engmaschige, lebendige Textur, fruchtig-pikanter Abgang, lang anhaltend.

92 2022 Cuvée The Fusion 13 %, €€€
(ZW/ME) Jugendliche, leicht transparente Farbe, einladendes Fruchtspiel, Weichsel, Preiselbeere, Schwarzkirsche, Nougat, körperreicher Wein, balancierte Struktur, feiner Gerbstoff, gute Länge.

92 2023 Gemischter Satz The First 13 %, €€€
Jugendliche Farbe, nuanciertes Bukett, Pfirsich, Mandarine, kandierte Noten, körperreich, straffe Struktur, feines Tannin, Grapefruit im Rückaroma.

91 2023 Weißburgunder The White 13,5 %, €€
Helle Farbe, kandierte Birne, Orange und Mandeln, stoffiger Wein, harmonischer Trinkfluss, cremige Textur, fruchtiges Finish, Zesten im Rückaroma.

90 2023 Gelber Muskateller The Spusecco 11 %, €€
Blassgelbe Farbe, dezentes Bukett, florale Anklänge, lebendige Perlage, Holundersirup im Finish.

90 2023 Welschriesling The Fresh 12,5 %, €€
Helle Farbe, reifer Apfel, Mandarine, Zitrus, stoffiger Wein, lebendiger Trinkfluss, fruchtiger Abgang.

Foto: Fotostudio Semrad

Resselstraße 16
2120 Wolkersdorf
T 0670/670 80 00
M wein@spusu.at
wein.spusu.at

Öffnungszeiten
Mo.–Fr. 9–18
Flaschenanzahl
15.000
Rebsorten
GV, ME, ZW, GW, PB, WR, GM
Anbau
organisch-biologisch
Verschlussarten
DI, DV

Winzerhof Stift

Lange Zeile 6
3743 Röschitz
T 0676/748 88 07, 02984/31 44
M office@winzerhof-stift.at
www.winzerhof-stift.at

Öffnungszeiten
nach tel. Vereinbarung
Rebsorten
GV, RI, ZW, CH, GM, SB, CS
Anbau
KIP, konventionell, nachhaltig
Verschlussart
DV

Der Winzerhof der Familie Stift in Röschitz wird mit Leidenschaft geführt. Franz Stift nutzt die besonderen klimatischen und geologischen Gegebenheiten um Röschitz, um Weine mit prägnantem Charakter zu keltern. Für jede Rebsorte finden sich an den Hängen des Manhartsbergs ideale Bedingungen, Urgesteinsinseln zwischen Lösshängen bringen markante Mineralität in die Weine. Jeder Rebstock wird als Individuum betrachtet, man begleitet die Trauben aufmerksam zu ihrer Reife. Der Winzer ist bestrebt, im Einklang mit der Natur zu arbeiten und auch im Keller sorgfältig zu agieren. Neben der Leitsorte Grüner Veltliner, die in verschiedenen Varianten ausgebaut wird, liegt der Fokus auch auf Riesling. Zudem vinifiziert man Sauvignon Blanc, Gelben Muskateller, Chardonnay und Rosé. Franz Stift will seinen Gewächsen Sortentypizität und Ausdruckskraft verleihen, dabei sollen sie auch ihre Herkunft zeigen.

94+ 2021 Weinviertel DAC Reserve Grüner Veltliner Ried Galgenberg 14 %, €€
Jugendliche Farbnoten, komplexes Bukett, Nashi-Birne, Gewürznelke, Mandarine, zarte Würze, gehaltvoll, dicht und straffe Textur, feiner, pikanter Gerbstoff, lang anhaltender Nachhall, Kumquat im Rückaroma, Potenzial.

93+ 2023 Grüner Veltliner Methusalem 13,5 %, €
Helle Farbe, komplexes Bukett, Zesten, nussige Würze, Mandeln, Kumquat, körperreicher Wein, druckvolle Textur, engmaschiges, leicht pfeffriges Finish, lang anhaltend, Quitte im Nachhall.

93 2023 Riesling vom Urgestein 13,5 %, €€
Helles Gelb, ausgeprägte Fruchtnoten, kandierte Ananas, Steinobst, Mandarine, kräftig, lebendige Textur, fruchtiger Schmelz im Abgang, Physalis im Rückaroma, lang anhaltend.

92+ 2023 Grüner Veltliner Ried Galgenberg 13,5 %, €
Helle Farbe, reife Fruchtnoten, gelber Pfirsich, Melone, Lemongrass, zarte Würze, körperreich, balancierte Struktur, fruchtig-pikanter Abgang, gute Länge.

92+ 2023 Weinviertel DAC Grüner Veltliner vom Urgestein 12,5 %, €
Helle Farbe, vielschichtige Aromen, Zesten, Verbene, Gewürznelke, Papaya, kräftiger Wein, straff, dicht und feiner, pikanter Abgang, gute Länge.

92 2023 Grüner Veltliner Tante Mitzi 12,5 %, €
Helle Farbe, einladendes Fruchtspiel, gelber Apfel, kandierte Noten, Steinobst, zarte Würze, körperreich, fruchtig-pikanter Abgang.

Weinviertel

Herbert Studeny

Foto: Manfred Klimek

2073 Obermarkersdorf 174
T 02942/82 52
M office@studeny.at
www.studeny.at

Öffnungszeiten
nach Vereinbarung
Rebfläche
16 ha
Rebsorten
GV, RI, SB, PB, PN, BP
Anbau
KIP
Verschlussarten
NK, DV

Das Weingut im nordwestlichsten Weinviertel gehört seit vielen Jahren zu den Qualitätsbetrieben der Region. Herbert Studeny und seine Partnerin Gertrud bewirtschaften den 16 Hektar großen Familienbetrieb rund um den Manhartsberg, der das Klima der Region wesentlich prägt. Herbert Studeny hat als einer der Ersten in der von Grünem Veltliner dominierten Region Sauvignon blanc salonfähig gemacht. Er ist überzeugt, dass die Rebsorte auf den Urgesteinsverwitterungsböden besondere Feingliedrigkeit und Finesse entwickelt. Verarbeitet werden nur Trauben aus eigenen Weingärten, um Herkunft und Qualität garantieren zu können. Handarbeit, von der Laubpflege bis zur Ernte, soll dabei für optimales Lesegut sorgen. Auf Herbizide und Insektizide wird verzichtet, man versucht vielmehr, etwa mit Humusaufbau, das Bodenleben zu aktivieren. Im Keller werden die Weine individuell und mit langer Reifung auf der Hefe ausgebaut. Wissen und Feingefühl, aber auch die Balance zwischen traditionellen und modernen Methoden sollen für Topqualität sorgen.

93 2023 Grüner Veltliner Ried Atschbach 14 %, €
Jugendliche Farbe, vielschichtige Nase, kandierte Orange, Birne und Mandeln, nussige Würze, opulenter Wein, weiche Textur, Kumquat im Abgang, pikanter Nachhall.

93 2023 Riesling Urgestein Ried Triftberg 13,5 %, €
Helle Farbe, vielschichtige, kühle Fruchtnoten, Weingartenpfirsich, Pomelo, rosa Grapefruit, kräftiger Wein, harmonische Textur, feinfruchtiger Schmelz im Abgang, lang anhaltend, Potenzial.

93 2023 Weinviertel DAC Grüner Veltliner Obermarkersdorf 12,5 %, €
Jugendliche Farbe, komplexes Bukett, Steinobst, Zesten, grüner Tee, zarte Würze, kräftiger Wein, engmaschige Struktur, fruchtig-pikanter Abgang, lang anhaltend.

92 2021 Blauer Portugieser Reserve 13 %, €€
Jugendliche, transparente Farbe, Heidelbeere, Zwetschke, zarte Holzwürze, körperreicher Wein, straffe Textur, fruchtig-pikanter Nachhall, lang anhaltend.

91+ 2023 Weißburgunder Ried Nussberg 13,5 %, €
Jugendliche Farbe, kandierte Mandeln, Haselnuss, gelber Apfel, stoffiger Wein, weiche Textur, fruchtiger Schmelz im Abgang.

91 2023 Gelber Muskateller Obermarkersdorf 12,5 %, €
Helle Farbe, ausgeprägtes Bukett, zart Holunderblüte, lebendiger Trinkfluss, pikantes Finish, gute Länge.

91 2023 Sauvignon Blanc Ried Sündlasberg 13 %, €
Jugendliche Farbe, intensives Bukett, Limette, zarte Blütenaromen, Antipasti-Noten, stoffiger Wein, harmonische Textur, zarter Gerbstoff im Abgang.

Weingut Taubenschuss

Foto: Ales Buchta

Körnergasse 2
2170 Poysdorf
T 0676/703 53 28
M weingut@taubenschuss.at
www.taubenschuss.at

Öffnungszeiten
Mo.–Sa. 8–19, So. nach
tel. Vereinbarung
Rebfläche
22 ha
Rebsorten
GV, PB, SB, SY, RI, WR,
CH, TR, GM
Anbau
organisch-biologisch
Verschlussarten
NK, DV

Das Poysdorfer Weingut besteht seit 1670 und wird heute von Markus und Thomas Taubenschuss und deren Eltern geführt. Schon 1941 füllte das Weingut als eines der ersten der Region die Weine in die Bouteille. Naturnaher, nachhaltiger Weinbau ist der Familie wichtig, wobei man bewusst auf den Einsatz von Herbiziden, Insektiziden und Mineraldünger verzichtet. Eigene Kompostproduktion zur organischen Düngung der Weingärten sowie Weingartenbeweidung durch Schafe bilden die Basis für naturbelassene, ausdrucksstarke Weine. Damals wie heute findet die Ernte traditionell ausschließlich per Hand statt. Das Weingut ist seit dem Jahrgang 2023 zertifiziert biologisch.

95 **N. V. Blanc de Blancs Extra Brut Sekt Große Reserve 13 %, €€€**
(CH/PB) Jugendliche Farbe, vielschichtiges Bukett, kandierte Orange und Apfel, Mandeln, Brioche, Verbene, sehr feines Mousseux, kräftig, harmonischer Trinkfluss, fruchtig-pikanter Abgang, lang anhaltend.

94 **2020 Grüner Veltliner MX Alte Reben Große Reserve 13,5 %, €€€**
Jugendliche Farbnoten, komplexes Bukett, nussige Würze, Melone, Zesten, Verbene, körperreich, dicht und straffe Struktur, feines Tannin und floraler Nachhall, Kumquat im Rückaroma, Potenzial.

93+ **2020 Weinviertel DAC Reserve Grüner Veltliner Ried Tenn 13 %, €€**
Reife Farbnoten, kandierte Birne und Orange, Tabakwürze, Steinobst, kräftig, balancierte Struktur, fruchtig-pikanter Abgang, sehr langer Nachhall, Potenzial.

93+ **2021 Pontic 13,5 %, €€€**
(WR/TR, maischevergoren) Kräftige, leicht orange Farbnoten, kandierte Orange, Grapefruit, straffe Struktur, engmaschiger Trinkfluss, pikanter Gerbstoff im Abgang, langer Nachhall.

93+ **N. V. Grüner Veltliner Sekt Austria Reserve Brut 12,5 %, €€€**
Helle Farbe, nuanciertes Bukett, kandierte Orange, Birne und Mandeln, Quitte, jugendliche Perlage, lebendige Trinkfluss, fruchtig-pikanter Abgang, gute Länge, Potenzial.

93 **2021 Welschriesling Alte Reben 300 13 %, €€**
Jugendliche Farbe, gelber Apfel, Limette, Physalis, kräftiger Wein, dicht und lebendiges Frucht-Säure-Spiel, rosa Grapefruit und Zitronenmelisse im Abgang, lang anhaltend.

93 **2023 Grüner Veltliner Ried Hermannschachern 13 %, €€**
Helle Farbnoten, nuanciertes Bukett, kandierte Orange und Birne, Antipasti-Noten, Steinobst, lebendige Struktur, straff, lebendiger Trinkfluss, pikanter Abgang, langer Nachhall.

Weinviertel

Josef Wannemacher

Grüner Veltliner
Ried Hofmauer

Foto: Friedrich Spitzbart Ges.m.b.H.

Hauptstraße 41
2102 Hagenbrunn
T 02262/67 27 95
M wein@weingut-wannemacher.at
www.weingut-wannemacher.at

Öffnungszeiten
nach Vereinbarung
Rebfläche
10 ha
Rebsorten
GV, RR, ZW, PB, BB, TR,
SB, GM, CH, SL
Anbau
konventionell
Verschlussarten
NK, DV
Gastronomie
Heuriger

Nur einen Katzensprung von Wien entfernt, in Hagenbrunn, liegt das Familienweingut, das vom dynamischen Winzerpaar Wannemacher bewirtschaftet wird. Josef Wannemacher versteht es, Weine mit Klarheit und Sortentypizität zu vinifizieren. Die breite Palette konzentriert sich vorwiegend auf heimische Rebsorten, besonders am Herzen liegen dem Paar aber Grüner Veltliner und Riesling. Beide Sorten werden in verschiedenen Spielarten ausgebaut. Selbst ein Gemischter Satz von der Wiener Riede Proschen wird vinifiziert. Ein Gustostück ist auch der Traminer, die alte Rebsorte wird von den Wannemachers seit jeher gepflegt. Zweigelt wird genauso wie Sankt Laurent klassisch in gebrauchten Barriquefässern ausgebaut, die rote Cuvée Die Erfüllung hingegen reift im neuen Barrique.

93 2023 Traminer 15 %, €
(htr.) Jugendliche Farbe, kandierte Noten, Mango, Eibisch, barocker Wein, harmonische Textur, gut verwobene Restsüße, sehr lang anhaltend, Potenzial, Speisenbegleiter.

92+ 2023 Weinviertel DAC Reserve 13 %, €€
(GV) Jugendliche Farbe, vielschichtiges Bukett, Steinobst, Blütenhonig, Mandarine, Gewürznelke, körperreich, dicht, pikantes Finish, zarter Schmelz im Rückaroma.

92 2020 Die Erfüllung 14 %, €€
(ME/ZW/CS/SL) Kräftiger Farbkern, leicht gereifter Rand, Heidelbeere, Bitterschokolade, Wacholder, opulenter Wein, feiner Gerbstoff, Hollerkoch und zarter Schmelz im Nachhall.

91+ 2023 Grüner Veltliner Ried Hofmauer 13 %, €
Helle Farbe, kandierte Orange, zarte Würze, Nashi-Birne, körperreicher Wein, weiche Textur, feiner Gerbstoff und fruchtsüßer Schmelz im Abgang.

91+ 2023 Sauvignon Blanc 12,5 %, €
Blassgelb, ausgeprägtes Bukett, Pimentos, grasige Noten, zarte Blütenanklänge, stoffiger Wein, Maracuja und Lemongrass im Finish, gute Länge.

91 2023 Gemischter Satz 12,5 %, €
Helle Farbe, kandierte Orange, Mandeln, gelber Apfel, körperreicher Wein, gut stützendes Säurespiel, pikantes Finish.

91 2023 Riesling Ried Hölle 13 %, €
Helle Farbe, zart fruchtige Noten, Grapefruit, kandierte Anklänge, körperreich, gutes Frucht-Säure-Spiel, fruchtiger Schmelz im Abgang.

Weinviertel

Georg & Lisa Weinwurm

Hauptstraße 65
2181 Dobermannsdorf
T 0664/205 16 00, 02533/85 81
M wein@weinwurms.at
www.weinwurms.at

Öffnungszeiten
Mo.–Fr. 8–12, 14–18, Sa. 8–13
Rebfläche
28 ha
Rebsorten
GV, ZW, WR, RM, MT, CH, PB,
ME, SY, BP, BB
Anbau
KIP, konventionell, nachhaltig
Verschlussarten
NK, DV
Sonstiges
Vinothek, Ab-Hof-Laden

Das Familienweingut liegt im nordöstlichen Teil des Weinviertels. Der Großvater des Winzers legte einst in den 1950er-Jahren den Grundstein für das Weingut, das heute von Georg Weinwurm und seiner Frau Lisa in dritter Generation geführt wird. Die Weine sind geprägt von den vielfältigen Bodenformationen der Region und dem dort herrschenden pannonischen Klima. Im Weingarten findet sich die für die Region typische breite Vielfalt an weißen und roten Rebsorten. Klassiker wie Grüner Veltliner oder Zweigelt, aber auch Besonderheiten wie Roter Muskateller und Syrah werden kultiviert. Man bewirtschaftet zertifiziert nachhaltig unter Rücksicht auf regionale Gegebenheiten.

93+ 2022 Weinviertel DAC Reserve Hommage Grüner Veltliner 13 %, €€
Jugendliche Farbnoten, komplexes Bukett, Antipasti-Noten, Birnenquitte, Melone, Papaya, körperreich, engmaschige Struktur, pikantes Tannin, lang anhaltend, Physalis im Nachhall.

92+ 2021 Hommage Cuvée Rot 13,5 %, €€
(ZW/ME) Tiefdunkler Farbkern, komplexes Bukett, dunkelbeerige Noten, Kirsche, Nougat, leicht rauchige Anklänge, körperreich, harmonische Textur, feines Tannin, langer Nachhall.

92+ 2023 Roter Muskateller Hommage 11,5 %, €€
(maischevergoren) Kräftige Farbe, Anklänge von Kupfer, vielschichtige Aromen, Muskatnuss, Honig-Ingwer, Zesten, straff, lebendige Struktur, pikanter Gerbstoff im Abgang, langer Nachhall.

92 2023 Schmatz Gemischter Satz Ried Schilling 12 %, €
Helles Gelb, jugendliche Aromatik, kandierte Orange und Ananas, Nashi-Birne, kräftiger Wein, harmonischer Trinkfluss, pikantes Finish, lang anhaltender Nachhall.

91 2022 Zweigelt Ried Schilling 13,5 %, €
Jugendliche Farbe, ausgeprägtes Bukett, Kirsche, Nougat, kandierte Orange, balancierter Trinkfluss, fruchtiger Schmelz im Abgang.

91 2023 Grüner Veltliner Ried Kugelberg 12,5 %, €
Helles Gelb, feines Fruchtspiel, gelber Apfel, Mandeln, Grapefruit, kräftiger Wein, lebendiger Trinkfluss, Kumquat im Abgang, gute Länge.

91 2023 Roter Muskateller Ried Schilling 12,5 %, €
Jugendliche Farbe, ausgeprägtes Bukett, Verbene, grüner Tee, zart florale Noten, körperreich, balancierte Textur, Melisse im Abgang.

Weinviertel

Weingut Zull

Foto: Pamela Schmatz

2073 Schrattenthal 9
T 02946/82 17
M office@zull.at
www.zull.at

Öffnungszeiten
nach Vereinbarung
Rebfläche
18 ha
Flaschenanzahl
100.000
Rebsorten
GV, RI, CH, ZW, PN, VI
Anbau
KIP, konventionell, nachhaltig
Verschlussart
DV

Das Weingut der Familie Zull liegt in Schrattenthal, der kleinsten Weinstadt Österreichs, unweit der tschechischen Grenze. Hier herrscht ein besonderes Mikroklima mit kühlen Strömungen vom angrenzenden Waldviertel. Die Rebstöcke wurzeln tief in den Granitböden des Manhartsberges. Das Ergebnis sind vielschichtige, finessenreiche Weine mit ausgeprägter Mineralität. Man versucht, diese Gegebenheiten so natürlich wie möglich in den Gewächsen wiederzugeben: Statt übertriebenem Technologieeinsatz setzt man auf Fingerspitzengefühl, Ausdauer und Geduld, zeigt aber auch Mut zum Experimentieren. Phillip Zull führt fort, was sein Vater Werner immer verfolgte: charaktervolle Weine zu produzieren, die Lagerpotenzial besitzen. Auch Phillips Großeltern helfen noch im Betrieb mit. So wird das Weinwissen von Generation zu Generation weitergegeben, aber auch immer kritisch hinterfragt.

94+ **2021 Weinviertel DAC Reserve Grüner Veltliner Äußere Bergen 13,5 %, €€**
Jugendliche Farbe, komplexes Bukett, kandierte Orange, Melone, Papaya, Lemongrass, körperreich, engmaschige Struktur, pikanter Gerbstoff, nussige Würze, fruchtiger Nachhall, Potenzial.

93+ **2023 Riesling Ried Innere Bergen 13 %, €€**
Jugendliche Farbnoten, vielschichtige Frucht, kandierte Orange und Ananas, gelbes Steinobst, körperreich, harmonische, straffe Textur, fruchtig-pikanter Abgang, zarter Schmelz im Finish, langer Nachhall.

93+ **2023 Weinviertel DAC Grüner Veltliner Schrattenthal 13 %, €€**
Jugendliche Farbe, Zesten, Nashi-Birne, nussige Würze, Steinobst, lebendige Struktur, feiner Gerbstoff, langer Nachhall, zarter, fruchtiger Schmelz, Potenzial.

93 **2021 Chardonnay Ried Kalvarienberg 13,5 %, €€**
Jugendliche Farbe, ausgeprägtes Bukett, kandierte Orange, zarte Holzwürze, körperreich, straffe Textur, feiner Gerbstoff.

93 **2021 Pinot Noir Reserve 13 %, €€€**
Transparente Farbe, feines Fruchtspiel, Kirsche, Feige, Nougat, körperreich, lebendiger Trinkfluss, samtiges Tannin, Kumquat im Nachhall, gute Länge.

93 **2023 V Reserve vom Granit 13 %, €€**
(VI) Jugendliche Farbe, kandierte Orange und Banane, Honigmelone, Marzipan, körperreicher Wein, balancierte Textur, feiner Gerbstoff, nussige Würze und Nougat im Nachhall.

93 **2023 Weinviertel DAC Grüner Veltliner 12,5 %, €**
Helle Farbe, vielschichtiges Bukett, kandierte Noten, Grapefruit, Birnenquitte, zarte Würze, körperreich, straffe Textur, feiner Gerbstoff im Finish, Kumquat im Nachhall.

Weinviertel

Weingut Zuschmann-Schöfmann

Winzerstraße 52
2223 Martinsdorf
T 02574/84 28
M office@zuschmann.at
www.zuschmann.at

Öffnungszeiten
Sa. 9–13 nach tel. Vereinbarung
Rebfläche
16 ha
Rebsorten
GV, ZW, GM, SB, CS, SY
Anbau
organisch-biologisch
Verschlussarten
NK, DV
Gastronomie
Vinothek
Sonstiges
Übernachtungsmöglichkeit

Else Zuschmann und Peter Schöfmann bewirtschaften ihre 16 Hektar umfassenden Weingärten nach organisch-biologischen Richtlinien. Im idyllischen Martinsdorf herrscht nicht nur Ruhe in unberührter Natur – es ist auch die perfekte Grundlage für charakteristische Weine und Sekte. Die Weinlinie besteht aus Klassikern der Rebsorten des Weinviertels, angeführt vom Grünen Veltliner, der 60 Prozent der Rebfläche ausmacht. Sie werden in verschiedenen Reifegraden vinifiziert, um die Vielfalt und Komplexität der Sorte auszuschöpfen. Die Qualität wird dabei maßgeblich durch sorgfältige Handarbeit in den Weinbergen bestimmt. Jede Traube wird von Hand gelesen und anschließend mittels Ganztraubenpressung verarbeitet – Basis für straffe Weine mit feiner Aromatik. Seit einigen Jahren widmet man sich auch handwerklich hergestellter Schaumweine. Die kalkreichen Böden der Region, kombiniert mit dem kühlen Klima und nicht zuletzt die biologische Bewirtschaftung ermöglichen es, hochwertige Sekte nach „traditioneller Methode" herzustellen. Die „Großen Reserven" sind dabei das Meisterstück. Lange Hefelagerung sollen ihnen Struktur und Vielschichtigkeit verleihen.

95 2020 Chardonnay Sekt Brut Große Reserve 12 %, €€€
Helle Farbe, komplexes Bukett, Zesten, Brioche, Grapefruit, Biskuit, feines Mousseux, balancierter Trinkfluss, engmaschiges Finish, nussige Würze im Nachhall, lang anhaltend.

95 2020 Riesling Sekt Extra Brut Große Reserve 12 %, €€€
Jugendliche Farbe, ausgeprägtes Bukett, kandierte Orange, Pfirsich, Biskuit, rosa Grapefruit, feines Mousseux, straff, lebendiger Trinkfluss, präzises Finish, Physalis im Nachhall, lang.

94+ 2020 Grüner Veltliner Sekt Brut Nature Große Reserve 12 %, €€€
Jugendliche Farbe, Birnenquitte, kandierte Orange, Mandeln, Brioche, feine Perlage, harmonischer Trinkfluss, fruchtig-pikantes Finish, gute Länge, Kumquat im Rückaroma.

93+ 2020 Pinot Noir Muschelkalk Selektion 13 %, €€€
Jugendliche, transparente Farbe, kandierte Orange, Nougat, zarte Kirschnoten, kräftiger Wein, lebendiger Trinkfluss, Cranberry und Preiselbeere im Abgang, sehr langer Nachhall, Potenzial.

92+ 2020 Weißburgunder Selektion 13 %, €€€
Jugendliche Farbe, Zesten, Apfelquitte, Melone, körperreicher Wein, engmaschige Struktur, feines Tannin, langer Nachhall.

92+ 2022 Sauvignon Blanc Sekt Brut 10,5 %, €€
Jugendliche Farbe, nuanciertes Bukett, Antipasti-Noten, kandierte Orange, Anklänge von Johannisbeere, lebendiges Mousseux, straff, markantes Frucht-Säure-Spiel, Grapefruit im Nachhall.

92 2022 Grüner Veltliner Sekt Brut 10,5 %, €€
Jugendliche Farbe, nuanciertes Bukett, Kumquat, Mandeln, tabakige Würze, lebendige Perlage, stoffig, pikantes Finish, gute Länge.

Die Besten in der
THERMENREGION

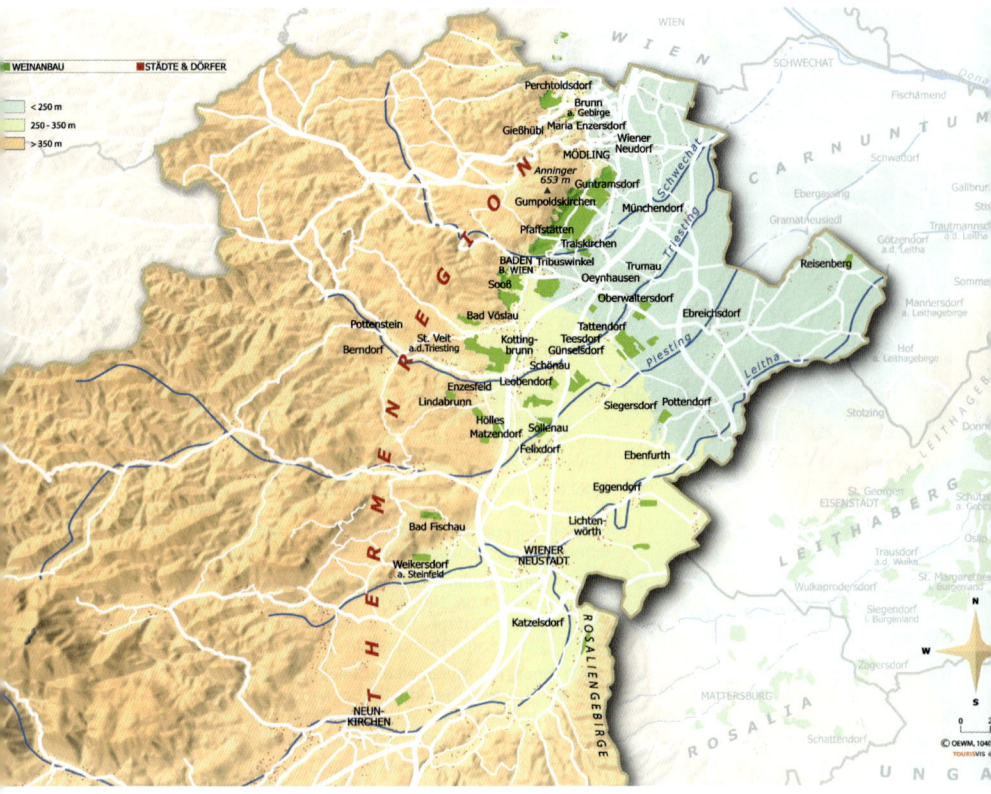

Rebfläche: 2.181 ha. Wie der Name schon sagt, führt eine vulkanische Bruchlinie durch das Gebiet. Mildes Klima und schwere, steinige Kalkböden kennzeichnen die „Südbahn", wo kraftvolle Weiß- und dichte Rotweine wachsen.
Rebsorten: Zierfandler, Rotgipfler, Burgundersorten; Sankt Laurent, Blauburgunder

99	*2021 Chardonnay Ried Kästenbaum Gumpoldskirchen* · **Weingut Familie Reinisch**
98	*2020 Pinot Noir Ried Kästenbaum Gumpoldskirchen* · **Weingut Familie Reinisch**
98	*2021 St. Laurent Ried Holzspur 1 ÖTW* · **Weingut Familie Reinisch**
97+	*2022 Rotgipfler Ried Rosenberg* · **Weingut Alphart**
97+	*2022 Zierfandler Ried Mandel-Höh 1 ÖTW* · **Weingut Stadlmann**
96	*2022 Chardonnay Privat* · **Weingut Alphart**
96	*2022 Rotgipfler Ried Rodauner 1 ÖTW Top Selektion* · **Weingut Alphart**
96	*2022 Rotgipfler Ried Satzing 1 ÖTW Gumpoldskirchen* · **Weingut Familie Reinisch**
95+	*2019 Merlot Harterberg* · **Leo Aumann**
95+	*2021 Pinot Noir Pl* · **Josef Piriwe**
95+	*2021 Zierfandler Sinfonie* · **Josef Piriwe**
95	*2021 Pinot Noir Ried Graf Weingartl Oberwaltersdorf* · **Weingut Hartl**
95	*2022 Zierfandler Ried Igeln 1 ÖTW* · **Weingut Stadlmann**
94+	*2022 Rotgipfler Ried Rodauner 1 ÖTW* · **Weingut Alphart**
94+	*2021 Privat* · **Hannes Hofer**
94+	*2021 Cabernet Sauvignon Privat* · **Weingut Krug**
94	*2023 Rotgipfler Reserve Ried Oberer Badener Weg* · **Othmar Biegler**
94	*2022 Rotgipfler Ried Student* · **Freigut Thallern**
94	*2021 No Limit Ried Saxerl* · **Genuss Weingut Schwertführer 47er**
94	*2020 St. Laurent Ried Holzspur* · **Weingut Heggenberger**

Thermenregion

Weingut Alphart am Mühlbach

Der traditionelle Familienbetrieb liegt im Herzen der Thermenregion. Die Weine von Lorenz Alphart haben einen modernen, geradlinigen Stil und sind von Würze, Aromenspiel und Mineralität geprägt. Der Fokus liegt auf den autochthonen Sorten Rotgipfler und Zierfandler sowie auf Chardonnay und Pinot noir. Es werden ausschließlich handverlesene, perfekte Trauben verwendet. Alle Weine werden von besten Lagen in Traiskirchen, Gumpoldskirchen und Pfaffstätten gekeltert. Lorenz Alphart hat bereits früh auf ein klar verständliches Herkunftssystem mit Gebiets-, Orts- und Riedenweinen gesetzt. An der Spitze des Sortiments steht der Rotgipfler von der bekannten Ried Mandelhöh an den Ausläufern des Anningers mit seinen kargen Muschelkalkböden. Auch in seiner neuen Ried Pressweingarten wächst die Sortenrarität, die Weine von dort zählen mittlerweile zu den spannendsten der Region. Mit Gespür für Boden und Weinstock, akribischer Arbeit und innovativem Denken konnte sich Lorenz Alphart in der heimischen Weinszene etablieren.

Foto: Lisa Tröber

Wassergasse 9
2514 Traiskirchen
T 0650/522 92 30, 02252/522 92
M info@alphart.at
www.alphart.at

Öffnungszeiten
Fr. 8–17
Rebfläche
10 ha
Rebsorten
RG, RR, ZF, PN, GV, ZW, SB, CH
Anbau
KIP, konventionell, nachhaltig
Verschlussarten
NK, DV
Gastronomie
Heuriger, Restaurant, Vinothek

94+ 2023 Rotgipfler Ried Mandelhöh Limited Edition 13 %, FP, €€€
Jugendliche Farbe, Papaya, Kumquat, Mandeln, Steinobst, kräftiger Wein, dicht und straffe Struktur, feiner Gerbstoff, zarter Schmelz und Mandarine im Rückaroma, Potenzial.

93+ 2022 Chardonnay Ried Tagelsteiner 13 %, €€€
Jugendliche Farbe, kandierte Orange, Limette, Quitte, Vanille, Salz-Karamell, kräftig, cremige Textur, feines Tannin, fruchtiger Schmelz im Abgang, gute Länge, Zesten im Nachhall.

93+ 2023 Rotgipfler Ried Mandelhöh 13 %, €€
Jugendliche Farbnoten, Kumquat, kandierte Orange, Nektarine, kräftiger Wein, dicht und feines Tannin im Finish, langer fruchtiger Nachhall, Grapefruit und Nashi-Birne im Rückaroma.

93 2020 Blanc de Blancs Extra Brut Reserve g.U. 13 %, €€€
(CH) Jugendliche Farbe, nuanciertes Bukett, kandierte Orange, Mandeln, zart Brioche, jugendliches Mousseux, stoffig, lebendiger Trinkfluss, fruchtig-pikantes Finish, Grapefruit im Nachhall.

93 2021 Pinot Noir Reserve 13 %, €€
Jugendliche, transparente Farbe, Weichsel, Cranberry, Verbene, Zedern, stoffiger Wein, balancierte Textur, feiner Gerbstoff, Kumquat und Preiselbeere im Abgang, gute Länge.

93 2023 Rotgipfler Ried Pressweingarten 13,5 %, €€
Jugendliche Farbe, Mandarine, kandierte Orange, Melone, körperreich, gehaltvoll, dicht und feiner Gerbstoff im Abgang, zarter Schmelz im Finish.

93 2023 Zierfandler Ried Otzler 13 %, €€
Jugendliche Farbnoten, nuanciertes Bukett, Pfirsich, Melone, kandierte Orange, kräftiger Wein, straffe, lebendige Struktur, Grapefruit und Zesten im Abgang, langer Nachhall.

Weingut Alphart

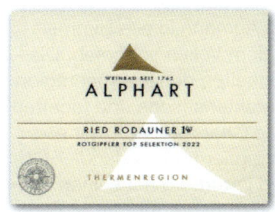

Wiener Straße 46
2514 Traiskirchen
T 02252/523 28
M weingut@alphart.com
www.alphart.com

Öffnungszeiten
nach Vereinbarung Mo.–Do.
8–13, Fr. 10–18, Sa. 10–13
Rebfläche
30 ha
Rebsorten
RG, GV, CH, PN, ZW, NE
Anbau
KIP, konventionell,
organisch-biologisch,
nachhaltig, herbizidfrei
Verschlussarten
NK, DV
Gastronomie
Heuriger, Restaurant, Vinothek

Das Weingut ist bekannt dafür, keinen Trends, sondern den eigenen Vorstellungen vom Weinmachen zu folgen – und das mit Erfolg. Auf etwa 30 Hektar Weingärten werden rund um die Rebsorten Rotgipfler und Chardonnay viele Spezialitäten produziert. Geführt wird der Familienbetrieb von Florian, Claudia, Karl und Elisabeth Alphart, sie können auf eine mehr als 250-jährige Tradition zurückblicken. Mittlerweile wird er nach biologischen Richtlinien bewirtschaftet. Die Grundlagen für herausragende Weine sind für die Winzerfamilie respektvoller Umgang mit der Natur und schonende Verarbeitung; die Eckpfeiler sind sorgfältige Bewirtschaftung, individuelle Pflege jedes Rebstocks, Ertragsreduktion, perfekter Lesezeitpunkt sowie selektive Handlese. Das Ziel ist das Optimum.

97+ 2022 Rotgipfler Ried Rosenberg 13 %, €€€
Jugendliche Farbe, intensive, komplexe Nase, Physalis, kandierte Orange, Birnenquitte, zarte Würze, körperreich, dicht und engmaschige Struktur, feinster Gerbstoff im Abgang, lang anhaltender Nachhall, grüner Tee und Steinobst im Rückaroma, Riesenpotenzial.

96 2022 Chardonnay Privat 14 %, €€€
Jugendliche Farbnoten, vielschichtiges Bukett, Zesten, kandierte Mandeln, Vanille, Kumquat, körperreich, dicht und straffe Textur, engmaschiges, feinkörniges Finish, lang anhaltend, Grapefruit und Physalis im Rückaroma, Riesenpotenzial.

96 2022 Rotgipfler Ried Rodauner 1 ÖTW Top Selektion 13,5 %, €€€
Helle Farbe, ausgeprägte, komplexe Aromatik, gelber Pfirsich, Melone-Ingwer, Physalis, körperreich, dicht und engmaschige Textur, feiner Gerbstoff im Abgang, Mandeln und Kumquat im Rückaroma, Riesenpotenzial.

95 2022 Chardonnay Ried Tagelsteiner 1 ÖTW 13,5 %, €€€
Helle Farbe, kandierte Orange, Nougat, Bratapfel, stoffiger Wein, balancierte Textur, feiner Gerbstoff, lang anhaltend, fruchtiger Nachhall.

94+ 2022 Rotgipfler Ried Rodauner 1 ÖTW 13 %, €€
Helle Farbe, intensive Nase, kandierte Mandeln, Orange und Mandarine, stoffiger Wein, dicht und balancierte Textur, fruchtiger Schmelz im Finish, langer Nachhall.

93 2023 Rotgipfler vom Berg Thermenregion DAC 13 %, €€
Helle Farbe, einladendes Fruchtspiel, kandierte Orange, Birne und Mandeln, Pfirsich, kräftiger Wein, lebendige Struktur, fruchtig-präzises Finish, gute Länge, Kumquat im Rückaroma

92+ 2023 Chardonnay vom Berg Thermenregion DAC 13 %, €€
Helle Farbe, ausgeprägte Frucht, Grapefruit, kandierte Orange, Mandarine, Nashi-Birne, körperreich, lebendiger Trinkfluss, zarter Schmelz im Abgang, gute Länge.

Thermenregion

Leo Aumann

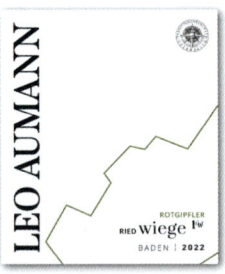

Am Rande des Wienerwalds, von Tribuswinkel aus, erstrecken sich die Weingärten von Leo Aumann in alle Himmelsrichtungen. Der Winzer kann aus dem Vollen schöpfen: Die vielfältigen geologischen Gegebenheiten der Thermenregion bieten beste Bedingungen für charakteristische und facettenreiche Weine. Burgundersorten wie Chardonnay, Pinot noir und Sankt Laurent, aber auch Rotgipfler und Zierfandler fühlen sich hier besonders wohl. Der Harterberg mit seinen sandigen Lehmböden eignet sich wiederum gut für Merlot und Zweigelt. Ziel des engagierten Winzers ist, terroirtypische Weine zu keltern.

Foto: Helmut Mitter

Oberwaltersdorfer Straße 105
2512 Tribuswinkel
T 02252/805 02
M weingut@aumann.at
www.aumann.at

Öffnungszeiten
Mo.–Sa. 9–18 nach Vereinbarung
Rebfläche
50 ha
Rebsorten
CH, SB, SL, PN, ME, ZW, RG, ZF, GV
Anbau
KIP, konventionell, nachhaltig
Verschlussarten
NK, DV
Gastronomie
Heuriger, Vinothek

95+ 2019 Merlot Harterberg 15 %
Dunkler Farbkern, zart gereifter Rand, vielschichtiges Bukett, Schwarzwälder Kirsch, Nougat, Marzipan, Feige, gehaltvoll, dicht und feinkörniges Tannin, sehr lang anhaltend, Heidelbeere, Feige und Bitterschokolade im Nachhall.

95+ 2021 Harterberg Reserve 14,5 %
(ME/CS/ZW) Kräftige, jugendliche Farbnoten, komplexes Bukett, Johannisbeere, Kakao, leicht rauchig-röstige Noten, Brombeere, straff, dicht und engmaschiger Trinkfluss, fester, feiner Gerbstoff, lang anhaltend, Heidelbeere und Kirsche im Nachhall.

94 2022 Chardonnay Ried Bockfuss 1 ÖTW 14 %
Helle Farbe, nuancierte, komplexe Aromatik, Quitte, Bratapfel, zarte Würze, Zesten, stoffig, dicht und engmaschige Struktur, feiner Gerbstoff, sehr lang anhaltend, Kumquat im Nachhall, Potenzial.

94 2022 Rotgipfler Ried Wiege 15 %
Helle Farbe, vielschichtige Nase, kandierte Orange und Birne, exotische Noten, stoffiger Wein, opulenter Auftakt, balancierter Trinkfluss, fruchtig-pikantes Finish, Potenzial.

93 2022 Chardonnay Reserve 14 %
Jugendliche Farbe, ausgeprägte, gelbe Fruchtnoten, Steinobst, Zesten, Karamell, gehaltvoll, balancierter, cremiger Trinkfluss, feiner Gerbstoff, langer Nachhall.

93 2023 Zierfandler Ried Hofbreite 14 %, FP
Helle Farbe, intensives Bukett, Nektarine, kandierte Orange, Mandarine, gehaltvoll, dicht und lebendige Textur, fruchtiger Schmelz und Kumquat im Finish, lang anhaltend.

Othmar Biegler

Foto: C. Reisinger

Wiener Straße 16–18
2352 Gumpoldskirchen
T 0664/486 69 03, 02252/621 96
M weingut.biegler@kabsi.at
www.weingut-biegler.at

Öffnungszeiten
nach tel. Vereinbarung
Rebfläche
10 ha
Flaschenanzahl
50.000
Rebsorten
RG, ZF, RI, CH, GV, PB, SB,
GM, PN, ZW, CS
Anbau
KIP
Verschlussarten
NK, DV

Der renommierte Familienbetrieb wird heute von Othmar Biegler geführt und bewirtschaftet zehn Hektar Weingärten rund um Gumpoldskirchen. Die Weingärten liegen in bevorzugten Lagen auf Südosthängen des Anningers. Das einzigartige Mikroklima und die schottrigen, kalkhaltigen Böden bieten beste Bedingungen für außerordentliche Traubenqualität. Die sorgfältige und naturnahe Betreuung der Weingärten durch die ganze Familie unterstützt diesen natürlichen Reifeprozess. Daraus entstehen Jahr für Jahr charaktervolle Weine auf hohem Niveau. Ausgebaut werden sie im Stahltank sowie in kleinen und großen Holzfässern. Mit feinen Rotgipflern und Zierfandlern hat sich das Weingut einen Namen gemacht, aber auch das restliche Sortiment kann sich sehen lassen. Die Weine werden vorwiegend trocken ausgebaut, in guten Jahren werden aber auch die höheren Prädikate gepflegt, für die Gumpoldskirchen früher berühmt war.

94 2023 Rotgipfler Reserve Ried Oberer Badener Weg 14,5 %, FP, €€
Kräftige Farbe, intensives und vielschichtiges Bukett, gelber Pfirsich, kandierte Orange, Limette, zart kräutrig, opulenter Körper, balanciertes Säurespiel, zarter Fruchtschmelz, Nashi-Birne und Mandarine, sehr gute Länge, zarter Schmelz und Mandeln im Nachhall, Potenzial.

94 2023 Rotgipfler Spätlese 13,5 %, FP, €€
Helles Goldgelb, vielschichtige Aromen, Blütenhonig, kandierte Orange und Ananas, körperreich, lebendige Textur, gut eingebundene Restsüße im Abgang, lang anhaltend, Potenzial.

93+ 2023 Rotgipfler Ried Brindlbach 14 %, €€
Jugendliche Farbe, ausgeprägtes Bukett, gelbe Früchte, Mandeln, Williamsbirne, florale Noten, kräftiger Körper, leichtes CO_2 spürbar, Physalis und kandierte Orange im Abgang, lang anhaltend.

93+ 2023 Zierfandler Ried Badener Weg 13 %, €€
Jugendliche Farbe, komplexes Bukett, Kamille, Steinobst, Kumquat, stoffig, am Gaumen Honigmelone, balancierter Trinkfluss, gute Länge, zarter Schmelz und Physalis im Nachhall.

92+ 2023 Riesling Ried Grimmling 13 %, €€
Jugendliche, helle Farbe, Marille, Steinobst, Zitrone, kandierte Ananas, kräftiger Wein, straff, trinkanimierende Struktur, Ananas, fruchtiger Schmelz im Abgang, gute Länge.

92 2023 Weißburgunder 13 %, FP, €
Jugendliche Farbe, ausgeprägtes Bukett, Mandeln, gelbes Fruchtspiel, Kumquat, grüner Apfel, kräftiger Körper, saftige Textur, harmonischer Trinkfluss, gute Länge, würziger Nachhall.

91+ 2023 Chardonnay Ried Hausberg 14 %, €€
Jugendliche Farbe, ausgeprägte Aromatik, Honigmelone, gelber Apfel, zarte Würze, Mandarine, kräftiger Wein, spürbares CO_2, gute Länge, pikantes Finish, Mandeln im Nachhall.

Thermenregion

Christian Fischer

Foto: Alexey Lando

Hauptstraße 33
2504 Sooß
T 0676/603 55 50
M office@weingut-fischer.at
www.weingut-fischer.com

Öffnungszeiten
Flaschenweinverkauf Mo.–Fr.
9–18 und nach Vereinbarung
Rebfläche
17 ha
Flaschenanzahl
80.000
Rebsorten
ZW, RG, PN, ME, SL, ZF,
BF, Verjus
Anbau
organisch-biologisch
Verschlussarten
NK, DV

Christian Fischer gilt als einer der Pioniere der Thermenregion: Er hat gezeigt, dass das Weinbaugebiet südlich von Wien auch das Potenzial für große Rotweine besitzt. Seine herausragenden Gewächse finden im In- und Ausland große Anerkennung. Die große Leidenschaft des Winzers sind Pinot noir und Zweigelt, die sich durch besondere Finesse auszeichnen. In den letzten drei Jahrzehnten hat sich der Betrieb aber auch ständig weiterentwickelt – so ist das Weingut seit 2013 biozertifiziert. Neben facettenreichen Rotweinen fokussiert sich Christian Fischer zudem auf die regionalen Rebsorten der Thermenregion Zierfandler und Rotgipfler, die zeigen, dass er auch ein gutes Händchen für besondere Weißweine hat.

93+ **2021 Zweigelt Premium Gradenthal 13,5 %, FP, €€€**
Jugendliches Rot, dunkler Kern, reife Frucht, röstig-rauchige Aromen, gehaltvoll, samtiges Tannin, balanciertes Fruchtspiel, feines Tannin, lang anhaltend.

93 **2021 Merlot Premium 14 %, FP, €€€**
Tiefdunkler Farbkern, kandierte Orange, Lakritze, Zwetschke, zart nussige Würze,, kräftiger Körper, ausgewogene Textur, Schokolade, Kardamom, würziges Finish, gute Länge.

92+ **2022 Rotgipfler Orange 13,5 %, €€**
Orange-braune Farbe, zarte Trübung, Kräutertee, Physalis, kandierte Orange und Maracuja, körperreich, balancierter Trinkfluss, harmonischer Gerbstoff, florale Noten im Nachhall.

92 **2021 Pinot Noir Premium 13,5 %, FP, €€€**
Jugendliche, transparente Farbe, ausgeprägtes Bukett, Röstnoten, Kornelkirsche, rote Beeren, kräftiger Wein, gut stützende Säure, tragendes Tanningerüst, Nougat und kandierte Orange im Abgang.

92 **2023 Zierfandler Thermenregion DAC 13,5 %, €**
Jugendliche Farbe, einladendes Bukett, Quitte, Melone, zart rauchig, kräftiger Körper, balancierte Struktur, feiner Gerbstoff, Kräutertee, lang anhaltend, fruchtig-würziger Nachhall.

HISTORISCHER WEIN
93 **2014 Pinot Noir Premium**

Freigut Thallern

Thallern 1
2352 Gumpoldskirchen
T 02236/534 77
M vinothek@freigut-thallern.at
www.freigut-thallern.at

Öffnungszeiten
Jän.–März 10–18,
April–Dez. 10–19
Rebfläche
33 ha
Rebsorten
RG, ZF, SL, ZW, PN, CH,
RI,
GV, ME
Anbau
KIP, Umstellung organisch-biologisch
Verschlussart
DV
Gastronomie
Restaurant, Vinothek (Jän.–März tägl. 10–18, April–Dez. tägl. 10–19)
Sonstiges
Übernachtungsmöglichkeit

Das Freigut Thallern ist das älteste Weingut Österreichs und wurde erstmals 1141 urkundlich erwähnt. Es wird seitdem kontinuierlich bewirtschaftet und befindet sich heute im Besitz des Zisterzienserklosters Heiligenkreuz. Die Winzerfamilie Polz – in Kooperation mit den Weingütern Aumann, Alphart, Alphart am Mühlbach und Gebeshuber – betreibt hier Weinbau. Unter der Leitung von Katharina Graner werden circa 30 Hektar Weingärten bearbeitet, darunter einige der besten Lagen der Region. Dabei legt man den Fokus auf die Rebsorten Rotgipfler, Zierfandler, Pinot noir und Sankt Laurent.

94 **2022 Rotgipfler Ried Student 13,5 %, €€€**
Jugendliche Farbe, vielschichtiges Bukett, kandierte Orange, Papaya, Steinobst, körperreich, dicht und gut stützende Säure, feiner Gerbstoff, langer Abgang, Kumquat im Rückaroma, Potenzial.

93+ **2022 Zierfandler Ried Wiege 13,5 %, €€€**
Jugendliche Farbe, vielschichtige Nase, kandierte Orange, Mandeln und Mandarine, Steinobst, stoffig, gutes Frucht-Säure-Spiel, fruchtig-pikantes Finish, langer Nachhall, Physalis im Rückaroma.

92+ **2020 Pinot Noir Reserve 13,5 %, €€€**
Leicht gereifte Farbe, reife Fruchtnoten, Feige, Kakao, Kirsche, stoffig, balancierte Struktur, fruchtiger Abgang, gute Länge, Pflaume im Rückaroma.

92+ **2023 Rotgipfler Gumpoldskirchen Thermenregion DAC 13 %, €€**
Jugendliche Farbe, nuanciertes Bukett, Nashi-Birne, kandierte Orange und Mandeln, stoffig, balancierte Struktur, lebendiger Trinkfluss, fruchtiger Schmelz im Abgang, gute Länge.

92+ **2023 Zierfandler Gumpoldskirchen Thermenregion DAC 12,5 %, €€**
Jugendliche Farbnoten, fruchtig geprägte Nase, Physalis, Steinobst, Zesten, kräftig, straff, dicht und engmaschiges Finish, Mandarine im Nachhall, zarter Schmelz im Finish.

92 **2020 St. Laurent Ried Ronald 13,5 %, €€€**
Kräftige Farbe, Mix aus Brombeere, Wacholder und Kirsche, zarte Würze, stoffig, harmonischer Trinkfluss, feiner Gerbstoff, gute Länge.

92 **2023 Chardonnay Gumpoldskirchen Thermenregion DAC 12,5 %, €€**
Helle Farbe, intensive Grapefruit und Pomelo, stoffig, lebendige Struktur, mittlere Konzentration, fruchtig-pikanter Abgang.

Thermenregion

Genuss Weingut Schwertführer 47er

Im Herzen von Sooß liegt das Weingut Schwertführer 47er, das zu den bekanntesten der Region zählt. Nichts wird dem Zufall überlassen, egal ob im Weingarten oder im Keller. Man produziert 45 unterschiedliche Weine verschiedenster Rebsorten, Lagen und Ausbauvarianten. Die Familie ist davon überzeugt, dass guter Wein durch kompromissloses Qualitätsdenken entsteht, und so erfolgt die Traubenverarbeitung in einem großzügig ausgebauten Presshaus, das perfekte Bedingungen dafür bietet. Der Betrieb schafft es Jahr für Jahr, sowohl bei leichten klassischen als auch bei gehaltvollen Weißweinen sowie bei kräftigen Rotweinen und im Süßweinsegment zu punkten. Seit 2020 sorgen die Töchter Anna und Katharina für frischen Wind im Weingut. Sie teilen die Leidenschaft des Vaters für Rotgipfler und Burgundersorten.

Foto: mellygraphy - Melanie Melchior

Hauptstraße 47
2504 Sooß
T 02252/871 91
M weingut@47er.at
www.47er.at

Öffnungszeiten
Weinverkauf Mo.–Sa. 8–19,
So. 10–12, 13.30–18
Rebfläche
24 ha
Rebsorten
BP, ZW, SL, BB, PN, ME, RO, GV, WR, RR, CH, PB, GM, SB, MO, TR, RG, MT, CS, CF
Anbau
KIP, konventionell, nachhaltig
Verschlussarten
DI, DV
Gastronomie
Buschenschank, Heuriger
(Fr. ab 15, Sa. ab 13)

94 2021 No Limit Ried Saxerl 14 %, €€
(RG) Kräftige Farbe, exotisch-florales Bukett, Pfirsich, Papaya, kandierte Noten, stoffig, balancierte Säure, lebendiger Trinkfluss, zartes Tannin, gute Länge, Kumquat im Rückaroma.

93 2022 Cabernet Franc Exklusiv Ried Bärenschwanzel 13,5 %, €€
Jugendliche, kräftige Farbe, Heidelbeerjoghurt, Kirsche, Cassis, zarte Röstaromen, Wacholderbeere, kräftiger Körper, animierender Trinkfluss, kompaktes und kerniges Tanningerüst, lang anhaltend, würziges Finish.

93 2022 Rotgipfler Ried Saxerl 14 %, €€
Jugendliche Farbe, kandierte Orange, Kumquat, Limette, zarte Holzwürze, körperreich, balancierte Textur, feiner Gerbstoff, langer Nachhall.

93 2023 Weißburgunder Ried Römerberg Reserve 13,5 %, FP, €€
Helle Farbe, nuanciertes Bukett, zarte Honigmelone, kandierte Orange, kräftiger Körper, balancierte Struktur, fruchtig-pikanter Abgang, gute Länge.

92+ 2021 Cabernet Sauvignon Top Edition 13,5 %, €€
Jugendliche Farbe, nuanciertes Bukett, erste Reifenoten, zarter Waldboden, gute verwobene Holzwürze, Cassis, gehaltvoll, gute Säurebalance, Nougat, Weichsel, feste Tanninstruktur, gute Länge, Heidelbeere im Nachhall.

92+ 2021 Chardonnay Ried Mitterschossen Große Reserve 13,5 %, €€
Kräftige Farbe, kandierte Frucht, Orange, Mandeln, Honigmelone, körperreich, dicht und balancierte Textur, harmonischer Trinkfluss, feiner Gerbstoff im Finish, zarter Schmelz im Abgang, Karamell im Rückaroma.

92 2021 Pinot Noir Ried Saxerl 13,5 %, €€
Jugendliche, transparente Farbe, nuanciertes Bukett, rote Beeren, Dörrzwetschke, Waldboden, Holzwürze, kräftiger Wein, animierende Säure, Heidelbeere, seidiges Tannin, mittlere Länge.

Weingut Hartl

Foto: Anna Stöcher

Trumauer Straße 24
2522 Oberwaltersdorf
T 02253/62 89
M office@weingut-hartl.at
www.weingut-hartl.at

Öffnungszeiten
Mo.–Fr. 8–18, Sa. 8–17
Rebfläche
14 ha
Rebsorten
PN, CS, ZW, ME, MT, GV, CH,
RR, TR, RG, SL, ZF, RO, RA, GE
Anbau
KIP, organisch-biologisch,
nachhaltig
Verschlussarten
NK, DV
Gastronomie
Heuriger
Sonstiges
Übernachtungsmöglichkeit

Marie-Sophie und Heinrich Hartl produzieren elegante, vielschichtige, burgundisch inspirierte Einzellagen-Weine in der Thermenregion südlich von Wien. Ihre Ausbildung und Erfahrungen in der Weinbranche sind entscheidende Faktoren bei ihrem stetigen Bestreben nach höchster Qualität.
So hat man sich bewusst dafür entschieden, mit dem Betrieb klein zu bleiben und sich auf wertvolle Einzellagen zu konzentrieren. Die Hauptsorten sind Pinot noir, Sankt Laurent sowie die autochthonen Weißen Rotgipfler und Zierfandler, die seit Jahrhunderten in der Region heimisch sind. Für das Paar steht an oberster Stelle, so nachhaltig wie möglich für die kommenden Generationen zu wirtschaften. Seit 2022 ist man auch biologisch-organisch zertifiziert. Ihre Weine sollen sich lebendig, elegant und tiefgründig zeigen sowie Reifepotenzial aufweisen.

95 2021 Pinot Noir Ried Graf Weingartl Oberwaltersdorf 13,5 %, €€€
Jugendliche, transparente Farbe, vielschichtige Aromatik, Kornelkirsche, Himbeere, Nougat, Kakao, Kirsche, stoffig, lebendige, elegante Struktur, feines Tannin, Cranberry und Blutorange im Nachhall, Potenzial.

94 2021 Pinot Noir Ried Kräutergarten Oberwaltersdorf 13,5 %, €€€
Jugendliche Farbe, ausgeprägtes Bukett, Cranberry, Kirsche, Blutorange, Verbene, zarte Holzwürze, straff, lebendige Struktur, feines Tannin im Finish, lang anhaltend, Kumquat im Rückaroma.

94 2021 St. Laurent Ried Kräutergarten Oberwaltersdorf 12,5 %, €€€
Jugendliche Farbnoten, ausgeprägte, dunkle Beeren, Brom- und Heidelbeere, zarte Würze und Gewürznelke, Kakao, straff, lebendige Textur, feinkörniges Finish, langer Nachhall.

93+ 2023 Zierfandler Gumpoldskirchen Thermenregion DAC 12,5 %, €€
Jugendliche Farbe, intensive Frucht, Physalis, Mandarine, Steinobst, straff, lebendiger Trinkfluss, engmaschiges Finish, sehr langer Nachhall, Kumquat im Rückaroma.

93 2019 Sekt Blanc de Noir Zero 12,5 %, €€
(PN) Jugendliche Farbe, nuanciertes Bukett, zart fruchtige Noten, Mandeln, ein Hauch Brioche, jugendliche Perlage, gute Textur, fruchtig-pikantes Finish, gute Länge.

93 2022 Skinz 13 %, €€
(RG/ZF/GM) Kräftige Farbe, einladende, vielschichtige Nase, Blütenhonig, zart florale Noten, kandierte Orange, kräftiger Wein, dicht und balancierte Struktur, engmaschiges Finish, pikantes Finish, lang anhaltend.

92+ 2023 Rotgipfler Gumpoldskirchen Thermenregion DAC 13 %, €€
Jugendliche Farbnoten, einladende Fruchtausprägung, gelbe Nektarine und Pfirsich, kandierter Apfel, stoffig, balancierte Struktur, feiner Gerbstoff und Frucht im Nachhall, lang anhaltend.

Thermenregion

Weingut Heggenberger

Foto: Weingut Heggenberger

Badner Straße 6
2523 Tattendorf
T 02253/814 32
M weingut@heggenberger.at
www.heggenberger.at

Öffnungszeiten
Mo.–Sa. 8–18
Rebfläche
15,5 ha
Flaschenanzahl
100.000
Rebsorten
BB, SL, PN, BP, ZW, ME, NE, PB, CS, RG, ZF
Anbau
konventionell
Verschlussart
DV
Gastronomie
Heuriger, Vinothek

Die Familie Heggenberger betreibt seit 1932 Weinbau in Tattendorf. Im Laufe der Jahre hat sich der Betrieb dabei stetig vergrößert. Heute leiten Andreas und Jakob Heggenberger den Betrieb. Gemeinsam ist ihnen die Freude am Vinifizieren. Wein ist für die beiden in Flaschen gefüllte Lebensfreude, die sie gerne weitergeben. Verbundenheit mit der Hauertradition der Thermenregion ist ihnen dabei besonders wichtig. Das Weingut zeichnet sich durch hochwertige Burgunder aus. Pinot noir, St. Laurent, Weißburgunder und Rotgipfler finden in dieser Weinbauregion außerordentlich gute Bedingungen vor.

94 2020 St. Laurent Ried Holzspur 13,5 %, €€€
Kräftiger Farbkern, nuanciertes Bukett, Brombeere, kandierte Orange, Wacholder, zarte Holzwürze, stoffig, dicht und balancierte Struktur, festes, feinkörniges Tannin, sehr langer Nachhall, Cranberry und Kornelkirsche im Rückaroma.

94 2021 Pinot Noir Ried Lores 14 %, €€€
Jugendliche Farbnoten, vielschichtiges Bukett, Mix aus rot- und dunkelbeerigen Aromen, Kakao, leicht röstig, körperreich, straff, lebendiger Trinkfluss, feines Tannin, gute Länge, Potenzial.

93 2015 Pinot Noir Reserve 14 %, €€
Gereifte Farbnoten, einladende Frucht, Feige, Nougat, Heidelbeere, stoffig, balancierte Textur, feines Tannin, gute Länge.

93 2019 St. Laurent Reserve 13,5 %, €€
Dunkler Farbkern, nuanciertes Bukett, Brombeere, Kirsche, Gewürznelke, stoffig, harmonische Textur, engmaschiges Finish, feiner Gerbstoff und Heidelbeere im Nachhall.

92+ 2019 Rotgipfler exklusiv 14,5 %, €€
Jugendliche Farbnoten, nuanciertes Bukett, kandierte Orange, Birnenquitte, gehaltvoll, dicht und cremige Textur, feiner Gerbstoff, fruchtiger Nachhall.

Thermenregion

Hannes Hofer

Neustiftgasse 4
2352 Gumpoldskirchen
T 0664/574 88 51
M office@hannes-hofer.at
www.hannes-hofer.at

Rebfläche
8 ha
Flaschenanzahl
30.000
Rebsorten
ZF, RG, PN, NE, RR, WR,
GM, ZW, GE
Anbau
organisch-biologisch
Verschlussart
DV
Gastronomie
Heuriger
Sonstiges
Übernachtungsmöglichkeit

Das Weingut Hofer macht nicht laut auf sich aufmerksam, lieber bleibt die Familie im Hintergrund. Im Vordergrund stehen die Weine, die durch Charakter und Vielfältigkeit bestechen. Hannes Hofer hat sich einer nachhaltigen und aufwendigen Arbeitsweise im Weingarten verschrieben, dabei wird nach organisch-biologischen Richtlinien bewirtschaftet. Auch bei der Vinifikation verzichtet er auf übermäßige Technik und Eingriffe, vielmehr gibt er den Weinen Zeit für ihre natürliche Entwicklung. Der Fokus liegt auf den autochthonen Sorten Rotgipfler und Zierfandler.

94+ 2021 Privat 15 %
(ZF/RG) Kräftige Farbe, helles Goldgelb, vielschichtiges Bukett, Honigmelone, gelber Apfel, Nektarine, kräftiger Körper, ausgewogener Trinkfluss, strukturiert und animierend, exotisches Fruchtspiel, sehr gute Länge, würziger Nachhall, Potenzial.

94 2023 Rotgipfler Ried Kreuzweingarten 14 %, FP
Kräftige, jugendliche Farbe, vielschichtig, würziges Bukett, gelber Pfirsich, Kumquat, Papaya, körperreich, harmonische Textur, gutes Frucht-Säure-Spiel, pikantes Finish, feiner Gerbstoff, fruchtiger Nachhall, lang anhaltend.

93+ 2023 Zierfandler Ried Stocknarrn 14 %, FP
Jugendliche Farbe, komplexe Aromatik, Physalis, Weingartenpfirsich, Ringlotte, gehaltvoll, straff, lebendiger Trinkfluss, fruchtig-pikanter Abgang.

93 2023 Gumpoldskirchner 13,5 %, FP
(RG/ZF) Jugendliche Farbe, vielschichtige Nase, florale Anklänge, Litschi, kandierte Noten, harmonischer Säurebogen, würzigpfeffrig, ausgewogene Struktur, gute Länge, würziges Finish.

93 2023 Neuburger 13,5 %
Helle, jugendliche Farbe, floral-exotisches Bukett, nussige Noten, reife Birne, gehaltvoll, lebendige, balancierte Textur, nussige Würze, gute Länge, Kumquat im Nachhall.

92+ 2023 Zierfandler 13 %
Jugendliche Farbe, aromenreiches Bukett, Zitrus, Marille, Orangenzesten, gehaltvoll, harmonischer Trinkfluss, zarter Fruchtschmelz, weißer Pfirsich, gute Länge.

92 2023 Rotgipfler 13 %
Jugendliche Farbe, vielschichtiges Bukett, Kumquat, Nektarine, zarte Würze, gehaltvoll, animierende Säurestruktur, lang anhaltend, fruchtig-pikantes Finish.

Thermenregion

Weingut Krug

„Der Tradition verpflichtet. Der Innovation verschrieben" ist der Leitsatz des bekannten Betriebs. Seit 1746 betreiben die Krugs in Gumpoldskirchen Weinbau. Das Weingut mitten am Hauptplatz umfasst rund 35 Hektar Weingärten, die nach den Richtlinien naturnaher Produktion bewirtschaftet werden. Der Weinkeller wurde ausgelagert und ein moderner, funktioneller Betrieb mitten in den Weingärten errichtet. Den schonenden Umgang mit den Trauben versucht Gustav Krug im Keller mit Umsicht fortzusetzen. Man kultiviert vor allem gebietstypische heimische Rebsorten wie Rotgipfler und Zierfandler und will kraftvolle, vielschichtige Weiß- und Rotweine mit langem Reife- und Lagerpotenzial vinifizieren.

Foto: Andreas Wastian

Kirchenplatz 1
2352 Gumpoldskirchen
T 0664/845 66 61 00,
02252/622 47
M office@krug.at
www.krug.at

Öffnungszeiten
ganzjährig geöffnet
Rebfläche
30 ha
Flaschenanzahl
120.000
Rebsorten
WR, RG, ZF, CH, ZW, ME, CS, PG, BB
Anbau
konventionell
Verschlussarten
NK, DI, DV
Gastronomie
Heuriger, Restaurant
Sonstiges
Übernachtungsmöglichkeit

94+ 2021 Cabernet Sauvignon Privat 14 %, €€€
Dunkle, jugendliche Farbe, intensives Bukett, Nougat, Zwetschke, röstige und rauchige Aromen, Kirschlikör, gehaltvoll, seidige Textur, fester, feiner Gerbstoff, gute Länge, Schwarzkirsche, Kakao und Cassis im Rückaroma.

94 2021 Beerenauslese 10 %, €€€
(RG/ZF) Helles Goldgelb, reife, gelbe Frucht, kandierte Orange und Ananas, Honigmelone, körperreich, dicht und straffe Textur, lebendiger Trinkfluss, gut eingebundene Restsüße, langer Nachhall, Zesten im Rückaroma.

94 2022 Die Versuchung 14 %, €€€
(ME/CS) Kräftige, jugendliche Farbe, intensives, vielschichtiges Bukett, Wacholder, zarte Röstaromatik, Nougat, Holzwürze, dunkle Beere, kräftiger Körper, harmonische Textur, samtiges Tannin, gute Länge, reife Herzkirschen und Bitterschokolade im Nachhall.

93+ 2022 Grande Reserve 13 %, €€€
(ZF) Kräftige Farbe, komplexes Bukett, einladende gelbe Frucht, Bratapfel, Papaya, Holzwürze, Minze, kandierte Orange, kräftiger Körper, gut stützende Säure, Honigmelone, würzig-pikantes Fruchtspiel, lang anhaltend, Kumquat und Banane im Nachhall.

93 2022 Die Versuchung 13 %, €€€
(PG) Kräftige Farbe, leicht rötlicher Stich, Mandeln, Birne, Kumquat, Weihnachtsgewürze, Zimt, opulenter Körper, harmonische Textur, Bratapfel, gute Länge, nussige Würze und kandierte Orange im Nachhall.

93 2022 Die Vollendung 13,5 %, €€€
(RG) Jugendliche Farbe, intensive Nase, einladende, gelbe Frucht, Nashi-Birne, Honigmelone, Papaya, Würze, kräftiger Körper, gut stützende Säure, zarter Gerbstoff, lang anhaltend, fruchtiger Schmelz im Nachhall.

93 2023 Ried Kreuzweingarten 13,5 %, €€
(RG/ZF) Jugendliche Farbe, intensives Bukett, kandierte Noten, Zimt, Apfel, Kardamom, kräftiger Körper, vollmundig und harmonischer Trinkfluss, Fruchtschmelz, gute Länge, zarter Schmelz und Honigmelone im Nachhall.

Josef Piriwe

Wiener Straße 34
2514 Traiskirchen
T 02252/559 88
M weingut@piriwe.at
www.piriwe.at

Öffnungszeiten
Fr. 14–19, Sa. 10–18 und nach Vereinbarung
Rebfläche
14 ha
Rebsorten
NE, ZF, RG, WR, PB, CH, SL, CS, ZW, PN, RO
Anbau
Umstellung organisch-biologisch
Verschlussarten
NK, DV
Gastronomie
Heuriger

„So wenig wie möglich und so viel wie notwendig" lautet der Leitspruch von Josef Piriwe, der sich mit seinem 14 Hektar großen Betrieb an die Spitze der Thermenregion hochgearbeitet hat. Bekannt wurde er mit charaktervollen Weinen der autochthonen Rebsorten Zierfandler und Rotgipfler. Seine Leidenschaft gehört aber auch den Burgundersorten. So zählen sein Chardonnay von der Ried Bründlbach, der „Pinot Noir Selektion" und sein Flaggschiff „PI", eine Cuvée aus Burgundersorten zu den interessantesten Gewächsen der Region. Durch den Ausbau in Fässern aus Wienerwaldeiche soll ihr unverwechselbarer und regionaler Charakter unterstrichen werden. Seit einigen Jahrgängen ergänzt das biozertifizierte Weingut sein Sortiment um interessante Natural Wine.

95+ 2021 Pinot Noir PI 13,5 %, FP, €€€
Jugendlich, transparente Farbe, vielschichtige Nase, Cranberry, Kornelkirsche, Blutorange, körperreich, straff, eleganter Trinkfluss, feinstes Tannin, sehr lang anhaltend, Himbeere und Granatapfel im Rückaroma, Potenzial.

95+ 2021 Zierfandler Sinfonie 14 %, €€€
Jugendliche Farbe, intensive und vielschichtige Aromatik, gelber Pfirsich, Zesten, Kumquat, Steinobst, gehaltvoll, dicht und straff, sehr feiner Gerbstoff im Abgang, lang anhaltend, Potenzial.

94+ 2022 Cuvée Jana Selektion 14 %, FP, €€€
(ME/CS/SL/ZW) Kräftige Farbnoten, jugendliche Frucht, Heidelbeere, Nougat, Kakao, stoffig, balancierte Struktur, engmaschig, feines Tannin, gute Länge, Schwarzkirsche im Rückaroma.

94 2021 Chardonnay Ried Bründlbach Selektion 14 %, €€€
Jugendliche Farbe, vielschichtige Nase, Kumquat, kandierte Orange, Mandarine, körperreich, dicht und balancierte Struktur, feiner Gerbstoff und zarter Schmelz im Abgang, gute Länge, Potenzial.

94 2022 Gemischter Satz Kurios Natur weiß 12,5 %, €€€
(Maischevergoren) Kräftige, orange Farbe, nuancierte Aromatik, exotische Anklänge, Marille, Kumquat, gehaltvoll, balancierte Struktur, feiner Gerbstoff, rosa Grapefruit im Nachhall, großartiger Speisenbegleiter.

93+ 2022 Neuburger Ried Spielbrett 13 %, €€
Jugendliche Farbe, vielschichtige Aromen, Mandeln, kandierte Orange, nussige Würze, kräftig, dicht und engmaschige Struktur, feiner Gerbstoff und Physalis im Nachhall, lang anhaltend.

93+ 2023 Zierfandler Ouvertüre Thermenregion DAC 13 %, €€
Helle Farbe, vielschichtige Nase, Kumquat, Birnenquitte, Steinobst, straff, lebendige Textur, feiner Gerbstoff, pikantes Finish, langer Nachhall.

Weingut Familie Reinisch

Im Weingarten 1
2523 Tattendorf
T 02253/814 23, 02253/814 23
M office@j-r.at
www.j-r.at

Öffnungszeiten
Mo.–Sa. 10–18
Rebfläche
40 ha
Flaschenanzahl
220.000
Rebsorten
CH, RG, SB, PN, SL, ZW, ME, CS, ZF
Anbau
organisch-biologisch
Verschlussarten
NK, DI, DV
Gastronomie
Restaurant „Thomas im Johanneshof"
(Mi.–Sa. 11.30–22.30)

Das Weingut der Familie Reinisch gilt schon seit Jahren als einer der besten Burgundermacher des Landes. Der feinfruchtige Sankt Laurent und der finessenreiche Pinot noir des Hauses sind legendär. Die Leitsorten der Region, Zierfandler und Rotgipfler, aber auch der Chardonnay brauchen sich nicht zu verstecken, zählen sie doch jedes Jahr zu den Besten in ihrer Kategorie. Während die roten Burgundersorten vor allem auf den kalkreichen Böden Tattendorfs wachsen, kommen die Weißweine vorwiegend von den Gumpoldskirchner Lagen. Die Bewirtschaftung der Weingärten erfolgt nach organisch-biologischen Richtlinien.

99 2021 Chardonnay Ried Kästenbaum Gumpoldskirchen 14 %, €€€
Helle Farbe, intensive, vielschichtige Nase, elegante Reduktionsnoten, zarte Holzwürze, Kumquat, rosa Grapefruit, dicht und straffe Textur, engmaschiges, pikantes Finish, mineralische Noten im Abgang, sehr lang anhaltend, Potenzial.

98 2020 Pinot Noir Ried Kästenbaum Gumpoldskirchen 13,5 %, €€€
Jugendliche Farbe, komplexes Bukett, Erdbeere, kandierte Orange, Nougat, Cranberry, feine Holzwürze, Zedern, straff, dicht und harmonisch, eleganter Trinkfluss, sehr, sehr langer Nachhall, Blutorange und Bitterschokolade im Rückaroma, Riesenpotenzial.

98 2021 St. Laurent Ried Holzspur 1 ÖTW 13,5 %, €€€
Kräftiger Farbkern, leicht transparent, vielschichtige Nase, dunkelbeerig-würzige Noten, Wacholder, Brombeere, körperreich, dicht und engmaschige Struktur, feinster Gerbstoff, sehr langer Nachhall, Riesenpotenzial.

97+ 2021 Pinot Noir Ried Holzspur 13,5 %, €€€
Jugendlich, transparente Farbnoten, vielschichtige Aromatik, Granatapfel, Kornelkirsche, zart nach Himbeeren, kräftig, dicht und lebendige Textur, eleganter Trinkfluss, feinstes Tannin, Blutorange und Cranberry im Nachhall, Riesenpotenzial.

96 2022 Rotgipfler Ried Satzing 1 ÖTW Gumpoldskirchen 14 %, €€€
Helle Farbe, ausgeprägte, komplexe Nase, Physalis, kandierte Orange und nussige Würze, Kamille, körperreich, dicht und straffe Textur, feinstes Tannin, zart mineralisches Finish, rosa Grapefruit und Mandeln im Nachhall, Riesenpotenzial.

95+ 2022 Zierfandler Ried Spiegel 1 ÖTW Gumpoldskirchen 14 %, €€€
Jugendliche Farbnoten, komplexes Bukett, kandierte Orange, Mandarine, Mandeln und Marzipan, stoffig, dicht und straffe Struktur, feines Tannin, pikantes Finish, Pomelo, Mandarine und Physalis im Rückaroma, sehr langer Nachhall, Potenzial.

Winzerfamilie Gregor Schup

Die Familie ist seit dreihundert Jahren in Guntramsdorf beheimatet und bereits in sechster Generation mit Leib und Seele als Winzer tätig. Der respektvolle Umgang mit der Natur und die Achtung von Traditionen sind ihr ein besonderes Anliegen. Inzwischen wurden die Anbauflächen auf 30 Hektar erweitert. Die wichtigsten Rieden des Betriebs erstrecken sich über die besten Lagen der Thermenregion, allen voran Schwaben und die Monopollage Eichkogel. Osteuropäisches Steppenklima trifft hier auf feucht-warme Atlantikluft. Die Weine sind geprägt von diesen einzigartigen geografischen und geologischen Bedingungen.

93+ 2019 Syrah Ried Eichkogel Monopol 14,5 %, €€€
Gereifte Farbnoten, ausgeprägte Frucht, Brombeere, Wacholder, Waldboden, Kakao, körperreich, straff, fester Gerbstoff im Abgang, langer Nachhall.

93 2019 Chardonnay Spectra No. 15 Ried Eichkogel Monopol 14,5 %, €€€
Kräftige Farbnoten, kandierte Birne, Orange, Melone, leicht röstig, Haselnuss, körperreich, gut stützende Säure, feiner Gerbstoff im Abgang, gute Länge, Bratapfel im Nachhall.

93 2019 Cuvée Ried Eichkogel Monopol 14,5 %, €€€
(CS/SY) Reife Farbe, nuancierte Nase, Heidelbeere, Holunder, Lebkuchen, zarte Holzwürze, gehaltvoll, gute Textur, präsentes Tannin im Finish, langer Nachhall.

92+ 2019 Cabernet Sauvignon Ried Eichkogel Monopol 14 %, €€€
Kräftiger Farbkern, gereifter Rand, Cranberry, Weichsel, Heidelbeere, nussige Würze, opulenter Wein, gut stützende Säure, fruchtig-pikanter Abgang, gute Länge.

92+ 2019 Pinot Noir Ried Eichkogel Monopol 14 %, €€€
Gereifte, transparente Farbe, kandierte Orange, Feige, Nougat, Erdbeermarmelade, körperreich, straff, gut stützende Säure, feiner Gerbstoff, langer Nachhall, gereifter Pinot noir.

92 2019 Merlot Ried Eichkogel Monopol 14 %, €€€
Gereifte Farbe, dezentes Bukett, Weichsel, Waldboden, Pilze, körperreich, balancierte Textur, fester Gerbstoff, Cranberry und Kräuter im Nachhall.

92 2019 Rotgipfler Ried Schwaben 14,5 %, €€€
Jugendliche Farbe, nuanciertes Bukett, Mandeln, nussige Würze, kandierte Orange, Mandarine, Karamell, opulenter Wein, straffe Textur, fester Gerbstoff, gute Länge, individueller Stil.

Josefigasse 8
2353 Guntramsdorf
T 0660/532 91 02, 02236/532 91
M winzer@schup.at
www.schup.at

Rebfläche
30 ha
Rebsorten
RG, ZF, CH, RI, CS, PN, SY, ME
Anbau
Umstellung biologisch-dynamisch und organisch-biologisch, nachhaltig
Verschlussarten
NK, DV
Gastronomie
Heuriger, Restaurant, Vinothek

Weingut Stadlmann

Die Mitglieder der Familie Stadlmann sind ruhige Menschen, die sich nicht gerne in den Vordergrund drängen, lieber lassen sie ihre Weine für sich sprechen. Ihre Zierfandler zählen zu den besten, die die Region zu bieten hat. Sie zeichnen sich durch einzigartige Eleganz und Tiefgründigkeit aus. Inzwischen hat Bernhard Stadlmann die Leitung des renommierten Weinguts übernommen: Er versteht es, die herausragende Qualität der Weine beizubehalten und die Erfolgsgeschichte des Betriebs fortzuführen. Mit seinem enormen Erfahrungsschatz, vor allem in den organisch-biologisch bewirtschafteten Weingärten, steht ihm sein Vater Johann aber immer noch zur Seite. Zusammen sind Vater und Sohn ein unschlagbares Duo.

Foto: Weingut Stadlmann

Wiener Straße 41
2514 Traiskirchen
T 02252/523 43
M kontakt@stadlmann-wein.at
www.stadlmann-wein.at

Öffnungszeiten
nach Vereinbarung
Rebfläche
20 ha
Rebsorten
ZF, RG, SL, RI, PB, PN, GV, GM
Anbau
organisch-biologisch, nachhaltig
Verschlussarten
NK, DV

97+ 2022 Zierfandler Ried Mandel-Höh 1 ÖTW 13,5 %, €€€
Helle Farbe, intensive, komplexe Aromatik, rosa Grapefruit, Apfelquitte, gelber Pfirsich, körperreich, dicht und engmaschige Struktur, fruchtig-mineralisches Finish, sehr langer Nachhall, Physalis und Zesten im Rückaroma, enormes Potenzial.

95 2022 Rotgipfler Ried Tagelsteiner 1 ÖTW 13,5 %, €€€
Helle Farbe, intensive Aromatik, kandierte Orange und Ananas, körperreich, balancierter Trinkfluss, engmaschiges Finish, fruchtiger Schmelz im Nachhall, sehr lang anhaltend.

95 2022 Zierfandler Ried Igeln 1 ÖTW 14 %, €€€
Helle Farbe, intensive, jugendliche Frucht, Birnenquitte, Kumquat, Steinobst, Pfirsich, balancierte Textur, engmaschig, fruchtig-präzises Finish, sehr langer Nachhall, Potenzial.

93 2023 Rotgipfler Gumpoldskirchen 12,5 %, €€
Jugendliche Farbnoten, einladende, reife Frucht, Melone, Kumquat, kandierte Noten, nussige Würze, stoffig, balancierter Trinkfluss, fruchtig-pikanter Abgang, gute Länge, Zesten und gelber Apfel im Rückaroma.

93 2023 Zierfandler Gumpoldskirchen Thermenregion DAC 12,5 %, €€
Jugendliche Farbe, nuancierte Aromatik, fruchtige Nase, Nektarine, Physalis, kräftiger Wein, dicht und straffe Struktur, engmaschiges Finish, langer Nachhall, Verbene und Pfirsich im Rückaroma.

Notizen

Die Besten in
WIEN

Rebfläche: 637 ha. Wien ist bekanntlich die einzige Metropole weltweit, innerhalb deren Stadtgrenzen in kommerziellem Stil Weinbau betrieben wird, und zwar links wie rechts der Donau. Der Nussberg ist mit Abstand die bekannteste Lage und hat eine jahrhundertelange Tradition.
Rebsorten: Riesling, Grüner Veltliner, Burgundersorten; Zweigelt, Blauburgunder

97	*2023 Riesling Nussberg Weißer Marmor* ·	**Mayer am Pfarrplatz**
97	*2023 Wiener Gemischter Satz DAC Ried Langteufel 1 ÖTW* ·	**Rotes Haus**
97	*2021 Pinot Noir Grand Select* ·	**Fritz Wieninger**
96	*2023 Riesling Ried Preussen 1 ÖTW* ·	**Mayer am Pfarrplatz**
96	*2023 Wiener Gemischter Satz DAC Ried Langteufel 1 ÖTW* ·	**Mayer am Pfarrplatz**
96	*2021 Chardonnay Grand Select* ·	**Fritz Wieninger**
95+	*2022 Wiener Gemischter Satz DAC Ried Rosengartel 1 ÖTW* ·	**Fritz Wieninger**
95	*2022 Wiener Gemischter Satz DAC Ried Wiesthalen 1 ÖTW* ·	**Weingut Christ**
95	*2022 Weißburgunder Ried Falkenberg 1 ÖTW* ·	**Weingut Christ**
95	*2022 Wiener Gemischter Satz DAC Ried Sätzen 1 ÖTW* ·	**Weingut Edlmoser**
95	*2023 Wiener Gemischter Satz DAC Ried Preussen 1 ÖTW* ·	**Rotes Haus**
95	*2022 Chardonnay Nussberg* ·	**Rotes Haus**
95	*2017 Chardonnay Brut Sekt Austria Große Reserve* ·	**Schlumberger Wein- und Sektkellerei**
94+	*2023 Riesling Ried Steinberg 1 ÖTW* ·	**Weingut Hajszan Neumann**
94+	*2023 Wiener Gemischter Satz DAC Ried Hackenberg Sievering* ·	**Weingut Kroiss**
94	*2020 Pinot Noir Kastanienwald* ·	**Weingut Christ**
94	*2022 Wiener Gemischter Satz DAC Ried Steinberg 1 ÖTW* ·	**Weingut Wien Cobenzl**
94	*2023 Traminer Natural* ·	**Weingut Hajszan Neumann**
94	*2017 Cuvée 1842 Brut Sekt Austria Reserve* ·	**Schlumberger Wein- und Sektkellerei**
94	*2018 Pinot Noir Sekt Austria Reserve* ·	**Schlumberger Wein- und Sektkellerei**

Wien

Weingut & Heuriger Christ

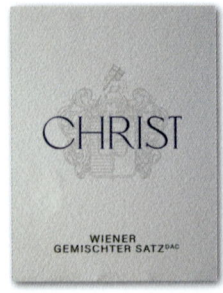

Foto: Raimo Rudi Rumpler

Amtsstraße 10–14
1210 Wien
T 01/292 51 52
M info@weingut-christ.at
www.weingut-christ.at

Öffnungszeiten
Mo.–Fr. 8–15 und nach Vereinbarung
Rebfläche
25 ha
Flaschenanzahl
120.000
Rebsorten
GV, PB, CH, RI, WR, SB, GM, ZW, CS, ME, SY
Anbau
organisch-biologisch
Verschlussarten
NK, DV
Gastronomie
Vinothek, Heuriger (in den ungeraden Monaten täglich ab 15 Uhr)

Rainer Christ setzt seit Jahren auf einen gelungenen Mix aus traditionellen und modernen Ausbaumethoden. Die klassische Weinbereitung erfolgt sowohl in Edelstahlgebinden als auch in großen Holzfässern und Barriques. Abhängig von Sorte und Lage wird jeder Wein entsprechend vinifiziert. Die geologische Vielfalt der Lagen am Bisamberg ist einzigartig und reicht von angeschwemmtem eiszeitlichen Terrassenschotter über muscheldurchsetzte Kalksteinverwitterungen bis hin zu Löss- und Schieferlagen. Das moderne Weingut ist auch architektonisch gelungen. Mit dem Jahrgang 2014 konnten die ältesten biozertifizierten Rebflächen der Stadt Wien übernommen werden: Die Weine werden unter der Bezeichnung „Petershof by Christ" abgefüllt. Mit dem Jahrgang 2021 wurde die Umstellung auf biologische Bewirtschaftung abgeschlossen.

95 2022 Weißburgunder Ried Falkenberg 1 ÖTW 13 %, €€€
Jugendliche Farbnoten, intensive Nase, Nougat, nussige Würze und Mandeln, Zesten, kräftiger Wein, harmonische Textur, eleganter Trinkfluss, feinster Gerbstoff, zarter Schmelz und gelber Pfirsich im Nachhall, Potenzial.

95 2022 Wiener Gemischter Satz DAC Ried Wiesthalen 1 ÖTW 13 %, €€€
Jugendliche Farbnoten, komplexe Aromen, rosa Grapefruit, kandierte Orange, Marzipan, Gewürznelke, kräftiger Wein, dicht und harmonischer Trinkfluss, engmaschiges, feines Finish, langer Nachhall, Kumquat und Nektarine im Rückaroma, Potenzial.

94 2020 Pinot Noir Kastanienwald 12 %, €€€
Transparente Farbnoten, komplexe Nase, Verbene, Cranberry, leicht rauchig, Kakao, stoffig, lebendige Textur, harmonischer Trinkfluss, fruchtig-pikanter Abgang, Kumquat im Nachhall, gute Länge.

93+ 2020 XXI 13 %, €€€
(ME/CS) Dunkler Kern, leicht gereifter Rand, Zedern, Waldboden, Cassis, röstige Anklänge, körperreich, straff, feiner Gerbstoff, pikanter Nachhall, gute Länge, Granatapfel im Rückaroma.

93+ 2023 Riesling Ried Zwerchbreiteln 13 %, €€€
Hellgelb, kandierte Orange und Ananas, gelber Pfirsich, stoffig, harmonische Struktur, gut balancierter, leicht süßer Fruchtschmelz im Abgang, gute Länge.

93+ 2023 Wiener Gemischter Satz DAC Bisamberg 13 %, €€
Helle Farbe, nuanciertes Bukett, Kräuter, Birnenquitte, Grapefruit, stoffig, dicht und engmaschige Struktur, feiner Gerbstoff, lang anhaltend, Kumquat im Rückaroma.

93 2023 Grüner Veltliner Ried Gabrissen 13,5 %, €€
Helle Farbe, nuanciertes Bukett, Gewürznelke, Verbene, Steinobst, Physalis, körperreich, balancierter Trinkfluss, fruchtig-pikanter Abgang, zarter Schmelz.

Wien

Weingut Wien Cobenzl

Das Weingut Wien Cobenzl, Mitglied der Österreichischen Traditionsweingüter, zählt zu den bedeutendsten Wiener Weinbaubetrieben. Die Betriebsleitung der Stadt Wien setzt auf traditionelle Wiener Sorten von Toplagen in Grinzing, am Nussberg und am Bisamberg. Das Angebot reicht von fruchtigen Weißweinen wie Grünem Veltliner und Riesling über kräftige Gewächse wie Weißburgunder bis hin zu vollmundigen Rotweinen. Einen besonderen Stellenwert hat der Wiener Gemischte Satz, der sowohl klassisch ausgebaut als auch als Lagenwein von den Rieden Reisenberg und Steinberg angeboten wird.

Am Cobenzl 96
1190 Wien
T 01/320 58 05
M office@weingutcobenzl.at
www.weingutcobenzl.at

Öffnungszeiten
Mo.–Mi. 7–12, 13–17, Do. 7–12, 13–16, Fr. 7–12
Rebfläche
60 ha
Flaschenanzahl
400.000
Rebsorten
GE, GV, PB, RR, SB, GM, ZW, BB, CS, ME
Anbau
KIP, konventionell, nachhaltig
Verschlussarten
NK, DI, DV
Gastronomie
Restaurant, Waldgrill und Café „Rondell" am Cobenzl

94 2022 Wiener Gemischter Satz DAC Ried Steinberg 1 ÖTW 13,5 %, €€€
Jugendliche Farbe, komplexe Aromatik, Melone, Nashi-Birne, Kumquat, körperreich, dicht und balancierter Trinkfluss, engmaschiges Finish, langer Nachhall, Potenzial.

93+ 2022 Weißburgunder Ried Seidenhaus 1 ÖTW 13 %, €€€
Jugendliche Farbe, komplexe Nase, kandierte Orange, Mandeln und gelber Apfel, kräftig, balancierte Textur, zarter Gerbstoff und fruchtiger Schmelz im Abgang, langer Nachhall.

93 2022 Riesling Ried Preussen 1 ÖTW 13,5 %, €€€
Jugendliche Farbe, kandierte Orange und Ananas, Steinobst, Mandarine, gehaltvoll, straff, feiner Gerbstoff und fruchtiger Nachhall, zarter Schmelz im Finish.

92+ 2022 Wiener Gemischter Satz DAC Ried Reisenberg 13 %, €€
Jugendliche Farbe, einladende, reife Fruchtnoten, Honigmelone, kandierte Orange, Papaya, kräftig, harmonische Textur, fruchtig-würziger Abgang, langer Nachhall.

92 2022 Weißburgunder Ried Reisenberg 13 %, €€
Helle Farbe, nuanciertes Bukett, kandierte Mandeln und Orange, Bratapfel, stoffig, harmonischer Trinkfluss, balancierte Textur, fruchtig-pikanter Abgang, gute Länge.

91+ 2023 Grüner Veltliner Grinzing 13,5 %, €€
Helle Farbe, zarte Fruchtnoten, gelber Apfel, kandierte Orange, Gewürznelke, gehaltvoll, lebendige Textur, pikantes Finish, gute Länge.

91 2022 Riesling Nussberg 12,5 %, €€
Helle Farbe, nuancierte Nase, Steinobst, kandierte Noten, stoffiger Wein, harmonischer Trinkfluss, fruchtiges Finish.

Weingut Edlmoser

Maurer Lange Gasse 123
1230 Wien
T 01/889 86 80
M office@edlmoser.com
www.edlmoser.com

Öffnungszeiten
siehe Website
Rebfläche
15 ha + 80 ha
Rebsorten
RI, CH, GV, SB, GM, ZW,
CS, SL, PB, GE
Anbau
organisch-biologisch
Verschlussarten
NK, DV
Gastronomie
Heuriger

An den südlichen Ausläufern des Wienerwalds, in Mauer, liegt das von der Familie Edlmoser geführte Weingut. Pannonisches Klima in Kombination mit der Kühle der angrenzenden Wälder verleiht den Weinen vielschichtige Aromatik. Unterschiedliche Bodenformationen von Kalkstein und Muschelkalk bieten optimale Bedingungen für ausgesuchte Rebsorten und Weinstilistiken. Das Weingut ist inzwischen biozertifiziert und Mitglied von Wienwein und der Österreichischen Traditionsweingüter. Zwei seiner Lagen, Ried Sätzen und Ried Himmel am Maurerberg, wurden als 1 ÖTW Lage klassifiziert. Bis auf den Weißburgunder, der teilweise im Barrique reift, werden alle Weine im großen Holz auf der Feinhefe ausgebaut. Zudem werden noch 80 Hektar von Vertragswinzern bewirtschaftet, diese Weine kommen unter der Marke „Laessiger" auf den Markt.

95 **2022 Wiener Gemischter Satz DAC Ried Sätzen 1 ÖTW 13,6 %, €€€**
Helle Farbe, ausgeprägtes Fruchtspiel, Birnenquitte, Mandarine, kandierte Noten, Verbene und Zitronengras, körperreich, dicht und straffe Textur, engmaschiges Finish, feines Tannin und rosa Grapefruit im Abgang, lang anhaltend, Potenzial.

94 **2022 Riesling Kalkstein Ried Sätzen 1 ÖTW 13,6 %, €€€**
Helle Farbe, ausgeprägte Frucht, gelber Pfirsich, Nektarine, kandierte Ananas, gehaltvoll, gutes Frucht-Säure-Spiel, feiner Schmelz im Abgang, Marille und Kumquat im Nachhall.

94 **2022 Wiener Gemischter Satz DAC Ried Himmel 1 ÖTW 13,6 %, €€€**
Jugendliche Farbe, ausgeprägte Nase, Kumquat, Zesten, kandierte Mandeln, Nektarine, gehaltvoll, gut stützende Säure, feiner Gerbstoff und Frucht im Abgang, sehr lang anhaltend, Grapefruit und Mandarine im Rückaroma, Potenzial.

93+ **2022 Grüner Veltliner Kalkstein Ried Sätzen 1 ÖTW 13,6 %, €€€**
Blassgelb, einladende, gelbe Fruchtnoten, Nashi-Birne, zarte Würze, kräftiger Wein, harmonischer Trinkfluss, pikantes Finish und fruchtiger Schmelz im Abgang.

93+ **2022 Weißburgunder Kalkstein Ried Himmel 1 ÖTW 13,6 %, €€€**
Jugendliche Farbe, reife, offene Fruchtnoten, Bratapfel, Birne, Mandeln, körperreich, harmonische Textur, nussige Würze und Tannin im Abgang, Grapefruit im Rückaroma.

92+ **2023 Sauvignon Blanc Ried Kadolzberg 14 %, €€**
Hellgelb, nuanciertes Bukett, kandierte Orange, Verbene, Paprika, Antipasti-Noten, opulenter Wein, cremige Textur, fruchtiger Schmelz und zarte Blütenanklänge im Nachhall, gute Länge.

92+ **2023 Wiener Gemischter Satz DAC Maurerberg 13,5 %, €€**
Helle Farbe, einladendes Fruchtspiel, kandierte Orange und Ananas, Steinobst, saftiger Wein, lebendige Struktur, CO_2 leicht spürbar, fruchtiger Schmelz im Abgang.

Hans Peter Göbel

Foto: Hans Peter Göbel

Hans Peter Göbel studierte Architektur, bevor er sich entschloss, den kleinen Weinbaubetrieb seiner Eltern zu übernehmen. Der Quereinsteiger setzte mit der Neugestaltung seiner Buschenschank neue ästhetische Maßstäbe in der Wiener Heurigenkultur. Seine Weine weisen eine klare Handschrift auf und präsentieren sich pur und eigenständig. Mit geradlinigen Rotweinen hat er sich inzwischen einen Namen gemacht: Zweigelt, Pinot noir und Cabernet haben durchaus Ecken und Kanten, sie biedern sich nicht an und sind in ihrer Jugend eher introvertiert. Es sind Weine, die Zeit und Hingabe verlangen. Die Weißen gibt es von unkompliziert fruchtig bis strukturiert. Neuerdings wir auch eine Weinserie unter der Bezeichnung „roh" angeboten, die mit Maischekontakt ausgebaut wird und sich durch minimale Schwefelzugabe auszeichnet.

92+ 2023 Wiener Gemischter Satz DAC Ried Vorleithen 13,5 %, €€
Helle Farbe, intensive Nase, zarte Blütenanklänge, Würze, Grapefruit, Zesten, körperreich, balancierter Trinkfluss, fruchtig-pikantes Finish, zarter Schmelz im Nachhall, gute Länge.

92 2018 Caniche Sauvage Sekt Pinot Noir 12,5 %, €€€
Zartes Lachsrosa, Pflaume, kandierte Birne und Apfel, Anklänge von Biskuit, jugendliche Perlage, fruchtig-pikantes Finish, Weichsel im Nachhall.

92 2022 Pinot Noir Ried Vorleithen 12,5 %, FP, €€
Zarte Reife, transparente Farbe, Pflaume, Nougat, zarte Tabaknoten, Marzipan, stoffig, harmonische Textur, fruchtiger Abgang.

92 2022 Zweigelt Alte Reben 12,5 %, FP, €€
Jugendliche Farbe, Heidelbeere, Kirsche, Erdbeerjoghurt, stoffig, harmonischer Trinkfluss, feines Tannin, fruchtiger Nachhall.

92 2023 Gemischter Satz Upupa Epops 13,5 %, €€
(PIWI) Messing-färbig, zarte Blütenanklänge, kandierte Orange, Bergamotte, Birne, kräftiger Wein, harmonische Textur, fruchtig-pikantes Finish, zarter Gerbstoff, Zitronengras und Mandarine im Nachhall.

91 2023 Wiener Gemischter Satz DAC Stammersdorf 12,5 %, €€
Hellgelb, jugendliche Aromatik, kandierte Orange, Mandarine, Limette, kräftig, straff, markantes Frucht-Säure-Spiel, Grapefruit im Finish.

Stammersdorfer Kellergasse 131
1210 Wien
T 01/290 36 92
M office@weinbaugoebel.at
www.weinbaugoebel.at

Öffnungszeiten
Fr., Mo. ab 16, So., Fei. ab 12 und nach tel. Vereinbarung, Sa. ab 12
Rebfläche
4 ha
Rebsorten
GE, GV, PB, RR, BB, ZW, CS, PN, PB, CH, PIWI
Anbau
organisch-biologisch
Verschlussarten
NK, DV
Gastronomie
Buschenschank (April–Nov.: Fr.–Mo. 16–21)

Weingut Hajszan Neumann

Foto: Herbert Lehmann

Das Weingut Hajszan Neumann wird seit Jahren von Fritz Wieninger betrieben, er verfügt über einige der spannendsten Weingärten Wiens. Die Trauben, vorwiegend vom Wiener Nussberg, werden von Hand gelesen und mit langen Maischestandzeiten zu strukturierten und lagerfähigen Weinen verarbeitet. Die weißen Lagenweine werden vorwiegend im Stahltank ausgebaut, während die Rotweine in atmungsaktiven Betoneiern reifen. Zudem vinifiziert Fritz Wieninger spannende maischevergorene Naturweine. Die Trauben werden in Tonamphoren vergoren und bis zu fünf Monate auf der Schale gelassen. Die „Natural"-Serie gibt es inzwischen von Grünem Veltliner, Traminer, Muskateller und Zweigelt sowie als Gemischten Satz. Das Weingut ist Mitglied bei respekt-BIODYN und WienWein. Mit der Festlegung der Wiener Lagenklassifikation darf es auch drei seiner Gewächse als Erste Lagen bezeichnen.

Grinzinger Straße 86
1190 Wien
T 01/290 10 12
M weingut@hajszanneumann.com
www.hajszanneumann.com

Öffnungszeiten
Mo.–Fr. 8–16, Sa. 10–16
Rebfläche
20 ha
Flaschenanzahl
60.000
Rebsorten
GE, GV, RI, ZW, BF, CH, PB, TR, PG
Anbau
biodynamisch, respekt-BIODYN
Verschlussarten
DI, DV
Gastronomie
Buschenschank, Restaurant „Amador"

94+ 2023 Riesling Ried Steinberg 1 ÖTW 14 %, €€€
Helle Farbe, einladendes Fruchtspiel, Physalis, Nektarine, körperreich, gehaltvoll, balancierte Struktur, engmaschiges Finish, fruchtig-pikanter Nachhall, lang anhaltend, Kumquat und Pfirsich im Nachhall, Potenzial.

94 2023 Grüner Veltliner Ried Steinberg 1 ÖTW 13,5 %, €€€
Jugendliche Farbnoten, kandierte Orange, Mandeln, Nashi-Birne, kräftiger Wein, lebendiger, animierender Trinkfluss, fruchtig-pikanter Abgang, zarte Würze und Kumquat im Rückaroma, gute Länge und Potenzial.

94 2023 Traminer Natural 12,5 %, €€€
Goldgelb, zart rötlicher Stich, vielschichtige Aromen, Mango, Litschi, zart florale Noten, Birnenkompott, kräftig, straff, engmaschige Textur, fester Gerbstoff, lang anhaltend, nussige Würze im Nachhall.

93+ 2023 Wiener Gemischter Satz DAC Ried Weisleiten 13 %, €€€
Jugendliche Farbe, nuancierte Nase, Steinobst, kandierte Orange, Marzipan, stoffig, balancierte Struktur, engmaschiges Finish, feiner Gerbstoff und lang anhaltend.

93 2019 Zweigelt Natural 13,5 %, €€
Leicht gereifte Farbe, vielschichtige Aromen, Cranberry, Weichsel, kandierte Mandeln, Nougat, stoffig, dicht und gut stützende Säure, präsenter Gerbstoff im Finish, gute Länge.

93 2023 Gemischter Satz Natural 12,5 %, €€€
Mittlere Farbtiefe, Mango, kandierte Mandeln, Williamsbirne, stoffig, harmonische Textur, feiner, präsenter Gerbstoff, fruchtiger, lang anhaltender Abgang, Nougat und Pfirsich im Rückaroma.

93 2023 Weißburgunder Ried Gollin 1 ÖTW 13,5 %, €€€
Helle Farbe, gelber Apfel, Melone, kandierte Noten, kräftig, harmonischer Trinkfluss, balanciert, fruchtiger Schmelz im Abgang, langer Nachhall.

Weingut Kroiss

Foto: Steve Haider

Sieveringer Straße 108
1190 Wien
T 01/320 39 92, 0660/981 43 00
M sievering@kroiss.wine
www.kroiss.wine

Öffnungszeiten
Sa. 9–13 und nach tel. Vereinbarung
Rebfläche
6 ha
Rebsorten
RI, SB, GV, GE, CH, PB, ZW
Anbau
konventionell,
Verzicht auf Herbizide und Insektizide
Verschlussarten
NK, DV
Gastronomie
Buschenschank

Julia Kroiss gilt als ein neuer Stern am Wiener Weinhimmel: Kompromissloses Arbeiten für hohe Qualität und Respekt gegenüber der Natur sind ihre wichtigsten Grundsätze. Das beginnt für die Winzerin bereits im Weingarten. Das Terroir steht im Vordergrund und soll klar zum Ausdruck gebracht werden. Im Weingarten setzt sie auch auf rigorose Mengenbeschränkungen, Handarbeit sowie Handlese. Das Ziel ist, den Weinen die Zeit zu geben, die sie brauchen, um ihre Harmonie zu finden. So können Gewächse entstehen, die von Boden und Klima geprägt wurden. Neben heimischen und internationalen weißen Rebsorten gilt dem Wiener Gemischten Satz das Augenmerk der jungen Winzerin.

94+ 2023 Wiener Gemischter Satz DAC Ried Hackenberg Sievering 14 %, €€€
Jugendliche Farbe, intensive, komplexe Aromatik, Antipasti-Noten, florale Anklänge, Mandarine, kandierte Orange, gehaltvoll, dicht und lebendiger Trinkfluss, zarter Schmelz im Finish, Melisse und Rhabarber im Rückaroma.

93+ 2022 Riesling Ried Hackenberg „Julia" 14 %, €€€
Jugendliche Farbe, kandierte Orange und reife Nektarine, Marille, körperreich, dicht und balancierte Textur, feiner Gerbstoff, Kumquat und Limette im Nachhall.

93 2022 Chardonnay Ried Hackenberg „Julia" 14,5 %, €€€
Jugendliche Farbe, komplexe Aromen, Zesten, Mandeln, nussige Würze, leicht röstig, körperreich, harmonische Textur, feiner Gerbstoff, Grapefruit im Rückaroma, langer Nachhall.

93 2023 Grüner Veltliner Ried Neuberg Neustift 14 %, €€€
Jugendliche Farbe, einladende Nase, Steinobst, Melone, Verbene, zarte Würze, körperreich, harmonischer Trinkfluss, zarter Gerbstoff und kandierte Orange im Abgang, lang anhaltend.

93 2023 Wiener Gemischter Satz DAC Ried Reissern Sievering 13,5 %, €€
Jugendliche Farbe, Mandarine, Kumquat, Melone, körperreich, gut stützende Säure, feiner Gerbstoff und fruchtiger Schmelz im Abgang, gute Länge.

92+ 2023 Riesling Sievering Alte Reben 12,5 %, €€
Helle Farbe, ausgeprägte Steinobstnoten, Mandarine, kandierte Ananas, stoffig, lebendiger Trinkfluss, fruchtiger Schmelz im Nachhall, gute Länge.

92+ 2023 Wiener Gemischter Satz DAC Ried Mitterberg Neustift 12,5 %, €€
Helle Farbe, jugendliches Fruchtspiel, Mandarine, Nektarine, kandierte Noten, stoffig, lebendige Struktur, fruchtiger, leicht süßer Schmelz im Abgang.

Wien

Mayer am Pfarrplatz

Das Weingut Mayer am Pfarrplatz, dessen Gründung auf das Jahr 1683 zurückgeht, liegt im Herzen des Wiener Bezirks Döbling. 2007 ging es von Franz Mayer, Doyen des Wiener Weinbaus, in den Besitz von Hans Schmid über. Gemeinsam mit Geschäftsführer Gerhard J. Lobner und seinem Team führte er das Weingut innerhalb weniger Jahre an die Spitze. Damit wurde die Idee eines traditionellen Betriebs realisiert, der möglichst handwerklich, aber auch modern arbeitet. Die Weine kommen von den besten Lagen Wiens. Neben dem Wiener Gemischten Satz, dem Aushängeschild des Hauses, überzeugen auch Riesling und Grüner Veltliner durch Eleganz, Trinkfluss und viel Frucht.

Foto: Herbert Lehmann

Pfarrplatz 2
1190 Wien
T 01/336 01 97
M office@pfarrplatz.at
www.pfarrplatz.at

Öffnungszeiten
Mo., Di., Mi., Fr. 9–15, Do. 9–19
Rebfläche
56 ha
Rebsorten
GV, GE, RI, GM, SB, PN, TR, CH, PN
Anbau
KIP, konventionell, nachhaltig
Verschlussart
DV
Gastronomie
Heuriger, Restaurant

97 2023 Riesling Nussberg Weißer Marmor 13 %, FP, €€€
Helle Farbnoten, intensive, vielschichtige Aromatik, Physalis, Nektarine, Weingartenpfirsich, Zitronenmelisse, kräftig, dicht und eleganter Trinkfluss, zart mineralisches Finish, rosa Grapefruit und Kumquat im Rückaroma, sehr lang anhaltend, Potenzial.

96 2023 Riesling Ried Preussen 1 ÖTW 13,5 %, €€€
Jugendliche Farbe, komplexe Aromatik, Pfirsich und Nektarine, kandierte Orange und Ananas, körperreich, straff, gut stützendes Säurespiel, fruchtiger Abgang, Marille und Kumquat im Nachhall, Potenzial.

96 2023 Wiener Gemischter Satz DAC Ried Langteufel 1 ÖTW 14 %, €€€
Helle Farbe, ausgeprägte Aromatik, gelber Pfirsich, Nektarine, Nashi-Birne, Mandeln, körperreich, straff, lebendiger, eleganter Trinkfluss, feines Tannin und pikantes Finish, lang anhaltend, Physalis und Mandarine im Rückaroma, Potenzial.

95 2023 Wiener Gemischter Satz DAC Ried Preussen 1 ÖTW 14 %, €€€
Helle Farbe, ausgeprägtes Bukett, einladende, gelbe Frucht, Nektarine, Melone, Mandarine, körperreich, lebendiger Trinkfluss, fruchtig-pikanter Abgang, langer Nachhall.

94 2023 Grüner Veltliner Ried Schenkenberg 1 ÖTW 14 %, €€€
Jugendliche Farbnoten, einladende Fruchtnoten, kandierte Orange, Nashi-Birne, Gewürznelke, dicht, gut stützende Säure, harmonischer Trinkfluss, pikanter Nachhall, lang anhaltend.

93+ 2023 Riesling Nussberg 13,5 %, €€
Helle Farbe, jugendliches Fruchtspiel, kandierte Orange und Ananas, Verbene, stoffiger Wein, lebendige Textur, fruchtig-pikantes Finish, gute Länge.

Rotes Haus

Foto: Mayer am Pfarrplatz

Pfarrplatz 2
1190 Wien
T 01/336 01 97
M office@pfarrplatz.at
www.rotes-haus.at

Öffnungszeiten
Mo., Di., Mi., Fr. 9–15, Do. 9–19
Rebfläche
9 ha
Rebsorten
GV, GE, CH
Anbau
KIP, konventionell, nachhaltig
Verschlussarten
NK, DV
Gastronomie
Heuriger, Restaurant

Die Weine vom Weingut Rotes Haus stammen ausschließlich vom Wiener Nussberg, einer der Toplagen Wiens, und überzeugen Jahr für Jahr durch ihren außergewöhnlichen Charakter. Dem Wiener Gemischten Satz wird dabei große Aufmerksamkeit gewidmet. Zudem vinifiziert man Grünen Veltliner und Chardonnay zu Spitzenweinen mit Würze und mineralischen Terroirnoten.

97 2023 Wiener Gemischter Satz DAC Ried Langteufel 1 ÖTW 13,5 %, €€€
Jugendliche Farbe, intensive, vielschichtige Aromen, Kumquat, rosa Grapefruit, Mandeln, Verbene, nussige Würze, kandierte Orange, körperreich, lebendiger Trinkfluss, engmaschiges Finish, feinster Gerbstoff im Abgang, Physalis im Rückaroma, Riesenpotenzial.

95 2022 Chardonnay Nussberg 13,5 %, €€€
Jugendliche Farbe, nuanciertes Bukett, Kumquat, Apfelquitte, zarte Holzwürze, straff, dicht und engmaschige Textur, feines Tannin, gute Länge, Physalis und rosa Grapefruit im Nachhall, Potenzial.

95 2023 Wiener Gemischter Satz DAC Ried Preussen 1 ÖTW 13 %, €€€
Jugendliche Farbe, ausgeprägtes Bukett, kandierte Orange, Nashi-Birne, Mandeln, Steinobst, Mandarine, straff, lebendige Textur, feiner Gerbstoff und viel Frucht im Abgang, sehr langer Nachhall, Kumquat im Rückaroma.

93+ 2023 Grüner Veltliner Nussberg 13,5 %, €€
Helle Farbnoten, komplexe Aromen, Nashi-Birne, Gewürznelke, Grapefruit, Grüner Tee, körperreich, straff, lebendige Textur, fruchtig-pikanter Abgang, langer Nachhall, Kumquat im Rückaroma.

93+ 2023 Wiener Gemischter Satz DAC Nussberg 13,5 %, €€
Hellgelb, einladendes Bukett, gelber Apfel und Pfirsich, Mandarine, Mandeln, körperreich, engmaschiges, feinkörniges Tannin, lang anhaltend, Verbene und gelbe Steinfrucht im Nachhall.

92+ 2023 Wiener Gemischter Satz DAC 12,5 %, €€
Helle Farbe, Zesten, Williamsbirne, Steinobst, Nektarine, stoffig, gut stützendes Säurespiel, pikanter Abgang, langer Nachhall.

Wien

Schlumberger Wein- und Sektkellerei

Seit über 180 Jahren steht die Marke Schlumberger für einzigartigen prickelnden Genuss. Gegründet im Jahr 1842 von Robert Alwin Schlumberger, blickt das Haus auf eine spannende und ereignisreiche Unternehmensgeschichte zurück – von den Anfängen als kleiner Familienbetrieb bis zum Aufstieg zur größten österreichischen Sektkellerei.
Bei der Herstellung nach der Méthode Traditionelle werden ausschließlich österreichische Trauben verarbeitet. Ziel des Unternehmens ist, Tradition mit Innovation und aktuellen Trends zu verbinden. Die Marke Schlumberger gilt als Ikone der heimischen Sektkultur und unterstützt Initiativen wie den „Tag des Sekt Austria". Die Gründung des österreichischen Sektkomitees hat Schlumberger federführend mitgestaltet.

Foto: Philipp Lipiarski/www.goodlifecrew.at

Heiligenstädter Straße 41-43
1190 Wien
T 01/368 22 58-0
M services@schlumberger.at
www.schlumberger.at

Öffnungszeiten
der Kellerwelten: siehe Website
Rebsorten
GV, PB, WR, CH, PN, SL, ZW
Anbau
Méthode Traditionelle
Verschlussart
NK
Sonstiges
Veranstaltungsräumlichkeiten, Kellerführungen

95 2017 Chardonnay Brut Sekt Austria Große Reserve 13 %, €€€
Jugendliche Farbe, komplexe Aromatik, Zesten, Brioche, Nashi-Birne, Biskuit, stoffig, sehr feines Mousseux, engmaschiger Trinkfluss, fruchtig-pikanter Abgang, langer Nachhall, kandierte Orange und Kumquat im Rückaroma.

94 2017 Cuvée 1842 Brut Sekt Austria Reserve 12 %, €€€
(CH/PN) *Jugendliche Farbnoten, komplexes Bukett, Biskuit, Mandeln, kandierte Orange, straff, feine Perlage, harmonische Textur, lebendiger Trinkfluss, pikanter Abgang, lang anhaltend.*

94 2018 Pinot Noir Sekt Austria Reserve 12 %, €€€
Jugendliche Farbe, zartes Lachsrosa, Kirsche, Weichsel, kandierte Orange und Mandeln, Biskuit, elegante, feine Perlage, fruchtiger Schmelz und Kumquat im Abgang.

93 2018 Chardonnay Brut Sekt Austria Reserve 12 %, €€€
Jugendliche Farbe, intensive Aromatik, kandierte Orange, nussige Würze, Biskuit, saftiger Schaumwein, balancierte Perlage, harmonische Textur, pikanter Abgang, Zesten und Grapefruit im Nachhall.

92+ 2022 Grüner Veltliner Brut Sekt Austria 12 %, €€
Jugendliche Farbnoten, ausgeprägtes Bukett, Grapefruit, Nashi-Birne, kandierter Apfel, stoffig, jugendliches Mousseux, harmonischer Trinkfluss, zarter Schmelz und Papaya im Nachhall.

92 2021 Sparkling Brut Sekt Austria 12 %, €€
(WR/PB/CH) *Jugendliche Farbe, nuanciertes Bukett, kandierte Frucht, Apfel, Birne und Mandeln, lebendiges Mousseux, Melone und Kumquat im Rückaroma.*

92 2022 Rosé Brut Sekt Austria 12 %, €€
(PN/SL/ZW) *Helle Rosé, jugendliches Fruchtspiel, Kirsche, kandierte Orange, Haselnuss, lebendige Perlage, balancierter Trinkfluss, zarter Schmelz im Abgang.*

Fritz Wieninger

Foto: Gerd Kressl

Stammersdorfer Straße 31
1210 Wien
T 01/290 10 12
M weingut@wieninger.at
www.wieninger.at

Öffnungszeiten
Mo.–Fr. 8–16, Sa. 10–16
Rebfläche
60 ha
Flaschenanzahl
300.000
Rebsorten
GV, RI, CH, TR, PN, ZW, CS, GM, GE
Anbau
biodynamisch,
respekt-BIODYN
Verschlussarten
DI, DV
Gastronomie
Vinothek, Buschenschank
„Wieninger am Nussberg"

Fritz Wieninger ist die Galionsfigur des Wiener Weins. Er verfügt mittlerweile über 60 Hektar Rebflächen, darunter die besten Lagen am Nuss- und Bisamberg. Zudem bewirtschaftet er seit einiger Zeit rund 20 Hektar Toplagen des Weinguts Hajszan Neumann. Der Paradewinzer wurde vor allem mit seinen Chardonnays und Pinot noirs aus der Spitzenserie „Grand Select" berühmt, erweckte aber auch die Tradition des Wiener Gemischten Satzes wieder zum Leben. Vor einigen Jahren stellte Wieninger auf biodynamischen Weinbau um und ist Mitglied der Gruppe respekt-BIODYN – das Ergebnis kann sich sehen lassen. Unter seiner Leitung wurde zuletzt auch das Projekt der Wiener Lagenklassifikation im Rahmen der Österreichischen Traditionsweingüter vorangetrieben. Somit kommen zwölf Erste Lagen auf den Markt. Mittlerweile schon Kult: die entzückende Buschenschank am Nussberg mit fantastischem Blick über Wien.

97 2021 Pinot Noir Grand Select 13 %, €€€
Transparente Farbnoten, vielschichtige Aromatik, Kornelkirsche, Granatapfel, Kakao, Blutorange, kräftig, engmaschige, lebendige Struktur, eleganter Trinkfluss, sehr lang anhaltender Abgang, Cranberry und Bitterschokolade im Nachhall, Riesenpotenzial.

96 2021 Chardonnay Grand Select 13,5 %, €€€
Kräftige Farbe, intensive, komplexe Nase, rauchig-röstiger Auftakt, kandierte Orange, Mandarine, gehaltvoll, dicht und straffe Struktur, feiner Gerbstoff, Bratapfel und Kumquat im Abgang, langer Nachhall.

95+ 2022 Wiener GE DAC Ried Rosengartel 1 ÖTW 13,5 %, €€€
Helle Farbe, intensive Steinobstnoten, nussige Würze, leicht kandierte Orange, straff, engmaschige Struktur, lebendiger Trinkfluss, sehr feiner Gerbstoff im Abgang, rosa Grapefruit und Physalis im Rückaroma, Potenzial.

95 2018 Danubis Grand Select 14 %, €€€
(CS/ME) Gereifte Farbnoten, komplexe Nase, Zedern, Heidelbeere, Cassis, Bitterschokolade, stoffig, harmonischer Trinkfluss, feinkörniges Tannin, lang anhaltend, Kirsche und Cranberry im Nachhall.

95 2022 Riesling Ried Rosengartel 1 ÖTW 13,5 %, €€€
Jugendliche Farbe, Steinobst, gelber Pfirsich, Mandarine, kandierte Noten, körperreich, dicht und gut stützende Säure, feiner Gerbstoff und zart fruchtig unterlegter Schmelz im Abgang, langer Nachhall, Potenzial.

94+ 2022 Wiener Gemischter Satz DAC Ried Ulm 1 ÖTW 13,5 %, €€€
Jugendlich, einladende kandierte Orangenfrucht, Mandeln, zarte Würze, körperreich, gut stützende Säure, feines Tannin im Abgang, sehr langer Nachhall, Kumquat im Rückaroma, Potenzial.

93+ 2022 Grüner Veltliner Ried Kaasgraben Sievering 13,5 %, €€€
Jugendliche Farbnoten, kandierte Banane und Orange, Papaya, nussige Würze, gehaltvoll, balancierter Trinkfluss, präsentes Tannin und Kräuter im Finish, langer Nachhall.

Die Besten in
NEUSIEDLERSEE

Rebfläche: 6.675 ha. Das Gebiet verdankt dem ausgeprägten pannonischen Klima Weiß- und Rotweine von hervorragender Qualität. Die kräftige Herbstsonne und die Botrytis ermöglichen hohe Prädikatsweine.
Rebsorten: Welschriesling, Weißburgunder, Chardonnay, Neuburger; Zweigelt, Blaufränkisch

100 *2021 Blaufränkisch Ried Altenberg* · **Paul Achs**

99 *2022 Admiral* · **Weingut Pöckl**

99 *2022 Rêve de Jeunesse* · **Weingut Pöckl**

98+ *2021 Welschriesling TBA No. 6* · **Kracher, Weinlaubenhof**

98+ *2021 Sämling 88 TBA Ried Domkapitel Neusiedlersee DAC Reserve* · **Hans Tschida, Angerhof**

98 *2021 Scheurebe TBA No. 5* · **Kracher, Weinlaubenhof**

98 *2021 Grande Cuvée TBA No. 3* · **Kracher, Weinlaubenhof**

98 *2021 Welschriesling TBA Ried Domkapitel Neusiedlersee DAC Reserve* · **Hans Tschida, Angerhof**

98 *2021 Gelber Muskateller Trockenbeerenauslese* · **Hans Tschida, Angerhof**

97+ *2021 Werner Achs Reserve* · **Werner Achs**

97+ *2021 Mosaik Trockenbeerenauslese* · **Weingut Alexander Egermann**

97+ *2021 Scheurebe TBA Essenz Ried Edelgrund* · **Weingut Gebrüder Nittnaus**

97 *2022 1st bayer* · **Weingut St. Bayer**

97 *2021 Welschriesling Trockenbeerenauslese* · **Weingut Theresa & Gerhard Haider**

97 *2019 Ried Salzberg* · **Heike & Gernot Heinrich**

97 *2019 Blaufränkisch Ried Alter Berg Leithaberg DAC* · **Heike & Gernot Heinrich**

96 *2022 Schwarz Rot* · **Weingut Schwarz**

95+ *2013 Grande Cuvée Extra Brut Sekt* · **A-Nobis Sektkellerei**

95+ *2019 Praittenbrunn* · **Scheiblhofer The Wine**

95 *2019 Massiv Red* · **Keringer**

95 *2021 Stiegelmar* · **Weingut Stiegelmar**

94+ *2020 Ried Gabarinza* · **Andreas Gsellmann**

Neusiedlersee

A-Nobis Sektkellerei

Foto: Malerisch-Untalentierte.U./StefanSerringer

Am Eichenwald 3
2424 Zurndorf
T 02173/208 99
M sekt@a-nobis.at
www.a-nobis.at

Öffnungszeiten
Mo.–Fr. 8–12, 13–17, Sa. 9–17
Flaschenanzahl
250.000
Anbau
konventionell,
organisch-biologisch
Verschlussart
NK
Gastronomie
Vinothek

Die Sektkellerei wurde 2018 von Norbert und Birgit Szigeti gegründet. Die über drei Jahrzehnte lange Erfahrung von Norbert Szigeti rund um hochwertige Versektung bildet dabei das Fundament. Alle Sekte werden traditionell flaschenvergoren. Sekte mit originärem Geschmacksprofil und klarer Herkunft sind seine Berufung. Dabei verdankt man langjährigen Winzerfreunden bestes Traubenmaterial. Im Herbst 2020 wurde eine neue, hochmoderne Sektkellerei fertiggestellt. Sie wurde nach umweltschonenden Green-Building-Richtlinien gebaut. Eckpfeiler sind dabei Schonung der Umwelt, Energieeffizienz und eine stabile, langfristige sowie partnerschaftliche Wertschöpfungskette, vom Lagerarbeiter bis hin zum Traubenlieferanten. Modernste Technik ermöglicht es, den Betrieb mit selbst produzierter Energie zu versorgen und so weitgehend ohne schädliche Emissionen zu arbeiten.

95+ 2013 Grande Cuvée Extra Brut Sekt 12,5 %, €€€
(CH/PN) Helle Farbe, komplexe Nase, kandierte Frucht, Orange, Birne, Biskuit, stoffig, lebendiges, elegantes Mousseux, feines, pikantes Finish, lang anhaltend, Kumquat im Rückaroma.

95 2013 Grande Cuvée Rosé Extra Brut Sekt 12,5 %, €€€
(PN/CH) Helles Lachsrosa, zart rötlicher Stich, Kirsche, Nougat, kandierte Birne und Mandeln, feine, balancierte Perlage, Weichsel und Pomelo im Finish, lang anhaltend, Verbene im Rückaroma.

95 2019 Cuvée 1217 Blanc de Blanc Extra Brut Sekt 12,5 %, €€€
(CH/WR) Blassgelb, ausgeprägtes Bukett, kandierte Orange, Limette, Apfelquitte, zarte Brioche-Anklänge, engmaschige Struktur, lebendige Perlage, engmaschiges Finish, Grapefruit im Nachhall.

94+ 2018 Cuvée 1217 Cuvée Extra Brut Sekt 12,9 %, €€€
(CH/PN/ZW/SL) Jugendliche Farbe, komplexe Nase, zarte Hefenoten, Haselnuss, Mandeln, Kumquat, straff, animierende, feine Perlage, fruchtiges, lang anhaltendes Finish.

94 2018 Cuvée 1217 Blanc de Noir Extra Brut Sekt 12,6 %, €€€
(PN/BF/ZW/SL) Zarte Rosé-Farbtöne, vielschichtige Fruchtnoten, Pflaume, Mandeln, kandierte Frucht, lebendige Struktur, jugendliches Mousseux, pikantes Finish, gute Länge, nussige Würze im Rückaroma.

94 2020 Muskat Ottonel Brut Sekt 12,4 %, €€€
Jugendliche Farbnoten, vielschichtige Aromatik, Passionsfrucht, Maracuja, Papaya, kräftiger Schaumwein, harmonische Textur, lebendige, feine Perlage, fruchtiger Schmelz im lang anhaltenden Abgang, Blütenaromen im Finish.

92+ 2018 Chardonnay Brut Sekt 13,5 %, €€
Helles Gelb, intensive Frucht, Zesten, Mandarine, zarte Steinobst-Anklänge, jugendliches Mousseux, zarter Schmelz im Abgang, Potenzial.

Paul Achs

Neubaugasse 13
7122 Gols
T 02173/23 67
M office@paul-achs.at
www.paul-achs.com

Öffnungszeiten
nach Vereinbarung
Rebfläche
25 ha
Rebsorten
ZW, BF, CH, SL, PN, MO, SY
Anbau
biodynamisch,
respekt-BIODYN
Verschlussarten
NK, DV

Der Familienbetrieb liegt zwischen Neusiedler See und ungarischer Grenze. Die niederschlagsarmen, heißen Sommer und die temperaturausgleichende Wirkung des Sees bieten ideale Bedingungen für den Weinbau. Paul Achs weiß diese Voraussetzungen bestens zu nutzen, er bewirtschaftet etwa 25 Hektar. Der renommierte Betrieb steht für ausdrucksstarke Rot- und trockene Weißweine. Vor allem die Einzellagen-Blaufränkisch sorgten in den letzten Jahren für Furore. Bewirtschaftet wird nach biodynamischen Richtlinien, lebendige Böden und gesunde Rebstöcke sind die Voraussetzung für charaktervolle Gewächse. Paul Achs sieht sich weniger als „Wein-Macher", vielmehr versucht er, das von der Natur Gegebene ohne unnötige Eingriffe zum Ausdruck zu bringen.

100 2021 Blaufränkisch Ried Altenberg 14%, FP, €€€
Jugendlicher Farbkern, leicht transparenter Rand, vielschichtige Nase, Kornelkirsche, kandierte Blutorange, zedrige Anklänge, gehaltvoll, dicht und engmaschige Struktur, präzises, feinkörniges Finish, sehr, sehr lang anhaltend, eleganter Blaufränkisch mit burgundischer Struktur, Cranberry und Himbeere im Nachhall.

96+ 2021 Chardonnay Ried Altenberg 14%, €€€
Jugendliche Farbe, intensive, komplexe Nase, kandierte Noten, zart rauchig-röstig, Bratapfel, gehaltvoll, dicht und straffe Textur, engmaschiges, feines Tannin im Abgang, sehr langer Nachhall, Kumquat, Birnenquitte und Steinobst im Nachhall, Potenzial.

96+ 2022 Blaufränkisch Ried Ungerberg 13,5%, FP, €€€
Jugendliche Farbe, ausgeprägtes Fruchtspiel, Brombeere, Weichsel, Kirsche, Kakao, stoffig, harmonischer Trinkfluss, fruchtig, feiner Gerbstoff im Abgang, zarter Schmelz im Abgang, lang anhaltend, Nougat und Cassis im Nachhall.

96 2017 Blaufränkisch Reserve 13%, €€€
Gereifte Farbnoten, komplexe Nase, Waldboden, pilzige Noten, Cranberry, Preiselbeere, Kumquat, stoffig, lebendige, elegante Textur, feinster Gerbstoff, langer, fruchtiger Nachhall, Kirsche, Kakao und Granatapfel im Rückaroma.

95 2022 Pannobile Reserve 13%, FP, €€€
(BF/ZW) Jugendliche Farbe, intensive, einladende Fruchtnoten, Heidel- und Brombeere, Cassis, Kirsche, Bitterschokolade, leicht röstig, stoffig, balancierter Trinkfluss, feinstes Tannin, sehr lang anhaltend, Hollerkoch und Kakao im Nachhall.

95 2022 Pinot Noir Reserve Selektion P 14%, €€€
Jugendliche, transparente Farbnoten, einladendes Fruchtspiel, Kirsche, Erdbeere, Nougat, Kakao, gehaltvoll, saftig, balancierte Textur, sehr feines Tannin im Abgang, lang anhaltend, Marzipan und Kumquat im Nachhall, Potenzial.

HISTORISCHER WEIN
97 2013 Blaufränkisch Ried Altenberg

Werner Achs

Goldberg 5
7122 Gols
T 02173/239 00
M kontakt@wernerachs.at
www.wernerachs.at

Rebfläche
14 ha
Rebsorten
ZW, BF, SL, ME
Anbau
KIP
Verschlussarten
NK, DV

Den Weg zum Wein fand Werner Achs über den legendären Winzer Alois Kracher, der das junge Talent damals förderte. Als junger Bursche durfte er den Meister des Süßweins auf internationale Messen begleiten. Der ebenso geschickte wie ehrgeizige junge Mann nutzte die Kontakte für Auslandspraktika in Frankreich und Italien. Der Weg für eine große Karriere war geebnet, und so gründete Werner Achs 1999 sein eigenes kleines Weingut. Die ursprünglich nur knapp über einen Hektar große Rebfläche ist inzwischen auf beachtliche 14 Hektar angewachsen. Werner Achs hat sich auf wenige Rotweinsorten beschränkt und vinifiziert sie nach internationalem Vorbild. Wie sein Mentor ist er ein Meister der Selbstvermarktung und höchst erfolgreich.

97+ 2021 Werner Achs Reserve 15 %, €€€
(BF/ME) Tiefdunkle Farbnoten, vielschichtige, intensive Aromatik, Johannis- und Brombeere, Kakao, rauchig-röstige Anklänge, Kirsche, opulenter Auftakt, straff, engmaschiger Trinkfluss, feinstes Tannin, Bitterschokolade, Cranberry und Nougat im Nachhall, Riesenpotenzial.

95 2022 XUR 14,5 %, FP, €€€
(BF/ZW/SL) Dunkler Farbkern, vielschichtige Nase, Brombeere, Bitterschokolade, Verbene, Kirsche, gehaltvoll, harmonische Textur, engmaschiger Trinkfluss, fester, feinkörniger Gerbstoff im Finish, sehr langer Nachhall, Nougat und Wacholder im Rückaroma, Potenzial.

93+ 2023 Blauer Zweigelt Goldberg 14 %, FP, €
Tiefdunkle Farbnoten, einladende, reife Frucht, Schwarzkirsche, Brombeere, Pflaume, Kakao, Mokka, körperreich, dicht und harmonischer Trinkfluss, feiner Gerbstoff, Cranberry und Bitterschokolade im Nachhall, Potenzial.

Achs-Wendelin Weine

Foto: Stiefkind Fotografie

Neustiftgasse 77
7122 Gols
T 0699/19 92 42 84,
0676/971 99 76
M office@achs-wendelin.at
www.achs-wendelin.at

Öffnungszeiten
Sommer durchgehend, Winter nach Vereinbarung
Rebfläche
17 ha
Rebsorten
GV, WR, PB, PG, ZW, SL, BF, ME, CS, CH
Anbau
konventionell
Verschlussarten
NK, DV
Sonstiges
Übernachtungsmöglichkeit

Mit Leidenschaft für das Weinhandwerk, Engagement und Liebe zur Natur führen das Winzerpaar Maria und Paul Achs-Wendelin ihren mit den Jahren gewachsenen Familienbetrieb. Die beiden sind überzeugt, dass nur auf gesunden Böden hochwertige und spannende Gewächse entstehen können, daher werden die Weingärten mit Bedacht, Hingabe und im Einklang mit der Natur gepflegt und die Trauben schonend verarbeitet. Von der Ernte bis zur Vinifizierung im 200 Jahre alten Gewölbekeller – keine Flasche soll den Familienbetrieb verlassen, ohne den eigenen Qualitätsansprüchen zu genügen. Vor allem im Premiumbereich ist man bestrebt, die feinen Nuancen der verschiedenen Lagen herauszuarbeiten.

92 2020 Merlot Barrique 14,5%, €€
Leicht gereifte Farbnoten, kandierte Orange, Nougat, Cranberry, opulenter Wein, straff, fester, leicht rauer Gerbstoff, Weichsel und Kakao im Nachhall.

92 2021 Zweigelt Ried Ungerberg 14%, €
Kräftiger Farbkern, nuancierte Frucht, Kakao, Marzipan, Kirsche, gehaltvoll, harmonische Textur, feines Tannin im Abgang, gute Länge.

92 2022 Chardonnay Reserve Ried Hofweingarten 13,5%, €€
Helles Goldgelb, Vanille, kandierte Frucht, Banane, körperreich, balancierte, weiche Textur, feiner Gerbstoff im Finish, gute Länge.

92 2023 Pinot Gris Ried Edelgrund 13,5%, €
Jugendliche Farbnoten, kandierte Orange, Mandeln, gehaltvoll, balancierte Textur, fruchtig-süßer Schmelz im Abgang, gute Länge.

91+ 2021 Blaufränkisch Ried Ungerberg 13,5%, €
Kräftiger Farbkern, dunkelbeerig, Pflaume, Kakao, kräftiger Wein, harmonischer Trinkfluss, feiner Gerbstoff im Abgang.

90 2023 Pinot Blanc 12,5%, €
Helle Farbe, einladende Frucht, gelber Apfel, Mandarine, saftiger Wein, lebendiger Trinkfluss, fruchtiger Abgang.

90 2023 Zweigelt Heideboden 13,5%, €
Jugendlich, kräftige Farbe, dunkle Beere, Zwetschke, Kakao, körperreich, balancierter Trinkfluss, feiner Gerbstoff im Finish.

Neusiedlersee

Allacher, Vinum Pannonia

Seit der Ernte 2018 befindet sich das neue Weingut am Golser Salzberg. Der Bau ist nach modernsten kellertechnischen, aber auch ökonomischen und ökologischen Gesichtspunkten konzipiert. Der Keller zeichnet sich durch moderne Technik aus, verfügt aber auch über traditionelle Barriquefasslagerung. Man versucht, eine Balance aus Tradition und modernen Erkenntnissen zu finden. Rund 37 Hektar Weingärten werden bewirtschaftet, darunter einzigartige Rieden wie Altenberg, Gabarinza und Salzberg. Der Boden schafft die Voraussetzungen, die Winzer sorgen mit aufmerksamer Pflege für hochwertiges Traubenmaterial. Frisch-fruchtige Weißweine, kräftige, dichte Rotweine und extraktreiche Süßweine sind das Ergebnis.

Foto: Nadine Studeny

Salzbergweg 4
7122 Gols
T 02173/33 80
M wein@allacher.com
www.allacher.com

Öffnungszeiten
Mo.–Sa. 9–18, So. 10–12
Rebfläche
37 ha
Rebsorten
WR, PB, CH, ZW, BF, SL, ME, CS, GV, RO, SB
Anbau
KIP
Verschlussarten
GL, DV

94 2021 Imperium 14,5 %, €€€
(ME/CS) Dunkler Farbkern, vielschichtige Nase, Kakao, leicht rauchig-röstige Noten, Kirsche, Heidelbeere, opulenter Wein, weiche Textur, feines Tanninfinish, langer Nachhall, Bitterschokolade und Cassis im Rückaroma.

93+ 2021 Ried Salzberg Neusiedlersee DAC Reserve 14,5 %, €€
(ZW) Kräftige Farbe, einladendes Fruchtspiel, Kirsche, Brombeere, Kakao, Feige, leicht röstige Noten, körperreich, gut stützende Säure, balancierte Textur, feines Tanninfinish, lang anhaltend, fruchtiger Nachhall.

92+ 2021 Ried Altenberg 14,5 %, €€
(SL/ME/CS) Tiefdunkler Farbkern, Kakao, dunkelbeerige Noten, Hollerkoch, Nougat, opulenter Wein, harmonische Struktur, fester Gerbstoff im Abgang, Bitterschokolade und Gewürznelke im Nachhall.

92 2022 Chardonnay Ried Altenberg 13,5 %, €€
Jugendliche Farbe, kandierte Frucht, Vanille, Zitrus, gehaltvoll, lebendiges Frucht-Säure-Spiel, zarter Schmelz und Grapefruit im Abgang.

92 2023 Sauvignon Blanc Ried Hofweingarten 13 %, FP, €€
Helle Farbe, ausgeprägte, nuancierte Nase, Antipasti-Noten, Mandarine, exotische Noten, Verbene, kräftiger Wein, lebendige Struktur, fruchtiger Schmelz und Pikanz im Abgang, langer Nachhall.

90+ 2023 Sauvignon Blanc 12,5 %, €
Helle Farbe, jugendliche, intensive Aromatik, Maracuja, florale Noten, Einlegegewürze, stoffig, lebendige Textur, fruchtig-pikanter Schmelz im Finish.

90 2023 Chardonnay 13,5 %, €
Helle Farbe, intensive Nase, Mandarine, Maracuja, stoffig, lebendige Textur, CO_2-geprägt, animierender Trinkfluss.

Neusiedlersee

Weingut St. Bayer

Stefan Bayer verwirklicht mit Unterstützung von Réne Pöckl den Traum vom eigenen Weingut. Auf gerade einmal eineinhalb Hektar bewirtschaftet er möglichst naturnah so besondere Hanglagen wie Ried Bühl oder Ried Rosenberg. Von dort kommen in limitierter Auflage Cabernet Franc, Cabernet Sauvignon und Syrah sowie Zweigelt als Hauptdarsteller. Der Neowinzer will gehaltvolle und langlebige Gewächse produzieren, die sich aber auch durch Finesse auszeichnen und schon in ihrer Jugend zugänglich sein sollen. Erste Erfolge bestätigen den Neowinzer. Zudem realisierte Stefan Bayer gemeinsam mit Partnern 2023 das Boutique-Hotel „Nils am See".

Foto: Alex Lang/alexlangphoto.com

97 2022 1st bayer 15 %, €€€
(CF/CS) Kräftige Farbe, intensive, komplexe Aromatik, Kakao, Blutorange, Zesten, Preiselbeere, stoffig, dicht und engmaschiges Finish, fester Gerbstoff, Feige und Nektarine im Rückaroma, Riesenpotenzial.

96 2021 Zweigelt friend & foe Ried Bühl Reserve 15 %, €€€
Tiefdunkler Farbkern, intensive, vielschichtige Nase, Nougat, kandierte Orange, Preiselbeere, Bitterschokolade, gehaltvoll, dicht und straffe Struktur, engmaschiges, feinkörniges Finish, sehr lang, eleganter Stil, Cranberry im Rückaroma.

96 2022 Zweigelt friend & foe Ried Bühl Reserve 15 %, €€€
Tiefdunkle Farbe, vielschichtige Nase, Schwarzkirsche, Nougat, Mokka, körperreich, dicht und balancierter Trinkfluss, feinstes Tannin, sehr lang anhaltend, Potenzial.

95 2022 Syrah noname Ried Bühl Reserve 14 %, €€€
Kräftige, jugendliche Farbe, intensive Nase, Wacholder, Heidelbeere, Nougat, Kakao, straff, lebendige Struktur, engmaschiges Finish, präzises Finish, langer fruchtiger Nachhall.

Seepark-Feriendorf 1
7121 Weiden am See
T 0699/10 62 04 78
M info@stbayer.wine
www.stbayer.wine

Öffnungszeiten
nach tel. Vereinbarung
Rebfläche
1,5 ha
Flaschenanzahl
2.500
Rebsorten
ZW, SY, CF, CS
Anbau
konventionell, naturnah
Verschlussart
NK
Sonstiges
Übernachtungsmöglichkeit

Neusiedlersee

Weingut Zur Dankbarkeit, Christine & Andreas Glück

Das Weingut zur Dankbarkeit blickt auf eine lange Familientradition zurück. Vom Urgroßvater aufgebaut, wurde der Betrieb über Generationen weitergegeben. Das traditionelle Handwerk wurde nicht aus den Augen verloren, nach wie vor greift man auf das Wissen von Generationen erfahrener Winzer zurück. Josef Lentsch III. übergab 2019 das Weingut in die Hände seiner Tochter Christine. Gemeinsam mit ihrem Mann Andreas bringt sie frischen Wind in den traditionsreichen Betrieb. Mit ihrer fachlichen Qualifikation und Kompetenz, aber auch Intuition und Leidenschaft will sie charakteristische Weine keltern.

92 2022 Chardonnay 14,5 %, €€
Jugendliche Farbe, komplexe Nase, feine Röstaromen, Bratapfel, Vanille, Brioche, körperreich, gut stützende Säure, feiner Gerbstoff im Finish, zarter Schmelz im Nachhall.

92 2022 Pinot Noir 14 %, €€
Transparente Farbe, Zesten, Feige, Kirsche, stoffiger Wein, weiche Textur, feines Tannin und fruchtiger Abgang, gute Länge.

92 2023 Pinot Gris 14,5 %, €€
Jugendliche Farbe, kandierte Orange, Banane und Mandeln, opulenter Wein, cremige Textur, feines Tannin, fruchtiger Nachhall, Potenzial.

91+ 2021 Zweigelt Neusiedlersee DAC 13 %, €
Jugendliche, transparente Farbnoten, Kirsch-Weichsel, Zesten, körperreich, gutes Frucht-Säure-Spiel, feines Tannin im Finish, langer fruchtiger Nachhall.

91 2023 Dankbarkeit Weiß 12 %, €
(PB/CH/PG) Jugendliche Farbe, zartes Fruchtspiel, gelber Apfel, kandierte Orange, saftiger Wein, balancierter Trinkfluss, fruchtiger Abgang, gute Länge.

91 2023 Welschriesling 11 %, €
Helle Farbe, intensive Nase, zarte Reduktionsnoten, gewinnt mit Luft Limette, grüner Apfel, straff, lebendiger, animierender Trinkfluss, fruchtig-präzises Finish.

90+ 2023 Sauvignon Blanc 13 %, €
Helle Farbe, intensive Nase, Lemongrass, Paprika, Einlegegewürze, stoffig, harmonische Textur, fruchtig-pikanter Abgang.

Pater-Adalbert-Winkler-Gasse 30
7141 Podersdorf am See
T 02177/28 29
M weingut@dankbarkeit.at
www.weingutzurdankbarkeit.at

Öffnungszeiten
siehe Website
Rebfläche
15 ha
Flaschenanzahl
70.000
Rebsorten
WR, PG, PB, PN, ZW, MO, GM, BF, SB, GV, CH
Anbau
KIP, konventionell
Verschlussarten
DI, DV
Gastronomie
Buschenschank, Restaurant „Zur Dankbarkeit", Vinothek „Podersdorfer Weinstuben"
Sonstiges
Übernachtungsmöglichkeit

Neusiedlersee

Weingut Alexander Egermann

Foto: Steve Haider

**Apetloner Straße 28
7142 Illmitz
T** 02175/32 93
M wein@alexander-egermann.at
www.alexander-egermann.at

Öffnungszeiten
Mo.–Fr. 10–18, Sa. 10–14
Rebfläche
20 ha
Rebsorten
ZW, BF, ME, CS, CH, PB, SB, WR, GV, SÄ
Anbau
KIP
Verschlussarten
NK, DV
Sonstiges
Übernachtungsmöglichkeit

Alexander Egermann wird als vielversprechendes Nachwuchstalent im Weinbaugebiet Neusiedlersee gehandelt. Das Ziel des Jungwinzers ist, in seinen Weinen die Typizität der Region abzubilden und ihnen auch seine eigene, ganz persönliche Handschrift mitzugeben. Sorgsame Bewirtschaftung im Weingarten wie etwa konsequente Laubarbeit und Traubenreduktion ist ihm dabei ein Anliegen, aber auch die besonderen Böden und das vom Neusiedler See geprägte pannonische Klima lassen hochwertige Trauben heranreifen. Die Aufgabe des Winzers sieht Alexander Egermann darin, sie mit Feingefühl zu verarbeiten und danach dem Wein genügend Zeit zum Reifen zu geben.

97+ 2021 Mosaik Trockenbeerenauslese 6,5 %, €€
(SÄ/WR) Kräftige Farbe, helles Goldgelb, intensive, vielschichtige Nase, Passionsfrucht, Holunderblüte, Verbene und Melisse, stoffig, dicht und engmaschige Textur, fruchtig unterlegte Restsüße, langer Nachhall, Kamille und Maracuja im Rückaroma, Riesenpotenzial.

93+ 2021 Zweigelt Ried Römerstein Neusiedlersee DAC Reserve 14 %, €€€
Kräftige Farbnote, komplexe Aromatik, Bitterschokolade, Kornelkirsche, Heidelbeere, gehaltvoll, dicht, straffe Struktur, feines Tannin, lang anhaltend, Preiselbeere und Kakao im Nachhall, Potenzial.

92+ 2022 Cabernet Sauvignon Reserve 13,5 %, €€
Dunkler Farbkern, nuanciertes Bukett, Kakao, Brombeere, Cassis, körperreich, straffe Struktur, fester Tanninkern, gute Länge.

92+ 2022 Chardonnay Reserve 13,5 %, €€
Jugendliche Farbe, komplexe Nase, Mandarine, kandierte Noten, Vanille, Steinobst, kräftiger Wein, harmonischer Trinkfluss, fruchtiger Abgang, gute Länge.

92+ 2022 Merlot Reserve 14 %, €€
Jugendlich kräftige Farbe, Hollerkoch, Kirsche, Nougat, körperreich, harmonische Textur, fruchtig-feiner Gerbstoff, Bitterschokolade im Rückaroma.

91 2022 Zweigelt Neusiedlersee DAC 13,5 %, €
Jugendliche Farbe, Kirschjoghurt, Nougat, Heidelbeere, körperreich, harmonische Textur, fruchtiger Nachhall.

90+ 2022 Weißburgunder 13 %, €
Jugendliche Farbe, gelber Apfel, Mandarine, kandierte Orange, stoffiger Wein, weiche Textur, fruchtiger Abgang.

Neusiedlersee

Etl wine and spirits

Foto: Weingut Etl

Erzherzog-Friedrich-Straße 54
7131 Halbturn
T 0699/11 35 30 68, 02172/89 25
M office@weingut-etl.at
www.weingut-etl.at

Öffnungszeiten
nach Vereinbarung
Rebfläche
24 ha
Rebsorten
WR, CH, PB, ZW, SL, BF,
ME, CS, SB
Anbau
KIP
Verschlussarten
NK, GL, DV

Der Familienbetrieb bewirtschaftet 24 Hektar Rebflächen rund um Halbturn. Konsequente Ertragsreduktion im Weingarten und schonende Traubenverarbeitung im Keller sind die Eckpfeiler für qualitativ hochwertige Weine. Die Weißweine werden im Stahltank und die Rotweine in großen und kleinen Eichenfässern ausgebaut. Dort reifen sie bis zu 24 Monate. In geeigneten Jahren werden auch Süßweine produziert. Kultiviert werden die typisch pannonischen Rebsorten, zudem finden sich Cabernet Sauvignon und Merlot im Programm.

92 **2019 Sperling Selektion 13 %**
(ZW/CS/SL) Gereifte Farbe, Pflaume, Nougat, Lebkuchen, körperreich, harmonische Textur, balancierter Gerbstoff im Finish, gute Länge.

91 **2020 Zweigelt Selektion 13 %**
Jugendliche Farbe, Brombeere, Pflaume, körperreich, harmonische Textur, fester Gerbstoff im Abgang.

91 **2022 St. Laurent 12,5 %**
Kräftiger Farbkern, dunkelbeerige Frucht, Wacholder, straff, lebendige Struktur, festes Tanninfinish.

91 **2023 Sauvignon Blanc 12 %**
Helle Farbe, zart fruchtige Noten, florale Anklänge, stoffig, straffe Struktur, pikantes Finish, gute Länge.

90 **2023 Zweigelt Neusiedlersee DAC 12 %**
Jugendliche Farbe, fruchtige Nase, Heidelbeerjoghurt, balancierter Trinkfluss, fruchtiger Schmelz.

Bio-Weingut Ettl

Die Familie Ettl ist seit mehreren Generationen im Weinbau tätig, seit 2006 wir das Weingut organisch-biologisch bewirtschaftet. Die Weingärten befinden sich in den besten Lagen rund um Podersdorf am Ostufer des Neusiedler Sees. Hauptaugenmerk liegt auf den heimischen Sorten, um authentische und individuelle Weine in die Flasche zu füllen, die von ihrer Herkunft erzählen. Das breitgefächerte Sortiment reicht von fruchtigen, frischen Weißweinen über kräftige, körperreiche Rotweine bis hin zu edelsüßen Prädikatsweinen.

94 2021 Lukas Grande Reserve 15 %, €€€
(ME/BF) Tiefdunkler Farbkern, vielschichtige Nase, Cassis, Brombeere, Kakao, leicht rauchige Noten, barocker Wein, straffe Textur, feinkörniges Tannin, sehr lang anhaltend, Feige und Nougat im Nachhall.

92+ 2022 Zweigelt Ried Römerstein Neusiedlersee DAC Reserve 13,5 %, €€
Kräftige Farbe, einladendes Fruchtspiel, Kirschlikör, Nougat, Bitterschokolade, zart röstige Anklänge, kräftiger Wein, dicht und harmonischer Trinkfluss, feinkörnig, präsentes Tannin, lang anhaltend, Kakao und Feige im Nachhall.

92 2022 Chardonnay Reserve 14 %, €€
Helle Farbe, kandierte Orange und Banane, Vanille, Kumquat, gehaltvoll, balancierte Textur, feines Tannin, fruchtig, balancierter Schmelz im Abgang, lang anhaltend.

92 2022 Welschriesling Alte Reben Römerstein 13,5 %, €€
Helle Farbe, einladende Fruchtnoten, gelber Apfel, Williamsbirne, saftiger Wein, harmonische Textur, feiner Gerbstoff, fruchtiger Nachhall, gute Länge, Kumquat im Rückaroma.

91+ 2022 Blaufränkisch Alter Satz 14 %, €€
Jugendliche Farbnoten, Brombeere, Gewürznelke, zarte Holzwürze, opulenter Wein, gut stützende Säure. fester Gerbstoff im Abgang, Zwetschke im Finish.

90+ 2023 Chardonnay Ried Prädium 13,5 %, €
Blassgelb, dezente Fruchtnoten, körperreich, harmonische Textur, fruchtiger Schmelz im Abgang.

HISTORISCHER WEIN
93 2022 Podersdorfer Alte Reben (ME/BF)

Seestraße 48-52
7141 Podersdorf am See
T 0660/768 75 28, 02177/24 83
M office@bioweingut-ettl.at
www.bioweingut-ettl.at

Öffnungszeiten
9–12, 16–19 und nach Vereinbarung
Rebfläche
27 ha
Rebsorten
GV, WR, PB, CH, TR, GM, ZW, SL, BF, ME, CS
Anbau
organisch-biologisch
Verschlussarten
DI, GL, DV
Gastronomie
Vinothek

Weingut Göschl & Töchter

Das Familienweingut Göschl & Töchter bewirtschaftet knapp 12 Hektar Weingartenfläche rund um Gols und wird inzwischen von Kathrin und Daniela Göschl in dritter Generation geführt. Mit Liebe, Leidenschaft und Expertise werden die Trauben zu hochwertigen Weinen verarbeitet. Das Sortiment reicht von fruchtbetonten, frischen Weißweinen wie Welschriesling und Gelbem Muskateller über kräftigen, facettenreichen Zweigelt bis hin zu Blaufränkisch und Merlot. Für ein Extraprickeln im Sortiment sorgen Frizzante.

93+ 2021 Cuvée Ried Ungerberg 14 %, €€
(ZW/BF/ME) Kräftige Farbe, nuanciertes Bukett, Brombeere, Nougat, Pflaume, leicht röstig-rauchige Anklänge, gehaltvoll, harmonischer Trinkfluss, feiner Gerbstoff im Abgang, lang anhaltender, fruchtiger Nachhall.

92+ 2021 Merlot Ried Ungerberg 14,5 %, €€
Leicht gereifte Farbe, Bitterschokolade, Nougat, Heidelbeerjoghurt, körperreich, balancierte Textur, feines Tannin, Kakao und Feige im Nachhall.

92 2021 Zweigelt Ried Goldberg 14 %, €€
Jugendliche Farbe, dunkelbeerige Noten, zart kirschig, opulenter Wein, harmonische Textur, fruchtiges, feines Tanninfinish, gute Länge.

91+ 2022 Chardonnay Heideboden 14,5 %, €€
Jugendliche Farbe, kandierte Orange, Mandarine, opulenter Wein, harmonische Textur, feiner Gerbstoff im Abgang.

90 2023 Chardonnay 13,5 %, €
Helle Farbe, kandierte Orange, Mandarine, kräftig, balancierte Textur, fruchtiger Abgang.

89+ 2022 Zweigelt Heideboden 13,5 %, €
Mittlere Farbtiefe, zartes Fruchtspiel, Pflaume, kandierte Noten, kräftiger Wein, weiche Textur, fruchtiger Abgang.

Foto: Stefan Heider

Am Kanal 4
7122 Gols
T 0664/453 09 88, 0676/737 17 61
M office@weingut-goeschl.at
www.weingut-goeschl.at

Öffnungszeiten
nach Vereinbarung
Rebfläche
12 ha
Rebsorten
WR, CH, GV, RR, PG, ZW, SL, BF, BB, ME, GM
Anbau
KIP
Verschlussarten
NK, DV
Sonstiges
Yoga & Wein Retreats

Andreas Gsellmann

Foto: Kristina Leidenfrostova

Obere Hauptstraße 38
7122 Gols
T 02173/22 14
M wein@gsellmann.at
www.gsellmann.at

Öffnungszeiten
nach Vereinbarung
Rebfläche
14 ha
Flaschenanzahl
120.000
Rebsorten
ZW, SL, ME, PB, CH, WR, BF, PG, TR, NE
Anbau
respekt-BIODYN
Verschlussarten
NK, DI, DV

Andreas Gsellmann will die traditionelle Weinbereitung mit der biodynamischen Arbeits- und Lebensweise in Einklang bringen – mit dem einfachen Ziel, guten Wein zu machen. Jedes Jahr stellt dabei neue Herausforderungen an die Weinrebe und den Winzer. Die im Laufe der Zeit gesammelten Erfahrungen ermöglichen dem Winzer, seine Weine unverfälscht zu belassen und ihnen authentische Persönlichkeit und natürlichen Geschmack mitzugeben, geprägt von ihrer Herkunft. Aus handverlesenen Trauben von den besten Lagen am Neusiedler See entsteht außergewöhnliche Qualität. Seine finessenreichen Gewächse erzählen von den vielfältigen Bedingungen der Toplagen rund um Gols.

94+ 2020 Ried Gabarinza 13 %, €€€
(BF/ZW/ME) Dunkler Kern, vielschichtige Aromatik, reife Frucht, Schwarzkirsche, Preiselbeere, Bitterschokolade, körperreich, engmaschige Textur, festes, feines Tannin, lang anhaltend, Blutorange im Rückaroma.

94 2022 Blaufränkisch Ried Gabarinza 13 %, €€€
Dunkler Farbkern, jugendliche Fruchtnoten, Heidel- und Brombeere, zarte Würze, körperreich, dicht und engmaschige Textur, feiner Gerbstoff, fruchtiger Nachhall, lang anhaltend.

94 2022 Traminer 13 %, €€€
(maischevergoren) Helles Bernstein, vielschichtige Nase, Mango, Rosenholz, florale Noten, körperreich, dicht, engmaschig, straffe Struktur, feiner Gerbstoff, Mandarine im Nachhall.

93+ 2022 Pannobile Rot 13 %, FP, €€€
(BF/ZW) Jugendliche Farbe, einladende Fruchtnoten, Zwetschke, Brombeere, Kirsche, körperreicher Wein, harmonischer Trinkfluss, feinkörniges Tannin, lang anhaltend, Bitterschokolade im Rückaroma.

93 2022 Blaufränkisch Astral 13 %, €€
Jugendliche Farbnoten, ausgeprägte Nase, Brombeere, Weichsel, kräftig, markantes Säurespiel, fester Gerbstoff, fruchtiges Finish, gute Länge.

93 2022 Weißburgunder Pannobile 13 %, €€€
Kräftige Farbe, komplexes Bukett, Quittenaromatik, Earl Grey, Grapefruit, körperreicher Wein, straffe Textur, feiner Gerbstoff, langer Nachhall, Gewürznelke und Kumquat im Rückaroma.

92+ 2022 Chardonnay Exempel 13 %, €€€
Helles Goldgelb, Mandarine, kandierte Orange, Birne, kräftiger Wein, balancierte Textur, feines Tannin, fruchtiger Nachhall.

Weingut Robert Goldenits

Foto: Streckhof Digital Agentur – Johannes Pasler

Untere Hauptstraße 8
7162 Tadten
T 0699/123 67 500, 02176/22 94
M robert@goldenits.at
www.goldenits.at

Öffnungszeiten
Mo.–Sa. 8–12, 13–17,
So. nach Vereinbarung
Rebfläche
35 ha
Rebsorten
ZW, BF, CS, SY, ME, PN,
WR, CH, SB, GV, PG
Anbau
KIP, konventionell,
nachhaltig
Verschlussarten
NK, DI, DV
Sonstiges
Übernachtungsmöglichkeit

Der Familienbetrieb bewirtschaftet 35 Hektar Weingärten, alle in Tadten in der Großlage Heideboden östlich des Neusiedler Sees. Die Weine sollen die besonderen Eigenschaften der Toplage zum Ausdruck bringen. Im Verhältnis drei Viertel Rotwein zu einem Viertel Weißwein konzentriert sich Goldenits vorwiegend auf die Sorten Zweigelt, Blaufränkisch, Syrah, Merlot und Cabernet Sauvignon. Bei den Weißweinen dominieren Chardonnay und Sauvignon blanc. Aus physiologisch reifen Trauben entstehen sortentypische Weine mit ausgeprägter Frucht. Unter der Bezeichnung „Tetuna", dem alten Namen für Tadten, erscheint eine Serie reifer Weiß-, Rot- und Roséweine sowie süßer Spezialitäten.

94 2021 Cabernet Franc 14,5 %, €€€
Jugendlicher Farbkern, intensive Aromen, Wacholder, Brombeere, röstige Anklänge, Bitterschokolade, gehaltvoll, dicht und balancierte Textur, festes Tannin, lang anhaltend, Mokka und Kirsche im Abgang.

93 2021 Tetuna Reserve 14 %, FP, €€
(BF/ZW/CS) Jugendliche Farbe, einladende Frucht, Brombeere, Heidelbeerjoghurt, Nougat, körperreich, balancierte Textur, feinkörniges Tannin, sehr langer Nachhall, Bitterschokolade im Rückaroma.

92+ 2022 Pinot Noir 13,5 %, €€
Gereifte, transparente Farbe, Kirsche, kandierte Orange, Lebkuchen, Nougat, körperreich, balancierter Trinkfluss, fruchtiges Finish, langer Nachhall.

92 2022 Tetuna Weiß 14 %, FP, €€
(CH/PG) Jugendliche Farbe, kandierte Orange, Vanille, Bratapfel, gehaltvoll, balancierte Textur, feines Tannin, fruchtiger Abgang, langer Nachhall.

91+ 2022 Zweigelt Heideboden 13,5 %, FP, €€
Jugendlich, leicht transparente Farbe, saftige Kirschfrucht, kandierte Orange, Nougat, stoffig, balancierte Textur, fruchtiger Schmelz im Abgang, gute Länge.

90 2023 Tetuna Rosé 12 %, €
(ZW/BF, htr.) Kräftige Rosé-Farbe, Kirsche, Weichsel, kandierte Noten, Lakritze, kräftiger Wein, harmonische Textur, gut stützende Säure, fruchtig-süßes Finish, gute Länge.

89+ 2023 Sauvignon Blanc 12,5 %, €
Jugendliche Farbe, nuancierte Nase, exotische Frucht, Maracuja, Verbene, kandierte Noten, stoffig, lebendiger Trinkfluss, fruchtiger Schmelz im Abgang.

Reinhard Haider, Rosenhof

Foto: Dieter Brasch

Florianigasse 1
7142 Illmitz
T 02175/22 32
M illmitz@rosenhof.cc
www.rosenhof.cc

Öffnungszeiten
28.3.–16.11.2025
Rebfläche
11 ha
Flaschenanzahl
50.000
Rebsorten
WR, GV, MO, TR, CH, SB, ZW, BF, CS, CF, ME, PN, SL
Anbau
KIP
Verschlussarten
NK, DV
Gastronomie
Restaurant
Sonstiges
Übernachtungsmöglichkeit

Die Familie Haider bewirtschaftet elf Hektar Rebflächen in besten Illmitzer Lagen. Das pannonische Klima und günstige Bodenverhältnisse schaffen beste Bedingungen für qualitätsvolle Weine. Die Hälfte der Rebflächen ist mit Rot-, die andere Hälfte mit Weißweinsorten bepflanzt. Davon baut man etwa ein Drittel als Süßweine aus. Die händische Arbeit hat einen hohen Stellenwert: Rebschnitt, Ertragsregulierung und Lese werden von Hand vorgenommen. Dank schonender Traubenverarbeitung und gekühlter Gärung entstehen fruchtige Weißweine sowie gehaltvolle Rotweine, die zum Teil im Barrique reifen. Auf Harmonie und Herkunftscharakter legt man großen Wert.

93+ 2022 Riesling Spätlese 9 %
Helles Goldgelb, Blütenhonig, Maracuja, gelber Pfirsich, stoffig, lebendige Textur, fruchtiger Schmelz im Abgang, Mandarine und Kumquat im Rückaroma.

93 2023 Zweigelt Spätlese 10,5 %
Transparentes Rubinrot, zart fruchtige Nase, Mandeln, saftiger Wein, Nougat und Kirsch-Weichsel im Abgang, fruchtig-pikanter Nachhall.

92+ 2021 Traminer Spätlese 11 %
Jugendliche Farbe, kandierte Orange, Mandeln, Blütenhonig, kräftiger Wein, balancierte Struktur, fein verwobene Restsüße, zarter Gerbstoff, Kumquat im Rückaroma.

92 2021 Cuvée Heideboden 13,5 %
(CS/ZW) Jugendliche Farbe, leicht transparent, Johannisbeere, Verbene, Kirsche, körperreich, straff, fester Gerbstoff im Finish, Cranberry im Nachhall.

92 2023 Chardonnay Max No Filter 13 %
Jugendliche Farbe, leichte Trübung, kandierte Orange, Mandarine, körperreich, dicht und straff, feiner Gerbstoff, lang anhaltend.

89+ 2022 Blaufränkisch 13,5 %
Mittlere Farbtiefe, saftige, kandierte Fruchtnoten, Pflaume, Weichsel, kräftiger Wein, balancierte Textur, leicht rauer Gerbstoff im Abgang.

Bio-Weingut Theresa & Gerhard Haider

Das Weingut Haider ist einer der ganz großen und renommierten Süßweinproduzenten des Landes. Inzwischen hat mit Gerhard und Theresa Haider die nächste Generation das Ruder übernommen. Unterschiedliche Bodenformationen bieten die Möglichkeit für eine breit gefächerte Sortenvielfalt in allen Bereichen. Die Weiß- und Prädikatsweine werden im Edelstahltank ausgebaut, um die Sortentypizität hervorzuheben. Die Rotweine gibt es in einer klassischen und einer moderneren, im Barrique ausgebauten Variante.

97 2021 Welschriesling Trockenbeerenauslese 9 %, €€€
Goldgelb, jugendlich, komplexe Aromatik, reife Nektarine und Honigmelone, Physalis, körperreich, dicht und engmaschige Struktur, fein verwobene Restsüße, Quitte und Mandarine im Rückaroma, lang anhaltend, Riesenpotenzial.

94+ N. V. Zweigelt Trockenbeerenauslese 11 %, €€€
Kupfer-färbig, vielschichtige Aromatik, Schlehen, Kirsche, Würze und Tabak, Nougat, kräftig, engmaschiges Finish, fruchtiger Schmelz, Feige und Kumquat im Nachhall.

93+ 2019 Chardonnay Beerenauslese 12,5 %, €€
Goldgelbe Farbe, nuanciertes Bukett, Blütenhonig, präsente Botrytisnoten, stoffig, dicht und balancierte Struktur, feiner Gerbstoff und fruchtsüßer Schmelz im Finish, Potenzial.

93 2021 Riesling Auslese 11 %, €
Jugendliche Farbe, intensives Bukett, gelber Pfirsich, kandierte Orange, Mandarine, lebendiger Trinkfluss, fruchtig unterlegte Restsüße, gute Länge, Kumquat im Rückaroma.

92+ 2022 Chardonnay Spätlese 10 %, €
Jugendliche Farbnoten, kandierte Orange, Melone und Mandeln, Lemongrass, saftige Spätlese, balancierte Textur, fein verwobene Restsüße, fruchtiger Schmelz und Mango im Nachhall.

92 2023 Chardonnay Salz und Steppe 13 %, €
(unfiltriert) Jugendliche Farbe, kandierte Orange, Mandeln, nussige Würze, kräftig, lebendige Struktur, engmaschiges Finish, feiner Gerbstoff im Abgang, Birnenquitte im Finish, lang anhaltend.

Foto: SXG Photo

Seegasse 16
7142 Illmitz
T 02175/23 58
M office@weinguthaider.at
www.weinguthaider.at

Öffnungszeiten
nach Vereinbarung
Rebsorten
WR, CH, SB, SÄ, GT, RI, MO, GV, ZW, BF, ME, CS, SL, BM
Anbau
organisch-biologisch
Verschlussarten
NK, DI, DV

Neusiedlersee

Weingut Hautzinger

Seit vier Generationen steht der Familienbetrieb für das Streben nach konsequenter Qualität. Zuverlässigkeit, Verantwortung und beharrliches Streben nach dem Optimum spielen dabei eine entscheidende Rolle. Das einzigartige Klima und die guten Bodenbedingungen sind Grundlage für hohe Weinqualität. Die Toplagen sind ideal für frische Weißweine und kräftig- vollmundige Rotweine. Die Förderung des Reifeprozesses der Trauben im Einklang mit der Natur und die sorgfältige Verarbeitung zählen für die Winzerfamilie zu den obersten Prinzipien.

93+ 2022 Jana 14 %, €€€
(SY/ME) Jugendliche Farbe, intensive Nase, Cranberry, Bitterschokolade, Wacholder und Gewürznelke, gehaltvoll, dicht und balancierter Trinkfluss, fester, feinkörniger Gerbstoff, lang anhaltend, Brombeere und Mokka im Nachhall.

93+ 2022 Zweigelt Privat Neusiedlersee DAC Reserve 14 %, €€€
Intensive Farbe, komplexe Aromatik, Kakao, Nougat, Kirschlikör, rauchig-röstige Noten, körperreich, dicht und feines Tannin, langer Nachhall, Mokka und Heidelbeere im Rückaroma.

93 2021 Zweigelt Neusiedlersee DAC Reserve 13,5 %, €€
Kräftiger Farbkern, ausgeprägtes Fruchtspiel, Schwarzkirsche, Heidelbeere, Pflaume, Bitterschokolade, körperreich, lebendige Struktur, feinkörniges Finish, fruchtiger Schmelz und Kumquat im Abgang.

92+ 2021 Zweigelt Ried Ungerberg 14 %, €€
Jugendliche Farbe, intensive Frucht, Kirsche, Brombeere, Bitterschokolade, gehaltvoll, dicht und gut stützende Säure, feinkörniges Tannin, langer Nachhall, Heidelbeere und Nougat im Rückaroma.

92 2021 Merlot Ried Kreuzjoch 14,5 %, €€
Kräftige Farbe, intensive Nase, Tabakwürze, röstige Noten, Weichsel, kandierte Orange, gehaltvoll, straff, fester Gerbstoff im Abgang, langer Nachhall, Bitterschokolade im Rückaroma.

90 2023 Goldmuskateller 12 %, €
Helle Farbe, zart florale Nase, dezente Frucht, exotische Anklänge, kandierte Orange, stoffig, harmonische Struktur, fruchtig, leicht süßer Schmelz im Abgang.

Foto: Günther Hautzinger

Untere Hauptstraße 26
7162 Tadten
T 02176/23 15, 0699/11 84 20 29
M weingut@hautzinger.at
www.hautzinger.at

Öffnungszeiten
nach tel. Vereinbarung
Rebfläche
19,5 ha
Rebsorten
BF, SB, PB, ZW, SH, ME, WR, CH, GV, SL, PN, Goldmuskateller
Anbau
organisch-biologisch
Verschlussarten
NK, DV

Heike & Gernot Heinrich

Foto: Heinrich GmbH/Eckhard Supp

Baumgarten 60
7122 Gols
T 02173/31 76
M weingut@heinrich.at
www.heinrich.at

Öffnungszeiten
nach Vereinbarung
Rebfläche
90 ha
Flaschenanzahl
450.000
Rebsorten
ZW, BF, SL, ME, CH, PN, PB, NB, PG
Anbau
biodynamisch, Demeter, respekt-BIODYN
Verschlussarten
NK, GL, DV

Das Beobachten der Natur und der einfühlsame Umgang mit ihr sowie uneingeschränkte Biodiversität über und unter der Erde: Gernot und Heike Heinrichs Idee terroirgeprägter Weine baut auf dem Verständnis vielfältiger Lebenswelten in ihren Weingärten auf. Ziel ist, ein natürliches Gleichgewicht zu schaffen, in dem Reben, Menschen und Tiere in Symbiose miteinander agieren. Natürliche Voraussetzungen dafür sind kühle, östlich ausgerichtete Hanglagen aus Kalkstein und Schiefer am Leithaberg, eine modulierte Topografie mit regional wärmerem Klima und eine Handvoll autochthoner Rebsorten mit Blaufränkisch als Speerspitze. Die Weine sollen unverfälscht von ihrer Herkunft zu erzählen. Das Resultat sind individuelle und vitale Weine, die ihre Essenz offenbaren – puristisch und charakterstark.

97 2019 Blaufränkisch Ried Alter Berg Leithaberg DAC 13,5 %, €€€
Kräftige Farbnoten, vielschichtige Nase, gewinnt im Glas Heidel- und Brombeeraromen, Gewürznelke, feine Würze, kräftiger Wein, dicht und straffe Struktur, sehr feines Tannin im Finish, lang anhaltend, Cranberry im Rückaroma.

97 2019 Ried Salzberg 14 %, €€€
(ME/BF) Dunkler Farbkern, gereifter Rand, komplexe Aromatik, Brombeere, Kakao, Cassis, Schwarzkirsche, Anklänge von Lakritze, gehaltvoll, dicht, harmonische Struktur, feines Tannin, Cranberry und Lebkuchen im Abgang, sehr lang anhaltend.

95+ 2019 Blaufränkisch Ried Edelgraben Leithaberg DAC 13,5 %, €€€
Dunkler Farbkern, gewinnt im Glas Kirsch- und Heidelbeeraromen, Bitterschokolade, körperreich, straff, lebendiger Trinkfluss, fester, feinkörniger Gerbstoff im Finish, gute Länge, Brombeere im Nachhall.

95 2019 Ried Gabarinza 14 %, €€€
(ZW/BF/ME) Gereifte Farbe, einladendes, offenes Fruchtspiel, Zwetschke, kandierte Noten, Kakao, gehaltvoll, dicht und balancierter Trinkfluss, engmaschiges, feinkörniges Finish, lang anhaltend, Nougat und Preiselbeere im Nachhall, gut antrinkbar.

94+ 2021 Pannobile Rot 13 %, €€€
(BF/ZW) Jugendliche Farbe, ein Hauch Reduktion, gewinnt mit Luft Heidelbeere, Weichsel, straff, lebendige Struktur, engmaschiger Trinkfluss, feiner Gerbstoff, lang anhaltend, Potenzial.

94+ 2022 Roter Traminer Freyheit 12 %, €€€
(maischevergoren) Orange Farbnoten, komplexe Nase, Rosenholz, Eibisch, Mandarine, Steinobst, kräftig, lebendiges Frucht-Säure-Spiel, feiner Gerbstoff, sehr lang anhaltend, nussige Würze und Blutorange im Rückaroma, Potenzial.

94 2022 Graue Freyheit 12 %, €€€
(PG/PB/NE/CH, maischevergoren) Kräftige Farbnoten, komplexe Aromatik, Zesten, nussige Würze, Ingwer-Honig-Anklänge, stoffig, dicht, präsenter Gerbstoff, lang anhaltend, Potenzial.

Markus Iro

Foto: Steve Haider

Neubaugasse 55
7122 Gols
T 02173/21 39
M wein@markusiro.at
www.markusiro.at

Öffnungszeiten
nach Vereinbarung
Rebfläche
24 ha
Rebsorten
WR, GV, ZW, BF, CH, CF,
ME, SL, PN, PB
Anbau
konventionell
Verschlussarten
NK, DV

Markus Iro baut auf rund 24 Hektar Rebflächen nationale und internationale Sorten an. Gemeinsam mit seinem Team verfolgt Markus Iro vor allem ein Ziel: hohe Qualität zu vernünftigen Preisen anzubieten. Mit Intuition und einer verspielten Herangehensweise versucht er, den typischen Charakter der Rebsorten herauszuarbeiten und reintönige, unverwechselbare Weine zu keltern. Schon in seiner Jugend war ihm klar, dass er seine Leidenschaft für Wein zum Beruf machen würde. Nach dem Sammeln von Praxiserfahrung in Deutschland und Neuseeland kehrte er ins Burgenland zurück, um 2006 seine erste eigene Weinkollektion vorzustellen. Fünf Jahre später übernahm er das Familienweingut. Seinen Weg hat er schnell gefunden, und so gelang es ihm auch, sich als erfolgreicher Winzer in der Region zu etablieren.

94+ 2022 Meisterwerk 14 %, €€€
(CF/ME/ZW) Tiefdunkler Farbkern, komplexe Nase, Kornelkirsche, Kumquat, Cassis, rauchige Noten, gehaltvoll, dicht und gut stützendes Säurespiel, fester, lang anhaltender Gerbstoff, Blutorange und Verbene im Finish.

94 2022 St. Laurent Ried Herrschaftswald 13,5 %, €€
Jugendliche, intensive Farbe, vielschichtige Aromatik, Brombeere, Wacholder, rauchig-röstige Anklänge, Lebkuchen, körperreich, dicht und lebendiger Trinkfluss, feinkörniges Finish, fruchtiger, lang anhaltender Nachhall.

93+ 2022 Cabernet Franc Reserve 14,5 %, €€€
Intensive Farbe, komplexe Aromatik, Brombeere, Wacholder, Bitterschokolade, gehaltvoll, dicht und straffe Textur, fester, feinkörniger Gerbstoff, lang anhaltend, Gewürznelke und Heidelbeere im Nachhall, Potenzial.

92+ 2022 Pinot Noir Ried Hochreit 13,5 %, €€
Jugendliche, transparente Farbe, kandierte Orange, Cranberry, Kakao, körperreich, gut stützende Säure, balancierter Trinkfluss, feiner Gerbstoff im Abgang, langer Nachhall.

92+ 2022 Zweigelt Ried Ungerberg 14 %, €€
Jugendlich, kräftige Farbe, einladende Fruchtnoten, Kirsche, Nougat, Wacholder, gehaltvoll, dicht und balancierte Textur, fester, feiner Gerbstoff im Abgang, Bitterschokolade im Nachhall.

92 2023 Cabernet Franc Heideboden 13,5 %, €€
Jugendliche Farbnoten, nuanciertes Bukett, Brombeere, Gewürznelke, Kakao, körperreich, lebendige Textur, präsentes Tannin im Finish, lang.

92 2023 Merlot Gabarinza 14 %, €€
Jugendlich, kräftige Farbe, Schwarzbeere, Bitterschokolade, Lakritze, gehaltvoll, harmonische Textur, fruchtiger Schmelz und feiner Gerbstoff im Abgang, gute Länge.

Weingut Juris, Axel Stiegelmar

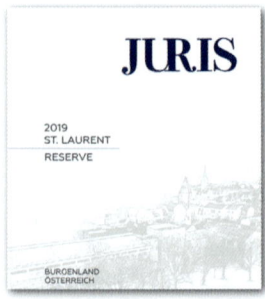

Herta und Axel Stiegelmar zählen zu den bekanntesten Burgunderproduzenten des Burgenlands. Vor allem die schwierigen Rebsorten Sankt Laurent und Pinot noir haben es ihnen angetan. Dabei blicken sie auf über 500 Jahre Weingut-Geschichte zurück. Gekonnt schaffen sie den Spagat zwischen Tradition und Zeitgeist. Axel Stiegelmar hat vor der Betriebsübernahme bei großen internationalen Weingütern wie Château Canon-la-Gaffelière im Bordeaux und Opus One im Napa Valley Erfahrungen gesammelt. Gearbeitet wird mit kleinbeerigen Qualitätsklonen und einer Selektion der besten Trauben. Die Reserve-Linie stammt von besonders alten Rebstöcken. All das entsteht in einer der modernsten Kellereien des Landes. Die kontinuierliche Qualität über die Jahre zeigt sich eindrucksvoll in der jüngst erschienenen Weinedition mit den Weinen der drei Generationen Georg, Axel und Gregor Stiegelmar.

Foto: Armin Faber

Marktgasse 12–18
7122 Gols
T 02173/27 48
M office@juris.at
www.juris.at

Öffnungszeiten
Mo.–Fr. 9–11.30, 13–17,
Sa., So., Fei. nach Vereinbarung
Rebfläche
20 ha
Flaschenanzahl
100.000
Rebsorten
CH, SB, MO, PN, SL, BF, ZW, CS, TR, GT, PG, SY
Anbau
konventionell
Verschlussarten
NK, DV

94+ 2019 St. Laurent Reserve 13 %, €€€
Dunkler Farbkern, gereifter Rand, Waldboden, pilzige Noten, dunkelbeerig, ein Touch Brett, saftiger Wein, lebendige Struktur, gute Säure, sehr feines Tannin, lang anhaltend, Cranberry im Finish, Potenzial.

94 2019 Pinot Noir Reserve 13,5 %, €€€
Jugendliche, transparente Farbe, komplexe Aromatik, rotbeerige Noten, Kakao, fein verwobene Holzwürze, stoffig, lebendiger, eleganter Trinkfluss, feinkörniges Finish, lang anhaltend, fruchtiger Nachhall.

94 2021 INA'MERA Reserve 15 %, €€€
(CS/ME/BF) Kräftiger Farbkern, gereifter Rand, Blutorange, kandierte Noten, Bitterschokolade, opulenter Wein, straffe Textur, lebendiges Frucht-Säure-Spiel, feines Tannin im Finish, lang anhaltend.

93+ 2022 Chardonnay Ried Altenberg 14 %, €€€
Jugendliche Farbnoten, komplexe Aromen, kandierte Orange, Mandeln, gelbe Steinobst-Noten, gehaltvoll, engmaschige Textur, fein verwobene Holzwürze, fruchtig-lang anhaltender Nachhall, Potenzial.

93 2019 St. Georg Reserve 15 %, €€€
(PN/SL) Kräftiger Farbkern, gereifter Rand, Zedern, leicht rauchig-röstige Noten, Brombeere, straff, lebendige Textur, feinkörniges Tannin, gute Länge, Wacholder und Gewürznelke im Nachhall.

93 2021 Tricata 16 %, €€€
(BF) Jugendliche Farbnoten, reife Frucht, Pflaume, Rumtopf, Hollerkoch, barocker Wein, gute Säure, markantes Tannin im Abgang, gute Länge, mittlere Balance.

92 2022 Chardonnay Alte Reben 13 %, €€
Jugendliche Farbe, nuanciertes Bukett, Kumquat, kandierte Orange, Steinobst, stoffig, balancierte Struktur, gut stützende Säure, feiner Gerbstoff und Frucht im Abgang, langer Nachhall.

Keringer

Foto: Weingut Keringer

Wiener Straße 22a
7123 Mönchhof
T 0650/810 10 44, 02173/803 80
M weingut@keringer.at
www.keringer.at

Öffnungszeiten
Mo.–Sa. 10–12, 13–17
Rebfläche
ca. 100 ha (inkl. Vertragswinzer)
Rebsorten
WR, ZW, SL, BF, CH, RA, SY, CS, ME, GV
Anbau
KIP, konventionell, nachhaltig
Verschlussarten
NK, DI, DV

Marietta und Robert Keringer sind zwei engagierte Weinmacher, die immer wieder durch Innovationen aufhorchen lassen. Eines ihrer Projekte nennt sich „100 Days": Dabei werden Rotweintrauben 100 Tage lang mit Schalen und Kernen auf der Maische vergoren, danach reifen die Weine in neuen Eichenfässern. Das Ergebnis sind extraktreiche und samtigweiche Rotweine. Auch das Aushängeschild des Hauses, der „Massiv", sorgt immer wieder für Aufsehen. Die rote Cuvée wird aus hochreifen, aufwendig selektionierten Schrumpfbeeren gewonnen, eine Methode, die opulente, dichte Weine hervorbringt.

95 **2019 Massiv Red 14,4 %, €€€**
(ZW/RA/BF) Tiefdunkler Farbkern, vielschichtige Aromatik, Kirsche, rauchig-röstige Noten, Preiselbeere, Wacholder, Kakao, gehaltvoller Wein, dicht und lebendiger Trinkfluss, fester, feiner Gerbstoff im Abgang, lang anhaltend, Gewürznelke und Heidelbeere im Rückaroma.

94+ **2020 Massiv Red 15,1 %, €€€**
(ZW/BF/RA) Intensive Farbnoten, komplexe Nase, Brombeere, Bitterschokolade, leicht rauchig, Kirsch-Weichsel, Gewürznelke, barocker Wein mit harmonischem Trinkfluss, fester Tanninkern, langer Nachhall, Hollerkoch und Kakao im Nachhall, Potenzial.

94 **2020 Massiv White 13,4 %, €€€**
(CH/TR) Kräftige Farbe, vielschichtiges Bukett, Vanille, Melone-Ingwer, Bratapfel, Banane, körperreich, dicht und balancierte Struktur, feines Tannin im Abgang, Kumquat und Mandarine im Finish, langer Nachhall.

93 **2020 Merlot 100 Days 15,1 %, €€**
Kräftiger Farbkern, leicht gereifter Rand, einladende Aromen, Kakao, Nougat, Schwarzkirsche, opulenter Wein, harmonischer Trinkfluss, balanciertes Tannin, Feige und Pflaume im Nachhall.

93 **2021 Shiraz 100 Days 14,9 %, €€**
Jugendlich, kräftiger Farbkern, komplexe Nase, Hollerkoch, Brombeere, Nougat und leicht rauchig-röstige Noten, opulenter Wein, straffe Struktur, fester Gerbstoff im Abgang, lang anhaltend, fruchtiger Nachhall.

92+ **2022 Chardonnay 100 Days 14 %, €€**
Jugendliche Farbe, vielschichtiges Bukett, Zesten, nussige Würze, gelbe Noten, Vanille, gehaltvoll, balancierte Textur, feiner Gerbstoff, fruchtiger Schmelz im Nachhall.

92 **2022 Zweigelt 100 Days 13,9 %, €€**
Jugendliche Farbe, saftige Fruchtnoten, Kakao, Brombeere, Kirsche, gehaltvoll, stoffig, feiner Gerbstoff, fruchtig, leicht süßer Schmelz im Nachhall, gute Länge.

Neusiedlersee

Kracher, Weinlaubenhof

Das renommierte Weingut inmitten des burgenländischen Seewinkels profitiert von den feucht-warmen Witterungsbedingungen, die den Edelschimmel Botrytis cinerea entstehen lassen – die Grundlage für herausragende Süßweine wie Beeren- und Trockenbeerenauslesen. Aus Welschriesling, Chardonnay, Traminer, Scheurebe, Muskat-Ottonel und zuweilen auch Zweigelt produziert man jedes Jahr zehn bis 15 verschiedene Trockenbeerenauslesen in zwei verschiedenen Ausbaustilistiken: „Zwischen den Seen" sind Süßweine, die in großen Holzfässern oder Edelstahltanks ausgebaut werden und die klassische Stilistik der Region aufweisen. Die Weine der Linie „Nouvelle Vague" werden in neuen Barriques vinifiziert. Sie zeichnen sich durch Tiefe, Würze und nachhaltigen Geschmack aus. Gerhard Kracher führt das Weingut mit der gleichen Hingabe und Energie wie sein Vater Alois, der es weltweit bekannt machte.

Foto: Weinlaubenhof Kracher

Apetloner Straße 37
7142 Illmitz
T 02175/33 77
M office@kracher.at
www.kracher.at

Öffnungszeiten
Mo.–Fr. 9–17, Sa. 10–18,
So., Fei. 10–16 (Mai–Okt.)
Rebsorten
WR, CH, SÄ, TR, MO, ZW, PG
Anbau
KIP
Verschlussarten
NK, DI, DV
Gastronomie
Vinothek
Sonstiges
Übernachtungsmöglichkeit

98+ 2021 Welschriesling TBA No. 6 5,5 %, €€€
Goldgelb, komplexe Aromatik, Kumquat, Steinobst, kandierte Orange, Marzipan, Kamille, saftig, gut stützendes Frucht-Säure-Spiel, Fruchtkonzentrat im Abgang, lang anhaltend, Riesenpotenzial, gelbe Nektarine im Nachhall.

98 2021 Grande Cuvée TBA No. 3 10 %, €€€
(CH/WR) Goldgelb, vielschichtige, einladende Aromatik, gelber Pfirsich, Karamell, Vanille, Kumquat, zarte Würze, kräftig, dicht, straffe Textur, balancierter, feiner Gerbstoff im Abgang, langer, balancierter Fruchtschmelz im Finish, Riesenpotenzial.

98 2021 Scheurebe TBA No. 5 6,5 %, €€€
Kräftiges Goldgelb, intensive, komplexe Aromatik, Passionsfrucht, Pfirsich, kandierte Ananas, Lemongrass, Crème brûlée, saftig, dicht und lebendige Textur, barockes Finish, balancierte Restsüße, langer fruchtiger Nachhall, Riesenpotenzial.

96 2021 Rosenmuskateller TBA No. 4 9,5 %, €€€
Helles, transparentes Rubin, intensive Nase, komplexes Fruchtspiel, Dörrobst, Erdbeere, Physalis, Kornelkirsche, Verbene, stoffig, dicht, lebendiger Trinkfluss, balanciertes, fruchtsüßes Finish, sehr lang anhaltend.

95 2021 Traminer TBA No. 1 10,5 %, €€€
Goldgelb, nuanciertes Bukett, kandierte Birne, Honigmelone, zart Eibisch und Litschi, druckvoll, dicht und feiner Gerbstoff im Finish, balancierte Restsüße und Mandeln im Nachhall, Potenzial.

94+ 2021 Zweigelt TBA No. 2 9,5 %, €€€
Farbe Granat, jugendliches Fruchtspiel, Feige, Nougat, Zwetschke, stoffig, balancierte Textur, gut stützende Säure, fruchtig, lang anhaltender Nachhall, gut verwobene Restsüße.

94 2022 Pinot Gris Reserve 13 %, €€
Kräftige Farbe, einladende gelbe Fruchtnoten, Zesten, Williamsbirne, Apfel, gehaltvoll, dicht, balancierter Trinkfluss, feiner Gerbstoff und fruchtiger Schmelz im Abgang, pikanter Nachhall.

Neusiedlersee

Andi Kroiss

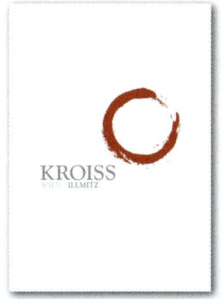

Foto: STEVE HAIDER

Untere Hauptstraße 32
7142 Illmitz
T 0660/576 49 04, 02175/21 37
M weingut.kroiss@bnet.at
www.kroiss.wine

Öffnungszeiten
nach Vereinbarung
Rebfläche
13 ha
Rebsorten
SB, CH, PB, ZW, CS, ME
Anbau
konventionell
Verschlussarten
NK, DV
Gastronomie
Buschenschank in Wien
Sonstiges
Übernachtungsmöglichkeit

Im Familienbesitz sind sowohl burgenländische als auch Wiener Weingärten. Andi Kroiss ist für den Illmitzer Betrieb verantwortlich, er bewirtschaftet Weinberge nahe des Neusiedler Sees, während seine Schwester Julia die Wiener Lagen betreut. Qualität beginnt bei ihnen schon im Weingarten, dabei wollen sie immer wieder an die Grenzen des Machbaren gehen. Sowohl die Weine vom Seewinkel als auch aus Wien sollen ihre jeweilige Herkunft und deren Eigenheiten klar zum Ausdruck bringen. Die Winzer wollen den Weinen bei ihrer Entstehung viel Zeit geben und so wenig wie möglich eingreifen. Dabei darf es auch ruhig geschmackliche Unterschiede zwischen den Jahrgängen geben – entsprechend den Vorgaben der Natur.

94+ 2022 Sämling TBA Neusiedlersee DAC Reserve 11%, €€€
Helles Goldgelb, vielschichtige Aromen in der Nase, kandierte Ananas, Maracuja, Quitte, stoffig, harmonische Textur, balancierte Restsüße im Finish, gut eingebundener Gerbstoff und Nougat im Nachhall.

93+ 2022 Chardonnay Ried Lüss 13%, €€€
Kräftige Farbe, kandierte Birne, Banane und Orange, Vanille, körperreich, dicht und balancierte Textur, feinster Gerbstoff, engmaschiges Finish, sehr lang anhaltend, guter Speisenbegleiter.

93 2021 Zweigelt Ried Neufeld Neusiedlersee DAC Reserve 14%, €€
Kräftiger, dunkler Farbkern, ausgeprägte Kirsch-Weichsel-Noten, Kakao, Zwetschke, körperreich, dicht und feines Tanninfinish, Cranberry und Nougat im Nachhall.

92+ 2022 Pinot Blanc Illmitzer Alte Reben 13%, €€
Jugendliche Farbe, kandierte Orange, Banane und Mandeln, kräftiger Wein, dicht und balanciert, feiner Gerbstoff und Kumquat im Nachhall, gute Länge.

92 2022 Illmitzer Chardonnay 13%, €€
Jugendliche Farbe, Melone, feine Röst- und Raucharomen, Zesten, körperreich, balancierte, cremige Textur, fruchtiger Schmelz im Abgang, lang anhaltend.

92 2022 Illmitzer Merlot „Von den Lacken" 13,5%, €€
Gereifte Farbnoten, komplexe Nase, Nougat, Weichsel, Feige, stoffig, harmonischer Trinkfluss, zartes Tanninfinish, Bitterschokolade im Nachhall.

91+ 2022 Pinot Blanc „Kalk & Sand" 13%, €€
Helle Farbe, reifer, gelber Apfel, Mandarine, Nektarine, stoffig, harmonischer Trinkfluss, fruchtiges Finish.

Weingut Kummer

Foto: Weingut Kummer/Amon Barbara

Quergasse 1
7123 Mönchhof
T 0699/11 17 66 55
M info@weingut-kummer.at
www.weingut-kummer.at

Öffnungszeiten
nach tel. Vereinbarung
Rebsorten
ZW, SL, PN, RO, CS, ME, SY, WR, SÄ, PB, SB, NE, GV, MT
Anbau
KIP
Verschlussarten
NK, DV

Die Familie Kummer ist der Überzeugung, dass man Weinbau auch leben muss, um gute Qualität zu produzieren. Deshalb ist sie am gesamten Produktionsablauf beteiligt – vom Schneiden im Winter über die Laubarbeiten im Sommer bis hin zur Weinlese im Herbst und der Weinbereitung danach. Erst wenn man alles selbst macht, glaubt sie, hinterlässt man eine eindeutige und individuelle Handschrift bei den Weinen. Individualität und Charakter sollen die Gewächse besitzen. Um dieses Ziel zu erreichen, setzt sie von Beginn an auf Sorgfalt bei der Pflege der Weingärten und im Keller auf schonende Verarbeitung der Trauben. Das Prinzip lautet: „Qualität wird im Weingarten erzeugt, im Keller wird sie lediglich erhalten."

93+ 2019 Cuvée Septimus 14 %, €€€
(ZW/ME/CS) Dunkler Kern, gereifter Rand, vielschichtige Nase, Kakao, röstige Noten, Kirsche, Feige, opulenter Wein, engmaschige Textur, reifer Gerbstoff, Zesten und Cranberry im Abgang.

93 2021 Zweigelt Ried Zeiselberg Neusiedlersee DAC Reserve 14 %, €€
Kräftiger Farbkern, leicht gereifter Rand, vielschichtige Nase, Brombeere, Bitterschokolade, Kirsche, opulenter Wein, gut stützende Säure, feiner Gerbstoff im Finish.

92+ 2022 Weißburgunder Ried Kreuzkapelle 13,5 %, €€
Jugendliche Farbnoten, kandierter Apfel, Mandarine, Steinobst, körperreicher Wein, gut stützende Säure, feiner Gerbstoff, lang anhaltend.

92 2021 Cuvée Kardinal 14 %, €€
(CS/ME) Jugendliche Farbe, gereifte Aromatik in der Nase, Pflaume, Heidelbeere, körperreicher Wein, markantes Säurespiel, fester Gerbstoff, lang anhaltend.

91 2021 Pinot Noir Ried Zeiselberg 13 %, €
Transparente Farbe, Kirsche, Mandeln, kandierte Noten, kräftiger Wein, harmonische Textur, fruchtiger Abgang.

91 2022 Zweigelt Neusiedlersee DAC 13 %, €
Jugendliche Farbe, Kakao, Schwarzkirsche, Heidelbeerjoghurt, stoffiger Wein, harmonische Textur, zarter Gerbstoff im Abgang.

89+ 2023 Chardonnay Ried Ungerberg 13 %, €
Helle Farbe, jugendliches Fruchtspiel, Apfel, kandierte Orange, markantes Säurespiel, süßer Schmelz im Abgang.

Michlits-Stadlmann

Foto: Steve Haider

Hauptstraße 12
7161 St. Andrä am Zicksee
T 0664/253 64 98, 02176/23 84
M office@weingut-stadlmann.com
www.weingut-stadlmann.com

Öffnungszeiten
jederzeit
Rebfläche
15 ha
Rebsorten
WR, GV, SB, ZW, BF, CS,
ME, SY
Anbau
KIP
Verschlussarten
NK, DV

Das Weingut in St. Andrä am Zicksee wird als Familienbetrieb geführt und bewirtschaftet 15 Hektar beste Lagen, die mit den passenden Rebsorten bepflanzt wurden. Die traditionelle Vinifizierung vollreifer Trauben soll regionaltypische Weine garantieren. Auch die aufgrund des pannonischen Klimas besonders günstigen Bedingungen für den Weinbau sind eine optimale Grundlage für qualitativ hochwertige Weine. In den Weingärten wachsen diverse Rebsorten wie Welschriesling, Weißburgunder, Grüner Veltliner, Zweigelt, Blaufränkisch, Merlot und Shiraz. Zugekauft werden ausschließlich Trauben bester Qualität von ausgesuchten Produzenten.

92 **2018 Symphonia Rosso 14,5 %, €€**
(ZW/SY/ME/CS) Kräftiger Farbkern, gereifter Rand, Kirsche, Nougat, feine Holzwürze, opulenter Wein, harmonischer Trinkfluss, feinkörniges Tannin, langer Nachhall.

92 **2020 Cuvée Andreas 14 %, €**
(ZW/CS/SY) Dunkler Farbkern, gereifter Rand, Bitterschokolade, Pflaume, Kirsche, gehaltvoll, harmonische Textur, feiner Gerbstoff und fruchtiger Schmelz im Finish, langer Nachhall.

91 **2023 Cuvée Erdey 12,5 %, €**
(PB/GV/WR/MO) Hellgelb, kandierte Orange, Apfel, stoffig, lebendige Struktur, engmaschiges Finish, gute Länge.

90+ **2020 St. Laurent 14 %, €**
Kräftiger Farbkern, dunkle Beeren, Kakao, Pflaume, opulenter Wein, weiche Textur, fruchtig-süßer Schmelz im Abgang, Feige und Nougat im Rückaroma.

90 **2021 Zweigelt Neusiedlersee DAC 14 %, €**
Jugendliche Farbnoten, Heidelbeere, Kirschjoghurt, gehaltvoll, balancierte Struktur, fruchtiger, leicht süßer Schmelz im Abgang.

90 **2023 Welschriesling Messwein 12,5 %, €**
Helle Farbe, zarte Fruchtnoten, grüner Apfel, Limette, straff, CO_2-geprägter Trinkfluss, lebendig, fruchtiger Abgang.

Neusiedlersee

Johannes Münzenrieder

Johannes Münzenrieder betreibt das 35 Hektar große Weingut mit viel Engagement: Intensive Weingartenbearbeitung, rigorose Laubarbeit und konsequente Traubenselektion sind für ihn die Grundlage für gutes Lesegut. Im Keller wiederum sind schonende Verarbeitung, lange Maischestandzeiten und Lagerung die Eckpfeiler für hochwertige Weine. Es werden sowohl klassisch ausgebaute Weiße und Rote als auch Lagenweine mit gutem Reifepotenzial angeboten. Auch die Süßweine können sich sehen lassen. Im Sortiment finden sich sowohl heimische als auch einige internationale Rebsorten wie Merlot und Cabernet Franc.

Foto: Bernd Weiss

Wallerner Straße 27
7143 Apetlon
T 0676/701 49 71, 02175/22 59
M info@muenzenrieder.at
www.muenzenrieder.at

Öffnungszeiten
Mo.–Fr. 8–12, 13–17, Sa. 9–12
nach Vereinbarung
Rebfläche
35 ha
Rebsorten
GV, WR, CH, SB, SÄ, ZW, BF, CS, ME, PN, TR, GM
Anbau
KIP, konventionell, nachhaltig
Verschlussarten
DI, DV
Sonstiges
Übernachtungsmöglichkeit

94+ 2021 Chardonnay Alte Reben Grande Reserve 13,5 %, €€€
Jugendliche Farbe, komplexe Aromatik, Birnenquitte, röstig-rauchige Anklänge, kandierte Orange, kräftiger Wein, dicht ind feiner Gerbstoff im Abgang, langer, pikanter Nachhall, nussige Würze und Grapefruit im Rückaroma.

94+ 2021 Mavie 14,5 %, €€
(ME/CF/ZW) Intensive, dunkle Farbe, komplexe Nase, Cassis, Wacholder, Bitterschokolade, Verbene, gehaltvoller Wein, weiche Textur, engmaschiges Finish, feinster Gerbstoff im Finish, langer Nachhall, kandierte Orange im Rückaroma, Potenzial.

94+ 2021 Zweiglas 14,5 %, €€€
(CF/ME/ZW) Jugendlich, kräftige Farbe, ausgeprägte, vielschichtige Nase, Schwarzkirsche, Johannisbeere, Verbene, Nougat, kräftiger Wein, straff, lebendige Struktur, fester Gerbstoff, fruchtiger Nachhall und Bitterschokolade im Finish, Potenzial.

93+ 2021 Chardonnay Reserve Ried Salzgründe 13,5 %, €€
Jugendliche Farbe, kandierte Orange, Bratapfel, rauchige Anklänge, Vanille, gehaltvoll, lebendige Struktur, engmaschiges Finish, lang anhaltend, Potenzial.

93+ 2021 Merlot Ried Salzgründe Grande Reserve 14,5 %, €€€
Kräftiger Farbkern, Pflaume, Hollerkoch, kandierte Orange, röstige Noten, Mokka, Nougat, opulenter Wein, dicht und balancierter Trinkfluss, feinkörniges Tannin, Kirschlikör und Karamell im Finish, gute Länge.

93 2021 Zweigelt Ried Römerstein Neusiedlersee DAC Reserve 14 %, €€
Kräftige, jugendliche Farbnoten, ausgeprägte Fruchtnoten, Schwarzkirsche, Bitterschokolade, leicht röstig, gehaltvoll, gut stützende Säure, feinkörniger Gerbstoff, Nougat und Heidelbeere im Nachhall, lang anhaltend.

HISTORISCHER WEIN

96 2017 Siddhartha Trockenbeerenauslese (WR)

Weingut PMC Münzenrieder

Das Weingut im Nationalpark Neusiedler See-Seewinkel profitiert vom einzigartigen Mikroklima der Region, das beste Bedingungen für gehaltvolle Weißweine, kräftige Rotweine und ausgewogene, fruchtige Süßweine bietet. Produziert werden 40 Prozent Rotweine und jeweils 30 Prozent Weiß- und Süßweine. Ganzjährige Begrünung soll für kleine und geschmacksintensive Trauben sorgen. Durch rigorose Laubarbeit, Ausdünnen und selektive Ernte können sortentypische und terroirgeprägte Weine mit großem Reifepotenzial gekeltert werden. In ihrer besten Einzellage Neubruch stehen ihre ältesten Rebstöcke. Aufgrund der breit gefächerten Wurzelfläche sind sie stark vom Boden geprägt. Strenge Kontrolle der Traubenqualität, schonende und saubere Verarbeitung, Kaltvergärung sowie lange Maischestandzeiten sind Standards im Betrieb. Die Topweine reifen bis zu 18 Monate in französischen 500-Liter-Eichenfässern.

Triftgasse 31
7143 Apetlon
T 0699/13 31 15 82, 0669/13 31 15 83, 02175/267 00
M office@weingut-pmc.at
www.weingut-pmc.at

Öffnungszeiten
Mo.–Fr. 10–16, Sa., Fei. 11–16
Rebfläche
25 ha
Rebsorten
ZW, SL, ME, PN, BF, CH, SB, SÄ, WR
Anbau
KIP, konventionell, nachhaltig
Verschlussarten
NK, DI, DV
Gastronomie
Vinothek

95 2022 Scheurebe Trockenbeerenauslese 7,5 %, €€
Goldgelb, ausgeprägte, vielschichtige Nase, kandierte Ananas, Maracuja, Melisse, Blütenhonig, balancierte Textur, gut stützende Säure, gut eingebundene Restsüße, Pfirsichkompott im Nachhall, Riesenpotenzial.

94+ 2022 Welschriesling Trockenbeerenauslese 8,5 %, €€
Helles Goldgelb, nuancierte, komplexe Aromatik, Birnenquitte, Melone, kandierte Orange und Ananas, kräftige TBA, druckvolle Textur, fein verwobene Restsüße, lang anhaltend, Nougat und Zesten im Rückaroma, Potenzial.

93+ 2022 Blaufränkisch Glimmerschiefer & Kalk 14 %, FP, €€€
Jugendliche Farbe, intensive, vielschichtige Nase, Wacholder, Cranberry, feine Holzwürze, opulenter Wein, straff, engmaschiges, festes Tannin, lang anhaltend, Potenzial.

93 2022 Chardonnay Neubruch 13,5 %, FP, €€€
Jugendliche Farbe, reife gelbe Fruchtnoten, Zesten, Vanille, Kumquat, gehaltvoll, gut stützende Säure, feines Tannin, engmaschiges Finish, Grapefruit im Rückaroma.

92+ 2022 Sauvignon Blanc Neubruch 13,5 %, FP, €€€
Jugendliche Farbe, ausgeprägte Aromatik, Antipasti-Noten, Holunderblüte, Lemongrass, körperreicher Wein, straffe Struktur, feiner Gerbstoff im Abgang, Einlegegewürze und Steinobst im Rückaroma.

92 2022 Diabolus 14 %, FP, €€
(ME/ZW/CF) Dunkler Kern, saftige Fruchtnoten, Brombeere, Kirsche, Gewürznelke, gut stützende Säure, fester, leicht rauer Gerbstoff, fruchtig-pikantes Finish.

HISTORISCHER WEIN

96 2017 Chardonnay Trockenbeerenauslese

Neusiedlersee

Weingut Gebrüder Nittnaus

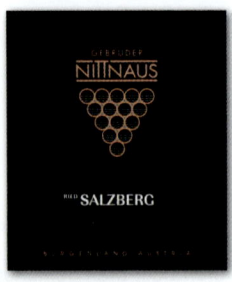

Seit über 300 Jahren betreibt die Familie Weinbau, seit 2019 führen Andreas und Hans Michael Nittnaus das traditionsreiche Weingut mit viel Leidenschaft. Die Brüder ergänzen einander mit jeweils unterschiedlichen Talenten. Die Familie fokussiert seit Jahrzehnten das Potenzial und die Vielfalt der Rieden am Neusiedler See. Die kalkreichen, fruchtbaren Böden und das besondere Klima lassen hochwertige, regionaltypische Weine entstehen, die Trinkfreude bereiten sollen. Dabei vinifiziert man sowohl fruchtige Weißweine als auch ausdrucksstarke Rot- und Süßweine. Die Weingärten werden nachhaltig bewirtschaftet, im Keller werden die Weine behutsam ausgebaut.

97+ 2021 Scheurebe TBA Essenz Ried Edelgrund 7 %, FP, €€€
Helles Goldgelb, ausgeprägtes Fruchtspiel, Blütenhonig, Maracuja, Mango, stoffiger Prädikatswein, dicht und lebendiger Trinkfluss, fruchtig, balanciertes Finish, gut verwobene Restsüße, großartiger Fruchtcocktail, enormes Potenzial.

95 2020 Ried Salzberg 14 %, €€€
(BF/ME) Kräftiger Farbkern, komplexes Fruchtspiel, Brombeere, Schwarzkirsche, Nougat, Bitterschokolade, leicht rauchige Noten, gehaltvoll, balancierte Struktur, sehr feiner Gerbstoff im Finish, lang anhaltend, fruchtiger Nachhall, Potenzial.

94 2021 Syrah Calypso 14 %, €€€
Jugendliche Farbe, ausgeprägtes Bukett, Cranberry, Wacholder, Verbene, Weichsel, gehaltvoll, straff, lebendiges Frucht-Säure-Spiel, engmaschiges Finish, Kumquat, Gewürznelke und Kakao im Rückaroma, Potenzial.

94 2023 Chardonnay Reserve 13,5 %, FP, €€
Jugendliche Farbnoten, komplexe Nase, kandierte Orange, Birnenquitte, Vanille, gehaltvoll, harmonische Textur, lebendiger Trinkfluss, feines Tannin, fruchtig, lang anhaltender Abgang, Physalis im Rückaroma.

92+ 2023 Grüner Veltliner Ried Kreuzkapelle Prestige 13 %, FP, €
Helle Farbe, ausgeprägtes Bukett, Steinobst, Verbene, Kumquat, Nashi-Birne, stoffiger Wein, harmonische Textur, lebendiger Trinkfluss, fruchtig-pikantes Finish, Mandarine im Nachhall.

92 2022 Heideboden Prestige 13 %, FP, €
(ZW/CS/ME) Kräftige Farbnoten, nuancierte Frucht, Heidel- und Brombeere, Kirsche, Kakao, stoffig, harmonische Textur, feines Tannin, Mokka und Johannisbeere im Nachhall.

92 2023 Chardonnay Exquisit 13 %, €
Helle Farbe, jugendliche Fruchtnoten, Mandarine, kandierte Orange, saftiger Wein, balancierter Trinkfluss, feiner Gerbstoff und fruchtiger Schmelz im Abgang, gute Länge.

Foto: Miriam Mehlman

Untere Hauptstraße 105
7122 Gols
T 02173/21 86
M weingut@nittnaus.net
www.nittnaus.net

Öffnungszeiten
Mo.–Do. 7–16, Fr. 7–12,
Fr. Nachmittag und Sa.
nach Vereinbarung
Rebfläche
54 ha
Rebsorten
ZW, BF, SL, ME, CS, SY, PN, CH, SB, MO, SÄ, GV, GM, PB
Anbau
KIP, konventionell, nachhaltig
Verschlussarten
NK, DI, DV

Neusiedlersee

Familie Pittnauer

Foto: Andreas Jakwerth

Obere Hauptstraße 86
7122 Gols
T 02173/22 84, 0699/11 78 26 38
M info@weingut-pittnauer.at
www.weingut-pittnauer.at

Öffnungszeiten
nach Vereinbarung
Rebfläche
17 ha
Rebsorten
ZW, BF, ME, CS, CH, WR, GV
Anbau
organisch-biologisch
ab Ernte 2024
Verschlussarten
NK, DV

Den Grundstein für den heutigen Betrieb legte Lorenz Pittnauer 1959. Inzwischen bewirtschaftet sein Enkel Andreas 17 Hektar beste Lagen rund um den Neusiedler See. Begünstigt durch das sonnenreiche pannonische Klima, nutzt er die Erfahrung der vorhergehenden Generationen, um regionaltypische Weine zu schaffen. Er setzt auf biologisch-organische Bewirtschaftung sowie Begrünung zwischen den Rebstöcken und Vitalisierung der Böden. Die Weißweine gären und lagern in Stahltanks, während die Rotweine in unterschiedlich großen Holzfässern ausgebaut werden.

93+ 2021 Rabensau Ried Weidener Ungerberg 14,5 %, €€
(ME/CS) Intensive Farbe, komplexe Nase, Mokka, rauchig-röstige Noten, Heidelbeere, körperreich, harmonische Textur, feines Tannin, lang anhaltend, Cassis im Nachhall.

93 2021 Blaufränkisch Ried Golser Ungerberg 14,5 %, €€
Kräftige, jugendliche Farbe, intensive Frucht, Brombeere, Cassis, zart rauchige Noten, Nougat, gehaltvoll, balancierte Struktur, feiner Gerbstoff, lang anhaltend.

92+ 2021 Zweigelt Ried Weidener Rosenberg 14 %, €€
Kräftiger Farbkern, nuanciertes Bukett, Kirsch-Weichsel, Nougat, rauchige Noten, körperreich, gut stützende Säure, samtiges Tanninfinish, langer Nachhall.

92 2022 Cuvée Pittnauer 14,5 %, €€
(ME/CS/BF) Tiefdunkler Farbkern, Bitterschokolade, Hollerkoch, Heidelbeere, opulenter Wein, dicht und balancierter Trinkfluss, fester Gerbstoff im Abgang, Kakao und Lakritze im Nachhall.

91+ 2022 Merlot 14,5 %, €€
Jugendlich, kräftige Farbe, kandierte Orange, Nougat, Heidelbeere, gehaltvoll, dicht und balancierte Textur, feinkörniges Tannin, gute Länge.

91 2022 Heideboden 13,5 %, €
(BF/ZW) Jugendliche Farbnoten, nuanciertes Bukett, Kirsche, Heidelbeere, stoffiger Wein, harmonischer Trinkfluss, fruchtiger Schmelz im Abgang, gute Länge, Verbene im Nachhall.

90 2022 Blaufränkisch 13 %, €
Jugendliche Farbnoten, dunkle Beeren, Heidelbeerjoghurt, stoffiger Wein, balancierte Textur, fruchtiger Abgang.

Neusiedlersee

Weingut Pöckl

Foto: Pöckl by Steve Haider

Zwergäcker 1
7123 Mönchhof
T 02173/802 58
M info@poeckl.com
www.poeckl.com

Öffnungszeiten
Mo.–Fr. 9–16, Sa. nach Vereinbarung
Rebfläche
40 ha
Flaschenanzahl
180.000
Rebsorten
ZW, BF, PN, ME, CS, SY, SL, CF, CH
Anbau
KIP
Verschlussarten
NK, DV

Der Betrieb mit über hundertjähriger Familientradition gehört zu den renommiertesten im heimischen Rotweinbereich. René Pöckl kennt die Böden seiner Weingärten genau und beobachtet aufmerksam die Entwicklung jedes einzelnen Rebstocks. Der Natur ihren Lauf lassen, wilde Begrünung, die Förderung von Nützlingen, aber auch eine gewissenhafte Selektion der Trauben sind für ihn die wichtigsten Voraussetzungen, um charaktervolle Weine zu erzeugen. Auf rund 40 Hektar entstehen fruchtige Weine wie Zweigelt und „Solo Rosso", aber auch kräftige Gewächse wie „Rosso e Nero", „Admiral" und „Rêve de Jeunesse", die sich durch großes Lagerpotenzial auszeichnen.

99 2022 Admiral 15 %, FP, €€€
(ZW/CS/ME/CF) Intensive, tiefdunkle Farbe, komplexe Nase, rauchig, röstige Nase, Wacholder, Johannisbeere, Kirsche, Bitterschokolade, Lakritze, gehaltvoll, dicht und harmonische Struktur, engmaschiges, feinkörniges Tannin, enorme Länge, sensationelle Entwicklung im Glas, Riesenpotenzial.

99 2022 Rêve de Jeunesse 15 %, €€€
(ZW/ME/CS/SY) Intensive, jugendliche Farbnoten, komplexe Aromatik, Wacholder, Bitterschokolade, Nougat, Kirsche, Cassis, körperreich, dicht und engmaschige Struktur, feinstes Tannin, sehr, sehr lang anhaltend, Mokka, Feige und Kakao im Nachhall, Riesenpotenzial.

97 2022 Rosso e Nero 14,5 %, €€€
(ZW/ME/CS/CF) Tiefdunkle Farbe, ausgeprägte, vielschichtige Nase, Schwarzkirsche, Bitterschokolade, Wacholder, straff, dicht und balancierte Struktur, festes, feinkörniges Tannin, saftiger Wein, sehr lang anhaltend, Riesenpotenzial.

96+ 2022 Zweigelt Neusiedlersee DAC Reserve 15 %, €€€
Jugendlich, intensive Farbnoten, Herzkirsche, Mokka, Kakao, Heidelbeere, opulenter Wein, weiche Textur, feines Tannin, sehr, sehr lang anhaltend, kandierte Orange und Nougat im Rückaroma, Potenzial.

95+ 2022 Pinot Noir Reserve 14 %, FP, €€€
Jugendlich, transparente Farbe, einladendes Fruchtspiel, Kornelkirsche, Kakao, Blutorange, harmonische Textur, engmaschiger Trinkfluss, feinster Gerbstoff, lang anhaltend, Granatapfel und Kumquat im Rückaroma, Potenzial.

93+ 2022 Zweigelt Classic 13 %, €€
Jugendlich, kräftige Farbe, Weichsel, Cranberry, Verbene, Earl Grey, körperreich, dicht und straffe Textur, engmaschiges Finish, fester Gerbstoff, lang anhaltend, Potenzial.

Salzl, Seewinkelhof

Foto: Bernd Weiss

Zwischen den Reben 1
7142 Illmitz
T 02175/243 42
M weingut@salzl.at
www.salzl.at

Öffnungszeiten
siehe Website
Rebfläche
30 ha
Rebsorten
CH, PB, GV, SÄ, ZW, BF, ME, SY, CS, CF
Anbau
KIP, konventionell, nachhaltig
Verschlussarten
NK, DI, DV
Sonstiges
Übernachtungsmöglichkeit

Illmitz ist nicht nur die Heimat der Familie Salzl, auch ihre Reben wachsen im Seewinkel. Christoph Salzl, der das Weingut führt, sieht es als seine Verpflichtung, diese einzigartige Landschaft zu schützen. Derzeit arbeiten drei Generationen Hand in Hand, um mit Engagement und Herzblut charakteristische Weine zu produzieren, die Wärme und Lebensfreude des Seewinkels wiedergeben sollen. Der Fokus liegt auf Zweigelt, aber auch andere heimische und internationale weiße wie rote Sorten werden vinifiziert; edelsüße Weine ergänzen das Sortiment.

94+ 2022 Goldene Finesse 8,5 %, €€€
(SÄ) Goldgelb, ausgeprägtes Bukett, Nektarine, Maracuja, kandierte Noten, Ingwer-Honig, druckvoller Prädikatswein, harmonischer Trinkfluss, zarter Gerbstoff und balancierter Restzucker im Abgang, lang anhaltend, Potenzial.

94 2020 3-5-8 Premium 14 %, €€€
(ME/CS) Dunkler Farbkern, vielschichtige Aromatik, Brombeere, Cassis, rauchige Anklänge, gehaltvoll, balancierte, engmaschige Textur, feinkörniges Tannin, lang anhaltend, Nougat und Kirsche im Finish.

94 2020 Cabernet Franc 14 %, €€€
Tiefdunkler Farbkern, Heidelbeere, Pflaume, zarte Würze, rauchige Anklänge, opulenter Wein, straffe Struktur, feinkörniger Gerbstoff, langer Nachhall, Gewürznelke und Brombeere im Rückaroma, Potenzial.

93 2020 Sacris Neusiedlersee DAC Reserve 13,5 %, €€€
(ZW) Kräftige Farbnoten im Kern, gereifter Rand, einladende Kirsch-Weichsel-Noten, Zwetschke, körperreich, balancierte Textur, feiner Gerbstoff, langer, fruchtiger Nachhall.

93 2022 Chardonnay Premium 14,5 %, €€€
Jugendliche Farbe, vielschichtige Nase, Bratapfel, tabakige Würze, Grapefruit, Vanille, opulenter Wein, weiche Textur, gut eingebundenes Tannin, fruchtiger Abgang, lang anhaltend.

92+ 2020 Pannoterra 14 %, €€€
(ME/ZW/CS/CF) Jugendlich, dunkler Farbkern, Brombeere, Hollerkoch, Kakao, körperreich, gut stützende Säure, fester, feiner Gerbstoff, Gewürznelke und Heidelbeere im Nachhall.

92+ 2020 Zweigelt Reserve 13,5 %, €€
Jugendlich, kräftiger Farbkern, Kirsche, Pflaume, Bitterschokolade, körperreicher Wein, harmonische Textur, feiner Gerbstoff, Nougat im Rückaroma.

Neusiedlersee

Erich Sattler

Obere Hauptstraße 10
7162 Tadten
T 02176/281 82
M erich@erichsattler.at
www.erichsattler.at

Öffnungszeiten
nach Vereinbarung
Rebfläche
12 ha
Rebsorten
WR, SL, ZW, CS, SY, CH, ME
Anbau
organisch-biologisch
Verschlussarten
NK, DI, DV

Nachdem Erich Sattler langjährige Erfahrungen in Kalifornien gesammelt hatte, übernahm er 2000 den elterlichen Weinbaubetrieb. Die Weingärten rund um Tadten sind klimatisch besonders begünstigt, zählt der kleine Weinbauort doch zu den sonnenreichsten Regionen des Landes. Sattler hat sich vorwiegend auf Zweigelt und Sankt Laurent spezialisiert. Radikale Ertragsbegrenzung, händische Lese und besonders schonende Traubenverarbeitung lassen auch aus ertragreichen Sorten wie Zweigelt hochwertige Weine entstehen. In der klassischen Serie werden sie im Stahltank oder im großen Holzfass ausgebaut, während die Reserve-Weine ins Barrique kommen. Die Weingärten werden nach organisch-biologischen Richtlinien bewirtschaftet.

93+ **2020 Zweigelt Neusiedlersee DAC Reserve 14 %, €€**
Dunkler Farbkern, leicht gereifter Rand, jugendliches Fruchtspiel, Heidel- und Brombeere, Kirsche, Kakao, gehaltvoll, balancierte Textur, feiner, reifer Gerbstoff, Bitterschokolade und Pflaume im Nachhall.

93 **2021 Heideboden 13,5 %, FP, €€**
(SL/ZW/CS/SY/ME) Kräftige Farbe, vielschichtige Nase, Brombeere, Cranberry, Nougat, Kirsche, gehaltvoll, dicht und straffe Struktur, fester Gerbstoff, lang anhaltend, Gewürznelke und Kakao im Nachhall, Potenzial.

93 **2022 St. Laurent Reserve 14 %, FP, €€**
Jugendlich, kräftige Farbnoten, Zwetschken, Wacholder, Bitterschokolade, opulenter Wein, harmonische Textur, feines Tannin, pikanter Nachhall, lang anhaltend.

92+ **2021 Chardonnay Reserve 14 %, FP, €€**
Jugendliche Farbe, kandierte Orange, Birnenquitte, zarte Holzwürze, gehaltvoll, dicht und straffe Struktur, präsentes Tannin, gute Länge, Grapefruit im Nachhall.

91 **2022 St. Laurent 13 %, €**
Jugendliche Farbe, nuanciertes Bukett, Brombeere, zarte Würze, Gewürznelke, straff, lebendige Struktur, feines Tannin, Blutorange im Nachhall, gute Länge.

91 **2023 Zweigelt Rosé 12,5 %, €**
Helles Rosé, jugendlich, fruchtiges Bukett, Weichsel-Kirsch-Noten, kandierte Orange, Zitrusanklänge, balancierter Trinkfluss, fruchtiger Schmelz im Abgang.

90+ **2022 Zweigelt 13 %, €**
Jugendliche Farbe, saftige Kirschnoten, Heidelbeerjoghurt, kräftig, lebendiger Trinkfluss, feiner Gerbstoff, gute Länge.

Schaller vom See

Foto: Steve Haider

Frauenkirchner Straße 20
7141 Podersdorf am See
T 0650/217 72 24
M wein@schallervomsee.at
www.schallervomsee.at

Öffnungszeiten
nach tel. Vereinbarung
Rebfläche
10 ha
Rebsorten
ZW, WR, CH, SL, CS, GV, GM
Anbau
konventionell
Verschlussart
DV
Gastronomie
Vinothek

Brigitte und Gerhard Schaller führen den Familienbetrieb mit viel Hingabe und Verantwortungsgefühl. Sie besitzen Weingärten in den besten Lagen um Podersdorf nahe des Neusiedler Sees – von der Sonne verwöhnt, vom See natürlich temperaturgeregelt, kann hier Großes heranwachsen. Ihre Weine sind von der Region geprägt und sollen sich durch spielerische Leichtigkeit und Trinkfreudigkeit auszeichnen. Die sandigen und teils kargen Böden bringen Weine mit klarem Profil hervor. Das pannonische Klima wiederum sorgt mit heißen, trockenen Sommern und kalten Wintern für ein vielschichtiges Aromenspiel.

92+ 2020 Zweigelt Uferlos Neusiedlersee DAC Reserve 14 %, €€
Jugendliche Farbe, ausgeprägte Fruchtnoten, Kakao, Kirsche, Feige, opulenter Wein, balancierte Struktur, präsentes Tannin im Abgang, fruchtiger Nachhall.

92+ 2022 Patfalu 14 %, €€
(CS/ZW/SL) Jugendliche Farbe, einladende Frucht, kandierte Noten, Kirsche, Feige und Kakao, gehaltvoll, balancierte Textur, fruchtiger Abgang, zarter Gerbstoff und Schmelz im Finish.

92+ 2023 Chardonnay Uferlos 13,5 %, €
Jugendliche Farbe, kandierte Orange, Papaya, gelbe Steinobstnoten, opulent, balancierte Textur, fruchtig-pikantes Finish, Physalis im Nachhall, lang anhaltend.

91+ 2023 Chardonnay Ried Prädium 12,5 %, €
Helles Gelb, zart fruchtige Nase, Grapefruit, Bratapfel, Steinobst, saftiger Wein, animierender Trinkfluss, CO_2 spürbar, fruchtiger Abgang, gute Länge.

91 2022 Heideboden Rot 14 %, €
(ZW/SL) Jugendliche Farbe, saftige Frucht, Kirsche, Nougat, Pflaume, körperreich, harmonische Textur, fruchtig, pikanter Abgang, gute Länge.

91 2023 Swingin' Rosé 11 %, €
(CS/ZW) Helle Rosé-Farbe, jugendliche Aromen, Preiselbeere, Kirsche, Lemongrass, zarter Rosé, harmonischer Trinkfluss, fruchtiger Abgang.

90 2023 Gelber Muskateller 11,5 %, €
Blassgelb, intensive Nase, Holunderblüte, exotische Fruchtnoten, saftiger Wein, CO_2-geprägte Struktur, fruchtiger Schmelz im Abgang, Maracuja und Mandarine im Nachhall.

Scheiblhofer The Wine

Halbturner Straße 1a
7163 Andau
T 02176/26 10
M office@scheiblhofer.at
www.scheiblhofer.at

Öffnungszeiten
So.–Do. 8–17, Fr., Sa. 8–18
Rebfläche
130 ha
Flaschenanzahl
2 Mio.
Rebsorten
BF, ZW, SY, CS, ME
Anbau
KIP, konventionell, nachhaltig
Verschlussarten
NK, DI, DV
Gastronomie
Restaurant „The Quarter"
Sonstiges
Übernachtungsmöglichkeit

Erich Scheiblhofer zählt zu den erfolgreichsten Winzern des Landes. Nach einigen Praktika in Kalifornien und Australien hat er 1999 seinen Betrieb in Andau gegründet. Demzufolge hat er sich ganz und gar einer internationalen Stilistik verschrieben. Seine samtig-weichen und opulenten Weine aus Syrah und Merlot sind geprägt vom warmen und sonnenreichen Klima in Andau und in ihrer Kategorie nicht zu schlagen. Die Rotweincuvée „Legends" ist tatsächlich bereits eine Legende, die Jahr für Jahr etliche Preise abräumt. Zudem ist Scheiblhofer Teil des „Club Batonnage", einer Gruppe der besten Jungwinzer des Burgenlands, die mit einer lautstarken Cuvée aus diversen Rotweinsorten für Aufruhr in der Fachwelt sorgte.

95+ 2019 Praittenbrunn 15 %, €€€
(CS/ME) Tiefdunkler Farbkern, komplexes Bukett, Cassis, Verbene, Bitterschokolade, leicht röstig, Blutorange, opulenter Wein, harmonische Textur, dicht und fester, feinkörniger Gerbstoff, sehr lang anhaltend, Nougat, Zesten und Feige im Rückaroma, Potenzial.

95 2022 The Shiraz 14,5 %, €€€
Tiefdunkle Farbe, intensive Nase, Hollerkoch, Wacholder, Kakao, Gewürznelke, gehaltvoll, dicht und balancierte Struktur, harmonischer Trinkfluss, fester Gerbstoff, lang anhaltend, Nougat und Cassis im Rückaroma, Potenzial.

94+ 2022 The Cabernet Sauvignon 14,5 %, €€€
Intensive, dunkle Farbe, jugendlich, vielschichtige Aromatik, Johannis- und Heidelbeere, Kakao, Zedern, körperreich, dicht und engmaschige Struktur, fester, feinkörniger Gerbstoff, sehr lang anhaltend, Wacholder und Nougat im Rückaroma, Potenzial.

94+ 2022 The Merlot 14,5 %, €€€
Tiefdunkle Farbe, intensive Nase, Schwarzwälder Kirsch, Kakao, Hollerkoch, körperreich, dicht und harmonische Textur, feinster Gerbstoff, Kumquat, kandierte Orange und Nougat im Rückaroma, sehr lang anhaltend.

94 2022 The Great Bustard 14,5 %, €€€
(ME/CS/ZW) Tiefdunkle Farbe, einladende, vielschichtige Aromen, Lebkuchen, Mokka, Bitterschokolade, Schwarzkirsche, Feige, körperreich, dicht und festes Tanninfinish, Wacholder im Rückaroma, Potenzial.

94 2022 The Legends 14 %, €€
(CS/ME) Dunkler Kern, leicht gereifter Rand, Bitterschokolade, Kirsche, Mokkanoten, leicht rauchig, Johannisbeere, körperreich, harmonische Textur, feiner Gerbstoff, Kakao und kandierte Orange im Nachhall, gut antrinkbar.

93+ 2022 The Zweigelt Ried Prädium 14,5 %, €€
Tiefdunkle Farbe, ausgeprägte Aromatik, Pflaume, Zesten, Kakao, Hollerkoch, gehaltvoller Wein, gut stützende Säure, fester, feinkörniger Gerbstoff im Abgang, kandierte Orange und Weichsel im Rückaroma.

Weingut Schwarz

Foto: Ingo Pertramer

Baumhöhäcker 16
7163 Andau
T 02176/32 31
M office@schwarz-weine.at
www.schwarz-weine.at

Öffnungszeiten
Mo.–Sa. 9–17
Rebfläche
29 ha
Rebsorten
ZW, CH, GV, BF, CS, SB, SY, CF, ME, BB, SÄ
Anbau
KIP, konventionell, nachhaltig
Verschlussarten
DI, DV
Gastronomie
Vinothek

The Butcher ist mittlerweile heimischen Weintrinkern ein Begriff. Er steht für kräftige, unverwechselbare Weine aus Andau. Bevor sich Hans Schwarz seiner großen Leidenschaft Weinbau widmete, war er Fleischhauer. Doch bereits sein erster Wein, der inzwischen legendäre Schwarz-Rot, erreichte Kultstatus, sodass der Weinbau fortan zum Hauptgeschäft und die Fleischerei zum Hobby wurde. Mittlerweile leitet Michael Schwarz das Weingut – nach wie vor tatkräftig unterstützt von seinem Vater Hans. Der Junior lernte das Handwerk von klein auf, bildete sich sowohl während des Weinbaustudiums als auch im Zuge von Auslandspraktika weiter. Wie der Vater will er bodenständige und trinkfreudige Weine keltern. Seit Sommer 2024 kann im neuen Weingut verkostet werden.

96 2022 Schwarz Rot 13,5 %, €€€
(ZW) Jugendliche Farbnoten, intensive, vielschichtige Aromatik, Schwarzkirsche, Nougat, Bitterschokolade, Lemongrass, körperreich, balancierte Textur, gut stützende Säure, feinster Gerbstoff, sehr, sehr lang anhaltend, Zesten, Mokka und Feige im Rückaroma, gut antrinkbar und enormes Potenzial.

94+ 2022 Schwarz Weiß 14,5 %, €€€
(CH/GV) Jugendliche Farbe, intensive, komplexe Nase, kandierte Orange, Apfelquitte, zarte Reduktionsnoten, leicht rauchig, körperreich, balancierte Textur, feiner Gerbstoff, Ingwer-Honig im Nachhall, Potenzial.

93 2021 Edelschwarz 13,5 %, €€
(ZW/ME/CF) Gereifte, transparente Farbnoten, nuanciertes Bukett, Lebkuchen, Zwetschke, Kirsche, leicht röstig, stoffig, lebendige Textur, feines Tanninfinish, langer, fruchtig-pikanter Nachhall.

92+ 2021 Blaufränkisch The Butcher 13,5 %, €€
Leicht gereifte Farbnoten, dunkelbeerige Frucht, Bitterschokolade, balancierte Textur, fester, feinkörniger Gerbstoff, tabakige Würze im Nachhall.

92 2021 Zweigelt The Butcher 13 %, €
Jugendliche, leicht transparente Farbe, einladendes Fruchtspiel, Kirsche, kandierte Orange, Nougat, kräftig, balancierte Textur, lebendiges Frucht-Säure-Spiel, feiner Gerbstoff, Cranberry im Nachhall.

Neusiedlersee

Weingut Stiegelmar

Das Familienweingut wurde 1956 gegründet und wird heute in der dritter Generation von Jürgen Stiegelmar und seiner Cousine Andrea geführt – weiterhin unterstützt von den Senioren Hans, Gerhard und Walter Stiegelmar. Für die Familie ist Wein ein Naturprodukt, dessen Entstehung im Weingarten durch Traubenselektion, exakte Reifebestimmung und Handernte beginnt und im Keller mit schonender und minimalinvasiver Verarbeitung des Traubenmaterials fortgesetzt wird. Das Ziel ist, charaktervolle, sortentypische und terroirgeprägte Weine auf die Flasche zu füllen. Das Sortiment ist breit gefächert, von trocken und leicht bis edelsüß. Dabei konzentriert man sich in erster Linie auf heimische Rebsorten, internationale Sorten wie Cabernet Sauvignon und Merlot ergänzen das Programm.

95 2021 Stiegelmar 13,5 %, €€€
(ZW/BF/CS) Kräftiger Farbkern, vielschichtige Nase, Heidelbeere, Schwarzkirsche, Bitterschokolade, rauchig-röstige Noten, kräftiger Wein, engmaschige Textur, feines Tannin, langer Nachhall, Cranberry im Rückaroma, Potenzial.

94 2021 St. Laurent Ried Goldberg 13 %, €€
Kräftige Farbnoten, vielschichtige Aromatik, Wacholder, Weichsel, Pflaume, Kakao, straffer Wein, engmaschige Struktur, feinkörniges Tannin, Nougat und Brombeere im Nachhall.

93+ 2021 Cabernet Sauvignon Ried Kalbskopf 14 %, €€
Dunkle Farbe, ausgeprägtes Fruchtspiel, Cassis, Brombeere, Bitterschokolade, leicht röstig, gehaltvoller Wein, straffe Textur, fester Gerbstoff, lang anhaltend.

93 2021 Chardonnay Ried Hochäcker 14 %, €€
Kräftige Farbe, kandierte Orange, Mandeln und Steinobst, Hauch Vanille, opulenter Wein, cremige Textur, gut stützende Säure, fruchtiges Finish, lang anhaltend.

93 2021 Merlot Ried Goldberg 14,5 %, €€
Dunkler Farbkern, leicht gereifter Rand, Bitterschokolade, Heidel- und Brombeere, Feige, opulenter Wein, gut stützende Säure, feines Tannin, langer Nachhall.

91+ 2023 Grauburgunder 13,5 %, €
Jugendliche Farbe, saftige, gelbe Fruchtnoten, Grapefruit, körperreich, harmonische Textur, feiner Gerbstoff, fruchtiger Nachhall.

91 2023 Weißburgunder 12,5 %, €
Helle Farbe, zarter Apfelton, Mandarine, kräftiger Wein, harmonische Textur, fruchtiger Schmelz im Abgang, gute Länge.

Foto: Weingut Stiegelmar

Goldberg 6
7122 Gols
T 02173/23 17
M weingut@stiegelmar.com
www.stiegelmar.com

Öffnungszeiten
Mo.–Fr. 7–12, 13–17,
Sa., So. nach Vereinbarung
Rebfläche
40 ha
Rebsorten
ZW, BF, SL, ME, CS, PB,
CH, PG, MO, WR, GV, TR
Anbau
KIP
Verschlussarten
NK, DV

Hans Tschida, Angerhof

Hans Tschida zählt nicht nur zu den renommiertesten Süßweinproduzenten des Landes, auch international konnte er reüssieren: Etliche Male wurde er mit dem Titel „Sweet Winemaker of the Year" der „International Wine Challenge" in London ausgezeichnet. Insgesamt bewirtschaftet Hans Tschida 35 Hektar im burgenländischen Seewinkel. Die wichtigsten Rebsorten sind dabei Welschriesling, Chardonnay, Sämling 88, Muskat Ottonel, Traminer und Weißburgunder. Aus Zweigelt und Carbernet Sauvignon keltert er dichte Rotweine.

98+ 2021 Sämling 88 TBA Ried Domkapitel Neusiedlersee DAC Reserve 8,5 %, €€€
Goldgelb, ausgeprägte, einladende Aromatik, Maracuja, florale Noten, Verbene und Kamille, saftige TBA, lebendige Struktur, eleganter Trinkfluss, gut verwobene Restsüße, kandierte Ananas, gelber Pfirsich und Melisse im Rückaroma.

98 2021 Gelber Muskateller Trockenbeerenauslese 7,5 %, €€€
Helles Goldgelb, intensive, komplexe Aromen in der Nase, Holunderblüte, Passionsfrucht, Nektarine und Weingartenpfirsich, straff, engmaschige Textur, lebendiger Trinkfluss, fruchtiger Abgang, kandierte Ananas und Melisse im Nachhall.

98 2021 Welschriesling TBA Ried Domkapitel Neusiedlersee DAC Reserve 8 %, €€€
Helles Goldgelb, intensive, komplexe Nase, Williamsbirne, kandierte Ananas, ein Hauch Maracuja, Kamille, kräftig, dicht und engmaschige Textur, animierender Trinkfluss, pikantes Finish, langer fruchtiger Nachhall, Potenzial.

97 2021 Muskat Ottonel Schilfwein 8 %, €€€
Goldgelb, intensive Nase, gelber Pfirsich, Mandarine, Williamsbirne, kandierte Orange, stoffig, lebendige Textur, balancierte Restsüße, kandierte Mandeln und Physalis im Finish, Potenzial.

96+ 2023 Goldmuskateller Eiswein 7,5 %, €€€
Helle Farbe, intensive Nase, Holunderblüte, Maracuja, traubige Anklänge, straffe Struktur, lebendiger Trinkfluss, balancierte Restsüße, fruchtexotischer Nachhall.

96 2020 Sämling 88 Beerenauslese 8,5 %, €€
Goldgelb, komplexes Fruchtspiel in der Nase, Nektarine, Passionsfrucht, Mango, stoffiger Prädikatswein, eleganter Trinkfluss, fein verwobene Restsüße, langer Fruchtschmelz im Nachhall.

94 2022 Welschriesling Beerenauslese 8 %, €€
Helles Goldgelb, ausgeprägtes Fruchtspiel, gelber Pfirsich, Maracuja, zarte Blütenanklänge, stoffiger Wein, balancierte Restsüße, fruchtiger Nachhall.

Foto: Robert Herbst

Angergasse 5
7142 Illmitz
T 02175/31 50
M weingut@angerhof-tschida.at
www.angerhof-tschida.at

Öffnungszeiten
tägl. nach Vereinbarung
Rebfläche
35 ha
Rebsorten
SÄ, MO, WR, CH, TR, ZW, CS
Anbau
konventionell
Verschlussarten
GL, DV

Neusiedlersee

Bio-Weingut Christian & Thomas Weiss

Foto: NADINE STUDENY PHOTOGRAPHY

Volksfestgasse 12
7122 Gols
T 02173/21 23
M info@weingut-weiss.at
www.weingut-weiss.at

Öffnungszeiten
nach Vereinbarung
Rebfläche
17 ha
Flaschenanzahl
100.000
Rebsorten
GV, RI, MT, PB, CH, SÄ, ZW,
BF, ME, BB, WR, CS
Anbau
organisch-biologisch
Verschlussarten
GL, DV

Respekt vor der Natur ist das oberste Prinzip des Weinguts. Weinbau versteht man als ein Wechselspiel von Geben und Nehmen – daher wird biologisch bewirtschaftet. Die Reben werden mit natürlicher Pflanzenstärkung unterstützt und der Boden mit gezielter Begrünung gesund erhalten. Man vertraut auf tradiertes Wissen, das man zu nutzen weiß. Vinifiziert wird ein breites Spektrum aus heimischen und internationalen Rebsorten in Weiß und Rot. Die Weine sind vegan, einige auch mit geringem Histamin-Restwert und daher auch für Konsumenten mit Intoleranzen verträglich.

92 2023 Freigeist Weiss 12,5 %, €€
(RR/GV) Jugendliche Farbe, Steinobst, zarte Würze, kräftiger Wein, animierender Trinkfluss, fruchtig, präzises Finish, Mandarine im Rückaroma.

91+ 2022 Faktotum Rot 12,5 %, €
(ZW, lieblich) Jugendliche Farbnoten, kandierte Fruchtnoten, Kirschlikör, stoffig, harmonische Textur, fruchtig-süßer Abgang, gute Länge, Nougat und Zesten im Nachhall.

91+ 2022 Heideboden Rot 13 %, €
(ZW/BF) Kräftiger Farbkern, nuanciertes Bukett, Kirsche, Brombeere, zarte Würze, stoffig, balancierter Trinkfluss, fester Gerbstoff, gute Länge, fruchtiger Nachhall.

90+ 2023 Pinot Blanc 12,5 %, €
Helle Farbe, kandierte Fruchtnoten, Klarapfel, Mandarine, stoffig, CO_2-geprägte Textur, fruchtiges Finish.

90 2022 Blaufränkisch Classic 13 %, €
Jugendliche, leicht transparente Farbe, Zwetschke, Heidelbeerjoghurt, kräftiger Wein, straff, lebendige Struktur, fruchtiger Abgang.

90 2022 Zweigelt Classic 13 %, €
Jugendliche Farbe, zarte Kirschnoten, Heidelbeerjoghurt, stoffig, harmonische Textur, fruchtiger Abgang.

89 2023 Welschriesling 11,5 %, €
Helle Farbe, Zitrus, Apfelnoten, lebendiger Trinkfluss, Limette im Abgang.

Weingut Wendelin, Elisabeth und Christian Gangl

Foto: Steve Haider

Untere Hauptstraße 135
7122 Gols
T 0664/547 21 39
M wendelin@weingut-wendelin.at
www.weingut-wendelin.at

Öffnungszeiten
Mo.–Fr. 9–17, Sa. 9–13 und nach tel. Vereinbarung
Rebfläche
11 ha
Rebsorten
WR, ZW, SL, BF, MO, SB, CH, ME, CS
Anbau
KIP, konventionell, nachhaltig
Verschlussarten
NK, DI, DV

Elisabeth und Christian Gangl liegt die Erhaltung der Natur am Herzen. Umwelt- und ressourcenschonende Bewirtschaftung haben dabei oberste Priorität. Die Weingärten liegen in den besten Lagen rund um Gols, darunter so klingende Namen wie Salzberg, Gabarinza, Ungerberg, Heideboden und Goldberg. Bei den Rotweinen steht Zweigelt im Fokus, aber auch Blaufränkisch und Merlot spielen eine wichtige Rolle. Bei den Weißen ist es der Chardonnay, der dem Winzerpaar besonders am Herzen liegt – vollmundig und cremig soll er schmecken. Ein spritziger Welschriesling, ein lieblicher Weißburgunder sowie Rosé und Frizzante vervollständigen das Sortiment. All ihre Weine sollen authentisch ihre Herkunft zeigen.

93+ 2021 Merlot Ried Hochacker 14,5 %, €€
Tiefdunkler Farbkern, ausgeprägte Aromatik, Heidelbeere, Kirsche, Nougat und Bitterschokolade, gehaltvoll, dicht und balancierte Textur, feines Tannin, Mokka und Cassis im Nachhall.

93 2021 Ganta 14 %, €€
(ZW/SL/BF) Kräftige Farbnoten, einladende Kirsch-Frucht, Nougat, Bitterschokolade, Pflaume, gehaltvoll, dicht und balanciert, feines Tannin, gute Länge, Mokka und Brombeere im Nachhall.

93 2022 Chardonnay Pur 13,5 %, €€
(Orange Wine) Zartes Orange, kandierte Orange und Mandeln, nussige Würze, körperreich, druckvolle Struktur, feines Tannin, Kumquat im Nachhall.

92+ 2023 Weißburgunder 10,5 %, €
(lieblich) Helle Farbe, Nektarine, Williamsbirne, kandierte Noten, saftiger Wein, lebendige Textur, balancierte Restsüße, fruchtiger Nachhall.

92 2023 Rosé 11,5 %, €
(CS/BF/ME) Mittlere Farbtiefe, einladende Frucht, Weichsel, Mandarine, Ribisel, stoffig, markantes Frucht-Säure-Spiel, pikantes Finish, Limette und Cranberry im Nachhall.

91 2023 Chardonnay Ried Edelgrund 13 %, €
Helle Farbe, nuancierte Nase, Grapefruit, Mandarine, stoffig, lebendige Textur, fruchtiges Finish, gute Länge, Limette im Nachhall.

Neusiedlersee

Zantho

Das Weingut mit der Eidechse als Logo zählt mittlerweile zu den bekanntesten Betrieben Österreichs und ist auch international etabliert. 2002 von Josef Umathum und Wolfgang Peck gegründet, bewirtschaftet man inzwischen ca. 80 Hektar Rebflächen im Seewinkel. Ausgeklügelte Laubarbeit, Begrünung der Weingärten, Förderung der Artenvielfalt sowie strenge Ertragsregulierung und ausschließliche Handlese sollen perfekte Traubenreife garantieren. Der Fokus der Produktion liegt auf klassischen Rebsorten wie Zweigelt, Sankt Laurent, Muskat und Veltliner, die zu hochwertigen Rot-, Weiß-, Schaum- und Süßweinen verarbeitet werden. Die Reserveweine sind mit edlen Samtetiketten ausgestattet.

Foto: Steve Haider

Dammweg 1A
7163 Andau
T 02176/270 77
M office@zantho.com
www.zantho.com

Öffnungszeiten
Mo.–Fr. 8–17, Sa. 10–17
Rebfläche
80 ha
Flaschenanzahl
600.000
Rebsorten
ZW, SL, BF, GV, MO, WR, SÄ, PN, SB, ME, CS
Anbau
KIP, Umstellung organisch-biologisch, nachhaltig
Verschlussart
GL
Gastronomie
Vinothek

93 2020 Beerenauslese Scheurebe 9,5 %, €€
Helles Goldgelb, ausgeprägte Nase, exotische Frucht, leicht floral, kandierte Noten, stoffig, lebendige Textur, balancierte Restsüße, gelber Pfirsich im Nachhall.

93 2021 Cuvée 1487 Reserve 14 %, €€€
(ZW/CS/ME) Kräftiger Farbkern, saftige, dunkelbeerige Frucht, Bitterschokolade, Brombeere, Weichsel, opulent, straffe Textur, fester Gerbstoff, langer Nachhall, Kumquat im Rückaroma.

92 2022 Merlot Reserve 14 %, FP, €€
Kräftige Farbe, einladendes Fruchtspiel, Schwarzkirsche, Nougat, kandierte Orange, stoffig, balancierte Textur, feiner Gerbstoff, Kornelkirsche im Rückaroma.

92 2022 Zweigelt Reserve 13,5 %, €€
Jugendlich, kräftige Farbe, Kirsche, Heidelbeerjoghurt, Kakao, cremige Textur, balancierter Gerbstoff, fruchtiger Nachhall, gute Länge.

91+ 2022 Pinot Noir Reserve 13,5 %, €€
Transparente Farbe, zart fruchtige Nase, Weichsel, rotbeerige Noten, Kakao, stoffig, lebendige Struktur, feiner Gerbstoff im Abgang, langer Nachhall.

90 2023 Grüner Veltliner 12 %, €
Helle Farbe, einladendes Fruchtspiel, Melone, Nashi-Birne, zarte Würze, saftiger Wein, harmonischer Trinkfluss, fruchtiger Abgang.

HISTORISCHER WEIN

92 2015 Sankt Laurent

Notizen

Die Besten am
LEITHABERG

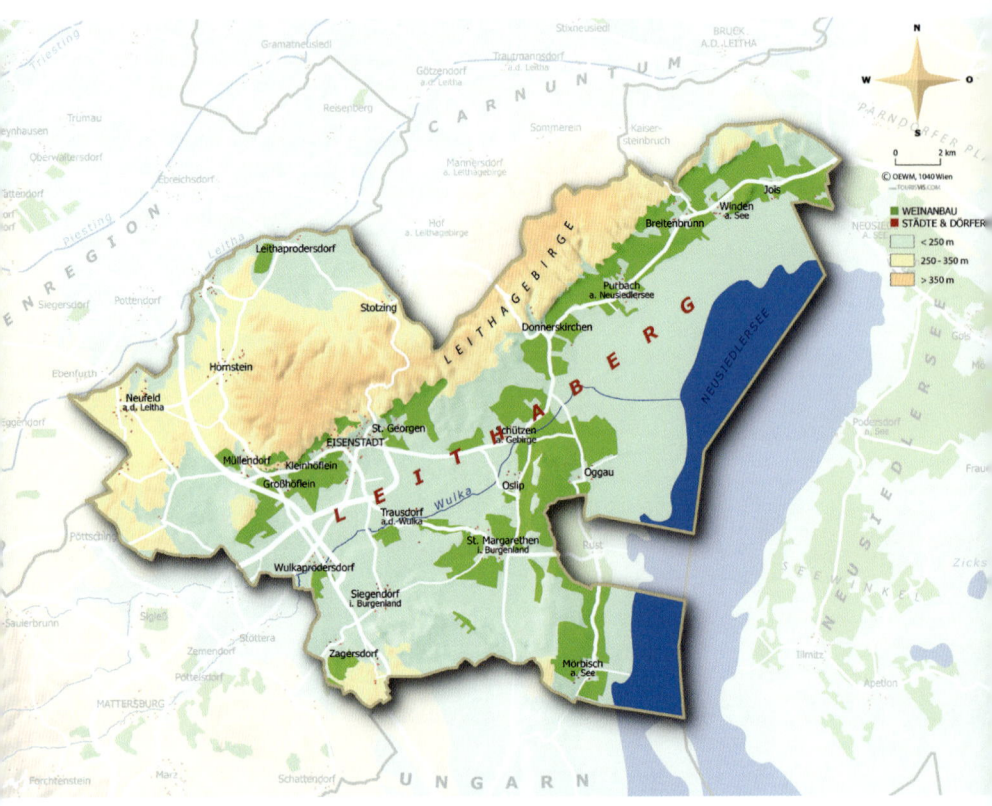

Rebfläche: 3.097 ha. Löss, Sand, Lehm und Schwarzerde dominieren die Böden dieses Weinbaugebiets und bieten dadurch große Sortenvielfalt. Die größte Tradition als Weinort hat die Freistadt Rust, berühmt durch den Ruster Ausbruch.
Rebsorten: Welschriesling, Chardonnay, Burgundersorten, Neuburger, Furmint, Zweigelt, Blaufränkisch

100	*2021 Blaufränkisch Ried Goldberg Leithaberg DAC* · **Weingut Prieler**
99	*2022 Blaufränkisch Lutzmannsburg Alte Reben* · **Moric, Roland Velich**
99	*2022 Blaufränkisch Ried Lama* · **Rosi Schuster**
98+	*2022 Chardonnay Ried Katterstein* · **Weingut Kollwentz, Römerhof**
98+	*2021 Blaufränkisch Ried Jungenberg Leithaberg DAC* · **Anita & Hans Nittnaus**
98+	*2022 Blaufränkisch Müllendorf Ried Santen* · **Rosi Schuster**
98	*2019 Syrah Monument* · **Toni Hartl**
98	*2022 Chardonnay Gloria* · **Weingut Kollwentz, Römerhof**
98	*2019 Blaufränkisch Ried Setz* · **Weingut Kollwentz, Römerhof**
98	*2022 Blaufränkisch Ried Schwemmer* · **Moric, Roland Velich**
98	*2022 Blaufränkisch Ried Maissner* · **Moric, Roland Velich**
98	*2021 Blaufränkisch Ried Marienthal Leithaberg DAC* · **Weingut Prieler**
98	*2022 St. Laurent Zagersdorf* · **Rosi Schuster**
97+	*2021 Blaufränkisch Ried Gritschenberg Leithaberg DAC* · **Anita & Hans Nittnaus**
97	*2019 M56 Blaufränkisch Ried Marienthal Leithaberg DAC* · **Weingut MAD**
96+	*2022 Chardonnay Ried Freudshofer Leithaberg DAC* · **Anita & Hans Nittnaus**
96	*2021 Carabus Reserve* · **Weingut Bayer – Erbhof**
96	*2019 Oxhoft* · **Birgit Braunstein**
96	*2019 Chardonnay Ried Thenau Leithaberg DAC* · **Toni Hartl**
96	*2021 Blaufränkisch Ried Reisbühl Leithaberg DAC* · **Weingut Michael Kirchknopf**
96	*2021 Peccatum* · **Weingut Leberl**
96	*2020 Grande Cuvée d'Or* · **Franz Schindler**
96	*2021 Blaufränkisch Gloriette ® Ried Kirchberg Leithaberg DAC* · **Erwin Tinhof**
96	*2021 Cabernet Franc Ried Steinberg* · **Stefan Zehetbauer**
95+	*2021 Blaufränkisch Ried Schildten Leithaberg DAC* · **Weingut Esterházy**

Leithaberg

Weingut Bayer – Erbhof

Das Weingut, eines der ältesten in Donnerskirchen, wird seit Generationen von der Familie Bayer bewirtschaftet. Die Winzerfamilie besinnt sich dabei auf die Tradition des Weinbaus am Leithaberg. Die Lagen an den südlichen Ausläufern des Gebirges waren seit jeher Grundlage für aromatische Weiß- und Rotweine. Die Brüder Josef und Michael Bayer bewirtschaften fast 22 Hektar mit einer erstaunlichen Vielfalt an Sorten und Stilistiken, ermöglicht durch die verschiedenen Bodenbeschaffenheiten. Muschelkalk und Schiefer sind für sie der größte Schatz des Leithabergs, sie verleihen den Weinen Finesse und Tiefgang.

Foto: Bernd Weiss

96 2021 Carabus Reserve 14 %, €€€
(BF/ME/CS) Tiefdunkler Farbkern, Mokka, Johannisbeere, Schwarzkirsche, Bitterschokolade, körperreich, dicht und straff, lebendige, elegante Textur, feinkörniges Finish, langer Nachhall, Wacholder im Rückaroma, Potenzial.

94+ 2020 Blaufränkisch Ried Martinsberg Leithaberg DAC 13,5 %, €€€
Dunkler Farbkern, leicht gereifter Rand, kandierte Orange, Brombeere, Bitterschokolade, Nougat, kräftiger Wein, balancierte, dichte Textur, feiner Gerbstoff, langer Nachhall, Cranberry und Pflaume im Finish.

94 2022 Weißburgunder Ried Kapellenjoch Leithaberg DAC 13 %, €€€
Jugendliche Farbe, vielschichtige Aromatik, Zesten, Nektarine, Physalis, kräftig, dicht und lebendige Textur, feines Tannin, lang anhaltender Nachhall, fruchtiges Rückaroma, Potenzial.

93+ 2022 Pinot Noir Ried Wolfsbach 13 %, €€€
Reife, transparente Farbe, dunkelbeerige Noten, Himbeere, kandierte Orange, röstige Anklänge, kräftiger Wein, weiche Textur, feines Tannin, Nougat und Kirsche im Rückaroma.

93 2023 Grüner Veltliner Leithaberg DAC 13 %, €€
Helle Farbe, nuanciertes Bukett, Mandarine, Verbene, Steinobst, kräftiger Wein, lebendiger Trinkfluss, fruchtig-pikantes Finish, zarter Gerbstoff und Zesten im Nachhall, lang anhaltend.

92+ 2023 Chardonnay Leithaberg DAC 13 %, €€
Helle Farbe, jugendliche Fruchtnoten, Grapefruit, Mandarine, Steinobst, saftiger Wein, weiche Textur, fruchtiger Abgang, Physalis und nussige Würze im Rückaroma.

92+ 2023 Weißburgunder Leithaberg DAC 13 %, €€
Helle Farbe, saftige gelbe Fruchtnoten, Melone, gelber Apfel, Mandarine, kräftiger Wein, gut stützende Säure, zarter Gerbstoff und kandierte Orange im fruchtigen Finish, gute Länge.

Hauptstraße 50
7082 Donnerskirchen
T 02683/85 50
M weingut@bayer-erbhof.at
www.bayer-erbhof.at

Öffnungszeiten
Mo.–Sa. 9–18,
So., Fei. nach Vereinbarung
Rebfläche
22 ha
Rebsorten
GV, WR, PB, CH, SB, MO, ZW, BF, PN, CS, ME, GM
Anbau
KIP, konventionell, nachhaltig
Verschlussarten
NK, DV
Gastronomie
Heuriger
Sonstiges
Übernachtungsmöglichkeit

Birgit Braunstein

Foto: Paul Szimák

Hauptgasse 18
7083 Purbach
T 02683/59 13
M office@weingut-braunstein.at
www.weingut-braunstein.at

Öffnungszeiten
nach Vereinbarung
Rebfläche
20 ha
Flaschenanzahl
100.000
Rebsorten
BF, ZW, SL, PN, ME, PB,
CH, WR, SB
Anbau
organisch-biologisch,
biodynamisch, Demeter
Verschlussarten
NK, DI, DV
Gastronomie
Restaurant
Sonstiges
Übernachtungsmöglichkeit

Die Liebe zur Natur steht über allem, was Birgit Braunstein tut. Sie betreibt naturnahen Weinbau und verwirklicht ihre Vision eines Weinguts in Harmonie mit der Umwelt. Biodynamisch bewirtschaftete Weingärten, ganzjährig begrünt, voller blühender Kräuter, Insekten und anderer, vielfältiger Fauna, liefern gesunde Trauben. Daraus vinifiziert Birgit Braunstein lebendige, frische und finessenreiche Weine voller Spannung – ganz ohne Zusätze. Der Leithaberg mit seinen Kalk-, kristallinen Quarz- und Schieferböden, maßgeblich geprägt vom einzigartigen Mikroklima zwischen See und Berg, bietet beste Bedingungen für unverwechselbare Gewächse mit Herkunftscharakter. Weine für genussreiche Momente, die berühren sollen.

96 2019 Oxhoft 14 %, €€€
(BF/ZW/CS) Kräftiger Farbkern, komplexe Aromatik, Johannisbeere, Zedern, tabakige Würze, Zwetschke, Kirsche, körperreich, dicht, straff, fester, feinkörniger Abgang, lang anhaltend, Bitterschokolade und Physalis im Rückaroma, Potenzial.

95+ 2019 Blaufränkisch Ried Thenau 13,5 %, €€€
Dunkler Farbkern, gereifter Rand, komplexe Nase, Brom- und Preiselbeere, zart rauchig, Kakao, körperreich, dicht und straffe Textur, feinkörniges Finish, Blutorange und Kumquat im Nachhall, Potenzial.

94+ 2019 Blaufränkisch Ried Glawarinza Leithaberg DAC 14 %, €€€
Gereifte Farbe, einladende, komplexe Nase, Feige, Pflaume, Nougat, zarte Bitterschokolade, gehaltvoll, gut stützende Säure, feinkörniges Tannin im Abgang, Cranberry im Rückaroma.

94+ 2021 Chardonnay Ried Guttenberg Leithaberg DAC 13,5 %, €€€
Jugendliche Farbe, ausgeprägte, komplexe Nase, Birnenquitte, Grapefruit, leicht röstige Noten, körperreich, dicht, Kumquat im engmaschigen Finish, feinstes Tannin, sehr lang anhaltend.

93+ 2021 Brigid Pinot Blanc 12,5 %, €€€
(maischevergoren) Zarte Orange-Noten, ein Hauch Reduktion, gewinnt mit Luft Grapefruit, Kumquat, Zesten, kräftiger Wein, dicht und fester Gerbstoff, langer Nachhall, kandierte Orange im Rückaroma.

92+ 2023 Chardonnay Ried Felsenstein 13 %, €€
Helles Gelb, jugendliche Fruchtnoten, Mandarine, Nektarine, kandierte Noten, kräftiger Wein, balancierte Textur, feines Tannin im Abgang, fruchtiger Nachhall.

HISTORISCHER WEIN
93 2013 Pinot Noir Reserve

Leithaberg

Weingut Esterházy

Foto: www.seidl.photo

7061 Trausdorf an der Wulka 1
T 02682/633 48
M weingut@esterhazywein.at
www.esterhazywein.at

Öffnungszeiten
Mo.–Fr. 10–18, Sa. 10–16
Rebfläche
65 ha
Flaschenanzahl
250.000
Rebsorten
PB, CH, SB, GV, BF, ZW, ME, PN
Anbau
organisch-biologisch
Verschlussarten
NK, DI, DV

Wein gehörte bei Esterházy seit Jahrhunderten dazu, erste Belege stammen aus dem Jahr 1612. 2023 wurde mit dem Abschluss der Bio-Zertifizierung ein neuer wichtiger Meilenstein gesetzt. Auf Muschelkalk und Glimmerschiefer gedeihen Trauben in sechs umliegenden Gemeinden. Auf Bewässerung wird bewusst verzichtet. Sanfter Rebschnitt, schonende Bodenbearbeitung und Biokompost vom benachbarten Landgut Esterházy fördern die Vitalität der Pflanzen und sorgen für ausgewogene Traubenreife. Seit Kurzem setzt man zudem auf eine innovative Technologie: Drei der größten Betoneier der Welt (3.800 Liter) werden für die Vinifikation verwendet. Geschäftsführer Frank Schindler, Kellermeister Robert Krammer sowie Vertriebsleiter Wolfgang Hewarth arbeiten gemeinsam mit ihren Teams an einer Vision: die Bedingungen am Leithaberg zu nutzen, um lebendige Cool-Climate-Weine mit Struktur, Charakter und lebendiger Säure zu erzeugen – und so auch die Herkunft zum Ausdruck zu bringen.

95+ 2019 Sekt Austria Blanc de Noir g.U. Große Reserve brut nature 12,5 %, €€€
(BF) Jugendliche Farbe, vielschichtige Nase, kandierte Orange und Mandeln, Brioche, nussige Würze, jugendlich, feine Perlage, dicht, zartes Gerbstofffinish, Ribisel und Zesten im Nachhall.

95+ 2021 Blaufränkisch Ried Schildten Leithaberg DAC 14,5 %, €€€
Kräftige Farbe, komplexes Bukett, Brombeere, Kakao, leicht röstig-rauchige Noten, Johannisbeere, stoffig, dicht und feinkörniger Gerbstoff, lang anhaltend, Cranberry und Mokka im Nachhall, Potenzial.

95 2021 Chardonnay Ried Lamer Leithaberg DAC 14 %, €€€
Jugendliche Farbe, intensive Nase, Kumquat, Grapefruit, kandierte Noten, körperreich, dicht und engmaschiges Finish, lang anhaltend, Limette und Mandeln in Abgang, Potenzial.

93+ 2021 Blaufränkisch Sankt Georgen Leithaberg DAC 13,5 %, €€
Leicht transparente Farbe, komplexe Aromatik, Heidelbeere, Cranberry, Zwetschke, rauchige Noten, stoffig, lebendige Textur, feiner Gerbstoff, lang anhaltender Abgang, fruchtiger Nachhall.

93+ 2022 Chardonnay Sankt Margarethen Leithaberg DAC 13 %, €€
Jugendliche Farbe, nuanciertes Bukett, Mandeln, Grapefruit, kandierte Orange, zarte Würze, stoffiger Wein, balancierte Textur, pikantes Finish, lang anhaltend, Kumquat im Rückaroma.

92+ 2022 Grüner Veltliner Großhöflein Leithaberg DAC 12,5 %, €€
Helle Farbe, ausgeprägte Aromatik, gelber Apfel, Nashi-Birne, Gewürznelke, Kumquat, kräftiger Wein, harmonische Textur, feines Tannin, engmaschiges Finish.

91+ 2023 Estoras Blanche Leithaberg DAC 12,5 %, €€
(GV/CH/PB) Helle Farbe, nuanciertes Bukett, Antipasti-Noten, kandierte Orange, Nashi-Birne, stoffig, dicht und engmaschiges Finish, fruchtiger Abgang.

Bernhard Fiedler, Weingut Grenzhof-Fiedler

Am Ende von Mörbisch, beinahe an der ungarischen Grenze, liegt das elf Hektar große Weingut von Bernhard Fiedler und seiner Familie. Die Weingärten befinden sich auf sanft zum See abfallenden Hügeln. Das milde pannonische Klima, der Neusiedler See und die ausgezeichneten Lagen sind die Grundlage für ihre fruchtigen Weiß-, kräftigen Rot- und edlen Süßweine. Die Weingärten sind auf viele verschiedene Rieden mit unterschiedlichen Böden verteilt. Entsprechend groß ist die Sortenvielfalt, wobei sich das Mengenverhältnis zwischen Rot- und Weißweinen in etwa die Waage hält.

Foto: Jerzy Bin

Weinzeile 2
7072 Mörbisch
T 0650/566 50 55, 02685/82 76
M weingut@grenzhof-fiedler.at
www.grenzhof-fiedler.at

Öffnungszeiten
nach Vereinbarung
Rebfläche
11 ha
Rebsorten
MO, PB, CH, GV, TR, BF, ZW, CS
Anbau
KIP, konventionell, nachhaltig
Verschlussart
DV

94 2020 Cabernet Sauvignon 14 %, €€
Kräftige Farbe, ausgeprägtes Bukett, Johannisbeere, Bitterschokolade, Zedern, Mokka, stoffiger Wein, eleganter Trinkfluss, feinkörniges Tannin, samtiges Finish, langer Nachhall, großartiger Sortencharakter.

94 2021 Rote Trilogie 14 %, €€
(ZW/BF/CS) Kräftiger, dunkler Farbkern, ausgeprägte Nase, Johannisbeere, Kirsche, Bitterschokolade, Preiselbeere, gehaltvoll, dicht und straff, feinstes Tannin, lang anhaltend, Nougat und Weichsel im Rückaroma, Potenzial.

94 2023 Weißburgunder Ried Wieser Leithaberg DAC 13 %, €€
Helles Gelb, intensive Nase, Klarapfel, Physalis, kandierte Orange, nussige Würze, straff, lebendiger Trinkfluss, engmaschiges Finish, lang anhaltend, Grapefruit und Mandarine im Rückaroma, Potenzial.

93 2021 Blaufränkisch Reserve 13,5 %, €€
Kräftige Farbe, ausgeprägte dunkle Beerenfrucht, Holunder, Brombeere, Kakao, körperreich, dicht, straffe Textur, fester, feinkörniger Gerbstoff, langer Nachhall, Potenzial.

93 2022 Zweigelt Reserve 13,5 %, €€
Jugendliche Farbnoten, Kakao, Schwarzkirsche, Weichsel, körperreich, dicht und engmaschiges Finish, feiner Gerbstoff, Nougat und Zwetschke im Rückaroma.

92 2023 Chardonnay Duett 13,5 %, €€
Sehr helle Farbe, jugendliche Fruchtnoten, Grapefruit, Mandarine, Bratapfel, nussige Würze, körperreich, balancierte Textur, feiner Gerbstoff, Kumquat im Rückaroma.

91+ 2022 Blaufränkisch 13 %, €
Jugendlich, kräftige Farbe, intensive dunkle Beerenfrucht, kandierte Orange, Weichsel, stoffig, harmonische Textur, feines Tannin und Frucht im Abgang, gute Länge.

Leithaberg

Toni Hartl

Florianigasse 7
2440 Reisenberg
T 02234/806 36-5
M wine@toni-hartl.at
www.toni-hartl.at

Öffnungszeiten
nach tel. Voranmeldung
Rebfläche
25 ha
Rebsorten
CH, BF, ZW, PN, SY, CS, CF, FU
Anbau
biodynamisch, Demeter
Verschlussarten
NK, DI, DV

Das als Familienbetrieb geführte Weingut Toni Hartl aus Reisenberg betreibt in zwei Weinbaugebieten biodynamischen, naturnahen Weinbau. Der Betrieb ist bereits seit 20 Jahren biologisch und seit fünf Jahren biodynamisch zertifiziert. Höchste Qualität, Respekt vor der Natur sowie seit Generationen gelebte Nachhaltigkeit sind dabei seine zentralen Werte. Das Weingut bietet eine breite Palette an naturnahen Weinen und Schaumweinen an, die die Einzigartigkeit des Leithabergs und der Thermenregion repräsentieren sollen. Der Winzer versteht seinen Hof als Organismus, wo nicht nur Menschen, sondern auch Tiere eine tragende Rolle spielen. Wie etwa die eigene Schafherde, die mit ihrem natürlichen, wertvollen Dünger einen wesentlichen Beitrag zu diesem Kreislauf leistet.

98 **2019 Syrah Monument 14 %, €€€**
Tiefdunkler Farbkern, vielschichtiges Bukett, Wacholder, Brombeere, Verbene, Gewürznelke, Kakao, Pflaume, gehaltvoll, dicht und engmaschige Textur, feinster Gerbstoff, Tapenade und Schwarzkirsche im Nachhall, Riesenpotenzial.

96 **2019 Chardonnay Ried Thenau Leithaberg DAC 13,5 %, €€€**
Jugendliche Farbe, vielschichtige Nase, kandierte Orange, Mandeln, fein verwobene Holzwürze, kräftiger Wein, dicht und straffe Struktur, feines Tannin, Kumquat und Grapefruit im Nachhall, Potenzial.

95+ **2021 Inkognito 14 %, €€€**
(BF/CS/SY) Kräftige Farbe, intensive, vielschichtige Aromatik, Cassis, Bitterschokolade, Kirsche, rauchige Anklänge, stoffiger Wein, straffe Textur, fester, feinkörniger Gerbstoff, fruchtiges Finish, langer Nachhall, Nougat und Cranberry im Rückaroma, Potenzial.

95+ **2021 Syrah Ried Thenau 14 %, €€€**
Kräftiger Farbkern, komplexes Bukett, Brombeere, Tabak, Wacholder, Kakao, gehaltvoll, dicht und engmaschige Textur, fester, feiner Gerbstoff, langer pikanter Nachhall, Potenzial.

94 **2021 Blaufränkisch Ried Rosenberg Leithaberg DAC 13,5 %, €€€**
Kräftige Farbe, nuanciertes Bukett, Brombeere, zarte Würze, Cranberry, Bitterschokolade, kräftig, lebendiger Trinkfluss, fester, feiner Gerbstoff im Abgang, langer, fruchtig-pikanter Nachhall.

94 **2021 Pinot Noir Ried Goldberg 13,5 %, €€€**
Jugendliche, transparente Farbe, vielschichtige Aromatik, Kirsche, kandierte Orange, Mandeln, Kakao, körperreich, lebendiger Trinkfluss, feines Tannin, langer Nachhall.

HISTORISCHER WEIN

96 **2015 Blaufränkisch Ried Eisner**

Weingut Leo Hillinger

Foto: Weingut Leo HILLINGER

Hill 1
7093 Jois
T 02160/83 17
M office@leo-hillinger.com
www.leo-hillinger.com

Öffnungszeiten
Mo.–Do. 10–17, Fr., Sa. 10–18 (auch Fei.)
Rebfläche
100 ha
Flaschenanzahl
1,2 Mio.
Rebsorten
WR, CH, SB, ZW, BF, SL, ME, CS, PN, SY, GM, RI
Anbau
konventionell, organisch-biologisch
Verschlussarten
NK, DV
Sonstiges
Eventlocation

Im Einklang mit der Natur und am Puls der Zeit – so definiert Leo Hillinger sein Weinschaffen. Die Reben wachsen auf den Hügeln des Leithabergs, geprägt vom besonderen Mikroklima des Neusiedler Sees. Eine Hangneigung von rund 25 Prozent, nordwestliche Ausrichtung der Weingärten sowie die von kühlen Nordwinden geschützten Lagen bieten optimale Bedingungen für interessante Weine. Das Zusammenspiel zwischen Klima, Boden, Rebe und behutsamer Bearbeitung lassen hochwertiges Traubenmaterial entstehen. Das umfangreiche Weinsortiment ist unterteilt in fünf Kategorien: Prickelnd, Frisch fruchtig, Trendy, Erdverbunden und Premium. Jeder Wein soll von seiner Herkunft geprägt sein und die Vielfalt des Nordburgenlands widerspiegeln. Der Betrieb bewirtschaftet inzwischen 100 Hektar – seit 2010 komplett biologisch. Konsequentes Qualitätsdenken und nachhaltige Innovationen tragen zum Erfolg des Betriebs bei.

95 **2018 Hill 1 14 %, €€€**
(ME/BF/ZW) Gereifte Farbnoten, Cassis, Brombeere, Feige, Bitterschokolade, körperreich, lebendige Textur, feinkörniges, lang anhaltendes Finish, Zedern und Kumquat im Nachhall, Potenzial.

93+ **2020 Cabernet Sauvignon 13,5 %, €€€**
Dunkler Farbkern, gereifter Rand, nuanciertes Bukett, Cassis, Bitterschokolade, Heidelbeere, stoffig, gut stützende Säure, fester Gerbstoff, Vanille, Nougat und Brombeere im Rückaroma, langer Nachhall.

93+ **2021 Hill 2 14,5 %, €€€**
(SB/CH) Jugendliche Farbe, vielschichtige Nase, Mandarine, Antipasti-Noten, Verbene, zarte Würze, gehaltvoll, dicht und straff, engmaschiges Finish, feiner Gerbstoff, pikanter Nachhall.

93 **2019 Blaufränkisch Ried Umriss Rust Leithaberg DAC 13 %, €€€**
Kräftiger Farbkern, leicht gereifter Rand, Pflaume, Heidelbeere, kandierte Noten, Kakao, kräftig, harmonischer Trinkfluss, balancierter Gerbstoff im Finish, gute Länge, Kirsche und Zwetschke im Nachhall.

93 **2021 Pinot Noir Terroir 13 %, €€€**
Reife, transparente Farbe, kandierte Orange, Erdbeere, Nougat, gehaltvoll, balancierte Struktur, engmaschiges Finish, Cranberry im Nachhall, lang anhaltend.

92 **2023 Hill Angel Rosé 12,5 %, €€**
(PN) Zarte, jugendliche Rosé-Farbe, einladendes Fruchtspiel, rotbeerig, Kirsche, balancierte Textur, fruchtiges Finish, gute Länge.

90 **2023 Grauburgunder 13 %, €€**
Helles Goldgelb, leicht rötlicher Stich, Zesten, Bratapfel, Melone, körperreich, balancierte Struktur, fruchtiger Schmelz im Abgang.

Leithaberg

Weingut Höpler

Christof Höpler leitet das 50 Hektar große Weingut am Leithaberg mit viel Ehrgeiz und Professionalität. 70 Prozent seiner Weine werden ins Ausland exportiert. Der engagierte Weinmacher und Unternehmer versteht es, den Betrieb international zu positionieren. Das Sortiment setzt sich aus 50 Prozent Weißweinen, 45 Prozent Rotweinen und fünf Prozent Süßweinen zusammen. Die Weine werden modern vinifiziert und präsentieren sich regionaltypisch. Bekannt wurde der Betrieb auch durch seine „Weinräume", eine Art sinnliche Weinschulung, weshalb das amerikanische Weinmagazin Wine Enthusiast ihn unter die „Top zehn Weindestinationen" gelistet hat.

95 **2021 Trockenbeerenauslese 9,5 %, €€€**
(SÄ/WR) Kräftiges Goldgelb, kandierte Orange, Crème brûlée, saftiger Wein, harmonischer Trinkfluss, zarter Gerbstoff, türkischer Honig und Mango im Rückaroma.

93 **2022 K 7 14 %, €€**
(SY/BF/ME) Kräftige Farbe, dunkelbeerige Noten, Bitterschokolade, Kirsche, Heidelbeere, gehaltvoll, balancierte Textur, fruchtig, feinkörniges Finish, langer Nachhall, Potenzial.

92+ **2023 Rosé Célestia 12,5 %, €€**
(BF/PN/SL) Blasses Rosé, ausgeprägtes Fruchtspiel, Kornelkirsche, kandierte Orange, Preiselbeere, kräftiger Wein, dicht und lebendiger Trinkfluss, fruchtiges Finish.

92 **2023 Pinot Blanc 12,5 %, €€**
Helle Farbe, grüner Apfel, Mandarine, Limette, stoffig, lebendige Struktur, fruchtig-pikanter Abgang, gute Länge.

92 **2023 Sauvignon Blanc 13,5 %, €€**
Blassgelb, Stachelbeere, Paprika, Brennnessel, Limette, straff, lebendiger Trinkfluss, harmonische Textur, zarter Schmelz im Abgang.

Foto: Theresa Bentz

Heideweg 1
7091 Breitenbrunn
T 02683/239 07-0
M office@hoepler.at
www.hoepler.at

Öffnungszeiten
Mo.–Do. 7.30–16.30, Fr. 7.30–12
Rebfläche
50 ha
Rebsorten
PB, GV, BF, SL, CH, PN, RR, SB, CS, ZW, ME, SY, WR, TR
Anbau
KIP, konventionell, nachhaltig
Verschlussart
DV
Gastronomie
Höplers Weinräume, www.weinraeume.at

Remushof Jagschitz

Wo Tradition und moderne Technologie aufeinandertreffen, kann Qualität entstehen – das ist das Leitmotiv des Weinguts Remushof Jagschitz. Inzwischen ist die sechste Generation am Zug. Man produziert Wein nach neuesten Erkenntnissen: sowohl experimentierfreudig als auch nachhaltig – vor allem aber mit Leidenschaft. Ein Großteil der Weingärten liegt an den Hängen und am Plateau des Ruster Hügellandes. Die Nähe zum Steppensee und das günstige pannonische Klima tragen zur Qualität der Rot- und Weißweine und zu breiter Sortenvielfalt bei.

Foto: ELISABETH FRÖHLICH photography

Untere Lerchengasse 15
7064 Oslip
T 0664/432 83 20
M jagschitz@remushof.at
www.remushof.at

Öffnungszeiten
nach tel. Vereinbarung
Rebfläche
18 ha
Rebsorten
CH, GV, WR, SB, GM, BF, ZW, CS, ME, SY, PN, PB
Anbau
KIP, Umstellung auf Bio
Verschlussarten
NK, DI, DV
Sonstiges
Übernachtungsmöglichkeit

93 2021 Cuvée Ines 14 %, €€
(CS/BF) Dunkler Kern, leicht gereifte Farbe, Pflaume, Nougat, Feige, Johannisbeere, stoffig, gut stützendes Säurespiel, feines Tannin, fruchtiger Schmelz im Abgang, langer Nachhall.

93 2021 Pinot Noir Diva 14,5 %, €€€
Reife, transparente Farbnoten, nuanciertes Bukett, kandierte Orange, Kirsche, Nougat, gehaltvoll, balancierter Trinkfluss, Lebkuchen und kandierte Orange im Nachhall.

92 2021 Pinot Blanc Steinnelke Leithaberg DAC 13 %, €€
Jugendliche Farbnoten, kandierte Frucht, Apfel und Orange, Mandarine, kräftig, balancierte Textur, fruchtiger Schmelz im Abgang, Melone und Nektarine im Nachhall.

92 2022 Neuburger Himmelfahrt 13 %, €€
Helle Farbe, kandierte Noten, Mandeln, nussige Würze, Sesam, stoffig, balancierte Struktur, fruchtig, feiner Abgang, zarter Schmelz und Grapefruit im Nachhall.

91+ 2022 Blaufränkisch BFB Ried Bienenfresser 13 %, €
Jugendliche, leicht transparente Farbe, Heidelbeere, Bitterschokolade, Nougat, Kirsche, kräftig, straff, fester Gerbstoff im Abgang, Granatapfel im Finish.

91 2022 Chardonnay Steinnelke 13 %, €€
Blassgelb, kandierte Orange und Mandeln, Vanille, körperreich, cremige Textur, balancierter Trinkfluss, fruchtiger Schmelz im Abgang.

HISTORISCHER WEIN

93 2014 Blaufränkisch Reserve

Leithaberg

Winzerschlössl Kaiser

Das Winzerschlössl Kaiser liegt bei Eisenstadt und umfasst eine Größe von 22 Hektar. Die Lagen werden vom milden pannonischen Klima beeinflusst und durch das Leithagebirge vor rauen Winden geschützt. Die Verschiedenartigkeit der Böden ermöglicht eine breite Sortenpalette. Etwa 80 Prozent werden mit Rotweinsorten bepflanzt, wobei man auf bodenständige Sorten wie Blaufränkisch und Zweigelt sowie Burgundersorten besonders großen Wert legt. In den Weingärten wird nach organisch-biologischen Richtlinien gearbeitet mit dem Ziel, charakteristische und sortentypische Weine zu produzieren, die auch die Handschrift des Winzers tragen. Die Vinifikation erfolgt in einem traditionellen Gewölbekeller aus dem 15. Jahrhundert.

Foto: Maria Hollunder

Satzriedgasse 1
7000 Eisenstadt
T 02682/671 00
M wein@winzerschloessl.at
www.winzerschloessl.at

Öffnungszeiten
nach Vereinbarung
Rebfläche
22 ha
Rebsorten
WR, PG, SB, CH, BF, ZW, PN, SY, CS
Anbau
organisch-biologisch
Verschlussarten
NK, DV
Gastronomie
Buschenschank „Wein & Wild" im Winzerschlössl Kaiser
Sonstiges
Übernachtungsmöglichkeit

94 **2019 Tenno 13,5 %, €€€**
(CS/SY) Kräftige, jugendliche Farbnoten, komplexe Nase, Brombeere, Wacholder, Bitterschokolade, Verbene, körperreich, dicht und balancierte Textur, eleganter Trinkfluss, feinkörniges Tannin, sehr lang anhaltend, Cassis im Rückaroma.

93 **2021 Cabernet Sauvignon Kastanienfass 13 %, €€**
Tiefdunkler Farbkern, Nougat, Cassis, Lebkuchen, körperreich, dicht und straffe Struktur, engmaschiges Finish, langer Nachhall, Bitterschokolade und Brombeere im Rückaroma.

93 **2023 Chardonnay Leithaberg DAC 14 %, €€**
Jugendliche Farbe, einladende gelbe Fruchtnoten, Melone, Vanille, kandierte Orange, körperreich, balancierte Textur, feines Tannin und Fruchtschmelz im Abgang, langer Nachhall, Kumquat im Rückaroma.

92+ **2018 Blaufränkisch Leithaberg DAC 13 %, €€**
Dunkler Kern, gereifter Rand, zedrige Noten, Pflaume, Brombeere, stoffig, dicht und lebendige Textur, fester Gerbstoff, Mandeln und Lebkuchen im Nachhall.

91 **2023 Blaufränkisch Sonnenberg 13 %, €**
Jugendliche Farbe, Kirsche, Heidelbeerjoghurt, Nougat, lebendiger Trinkfluss, zartes Tannin, fruchtiger Schmelz im Finish, gute Länge.

91 **2023 Grauburgunder Ried Kräutergarten 13,5 %, €**
Jugendliche Farbnoten, kandierte Orange, Birne, Kumquat, körperreich, stoffig, balancierter Trinkfluss, feiner Gerbstoff und Frucht im Abgang.

Weingut Michael Kirchknopf

Michael Kirchknopf bewirtschaftet kleine Parzellen bester Leithaberg-Lagen rund um Kleinhöflein. Geprägt vom Kalk- und Schieferterroir, entstehen daraus hochwertige Weine, die ihre Herkunft möglichst unverfälscht wiedergeben sollen. Die Liebe des Winzers gilt insbesondere den Sorten Chardonnay und Blaufränkisch. Tief wurzelnde, vitale Reben werden aufmerksam über das Jahr hinweg begleitet. Im Keller hingegen ist Zurückhaltung das oberste Gebot der Weinwerdung. Wesentlich für den Winzer ist der spezifische Ausdruck der Lage, der durch handwerkliche Vinifikation erhalten bleibt. Nur perfekt gereifte, von Hand gelesene Trauben werden verarbeitet und mit Naturhefen vergoren, danach wird den Weinen die nötige Zeit zur Entfaltung des vollen Geschmacks gegeben. Neben den weißen Burgundersorten liegt der Fokus auf Blaufränkisch von Toplagen des Leithabergs.

Foto: Robert Herbst

Johann Kodatsch-Straße 15
7000 Eisenstadt-Kleinhöflein
T 02682/628 37, 0664/454 11 20
M office@weingut-kirchknopf.at
www.kirchknopf.at

Öffnungszeiten
Mo.–Sa. 9–18
Rebfläche
15 ha
Rebsorten
BF, CH, NE, PB
Anbau
KIP, konventionell, nachhaltig
Verschlussarten
NK, DI, DV

96 2021 Blaufränkisch Ried Reisbühl Leithaberg DAC 13,5 %, €€€
Kräftiger Farbkern, intensive, komplexe Aromatik, Bitterschokolade, Brombeere, Cassis, zedrige Noten, kandierte Orange, körperreich, dicht und straff, sehr feiner Gerbstoff im Abgang, lang anhaltend, Cranberry und Kumquat im Rückaroma, Potenzial.

95 2021 Chardonnay Ried Tatschler Leithaberg DAC 13,5 %, €€€
Helles Goldgelb, ausgeprägte, vielschichtige Aromatik, rosa Grapefruit, Kumquat, körperreich, straff, dicht, engmaschiger Chardonnay, feiner Gerbstoff, langer Nachhall, Mandarine und Birnenquitte im Rückaroma, Potenzial.

94+ 2021 Blaufränkisch Ried Föllikberg Leithaberg DAC 13 %, €€
Jugendliche, transparente Farbe, intensive Nase, Brombeere, Verbene, Wacholder, stoffig, dicht und straffe Struktur, feines Tannin, lang anhaltend, Heidelbeere und Gewürznelke im Rückaroma, Potenzial.

93 2023 Neuburger Tradition Leithaberg DAC 13 %, €€
Helle Farbe, nuancierte Frucht, nussige Würze, Mandeln, kräftiger Wein, balancierte Textur, engmaschiges Finish, Papaya im Rückaroma, lang anhaltend.

92+ 2021 Blaufränkisch Kalk & Schiefer Leithaberg DAC 13 %, €€
Mittlere Farbtiefe, komplexe Nase, Cranberry, Zedern, Bitterschokolade, Brombeere, stoffig, harmonischer Trinkfluss, feinkörniges Tannin, langer fruchtiger Nachhall.

92+ 2022 Chardonnay Kalk & Schiefer Leithaberg DAC 13 %, €€
Helle Farbe, jugendlich, intensive Fruchtaromen, Mandarine, Physalis, Steinobst, körperreich, balancierte Textur, fruchtiger Schmelz im Abgang, gute Länge.

92 2023 Weißburgunder Alte Reben Leithaberg DAC 12,5 %, €€
Helles Gelb, einladende Fruchtnoten, Pfirsich, gelber Apfel, Mandarine, kräftiger Wein, balancierte Textur, fruchtiger Schmelz im Finish, lang anhaltend.

Leithaberg

Klosterkeller Siegendorf

Seit 1988 bewirtschaftet Lenz Moser die Weingärten des Klosterkellers in Siegendorf. Man setzt auf Qualität statt Quantität, viel Handarbeit im Weingarten und organische Düngung zur Vitalisierung der Böden. Das Weingut baut auf den 24 Hektar großen zusammenhängenden Lagen die internationalen Rebsorten Cabernet Sauvignon, Cabernet Franc, Merlot und einen Weißburgunder an. Das Flaggschiff des Weinguts ist die Cuvée Siegendorf O'Dora aus Cabernet Sauvignon und Cabernet Franc.

93+ 2021 O'Dora 14 %, €€
(CS/CF) Kräftige Farbe, vielschichtige Fruchtnoten, rauchig-röstige Anklänge, Kakao, gehaltvoll, straff, fester, feiner Gerbstoff, lang anhaltend, Bitterschokolade und Cassis im Rückaroma.

92+ 2022 Cabernet Sauvignon 14 %, €€
Kräftiger Farbkern, nuanciertes Bukett, Cassis, Brombeere, Vanille, Kakao, gehaltvoll, dicht und fester Gerbstoff im Abgang, gute Länge und Potenzial.

92 2021 Carpe Diem Siegendorf 13,5 %, €
(ME/CS/CF) Kräftige Farbe, jugendliche Fruchtnoten, Heidelbeere, Nougat, kräftiger Wein, dicht und straffe Textur, fester Gerbstoff, Feige, Kakao und Kirsche im Nachhall.

91 2022 Weißburgunder 13 %, €
Helle Farbe, nuanciertes Bukett, gelber Apfel, Mandarine, körperreicher Wein, balancierte Textur, fruchtiger Schmelz im Abgang.

Foto: Weinkellerei Lenz Moser

Rathausplatz 12
7011 Siegendorf, Vertrieb: Lenz Moser AG, Lenz-Moser-Straße 1, 3495 Rohrendorf
T 02732/855 41
M office@lenzmoser.at
www.lenzmoser.at; www.klosterkeller-siegendorf.at

Öffnungszeiten
Siegendorf: Fr. 13–17, Sa. 9.30–12.30, Kellershop in Rohrendorf: Mo.–Fr. 8–15
Rebfläche
24 ha
Flaschenanzahl
100.000
Rebsorten
PB, CS, CF, ME
Anbau
konventionell
Verschlussarten
NK, DV

Weingut Kollwentz, Römerhof

Foto: Mayer

Hauptstraße 120
7051 Großhöflein; Verkauf und Büro: Gartengasse 4b
T 02682/651 58
M kollwentz@kollwentz.at
www.kollwentz.at

Öffnungszeiten
nach Vereinbarung
Rebfläche
25 ha
Flaschenanzahl
100.000
Rebsorten
BF, ZW, CS, PN, CH, SB
Anbau
Umstellung biologisch-dynamisch, nachhaltig
Verschlussart
NK

Andi Kollwentz ist der Zehnkämpfer unter Österreichs Winzern. Er versteht sich auf die unterschiedlichsten Disziplinen, und seine Weine sind in jeder Kategorie im Spitzenfeld zu finden. Der Erfolg des Weinguts ist vor allem in den Weinbergen und deren penibler Bearbeitung begründet. Die Rieden am Südhang des Leithagebirges, darunter so bekannte Namen wie Steinzeiler, Tatschler und Gloria, zählen zu den ältesten und besten der Region. In den wärmsten Rieden dominiert der Blaufränkisch. Die Rieden Point und Setz bilden das Filetstück der Rotweingärten. Über 200 Metern beginnt das Reich des Chardonnays. Die Höhenlage und der Einfluss der Wälder bedingen ein kühles Kleinklima, das für Finesse und vielschichtige Aromen sorgt. Die Chardonnays Gloria, Tatschler, Katterstein und Neusatz profitieren hier ebenso von den Kalkböden wie der Pinot noir von der Riede Dürr.

98+ 2022 Chardonnay Ried Katterstein 14 %, €€€
Jugendliche Farbe, intensive, komplexe Nase, Kumquat, leicht röstige Anklänge, Limette, kräftiger Wein, dicht und straff, engmaschiger Trinkfluss, mineralisches Finish, langer Nachhall, rosa Grapefruit und Physalis im Rückaroma, Riesenpotenzial.

98 2019 Blaufränkisch Ried Setz 14,5 %, €€€
Tiefdunkle Farbnoten, intensive, vielschichtige Aromen, Heidel- und Brombeere, Bitterschokolade, Kornelkirsche, Cassis, feine Holzwürze, gehaltvoll, dicht und engmaschige Struktur, feinkörniges Tanninfinish, sehr, sehr lang anhaltend, Cranberry, Kakao und Blutorange im Rückaroma, Riesenpotenzial.

98 2022 Chardonnay Gloria 14 %, €€€
Jugendliche Farbe, komplexe Aromen, rosa Grapefruit, Mandeln, feine Holzwürze, leicht röstig, körperreich, dicht und engmaschiger Trinkfluss, zart mineralisches Finish, langer Nachhall, Kumquat und Birnenquitte im Rückaroma.

97+ 2021 Steinzeiler 14 %, €€€
(BF/CS/ZW) Jugendliche, intensive Farbnoten, rauchig-röstige Noten, Cassis, Schwarzkirsche, Nougat, Brombeere, gehaltvoll, dicht und straffe Textur, fester, feiner Gerbstoff, sehr langer Nachhall, Bitterschokolade und Kumquat im Rückaroma, Riesenpotenzial.

97 2022 Chardonnay Ried Tatschler 14 %, €€€
Jugendliche Farbe, intensive, vielschichtige Nase, gerösteter Sesam, ein Hauch Reduktion, Kumquat, körperreich, dicht und straffe Struktur, engmaschiges Finish, feinster Gerbstoff, lang anhaltend, Limette und Mandarine im Rückaroma, Potenzial.

96+ 2020 Blaufränkisch Ried Point 14 %, €€€
Dunkler Farbkern, einladendes Fruchtspiel, Preiselbeere, Weichsel, Cassis, Kakao und Nougat, harmonischer Trinkfluss, sehr feines Tannin, lang anhaltend, Brombeere und Bitterschokolade im Nachhall, Potenzial.

Leithaberg

Weingut Leberl

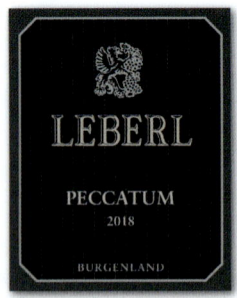

Hauptstraße 91
7051 Großhöflein
T 02682/678 00
M weingut@leberl.at
www.leberl.at

Öffnungszeiten
Mo.–Sa. 8–18,
So., Fei. nach Vereinbarung
Rebfläche
22 ha
Rebsorten
BF, ZW, CS, ME, PN, WR,
SB, CH, SÄ, PB
Anbau
KIP
Verschlussarten
NK, DV

Der seit Generationen bestehende Familienbetrieb kultiviert rund um Großhöflein 22 Hektar Rebflächen. Die Weingärten werden naturschonend und mit viel Handarbeit gepflegt. Sie befinden sich auf den Südhängen des Leithagebirges und weisen einen hohen Kalkgehalt auf, der den Weinen elegante Struktur und Langlebigkeit verleiht. Alexander Leberl will präzise und herkunftstypische Gewächse keltern. Sein Vater Josef konnte sich bereits in den frühen 1980er-Jahren mit eleganten und langlebigen Blaufränkischen etablieren. In den folgenden Jahren vinifizierte er mächtige Cabernet Sauvignons und mit der Cuvée „Peccatum" den prominentesten Rotwein des Hauses. Die fast ausgereiften Trauben werden im Sommer stark ausgedünnt. Für vorige Generationen galt diese „Verschwendung" von Trauben als Sünde – woraus der Name „Peccatum", die lateinische Bezeichnung für „Sünde", entstand.

96 2021 Peccatum 14 %, €€€
(BF/CS/ME) Jugendlich, intensive Farbe, komplexes Bukett, Cassis, Schwarzkirsche, Cranberry, rauchig-röstige Noten, Kakao, körperreich, dicht und eleganter Trinkfluss, sehr feiner Gerbstoff im Finish, lang anhaltender Abgang, Mokka und Granatapfel im Rückaroma, Riesenpotenzial.

95 2021 Blaufränkisch Calx Ried Setz 14 %, €€€
Dunkler Farbkern, vielschichtige Fruchtnoten, Brom- und Heidelbeere, Kakao und Blutorange, zarte Holzwürze, stoffig, dicht und engmaschige Textur, fester, feiner Gerbstoff, lang anhaltend, Riesenpotenzial.

95 2021 Cabernet Sauvignon Merlot 14 %, €€€
Intensive, jugendliche Farbe, ausgeprägte Nase, Johannisbeere, Mokka, rauchig-röstige Noten, Verbene, straff, dicht und lebendiger, eleganter Trinkfluss, sehr feiner Gerbstoff, langer Nachhall, Cranberry im Rückaroma, Potenzial.

94 2021 Blaufränkisch Ried Reisbühel 14 %, €€
Jugendliche Farbnoten, ausgeprägte Aromatik, Brombeere, Bitterschokolade, Kirsche, gehaltvoll, dicht, lebendiger Trinkfluss, feinkörniges Tannin, Cranberry und Kakao im Rückaroma, lang anhaltend.

93+ 2022 Chardonnay Ried Katterstein 14,5 %, €€€
Helle Farbe, kandierte Orange, Vanille, Kumquat, barocker Wein, balancierte Textur, feiner Gerbstoff, fruchtiger Schmelz im Abgang, lang anhaltend.

92+ 2023 Sauvignon Blanc Ried Tatschler 12,5 %, €€
Blassgelb, intensive, vielschichtige Nase, Limette, Einlegegewürze, Pimentos, stoffig, dicht und lebendiger Trinkfluss, feines, pikantes Finish, Birnenquitte und Zesten im Nachhall, lang anhaltend.

HISTORISCHER WEIN

96 2006 Peccatum (BF/CS/ZW)

Leithaberg

Weingut Lichtscheidl, Heuriger & Gästezimmer

Am Südhang des Leithagebirges bewirtschaftet die Familie Lichtscheidl ihr mittlerweile 41 Hektar großes Weingut. Hier reifen die Trauben unter optimalen Bedingungen. Daraus entsteht eine Vielfalt an Weinstilen, von frisch-fruchtig über kräftig bis edelsüß in Weiß, Rot und Rosé. 1990 wurde aus dem traditionellen Landwirtschafts- ein reiner Weinbaubetrieb. Inzwischen führen Martina und Stefan Lichtscheidl den elterlichen Betrieb. Heimische und internationale Rebsorten werden sowohl klassisch im Edelstahltank als auch im kleinen Eichenfass ausgebaut. Besonders beliebt ist der Zweigelt von der Ried Lehmgrube.

Foto: Matthias Heisler

Schanzstraße 52
7000 Eisenstadt
T 02682/685 98, 0699/10 86 58 73
M kontakt@weingut-lichtscheidl.com
www.weingut-lichtscheidl.com

Öffnungszeiten
tägl. 8–10 und nach tel. Vereinbarung
Rebfläche
41 ha
Flaschenanzahl
100.000
Rebsorten
GV, WR, SB, BF, ZW, SL, SY, MO, CH, GM
Anbau
konventionell
Verschlussarten
NK, DV
Gastronomie
Buschenschank
Sonstiges
Übernachtungsmöglichkeit

93 2021 Blaufränkisch Reserve 14,5 %, €€
Dunkler, jugendlicher Farbkern, intensive Nase, Heidel- und Brombeere, Kakao, leicht rauchig, stoffig, gut stützende Säure, festes Tanninfinish.

92 2021 Shiraz Ried Sätzen 14 %, €
Kräftige Farbe, dunkelbeerige Aromen, Cassis, Brombeere, zarte Würze, gehaltvoll, lebendige Textur, feiner Gerbstoff, gute Länge.

91+ 2023 Gelber Muskateller 11,5 %, €
Helles Gelb, ausgeprägte Nase, Blüten, Maracuja, Mandarine, saftiger Wein, lebendiger Trinkfluss, fruchtiger Schmelz im Abgang, gute Länge.

91 2022 Zweigelt St. Georgen 14 %, €
Jugendliche Farbe, zarte Kirsch-Weichsel-Noten, Nougat, körperreich, gut stützende Säure, pikantes Tanninfinish.

90 2023 Grüner Veltliner Classic 12,5 %, €
Helle Farbe, dezentes Fruchtspiel, Grapefruit, stoffig, lebendige Struktur, pikantes Finish.

89+ 2023 Welschriesling 12,5 %, €
Helle Farbe, grüner Apfel, Limette, stoffig, lebendige Struktur, fruchtiger Abgang, gute Länge.

Leithaberg

Weingut MAD

Foto: Maria Hollunder

Antonigasse 1
7063 Oggau
T 02685/72 07
M office@weingut-mad.at
www.weingut-mad.at, www.
herztroepferl.at, www.madini.at

Öffnungszeiten
Mo.–Do. 8–12, 13–16 und
nach Vereinbarung
Rebfläche
27 ha
Flaschenanzahl
ca. 600.000
Rebsorten
WR, CH, PB, ZW, BF, PN,
SL, CS, ME, CF, GV, NE
Anbau
KIP, konventionell, nachhaltig
Verschlussarten
NK, DV

„Mad" ist sowohl der Familienname der Winzer als auch ihr Programm: Verrückt danach, in einer der für sie schönsten Weinbauregionen der Welt, am Leithaberg, zu leben und zu arbeiten. Seit 1786 produzieren die Mads hier Wein, verwurzelt in einer Großfamilie, die seit Generationen versteht, wie wichtig herausragende Lagen für die Vinifikation charaktervoller Weine sind. So gehört etwa ein Teil der bekannten Lage Marienthal seit jeher zum Familienbesitz – heute wächst hier Blaufränkisch. Neben den heimischen Rebsorten in Weiß und Rot gehören auch Cabernet Franc, Cabernet Sauvignon und Merlot zum Portfolio. Das oberste Ziel ist, höchste Qualität, eine eigenständige Stilistik sowie Lebendigkeit in den Weinen zum Ausdruck zu bringen.

97 2019 M56 Blaufränkisch Ried Marienthal Leithaberg DAC 14 %, €€€
Jugendliche, tiefdunkle Farbe, komplexe Aromatik, Brombeere, Wacholder, Bitterschokolade, Hollerkoch, Nougat, Verbene, körperreich, dicht und engmaschige Textur, eleganter Trinkfluss, feinstes Tannin im Abgang, sehr, sehr langer Nachhall, Kakao und Cassis im Rückaroma, Riesenpotenzial.

95+ 2021 Blaufränkisch Ried Marienthal Leithaberg DAC 14 %, FP, €€€
Intensive, dunkle Farbnoten, ausgeprägte, komplexe Nase, Brombeere, Cassis, Cranberry, Kakao und leicht röstig, gehaltvoll, dicht und engmaschige Struktur, festes, feinkörniges Tannin, langer, fruchtig unterlegter Nachhall, Blutorange und kandierte Noten im Rückaroma.

94+ 2021 Furioso 14 %, FP, €€€
(BF/ME/CF/CS/SY) Tiefdunkler Farbkern, vielschichtige Nase, Cranberry, Wacholder, Johannisbeere, Bitterschokolade, Blutorange, stoffig, straff, feinkörniges, festes Tannin im Finish, langer Nachhall, Potenzial.

93+ 2020 Cabernet Franc Ried Neugebirge 13,5 %, €€€
Jugendlich, kräftige Farbe, einladender, dunkler Beerencocktail, Heidel- und Brombeere, Cassis, Kakao, leicht röstig, Mokka, gehaltvoll, dicht und balancierte Struktur, feinkörniges Finish, langer Nachhall, kandierte Orange und Nougat im Rückaroma.

93 2023 Chardonnay Leithaberg DAC 13,5 %, €€
Hellgelb, nuanciertes Fruchtspiel, kandierte Orange, Mandarine, Steinobst, körperreich, lebendiger Trinkfluss, zarter Gerbstoff und fruchtiger Abgang, langer Nachhall.

92+ 2023 Pinot Blanc Leithaberg DAC 13,5 %, €€
Hellgelb, einladende, reife Frucht, Apfel, Nektarine, kandierte Noten, gehaltvoll, lebendiger Trinkfluss, fruchtig, langer Nachhall, Kumquat im Rückaroma.

92 2023 Neuburger Leithaberg DAC 13 %, €€
Sehr helle Farbe, Grapefruit, Apfel, nussige Würze, straff, dicht und feiner Gerbstoff im Abgang, Zesten und Limette im Nachhall, gute Länge.

Leithaberg

Moric, Roland Velich

Kirchengasse 3
7051 Großhöflein
T 0664/400 32 31
M office@moric.at
www.moric.at

Öffnungszeiten
kein Ab-Hof-Verkauf
Rebfläche
20 ha
Rebsorten
BF, GV
Anbau
organisch-biologisch
Verschlussarten
NK, DI

Roland Velich ist heute eine der bestimmenden Figuren der heimischen Rotweinszene: Vor mehr als fünfzehn Jahren gründete er das Projekt Moric mit dem Ziel, unverfälschte Blaufränkische zu erzeugen, die ihre Herkunft zeigen. Velich begründete mit einer Handvoll Winzerkollegen eine neue Rotweinstilistik: unverfälscht, pur, geprägt vom Boden und nicht von diversen Foltermethoden im Weinkeller. Für seinen Blaufränkisch Neckenmarkt Alte Reben 2006 und seinen Blaufränkisch Lutzmannsburg Alte Reben 2013 erhielt er 95 Parker-Punkte. Aus Sankt Georgen kommt zudem ein erstklassiger Grüner Veltliner. Allen Weinen gemeinsam ist Direktheit und Klarheit, sie sind frei von gefälligem Firlefanz.

99 2022 **Blaufränkisch Lutzmannsburg Alte Reben** 13,5 %, €€€
Kräftige Farbe, intensive Nase, Cranberry, Wacholder, Kirsche, Brombeere, straff, eleganter Trinkfluss, fruchtig, feiner Gerbstoff, pikantes Finish, sehr lang anhaltend, Blutorange im Rückaroma.

98 2022 **Blaufränkisch Ried Maissner** 13,5 %, €€€
Kräftige Farbe, tiefdunkelbeerige Frucht, Cassis-Blätter, Brombeere, Kakao, straff, körperreich, druckvoll, dicht, feines, festes Tannin, engmaschiger, langer Nachhall.

98 2022 **Blaufränkisch Ried Schwemmer** 13,5 %, €€€
Jugendliche, kräftige Farbe, ausgeprägte Aromatik, Kornelkirsche, Blutorange, körperreich, dicht und balanciert, feinstes Tannin, Granatapfel und Kakao im Nachhall, sehr animierender Trinkfluss und feines mineralisches Finish.

97 2022 **Blaufränkisch Ried Kirchberg** 13,5 %, €€€
Jugendliche Farbe, vielschichtige Aromen, Wacholder, Brombeere, Kräuter, stoffig, dicht und engmaschig, fester Gerbstoff, lang anhaltend, Riesenpotenzial.

96+ 2023 **Ried Hochberg** 13,5 %, €€€
(GV) Jugendliche Farbe, intensive Nase, starke Reduktionsnoten, gewinnt mit Luft Birnenquitte, Physalis, Verbene, Mandeln, dicht und engmaschig, feinster Gerbstoff, dicht, präzises Finish, langer Nachhall, Riesenpotenzial.

96 2022 **Moric Reserve** 13,5 %, €€€
(BF) Kräftiger Farbkern, vielschichtige Nase, Brombeere, Kornelkirsche, Granatapfel, körperreich, dicht und engmaschig, feines Tannin im Abgang, lang anhaltend, Potenzial.

95 2023 **Grüner Veltliner St. Georgen** 13,5 %, €€€
Jugendliche Farbe, expressive Nase, rosa Grapefruit, Physalis, kandierte Orange, gehaltvoll, dicht und balancierte Struktur, feines Tannin, lang anhaltend, Potenzial.

Leithaberg

Hans Moser

Foto: Hans Moser

St. Georgener Hauptstraße 13
7000 Eisenstadt
T 02682/666 07
M weingut@hans-moser.at
www.hans-moser.at

Öffnungszeiten
nach Vereinbarung
Rebfläche
10 ha
Flaschenanzahl
80.000
Rebsorten
WR, SB, CH, ZW, BF, CS, CF, SY, ME
Anbau
KIP
Verschlussarten
NK, DV
Sonstiges
Übernachtungsmöglichkeit

Das Weingut am Leithagebirge wird von Hans Moser geführt. Weißweine, darunter Welschriesling, Gemischter Satz, Sauvignon blanc und Chardonnay, machen über die Hälfte der Produktion aus. Bei den Rotweinen werden neben den heimischen Sorten Blaufränkisch und Zweigelt auch Cabernet und Merlot ausgebaut. Die Toplagen-Weine sind der Chardonnay Leithaberg DAC Scheibenberg und der Blaufränkisch Leithaberg DAC Hummelbühel. Seit dem Jahrgang 2015 werden diese beiden Weine in Holzfässern verschiedener Größe aus Leithagebirgseiche der eigenen Wälder ausgebaut. In seinen Weinen will Hans Moser Sortencharakter und Lagenausdruck vereinen. Neu im Sortiment ist ein Grüner Veltliner, der vom Leithakalk geprägt ist. Eine fruchtsüße Spätlese und ein hochwertiger Ausbruch, der nur in dafür geeigneten Jahren produziert wird, runden das Programm ab.

95 2015 Chardonnay Ried Scheibenberg Leithaberg DAC 14 %, €€
Jugendliche Farbe, komplexe Aromatik, Mandeln, Pistazien, kandierte Orange, Nashi-Birne, leicht röstig, körperreich, balancierte Struktur, Mandarine und Steinobst im Rückaroma, lang anhaltend, beginnende Reife.

95 2019 V.T.S. – Vintage Top Select 14 %, €€
(CS/CF/BF/SH/ME) Kräftiger Farbkern, intensive, vielschichtige Nase, Preiselbeere, Cassis, Gewürznelke, röstige Anklänge, gehaltvoll, straffe, engmaschige Struktur, feinkörniges Finish, sehr lang anhaltend, Kornelkirsche im Nachhall, Potenzial.

94+ 2020 Chardonnay Ried Scheibenberg Leithaberg DAC 14 %, €€
Jugendliche Farbe, vielschichtiges Bukett, kandierte Orange, nussige Würze, Bratapfel, Nektarine, leicht röstig, gehaltvoll, balancierte Textur, feines Tannin, fruchtiger Abgang, Zesten und Kumquat im Rückaroma, langer Nachhall.

94 2018 Blaufränkisch Ried Hummelbühel Leithaberg DAC 14 %, €€
Dunkler Farbkern, leicht gereifter Rand, vielschichtige Fruchtnoten, Heidelbeere, Kakao, Gewürznelke, kandierte Orange, gehaltvoll, dicht, straffe Struktur, feiner Gerbstoff, lang anhaltend, Verbene und Kumquat im Nachhall.

93 2018 Blaufränkisch St. Georgen Reserve 13,5 %, €€
Leicht gereifte Farbe, Cranberry, Granatapfel, zedrige Noten, stoffig, engmaschige Textur, fester Gerbstoff im Abgang, langer Nachhall.

93 2018 Cabernet Merlot Leithakalk 13,5 %, €€
Leicht gereifte Farbnoten, intensive Nase, Blutorange, Johannisbeere, straffe Struktur, fester Gerbstoff, langer Nachhall, Kumquat und Weichsel im Rückaroma.

92 2020 Chardonnay Leithakalk 13,5 %, €
Helle Farbe, einladende Frucht, gelber Apfel, Grapefruit, Mandarine, körperreich, straff, feiner Gerbstoff, gute Länge, Quitte im Rückaroma.

Anita & Hans Nittnaus

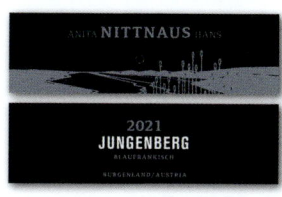

Untere Hauptstraße 49
7122 Gols
T 02173/22 48
M office@nittnaus.at
www.nittnaus.at

Öffnungszeiten
Terminvereinbarung per
E-Mail oder Telefon
Rebfläche
34 ha + 6 ha Zukauf
Flaschenanzahl
200.000
Rebsorten
ZW, BF, SL, ME, CH, PB,
GV, RO, FU, WR
Anbau
organisch-biologisch,
biodynamisch,
respekt-BIODYN,
Zukauf: organisch-biologisch
Verschlussarten
NK, DV

Hans „John" Nittnaus ist ein Qualitätsfanatiker: Mit Akribie ist es dem Ausnahmewinzer gelungen, sich als Topweinproduzent zu etablieren. Sein „Comondor" kam 1990 als eine der ersten österreichischen Rotweincuvées mit internationalem Format auf den Markt. Gleichzeitig kreierte Hans Nittnaus den „Pannobile", eine regionaltypische Cuvée aus heimischen Sorten, und gründete die gleichnamige Gruppe. Mit der Erweiterung der Rebflächen in Jois am Leithaberg konzentrierte er sich zunehmend auf Blaufränkisch, aber auch Chardonnay. 2006 wurde auf biodynamische Bewirtschaftung umgestellt. Mit Unterstützung der nächsten Generation setzt das renommierte Weingut seinen Erfolgskurs fort.

98+ 2021 Blaufränkisch Ried Jungenberg Leithaberg DAC 13,5 %, €€€
Tiefdunkler Kern, ausgeprägtes, komplexes Bukett, Schwarzkirsche, Bitterschokolade, Verbene, Zedern, körperreich, straff und lebendiger, fruchtig unterlegter Trinkfluss, feinstes Tannin, Kakao und Cassis im Nachhall, Riesenpotenzial.

97+ 2021 Blaufränkisch Ried Gritschenberg Leithaberg DAC 13 %, €€€
Dunkler Farbkern, intensive, vielschichtige Nase, Kornelkirsche, Johannisbeere, Kakao, Zedern, Gewürznelke, stoffig, straff, engmaschiger Trinkfluss, feinkörniger, fester Gerbstoff im Finish, langer fruchtiger Abgang, Granatapfel im Nachhall, Potenzial.

96+ 2022 Chardonnay Ried Freudshofer Leithaberg DAC 13,5 %, €€€
Jugendliche Farbe, vielschichtige, intensive Aromatik, zarte Reduktion, Physalis, rosa Grapefruit, Mandeln und tabakige Würze, gehaltvoll, straff, engmaschiger Trinkfluss, sehr feiner Gerbstoff mit Frucht unterlegt, Quitte und Mandarine im Rückaroma, Riesenpotenzial.

96 2020 Blaufränkisch Ried Lange Ohn Leithaberg DAC 13 %, €€€
Kräftiger, dunkler Farbkern, komplexe Aromatik, Brombeere, Kornelkirsche, Kakao, Zwetschke, kräftiger Wein, dicht und engmaschige Textur, feines Tanninfinish, langer fruchtiger Abgang, Heidelbeere im Rückaroma.

95 2022 Blaufränkisch Elektra 13 %, €€€
Jugendlich, kräftige Farbe, intensive Fruchtnoten, Cranberry, Blutorange, Preisel- und Brombeere, Kakao, Gewürznelke, stoffig, dicht und straffe Struktur, engmaschiges Finish, langer fruchtiger Nachhall.

95 2022 Chardonnay Bergschmallister Leithaberg DAC 13 %, €€€
Jugendliche Farbe, komplexe Nase, Grapefruit, kandierte Orange, Birnenquitte, nussige Würze, kräftiger Wein, lebendiger Trinkfluss, präsentes, feines Tannin, Zitrus und Zesten im Nachhall, Riesenpotenzial.

94 2022 Tochter Weiß 12 %, €€€
(GV/PB) Goldgelb, zarte Reduktion, gewinnt mit Luft Nashi-Birne, Quitte, Steinobst, kräftig, dicht und engmaschige Struktur, balancierter Trinkfluss, fester, feiner Gerbstoff im Abgang, Artischocke und Grapefruit im Nachhall, sehr lang anhaltend.

Leithaberg

Weingut Prieler

Foto: Thomas Schmid

Hauptstraße 181
7081 Schützen am Gebirge
T 02684/22 29
M weingut@prieler.at
www.prieler.at

Öffnungszeiten
Mo.–Fr. 9–17,
Sa. nach Vereinbarung
Rebfläche
24 ha
Flaschenanzahl
90.000
Rebsorten
GE, PB, CH, BF, SL, ME
Anbau
organisch-biologisch
Verschlussarten
NK, DV, Stelvin

Der Name Prieler steht in der heimischen Weinszene für außerordentliche und authentische Weine. Engelbert Prieler hat das Weingut zu einem der führenden des Landes gemacht. Inzwischen hat er die Leitung des Betriebs an seinen Sohn Georg übergeben. Derzeit werden 24 Hektar Rebflächen in den besten Lagen des Leithagebirges rund um den naturgeschützten Hügel Schützner Stein biologisch bewirtschaftet. In jeder Himmelsrichtung gibt es eine andere Bodenzusammensetzung, sodass für die jeweilige Sorte die beste Lage gewählt werden kann. Die Prielers wollen Weine machen, die im Gedächtnis bleiben, eigenständig und individuell sind – mit Tiefgang und Herkunftscharakter.

100 2021 Blaufränkisch Ried Goldberg Leithaberg DAC 13,5 %, FP, €€€
Jugendlich, kräftige Farbe, komplexes Bukett, Johannisbeere, Kakao, Cranberry, zart Wacholder, körperreich, engmaschige Textur, elegant, balancierter Trinkfluss, sehr, sehr feines Tannin, enorme Länge im Nachhall, Preiselbeere, Bitterschokolade und Brombeere im Rückaroma, Bilderbuch-Blaufränkisch.

98 2021 Blaufränkisch Ried Marienthal Leithaberg DAC 13,5 %, FP, €€€
Kräftiger Farbkern, ausgeprägte, vielschichtige Nase, Brombeere, Cassis, Wacholder, Bitterschokolade, zarte Würze, Verbene, körperreich, straff, engmaschiger Trinkfluss, fester, feinkörniger Gerbstoff im Abgang, sehr, sehr lang anhaltend, Cranberry und Kumquat im Nachhall, enormes Potenzial.

95+ 2021 Merlot Schützner Stein 14,5 %, €€€
Tiefdunkler Farbkern, jugendliche, komplexe Aromatik, Heidelbeere, Schwarzkirsche, Bitterschokolade, kandierte Orange, gehaltvoll, dicht, gut stützende Säure, feines Tannin, lang anhaltend, Cranberry und Mokka-Noten im Rückaroma, Potenzial.

95+ 2022 PB Ried Steinweingarten Leithaberg DAC 13,5 %, FP, €€€
Helle Farbe, intensive, jugendliche Aromatik in der Nase, Grapefruit, kandierte Orange, Birnenquitte, körperreich, dicht und lebendiger, fruchtig unterlegter Trinkfluss, feinstes Tannin, Kumquat im Rückaroma, Riesenpotenzial.

95 2021 BF Ried Pratschweingarten Leithaberg DAC 13,5 %, FP, €€€
Kräftige Farbe, intensives Fruchtspiel, Preiselbeere, Weichsel, Verbene, feine Würze, stoffig, dicht und straff, feines Tannin, sehr langer Nachhall, Wacholder im Rückaroma, Potenzial.

95 2022 Pinot Blanc Ried Haidsatz Leithaberg DAC 13,5 %, FP, €€€
Jugendliche Farbnoten, ausgeprägte, reife Fruchtnoten, gelbes Steinobst, Verbene, Quitte, körperreich, balancierte Textur, fruchtig, pikanter Gerbstoff, Gewürznelke, Mandeln und kandierte Orange im Nachhall, lang anhaltend, Potenzial.

94 2022 Pinot Blanc Alte Reben Leithaberg DAC 13,5 %, FP, €€€
Blassgelb, intensive Frucht in der Nase, grüner Apfel, Kumquat, Limette, körperreich, dicht und straffe Struktur, feines Tannin und Physalis im Finish, langer Nachhall, Grapefruit im Rückaroma, Potenzial.

Christian Rainprecht

Die Bezeichnung Familienbetrieb ist für die Rainprechts kein Schlagwort, sondern Realität. Ihr zehn Hektar großes Weingut wird von allen Familienmitgliedern betreut: Doris, Christian und Clemens arbeiten im Weingarten, die beiden Männer sind außerdem für den Keller verantwortlich, Doris betreut das Büro. Sie verstehen ihre Arbeit als Handwerk. Die Weingärten werden sorgsam gepflegt und die Böden begrünt, damit sich dort eine möglichst große Vielfalt an Pflanzen und Tieren wohlfühlen kann. Sie sind davon überzeugt, dass eine liebevolle Behandlung der Rebstöcke die Voraussetzung für qualitativ hochwertige Weine ist. Im Keller versuchen sie, wenig zu korrigieren und den Weinen für ihre Entwicklung Zeit zu geben. Blaufränkisch steht im Fokus des Weinguts, aber auch Zweigelt, Merlot und Cabernet werden vinifiziert. Fruchtige Weißweine und Prädikatsweine runden das Sortiment ab.

Hauptstraße 32
7063 Oggau
T 0664/211 09 04, 02685/72 22
M weingut@rainprecht.at
www.rainprecht.at

Öffnungszeiten
nach tel. Vereinbarung
Rebfläche
10 ha
Flaschenanzahl
60.000
Rebsorten
BF, ZW, CS, ME, CH, WR, SB, GM, PB
Anbau
KIP
Verschlussarten
NK, DV
Gastronomie
Buschenschank, Weinjause (gegen Voranmeldung)

93 2022 Merlot Stoaweiat 14,3 %, €€
Dunkler Farbkern, vielschichtige Nase, Johannisbeere, Schwarzkirsche, Bitterschokolade, Pflaume, gehaltvoll, dicht und balancierte Textur, feines Tannin und langer Nachhall.

93 2023 Weißburgunder Beerenauslese 11,8 %, €€
Sehr helle Farbe, jugendliche Fruchtnoten, Maracuja, kandierte Orange und gelber Apfel, balancierte Restsüße, Frucht-Karamell im Nachhall.

91+ 2022 Blaufränkisch Klassik Stoaweiat 12,8 %, €
Kräftiger Farbkern, dunkelbeerige Noten, Heidelbeere, kräftiger Wein, harmonische Textur, fester Gerbstoff, lang anhaltend.

91+ 2023 Sauvignon Blanc 12,7 %, €
Helles Gelb, ausgeprägtes Bukett, Holunderblüte, Maracuja, Mandarine, kräftig, dicht und lebendige Textur, fruchtiges Finish, gute Länge.

91 2022 Zweigelt Klassik Stoaweiat 11,8 %, €
Jugendliche Farbe, zartes Fruchtspiel, Kirsch-Weichsel, lebendiger Trinkfluss, fruchtiger Nachhall, gute Länge.

90+ 2023 Gelber Muskateller 13 %, €
Blassgelb, zart florale Noten, Steinobst, stoffig, dicht und fruchtig unterlegter Trinkfluss, gute Länge.

Leithaberg

Franz Schindler

Die 15 Hektar Weingärten von Franz Schindler befinden sich in den besten Mörbischer Lagen. Das warme und sonnenreiche pannonische Klima und die Nähe zum Neusiedler See sind optimale Voraussetzungen für qualitätsvolle Gewächse. Dank akribischer Weingartenarbeit freut man sich über vollreifes und gesundes Traubenmaterial, das im Keller zu fruchtigen Weißweinen und zu Rotweinen mit internationaler Stilistik verarbeitet wird. Welschriesling, Sauvignon blanc und Muskat Ottonel werden im Stahltank ausgebaut, während die besten Chargen von Chardonnay und Sauvignon blanc bis zu 30 Monate im neuen Barrique reifen. Die Rotweine vinifiziert man im Holzfass, sie bleiben dann je nach Jahrgang und Qualitätsstufe bis zu 36 Monate im Barrique.

Foto: Eric Halwax

Neustiftgasse 6
7072 Mörbisch
T 0650/938 85 52, 02685/83 26
M office@weingut-schindler.at
www.weingut-schindler.at

Öffnungszeiten
nach Vereinbarung
Rebfläche
15 ha
Flaschenanzahl
60.000
Rebsorten
WR, MO, CH, SB, BF, ZW, CS, ME, SY
Anbau
KIP, konventionell
Verschlussarten
NK, DV
Sonstiges
Übernachtungsmöglichkeit

96 2019 Ariane 14 %, €€€
(ME/CS) Kräftiger Farbkern, komplexe, intensive Aromatik, Cassis, rauchig-röstige Noten, Brombeere, gehaltvoll, dicht und engmaschige Struktur, feinkörniges Finish, sehr lang anhaltend, Bitterschokolade und Heidelbeere im Nachhall, Riesenpotenzial.

96 2020 Grande Cuvée d'Or 14 %, FP, €€€
(ME/CS) Tiefdunkle Farbe, intensive Nase, Johannisbeere, Cranberry, Kirsche, Nougat, Bitterschokolade, körperreich, dicht und engmaschige Struktur, feinkörniges Finish, lang anhaltend, Kakao und Pflaume im Nachhall.

95+ 2021 Cuvée d'Or 14 %, €€€
(BF/CS/ME) Leicht gereifte Farbe, dunkler Kern, vielschichtige Nase, Zedern, Cassis, Kornelkirsche, feine Holzwürze, Kakao, körperreich, dicht, straffe Struktur, engmaschiges, feinkörniges Finish, lang anhaltend, Nougat und Kirsche im Rückaroma, Potenzial.

95 2021 Blaufränkisch Ried Lehmgrube 14 %, €€€
Gereifte Farbnoten, markante Röst- und Raucharomen, Bitterschokolade, Brombeere, Cassis, körperreich, stoffig, balancierte Textur, feines Tannin, langer Nachhall, Potenzial.

94 2021 Merlot Ried Wieser 14 %, €€€
Dunkler Farbkern, nuancierte Nase, Kirsche, Zwetschke, Bitterschokolade, röstige Noten, opulenter Wein, dicht, fester Gerbstoff, Verbene und Pflaume im Nachhall.

93+ 2021 Cuvée d'Argent 14,5 %, €€€
(CH/SB) Jugendliche Farbe, vielschichtige Nase, kandierte Orange, Verbene, Antipasti-Noten, körperreich, dicht und balancierte Textur, feiner Gerbstoff, lang anhaltend, fruchtiger Schmelz im Nachhall.

92 2021 Ferry 13 %, €€
(SH/BF/CS/ME) Leicht gereifte Farbe, nuancierte Textur, Nougat, Heidelbeerjoghurt, Kirsche, kräftiger Wein, harmonischer Trinkfluss, feiner Gerbstoff, gute Länge.

Weingut Schneider

Hauptstraße 134
7062 St. Margarethen
T 02680/28 90
M weingut-schneider@gmx.at
www.weingut-schneider.at

Öffnungszeiten
Ab-Hof-Verkauf: tägl. 9–19
Rebfläche
11 ha
Rebsorten
GV, WR, CH, TR, SB, ZW, BF, SL, CS
Anbau
KIP, konventionell
Verschlussarten
NK, DI, DV
Gastronomie
Buschenschank, Vinothek

Das Familienweingut in St. Margarethen baut auf rund 11 Hektar Rebflächen einen breiten Mix an Rebsorten an. Das pannonische Klima und die besonderen Böden bilden ideale Voraussetzungen für hochwertige Weine. Treu der Überzeugung „Guter Wein entsteht im Weingarten" widmet man sich mit großer Aufmerksamkeit dem Wohlbefinden der Reben und Trauben. Bei den Weißweinen reicht das Spektrum von frisch-fruchtigen Gewächsen bis hin zu elegant-mineralischen Leithaberg-DAC-Weinen. Im Rotweinbereich baut man neben Zweigelt und Blaufränkisch auch Sankt Laurent und Cabernet Sauvignon aus. Zudem werden edelsüße Prädikate von Spätlese bis zu Trockenbeerenauslese und Eiswein gekeltert.

92+ 2021 Blaufränkisch Leithaberg DAC 13,5 %, €€
Kräftiger Farbkern, nuanciertes Bukett, Brombeere, zarte Würze, Bitterschokolade, stoffig, dicht und gut stützende Säure, feines Tannin, fruchtiger Nachhall.

92 2020 Gewürztraminer Trockenbeerenauslese 10 %, €€
Goldgelb, zarte Pfirsichnoten, hohe flüchtige Säure, kandierte Orange, kräftiger Wein, balancierte Struktur, feiner Gerbstoff, Grapefruit im Nachhall balanciert die Restsüße.

91+ 2022 Blaufränkisch Steinbruch 14 %, €€
Jugendliche Farbe, kandierte Orange, Nougat, Verbene, Bitterschokolade, körperreich, harmonische Textur, zartes Tannin, gute Länge.

91 2023 Grüner Veltliner Ried Lamer Leithaberg DAC 13 %, €
Helle Farbe, einladende gelbe Frucht, Steinobst, zarte Würze, saftiger Wein, weiche Textur, fruchtiger Schmelz im Abgang, gute Länge.

90 2022 St. Laurent Barrique 14 %, €€
Dunkle Farbnoten, offene, reife Frucht, Hollerkoch, Zwetschke, rauchig-röstige Anklänge, opulenter Wein, weiche Textur, Nougat und Kakao im Finish, mittlere Balance.

90 2022 Zweigelt Ried Klausen 14 %, €
Kräftige Farbe, verhaltene dunkelbeerige Frucht, Pflaume, Kakao, gehaltvoll, balancierte Textur, fruchtiges Finish.

89 2023 Sauvignon blanc 12,5 %, €
Helle Farbe, dezentes Bukett, Antipasti-Noten, Paprika, saftiger Wein, Zitrus und Einlegegewürze am Gaumen, zarter Schmelz im Abgang.

Leithaberg

Rosi Schuster

Das von Rosi Schuster aufgebaute Weingut wird seit 2005 von ihrem Sohn Hannes geführt. Die Weingärten liegen in den interessantesten Lagen von Sankt Margarethen, Zagersdorf und Oslip. Hannes Schuster konzentriert sich auf die regionstypischen Sorten Blaufränkisch und Sankt Laurent. Schusters Weine sind finessenreich, pur und von ihrer Herkunft geprägt. Sein Sankt Laurent zählt jedes Jahr zu den spannendsten und zugleich präzisesten Rotweinen des Landes. Äußerst vielschichtig präsentieren sich vor allem der feinnervige Sankt Laurent aus Zagersdorf sowie der hochelegante Blaufränkisch Sankt Margarethen. Aber auch bei den Weißweinen zeigt Hannes Schuster sein Können: Vor allem Furmint und Welschriesling werden bei ihm in Zukunft von Bedeutung sein.

Foto: Weingut Rosi Schuster

Prangergasse 2
7062 St. Margarethen
T 0650/979 99 90
M weingut@rosischuster.at
www.rosischuster.at

Öffnungszeiten
nach Vereinbarung
Rebfläche
15 ha
Flaschenanzahl
50.000
Rebsorten
BF, SL, GV, FU, WR
Anbau
organisch-biologisch
Verschlussarten
NK, DI

99 2022 Blaufränkisch Ried Lama 13,5 %, €€€
Kräftige, jugendliche Farbnoten, tiefe, dunkelbeere Nase, Brombeere, Cranberry, grüner Tee, körperreich, dicht und straff, engmaschiges, feines Tannin im Abgang, sehr lang anhaltend, Wacholder und Weichsel im Rückaroma, Riesenpotenzial.

98+ 2022 Blaufränkisch Müllendorf Ried Santen 13,5 %, €€€
Jugendlich, kräftige Farbe, vielschichtige Nase, zarte Reduktion, mit Luft Brombeere, Wacholder, grüner Tee, Verbene, Melisse, körperreich, dicht und engmaschige Textur, feinster Gerbstoff, lang anhaltend, Cranberry im Nachhall.

98 2022 St. Laurent Zagersdorf 12,5 %, €€€
Jugendliche Farbe, ausgeprägte, kühle Fruchtnoten, Brombeere, Wacholder, Granatapfel, grüner Tee, Minze, Cassis, körperreich, straff, eleganter Stil, sehr lang anhaltend, fruchtiges Finish, lang anhaltend, Riesenpotenzial.

97 2022 Blaufränkisch St. Margarethen Ried Hinkenthal 13,5 %, €€€
Jugendlich, kräftige Farbe, vielschichtige Nase, kandierte Orange, Brombeere, Kakao, körperreich, dicht, straff, Preiselbeere und Physalis im Nachhall, sehr lang anhaltend.

96+ 2023 Grüner Veltliner Ried Ungerberg 13,5 %, €€€
Jugendliche Farbe, intensive, komplexe Nase, Quitte, rosa Grapefruit, dicht und straff, engmaschig, feinmineralisches, präzises Finish, lang anhaltend, Kumquat und Verbene im Nachhall.

96 2023 Welschriesling Ried Saurüssel 13,5 %, €€€
Jugendliche Farbe, intensive, vielschichtige Nase, Weingartenpfirsich, Kumquat, grüner Tee, Limette, straff, dicht und engmaschige Struktur, zart mineralisches Finish, langer Nachhall, Potenzial.

95+ 2023 Dorfkultur 13,5 %, €€€
(WR/FU/GV) Jugendliche Farbe, intensive Nase, leichte Reduktion, gewinnt mit Luft Birnenquitte, grüner Apfel, Yuzu, körperreich, dicht und engmaschiges Finish, sehr langer, extraktsüßer Nachhall, fruchtiges Rückaroma.

Erwin Tinhof

Foto: Regina Hügli

Eisenstädter Straße 10
7061 Trausdorf
T 02682/626 48
M wein@tinhof.at
www.tinhof.at

Öffnungszeiten
Mi. 15–18, Sa. 10–13
nach Vereinbarung
Rebfläche
18 ha
Rebsorten
NE, PB, BF, SL
Anbau
organisch-biologisch
Verschlussarten
NK, DV

Weinmachen ist für Erwin Tinhof Berufung und Passion. Die Weingärten in besten Lagen sind seit Jahrhunderten im Familienbesitz. Seit nunmehr elf Generationen betreibt die Familie Weinbau am Leithaberg – das verbindet sie mit ihrem Grund und Boden. Um das bestmöglich zu erhalten, setzt man auf naturnahen Weinbau, seit 2012 ist das Weingut biologisch zertifiziert. Neuburger, schon lange am Leithaberg heimisch, ist dabei für Erwin Tinhof eine Herzensangelegenheit. Auf den kargen, trockenen Böden fühlt sich die autochthone Sorte richtig wohl. Kompromisslos verfolgt Erwin Tinhof mit seinem Team das Ziel, unverfälschte, charaktervolle Weine zu vinifizieren. Neben Neuburger werden auch Weißburgunder sowie Blaufränkisch und Sankt Laurent ausgebaut.

96 2021 Blaufränkisch Gloriette ® Ried Kirchberg Leithaberg DAC 14 %, €€€
Kräftige Farbe im Kern, intensive, vielschichtige Aromatik, Johannis- und Brombeere, Gewürznelke, Blutorange, leicht rauchig, gehaltvoll, dicht und lebendige Textur, feines, engmaschiges Tanninfinish, langer Nachhall, Kumquat und Cranberry im Rückaroma, Potenzial.

95 2021 Sankt Laurent Ried Feiersteig Leithaberg DAC 13 %, €€€
Jugendliche Farbe, komplexe Nase, Wacholder, Blutorange, leicht rauchig-röstig, Zedern, kräftig, dicht und engmaschige Textur, eleganter Trinkfluss, feinstes Tannin, langer Nachhall, rosa Grapefruit im Finish.

94+ 2022 Neuburger Ried Golden Erd Leithaberg DAC 12,5 %, €€€
Jugendliche Farbe, ausgeprägte gelbe Frucht, Nektarine, Birnenquitte, Mandeln, stoffig, dicht und engmaschige Struktur, eleganter Stil, feines Tannin, nussige Würze und Kumquat im Rückaroma , Potenzial.

94 2022 Weißburgunder Ried Golden Erd Leithaberg DAC 13 %, €€€
Helle Farbe, komplexe Zitrusnoten, nussige Würze, Mandeln, kräftig, dicht und lebendiges Frucht-Säure-Spiel, feiner Gerbstoff, langer fruchtiger Nachhall, Mandarine und Yuzu im Rückaroma.

94 2022 Weißburgunder Ried Tatschler Leithaberg DAC 12,5 %, €€€
Helle Farbe, komplexes Bukett, kandierte Orange, Physalis, Bratapfel, gelbe Frucht, kräftiger Wein, engmaschige Struktur, feines Tannin, lang anhaltender Nachhall, Mandarine und Grapefruit im Rückaroma.

93+ 2022 Neuburger Ried Oberberg Leithaberg DAC 12,5 %, €€€
Jugendliche Farbe, intensive, vielschichtige Nase, kandierte Orange und Mandeln, Mandarine, Papaya, kräftig, balancierte Textur, engmaschiges Finish, feiner Gerbstoff, Kumquat und Zesten im Nachhall.

HISTORISCHER WEIN

94 2006 Blaufränkisch Leithaberg

Leithaberg

Rudolf Wagentristl

Foto: derpaul.at

Rosengasse 2
7051 Großhöflein
T 02682/614 15
M weingut@wagentristl.com
www.wagentristl.com

Öffnungszeiten
Mo.–Sa. nach Vereinbarung,
So., Fei. Ru.
Rebfläche
13 ha
Flaschenanzahl
60.000
Rebsorten
BF, ZW, PN, WR, CH, PB, MO, MT, GM, CS
Anbau
Umstellung organisch-biologisch
Verschlussarten
NK, DV

Rudi Wagentristl hat 2014 den gut eingeführten Betrieb übernommen. Der junge Winzer führt das 13 Hektar große Weingut nun in fünfter Generation. Auf der Arbeit seiner Eltern aufbauend, sorgte er für neuen Schwung in dem seit 1888 bestehenden Betrieb. In den letzten Jahren wurde am Weingut zudem kräftig investiert: Eine neue, großzügig angelegte Verarbeitungshalle entstand und ermöglicht es, noch spezifischer auf jede einzelne Lage und Rebsorte einzugehen. Der Winzer beschäftigt sich viel mit den Eigenheiten und dem Terroir seiner Rieden. Die Weine sollen sich präzise präsentieren, Mineralität und Balance zeigen.

95 2020 Blaufränkisch Ried Kreidestein Leithaberg DAC 13,5 %, €€€
Jugendlich, dunkler Farbkern, komplexes Bukett, Brombeere, Cassis, Kornelkirsche, Kakao, stoffiger Wein, dicht und engmaschige Struktur, feinstes Tannin, Cranberry im Nachhall, sehr lang anhaltend, Potenzial.

95 2020 Blaufränkisch Ried Reisbühl Leithaberg DAC 13,5 %, €€€
Tiefdunkler Farbkern, vielschichtige Nase, Brombeere, Wacholder, Bitterschokolade, gehaltvoll, dicht und harmonische Textur, feines Tannin, langer fruchtiger Nachhall, Cassis und Mokka im Rückaroma, Potenzial.

94+ 2021 Cuvée Heulichin 13,5 %, €€
(BF/CS/ZW) Tiefdunkler Farbkern, Bitterschokolade, Nougat, Brombeere, Cassis, Holunder, leicht rauchig, gehaltvoll, engmaschige Struktur, feinkörniges Tannin, fruchtig unterlegt, lang anhaltender Abgang, Heidelbeere und Kakao im Nachhall, Potenzial.

94 2022 Weißburgunder Ried Tatschler Leithaberg DAC 13 %, €€€
Jugendliche Farbe, komplexe Aromatik, gelbes Steinobst, Quitte, Physalis, stoffig, dicht und lebendiger Trinkfluss, feiner Gerbstoff, engmaschiges Finish, sehr langer Nachhall, rosa Grapefruit im Rückaroma, Potenzial.

93 2022 Pinot Noir Kreideberg 13,5 %, €€
Jugendliche Farbe, leicht transparent, Kornelkirsche, Cranberry, kandierte Noten, lebendig, balancierte Textur, feiner Gerbstoff im Abgang, Kakao und Frucht im Nachhall, lang anhaltend.

93 2022 Weißburgunder Ried Kreidestein Leithaberg DAC 13,5 %, €€€
Jugendliche Farbe, kandierte Orange, Kumquat, Grapefruit, körperreich, dicht und engmaschiges Finish, lang anhaltend, feines Tannin, Steinobst im Rückaroma.

Stefan Zehetbauer

Foto: Christof Wagner

Hauptstraße 3
7081 Schützen am Gebirge
T 02684/25 23
M office@zehetbauerwein.at
www.zehetbauerwein.at

Öffnungszeiten
nach Vereinbarung
Rebfläche
13 ha
Rebsorten
WR, PB, CH, ME, BF, CF
Anbau
konventionell
Verschlussarten
DI, DV

Das Weingut wird in zehnter Generation von Stefan Zehetbauer geführt. Seine Rieden befinden sich am und rund um den Schützner Stein und sind von den schiefer- und kalkreichen Böden der Region geprägt. Für den Winzer haben die Weingärten oberste Priorität – dort wird der Grundstein für Qualität gelegt. Die Eingriffe im Keller werden hingegen auf ein Minimum reduziert. Auf Reinzuchthefen und Enzyme wird dabei verzichtet, die Gärung erfolgt spontan. Weiße Reserve- und alle Rotweine kommen auch ohne Schönung aus. Der Terroir-Gedanke steht an erster Stelle. Stefan Zehetbauers Ziel ist, Weine mit Tiefgang, ausgeprägter Mineralität und Entwicklungspotenzial zu produzieren. Die typischen Leithaberg-Sorten Blaufränkisch, Weißburgunder und Chardonnay stehen im Vordergrund, aber man hat sich auch mit einem ausdrucksstarken Cabernet Franc einen Namen gemacht. Die Topweine kommen von der Riede Steinberg, die zu den besten Lagen der Region zählt.

96 2021 Cabernet Franc Ried Steinberg 14 %, FP, €€€
Dunkler Farbkern, vielschichtiges Bukett, Wacholder, Kakao, Cassis, Verbene, körperreich, dicht und engmaschige Textur, fester, feinkörniger Gerbstoff, sehr langer Nachhall, Preiselbeere, Blutorange und Bitterschokolade im Rückaroma, Riesenpotenzial.

95 2021 Blaufränkisch Ried Reckenschink Leithaberg DAC 13,5 %, FP, €€€
Dunkler Kern, intensive, vielschichtige Aromatik, Bitterschokolade, Heidel- und Brombeere, fein verwobene Holzwürze, körperreich, dicht und straffe Textur, feinkörniges Finish, sehr lang anhaltend, Kornelkirsche im Rückaroma, Potenzial.

94 2017 Blaufränkisch Ried Steinberg Leithaberg DAC Late Release 13,5 %, €€€
Gereifte Farbe, nuanciertes Bukett, Zwetschke, Kakao, Brombeere und Kirsche, Nougat, kräftiger Wein, druckvolle Textur, feiner Gerbstoff, Cranberry und Wacholder im Nachhall.

94 2021 Blaufränkisch Ried Steinberg Leithaberg DAC 13,5 %, FP, €€€
Kräftiger Farbkern, leicht gereifter Rand, einladendes Bukett, Brombeere, Kirsche, Pflaume, zart röstig, Kakao, körperreich, straffe Textur, fester Gerbstoff, fruchtiges Finish.

94 2022 Chardonnay Ried Steinberg Leithaberg DAC 14 %, €€€
Jugendliche Farbe, ausgeprägtes Bukett, kandierte Orange und Mandeln, Vanille, leicht rauchig-röstig, gehaltvoll, dicht und balancierter Trinkfluss, feiner Gerbstoff im Abgang, langer Nachhall, Grapefruit im Rückaroma, Potenzial.

93 2022 Blaufränkisch Leithaberg DAC 13 %, €€
Jugendliche Farbe, einladende Frucht, Brombeere, zarte Würze, Marzipan, stoffiger Wein, lebendige Textur, gut stützende Säure, feiner Gerbstoff im Abgang, langer fruchtiger Nachhall.

HISTORISCHER WEIN

94 2015 Cabernet Franc Ried Steinberg

Die Besten in
RUST

98 *2021 Blaufränkisch Ried Mariental* · **Weingut Ernst Triebaumer**

97 *2021 Blaufränkisch Kristallin* · **Weingut Ernst Triebaumer**

97 *2021 Blaufränkisch Ried Plachen* · **Weingut Günter + Regina Triebaumer**

96+ *2021 Blaufränkisch Ried Ruster Oberer Wald Leithaberg DAC* · **Kurt Feiler, Weingut Feiler-Artinger**

96+ *2022 Gelber Muskateller Ruster Ausbruch DAC* · **Weingut Günter + Regina Triebaumer**

96 *2015 Solitaire* · **Kurt Feiler, Weingut Feiler-Artinger**

96 *2021 Blaufränkisch Ried Oberer Wald* · **Weingut Ernst Triebaumer**

96 *2022 Ruster Ausbruch DAC* · **Weingut Günter + Regina Triebaumer**

95 *2019 Blaufränkisch Reserve* · **Weingut Giefing**

95 *2021 Ruster Ausbruch DAC* · **Harald Tremmel**

94+ *2019 Cardinal* · **Weingut Giefing**

94 *2019 Marco Polo* · **Weingut Giefing**

94 *2019 Ruster Ausbruch DAC* · **Weingut Elfenhof, Ernst Holler**

Kurt Feiler, Weingut Feiler-Artinger

Foto: Martin Fülöp

Hauptstraße 3
7071 Rust
T 02685/237
M office@feiler-artinger.at
www.feiler-artinger.at

Öffnungszeiten
Mo.–Sa. 8–19
Rebfläche
26,5 ha
Flaschenanzahl
110.000
Rebsorten
BF, ZW, CF, CH, PB, WR, CS, PN, TR, GM, MO, ME, NE
Anbau
biodynamisch,
respekt-BIODYN
Verschlussarten
NK, DV

Das Weingut Feiler-Artinger ist nicht nur für seine herausragenden Rotweine, sondern auch für exzellente Süßweine im In- und Ausland bekannt. Seit etlichen Jahren spielt es in beiden Kategorien in der Topliga mit und wurde mit Auszeichnungen überhäuft. Aber auch die trockenen Weißweine – allen voran ein ausgezeichnete Neuburger – können sich sehen lassen. Kurt Feiler ist inzwischen überzeugter Biodynamiker und Mitglied der Winzergruppe „respekt-BIODYN". Im Einklang mit der Natur bewirtschaftet er 26,5 Hektar beste Ruster Lagen. Seine Weine bestechen durch zarte Frucht, Tiefgang und Finesse. Der edelsüße Ausbruch zählt zu den besten Süßweinen der Welt.

96+ **2021 Blaufränkisch Ried Ruster Oberer Wald Leithaberg DAC 14 %, €€€**
Kräftige Farbe, vielschichtiges Bukett, ausgeprägte Cassisnoten, Preiselbeere, zart Kakao, körperreich, dicht, engmaschige und elegante Textur, feinstes Tannin, Kumquat, Bitterschokolade und Brombeere im sehr langen Nachhall, Riesenpotenzial.

96 **2015 Solitaire 14 %, €€€**
(BF/ME/CS) Gereifte Farbe, komplexe Nase, Cranberry, Johannisbeere, Nougat und Kakao, gehaltvoll, dicht, druckvoller Wein, fein gereifter Gerbstoff, Kumquat und Kornelkirsche im langen Nachhall.

94+ **2021 Blaufränkisch Ried Ruster Ludmaisch Leithaberg DAC 14 %, €€€**
Jugendliche Farbe, intensive Nase, Johannis- und Brombeere, Verbene, zart rauchig, gehaltvoll, dicht und lebendige Struktur, eleganter Trinkfluss, feines Tannin, langer Nachhall, Cranberry im Rückaroma.

94 **2019 Beerenauslese 13,5 %, €€**
(PB/WR) Helles Goldgelb, leicht rauchige Anklänge, gerösteter Sesam, Zesten, Blütenhonig, präsente Botrytisnoten, stoffig, balancierte Textur, sehr gut eingebundener Restzucker, Kumquat und fruchtige Pikanz im Nachhall.

94 **2019 Cabernet Sauvignon 14 %, €€€**
Kräftige Farbe, intensive Nase, Cassis, ein Hauch Brett, Wacholder, stoffig, balancierte Textur, lebendiger Trinkfluss, feinkörniges Tanninfinish, lang anhaltend, Gewürznelke und Kakao im Rückaroma.

93 **2022 Gustav 14 %, €€€**
(NE/CH) Helles Goldgelb, vielschichtige Nase, leicht rauchig-röstige Noten, nussige Würze, Papaya, Verbene, kandierte Noten, gehaltvoll, harmonischer Trinkfluss, fruchtig, leicht süßer Schmelz im Abgang, gute Länge, Potenzial.

93 **2023 Neuburger Leithaberg DAC 13,5 %, €€**
Jugendliche Farbe, kandierte Orange und Williamsbirne, Steinobst, gehaltvoll, dicht und straffe Textur, feiner Gerbstoff, lang anhaltend, Kumquat im Nachhall.

Weingut Giefing

Foto: Weingut Giefing/Hans Wetzelsdorfer

Hauptstraße 13
7071 Rust
T 02685/379
M giefing@wein-rust.at
www.wein-rust.at

Öffnungszeiten
tägl. 9–19
Rebfläche
17 ha
Rebsorten
CH, FU, BF, ZW, PN, SL, CS, ME, SY, WR, PG, NE, TR, GM
Anbau
KIP, konventionell, nachhaltig
Verschlussarten
NK, GL, DV
Gastronomie
Vinothek

Das Weingut von Claudia und Erich Giefing ist in einem 500 Jahre alten Bürgerhaus im Zentrum von Rust situiert. Inzwischen arbeitet auch ihre Tochter Elsa mit im Betrieb. Dieser ist 17 Hektar groß und steht für extraktreiche und lagerfähige rote Reserveweine und fruchtige, samtige Weißweine, die geprägt sind vom spezifischen Ruster Terroir. Die Topweine des Hauses, darunter die Cuvée „Cardinal", der Blaufränkisch Reserve, der Pinot noir „Cavallo", der Sankt Laurent vom Ruster Kalk und der Chardonnay „Contessa", werden nur in besonders guten Jahren produziert. Zudem wird ein breites Sortiment an gereiften Rotweinen angeboten.

95 **2019 Blaufränkisch Reserve 14 %, €€€**
Dunkler Kern, leicht gereifter Rand, dunkelbeerige Frucht, Brombeere, Pflaume, Kakao, röstige Noten, gehaltvoll, dicht und engmaschige Textur, feines, lang anhaltendes Tanninfinish, Nougat und Orange im Nachhall, gut antrinkbar.

94+ **2019 Cardinal 14 %, €€€**
(BF/SL/CS) Dunkler Farbkern, leicht gereifter Rand, Heidelbeere, Nougat, Cranberry, leicht röstig, körperreich, dicht und straffe Struktur, fester, feiner Gerbstoff, lang anhaltend, Wacholder im Rückaroma, Potenzial.

94 **2019 Marco Polo 14 %, €€€**
(SH/ME/CS) Gereifte Farbe, ausgeprägte Nase, Brombeere, Wacholder, Nougat, Johannisbeere, Kakao, Nougat, gehaltvoll, dicht und balancierte Textur, feinstes Tannin, langer Nachhall, Karamell und Feige im Rückaroma.

93+ **2022 Chardonnay „Contessa" 13,5 %, €€€**
Jugendliche Farbe, vielschichtige Nase, zarte Reduktion, gerösteter Sesam, Grapefruit, körperreich, dicht und balancierte Struktur, fruchtiger Schmelz, Brioche und gut verwobener Gerbstoff im Abgang, lang anhaltend.

93 **2019 St. Laurent Ried Umriss 12 %, €€**
Dunkler Kern, ausgeprägtes Bukett, röstige Noten, Holunder, Verbene, Kirsche, stoffig, dicht und lebendige Struktur, engmaschiges Finish, lang anhaltend, Cranberry im Rückaroma.

93 **2023 Furmint Ried Rieglband 13 %, €€**
Helle Farbe, zart kandierte Noten, Birnenquitte, Kumquat, kräftiger Wein, straffe, lebendige Struktur, fruchtig-pikanter Abgang, feiner Gerbstoff, kandierte Orange und Mandeln im Rückaroma.

93 **2023 Neuburger vom Ruster Kalk 13,5 %, €€**
Jugendliche Farbe, nuanciertes Bukett, nussige Würze, Mandeln, Mandarine, kandierte Orange, körperreich, balancierter Trinkfluss, feines Tannin und Frucht im Abgang, langer Nachhall, Nektarine im Rückaroma.

Weingut Elfenhof, Ernst Holler

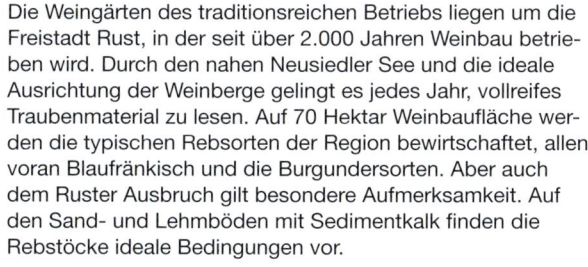

Die Weingärten des traditionsreichen Betriebs liegen um die Freistadt Rust, in der seit über 2.000 Jahren Weinbau betrieben wird. Durch den nahen Neusiedler See und die ideale Ausrichtung der Weinberge gelingt es jedes Jahr, vollreifes Traubenmaterial zu lesen. Auf 70 Hektar Weinbaufläche werden die typischen Rebsorten der Region bewirtschaftet, allen voran Blaufränkisch und die Burgundersorten. Aber auch dem Ruster Ausbruch gilt besondere Aufmerksamkeit. Auf den Sand- und Lehmböden mit Sedimentkalk finden die Rebstöcke ideale Bedingungen vor.

94 2019 Ruster Ausbruch DAC 10%, €€€
(PB) Kräftiges Goldgelb, Honigmelone, kandierte Orange und Birne, Mandeln, gehaltvoll, harmonische Textur, fruchtiger Schmelz und jugendliche Restsüße im Abgang.

92+ 2022 Avantgarde 14%, €€€
(ME/CS/BF) Kräftige Farbe, Cassis, Verbene, Kakao, gehaltvoll, straffe Textur, feines Tannin, gute Länge.

92+ 2023 Gewürtraminer Spätlese 10,5%, €€
Helle Farbe, dezentes Fruchtspiel, kandierte Orange, Blütenhonig, saftig, markantes Frucht-Säure-Spiel, fruchtig-pikanter Abgang.

91 2023 Weißburgunder 13,5%, €
Helle Farbe, nuancierte Frucht, gelber Apfel, Mandarine, stoffiger Wein, harmonische Textur, zart fruchtig-süßer Schmelz im Abgang, gute Länge.

91 2023 Young Red 13,5%, €
(BF, htr.) Jugendliche Farbe, kandierte Noten, Pflaume, Lebkuchen, Heidelbeerjoghurt, kräftig, balancierte, weiche Textur, fruchtig-süßer Schmelz im Abgang, balancierte Restsüße.

90 2023 Welschriesling 12,5%, €
Blassgelb, zarte Fruchtnoten, gelber Apfel, kandierte Noten, stoffig, harmonische Textur, fruchtiges Finish.

Baumgartengasse 11
7071 Rust
T 02685/607 04
M weingut@elfenhof.at
www.elfenhof.at

Öffnungszeiten
Mo.–Fr. 8–18, Sa. 10–16, So., Fei. nach Vereinbarung
Rebfläche
70 ha
Flaschenanzahl
500.000
Rebsorten
BF, ZW, BB, SL, CS, MT, GV, WR, CH, MO, TR, RR, PB, MU, SB, ME
Anbau
KIP
Verschlussart
DV
Gastronomie
Vinothek

Harald Tremmel

Milde Frühlingstage, heiße, trockene Sommer mit lauen Nächten, Morgennebel im Herbst – so präsentiert sich das Klima an den sanften Hügeln am Westufer des Neusiedler Sees. Die Weine von Harald Tremmel sind von diesen idealtypischen Bedingungen geprägt. Auch die Bodenbeschaffenheit ist vom Feinsten: kristalliner Gneis und Glimmerschieferkern des Ruster Hügellands mit tertiären Meeresablagerungen. Eine perfekte Grundlage für Weine, die nicht nur mit Fruchtigkeit, sondern auch mit Mineralität überzeugen.
Auf zehn Hektar sind je zur Hälfte Rot- und Weißweinsorten angepflanzt. Zudem werden die Spezialitäten der Region, der Ruster Ausbruch und die Rebsorte Furmint, vinifiziert.

95 2021 Ruster Ausbruch DAC 11 %, €€€
(PB/RI) Helles Goldgelb, vielschichtige Nase, Zesten, Melone, Blütenhonig, stoffig, dicht und lebendige Struktur, gut eingebundene Restsüße, fruchtiges Finish, Potenzial.

93 2021 Furmint 13,5 %
Jugendliche Farbe, komplexe Aromatik, zarte Reduktionsnoten, mit Luft Birnenquitte, Kumquat, körperreich, lebendige Struktur, feiner Gerbstoff, engmaschiges Finish, sehr lang anhaltend.

92+ 2022 Auslese 10 %, €
(CH/RI/FU) Helles Goldgelb, Lakritze, Honigmelone, kandierte Orange, kräftiger Wein, balancierte Struktur, gut balancierte Restsüße, lang anhaltend.

92+ 2023 Furmint 13 %, FP, €
Jugendliche Farbe, nuanciertes Bukett, Nashi-Birne, Grapefruit, Mandarine, körperreich, lebendiger Trinkfluss, fruchtiges Finish, langer Nachhall.

92+ 2023 Grauburgunder 14 %, €
Jugendliche Farbe, komplexe Nase, kandierte Orange, Mandeln, Steinobst, gehaltvoll, gute Struktur, feiner Gerbstoff, lang anhaltend.

92 2020 Merlot 14 %, €€
Gereifte Farbe, kandierte Orange, feine Holzwürze, körperreich, harmonische Textur, feiner Gerbstoff, gute Länge.

92 2023 Pinot Noir 13,5 %, €€
Transparente Farbnoten, kandierte Noten, Erdbeere, Kirsche, gehaltvoll, balancierte Struktur, engmaschiges Finish, fruchtiger Nachhall.

Weinberggasse 19
7071 Rust
T 02685/368
M tremmel@weinbau-tremmel.at
www.weinbau-tremmel.at

Öffnungszeiten
nach Vereinbarung
Rebfläche
10 ha
Rebsorten
PB, PG, PN, GM, FU, SB, BF, ZW, ME, CH, NB, MO, WR
Anbau
KIP, konventionell, nachhaltig
Verschlussart
DV

Weingut Ernst Triebaumer

Herbert und Gerhard Triebaumer führen das renommierte Weingut mit Achtung vor der Natur als ihrem Lebens- und Arbeitsraum. Für die Brüder beinhaltet dies ein durchdachtes System an umwelt- und ressourcenschonenden Maßnahmen. Sie nennen ihre Herangehensweise „Ökologisierung des Weinbaus" und betreiben damit ein unkonventionelles, ganzheitliches System. Herbizide und Kunstdünger wurden grundsätzlich nie verwendet, die Artenvielfalt wird unterstützt, Monokulturen werden durchbrochen. Schafe, die den Beiwuchs regulieren, schließen den Kreislauf. Auch im Keller gibt es außer minimaler Schwefelung keine Zusätze, die Serie „Urwerk" wird sogar ohne Schwefelzugabe abgefüllt. Die Brüder fühlen sich dem Blaufränkisch genauso verbunden wie die Generationen vor ihnen. Neben einer klassischen Variante werden die Toprieden Mariental, Oberer Wald und Gemärk lagenrein abgefüllt. Herausragende Weißweine und Ruster Ausbruch vervollständigen das Sortiment.

Foto: Mang Stefan

Raiffeisenstraße 9
7071 Rust
T 02685/528
M office@ernst.triebaumer.com
www.triebaumer.com

Öffnungszeiten
Mo.–Do. 8–16, Fr.–So. nach tel. Vereinbarung
Rebfläche
18 ha
Flaschenanzahl
80.000
Rebsorten
BF, ME, CS, SL, CH, SB, GM, WR, TR
Anbau
Umstellung biologisch-dynamisch, unkonventionell, ganzheitlich
Verschlussarten
NK, GL

98 **2021 Blaufränkisch Ried Mariental 13,5%, €€€**
Tiefdunkler Farbkern, intensive, einladende Fruchtnoten im Auftakt, Kakao, Cassis, Verbene, leicht rauchig, körperreich, dicht und engmaschige Struktur, feinkörniger Gerbstoff, sehr langer Nachhall, Wacholder, Mokka und Brombeere im Rückaroma, Riesenpotenzial.

97 **2021 Blaufränkisch Kristallin 13%, €€€**
Jugendliche Farbe, nuanciertes Bukett, Cranberry, Ribisel, Brombeere, stoffig, dicht und markantes Säurespiel, fester Tanninkern, sehr lang anhaltend, Grapefruit im Rückaroma, enormes Potenzial.

96 **2021 Blaufränkisch Ried Oberer Wald 13,5%, €€€**
Kräftige, jugendliche Farbe, vielschichtige Aromen, Brombeere, Bitterschokolade, Johannisbeere, kräftiger Wein, balancierte Struktur, engmaschiges, feinkörniges Finish, sehr lang anhaltend, Zesten und Blutorange im Nachhall, Potenzial.

94+ **2021 Chardonnay Ried Bandkräftn 13,5%, €€€**
Kräftige Farbe, intensive Nase, kandierte Orange, rauchig, Sesam, Mandeln, nussige Würze, körperreich, straffe Struktur, fester, feiner Gerbstoff, lang anhaltend, Limette und Kumquat im Rückaroma.

94 **2022 Furmint Kristallin 13%, €€€**
Kräftige Farbe, intensive, komplexe Nase, Birnenquitte, Grapefruit, nussige Würze, stoffig, lebendige Struktur, feiner Gerbstoff, lang anhaltend, Limette und Nashi-Birne im Nachhall, Potenzial.

93+ **2021 Blaufränkisch Ried Gemärk 13%, €€**
Kräftiger Farbkern, nuanciertes Bukett, Preisel- und Brombeere, nussige Würze, kräftiger Wein, lebendige Struktur, feiner Gerbstoff, langer fruchtiger Nachhall, Blutorange im Rückaroma.

92 **N. V. Blaufränkisch Rusterberg 13%, €**
Jugendliche Farbe, einladende Fruchtnoten, Brombeere, Zedern, leicht würzig, kräftiger Wein, straff, fester Gerbstoff, Cranberry im Nachhall.

Rust

Weingut Günter + Regina Triebaumer

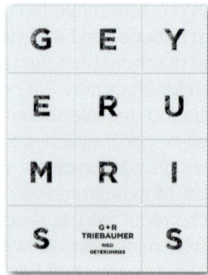

Foto: STEVE HAIDER

Neue Gasse 18
7071 Rust
T 0676/472 82 88, 0676/724 87 97
M weingut@triebaumer.at
www.triebaumer.at

Öffnungszeiten
nach Vereinbarung
Rebfläche
24 ha
Rebsorten
BF, ZW, CF, CS, ME, FU, SB,
GM, SY, WR, CH, TR,
Petit Manseng
Anbau
KIP, konventionell, nachhaltig
Verschlussarten
NK, DV

Nach Jahren im Handel und an der Weinakademie verwirklichten Regina und Günter Triebaumer ihren Traum vom eigenen Weingut. Inzwischen ist der Betrieb auf stattliche 24 Hektar angewachsen und hat sich mit sorten- und regionaltypischen Weinen einen Namen gemacht. Das Winzerpaar setzt auf den klassischen Ruster Rebsortenmix, wobei ihm Blaufränkisch, Muskateller und Furmint besonders am Herzen liegen. Die internationalen Rebsorten Sauvignon blanc, Cabernet Sauvignon, Cabernet Franc, Merlot und Syrah runden das Programm ab. Großen Wert legt man auch auf die Produktion von Ruster Ausbruch aus Gelbem Muskateller, zudem vinifiziert man einen Muscato, einen Muskateller-Perlwein nach der Asti-Methode.

97 2021 Blaufränkisch Ried Plachen 14,5 %, €€€
Tiefdunkle Farbnoten, komplexe, intensive Frucht, Wacholder, Brombeere, Bitterschokolade, gehaltvoll, dicht und druckvolle Textur, fester, feinkörniger Gerbstoff, Cassis im Rückaroma, Potenzial.

96+ 2022 Gelber Muskateller Ruster Ausbruch DAC 10,5 %, €€€
Goldgelb, intensive Fruchtnoten, Maracuja, kandierte Orange und Ananas, saftiger Prädikatswein, lebendiger Trinkfluss, gut eingebundener Restzucker, langer fruchtiger Nachhall, Potenzial.

96 2021 Blaufränkisch Ried Oberer Wald 14,5 %, €€€
Kräftige, intensive Farbe, vielschichtige Nase, Heidel- und Brombeere im Auftakt, Kakao und Nougat, zarte Holzwürze, gehaltvoll, balanciert und straffe Struktur, feinkörniges Tannin, sehr lang anhaltend, Cranberry im Rückaroma.

96 2022 Ruster Ausbruch DAC 8 %, €€€
(GM/BO) Helles Goldgelb, vielschichtige Nase, kandierte Orange, Nektarine, Karamell, Maracuja, stoffig, dicht und gut stützendes Säurespiel, zarter Gerbstoff, gut verwobene Restsüße, lang anhaltend, Potenzial.

95 2021 Cabernet Franc Ried Gillesberg 14,5 %, €€€
Jugendlich, kräftige Farbe, ausgeprägtes Fruchtspiel, Schwarzkirsche, Holunder, Heidelbeere, Kakao, körperreich, dicht, harmonisch am Gaumen, festes Tanninfinish, lang anhaltend, Gewürznelke und Kumquat im Rückaroma.

94 2023 Furmint Ried Geyerumriss 13 %, €€€
Helle Farbe, intensive Nase, Nashi-Birne, Quitte, leicht röstig, gehaltvoll, straff, dichte Textur, feiner Gerbstoff, Grapefruit und Zesten im Nachhall, Potenzial.

94 2023 Welschriesling Beerenauslese 10,5 %, €€€
Jugendliche Farbe, gelber Pfirsich, Nektarine, Blütenhonig, Kletzen, kräftiger Prädikatswein, straffe Textur, pikanter Schmelz im Abgang, balancierte Restsüße.

Notizen

ROSALIA

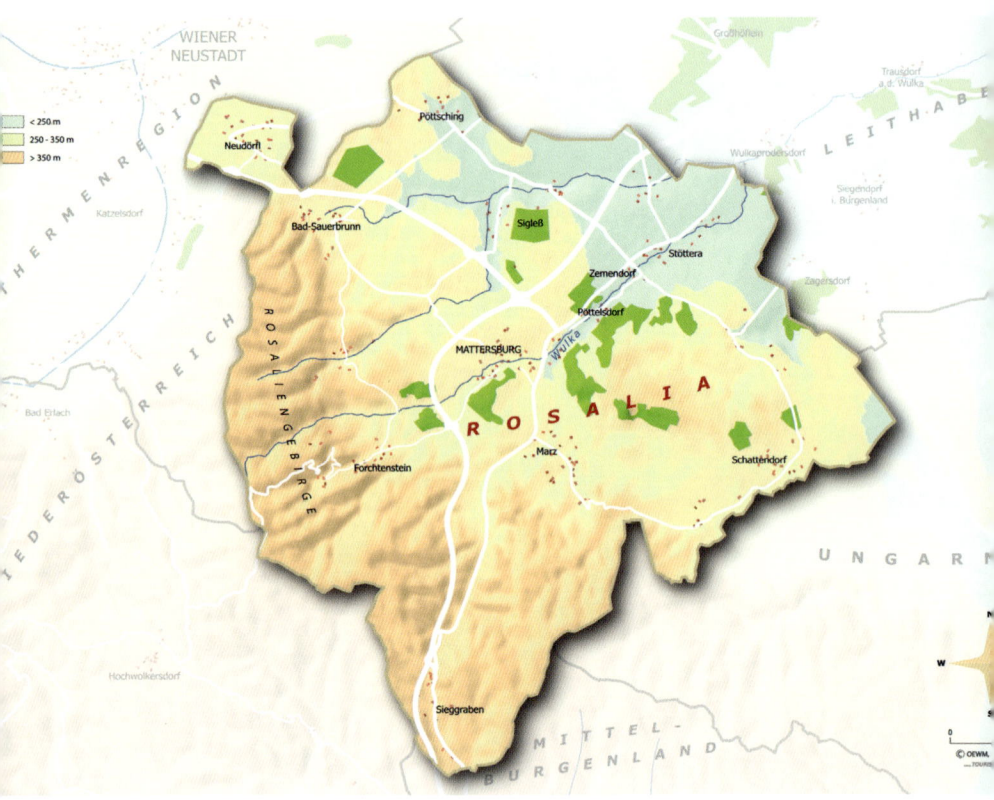

Rebfläche: 241 ha. An das Gebiet Leithaberg anschließend, stehen die Reben auf mittelschweren und schweren Lehmböden (ähnlich vielen Lagen des Mittelburgenlands). Das pannonische Klima ermöglicht gebietstypische Blaufränkisch- und Zweigelt-Weine unter „Rosalia DAC". Für den Rosé-Wein mit Herkunftscharakter dürfen alle Qualitätsrebsorten für einen „fruchtig, frischen und würzigen" Weinstil verwendet werden.
Rebsorten: Blaufränkisch, Zweigelt

Domaine Pöttelsdorf Familymade

Die Domaine liegt im Weinbaugebiet Rosalia nahe des Neusiedler Sees. Eingebettet zwischen Leithaberg und der Anbauregion Mittelburgenland, konzentrieren sich hier die natürlichen Vorzüge der beiden Regionen und bieten so idealtypische Bedingungen für die Kultivierung von Blaufränkisch und Zweigelt. Das Weingut hat 90 Prozent der Rebflächen mit den beiden heimischen Sorten bepflanzt. Der Rest setzt sich aus Cabernet Sauvignon und Merlot zusammen. Daraus entstehen fruchtige, dichte Rotweine und elegante, würzige Rosés, die Trinkfreude vermitteln und Spaß machen sollen.

93 2021 Blaufränkisch Amore Rosalia DAC Reserve 14%, €€
Jugendliche Farbe, nuanciertes Bukett, Bitterschokolade, Heidelbeere, Zwetschke, körperreich, straff, dicht und feines Tannin, lang anhaltend, Wacholder im Nachhall.

93 2021 Cabernet Sauvignon Amore 13,5%, €€
Kräftiger Farbkern, vielschichtige Nase, Cassis, Kumquat, Cranberry, rauchig-röstig, körperreich, straffe Textur, fester Gerbstoff, langer Nachhall.

92+ 2022 Chardonnay Edel weiß fassgereift 14%, €€
Jugendliche Farbe, komplexe Nase, kandierte Orange, Vanille, Banane, gehaltvoll, harmonischer Trinkfluss, feiner Gerbstoff, lang anhaltend, Kumquat im Nachhall.

91 2022 Blaufränkisch Abendrot Rosalia DAC Reserve 13,5%, €
Jugendliche Farbe, nuanciertes Bukett, Brombeere, Kornelkirsche, körperreich, straff, fester Gerbstoff im Finish, langer Nachhall.

90 2022 Blaufränkisch Landfisch Rosalia DAC 13%, €
Jugendliche Farbe, Heidelbeere, Kirsche, körperreich, gut stützende Säure, feines Tannin, mittlere Länge, fruchtiger Nachhall.

Kellerweg 15
7025 Pöttelsdorf
T 02626/52 00
M office@familymade.at
www.domaine-pöttelsdorf.at

Öffnungszeiten
Mo.–Fr. 9–17, Sa. 9–13
Rebfläche
90 ha
Rebsorten
BF, ZW, CS, ME, CH, WR, GV
Anbau
KIP, konventionell, organisch-biologisch, nachhaltig
Verschlussarten
NK, DV
Gastronomie
Heuriger, Vinothek

Rosalia

Weingut Migsich

Das Weingut entstand 1965 aus der väterlichen Landwirtschaft und wird heute in dritter Generation geführt. Auf den Urmeerböden der Region um Matterburg gedeihen Zweigelt und Blaufränkisch, wobei sich die Familie zum Ziel setzt, im Einklang mit der Natur zu wirtschaften. Sie sind davon überzeugt, dass der Wein ein Abbild seiner Umgebung ist und Rosalia DAC mit über 300 Sonnentagen ideale Voraussetzungen für hohe Qualität bietet. Herkunft und Sortentypizität haben dabei Priorität. Das Sortiment gliedert sich in drei Linien: die Selektion-Linie mit Fokus auf die beiden wichtigsten Rebsorten der Region, Blaufränkisch und Zweigelt, die Premium-Linie mit holzgereiften Rieden-Weinen und die Fine-Wine-Linie mit Fokus auf Slow Wine Making.

Foto: Weingut Migsich/createju.com

95 2021 Merlot Nobody 14,5 %, €€€
Jugendliche Farbnoten, intensives Bukett, Schwarzkirsche, Nougat, Brombeere, Bitterschokolade, körperreich, dicht und straffe Textur, feinkörniges Finish, lang anhaltender Abgang, Lebkuchen und Pflaume im Nachhall, Potenzial.

93+ 2021 Blauer Zweigelt Mister Zweigelt 14,5 %, €€€
Jugendliche Farbe, einladendes Fruchtspiel, Kirschlikör, Bitterschokolade, Heidelbeerjoghurt, opulenter Wein, balancierte Textur, feines Tannin, fruchtiger Nachhall, Nougat und Schwarzwälder Kirsch im Rückaroma.

93 2021 Blaufränkisch Fat Boy Grande Reserve 14,5 %, €€€
Jugendliche Farbnoten, komplexe Aromatik, Brom- und Heidelbeere, Zwetschke, leicht rauchig, Kakao, gehaltvoll, straff, fester, feinkörniger Gerbstoff, lang anhaltend, Hollerkoch und Nougat im Nachhall.

93 2021 Chardonnay Primadonna 13,5 %, €€€
Jugendliche Farbe, intensive Nase, Zesten, kandierte Mandeln und Orange, Vanille, körperreich, dicht und lebendiger Trinkfluss, fruchtig, leicht süßer Schmelz im Abgang, lang anhaltend, Banane und Kumquat im Nachhall.

92+ 2021 Ried Herrschaftsfelder Cuvée Rot 14 %, €€
(ME/ZW/CS) Jugendliche Farbe, leicht transparent, Lebkuchen, zarte Würze, Weichsel, Heidelbeere, stoffig, gut stützende Säure, fester Gerbstoff im Finish, Cranberry im Nachhall.

92 2023 Rosalia DAC Rosé „The Origin of Rosé" 12,5 %, €€
Lachsrosa, nuancierte Aromatik, Weichsel, Cranberry, zart blättrige Noten, Kirsche, stoffig, lebendiger Trinkfluss, fruchtiger Abgang, pikantes Finish.

Kleine Zeile 66
7042 Antau
T 02687/622 53
M office@migsich.at
www.migsich.at

Öffnungszeiten
Ab–Hof-Verkauf Mo.–Mi., Fr. 9–17, Do. 9–20, Sa. 9–13
Rebfläche
20 ha
Rebsorten
BF, CS, ZW, ME, CH, SB, GV, WR
Anbau
KIP, konventionell, nachhaltig
Verschlussarten
NK, DI, DV
Sonstiges
Vinothek, Weingutsführungen, Weinverkostungen

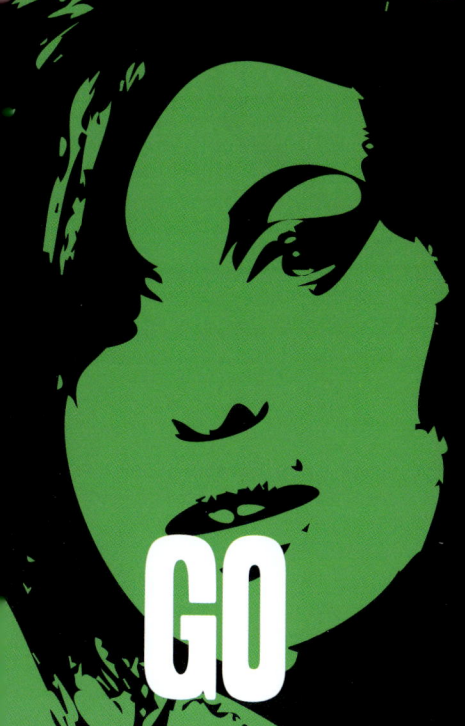

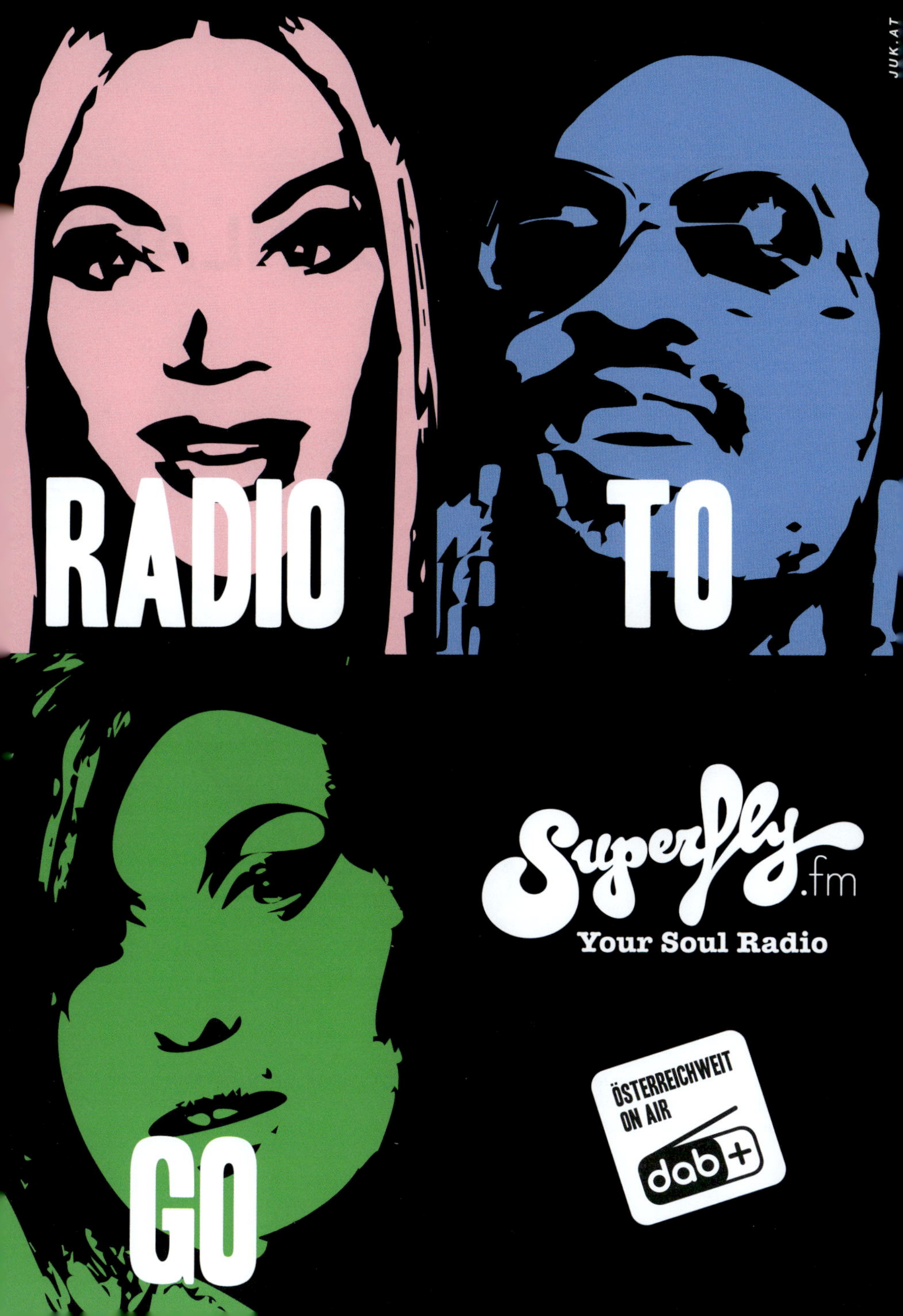
RADIO
TO
GO
Superfly.fm
Your Soul Radio
ÖSTERREICHWEIT
ON AIR
dab+
JUK.AT

Die Besten im
MITTELBURGENLAND

Rebfläche: 2.104 ha. In dieser reizvollen hügeligen Landschaft wachsen auf schweren Lehmböden die Reben für eine Vielzahl an großen Rotweinen. Es dominiert die typisch österreichische Rotweinsorte Blaufränkisch.
Rebsorten: Blaufränkisch, Zweigelt, Cabernet, Merlot, Syrah

100 *2021 Blaufränkisch hochberc* · **Weingut Gesellmann**

99 *2020 G* · **Weingut Gesellmann**

97+ *2021 Blaufränkisch „Well" Alte Reben* · **Weingut Wellanschitz**

97+ *2021 Blaufränkisch Ried Sonnensteig* · **Weingut Wellanschitz**

97 *2021 Bela Rex* · **Weingut Gesellmann**

97 *2019 Edition Silvia Heinrich Blaufränkisch Alte Reben* · **Weingut Heinrich, Silvia Heinrich**

96+ *2021 Blaufränkisch Ried Bodigraben „Schiefer und Gneis" Mittelburgenland DAC* · **Weinhof Szemes**

96 *2021 In Signo Leonis* · **Heribert Bayer, In Signo Leonis**

96 *2022 Chardonnay Ried Steinriegel* · **Weingut Gesellmann**

96 *2019 Edition Silvia Heinrich Syrah Alte Reben* · **Weingut Heinrich, Silvia Heinrich**

96 *2021 Konquest* · **Weingut K+K Kirnbauer**

96 *2021 Blaufränkisch Privat Reserve Mittelburgenland DAC Reserve* · **Juliana Wieder**

95+ *2019 Edition Silvia Heinrich Pinot Noir Alte Reben* · **Weingut Heinrich, Silvia Heinrich**

95+ *2019 V-Max Grande Reserve* · **Rotweine Lang**

95+ *2021 Blaufränkisch Ried Hochberg „Schiefer und Gneis" Mittelburgenland DAC* · **Weinhof Szemes**

95+ *2021 Titan* · **Weingut Josef Tesch**

95+ *2018 Blaufränkisch Patriot* · **Weingut Josef Tesch**

94+ *2020 The Oak* · **Eichenwald Weine**

94+ *2021 Blaufränkisch Ried Mitterberg Mittelburgenland DAC Reserve* · **Weingut Gager**

94+ *2022 Blaufränkisch Quintus Mittelburgenland DAC Reserve* · **Iby Rotweingut**

94+ *2020 Blaufränkisch Joe No 1* · **Weingut Josef Igler**

94+ *2019 Argo* · **Christian Reumann, Grenzlandhof**

94+ *2021 Vinum Sine Nomine* · **Weingut Josef & Maria Reumann**

Mittelburgenland

Heribert Bayer, In Signo Leonis

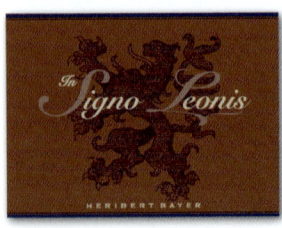

Foto: Karma+Pitch-Monika Jungwirth/closeupnew

Wirtschaftspark 5
7311 Neckenmarkt
T 0664/434 90 04, 02610/426 44
M bayer@weinfreund.at
www.weinfreund.at

Öffnungszeiten
nach Vereinbarung
Flaschenanzahl
90.000
Rebsorten
ZW, BF, PN, CS, GV, PB, CH, ME
Anbau
konventionell
Verschlussarten
NK, DV

Heribert und Patrick Bayer teilen die gleiche Leidenschaft: Sie wollen besondere Weine schaffen, die Sorte, Herkunft und Jahrgang, aber auch eine persönliche Handschrift widerspiegeln. Eine wesentliche Rolle spielt dabei Zeit – das Fundament dafür: alte Rebanlagen. Dazu kommen rigorose Ertragslimitierung sowie präzise Kellertechnik. Das Ergebnis sind dichte und fruchtige Weine, die sich durch Lagerfähigkeit auszeichnen sollen. Alle Weine bekommen viel Aufmerksamkeit und die notwendige Zeit zum Reifen. Patrick Bayer führt seit mehr als 15 Jahren den eingeschlagenen Weg seines Vaters weiter und kreiert als einer der wenigen Négociants Österreichs Weine aus jenen Lagen und Terroirs, die er für die jeweilige Rebsorte als perfekt erachtet. Sein Ziel ist, Weine mit Ausdruck und Charakter zu produzieren. Das Sortiment zeichnet sich durch beachtliche Jahrgangstiefe und verschiedene Reifegrade aus. Zu den Aushängeschildern des Hauses zählen die Cuvées „In Signo Leonis" und „Herzblut" sowie der Blaufränkisch „In Signo Sagittarii". Zuletzt machte er mit dem Sekt „In Signo Aquarii" auf sich aufmerksam.

96 2021 In Signo Leonis 14 %, €€€
(BF/ZW/CS) Kräftiger Farbkern, intensive, vielschichtige Nase, Cassis, Nougat, Bitterschokolade, Heidelbeere, gehaltvoll, dicht und balancierter Trinkfluss, feinkörniger Gerbstoff, fruchtiger, lang anhaltender Nachhall, Zedern und Cranberry im Rückaroma, Riesenpotenzial.

95 2021 Blaufränkisch Insigno Sagittarii 13,5 %, €€€
Dunkler Kern, leicht gereifter Rand, komplexe Fruchtnoten, Kornelkirsche, Preiselbeere, Kakao, Zedern, gehaltvoll, dicht und straff, engmaschiger Wein, feinster Gerbstoff, Blutorange und Verbene im Nachhall, Potenzial.

93+ 2021 Merlot Ex Qui Sit 14,5 %, €€€
Tiefdunkler Farbkern, intensive, dunkle Beerenaromatik, Bitterschokolade, Blutorange, körperreich, dicht und balancierte Struktur, feiner Gerbstoff, lang anhaltend, Mandarine und Zedern im Nachhall.

92+ 2022 Chardonnay Ex Qui Sit 13,5 %, €€€
Jugendliche Farbnoten, kandierte Orange, Grapefruit, zarte Würze, kräftiger Wein, dicht und straffe Struktur, engmaschiges Finish, langer Nachhall, Quitte im Rückaroma.

92 2022 Weißburgunder Ex Qui Sit 14 %, €€€
Helle Farbe, einladende, gelbe Fruchtnoten, Melone, Steinobst, kandierte Orange, körperreich, lebendiger Trinkfluss, fruchtig, leicht süßer Schmelz im Abgang, gute Länge.

Mittelburgenland

Eichenwald Weine

Foto: Albin Kovacs

Günser Straße 60
7312 Horitschon
T 02610/423 21
M office@eichenwald.at
www.eichenwald.at

Öffnungszeiten
Do.–Sa. 13–18, Mo.–Mi.
nach Vereinbarung
Rebfläche
ca. 350 ha
Rebsorten
BF, ZW, ME, CS, GV, CH, GM
Anbau
KIP
Verschlussarten
NK, DI, DV

Weinreben, so weit das Auge reicht. Inmitten der Blaufränkisch-Lage Ried Gfanger thront das imposante und architektonisch moderne Weingut von Weine Eichenwald, das sich dank seiner Sandsteinfassade harmonisch in die Landschaft einfügt. Seit 1962 wirtschaftet man hier mit Leidenschaft, Hingabe und Verbundenheit zur Tradition. Man verarbeitet Trauben aus 350 Hektar Rebflächen von ausgesuchten Traubenlieferanten, davon 90 Prozent Rotweinsorten. Horitschon gilt als einer der Hotspots für Blaufränkisch, und so liegt der Fokus des Sortiments auf der beliebten roten Sorte, die 60 Prozent der Anbauflächen ausmacht. Doch auch Zweigelt, Merlot, Cabernet Sauvignon, Grüner Veltliner, Chardonnay, Gelber Muskateller und Sauvignon blanc werden vinifiziert. Von der Klassik-Linie über Weine der Premium-Linie, die in großen Holzfässern reifen, bis hin zu den Reserve-Weine, die sich in aller Ruhe im 225-Liter-Barriquefass zwei bis drei Jahre entwickeln dürfen, bietet man eine breite Vielfalt an Stilistiken an.

94+ 2020 The Oak 14,5 %, €€€
(BF/ME/CS) Kräftige Farbe, nuanciertes, abwechslungsreiches Bukett, Johannisbeere, Zwetschke, Bitterschokolade, opulenter Wein, dicht und straffe Struktur, fester, feinkörniger Gerbstoff, lang anhaltend, Mokka und Wacholder im Rückaroma.

94 2021 Blaufränkisch Der Geistesblitz Ried Dürrau Mittelburgenland DAC Reserve 14 %, €€
Dunkler Farbkern, ausgeprägtes Bukett, Kakao, Brombeere, Cassis, rauchig-röstige Noten, gehaltvoll, straffe Struktur, feines Tannin, Bitterschokolade und Weichsel im Rückaroma.

92+ 2021 Zweigelt Das Federviech Reserve 14 %, €€
Dunkler Farbkern, intensive Bitterschokolade, rauchige Noten, körperreich, harmonischer Trinkfluss, fein verwobene Holzwürze, gut eingebundenes Tannin, lang anhaltend.

92 2021 Cuvée Die Zeitreise 14 %, €
(BF/ZW/CS) Dunkler Farbkern, nuanciertes Bukett, Pflaume, Brombeere, Waldboden, fein verwobene Holzwürze, fester Gerbstoff im Abgang, langer Nachhall.

91 2021 Blaufränkisch Der Gugafanga Mittelburgenland DAC 13,5 %, €
Jugendlicher Farbkern, leicht gereifter Rand, zartes Fruchtspiel, Heidelbeere, Nougat, kräftig, feiner Gerbstoff, gute Länge.

91 2022 Blaufränkisch Der Traubendieb 13 %, €
Jugendliche Farbe, einladendes Bukett, Heidel- und Brombeere, stoffiger Wein, balancierte Textur, guter Gerbstoff, lang anhaltend.

90+ 2022 Zweigelt Die Ritterehre 13 %, €
Jugendlicher Farbkern, Weichselanklänge, leicht würzig, Kirsche, stoffig, harmonische Textur, festes Tannin.

Mittelburgenland

Weingut Gager

Das Familienweingut keltert dichte und gehaltvolle Weine, die von den sandig-schweren Lehmböden an den Ausläufern des Ödenburger Gebirges und dem pannonischen Klima beeinflusst sind. Der Betrieb wird seit 1999 im Vollerwerb geführt. Die Weingartenfläche wurde auf 38 Hektar aufgestockt, bepflanzt mit Blaufränkisch, Zweigelt, Cabernet Sauvignon, Merlot, Syrah, Roesler und Tannat. Josef Gager, der das Weingut mit seiner Stilistik bekannt machte, und sein Sohn Horst schätzen vielschichtige Weine, sie lassen ihren Gewächsen bewusst Ecken und Kanten. Die Herausforderung sehen sie darin, jede Rebsorte so einzusetzen, dass ihr jeweiliger Charakter bestmöglich zum Ausdruck kommt. Horst hat an der Linie seines Vaters nichts geändert. Es sind nach wie vor Weine, die eine gewisse Reifezeit verlangen.

Foto: Sandra Tögel

Karrnergasse 2+8
7301 Deutschkreutz
T 02613/803 85
M info@weingut-gager.at
www.weingut-gager.at

Öffnungszeiten
Mo.–Do. 10–12, 14–17, Fr., Sa. 10–18 nach Vereinbarung
Rebfläche
38 ha
Rebsorten
ZW, BF, CS, ME, RO, TA, SH, CF
Anbau
KIP, konventionell, nachhaltig
Verschlussarten
NK, DV
Sonstiges
Cateringbuffet, Übernachtungsmöglichkeit

94+ 2021 Blaufränkisch Ried Mitterberg Mittelburgenland DAC Reserve 14,5 %, €€€
Kräftige Farbe, komplexes Bukett, Brombeere, Zwetschke, Kakao, gehaltvoll, gut stützende Säure, markantes, feinkörniges Tannin, rauchige Noten, Kakao und Cranberry im Finish, lang anhaltend.

94+ 2021 Cablot 15 %, €€€
(CS/CF/ME) Tiefdunkler Farbkern, intensive Nase, Bitterschokolade, Kirschlikör, Gewürznelke, Lebkuchen, barocker Wein, gut stützende Säure, festes Gerbstoff-Finish, langer Nachhall, Kakao und Preiselbeere im Rückaroma.

93+ 2021 Quattro 14,5 %, €€€
(BF/CS/ME/ZW) Jugendliche Farbnoten, intensive Nase, Brombeere, Cassis, Röstaromen, Kakao, körperreich, dicht und straff, fester Gerbstoff im Abgang, rauchig-würziges Finish, fruchtiger Nachhall.

92 2021 Blaufränkisch Ried Fabian 14,5 %, €€
Gereifte Farbe, dunkelbeerige Aromen, Kakao, Kirsche, opulenter Wein, balancierte Textur, feiner Gerbstoff, Bitterschokolade und Heidelbeere im Nachhall.

92 2021 Q2 14,5 %, €€
(BF/SY/CS) Tiefdunkler Farbkern, Kakao, Nougat, Heidelbeere, Pflaume, gehaltvoller Wein, dicht und straffe Textur, fester Gerbstoff im Abgang, lang anhaltend, Bitterschokolade und Cranberry im Rückaroma.

Mittelburgenland

Weingut Gesellmann

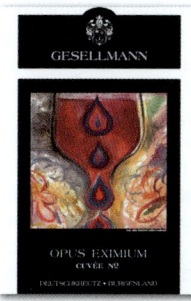

Im Weingut Gesellmann stehen inzwischen die heimischen Rebsorten im Vordergrund, allen voran der Blaufränkisch, der auch Protagonist in den Paradeweinen des Hauses ist: den Cuvées „Opus Eximium" und „G". Der „hochberc" wiederum ist ein reinsortiger Blaufränkisch, der sowohl Sorten- und Regionaltypizität als auch die Handschrift des Winzers zeigt. Mit dem „Bela Rex" beweist Gesellmann auch sein Geschick mit den internationalen Sorten Merlot und Cabernet Sauvignon. Die Lagen rund um Deutschkreutz bieten aber auch für Weißweine gute Voraussetzungen, wie der Chardonnay Ried Steinriegel beweist.

Foto: Alex Lang

Lange Gasse 65
7301 Deutschkreutz
T 02613/803 60
M weingut@gesellmann.at
www.gesellmann.at

Öffnungszeiten
Mo.–Fr. 9–12, 13–16, Sa. nach Vereinbarung (So., Fei. Ru.)
Rebfläche
50 ha
Rebsorten
BF, SL, ZW, CS, ME, SY, SB, CH, SÄ
Anbau
KIP, organisch-biologisch, nachhaltig
Verschlussarten
NK, DV

100 2021 Blaufränkisch hochberc 14 %, FP, €€€
Jugendlicher, kräftiger Farbkern, intensive, komplexe Nase, Johannis- und Brombeere, Kakao, Verbene, gehaltvoll, dicht und engmaschige Struktur, feinster Gerbstoff, sehr langer Nachhall, Cranberry und Wacholder im Rückaroma, Riesenpotenzial.

99 2020 G 14,5 %, FP, €€€
(BF/SL) Jugendliche Farbe, vielschichtige Aromatik, Kornelkirsche, Brombeere, kandierte Orange, Bitterschokolade, Zedern, körperreich, dicht und lebendige Struktur, engmaschiges, feines Tanninfinish, enorme Länge, Blutorange und Kumquat im Rückaroma, Riesenpotenzial.

97 2021 Bela Rex 14 %, FP, €€€
(CS/ME) Jugendlicher, kräftiger Farbkern, intensive Nase, Cassis, Bitterschokolade, Kirsche, Pflaume, gehaltvoll, dicht und straffe Struktur, feiner Gerbstoff, engmaschiges Finish, sehr lang anhaltend, Riesenpotenzial.

96 2022 Chardonnay Ried Steinriegel 14 %, €€€
Jugendliche Farbe, vielschichtiges Bukett, kandierte Orange und Mandeln, Physalis, Mandarine, gehaltvoll, dicht und engmaschige Textur, feinster Gerbstoff, zarter Würze und Kumquat im Nachhall, sehr lang anhaltend, Birnenquitte im Rückaroma.

95 2021 Opus Eximium No 34 14,5 %, €€€
(BF/SL/ZW) Kräftiger Farbkern, jugendliche, vielschichtige Nase, Kirsche, Brombeere, Weichsel, Nougat, leicht rauchig-röstig, körperreich, straff, animierender Trinkfluss, feinkörniger Gerbstoff, lang anhaltend, Preisel- und Heidelbeere im Nachhall, Potenzial.

94+ 2021 Pinot Noir Ried Siglos 13,5 %, €€€
Jugendlich, transparente Farbe, Kirsche, rotbeerige Anklänge, Kakao, kandierte Orange, stoffig, lebendiger Trinkfluss, engmaschig, feinster Gerbstoff und fruchtiger Nachhall, Cranberry und Nougat im Rückaroma, Potenzial.

94+ 2022 Syrah 14 %, FP, €€€
Kräftige Farbnoten, komplexe Nase, Wacholder, Schwarzkirsche, fein verwobene Holzwürze, körperreich, dicht und balancierte Textur, feiner Gerbstoff im Finish, lang anhaltend, Brombeere, Kakao und Granatapfel im Nachhall.

Mittelburgenland

Weingut Heinrich, Silvia Heinrich

Karrnergasse 59
7301 Deutschkreutz
T 02613/896 15
M office@weingut-heinrich.at
www.weingut-heinrich.at

Öffnungszeiten
Do.–Sa. 13–17
Rebfläche
38 ha
Rebsorten
BF, CS, ME, PN, SY, ZW
Anbau
KIP, Umstellung organisch-biologisch
Verschlussarten
NK, DI, DV

Silvia Heinrich führt das Weingut seit 2010 und produziert seither ausschließlich Rotweine. Auf etwa 70 Prozent der insgesamt 38 Hektar Anbaufläche ist Blaufränkisch ausgepflanzt. Die Paradecuvée von Silvia Heinrich ist „terra o." aus Blaufränkisch, Cabernet, Merlot und Syrah. „Cupido & elegy" aus den besten Fässern des Kellers werden nur in herausragenden Jahren erzeugt. Die Trauben für die „Alte Reben Silvia Heinrich Edition" kommen noch aus den Rebbeständen der Großeltern und werden ausschließlich händisch gelesen. Im Keller vergärt die Maische in kleinen, offenen Holzfässern, danach reift der Wein vier Jahre lang in 1.800-Liter-Holzfässern. Der „Blaufränkisch Grand Cru Goldberg Reserve" kommt von 70 Jahre alten Rebstöcken und trägt die persönliche Handschrift von Silvia Heinrich. Insgesamt wird Blaufränkisch in sieben verschiedenen Varianten ausgebaut. Alle Weine der erfolgreichen Winzerin dürfen, ja sollen, Ecken und Kanten aufweisen und zeichnen sich durch Charakter und Spannung aus.

97 2019 Edition Silvia Heinrich Blaufränkisch Alte Reben 14 %, €€€
Gereifte Farbe, vielschichtige Aromatik, Brom- und Heidelbeere, Zesten, Bitterschokolade, Kornelkirsche, gehaltvoll, dicht und engmaschige Struktur, eleganter Trinkfluss, feinkörniges, seidiges Tannin, lang anhaltend, Kakao und Kumquat im Nachhall, großes Potenzial.

96 2019 Edition Silvia Heinrich Syrah Alte Reben 14 %, €€€
Leicht gereifte Farbe, vielschichtige Nase, kandierte Orange, Wacholder, Verbene, gehaltvoll, balancierter, eleganter Trinkfluss, feines Tannin, sehr langer Nachhall, Kumquat im Rückaroma.

95+ 2019 Edition Silvia Heinrich Pinot Noir Alte Reben 14,5 %, €€€
Gereifte, leicht transparente Farbe, Kornelkirsche, Marzipan, Karamell, gehaltvoll, balancierte Textur, seidiges Finish, Erdbeere, Zesten und Nougat im langen Nachhall.

94 2021 Maestra „Kulturhauptstadtwein" 14 %, €€
(BF/ME/SY/CS) Jugendliche Farbe, vielschichtige Nase, Kirsche, Pflaume, Wacholder, Verbene, Kakao, gehaltvoll, lebendige Textur, feinkörniges Finish, lang, Orange und Nougat im Nachhall.

92+ 2021 Blaufränkisch Deutschkreutz 14 %, €€
Jugendliche Farbe, dunkelbeerig, Zwetschke, Heidelbeere, Hollernoten, körperreich, balancierte Textur, feines Tanninfinish, fruchtiger Nachhall, Brombeere im Rückaroma.

92+ 2023 Ried Siglos 13,5 %, €€
(ZW/BF) Kräftige, intensive Farbe, Holunder, Brombeere, zarte Würze, körperreich, balancierte Textur, jugendliches Finish, fruchtiger Nachhall.

92 2022 Blaufränkisch Vitikult 14 %, €€
Jugendliche Farbnoten, saftige, reife Frucht, Pflaume, Kirsche, Heidelbeerjoghurt, körperreich, lebendige Struktur, fruchtiger Schmelz und zartes Tannin im Abgang.

Mittelburgenland

Iby Rotweingut

Das IBY Rotweingut macht nicht nur Blaufränkisch, es „lebt" ihn auch. Man blickt auf eine traditionsreiche Geschichte zurück, die bis ins Jahr 1884 zu Anton I. zurückreicht. Seitdem werden das Wissen und die Liebe zum Weinhandwerk von Generation zu Generation weitergegeben. Heute bewirtschaftet das Winzerpaar Anton Markus und Eva Maria Iby eine Rebfläche von 40 Hektar in den besten Lagen. Angebaut werden ausschließlich Rotweinsorten mit Schwerpunkt Blaufränkisch. Die Weingärten in Toplagen wie Hochäcker, Gfanger, Dürrau und Rager werden nach biologischen Richtlinien bearbeitet. Vor allem die Ried Dürrau mit hohem Eisen- und Tonanteil liefert vielschichtige Weine. Ausgebaut werden sie traditionell im großen Holzfass, um die Sorten- und Herkunftstypizität unverfälscht zum Ausdruck zu bringen.

Foto: viewtilkejenni/Jennifer Vass

Am Blaufränkischweg 3
7312 Horitschon
T 0664/120 14 78, 02610/422 92
M weingut@iby.at
www.iby.at

Öffnungszeiten
Mo.–Sa. 8–12, nachmittags nach Vereinbarung
Rebfläche
40 ha
Flaschenanzahl
180.000
Rebsorten
BF, ZW, ME
Anbau
organisch-biologisch
Verschlussarten
GL, DV
Gastronomie
Vinothek, Café am Kirchenplatz
Sonstiges
Übernachtungsmöglichkeit

94+ 2022 Blaufränkisch Quintus Mittelburgenland DAC Reserve 13,5 %, FP, €€€
Kräftige, jugendliche Farbe, intensive Nase, Cassis, Brombeere, rosa Grapefruit, Kakao, gehaltvoll, dicht und straffe Struktur, engmaschiges, feinkörniges Finish, lang anhaltend, Cranberry im Rückaroma, Potenzial.

94+ 2022 Vin Anton 13,5 %, FP, €€€
(BF/ME) Tiefdunkle Farbnoten, ausgeprägte Nase, Brom- und Heidelbeere, Kakao, Nougat, gehaltvoll, dicht und gut stützende Säure, feiner Gerbstoff, fruchtiger Nachhall, Cassis und Kumquat im Nachhall, großes Potenzial.

93+ 2022 Merlot Reserve 14 %, FP, €€
Tiefdunkle Farbe, einladendes Bukett, Schokolade, Heidelbeere, Kirsche, gehaltvoll, balancierter Trinkfluss, feines Tannin im Finish, lang anhaltend, Blutorange und Kakao im Rückaroma.

93 2022 Blaufränkisch Chevalier Mittelburgenland DAC Reserve 13,5 %, FP, €€
Jugendlich, kräftige Farbnoten, nuancierte Frucht, kandierte Orange, Bitterschokolade, leicht röstige Noten, körperreich, balancierte Struktur, festes Gerbstoff-Finish, gute Länge, Gewürznelke und Cranberry im Nachhall.

92+ 2022 Blaufränkisch Ried Hochäcker Mittelburgenland DAC Reserve 13,5 %, FP, €€
Jugendliche, dunkle Farbe, ausgeprägte Frucht, Cassis, Brombeere, Kirsche, Kakao, zarte Würze, kräftiger Wein, straffe Textur, fester Gerbstoff im Finish, langer Nachhall.

92 2022 Big Blend 13,5 %, FP, €€
(ZW/ME) Jugendliche Farbe, ausgeprägte Fruchtnoten, Kirsche, Weichsel, Heidelbeere, Kakao, kräftiger Wein, harmonische Textur, fruchtig-pikanter Abgang, gute Länge.

Mittelburgenland

Weingut Josef Igler

Hauptstraße 59–61
7301 Deutschkreutz
T 02613/802 13
M info@igler-weingut.at
www.igler-weingut.at

Öffnungszeiten
nach Vereinbarung
Rebsorten
BF, ZW, SL, ME, CS, SB
Anbau
konventionell
Verschlussarten
NK, DV

Joe Iglers bedingungsloses Ziel ist seit jeher, präzise und sortentypische Weine zu keltern. So entstehen bereits seit vielen Jahren hochwertige Gewächse, wobei ihm der Blaufränkisch als Leitsorte der Region das Sortiment dominiert – sowohl klassisch ausgebaut, als auch mit langer Reifung im Barriquefass. Die Trauben kommen dabei aus Deutschkreutzer Toplagen. Der Classic, eine Cuvée aus Blaufränkisch, Zweigelt und Sankt Laurent, wird im großen Holzfass ausgebaut, der Blaufränkisch Reserve und der Maximus, eine Cuvée aus Blaufränkisch, Cabernet Sauvignon und Merlot, in französischen Barriques. Das Flaggschiff des Hauses ist der Joe No 1, eine Grande Reserve aus Blaufränkisch, der von den ältesten Rebanlagen aus Toplagen kommt. Abgerundet wird das Sortiment von einem fruchtigen Sauvignon blanc und einem White Secco aus derselben Sorte.

94+ 2020 Blaufränkisch Joe No 1 14,5 %, €€€
Jugendliche Farbnoten, Schwarzkirsche, Kakao, Heidelbeere, gehaltvoll, balancierte Textur, gut stützende Säure, feines Tannin, Nougat, Mandeln und Kumquat im Nachhall.

94 2020 Maximus 14,5 %, €€
(BF/CS/ME) Dunkler Farbkern, intensive Nase, Brombeere, Cassis, Blutorange, Zedern, gehaltvoll, weiche Textur, feinkörniges Tannin, Bitterschokolade und Heidelbeere im Finish, sehr lang anhaltend.

93 2020 Blaufränkisch Reserve 14,5 %, €€
Kräftige Farbe, nuancierte Nase, Pflaume, Hollerkoch, Heidelbeere, Nougat, opulenter Wein, weiche Textur, fester, feiner Gerbstoff, Brombeere und Kakao im Nachhall.

90 2020 Cuvée Classic 14 %, €
(BF/ZW/SL) Jugendliche, leicht transparente Farbe, zarte Fruchtnoten, Weichsel, Mandeln, zarte Würze, gehaltvoll, mittlere Konzentration, fruchtig-pikanter Abgang.

90 2023 Sauvignon Blanc 12,5 %, €
Helle Farbe, Antipasti-Noten, Einlegegewürze, Dill, stoffig, balancierter Trinkfluss, fruchtiger Schmelz im Abgang, Maracuja im Nachhall.

Mittelburgenland

WG K+K Kirnbauer

"Ein Königreich für eine Traube", so lautet das Credo der Kirnbauers. Das Weingut bewirtschaftet rund 46 Hektar Rebflächen, die vorwiegend mit Rotweintrauben, allen voran Blaufränkisch, bestückt sind. Markus Kirnbauer leitet die Geschicke des Betriebs, der über den Weingärten von Deutschkreutz thront. Hier treffen jahrzehntelange Erfahrung und Tradition auf neueste Technologie. Schonende Behandlung der Trauben, mehrfache Selektion der Beeren, individuelle Steuerung der Gärung und behutsames Füllen sind dabei die wichtigsten Faktoren. Seit 2015 produziert man nachhaltig, seit dem Jahrgang 2022 sind alle Weine biologisch zertifiziert.

Foto: Weingut K+K Kirnbauer

96 2021 Konquest 14%, €€€
(CF) Dunkler Farbkern, komplexes Bukett, Lebkuchen, Verbene, Kakao, Schwarzkirsche, körperreich, dicht und engmaschige Struktur, feinkörniges Tannin, sehr lang anhaltend, Zedern, Cassis und Nougat im Rückaroma, Potenzial.

94 2022 Das Phantom 14%, €€€
(BF/ME/CS/CF/SY) Tiefdunkle Farbe, intensive Nase, Wacholder, Cassis, röstig-rauchige Noten, Brombeere, körperreich, straff, dicht und lebendiger Trinkfluss, fester, feinkörniger Gerbstoff, lang anhaltend, Nougat und Heidelbeere im Nachhall.

93+ 2021 Zweigelt Girmer Reserve 14%, €€
Jugendlicher Farbkern, einladende Frucht, Kirsche, Cranberry, röstig-rauchige Noten, körperreich, gut stützende Säure, feiner Gerbstoff und Frucht im Abgang, lang anhaltend, Weichsel und Kakao im Nachhall.

92+ 2021 Spectra 13,5%, €€
(BF/ZW/ME/CS) Jugendliche Farbe, leicht gereifter Rand, einladende Frucht, Hollerkoch, Kirsche, Nougat, körperreich, balancierte Textur, feinkörniges Finish, Zwetschke und Kakao im Nachhall.

91+ 2022 Blaufränkisch 7301 13,5%, €
Jugendlich, kräftige Farbe, nuanciertes Bukett, Cranberry, Brombeere, Weichsel, körperreich, straff, gut stützendes Säurespiel, kerniges Finish, gute Länge.

Rotweinweg
7301 Deutschkreutz
T 02613/897 22
M kirnbauer@phantom.at
www.phantom.at

Öffnungszeiten
Mo.–Sa. 10–12, 13–18
(So., Fei. Ru.)
Rebfläche
46 ha
Flaschenanzahl
290.000
Rebsorten
BF, ME, SY, ZW, CS, CH, RR, SB, CF
Anbau
KIP, konventionell, organisch-biologisch, nachhaltig
Verschlussarten
NK, DV
Sonstiges
Eventlocation "Rooftop 7301"

Mittelburgenland

Rotweine Lang

Andrea und Stefan Lang bilden gemeinsam mit ihrem Sohn Stefan Andreas das kreative Trio des Neckenmarkter Weinguts. Auf dem 30 Hektar großen Betrieb entstehen fruchtig-weiche und vollmundige Rotweine. Nachdem die Familie den über 300 Jahre alten ehemaligen Streckhof umstrukturiert hat, verbindet sie hier Tradition und Zeitgeist. Mit viel Engagement ist daraus ein modernes Rotweingut entstanden, das Altbewährtes nutzt und neue Erkenntnisse und Methoden passend dazu einsetzt. Das Augenmerk liegt auf Blaufränkisch. Der Junior widmet sich mit Begeisterung der neuesten, aufsehenerregenden Kreation, die sich „Raue Liebe" nennt: Mehr als drei Jahre liegt der Wein in kleinen französischen Eichenfässern, bevor er für ein weiteres Jahr im Barrique unter der Erde vergraben reift.

Foto: Sebastian Philipp

Herrengasse 2
7311 Neckenmarkt
T 0676/343 82 53, 02610/423 84
M office@rotweinelang.at
www.rotweinelang.at

Öffnungszeiten
Do.–Sa. 13–18, Mo.–Mi.
nach Vereinbarung
Rebfläche
30 ha
Rebsorten
BF, ZW, SL, CS, SY, ME
Anbau
KIP
Verschlussarten
NK, DV
Sonstiges
Übernachtungsmöglichkeit

95+ 2019 V-Max Grande Reserve 14,5 %, €€€
(BF) Dunkler Farbkern, komplexe Aromatik, Mokka, Heidelbeere, kandierte Anklänge, Nougat, Verbene, körperreich, dicht und lebendige Säure, fester, feinkörniger Gerbstoff, enorme Länge im Abgang, Bitterschokolade und Schwarzkirsche im Rückaroma, Potenzial.

95 2019 Große Liebe Mr. Lover Lover 14,5 %, €€€
(ME) Tiefdunkler Farbkern, gereifter Rand, Mokka, Cassis, Bitterschokolade, gehaltvoll, dicht und balancierte Textur, sehr feinkörniges Tannin, lang anhaltend, Lebkuchen und Feige im Nachhall, Potenzial.

94+ 2021 Excelsior 14,5 %, €€€
(BF/ME/CS/SY) Tiefdunkle, jugendliche Farbnoten, vielschichtige Aromen, Wacholder, Brom- und Heidelbeere, Kakao und Nougat, gehaltvoll, gut stützende Säure, festes, feines Tannin im Abgang, langer Nachhall, Kirsche und Bitterschokolade im Nachhall.

94 2021 L1 Mittelburgenland DAC Reserve 14,5 %, €€
(BF) Jugendlich, intensive Farbe, Wacholder, Brombeere, Verbene, tabakige Würze, Kakao, gehaltvoll, Nougat, lebendige Struktur, fester Gerbstoff im Abgang, langer Nachhall, Hollerkoch und Cranberry im Rückaroma.

93 2022 Fusion One 14,5 %, €€
(BF/ME) Intensive Farbe, ausgeprägtes Bukett, Schwarzkirsche, Heidelbeerjoghurt, Nougat, leicht rauchig-röstige Noten, opulenter Wein, straff, fester, leicht rauer Gerbstoff, lang anhaltend, Wacholder im Rückaroma.

91+ 2022 Blaufränkisch Mittelburgenland DAC Classic 13 %, €
Jugendliche Farbe, nuancierte Nase, Heidelbeerjoghurt, Cranberry, Kakao, stoffig, balancierter Trinkfluss, fruchtiges Finish, langer Nachhall.

Mittelburgenland

Neckenmarkt die Winzer

„Neckenmarkt die Winzer" wurde 1968 als klassische Genossenschaft gegründet. Mitte der 1990er-Jahre erfolgte eine grundlegende Umstrukturierung des Betriebs. Seit dieser Zeit wird vermehrt auf Qualität geachtet. Von den Mitgliedsbetrieben wird aus besten Neckenmarkter Lagen von insgesamt 220 Hektar Rebfläche hochwertiges Traubenmaterial geliefert. Die Leitsorte ist dabei Blaufränkisch mit etwa 65-prozentigem Anteil. Zudem werden Zweigelt, Merlot, Pinot noir und Cabernet Sauvignon kultiviert. Daraus entstehen unter der Regie von Betriebsleiter und Kellermeister Gerald Wieder regionaltypische Rotweine – vom fruchtig-klassisch ausgebauten Wein über kräftige Lagenweine bis hin zu gehaltvollen Reserve-Weinen, wie etwa der Blaufränkisch Ried Himmelsthron, die Cuvée Via Romana und der Potio Magica.

Foto: Neckenmarkt die Winzer eGen

Harkauer Weg 2
7311 Neckenmarkt
T 02610/423 88
M diewinzer@neckenmarkt.at
www.neckenmarkt.at

Öffnungszeiten
Mo.–Fr. 10–12, 13–17
Rebfläche
220 ha
Flaschenanzahl
550.000
Rebsorten
BF, ZW, CS, ME, SY, BB
Anbau
KIP, konventionell
Verschlussarten
NK, DI, DV

93+ 2020 Mysteria 14 %, €€
(ME/CS) Gereifte Farbnoten, Cassis, Mokka, leicht rauchige Noten, körperreich, dicht und straffe Textur, festes Tannin, lang anhaltend, Cranberry und Bitterschokolade im Rückaroma.

93+ 2020 Potio Magica Mittelburgenland DAC Reserve 14 %, €€€
(BF) Dunkler Kern, leicht gereifter Rand, Hollerkoch, Rumtopf, Pflaume, Nougat, gehaltvoll, dicht und balancierte Struktur, feines Tannin, langer Nachhall, Nougat und Heidelbeere im Rückaroma.

93 2020 Herosus Blaufränkisch Mittelburgenland DAC Reserve 14 %, €€
Kräftige Farbe, dunkelbeerige Nase, Heidel- und Brombeere, Nougat, Mokka, körperreich, balancierte Struktur, festes, feines Tannin im Abgang, gute Länge, Pflaume im Nachhall.

93 2021 Herosus Mittelburgenalnd DAC Reserve 14 %, €€
(BF) Dunkler Kern, leicht gereifter Rand, Brombeere, Kakao, Schwarzkirsche, gehaltvoll, dicht und straffe Textur, feinkörniges, festes Tannin, lang anhaltend, Nougat und kandierte Orangen im Nachhall.

92+ 2020 Via Romana 14 %, €€
(BF/ZW/CS) Dunkler Farbkern, leicht gereifter Rand, nuanciertes Bukett, Kornelkirsche, Lebkuchen, Heidelbeere, gehaltvoll, balancierte Textur, festes Tannin im Finish, gute Länge.

92+ 2021 Trinitas 14 %, €€
(BF/ZW/ME) Kräftiger Farbkern, nuanciertes Bukett, Bitterschokolade, Heidelbeerjoghurt, Kirschlikör, Pflaume, gehaltvoll, harmonischer Trinkfluss, feines Tannin, Lebkuchen und Zesten im Nachhall, gut antrinkbar.

92 2021 Blaufränkisch Ried Himmelsthron Mittelburgenland DAC Reserve 14 %, €€
Dunkler Farbkern, zart gereifte Noten, Bitterschokolade, Hollerkoch, Heidelbeere, gehaltvoll, dicht und harmonische Struktur, feinkörniges Finish, langer Nachhall.

Mittelburgenland

Rotweingut Prickler

Foto: Rotweingut Prickler

Birkenhain 1
7361 Lutzmannsburg
T 02615/877 42
M rotweingut@prickler.at
www.prickler.at

Öffnungszeiten
nach Vereinbarung
Rebfläche
25 ha + Zukauf
Rebsorten
BF, ZW, CS, ME, PN, WR
Anbau
KIP, konventionell, nachhaltig
Verschlussarten
NK, DV
Sonstiges
kommentierte Weinverkostungen, Übernachtungsmöglichkeit

Was mit einem winzigen Weingarten begann, hat sich im Laufe der Jahre zu einem der Leitbetriebe in Lutzmannsburg entwickelt. Praktisch aus dem Nichts begannen Elfi und Herbert Prickler, Wein zu produzieren – mittlerweile haben ihr Sohn Christian und seine Frau Christina das Weingut übernommen. Das milde pannonische Klima mit vielen Sonnenstunden verwöhnt die Weingärten am Lutzmannsburger Hochplateau, wo ein besonderes Mikroklima herrscht. 50 Meter Höhenunterschied zur Ebene weist das Bodenmassiv aus Lehm, Tonmergel, Tegel und Quarzsanden auf. Die schweren Böden bieten optimale Bedingungen für qualitativ hochwertige Trauben mit viel Frucht und Tannin. Die sorgsame Arbeit im Weingarten kommt Christian im Weinkeller zugute. Gemeinsam mit seinem Vater, der auf langjährige Erfahrung zurückgreift, prägt er die Handschrift der Prickler-Weine. Gesundes Traubengut, limitierter Ertrag, schonende und moderne Verarbeitung ergeben fruchtige und gehaltvolle Rotweine von höchster Qualität.

94 2022 Grand Pri' 14 %, €€
(BF/ZW/ME/CS) Tiefdunkler Farbkern, intensive Nase, Röstaromen, Kakao, Cassis, Heidelbeere, Pflaume, gehaltvoll, harmonischer Trinkfluss, fester, feiner Gerbstoff, lang anhaltend, Bitterschokolade und Kirsche im Finish, Potenzial.

93+ 2023 Merlot 14 %, FP, €
Jugendliche Farbnoten, vielschichtige Nase, Brombeere, Cranberry, Weichsel, Nougat, gehaltvoll, dicht und balancierte Textur, sehr feiner Gerbstoff im Finish, lang anhaltend, Kakao und Kirsche im Nachhall, Potenzial.

92+ 2023 BF Ried Sonnberg Mittelburgenland DAC 13,5 %, FP, €€
Dunkler Kern, einladende, dunkelbeerige Frucht, Kakao, Nougat, Brombeere, körperreich, straffe Textur, feines Tannin, lang anhaltend, Bitterschokolade und Verbene im Nachhall.

91 2023 Blaufränkisch Ried Alt Satz 13 %, €
Jugendliche Farbe, nuancierte Nase, kandierte Orange, Lakritze, Heidelbeere, Nougat, stoffig, weiche Textur, fruchtig-süßer Schmelz im Abgang, gute Länge.

90+ 2023 Cuvée Prickler 13,5 %, €
(BF/ZW/ME) Jugendliche Farbnoten, nuanciertes Fruchtspiel, Feige, Pflaume, Heidelbeere, Nougat, gehaltvoll, balanciert, feines Tannin und fruchtig-süßer Schmelz im Abgang, langer Nachhall.

90 2023 Blaufränkisch Classic Mittelburgenland DAC 13 %, €
Kräftige Farbe, nuanciertes Fruchtspiel, Brom- und Heidelbeere, körperreich, lebendig-balancierte Textur, fruchtiges Finish, gute Länge.

89+ 2023 Zweigelt Classic 13 %, €
Jugendliche Farbe, zarte Kirsch-Heidelbeer-Noten, stoffig, Erdbeerjoghurt am Gaumen, zarter Schmelz im Abgang, gute Länge.

Mittelburgenland

Christian Reumann, Grenzlandhof

Birgit und Christian Reumann bewirtschaften gemeinsam mit ihrem Sohn Mario in Deutschkreutz 25 Hektar Weingärten. Die Betriebsgröße ist für die Familie überschaubar, da jedes Familienmitglied seinen Aufgabenbereich hat; jedoch mit dem gemeinsamen Ziel, fruchtige und harmonische Weine zu produzieren. Flaggschiff des Hauses ist natürlich der Blaufränkisch. Die Winzerfamilie will mit der Natur leben und arbeiten, die Urkraft der Natur spüren. „Urkraft" heißt deshalb auch die Linie der jungen Generation, die sich bodenständig präsentiert.

94+ 2019 Argo 15 %, €€€
(BF/CS) Tiefdunkle Farbnoten, vielschichtige Aromen, Cassis, Brombeere, Wacholder, Zedern, leicht rauchige Noten, opulenter Wein, dicht und straffe Textur, fester, feiner Gerbstoff, lang anhaltend, Cranberry und Bitterschokolade im Rückaroma.

94 2019 Blaufränkisch Reserve DAC 15 %, €€€
Dunkler Farbkern, leicht gereifter Rand, vielschichtige Nase, Brombeere, Hollerkoch, rauchig-röstige Anklänge, Nougat, barocker Wein, druckvolle Textur, präsentes Tanninfinish, lang anhaltend, fruchtiges Rückaroma.

Foto: Grenzlandhof Reumann

Friedlbrunngasse 1
7301 Deutschkreutz
T 0664/172 26 00, 02613/898 47
M mail@grenzlandhof-reumann.at
www.grenzlandhof-reumann.at

Öffnungszeiten
nach tel. Vereinbarung
Rebfläche
25 ha
Rebsorten
BF, ZW, SL, ME, CS, PN, WR, CH
Anbau
KIP, konventionell, nachhaltig
Verschlussarten
NK, DV

93 2020 Cabernet Sauvignon Ried Steinriegel 14,5 %, €€
Tiefdunkler Farbkern, nuanciertes Bukett, Cassis, Bitterschokolade, Cranberry, Gewürznelke, gehaltvoll, fester Gerbstoff im Finish, langer Nachhall.

93 2021 Urkraft Saphir 14 %, €€
(BF/CS/ME/SL) Intensive Farbe, komplexe Nase, Weichsel, Granatapfel, leicht röstig-rauchig, Kakao, körperreich, straff, gut stützende Säure, fester Gerbstoff im Abgang, langer Nachhall, Potenzial.

93 2022 Blaufränkisch Ried Hochbaum 14 %, €€
Kräftige Farbe, jugendliche, dunkelbeerige Frucht, Bitterschokolade, Holunder, opulenter Wein, gut stützende Säure, feines Tannin, lang anhaltend, Verbene und Orange im Rückaroma, Potenzial.

92 2021 Blaufränkisch Urkraft 13,5 %, €
Kräftiger Farbkern, nuanciertes Bukett, Brom- und Heidelbeere, zarte Würze, kräftiger Wein, lebendige Struktur, gut stützende Säure, fruchtiges Tanninfinish, gute Länge.

91+ 2022 Zweigelt Ried Hölzl 13,5 %, €
Jugendliche Farbnoten, zartes Fruchtspiel, Kirsche, leichte Holzwürze, stoffig, straffe Textur, fester Gerbstoff, lang anhaltend.

Mittelburgenland

Weingut Josef & Maria Reumann

Foto: Kolarik Andreas

Neubaugasse 39
7301 Deutschkreutz
T 02613/804 21
M info@weingut-reumann.at
www.weingut-reumann.at

Öffnungszeiten
Mo.–Sa. 9–12, 13–17 nach Vereinbarung
Rebfläche
8 ha
Rebsorten
BF, ZW, SL, CS, ME, SY, CH
Anbau
KIP, konventionell, nachhaltig
Verschlussarten
NK, DV

Josef und Maria Reumann besitzen ein echtes Kleinod in Deutschkreutz, im Herzen des Mittelburgenlands. Auch wenn die Geschichte des Weinguts Reumann noch nicht so weit zurückreicht, haben die beiden es dennoch mit viel Einsatz und Hingabe geschafft, sich in der Riege der Topwinzer der Region zu etablieren. Josef Reumann leitet mit viel Leidenschaft das Weingut und fungiert als Kellermeister, Maria ist die Seele und Koordinatorin des Hauses. Das Bestreben des Winzerpaars ist, ihre Liebe zum Traubensaft bestmöglich in Flaschen zu füllen. Die Weine spiegeln die Einzigartigkeit des pannonischen Klimas und die individuelle Stilistik der Winzerfamilie wider. Man will präzise und ausdrucksstarke Weine produzieren, die sich vielschichtig und charakteristisch zeigen.

94+ 2021 Vinum Sine Nomine 14 %, €€€
(ME/CS) Dunkler Farbkern, vielschichtige, intensive Nase, Cassis, Schwarzwälder-Kirsch-Torte, Nougat, körperreich, dicht und straffe Struktur, feinkörniger Gerbstoff, lang anhaltend, Kakao und Weichsel im Nachhall, Potenzial.

94 2020 Blaufränkisch Reserve Altes Weingebirge Mittelburgenland DAC Reserve 14,5 %, €€€
Dunkler Kern, gereifter Farbrand, Brom- und Heidelbeere, Kakao, Lebkuchen, gehaltvoll, gut stützende Säure, fester, feiner Gerbstoff, fruchtiger, langer Nachhall, Potenzial.

94 2021 Phoenix 14 %, €€€
(BF/ME/CS/SY) Dunkle Farbnoten, komplexes Bukett, Bitterschokolade, Tabakwürze, Cassis, Brombeere, kräftiger Wein, dicht und straffe Struktur, feines Tannin, lang anhaltender Nachhall, Kirsche und Kumquat im Rückaroma.

93 2019 Merlot Selection 14,5 %, €€€
Gereifte Farbe, Nougat, Lebkuchen, zarte Fruchtnoten, Kirsche, gehaltvoll, balancierte Struktur, feines Tannin, Pflaume und Kumquat im Nachhall.

92+ 2022 Equinox 14 %, €€
(BF/ZW/ME) Jugendliche Farbe, kandierte Fruchtnoten, Nougat, Kirschlikör, körperreich, balancierter Trinkfluss, fruchtig, feiner Gerbstoff im Abgang, lang anhaltend.

92 2021 Blaufränkisch Deutschkreutz 14 %, €€
Jugendliche Farbe, einladendes Fruchtspiel, Weichsel, Heidelbeere, stoffig, lebendiger Trinkfluss, feiner Gerbstoff, fruchtiger, langer Nachhall.

Mittelburgenland

Weingut Strehn

Der Name Strehn steht für Rosé. Wie es dazu kam? Ein Sprachkurs im Jahr 2000 in Nizza entfachte Pia Strehns Begeisterung für die französische Roséweinkultur. Seither gilt für sie: „La Vie en Rosé". Die Leidenschaft wuchs immer weiter – mit dem Ergebnis, dass 99 Prozent ihrer Rotweintrauben aus Deutschkreutz zu Rosé verarbeitet werden. Die vielbeachtete Palette ihrer Roséweine umfasst sowohl fruchtige Klassiker als auch lagerfähige Weine wie den Elefanten im Porzellanladen, der bald hohe Bekanntheit erlangte.

94 2020 Cabernet Franc 13,5 %, €€€
Tiefdunkle Farbe, dunkle Beeren, Wacholder, Brombeere, Bitterschokolade, gehaltvoll, dicht und straffe Textur, fester Gerbstoff, pikantes Finish, gute Länge, Potenzial.

93+ 2022 Love Story 13,5 %, €€€
(BF) Mittleres Lachsrosa, komplexe Aromatik, Verbene, Kumquat, zarte Würze, gehaltvoll, balancierte Struktur, fruchtiges Finish, langer Nachhall, Steinobst im Rückaroma.

93+ 2023 Der Elefant im Porzellanladen 13,5 %, €€€
(BF) Kräftiges Lachsrosa, fruchtig-würziges Bukett, Weichsel, Erdbeere, Mandeln, kräftiger Körper, zarter Gerbstoff, feste Textur, tragende Säure, rote Früchte, Thymian, lang anhaltend.

92 2023 Chardonnay Miss Waikiki 13,5 %, €€
Jugendliche Farbe, nunaciertes Bukett, kandierte Orange, Melone, Bratapfel, körperreich, weiche Textur, fruchtiger Schmelz im Abgang, gute Länge.

92 2023 Muccia Rosé 13 %, FP, €€
(BF) Helles Lachsrosa, zart fruchtige Noten, Kirsche, Weichsel, stoffiger Wein, lebendiger Trinkfluss, fruchtiges Finish.

91+ 2023 Seerosé 13 %, €€
(BF/ME/SL) Mittleres Lachsrosa, zart florales Bukett, Weichsel, weißer Pfeffer, mittlerer Körper, harmonische Textur, Erdbeere, lebendiges Frucht-Säure-Spiel, gute Länge.

Foto: Felix Wennos

Weinbergweg 1
7301 Deutschkreutz
T 0664/163 65 70, 02613/893 12
M office@strehn.at
www.strehn.at

Öffnungszeiten
nach Vereinbarung
Rebsorten
BF, ZW, SL, CS, CF, ME, SY
Anbau
organisch-biologisch, nachhaltig
Verschlussarten
NK, DI, GL, DV
Gastronomie
Buschenschank

Mittelburgenland

Weinhof Anna & Oscar Szemes / Arachon T.FX.T

Foto: Oscar Szemes

Weinhoferplatz 5–7
7423 Pinkafeld
T 03357/423 67
M office@szemes.at
www.szemes.at

Öffnungszeiten
Mo.–Sa. 8.30–17 und nach Vereinbarung
Rebsorten
BF, GV, CH, WR
Anbau
konventionell, Umstellung organisch-biologisch, nachhaltig
Verschlussarten
NK, DI, DV
Gastronomie
Buschenschank, Restaurant, Vinothek

Der Blaufränkisch steht seit Beginn im Fokus des Weinguts Szemes. Der von Illa und Tibor Szemes aufgebaute Betrieb wird heute von deren Tochter Anna und ihrem Bruder Oscar im Sinne der Eltern weitergeführt. Oscar Szemes setzt auf eine feine, elegante Stilistik. Alle Weine werden ausnahmslos im Holzbottich vergoren – danach gibt man ihnen viel Zeit, um sich zu entwickeln und zu reifen. Bekannt wurde das Weingut auch durch den Arachon T.FX.T, ein gemeinsames Rotweinprojekt mit den bekannten Winzerfamilien Tement und FX Pichler. Seit dem Jahrgang 2017 wird auch der Arachon bei Oscar Szemes in Pinkafeld vinifiziert. Er will auch hier neue Qualitätsmaßstäbe setzen. Seit 2021 kommen die Trauben nicht mehr ausschließlich aus dem Mittelburgenland. Man besitzt nun auch Weingärten am Eisenberg: Blaufränkisch und Welschriesling aus Toplagen wie Saybritz, Szapary und Hummergraben werden das Sortiment künftig ergänzen.

96+ 2021 Blaufränkisch Ried Bodigraben „Schiefer und Gneis"
Mittelburgenland DAC 13 %, €€€
Jugendlich, kräftige Farbnoten, intensive Frucht, Brombeere, Cassis, Blutorange, Bitterschokolade, körperreich, dicht und engmaschige Struktur, feinstes Tannin, eleganter Blaufränkisch-Stil mit enormer Länge, großartiges Potenzial.

95+ 2021 Blaufränkisch Ried Hochberg „Schiefer und Gneis"
Mittelburgenland DAC 13 %, €€€
Jugendliche Farbe, intensive Fruchtnoten, Cranberry, Preisel- und Brombeere, zart Kakao, straff, dicht und elegante Struktur, feines Tannin, sehr lang anhaltend, fruchtiger Nachhall.

94+ 2020 Szemes / Arachon T.FX.T, Pichler, Tement 13,5 %, €€€
(BF/ZW/CS) Jugendliche Farbe, leicht gereifter Rand, komplexe Fruchtnoten, Heidelbeere, Kirsche, Cassis, Nougat, leicht röstige Noten, kräftiger Wein, balancierter Trinkfluss, festes, feinkörniges Tannin im Finish, zedrige Noten und Cranberry im Nachhall.

92 2023 Zero Gravity 12 %, €€
(BF) Helle, transparente Farbe, Kirsche, Weichsel, stoffig, jugendlicher Trinkfluss, feinfruchtiges Finish, langer Nachhall, Cranberry im Rückaroma.

Mittelburgenland

Weingut Josef Tesch

Der traditionelle Familienbetrieb in Neckenmarkt baut, wie in der Region üblich, vorwiegend Blaufränkisch aus. Die Weingärten umfassen 27 Hektar und liegen an den Ausläufern des Ödenburger Gebirges. Die Bodenbeschaffenheit ist vielfältig, vom kristallinen Verwitterungsschiefer bis zum tiefgründigen Lehmboden. Beim Ausbau der Weine sieht man sich dem Mittelburgenland verpflichtet und setzt auf regionaltypischen Charakter. So entstehen qualitativ hochwertige Weine, die die enge Verbundenheit der Familie zur Region widerspiegeln sollen.

95+ 2018 Blaufränkisch Patriot 14%, €€€
Dunkler Farbkern, zart gereifter Rand, vielschichtige Nase, Brombeere, Cassis, Kakao, leicht röstig, gehaltvoll, dicht und stoffige Struktur, feiner Gerbstoff, Cranberry im Finish, langer Nachhall.

95+ 2021 Titan 14%, €€€
(BF/ME/CS) Kräftiger Farbkern, komplexes Bukett, Brombeere, Cassis, Nougat, röstig, körperreich, dicht und engmaschiges Finish, feiner Gerbstoff, lang anhaltend, Schwarzkirsche und Cranberry im Nachhall.

94 2021 Cuvée Jana Paulina 14,5%, €€€
(CS/ME) Kräftige Farbe, Cassis, Brombeere, Kakao, zart röstige Noten, gehaltvoll, dicht und straff, fester Gerbstoff, engmaschiges Finish, lang anhaltend, Kornelkirsche im Nachhall, Potenzial.

94 2021 Merlot Enya 14%, €€€
Jugendlich, kräftige Farbe, Bitterschokolade, Nougat, Hollerkoch, Heidelbeere, gehaltvoll, dicht und balancierte Struktur, feinkörniges Tannin, gute Länge.

93+ 2021 Blaufränkisch Ried Bergleiten 14%, €€€
Kräftige Farbe, intensive Nase, Heidelbeere, Nougat, leicht rauchig, körperreich, straff, lebendige Struktur, engmaschiges, feinkörniges Finish, lang anhaltend.

92+ 2021 Blaufränkisch Ried Hochberg Mittelburgenland DAC 13,5%, €€
Jugendlich, kräftige Farbe, dunkelbeerige Noten, Kakao, körperreich, straff, dicht und engmaschiges Finish, lang anhaltend, fruchtiger Nachhall.

HISTORISCHER WEIN

95 2011 Jana Paulina (CS/ME)

Foto: RODICA ZITA WURTH

Herrengasse 26
7311 Neckenmarkt
T 02610/436 10
M titan@tesch-wein.at
www.tesch-wein.at

Öffnungszeiten
nach Vereinbarung
Rebfläche
27 ha
Flaschenanzahl
120.000
Rebsorten
BF, ZW, CS, ME, SY, CH
Anbau
nachhaltig
Verschlussarten
NK, DV
Sonstiges
Übernachtungsmöglichkeit

Mittelburgenland

Weingut Wellanschitz

Wie man ein kleines Familienweingut erfolgreich in die Gegenwart führt, ohne dabei Tradition und Ehrfurcht vor dem Land über Bord zu werfen, zeigen die Wells. Seit der Übernahme haben sie das Weingut mit Bedacht erweitert. Dabei will man keinen Wein stylen, sondern den kargen Kalk-, Glimmerschiefer-, Granitgneis-, und Lehmböden die Aufgabe überlassen, ihn zu gestalten. Die biologische Bewirtschaftung und Zurückhaltung im Keller sind dabei wesentliche Faktoren. Im Fokus steht die Leitsorte Blaufränkisch. Die Weingärten liegen an den letzten Ausläufern der Alpen im Ödenburger Gebirge, direkt an der Grenze zu Ungarn. Die relativ hoch gelegenen Weinberge (bis zu 480 Meter) sind eine Besonderheit im Mittelburgenland und ermöglichen den Ausbau komplexer, vielschichtiger Gewächse. Bekannt ist man für Einzellagen-Blaufränkische und vor allem für den Blaufränkisch Well Alte Reben aus dem ältesten Weingarten der Familie. Mit der Cuvée Fraternitas wiederum zelebriert man die Zusammenarbeit der Wellanschitz Brüder Stefan, Paul und Georg.

Foto: Joseph Estl

Lange Zeile 28
7311 Neckenmarkt
T 0664/456 71 14, 02610/423 02
M info@wellanschitz.at
www.wellanschitz.at

Öffnungszeiten
nach Vereinbarung
Rebfläche
32 ha
Flaschenanzahl
140.000
Rebsorten
BF, ZW, CS, ME, SY
Anbau
organisch-biologisch
Verschlussarten
NK, DI, DV

97+ 2021 Blaufränkisch „Well" Alte Reben 13 %, €€€
Jugendlich, kräftiger Farbkern, intensive Nase, vielschichtige Frucht, Blutorange, Preisel- und Brombeere, Zedern, kräftiger Wein, dicht und engmaschige Struktur, feinkörniges Tannin, lang anhaltend, Kumquat und Weichsel im Nachhall, Riesenpotenzial.

97+ 2021 Blaufränkisch Ried Sonnensteig 13 %, FP, €€€
Jugendliche Farbe, ausgeprägte, intensive Frucht, Cranberry, Brombeere, Bitterschokolade, Heidelbeere, körperreich, dicht und lebendige Struktur, eleganter Trinkfluss, seidiges Tanninfinish, Kumquat und Blutorange im Nachhall, Potenzial.

94 2022 BF Alte Reben Neckenmarkter Fahnenschwinger 13 %, €€
Jugendliche Farbnoten, Wacholder, Lebkuchen, Brombeere, Kakao, körperreich, dicht, engmaschig, feinkörniger Gerbstoff, lang anhaltend, Cranberry und Verbene im Rückaroma, Potenzial.

93+ 2022 Blaufränkisch Ried Burgstall 13 %, €€
Jugendliche Farbe, intensives Fruchtspiel, Blutorange, Brombeere, Kakao, Waldboden, stoffig, lebendiger Trinkfluss, fester, feinkörniger Gerbstoff im Abgang, lang, Weichsel im Nachhall.

93+ 2022 Fraternitas 13,5 %, FP, €€€
(BF/CS) Kräftige Farbe, intensive, vielschichtige Frucht, Cassis, Weichsel, feine Holzwürze, stoffig, lebendiger Trinkfluss, feiner Gerbstoff, langer Nachhall, Brombeere im Rückaroma.

92 2022 Blaufränkisch Schiefer & Lehm Central 13 %, €€
Jugendliche Farbe, nuancierte Fruchtnoten, Cranberry, Brombeere, Preiselbeere, Verbene, kräftig, gut stützende Säure, fruchtig-pikanter Abgang, gute Länge.

HISTORISCHER WEIN

97 2019 Blaufränkisch „Well" Alte Reben

Mittelburgenland

Juliana Wieder

Lange Zeile 76
7311 Neckenmarkt
T 02610/424 38
M info@weingut-juliana-wieder.at
www.weingut-juliana-wieder.at

Öffnungszeiten
nach Vereinbarung
Rebfläche
45 ha
Rebsorten
BF, ZW, SL, CS, SY, ME, PN, WR, CH
Anbau
KIP, konventionell, nachhaltig
Verschlussarten
NK, DI, DV
Gastronomie
Buschenschank

An den Hängen des Ödenburger Gebirges rund um Neckenmarkt bietet die Natur die Grundlage für die Arbeit der Winzerfamilie Wieder. Hier trifft man auf ein einzigartiges Terroir mit speziellem Kleinklima und besonderer Bodenzusammensetzung: Die Geologie variiert von Glimmerschiefer über Orthogneis und Muschelkalk bis hin zu Lehm. Besonders stolz sind die Wieders auf ihre Lagen Bodigraben, Kohlenberg, Hochberg, Spiegelberg, Rüsselsgrund und Pollesgraben. Mit Fingerspitzengefühl und dem Wissen um die Besonderheiten der einzelnen Weingärten vinifiziert Georg Wieder neben reinsortigen Blaufränkisch und Zweigelt auch Cuvées wie Georg, Janna, Morandus und Sempre. Die täglich gelebte Leidenschaft für das Naturprodukt Wein soll authentische Gewächse hervorbringen, die Sorte und Herkunft betonen.

96 2021 Blaufränkisch Privat Reserve Mittelburgenland DAC Reserve 14,5 %, €€€
Kräftiger Farbkern, vielschichtige Aromatik, rauchig-röstige Anklänge, Brombeere, Cranberry, Verbene, gehaltvoll, dicht und straffe Struktur, engmaschiges, feinkörniges Finish, sehr lang anhaltend, Bitterschokolade und Preiselbeere im Nachhall, Potenzial.

95 2021 Cuvée Sempre 14,5 %, €€€
(CS/ME/BF) Dunkle Farbnoten, komplexes Bukett, Bitterschokolade, rauchig-röstige Noten, Wacholder, Brombeere, gehaltvoll, dicht und straffe Textur, festes, feinkörniges Tannin, sehr lang anhaltend, Mokka und Orange im Nachhall, Potenzial.

94 2020 Blaufränkisch Ried Bodigraben Mittelburgenland DAC Reserve 14 %, €€€
Reife Farbnoten, komplexe Nase, Zwetschke, Kirsche, Lebkuchen, Nougat, gehaltvoll, gut stützende Säure, feiner Gerbstoff, lang anhaltender Nachhall, Bitterschokolade und Weichsel im Rückaroma.

94 2022 Cuvée Morandus 14,5 %, €€€
(BF/CS/ZW/ME) Kräftige Farbe, jugendliche Aromatik, Bitterschokolade, rauchige Noten, Brombeere, Cassis, Wacholder, opulenter Auftakt, straff, fester Gerbstoff, lang anhaltend, Potenzial.

93 2019 Blaufränkisch Glimmerschiefer Mittelburgenland DAC Reserve 14 %, €€
Jugendlicher Farbkern, nuanciertes Bukett, Cranberry, Weichsel, Verbene, Nougat, gehaltvoll, dicht und straffe Textur, festes Tanninfinish, gute Länge, fruchtiger Nachhall, Potenzial.

93 2021 Blaufränkisch Ried Kohlenberg Mittelburgenland DAC Reserve 14 %, FP, €€
Dunkler Farbkern, dunkelbeerige Frucht, Schokolade, Verbene, Kirsche, gehaltvoll, balancierte Struktur, festes, feinkörniges Tanninfinish, lang anhaltend, Potenzial.

HISTORISCHER WEIN
95 2011 Blaufränkisch Mittelburgenland DAC Reserve

Die Besten in
EISENBERG

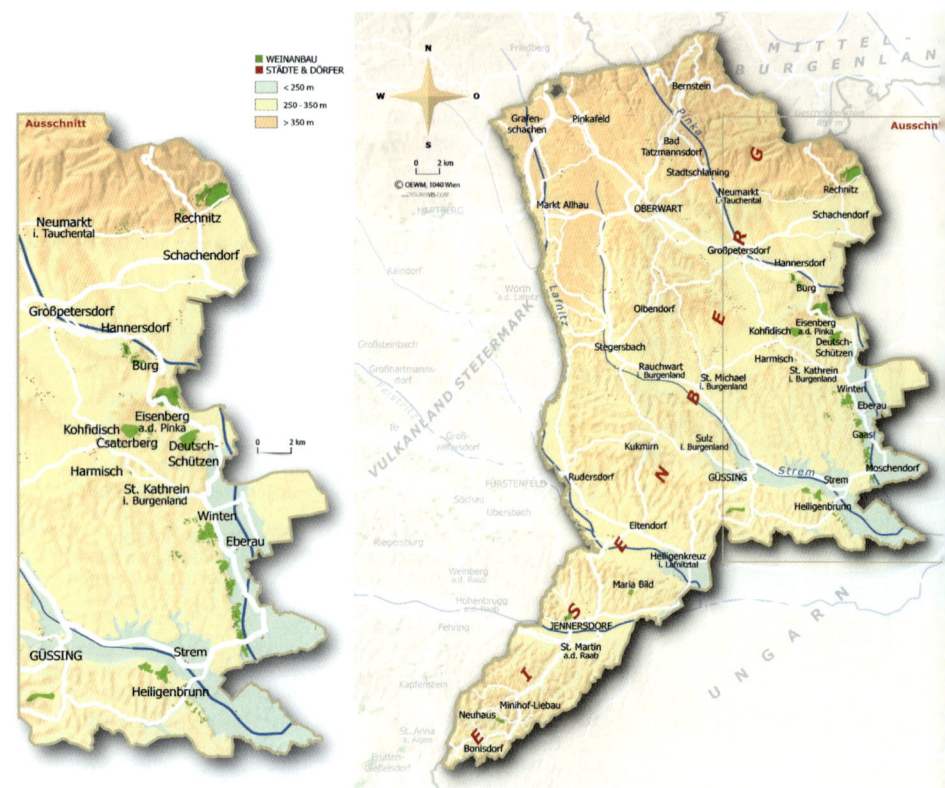

Rebfläche: 505 ha. Ganz im Süden des Burgenlands erstreckt sich seine ursprünglichste Weinlandschaft – von Rechnitz im Norden bis nahe Güssing im Süden. Die authentischen Rotweine, speziell der Blaufränkisch mit der geschützten Ursprungsbezeichnung „Eisenberg DAC", sind von besonders mineralischer Würze geprägt.
Rebsorten: Blaufränkisch, Welschriesling

100 *2021 Blaufränkisch Ried Reihburg Eisenberg DAC Reserve* · **Wachter-Wiesler**

99 *2022 Blaufränkisch Perwolff* · **Weingut Krutzler**

99 *2021 Blaufränkisch Ried Prantner Eisenberg DAC* · **Weinbau Straka**

99 *2021 Blaufränkisch Ried Saybritz Eisenberg DAC Reserve* · **Wachter-Wiesler**

98+ *2021 Blaufränkisch Ried Ratschen Eisenberg DAC Reserve* · **Wachter-Wiesler**

98+ *2021 Blaufränkisch Ried Weinberg Eisenberg DAC Reserve* · **Wachter-Wiesler**

97+ *2021 Ried Reihburg Eisenberg DAC Reserve* · **Familie Kopfensteiner**

97 *2021 Ried Saybritz Eisenberg DAC Reserve* · **Familie Kopfensteiner**

97 *2021 Blaufränkisch Ried Rosengarten Eisenberg DAC* · **Weinbau Straka**

97 *2021 Blaufränkisch Ried Königsberg Eisenberg DAC Reserve* · **Thom Wachter**

97 *2021 Blaufränkisch Ried Szapary Alter Garten Eisenberg DAC Reserve* · **Thom Wachter**

96+ *2021 Blaufränkisch Ried Saybritz Eisenberg DAC Reserve* · **Thom Wachter**

96 *2021 Ried Reihburg Eisenberg DAC Reserve* · **Weingut Jalits**

96 *2021 Ried Szapary Eisenberg DAC Reserve* · **Familie Kopfensteiner**

96 *2022 Merlot* · **Weingut Krutzler**

96 *2019 Ried Weinberg Eisenberg DAC Reserve* · **Weingut Krutzler**

96 *2021 Blaufränkisch Rechnitz Eisenberg DAC* · **Weinbau Straka**

95 *2021 Ried Saybritz Eisenberg DAC Reserve* · **Weingut Jalits**

95 *2019 Blaufränkisch Ried Weinberg Eisenberg DAC* · **Weingut StephanO**

95 *2018 Blaufränkisch Minerva* · **Weingut StephanO**

Eisenberg

Weingut Jalits

Foto: Weingut Jalits

Untere Dorfstraße 16
7512 Badersdorf
T 0664/330 38 17
M office@jalits.at
www.jalits.at

Öffnungszeiten
nach tel. Vereinbarung (Mo. Ru.)
Rebfläche
18 ha
Rebsorten
BF, ZW, ME, WR, CS, PN, PB
Anbau
Umstellung organisch-biologisch
Verschlussarten
NK, DV
Sonstiges
Übernachtungsmöglichkeit

Der traditionelle Familienbetrieb betreibt bereits in fünfter Generation Weinbau. 2001 hat Mathias Jalits die Leitung übernommen und vergrößert seither stetig die Anbaufläche, wobei sein Fokus auf Qualität und Regionalität gerichtet ist. Besonderen Wert legt er auch auf nachhaltige Bewirtschaftung. Der Eisenberg ist für ihn ein besonderes Gebiet mit einzigartigen Eigenschaften – das soll auch in seinen Weinen erkennbar sein: Weine voller Mineralität, kraftvoll und doch finessenreich. Sandig-toniger, schwerer Lehm und der nach Südosten offene Kessel, der vor kalten Nordwinden schützt, bieten ideale Bedingungen für den Blaufränkisch, die Hauptsorte des Weinguts. Aber auch Cabernet Sauvignon, Pinot noir, Merlot, Zweigelt und eine kleine Menge Welschriesling wachsen auf den Hängen des Eisenbergs.

96 2021 Ried Reihburg Eisenberg DAC Reserve 13,5 %, €€€
(BF) Jugendliche Farbnoten, komplexes Bukett, Bitterschokolade, Blutorange, Cranberry, Preiselbeere, Verbene, lebendiger, engmaschiger Trinkfluss, präzises, feinkörniges Finish, sehr lang anhaltend, Brombeere, Weichsel und Kakao im Rückaroma, Riesenpotenzial.

95 2021 Ried Saybritz Eisenberg DAC Reserve 13,5 %, €€€
(BF) Jugendliche Farbe, intensive, vielschichtige Aromen, Wacholder, Brombeere, Cranberry, feine Würze, kräftig, dicht und engmaschige Struktur, feinkörniges Tannin, lang anhaltend, Nougat, Bitterschokolade und Kumquat im Rückaroma, Potenzial.

94+ 2022 Ried Szapary Eisenberg DAC Reserve 13,5 %, FP, €€
(BF) Jugendliche, intensive Farbe, komplexe Aromatik, Preiselbeere, Kornelkirsche, Weichsel, Kakao, lebendiger Trinkfluss, engmaschige Struktur, fester, feiner Gerbstoff, lang anhaltend, Potenzial.

94 2022 Ried Fasching Eisenberg DAC Reserve 14 %, FP, €€€
(BF) Jugendlich, intensive Farbe, ausgeprägtes Fruchtspiel, Blutorange, Brombeere, zedrige Noten, Kakao, gehaltvoll, straff, lebendiger Trinkfluss, fester Gerbstoff, fruchtiger Nachhall, Heidelbeere im Rückaroma.

92+ 2022 Weißburgunder Kalk und Schiefer 13,5 %, €€
Jugendliche Farbe, kandierte Orange, Mandarine, gelber Apfel, stoffig, harmonischer Trinkfluss, saftiges, fruchtiges Finish, langer Nachhall.

92+ 2022 Welschriesling Reserve 14 %, €€
Jugendliche Farbe, einladende, gelbe Fruchtnoten, Apfel, kandierte Orange, gehaltvoll, dicht und balancierte Struktur, feiner Gerbstoff im Abgang, gute Länge.

Eisenberg

Familie Kopfensteiner

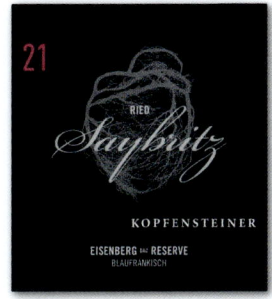

Das Weingut Kopfensteiner wird seit mehreren Generationen von der Familie geführt – mit Edith und Manfred Kopfensteiner wurde es zum Haupterwerbsbetrieb. Inzwischen sind ihr Sohn Thomas und dessen Frau Astrid dafür verantwortlich. Seine Liebe gilt dem Blaufränkisch, der als wichtigste Rebsorte des Südburgenlands die spezifischen Unterschiede der jeweiligen Lagen bestens transportieren kann. Vom Deutsch Schützener Weinberg kommen fruchtige und schwere Weine, während sich die Blaufränkisch vom Eisenberg mit seinen kargen Schieferböden durch Eleganz und Mineralität auszeichnen. Für Thomas Kopfensteiner steht die sorgfältige Bearbeitung der Weingärten im Vordergrund, während er im Keller zurückhaltend agiert. Das Ergebnis sind eigenständige und vom Terroir geprägte Weine.

Foto: Herbert Lehmann

Untere Hauptstraße 31
7474 Deutsch Schützen
T 03365/22 36
M weingut@kopfensteiner.at
www.kopfensteiner.at

Öffnungszeiten
nach Vereinbarung
Rebfläche
16 ha
Rebsorten
BF, CS, WR, ZW, ME
Anbau
KIP, konventionell
Verschlussarten
NK, DI, DV
Gastronomie
Buschenschank

97+ 2021 Ried Reihburg Eisenberg DAC Reserve 13,5 %, €€€
(BF) Jugendlich, kräftiger Farbkern, komplexes Bukett, Cassis, Heidel- und Brombeere, Verbene, gehaltvoll, dicht und eleganter Trinkfluss, feinkörniges Tanninfinish, sehr langer Nachhall, Kornelkirsche, Kakao und Blutorange im Rückaroma, Riesenpotenzial.

97 2021 Ried Saybritz Eisenberg DAC Reserve 13,5 %, FP, €€€
(BF) Dunkler Farbkern, einladendes Fruchtspiel, Kirsche, Nougat, Holunder, körperreich, dicht und straffe Textur, eleganter Trinkfluss, feinkörniger Gerbstoff, Kumquat und Bitterschokolade im Nachhall, Potenzial.

96 2021 Ried Szapary Eisenberg DAC Reserve 13,5 %, €€€
(BF) Kräftige Farbe, intensive Fruchtnoten, Brombeere, Kirsche, Kakao, körperreich, dicht und straffe Textur, feinkörniges, lang anhaltendes Tanninfinish, Marzipan und Cassis im Nachhall, Potenzial.

95+ 2018 Ried Saybritz Eisenberg DAC Reserve 13,5 %, €€€
(BF) Kräftiger, dunkler Farbkern, leicht gereifter Rand, komplexe Nase, Cranberry, Kirsch-Weichsel-Noten, leicht rauchige Noten, kräftiger Wein, gut stützende Säure, feinkörniges, reifes Tanninfinish, Nougat und Schwarzkirsche im Nachhall, gut antrinkbar.

95 2021 Border 13,5 %, €€€
(BF/ME/CS) Jugendliche Farbe, komplexe Nase, Cassis, Pflaume, Brombeere, zarte Röstaromen, kräftiger Wein, dicht und straffe Textur, festes Tannin, lang anhaltend, Cranberry und Kakao im Nachhall.

93+ 2022 Saybritz Weiß 13 %, €€
(PB/GV/WR) Helle Farbe, nuanciertes Bukett, Steinobst, Kumquat, kandierte Orange, kräftiger Wein, lebendiger Trinkfluss, feiner Gerbstoff und Birnenquitte im Abgang, langer Nachhall.

Eisenberg

Weingut Krutzler

Foto: KOENIGSHOFER MICHAEL

Untere Hauptstraße 6
7474 Deutsch Schützen
T 0664/143 19 83
M weingut@krutzler.at
www.krutzler.at

Öffnungszeiten
nach Vereinbarung
Rebfläche
12 ha
Rebsorten
BF, WR, CS, ZW, ME
Anbau
KIP, konventionell, nachhaltig
Verschlussarten
NK, DV
Sonstiges
Übernachtungsmöglichkeit

Es ist sicher keine Übertreibung, Hermann Krutzler als den Pionier für das Südburgenland zu bezeichnen. Vor etwa fünfzig Jahren hat er begonnen, den Familienbetrieb auf Qualität umzustellen. Er hat als einer der Ersten gezeigt, welches Potenzial das Südburgenland im Allgemeinen und der Eisenberg im Besonderen hat. Als er in den 1990er-Jahren gemeinsam mit seinen beiden Söhnen Erich und Reinhold eine Rotweincuvée aus den besten Lagen abfüllte, die sie Perwolff nannten, war der erste Kultwein aus dem Südburgenland geboren. Inzwischen wird der Perwolff ausschließlich aus Blaufränkischtrauben vom Eisenberg gemacht. Schon seit einigen Jahren leitet Reinhold Krutzler erfolgreich das renommierte Weingut. Alle seine Weine zeichnen sich durch eine für das Südburgenland typische Finesse und Tiefgründigkeit aus.

99 2022 Blaufränkisch Perwolff 13,5 %, FP, €€€
Jugendlich, intensive Farbe, ausgeprägte Frucht, Johannisbeere, Wacholder, Kornelkirsche, kräftiger Wein, dicht und straff, engmaschige Struktur, lebendig, eleganter Trinkfluss, feinstes Tannin, lang anhaltender Abgang, Cranberry und Kakao im Nachhall, Potenzial.

96 2019 Ried Weinberg Eisenberg DAC Reserve 13,5 %, €€€
(BF) Dunkler Farbkern, leicht gereifter Rand, dunkelbeerige Aromatik, Brombeere, Cassis, Preiselbeere, feine Würze, körperreich, lebendig-balancierter Trinkfluss, feinkörniges Finish, seidiger Nachhall, Kakao und Kumquat im Rückaroma.

96 2022 Merlot 14 %, €€
Tiefdunkle Farbe, Mokka, Nougat, Schwarzwälder Kirsch, körperreich, dicht und engmaschiges Finish, feinstes Tannin, Bitterschokolade und Orangenzeste im Rückaroma, Potenzial.

94+ 2022 Alter Weingarten 13,5 %, €€€
(BF/ZW) Jugendlich, kräftige Farbe, intensive, vielschichtige Aromatik, Cassis, Brombeere, Bitterschokolade, nussige Würze, straff, gut balancierte Textur, fester, feinkörniger Gerbstoff, sehr lang anhaltend, Nougat und Kirsche im Nachhall.

93+ 2022 Eisenberg DAC 13 %, €€
(BF) Jugendlich, purpurne Farbe, intensive Nase, Brombeere, Weichsel, Verbene, stoffig, dicht und lang anhaltend, feinster Gerbstoff, Potenzial.

93 2022 Welschriesling Ried Ratschen 13,5 %, €€€
Jugendliche Farbe, kandierte Orange, Birnenquitte, Steinobst, körperreich, dicht und lebendige Struktur, feinster Gerbstoff und Frucht im Finish, gelber Apfel und Mandarine im Nachhall.

Eisenberg

Arkadenhof Mandl-Brunner, Helga & Erhard Brunner

Die Weingärten liegen am Südhang des Geschriebensteins. Mit einer Seehöhe zwischen 320 und 480 Metern sind sie die am höchsten gelegenen Weinberge des Burgenlands. Die geologischen und mikroklimatischen Verhältnisse kommen den Weißweinen, vor allem dem Welschriesling, sehr entgegen. Alle Weine sind vom Grünschiefer dieser herausragenden Lagen geprägt, sie präsentieren sich frisch und lebendig. Der Welschriesling nimmt eine Sonderstellung im Betrieb ein und wird von Helga und Erhard Brunner in verschiedenen Varianten ausgebaut. Aber auch die Rotweine haben aufgrund der relativ vielen Sonnenstunden eine ganz besondere Aromatik, die die Typizität der Region widerspiegelt.

Foto: Arkadenhof Mandl-Brunner

Lindengasse 5–7
7471 Rechnitz
T 0664/916 10 59
0664/142 04 41
M office@arkadenhofmandl.at
www.arkadenhofmandl.at

Rebfläche
10 ha
Rebsorten
WR, PB, CH, SB, BF, ZW, PN, ME, CS, MU
Anbau
KIP, konventionell, nachhaltig
Verschlussarten
NK, DV
Gastronomie
Heuriger, Buschenschank

93+ 2020 Majestas Cabernet Sauvignon 13,5 %, FP, €€
Dunkler Kern, nuancierte, dunkle Beeren, Cassis, Bitterschokolade, Heidelbeere, stoffig, dicht und balancierte Textur, fester, feinkörniger Gerbstoff im Finish, sehr lang anhaltend, Mokka und Orange im Rückaroma, Potenzial.

93+ 2021 Majestas Merlot 14 %, €€
Kräftiger Farbkern, ausgeprägtes Bukett, rauchig-röstige Noten, Brombeere, Bitterschokolade, gehaltvoll, dicht und straffe Struktur, fester Gerbstoff, lang anhaltend, Nougat und Weichsel im Rückaroma.

92+ 2023 Welschriesling Terra Amphore 12,5 %, FP, €€
Helle Farbe, kandierte Birne, Orange, Mandeln, kräftiger Wein, dicht und gutes Frucht-Säure-Spiel, präsentes Tannin und Frucht im Nachhall.

92 2023 Chardonnay Rechnitz 13,5 %, €
Helle Farbe, kandierte Orange, Steinobst, körperreich, lebendig, balancierte Struktur, fruchtiger Schmelz im Abgang, gute Länge.

92 2023 Welschriesling Urgestein 12,5 %, €
Blassgelb, jugendliche Fruchtnoten, Limette, grüner Apfel, stoffig, markantes Frucht-Säure-Spiel, fruchtiges Finish, Grapefruit im Rückaroma.

91+ 2023 Weißburgunder Rechnitz 13 %, €
Hellgelb, einladende Frucht, gelber Apfel, Mandarine, saftiger Wein, lebendige Textur, fruchtiges Finish, gute Länge.

Eisenberg

Weingut StephanO

Foto: Steve Haider

Unterer Weinweg 11
7474 Deutsch Schützen
T 0664/263 69 39
M office@stephano.at
www.stephano.at

Öffnungszeiten
nach Vereinbarung
Rebfläche
7 ha
Flaschenanzahl
30.000
Rebsorten
PB, GV, BF, ME, CS, CF, ZW, TR
Anbau
KIP, konventionell, nachhaltig
Verschlussarten
NK, DV
Gastronomie
Buschenschank
Sonstiges
Übernachtungsmöglichkeit

Das Weingut hat sich zum Ziel gesetzt, Tradition und Moderne zu verbinden. Es setzt auf geringe Erträge und alte Rebstöcke, um eine möglichst hohe Qualität der Trauben zu erreichen. Alle wichtigen Arbeiten werden dabei händisch durchgeführt. Der Winzer will gehaltvolle und ausdrucksstarke Weine keltern, deren Herkunft unverwechselbar ist. Die Vinifikation erfolgt ausschließlich spontan in offenen Holzbottichen, die fertigen Weine reifen dann noch mindestens zwei Jahre in burgundischen Tonneaus. Wichtigste Rebsorte ist der Blaufränkisch, aber auch Weißweine finden sich im Sortiment. Grüner Veltliner, Welschriesling und Pinot blanc etwa vergären spontan in Betoneiern, mit dem Ziel, unverwechselbare, terroirbezogene und nachhaltige Weine zu schaffen.

95 2018 Blaufränkisch Minerva 14,5%, €€€
Dunkler Farbkern, vielschichtiges Bukett, Wacholder, Heidelbeere, Nougat, zarte Holzwürze, stoffig, dicht und balancierte Struktur, präsentes Tannin, feinkörniges Finish, lang anhaltend.

95 2019 Blaufränkisch Ried Weinberg Eisenberg DAC 14,5%, €€€
Dunkler Farbkern, leicht gereifter Rand, intensive Frucht, Cranberry, Weichsel, Bitterschokolade, körperreich, dicht und straff, festes Tanninfinish, gute Länge, Potenzial.

94+ 2020 Blaufränkisch Ried Saybritz Eisenberg DAC 14,5%, FP, €€€
Dunkelfärbig, ausgeprägte Brombeere, Hollerkoch, Kakao, Kirsche, körperreicher Wein, gut stützende Säure, balanciertes Tannin, feinkörnig, fruchtiger Nachhall, lang anhaltend.

94 2020 Pinot Blanc Betonei 13%, €€
Jugendliche Farbe, leichte Reduktion, gewinnt mit Luft Nashi-Birne und Quitte, nussige Würze, stoffig, dicht und engmaschige Struktur, feiner Gerbstoff im Abgang, langer Nachhall, Grapefruit im Rückaroma.

93+ 2019 Blaufränkisch Eisenberg Gonzalo Eisenberg DAC 14,5%, €€
Kräftige Farbe, ausgeprägte, dunkle Beerenfrucht, Kakao, Holunder, gehaltvoll, dicht und straffe Struktur, engmaschiges Finish, fester Gerbstoff, Blutorange und Weichsel im Nachhall, gute Länge.

92+ 2020 Blaufränkisch Trinculo Eisenberg DAC 14%, €€
Jugendlich, kräftiger Farbkern, nuanciertes Bukett, Weichsel, Cranberry, Brombeere, körperreich, straff, gut stützende Säure, fester Gerbstoff im Finish, lang anhaltend.

Eisenberg

Weinbau Straka

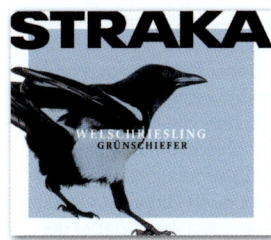

Foto: Ingo Pertramer

Bahnhofstraße 15
7471 Rechnitz
T 0664/201 63 96
M office@straka.wine
www.straka.wine

Rebfläche
11 ha
Flaschenanzahl
50.000
Rebsorten
WR, PB, SB, BF, CH, ME
Anbau
organisch-biologisch
Verschlussarten
NK, DV
Gastronomie
Restaurant
Sonstiges
Übernachtungsmöglichkeit

Das Familienweingut Straka liegt am Südhang des Geschriebensteins, der höchsten Erhebung des Burgenlands. Die begünstigte Lage und die speziellen Böden mit kristallinem Grünschiefer bieten optimale Bedingungen für hochwertige Weine. Thomas Straka ist leidenschaftlicher Winzer und versteht es, Tradition und Moderne gekonnt zu verbinden. Inzwischen bewirtschaftet er 11 Hektar Rebflächen. 70 Prozent sind Weißweine, wobei dem Welschriesling eine besondere Stellung zukommt. Unter anderem wird ein Lagen-Welschriesling von achtzig Jahre alten Rebstöcken vinifiziert. Blaufränkisch rundet das Sortiment mit 30 % ab.

99 **2021 Blaufränkisch Ried Prantner Eisenberg DAC 13 %, €€€**
Jugendliche, leicht transparente Farbe, intensive, vielschichtige Aromatik in der Nase, Granatapfel, Schlehen, Cranberry, zarte Würze, stoffig, dicht und lebendiger Trinkfluss, engmaschiges, feinstes Tannin, sehr lang anhaltend, Preiselbeere und Blutorange im Rückaroma, Riesenpotenzial, großartige Blaufränkisch-Interpretation!

97 **2021 Blaufränkisch Ried Rosengarten Eisenberg DAC 13 %, €€€**
Jugendliche Farbe, intensive Aromatik, reife, dunkle Beeren, Wacholder, Earl Grey, Brombeere, körperreich, dicht und straffe Struktur, engmaschiges, feinkörniges Finish, sehr langer Nachhall, Potenzial.

96 **2021 Blaufränkisch Rechnitz Eisenberg DAC 13 %, €€**
Jugendliche Farbnoten, ausgeprägtes Bukett, Kornelkirsche, Preiselbeere, zarte Würze, stoffig, dicht und lebendiger Trinkfluss, feiner Gerbstoff, engmaschiges Finish, lang anhaltend, Cranberry im Nachhall.

95+ **2022 Furmint 12 %, €€€**
Jugendliche Farbe, aromatiefes Bukett, Birnenquitte, Kumquat, Verbene, zarte Würze, stoffig, dicht und straffe Textur, engmaschiges, zart mineralisches Finish, rosa Grapefruit und Physalis im Rückaroma, Potenzial.

94+ **2022 Welschriesling Rechnitz 13,5 %, €€**
Jugendliche Farbe, vielschichtiges Bukett, Physalis, Apfelquitte, Limette, körperreich, dicht und straffe Struktur, engmaschiger Trinkfluss, feiner, fruchtig unterlegter Gerbstoff, langer Nachhall.

93+ **2023 Welschriesling Grünschiefer 13 %, €€**
Jugendliche Farbe, ausgeprägtes Bukett, Quitte, Pomelo, weißer Pfirsich, stoffig, lebendiger Trinkfluss, fruchtig-pikantes Finish, sehr lang anhaltend, grüner Apfel im Nachhall.

Eisenberg

Thom Wachter

Winzerweg 1
7474 Eisenberg
T 0664/462 28 43
M office@thomwachter.at
www.thomwachter.at

Öffnungszeiten
nach tel. Vereinbarung
Flaschenanzahl
20.000
Rebsorten
BF, PB
Anbau
nachhaltig
Verschlussarten
NK, DV
Gastronomie
Buschenschank, Vinothek,
Restaurant „Wachter-Wieslers
Ratschen"
Sonstiges
Übernachtungsmöglichkeit

Thom Wachter konnte sich in den letzten Jahren als einer der führenden Blaufränkisch-Winzer etablieren. Auf einer Eigenfläche von 3 Hektar und zusätzlichen, gepachteten Lagen rund um den Eisenberg will der Winzer seine Vorstellungen von vielschichtigen Blaufränkischen verwirklichen, die ihre Herkunft zeigen. Dabei sollen die feinen Unterschiede der einzelnen Rieden klar zum Ausdruck kommen. Er produziert Blaufränkische aus sechs verschiedenen Lagen, auch vereint als limitierte Sonderedition „Bodenschatz". Aushängeschild ist dabei der „Alte Garten" von der Ried Szapary – die Trauben kommen von Rebstöcken, die bereits 1936 gepflanzt wurden. Er verwendet ausschließlich gebrauchte 500-Liter-Holzfässer, um seinen Weinen zudem burgundische Stilistik zu verleihen.

97 **2021 Blaufränkisch Ried Königsberg Eisenberg DAC Reserve 13 %, FP, €€€**
Tiefdunkler Farbkern, intensive Aromatik, Brombeere, Kakao, Zesten, Kirsche, stoffig, dicht und engmaschige Textur, feinstes Tannin, Heidelbeere, Nougat und Bitterschokolade im Nachhall, sehr lang anhaltend, fruchtiges Rückaroma, Potenzial.

97 **2021 Blaufränkisch Ried Szapary Alter Garten Eisenberg DAC Reserve 13 %, FP, €€€**
Jugendlich, kräftiger Farbkern, vielschichtiges Fruchtspiel, Kornelkirsche, Preiselbeere, Kakao, leicht rauchig, körperreich, dicht und balancierte, engmaschige Struktur, feinstes Tannin, fruchtpikanter Nachhall, Bitterschokolade und Cranberry im Rückaroma.

96+ **2021 BF Ried Saybritz Eisenberg DAC Reserve 13 %, FP, €€€**
Jugendlich, kräftiger Farbkern, intensive, vielschichtige Aromatik, Johannisbeere, Pflaume, Kakao, Orange, zarte Würze, kräftig, dicht und straff, langer Nachhall, Kornelkirsche und Cranberry im Rückaroma, Potenzial.

95 **2021 BF Ried Ratschen Eisenberg DAC Reserve 13 %, FP, €€€**
Jugendliche Farbe, intensive Nase, Brombeere, Wacholder, zarte Würze, straffe Textur, fester, feiner Gerbstoff, Pflaume, Kakao und zarte Würze im Nachhall, Potenzial.

95 **2021 BF Ried Szapary Eisenberg DAC Reserve 13 %, FP, €€€**
Jugendlich, dunkelfärbig, reife Fruchtaromen, Zwetschke, Heidel- und Brombeere, Nougat, körperreich, dicht und lebendiger Trinkfluss, feines Tannin, langer Nachhall, Kakao und Zesten im Rückaroma.

94+ **2021 BF Ried Fasching Eisenberg DAC Reserve 13 %, FP, €€€**
Kräftige, jugendliche Farbe, ausgeprägtes Bukett, Brombeere, pilzige Anklänge, ein Touch „Brett", harmonische Textur, fruchtig-würziges Finish, pikanter Gerbstoff, gute Länge.

94 **2021 BF Fasszwölf Eisenberg DAC Reserve 13 %, FP, €€€**
Jugendliche Farbe, intensive Frucht, Weichsel, Brombeere, zart blättrige Noten, stoffig, lebendiges Frucht-Säure-Spiel, fester Gerbstoff im Abgang, Lebkuchen und Kumquat im Nachhall, lang anhaltend.

Wachter-Wiesler

Foto: Philipp Horak

Untere Hauptstraße 7
7474 Deutsch Schützen
T 03365/22 45
M wachter@wachter-wiesler.at
www.wachter-wiesler.at

Öffnungszeiten
nach Vereinbarung
Rebfläche
15 ha
Flaschenanzahl
ca. 80.000
Rebsorten
BF, ZW, WR, FU, TR, GV
Anbau
organisch-biologisch
Verschlussarten
NK, DI

Innerhalb weniger Jahre hat Christoph Wachter das renommierte Familienweingut als eine der Speerspitzen am Eisenberg etabliert. Der Ausnahmewinzer produziert möglichst unverfälschte Gewächse, die ihre Herkunft deutlich zeigen. Mit viel Einfühlungsvermögen gelingen ihm Weine, die sich mehr durch Finesse und Vielschichtigkeit als durch Opulenz auszeichnen. Dabei geht er in Weingarten und Keller mit Fingerspitzengefühl vor, um die Eigenheiten der jeweiligen Lage möglichst präzise abzubilden. Mit der Reifung im großen Holz gelingt es ihm, die Nuancen des einzigartigen Terroirs klar zum Ausdruck zu bringen. Das Ergebnis sind authentische Gewächse, vom Klassiker Béla-Jóska über Ortsweine aus Deutsch Schützen oder Eisenberg bis zu Einzellagen-Charakterweinen mit großem Reifevermögen.

100 2021 BF Ried Reihburg Eisenberg DAC Reserve 13,5 %, €€€
Kräftiger, jugendlicher Farbkern, intensive, komplexe Aromatik, Schwarzkirsche, Kakao, Cassis, Himbeere, kräftiger Wein, dicht und engmaschige Struktur, sehr feines Tannin im Abgang, seidiger Abgang, lang anhaltend, Cranberry und Verbene im Rückaroma, enormes Potenzial, wirkt in dieser Phase burgundisch.

99 2021 BF Ried Saybritz Eisenberg DAC Reserve 14 %, €€€
Kräftige, jugendliche Farbnoten, intensive, vielschichtige Aromen, Brom- und Heidelbeere, Bitterschokolade und Blutorange, gehaltvoll, dicht und engmaschige Textur, sehr eleganter Trinkfluss, sehr feiner Gerbstoff, seidiges Finish, rote Ribisel und Nougat im Nachhall, gewinnt mit Luft Komplexität, Riesenpotenzial.

98+ 2021 BF Ried Ratschen Eisenberg DAC Reserve 13,5 %, €€€
Jugendliche Farbe, vielschichtige Nase, Brombeere, Kornelkirsche, Verbene und Granatapfel, stoffig, dicht und feinkörniger, fester Gerbstoff, engmaschiges Finish, Kumquat und Preiselbeere im Nachhall, Riesenpotenzial.

98+ 2021 BF Ried Weinberg Eisenberg DAC Reserve 13,5 %, €€€
Kräftiger, dunkler Farbkern, komplexes Bukett, Brom- und Heidelbeere, Verbene, Zesten, zarte Würze, körperreich, dicht und balanciert, eleganter Trinkfluss, feinkörniges, lang anhaltendes Tanninfinish, Bitterschokolade, Verbene und rosa Grapefruit im Rückaroma, Potenzial.

95+ 2021 BF Deutsch Schützen Eisenberg DAC Reserve 13 %, €€€
Kräftige Farbe, vielschichtige Aromen, Brombeere, Kornelkirsche, ein Hauch „Brett", stoffig, lebendige Struktur, engmaschig, feiner Gerbstoff, Cranberry und Kakao im Nachhall, Potenzial.

95 2021 Blaufränkisch Eisenberg Eisenberg DAC Reserve 13,5 %, €€€
Jugendliche Farbnoten, intensive Frucht, Wacholder, Brombeere, Weichsel, zarte Würze, straff, dicht und fester Gerbstoff, lang anhaltend, Granatapfel und Gewürznelke im Nachhall.

94 2021 Béla Jóska Eisenberg DAC 13 %, €€
(BF) Jugendliche Farbe, intensives Bukett, Weichsel, Preiselbeere, Kumquat, stoffig, markantes Frucht-Säure-Spiel, Verbene und Grapefruit im Nachhall, lang anhaltend.

Die Besten im
VULKANLAND

Rebfläche: 1.524 ha. Dieses Gebiet liegt in der Übergangszone vom trockenen pannonischen zum feuchten Mittelmeerklima. Auf vulkanischen Verwitterungs- und schweren Lehmböden gedeihen vorwiegend fruchtbetonte Weißweine.
Rebsorten: Sauvignon blanc, Chardonnay (Morillon), Grauburgunder, Traminer

STEIERMARK

99	*2022 Sauvignon Blanc Ried Buch Vulkanland Steiermark DAC G STK* · **Weingut Frauwallner-Straden**	
99	*2021 Sauvignon Blanc Alte Reben Vulkanland Steiermark DAC* · **Weingut Neumeister**	
98+	*2021 Sauvignon Blanc Privat Vulkanland Steiermark DAC* · **Weingut Frauwallner-Straden**	
98	*2022 Sauvignon Blanc Ried Moarfeitl Vulkanland Steiermark DAC G STK* · **Weingut Neumeister**	
97+	*2022 Morillon Ried Moarfeitl Vulkanland Steiermark DAC G STK* · **Weingut Neumeister**	
97	*2022 Weißburgunder Ried Buch Vulkanland Steiermark DAC G STK* · **Weingut Frauwallner-Straden**	
97	*2021 Chardonnay Ried Schemming Vulkanland Stmk. DAC Eruption G Lage* · **Josef Scharl**	
97	*2021 Sauvignon Blanc Auron Ried Schemming Vulkanland Stmk. DAC Eruption G Lage* · **Josef Scharl**	
96+	*2021 Sauvignon Blanc Ried Kirchleiten Vulkanland Steiermark DAC G STK* · **Weingut Winkler-Hermaden**	
96	*2021 Gewürztraminer Ried Hochwarth Vulkanland Steiermark DAC Eruption G Lage* · **Weingut Müller**	
96	*2021 Pinot Noir Scharlemanje* · **Josef Scharl**	
96	*2021 Grauburgunder Ried Schlosskogel Vulkanland Steiermark DAC 1 STK* · **Weingut Winkler-Hermaden**	
95+	*2020 Grauburgunder Ried Hochstrandl Alte Reben Vulkanland Stmk. DAC Eruption G Lage* · **Weingut Krispel**	
95+	*2020 Sauvignon Blanc Ried Hochstrandl Alte Reben Vulkanland Stmk. DAC Eruption G Lage* · **Weingut Krispel**	
95	*2021 Gelber Traminer Ried Hochwarth Vulkanland Steiermark DAC* · **Weingut Frühwirth**	
95	*2022 Morillon Ried Rosenberg Vulkanland Steiermark DAC Eruption 1 Lage* · **Weingut Frühwirth**	
95	*2021 Chardonnay Ried Schemming Vulkanland Steiermark DAC Eruption G Lage* · **Weingut Daniel Pfeifer**	
95	*2021 Gewürztraminer Ried Hochwarth Fass 25 Vulkanland Steiermark DAC* · **Weingut Gießauf-Nell**	
94	*2021 Pinot Gris Reserve Sand & Kalk „R"* · **Herrenhof Lamprecht**	
94	*2020 Sauvignon Blanc Ried Oberberg Vulkanland Steiermark DAC* · **Weinhof Rauch**	

Vulkanland

Weinhof Fassold

Am Weinhof Fassold in Straden, mitten im Steirischen Vulkanland, wird alte Weinbautradition hochgehalten. Freude an der Arbeit, Ehrfurcht vor der Natur und sorgsamer Umgang mit dem Boden und den Rebstöcken sind für die Familie Voraussetzung für hohe Weinqualität. Ein optimales Klima mit fast 300 Sonnentagen sorgt zudem für perfekte Bedingungen. Die Weingärten liegen vorwiegend an Südhängen auf tiefgründigen Schwemmlandböden mit Vulkangestein-Ausläufern. Der Familienbetrieb besteht seit über vier Generationen, inzwischen wird er von Bernhard Fassold geführt. Er will authentische Gewächse mit Ausdruck keltern und setzt auf naturnahen Weinbau und vorwiegend Handarbeit am Rebstock. Besonders stolz ist er auf seinen Stradner Grauburgunder.

Foto: Werner Krug

Neusetz 27
8345 Straden
T 03473/71 144
M weinhof@fassold.at
www.fassold.at

Öffnungszeiten
Mo.–Sa. 9–12, 13–18, So., Fei. 9–12 und nach tel. Vereinbarung
Rebfläche
7 ha
Rebsorten
WR, PB, GM, CH, SB, PG, ZW, ME
Anbau
KIP
Verschlussart
DV

93 2022 Grauburgunder Ried Ziegel Vulkanland Steiermark DAC 14 %, €€
Kräftige Farbnoten, komplexe Aromatik, Kumquat, kandierte Orange und Mandeln, opulenter Wein, gelbfruchtig unterlegter Trinkfluss, zarter Gerbstoff im Abgang, feiner Schmelz im Finish, Papaya im Rückaroma.

93 2022 Sauvignon Blanc Ried Seindling Vulkanland Steiermark DAC 13,5 %, €€
Helle Farbe, nuanciertes Bukett, Pimentos, zarte Blütenanklänge und Passionsfrucht, körperreich, dicht und straffe Textur, Kumquat und Limettenzesten im Finish, gute Länge, Antipasti-Noten im Rückaroma.

92 2023 Grauburgunder Straden Vulkanland Steiermark DAC 13 %, €
Helle Farbe, nuanciertes Bukett, Mandeln, nussige Würze, kandierte Orange, stoffig, harmonischer Trinkfluss, fruchtiger Schmelz im Abgang, gute Länge.

92 2023 Sauvignon Blanc Vulkanland Steiermark DAC 12,5 %, €
Helle Farbe, ausgeprägte Nase, Mandarine, Nektarine, zart floral, Maracuja, stoffig, lebendige Textur, fruchtig-pikantes Finish, gute Länge.

91 2023 Gelber Muskateller Vulkanland Steiermark DAC 11,5 %, €
Helle Farbe, intensive Nase, zart florale Anklänge, Lemongrass, Verbene, stoffig, lebendige Struktur, fruchtiger Schmelz im Abgang.

91 2023 Weißburgunder Vulkanland Steiermark DAC 12 %, €
Helles Gelb, Klarapfel, Mandarine und Nektarine, stoffig, lebendige Textur, fruchtiger Abgang, gute Länge.

89+ 2023 Welschriesling Vulkanland Steiermark DAC 11,5 %, €
Helle Farbe, jugendliches Fruchtspiel, Apfel-Zitrus, Mandarine, stoffig, lebendiger Trinkfluss, fruchtiges Finish.

Weingut Frauwallner-Straden

Foto: Flor

Karbach 7
8345 Straden
T 03473/71 37
M weingut@frauwallner.com
www.frauwallner.com

Öffnungszeiten
Mo.–Sa. 10–12, 13–18
Rebfläche
30 ha
Rebsorten
WR, PB, SÄ, SB, BW, TR, CH, ZW, ME, PG
Anbau
KIP, konventionell, nachhaltig
Verschlussarten
NK, DV

Eingebettet in die vulkanisch geprägte Hügellandschaft rund um Straden, verarbeitet der Familienbetrieb 30 Hektar Rebflächen. Mit viel Engagement konnte er sich in den letzten Jahren als eines der führenden Weingüter der Region etablieren. Walter Frauwallner führt gemeinsam mit seiner Frau Petra den Familienbetrieb in dritter Generation. Die beiden sind vom Einfluss des Terroirs auf die Qualität der Weine überzeugt und verarbeiten ausschließlich Trauben aus dem Vulkanland Steiermark. Dabei fokussiert man Gewächse mit klarem Herkunftscharakter. Seit 2018 ist das Weingut auch Mitglied der Qualitätswinzervereinigung Steirische Terroir- und Klassikwinzer.

99 2022 Sauvignon Blanc Ried Buch Vulkanland Steiermark DAC G STK 13,5 %, FP, €€€
Jugendliche Farbe, vielschichtige, tiefe Aromen, Cassis, Melisse, Pimentos, zarte Blütenaromen, körperreich, dicht und straffe Struktur, pikantes, engmaschiges Finish, langer Nachhall, rosa Grapefruit im Rückaroma.

98+ 2021 Sauvignon Blanc Privat Vulkanland Steiermark DAC 13 %, €€€
Jugendliche Farbe, intensive Nase, komplex, tiefe Aromatik, Antipasti-Noten, Fenchel, Kapern, zart florale Anklänge, körperreich, dicht und engmaschige Textur, feinstes Tannin, sehr lang anhaltend, großes Potenzial.

97 2022 Weißburgunder Ried Buch Vulkanland Steiermark DAC G STK 13,5 %, FP, €€
Jugendliche Farbe, saftige, reife Frucht, Melone und Ingwer, rosa Grapefrut, fruchtiger Schmelz im Auftakt, harmonischer Trinkfluss, Zesten und Bitterorange im Abgang, feiner Gerbstoff, lang anhaltend.

96+ 2022 Morillon Ried Buch Vulkanland Steiermark DAC G STK 13,5 %, FP, €€€
Jugendliche Farbe, kandierte Orange, Apfelquitte, Bratapfel, Karamell, stoffiger Wein, balancierte, cremige Struktur, fruchtiger Schmelz und feiner Gerbstoff im Abgang, lang anhaltend, Kumquat im Rückaroma, Potenzial.

96 2022 Grauburgunder Ried Rosenberg Vulkanland Steiermark DAC 1 STK 14 %, €€€
Zart Messing, leicht rötlicher Stich, kandierte Orange, Kumquat, Mandeln, körperreich, dicht und harmonischer Trinkfluss, feines Tannin, langer fruchtiger Nachhall, Potenzial.

96 2022 Sauvignon Blanc Ried Rosenberg Vulkanland Steiermark DAC 1 STK 13 %, €€€
Helle Farbe, intensive, ausgeprägte Nase, Einlegegewürze, Paprika, zart florale Noten, stoffiger Wein, lebendiger Trinkfluss, engmaschiges Finish, gute Länge, Antipasti-Noten im Rückaroma.

HISTORISCHER WEIN

99 2019 Sauvignon Blanc Ried Buch Vulkanland Steiermark DAC G STK

Vulkanland

Weingut Frühwirth

Foto: Weingut Frühwirth

Deutsch Haseldorf 46
8493 Klöch
T 03475/23 38
M weingut@fruehwirth.at
www.fruehwirth.at

Öffnungszeiten
Mo.–Sa. 9–18, So. 9–12
Rebfläche
14 ha
Rebsorten
WR, PB, SB, GM, CH, SÄ, TR, GT, ZW, BF, ME
Anbau
KIP, konventionell, nachhaltig
Verschlussarten
NK, DV
Gastronomie
Buschenschank (März–Nov. Mi.–Sa. ab 16)

Die Familie Frühwirth sieht ihr Weingut als Betrieb zwischen Tradition und Moderne, zwischen profundem Handwerk und zeitgemäßer Technologie. Gemeinsam mit seiner Frau Lisa leitet Fritz Frühwirth das Weingut nun bereits in vierter Generation. Die Weingärten werden schonend und möglichst im Einklang mit der Natur bearbeitet. Die Auswahl der Rebsorten wird den Bedingungen der jeweiligen Lage angepasst. Fritz Frühwirth möchte unverwechselbare Weine produzieren, die im Keller möglichst ohne Eingriffe aufmerksam begleitet werden. Die wichtigste Sorte des Hauses ist der Gelbe Traminer, der jedes Jahr zu den besten des Vulkanlandes zählt. Zudem gibt es die für die Region typischen Rebsorten Sauvignon blanc und Morillon, die auch als Riedenweine vinifiziert werden und sich durch Herkunftscharakter auszeichnen sollen.

95 2019 Gelber Traminer Ried Hochwarth Vulkanland Steiermark DAC 13,5 %, €€€
Jugendliche Farbnoten, komplexe Aromatik, Litschi, Blütenhonig, Rosenholz, körperreich, dicht und engmaschige Struktur, feines Tannin, Kumquat und Zesten im Nachhall, lang anhaltend, Potenzial.

95 2021 Gelber Traminer Ried Hochwarth Vulkanland Steiermark DAC 13,5 %, €€€
Jugendliche Farbe, ausgeprägte, komplexe Nase, Physalis, Mango, Litschi, Eibisch, gehaltvoll, dicht und lebendiger Trinkfluss, fruchtiges Finish, feiner Gerbstoff und Kumquat im Nachhall, Potenzial.

95 2022 Morillon Ried Rosenberg Vulkanland Steiermark DAC Eruption 1 Lage 13,5 %, €€€
Helle Farbe, intensive, jugendliche Aromatik, kandierte Orange, exotische Noten, Kumquat, Vanille, stoffig, balancierte Textur, engmaschiges Finish, fruchtiger Nachhall, gute Länge, Potenzial.

94 2021 PB Ried Hochwarth Vulkanland Steiermark DAC 13,5 %, €€
Jugendliche Farbe, reife, gelbe Fruchtnoten, Melone, Apfel, Pfirsich, zarte Holzwürze, körperreich, gutes Frucht-Säure-Spiel, fruchtig-pikantes Finish, langer Nachhall, Potenzial.

94 2023 Gelber Traminer Klöch Vulkanland Steiermark DAC 13,5 %, €€
Helle Farbe, ausgeprägtes Fruchtspiel, reife Nektarine und Pfirsich, Mango, zarte florale Noten, körperreich, dicht und balancierte Textur, feiner Gerbstoff im Abgang, fruchtiger Schmelz und Physalis im Finish, Potenzial.

94 2023 SB Ried Kratzer Vulkanland Steiermark DAC 13,5 %, €€
Helle Farbnoten, jugendlich, intensive Nase, florale Noten, Steinobst, Paprika, Kapern, Mandarine, stoffig, lebendige Struktur, fruchtig-pikantes Finish, Kumquat und Kräuter im Nachhall.

93+ 2023 Gewürztraminer Extrem Auslese 13 %, €€
(lieblich) Kräftige Farbe, nuanciertes Bukett, Blütenhonig, florale Anklänge, Litschi, gehaltvoll, dicht und straffe Textur, fruchtsüßer Abgang, langer Nachhall, Potenzial.

Weingut Gießauf-Nell

8493 Klöch 63
T 03475/72 65
M giessaufnell@gmail.com
www.giessauf-nell.at

Öffnungszeiten
Mitte Feb.–Ende Nov.:
Fr.–Di. ab 14 (Mi., Do. Ru.)
Rebfläche
6 ha
Rebsorten
TR, GT, WR, CH, GM, SB,
SÄ, ZW, MC, PB
Anbau
konventionell
Verschlussart
DV
Gastronomie
Buschenschank
Sonstiges
Übernachtungsmöglichkeit

Das Weingut liegt unmittelbar hinter dem Ortszentrum von Klöch, wo sich der Hochwarth erhebt, ein sanft geschwungener Hügel, auf dem sich die besten Weinlagen der Region befinden. Erzeugt wird eine große Vielfalt an Weißweinen mit hoher Sortencharakteristik: vom Welschriesling bis zum Klöcher Traminer – alle sind geprägt vom Terroir der einzigartigen Böden des Vulkanlands. Durch konsequente Selektion versucht man, Weine von höchster Qualität zu produzieren, wobei dem Traminer ein besonderer Platz eingeräumt wird: Sowohl der Gewürztraminer als auch der Gelbe Traminer zählen zu den Paradeweinen des Betriebs.

95 2021 Gewürztraminer Ried Hochwarth Fass 25 Vulkanland Steiermark DAC 13 %, €€€
Helle Farbe, intensive Aromatik, Eibisch, Physalis, kandierte Orange, Mango, Vanille, kräftiger Wein, dicht und straffe Struktur, engmaschiges Finish, feinster Gerbstoff, Kumquat und Lebkuchen im Rückaroma, Potenzial.

94+ 2022 Gewürztraminer Trockenbeerenauslese 11,5 %, €€
Goldgelb, nuanciertes Bukett, kandierte Mandeln und Mango, Blütenhonig, zart florale Noten, druckvoller Wein, balancierte Struktur, feiner Gerbstoff mit harmonischem, süßem Fruchtschmelz im Abgang, Potenzial.

93+ 2023 Gewürztraminer SensatioNell Simon Spätlese 12 %, €€
(lieblich) Jugendliche Farbe, Blütenhonig, Mango, Zesten, Marzipan, kräftig, balancierte Textur, fruchtiger Schmelz, gut verwobene Restsüße, lang anhaltend, Potenzial.

93 2023 Gelber Traminer Ried Röhrl Vulkanland Steiermark DAC 12,5 %, €€
Helle Farbe, vielschichtige Nase, Physalis, kandierte Mandeln und Orange, kräftig, animierender Trinkfluss, feiner Gerbstoff und fruchtiger Schmelz im Abgang, langer Nachhall.

92+ 2023 Gelber Traminer Klöch Vulkanland Steiermark DAC 12,5 %, €€
(htr.) Helle Farbe, jugendliches Fruchtspiel, kandierte Orange, gelbes Steinobst, Blütenhonig, kräftiger Wein, balancierter Trinkfluss, fein verwobene Restsüße im Abgang, gute Länge.

92+ 2023 Gewürztraminer Selection Klöch Vulkanland Steiermark DAC 13 %, €€
(htr.) Helles Gelb, nuanciertes Bukett, Rosenholz, Zesten, Mango, Marzipan, körperreich, dicht, balancierter Trinkfluss, fruchtiger Schmelz im Finish, lang anhaltend.

Vulkanland

Herrenhof Lamprecht

Foto: Bernhard Bergmann

Pöllau 43
8311 Markt Hartmannsdorf
T 0699/17 14 96 89
M order@herrenhof.net
www.herrenhof.net
www.buchertberg.com

Öffnungszeiten
Mo.–Sa. 9–12, 13–18,
So. nach Vereinbarung
Rebfläche
11 ha
Flaschenanzahl
45.000
Rebsorten
PB, FU, SB, GE, PG, PN, BF
Anbau
organisch-biologisch
Verschlussart
DV

Gottfried Lamprecht hat den Traditionsbetrieb, den sein Urgroßvater 1913 erworben hat, wieder zu neuem Leben erweckt. Er reaktivierte die inzwischen gerodeten Rebflächen und eröffnete 2006 das neue Weingut. Dabei besinnt er sich auf biologische Wirtschaftsweise sowie traditionelle handwerkliche Vinifikation und legt auch großen Wert auf Handarbeit in den Weingärten. Schon der Basiswein, der Weißburgunder „Sand & Kalk", wird wie früher im 300- und 600-Liter-Holzfass spontan vergoren. Das Holz für die Hälfte seiner Fässer kommt dabei aus dem eigenen Wald. Neben anderen alten, vergessenen Sorten, aus denen er einen herausragenden Gemischten Satz vinifiziert, pflanzte er auch einen Furmint aus und ist damit der Einzige, der diese alte Rebsorte in der Steiermark wieder kultiviert. Beim Rotwein konzentriert er sich auf Blaufränkisch und Pinot noir. Kompromisslos versucht der Winzer, seinen Gewächsen höchstmögliche Herkunftstypizität zu verleihen.

94 2021 Pinot Gris Reserve Sand & Kalk „R" 13,5 %, €€€
Zart orange Anklänge, leicht rötlicher Farbstich, Marzipan, nussige Würze, Grapefruit, Zesten, körperreich, dicht und straffe Struktur, engmaschiger Trinkfluss, feiner Gerbstoff, Kumquat und Nektarine im Rückaroma, Potenzial.

93 2022 Furmint vom Sandstein 12 %, €€
Helle Farbe, Grapefruit, Limette, Mandarine, stoffig, straff, lebendige Struktur, engmaschiges Finish, lang anhaltend, Zitrus im Rückaroma, gute Entwicklung im Glas.

93 2022 Weißburgunder Sand & Kalk 12,5 %, €€
Jugendliche Farbe, ausgeprägte Frucht, Physalis, Apfelquitte, Grapefruit, leicht kandierte Noten, stoffig, dicht und balanciert, feiner Gerbstoff und fruchtiger Schmelz im Abgang, lang anhaltend.

92+ 2021 Gemischter Satz Buchertberg® Weiß 12,5 %, €€
Jugendliche Farbnoten, vielschichtige Nase, Nashi-Birne, kandierte Orange, Limette, Steinobst, stoffig, dicht und straffe Struktur, pikantes Tannin und Frucht im Abgang, langer Nachhall.

92 2021 Blaufränkisch Buchertberg® Rot 13 %, €€
Jugendliche Farbe, ausgeprägte Nase, Brombeere, leicht animalische Noten, zarte Würze, stoffig, markantes Frucht-Säure-Spiel, pikanter Gerbstoff und Limette im Rückaroma, gute Länge.

92 2022 Pinot Noir Rosé 12,5 %, €€
Kräftige, leicht gereifte Rosé-Farbe, Weichsel, Orange, stoffig, lebendige Struktur, präsentes Säurespiel, zarter Gerbstoff im Finish, fruchtig-würziger Nachhall, gute Länge.

HISTORISCHER WEIN

94 2021 Furmint vom Sandstein

Vulkanland

Weingut Krispel

Foto: Christian Rogl

Neusetz 29
8345 Hof bei Straden
T 03473/78 162
M office@krispel.at
www.krispel.at

Öffnungszeiten
siehe Website
Rebfläche
34 ha + Zukauf
Rebsorten
WR, PB, PG, CH, SB, GM, PN, CS
Anbau
KIP, konventionell, biodynamisch, nachhaltig
Verschlussarten
NK, DI, GL, DV
Gastronomie
Restaurant, Feinkostladen „KostBar", Genusstheater
Sonstiges
Übernachtungsmöglichkeit

Das Weingut Krispel steht für kontinuierlich hohe Qualität und bewirtschaftet 34 Hektar Rebflächen rund um Straden. Der Schwerpunkt liegt dabei auf den typischen steirischen Weißweinsorten. Die Böden bestehen aus Basalt und, nachdem die Region einst unter dem Meeresspiegel lag, aus Sand und Muschelkalk. Auch der Mix aus illyrischem und pannonischem Klima mit vielen Sonnenstunden bietet beste Bedingungen für charakteristische Weine. Die achtsame Arbeit des Winzers sorgt dafür, dass diese Komponenten im Wein abgebildet werden: leicht, fruchtig die Gebietsweine, strukturierter und mit feiner Würze die Ortsweine und schließlich mineralisch, langlebig die Riedenweine.

95+ 2020 Graubrurgunder Ried Hochstrandl Alte Reben Vulkanland Steiermark DAC Eruption G Lage 13%, €€€
Kräftige Farbe, leicht rötlich-kupferne Farbtöne, vielschichtiges Bukett, nussige Würze, Marzipan, kandierte Orange und Birne, kräftig, dicht, balancierter Trinkfluss, feiner Gerbstoff, Mandeln und Nashi-Birne im Nachhall, Potenzial.

95+ 2020 Sauvignon Blanc Ried Hochstrandl Alte Reben Vulkanland Steiermark DAC Eruption G Lage 12%, €€€
Jugendliche Farbe, komplexe Nase, Steinobst, Mandarine, Antipasti-Noten, Paprika, zart florale Noten, stoffig, dicht und gut stützende Säure, Quitte und Kumquat im Finish, lang anhaltend, Pimentos und Grapefruit im Rückaroma, Potenzial.

95 2020 Weißburgunder Ried Neusetzberg Vulkanland Steiermark DAC Eruption 1 Lage 13%, €€€
Jugendliche Farbe, intensive, komplexe Nase, zarte Reduktionsnoten, gewinnt mit Luft gelben Apfel, kandierte Orange, Physalis, stoffig, straff, gut stützende Säure, Grapefruit und Mandarine im Rückaroma, sehr lang anhaltend.

94+ N. V. B 1 12,5%, €€€
(PG/SB/PB, Basaltfass) Helles Goldgelb, Apfelmus, Mandeln, nussige Würze, Antipasti-Noten, kräftiger Wein, jugendlicher Trinkfluss, kandierte Orange und Birne im Nachhall, lang anhaltend, individueller Weinstil.

94 2021 Graubrurgunder Ried Neusetzberg Vulkanland Steiermark DAC 13,5%, €€€
Kräftige Farbnoten, nuancierte Nase, kandierte Orange und Birne, gelber Pfirsich, Mandeln, körperreich, dicht und straffe Struktur, feines Tannin, lang anhaltend, Marzipan und Mandarine im Nachhall, gute Länge.

94 2022 Sauvignon Blanc Ried Neusetzberg Vulkanland Steiermark DAC Eruption 1 Lage 13%, €€€
Helle Farbe, einladendes Bukett, Grapefruit, Steinobst, Antipasti-Noten, Paprika, kräftiger Wein, dicht und balancierte Textur, feiner Gerbstoff und Frucht im Abgang, langer Nachhall, Potenzial.

HISTORISCHER WEIN

94 2018 Sauvignon Blanc Ried Hochstrandl Vulkanland Steiermark DAC

Vulkanland

Weingut Müller

Seit 1973 fühlt sich die Winzerfamilie Müller in Klöch dem Weinbau verpflichtet. Mittlerweile führt Stefan Müller den Betrieb. Mit Fingerspitzengefühl betreibt er das Weinhandwerk und setzt dabei zunehmend auf eine elegante Stilistik. Auf den Rieden Hochwarth und Seindl gedeihen die Rebstöcke der Familie. Vor Millionen von Jahren hat hier ein Vulkan gebrodelt, dem es zu verdanken ist, dass der Boden reich an wertvollen Mineralstoffen ist. Sorgfältige Bewirtschaftung und respektvoller Umgang mit der Natur sollen den Grundstein für authentische und herkunftsgeprägte Weine bilden.

Foto: Weingut Müller

8493 Klöch 51
T 03475/71 60
M mail@weingut-mueller.at
www.weingut-mueller.at

Öffnungszeiten
Mo.–Sa. 10–18
Rebfläche
17 ha
Flaschenanzahl
70.000
Rebsorten
WR, SÄ, RI, PB, CH, GM, SB, TR, GT, ZW
Anbau
KIP, konventionell, nachhaltig
Verschlussarten
NK, DI, DV
Gastronomie
Vinothek
Sonstiges
Übernachtungsmöglichkeit

96 2021 Gewürztraminer Ried Hochwarth Vulkanland Steiermark DAC Eruption G Lage 14,5 %, €€€
Jugendliche Farbe, vielschichtige Aromatik, kandierte Orange, Litschi und Mango, Gewürznelke, Rosenholz, körperreich, engmaschige Textur, feiner Gerbstoff, nussige Würze und Kumquat im Finish, sehr lang anhaltend, Potenzial.

95 2021 Gelber Traminer Ried Seindl Vulkanland Steiermark DAC Eruption 1 Lage 14,5 %, €€€
Helles Gelb, vielschichtiges Bukett, kandierte Orange, Physalis, Rosenholz, körperreich, dicht und straffe Textur, fruchtig-pikantes Finish, Zesten und Kumquat im Nachhall, sehr lang anhaltend.

94 2021 Chardonnay Ried Seindl Vulkanland Steiermark DAC Eruption 1 Lage 13,5 %, €€€
Helle Farbe, vielschichtiges Bukett, Mandarine, kandierte Orange, Bratapfel, kräftiger Wein, engmaschige, lebendige Struktur, feiner Gerbstoff, langer fruchtiger Nachhall, Kumquat im Finish.

94 2021 Sauvignon Blanc Ried Seindl Vulkanland Steiermark DAC Eruption 1 Lage 13,5 %, €€€
Helles Gelb, komplexe Aromatik, Pimentos, Physalis, zart florale Noten, Kapern, körperreich, lebendiger Trinkfluss, feines Tannin, Apfelquitte und Kräuter im Nachhall.

94 2023 Gewürztraminer Klöch Vulkanland Steiermark DAC 14,5 %, €€
(htr.) Jugendliche Farbe, einladendes Bukett, gelbe, reife Frucht, Mango und Litschi, Eibisch, opulenter Auftakt, dicht und straffe Textur, pikanter Gerbstoff und nussige Würze im Finish, Physalis im Rückaroma, lang anhaltend.

93+ 2022 Riesling Ried Seindl Vulkanland Steiermark DAC Eruption 1 Lage 13 %, €€€
Helle Farbe, ausgeprägte Aromatik, gelber Pfirsich, kandierte Ananas, gehaltvoll, dicht und straffe Textur, gut stützende Säure, fruchtiges Finish, Nektarine und rosa Grapefruit im Nachhall.

92 2022 Weißburgunder Klöch Vulkanland Steiermark DAC 14 %, €€
Helle Farbe, einladende gelbe Fruchtnoten, Apfel, Mandarine, kandierte Orange, körperreich, balancierte Textur, fruchtiger Schmelz und Pikanz im Abgang, gute Länge.

Vulkanland

Weingut Neumeister

Christoph Neumeister führt in dritter Generation das renommierte Weingut. Die seit 2013 biologisch bewirtschafteten, steilen und anspruchsvollen Weingärten wurzeln in kargen, kalkhaltigen Sedimentböden und Sarmatschotter. Das illyrisch-pannonische Klima mit hohen Niederschlägen ist risikoreich und erfordert viel Handarbeit, erlaubt aber eine späte Lese der wenigen, jedoch besonders aromatischen Trauben. Im Keller setzt man auf schonenden und langsamen Ausbau mit ausgedehnten Maischestandzeiten, spontane Vergärung, lange Hefekontaktzeiten und eine späte Flaschenfüllung. Daraus entstehen animierende, komplexe und tiefgründige Weine, die von innerer Ruhe gezeichnet und klarer Herkunft geprägt sind.

Foto: Neumeister

Kronnersdorf 147
8345 Straden
T 03473/83 08
M weingut@neumeister.cc
www.neumeister.cc

Öffnungszeiten
Mo.–Sa. 11–18
Rebfläche
30 ha
Rebsorten
SB, GM, PB, PG, CH, TR, ZW, PN, GE
Anbau
organisch-biologisch
Verschlussarten
NK, DV
Gastronomie
Restaurant „Saziani"
Sonstiges
Übernachtungsmöglichkeit

99 2021 SB Alte Reben Vulkanland Steiermark DAC 13,5 %, €€€
Jugendliche Farbnoten, vielschichtige Aromen, Antipasti-Noten, Verbene, Pimentos, rosa Grapefruit, stoffig, dicht und elegante Struktur, engmaschiges, feines Tannin, mineralisches Finish, langer Nachhall, Cassis und Kräuter im Rückaroma, Potenzial.

98 2022 Sauvignon Blanc Ried Moarfeitl Vulkanland Steiermark DAC G STK 13 %, €€€
Jugendliche Farbe, vielschichtige, tiefe Aromatik, kandierte Orange, Holunderblüte, Limette, saftig, harmonische Struktur, lebendiger Trinkfluss, elegantes Finish, langer Nachhall, Pimentos und rosa Grapefruit im Rückaroma.

97+ 2022 Morillon Ried Moarfeitl Vulkanland Steiermark DAC G STK 13 %, €€€
Jugendliche Farbe, komplexe Aromatik, Birnenquitte, Kumquat, Grapefruit, körperreich, dicht und lebendiger Trinkfluss, feines Tannin im Finish, lang anhaltend, Limette und nussige Würze im Rückaroma.

96 2022 PG Ried Saziani Vulkanland Steiermark DAC G STK 13,5 %, €€€
Helles Goldgelb, leicht rötliche Noten, Kumquat, Grapefruit, straff, dicht und engmaschig, lebendige Struktur, feiner Gerbstoff, seidiges Finish, langer Nachhall, fruchtiges Rückaroma, Potenzial.

96 2022 Roter Traminer Ried Steintal Vulkanland Steiermark DAC 1 STK 13 %, €€€
Helles Goldgelb, dezentes Bukett, gelbe Frucht, Pfirsich, Mango, Mandeln, körperreich, dicht und lang anhaltend, Blüten und Rosenholz im Rückaroma.

96 2022 Sauvignon Blanc Ried Klausen Vulkanland Steiermark DAC 1 STK 13 %, €€€
Jugendliche Farbe, intensive Nase, Antipasti-Noten, Einlegegewürze, Verbene, straff, lebendiger Trinkfluss, engmaschiges Finish, pikanter Nachhall, gute Länge.

95 2022 Weißburgunder Ried Klausen Vulkanland Steiermark DAC 1 STK 13 %, FP, €€€
Helle Farbe, intensive Nase, Grapefruit, grüner Apfel, Mandarine, körperreich, lebendige Struktur, feines Tannin, lang anhaltend, Grapefruit im Nachhall.

Vulkanland

Weingut Daniel Pfeifer

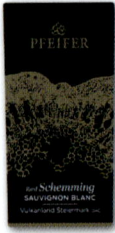

Daniel Pfeifer führt den Familienbetrieb mit viel Engagement. Er bewirtschaftet 10 Hektar, die möglichst naturnah und nachhaltig, ohne Herbizide oder Insektizide bewirtschaftet werden. Dabei setzt der junge Winzer auf „kontrolliertes Nichtstuns", das bedeutet: laufende Kontrolle in Weingarten und Keller, Interventionen aber nur im Notfall, um den Charakter der Weine zu erhalten und die Typizität des jeweiligen Terroirs zum Ausdruck zu bringen. Das Mikroklima in St. Anna gilt als vergleichsweise kühl. Die Böden sind geprägt von Lehm, Meeressedimenten (Kalk) und Vulkangestein (Basalt). Die Ried Schemming, wo sich auch das Weingut befindet, gilt als eine der spannendsten Lagen der Region. Sandstein und kalkige Meeressedimente des Urmeeres treffen auf die vulkanischen Böden vom Stradener Kogel.

Foto: The Flow/Alex Koch

Plesch 43a
8354 St. Anna am Aigen
T 03158/290 18
M office@pfeifer-weingut.at
www.pfeifer-weingut.at

Öffnungszeiten
März–Nov. Di.–Sa. 10–12, 14–18,
April–Ende Okt. auch So. 10–12
Rebfläche
10 ha
Flaschenanzahl
40.000
Rebsorten
WR, PB, MO, SÄ, GM, SB, ZW, ME, RO, CS, CB, MC
Anbau
KIP, konventionell, nachhaltig
Verschlussarten
NK, DI, DV
Sonstiges
Übernachtungsmöglichkeit

95 2021 Chardonnay Ried Schemming Vulkanland Steiermark DAC Eruption G Lage 13,5 %, €€€
Helles Gelb, ausgeprägte, komplexe Nase, Mandarine, Kumquat, gelber Pfirsich, zarte Holzwürze, körperreich, dicht und harmonische Struktur, feines Tannin, fruchtiger Nachhall, Potenzial.

94+ 2021 Sauvignon Blanc Ried Schemming Vulkanland Steiermark DAC Eruption G Lage 13,5 %, €€€
Helle Farbe, vielschichtige Aromatik, zarte Blütenanklänge, Paprika, Kapern, Gewürznelke, körperreich, dicht, lebendiger Trinkfluss, fruchtig-pikantes Finish, Steinobst im langen Nachhall.

94 2021 Weißburgunder Ried Schemming Vulkanland Steiermark DAC Eruption G Lage 13 %, €€
Helles Gelb, vielschichtige Fruchtnoten, gelber Apfel, Kumquat, Mandarine, körperreich, dicht und lebendiger Trinkfluss, Mandeln und Physalis im Finish, lang anhaltend.

93+ 2022 Sauvignon Blanc Ried Schemming Vulkanland Steiermark DAC Eruption G Lage 13,5 %, €€€
Helles Gelb, ausgeprägtes Bukett, florale Noten, Passionsfrucht, kandierte Orange, gehaltvoll, dicht, harmonischer Trinkfluss, Cassis und Mandarine im Nachhall.

93+ 2022 Weißburgunder Ried Schemming Vulkanland Steiermark DAC Eruption G Lage 13,5 %, €€€
Helle Farbe, jugendliches Fruchtspiel, gelber Apfel, Steinobst, kandierte Orange, stoffig, balancierte Textur, fruchtiger Schmelz im Abgang, langer Nachhall.

93 2022 Chardonnay St. Anna Vulkanland Steiermark DAC 13 %, €€
Helle Farbnoten, ausgeprägte Frucht, Kumquat, kandierte Orange, Mandeln, Apfel, balancierte Struktur, engmaschige Textur, fruchtiges Finish, sehr lang anhaltend.

92+ 2022 PB St. Anna Vulkanland Steiermark DAC 13 %, €€
Helle Farbe, intensive Fruchtnoten, gelber Apfel, Kumquat, Zesten, gehaltvoll, lebendiger Trinkfluss, fruchtiger Schmelz im Abgang, gute Länge.

Vulkanland

Weinhof Rauch

Die Familie Rauch setzt in allen Belangen auf Bodenständigkeit: Dazu gehören naturnaher Weinbau und die Besinnung auf traditionelle Werte, aber auch die nachhaltige Bewirtschaftung des Betriebs. Dabei kann sie aus der Erfahrung dreier Winzergenerationen schöpfen. Die besonderen klimatischen Voraussetzungen im Ottersbachtal begünstigen neben dem Engagement der Familie die Qualität der Weine. Das Ergebnis sind Gewächse mit Sortentypizität, natürlich ausgewogener Säure und Frucht und enormer Struktur.

94 2020 Sauvignon Blanc Ried Oberberg Vulkanland Steiermark DAC 14 %, €€
Helle Farbe, vielschichtige Aromatik, kandierte Orange, Maracuja, Holunderblüte, gehaltvoll, dicht und balancierte Textur, fruchtiger Schmelz im Abgang, langer Nachhall.

94 2022 Ried Oberberg Vulkanland Steiermark DAC 14 %, €€
(CH/SB) Helle Farbe, ausgeprägtes Bukett, Limette, Verbene, Lemongrass, zarte Würze, stoffig, dicht, lebendiger Trinkfluss, engmaschiges Finish, feiner Gerbstoff und lang anhaltend, Potenzial.

93+ 2020 Weißburgunder Ried Kalvarienberg Vulkanland Steiermark DAC 14,5 %, €€
Helle Farbe, nuanciertes Bukett, kandierte Orange, Grapefruit, zart würzig, straff, dicht und gut stützende Säure, feiner Gerbstoff im Abgang, langer Nachhall, Kumquat im Rückaroma.

93 2021 Weißburgunder St. Peter Vulkanland Steiermark DAC 13,5 %, €€
Helle Farbe, nuanciertes Bukett, Grapefruit, grüner Apfel, Kumquat, körperreich, dicht und gut stützende Säure, pikantes Finish, Physalis und gelber Apfel im Nachhall.

92+ 2021 Sauvignon Blanc St. Peter Vulkanland Steiermark DAC 13,5 %, €€
Helle Farbe, ausgeprägte Fruchtnoten, Maracuja, Nektarine, zarte Kräuternoten, gehaltvoll, balancierte Struktur, engmaschiges Finish, Holunderblüte und Steinobst im Nachhall, gute Länge, zarter Schmelz im Finish.

91+ 2023 Weißburgunder Vulkanland Steiermark DAC 12,5 %, €
Blassgelb, zarte Fruchtnoten, Apfel, Mandarine, stoffig, balancierter Trinkfluss, zarter Schmelz, gute Länge.

91 2023 Sauvignon Blanc Vulkanland Steiermark DAC 13 %, €€
Blassgelb, nuanciertes Bukett, Steinobst, Einlegegewürze, Kräuteranklänge, stoffig, balancierter Trinkfluss, fruchtig-pikanter Abgang.

Foto: Weinhof Rauch

Perbersdorf 30
8093 St. Peter am Ottersbach
T 0664/280 84 37
M rauch@weinhof-rauch.at
www.weinhof-rauch.at

Öffnungszeiten
nach Vereinbarung
Rebfläche
10 ha
Rebsorten
WR, PB, MO, SÄ, MU, ZW, BB, SB
Anbau
KIP, konventionell, nachhaltig
Verschlussarten
NK, DV
Sonstiges
Übernachtungsmöglichkeit

Vulkanland

Weinhof Reichmann

In Khünegg, hoch oben auf einem Hügel in der Nähe von St. Peter am Ottersbach, thront das Weingut Reichmann. Stefan und Christine Reichmann bewirtschaften gemeinsam mit den Eltern Eduard und Helga den Traditionsbetrieb, der das erste Mal in der Josephinischen Landesaufnahme von 1787 Erwähnung fand. Mit viel Engagement werden sowohl fruchtig-frische als auch kräftig-vollmundige Weiß- und Rotweine vinifiziert. Die wichtigsten Rebsorten sind weiße Burgundersorten, Sauvignon blanc und Zweigelt.

93+ 2021 Weißburgunder Ried Oberberg Vulkanland Steiermark DAC 13,2 %, €€
Jugendliche Farbe, Kumquat, gelber Apfel, kandierte Orange, körperreich, dicht und balancierte Struktur, pikanter Gerbstoff im Finish, langer Nachhall.

92 2022 Chardonnay Sankt Peter Vulkanland Steiermark DAC 12,9 %, €€
Jugendliche Farbe, kandierte Orange, Melone, körperreich, lebendig-balancierter Trinkfluss, fruchtiger Schmelz im Abgang, lang anhaltend.

92 2023 Pinot Gris 13,2 %, €
Kräftige Farbe, saftige Fruchtnoten, Melone, Zesten, kandierte Orange, körperreich, balancierte Struktur, fruchtiges Finish, gute Länge.

92 2023 Sauvignon Blanc Vulkanland Steiermark DAC 12,8 %, €
Helle Farbe, florale Noten, Gewürznelke, Mandarine, stoffig, lebendiger Trinkfluss, pikantes Finish, Pimentos im Nachhall.

91+ Jahrgangscuvée Pur Pur 13,7 %, €€
(ZW) Dunkler Farbkern, gereifter Rand, Kirsche, Cranberry, Gewürznelke, körperreich, feiner Gerbstoff, gute Länge.

91 2023 Weißburgunder Vulkanland Steiermark DAC 12,6 %, €
Helle Farbe, zartes Fruchtspiel, Klarapfel, Physalis, Mandarine, kräftig, lebendiger Trinkfluss, fruchtiger Schmelz im Nachhall.

Khünegg 54
8093 St. Peter am Ottersbach
T 0664/423 01 16
M wein@reichmann.st
www.reichmann.st

Öffnungszeiten
Mo.–Sa. 9–12, 13–18 nach tel. Vereinbarung
Rebfläche
7 ha
Rebsorten
WR, PB, CH, PG, SÄ, SB, ZW
Anbau
KIP, konventionell, nachhaltig
Verschlussart
DV
Sonstiges
Übernachtungsmöglichkeit

Josef Scharl – Charakterweine

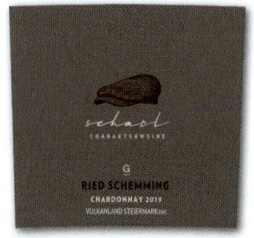

Foto: Sophie Kirchner

Plesch 1
8354 St. Anna am Aigen
T 03158/23 14
M josef@weinhof-scharl.at
www.weinhof-scharl.at

Öffnungszeiten
Mo.–Fr. 8–17, Sa. 10–13
(außerhalb der Buschenschank-
öffnungszeiten)
Rebfläche
23 ha
Rebsorten
WR, PB, CH, SÄ, SB, MU, MC,
CB, SG, TR, ZW, BW, SO, PN
Anbau
KIP, konventionell, nachhaltig
Verschlussarten
NK, DI, DV
Gastronomie
Buschenschank, Vinothek
Sonstiges
Übernachtungsmöglichkeit

Weinmachen hat für Josef Scharl etwas Eigensinn zu tun: machen, was man selbst für richtig hält, sich nicht verbiegen, einen eigenen Kopf haben. So sind auch seine Weine Ausdruck seines Charakters. Die Art, wie er Wein macht, ist eng mit der Region verbunden. Auch wenn er nach Frankreich reiste, um dort seinen Idolen beim Arbeiten zuzusehen, kehrte er wieder heim nach St. Anna am Aigen. Hier ist die Luft feucht, die Nächte sind kühl, dazu der karge vulkanische Boden. All das soll man in den Weinen schmecken. Der Winzer lebt für diesen Ort, seine Familie, für Schaumwein und Pinot noir. Natürlich mag er auch alle anderen Rebsorten in seinen Weingärten, aber auf Pinot liegt sein Fokus. Das Markenzeichen des Winzers ist die Baskenmütze, die auch die Flaschenetiketten ziert.

97 2021 CH Ried Schemming Vulkanland Steiermark DAC Eruption G Lage 13 %, €€€
Jugendliche Farbe, intensive Aromatik, kandierte Orange, Bratapfel, zarte Holzwürze, leicht nussige Noten, Physalis, kräftig, straff, engmaschige Struktur, präzises, zarte mineralisches Finish, sehr lang anhaltend, straff, langer Nachhall, Potenzial.

97 2021 Sauvignon Blanc Auron Ried Schemming Vulkanland Steiermark DAC Eruption G Lage 13 %, €€€
Helle Farbe, komplexe Aromatik, florale Noten, Kapern, Antipasti-Noten, Cassis, stoffig, engmaschige Struktur, feinster Gerbstoff, präzises Finish, Holunderblüte und Zitronenmelisse im Nachhall, Riesenpotenzial.

96 2017 SB „Der Mann im Mond" Ried Annaberg Reserve 13 %, €€€
Kräftige Farbe, intensive, vielschichtige Aromatik, Pimentos, Limette, zart floral, nuanciertes Bukett, pikanter, feiner Gerbstoff, lang anhaltend, zarte Würze im Rückaroma, Melisse im Nachhall.

96 2021 Pinot Noir Scharlemanje 12,5 %, €€€
Jugendliche, transparente Farbe, vielschichtige Aromatik, intensive Kornelkirsche, Verbene, florale Noten, stoffig, lebendig, elegante Struktur, pikantes Finish, sehr langer Nachhall, Potenzial.

95+ 2021 Chardonnay Ried Annaberg Vulkanland Steiermark DAC Eruption 1 Lage 13 %, €€€
Jugendliche Farbe, intensive, komplexe Nase, kandierte Orange, Lebkuchen, straff, dicht, engmaschige Textur, feiner Gerbstoff, fruchtig-pikanter Nachhall, Limette und Physalis im Rückaroma.

94+ 2021 Pinot Noir Klassik 12,5 %, €€€
Jugendlich, transparente Farbe, einladende dunkelbeerige Frucht, Weichsel, Erdbeere, straff, engmaschige Textur, fruchtig-pikanter Abgang, zarter Gerbstoff, lang anhaltend.

94+ 2021 Weißburgunder Ried Annaberg Vulkanland Steiermark DAC Eruption 1 Lage 12,5 %, €€€
Jugendliche Farbe, nuanciertes Bukett, Kumquat, kandierte Orange, Limette, Grapefruit, kräftig, dicht, straffe Struktur, feiner Gerbstoff, lang anhaltend, Physalis im Rückaroma, Potenzial.

Vulkanland

Weingut Winkler-Hermaden

Foto: Marco Stix

Schloss Kapfenstein 106
8353 Kapfenstein
T 03157/23 22
M weingut@winkler-hermaden.at
www.winkler-hermaden.at

Öffnungszeiten
Mo.–Sa. 10–12, 13–18
Rebfläche
37 ha
Flaschenanzahl
200.000
Rebsorten
WR, PB, CH, SB, RI, PG, GT, TR, ZW, PN, CS, ME, SL, RO, MC, SO
Anbau
KIP, organisch-biologisch, nachhaltig, seit 2023 biologisch-regenerativ
Verschlussarten
GL, DV
Gastronomie
Restaurant, Vinothek
Sonstiges
Übernachtungsmöglichkeit

Mitten im Vulkanland betreibt die Familie Winkler-Hermaden seit 1918 ihren Familienbetrieb. Vor über zehn Jahren wurden die 37 Hektar Weingärten bereits auf biologisch-organische Bewirtschaftung umgestellt, seit 2023 auch bio-regenerativ. Biologischer Ackerbau und Holzfässer aus eigener Eiche sollen den ganzheitlichen ökologischen Gedanken unterstützen. Die Söhne Christof, Thomas und Wolfgang betreiben das Weingut gemeinsam mit ihrem Vater – dabei setzen sie durchaus neue Akzente, um ausdrucksstarke und langlebige Weine zu schaffen. Ihr Fokus liegt dabei auf Mineralität und Komplexität. Neben den klassischen Rebsorten wie Sauvignon blanc, Traminer und dem Blauen Zweigelt Olivin werden inzwischen auch pilzwiderstandsfähige Rebsorten wie etwa Muscaris und Souvignier gris kultiviert.

96+ 2021 Sauvignon Blanc Ried Kirchleiten Vulkanland Steiermark DAC G STK 13,5 %, FP, €€€
Jugendliche Farbe, intensive, vielschichtige Nase, Kumquat, Grapefruit, Lemongrass, florale Noten, zarte Würze, kräftiger Wein, dicht und eleganter Stil, balancierte Textur, fruchtiger Schmelz im Abgang, langer Nachhall, Potenzial.

96 2021 Grauburgunder Ried Schlosskogel Vulkanland Steiermark DAC 1 STK 13,6 %, €€€
Helles Goldgelb, nuanciertes Bukett, kandierte Orange, rauchige Noten, Melone, Ingwer, Bratapfel, Kumquat, straff, gehaltvoll, weiche Textur, feiner Gerbstoff, langer Nachhall, Potenzial.

95+ 2021 CH Ried Rosenleiten Vulkanland Stmk. DAC 1 STK 13,1 %, €€€
Jugendliche Farbe, Grapefruit, Mandarine, Kumquat, leicht kandierte Orange, lebendige Textur, harmonischer Trinkfluss, engmaschiges Finish, lang anhaltend.

95 2021 SB Ried Hochwarth Vulkanland Stmk. DAC 14 %, FP, €€€
Kräftige Farbe, reife gelbe Frucht, Kräuter, zarte Feuerstein-Anklänge, gehaltvoll, lebendiger Trinkfluss, engmaschiges Finish, lang anhaltend, dunkle Würze, pikanter Nachhall, Kumquat im Rückaroma.

95 2021 TR Ried Kirchleiten Vulkanland Stmk. DAC G STK 14,3 %, €€€
Helles Goldgelb, kandierte Frucht, Melone, kandierte Mandeln, Rosenholz, Mango, körperreich, dicht und harmonischer Trinkfluss, pikanter Gerbstoff, lang anhaltend, Potenzial.

94+ 2021 Blauer Zweigelt Olivin 13,5 %, FP, €€€
Jugendliche, kräftige Farbe, reife Frucht-Aromatik, Kirsche, Feige, Zwetschke, Nougat, gehaltvoll, dicht und lebendige Textur, feiner, fester Gerbstoff, lang anhaltend, Kakao im Rückaroma.

93+ 2021 Sauvignon Blanc Kapfenstein Vulkanland Steiermark DAC 13,5 %, FP, €€
Jugendliche Farbe, intensive Nase, Antipasti-Noten, Kapern, Paprika, leicht florale Noten, kräftiger Wein, lebendiger Trinkfluss, Cassis und Pimentos im Abgang, gute Länge.

Unabhängiger Qualitätsjournalismus.
Bürgerlich-liberal.

Ode.

Die Presse
Seit 1848

Nachrichten. Meinung. Magazin.
Gedruckt. Digital. Audio. Video. Events.

Ausland
Europa
Inland
Österreich
Wien
Wirtschaft
Finanzen
Feuilleton
Sport
Debatte
Mein Geld
Rechtspanorama
Geschichte
Wissen
& Innovation
Immobilien
Management
& Karriere
Bildung
Reise

Die Presse
Die Presse am Sonntag
Schaufenster
Spectrum
Fahrstil
Geschichtemagazin
Kulturmagazin
Gesundheitsmagazin
Die Presse im Ersten
UniLive
Private Banking
Luxury Estate
Luxury Living
Luxury Times

Die Presse

Die Besten in der
SÜDSTEIERMARK

Rebfläche: 2.563 ha. Die reizvolle Hügellandschaft liegt im Einflussbereich des südeuropäischen Klimas. Die hier wachsenden Weine sind berühmt für ihre Fruchtigkeit und Frische.
Rebsorten: Welschriesling, Muskateller, Sauvignon blanc, Chardonnay (Morillon), Traminer

100 *2021 Sauvignon Blanc T.M.S Ried Rosengarten* · **Weingut Kodolitsch**

100 *2021 Chardonnay Ried Pössnitzberger Kapelle I Südsteiermark DAC G STK* · **Erwin Sabathi**

100 *2021 Sauvignon Blanc Ried Pössnitzberger Kapelle Südsteiermark DAC G STK* · **Erwin Sabathi**

100 *2021 Sauvignon Blanc Ried Trinkaus Südsteiermark DAC G STK* · **Weingut Sattlerhof**

100 *2021 Sauvignon Blanc Ried Zieregg Kâr Südsteiermark DAC G STK* · **Weingut Tement**

100 *2015 Sauvignon Blanc Ried Zieregg XT G STK* · **Weingut Tement**

99 *2021 Ried Pfarrweingarten Südsteiermark DAC G STK* · **Weingut Sattlerhof**

99 *2021 Sauvignon Blanc Ried Alter Kranachberg Südsteiermark DAC G STK* · **Weingut Sattlerhof**

99 *2021 Fassreserve Ried Edelschuh G STK* · **Weingut Wohlmuth**

98+ *2019 Privat* · **Weingut Gross**

98+ *2022 Sauvignon Blanc Alte Reben Ried Pössnitzberg Südsteiermark DAC G STK* · **Erwin Sabathi**

98 *2022 Chardonnay Alte Reben Ried Pössnitzberg Südsteiermark DAC G STK* · **Erwin Sabathi**

98 *2021 Sauvignon Blanc Alte Reben Ried Kogelberg Südsteiermark DAC* · **Weingut Kodolitsch**

98 *2021 Morillon Ried Welles Südsteiermark DAC G STK* · **Weingut LacknerTinnacher**

98 *2021 Sauvignon Blanc Ried Flamberg Südsteiermark DAC G STK* · **Weingut LacknerTinnacher**

98 *2017 Ried Welles Reserve* · **Weingut LacknerTinnacher**

98 *2021 Sauvignon Blanc Ried Grubthal Südsteiermark DAC* · **Weingut Muster**

98 *2021 Morillon Ried Zieregg Steilriegel Südsteiermark DAC G STK* · **Weingut Tement**

98 *2022 Sauvignon Blanc Ried Edelschuh Südsteiermark DAC G STK* · **Weingut Wohlmuth**

97+ *2020 Sauvignon Blanc Ried Nussberg Südsteiermark DAC G STK* · **Weingut Gross**

97+ *2021 Gewürztraminer Ried Krois Südsteiermark DAC 1 STK* · **Weingut Wolfgang Maitz**

97+ *2021 Sauvignon Blanc Therese& Zeit Ried Theresienhöhe Südsteiermark DAC 1 STK* · **Weingut Polz**

97 *2020 Sauvignon Blanc Ried Hochstermetzberg Südsteiermark DAC G STK* · **Weingut Wolfgang Maitz**

97 *2021 Sauvignon Blanc Ried Sernauberg Exzellenz Südsteiermark DAC* · **Weingut Riegelnegg, Olwitschhof**

97 *2021 Sauvignon Blanc Ried Kranachberg Kreuz Südsteiermark DAC G STK* · **Hannes Sabathi**

Südsteiermark

Weingut Adam-Lieleg

Kranach 78
8463 Leutschach a. d. Weinstraße
T 0650/843 51 20
M weingut@adam-lieleg.at
www.adam-lieleg.at

Öffnungszeiten
Mo.–Sa. 10–17, So., Fei. 10–12
Rebfläche
15 ha
Rebsorten
SB, MT, WR, PB, MO, PG, GM
Anbau
KIP
Verschlussarten
NK, DV
Sonstiges
Übernachtungsmöglichkeit, Verkostungen

Das Weingut Adam-Lieleg wird seit 1893 als Familienbetrieb geführt und liegt am Eichberg im Herzen der Südsteiermark. Derzeit arbeiten drei Generationen Hand in Hand und vereinen bewährte Traditionen und Erfahrungen mit innovativen neuen Ansätzen. Fundiertes Wissen, Gespür und nachhaltiges Arbeiten im Einklang mit der Natur sollen die Grundpfeiler sein, um erlesene Weine mit klarem Herkunftsprofil und Trinkgenuss zu produzieren. Die Weinberge in den Steillagen rund um den Eichberg können dabei nur mit aufwendiger Handarbeit bewirtschaftet werden. Die wichtigsten Einzellagen sind die Monopollagen Ried Gottscheber und Oberer Kranachberg sowie Czamillonberg und Wurzenberg.

95 2021 Sauvignon Blanc Ried Oberer Kranachberg Privat Südsteiermark DAC 13 %, €€€
Helle Farbe, intensive Nase, komplexe Aromatik, Pimentos, kandierte Orange, Antipasti-Noten, Verbene, stoffig, dicht, lebendige Struktur, engmaschiges Finish, feines Tannin, lang anhaltend, Birnenquitte und Kumquat im Nachhall, eleganter Stil.

94 2017 SB Ried Gottscheber Südsteiermark DAC 13 %, €€€
Jugendliche Farbe, vielschichtige Aromen, Antipasti-Noten, Pimentos, Kapern, Kumquat, gehaltvoll, dicht und druckvoll, feiner Gerbstoff, Quitte und Holunderblüte im langen Nachhall, Potenzial.

94 2021 CH Ried Würzenberg Kapelle Südsteiermark DAC 13 %, €€€
Jugendliche Farbe, komplexes Bukett, Zesten, Steinobst, Kumquat, leicht Vanille und röstige Anklänge, kräftiger Wein, dicht, straffe Textur, fruchtig unterlegter Gerbstoff, kandierte Orange und Mandarine im Nachhall, lang anhaltend.

93+ 2022 Gelber Muskateller Ried Czamillonberg Südsteiermark DAC 12 %, €€€
Helle Farbe, intensive, vielschichtige Aromatik, Nektarine, Maracuja, zarte Blütenaromatik, Melisse, stoffig, dicht und animierender Trinkfluss, fruchtiges Finish, Steinobst und traubige Anklänge im Abgang, gute Länge.

93+ 2022 Sauvignon Blanc Ried Gottscheber Südsteiermark DAC 13,5 %, FP, €€€
Helles Gelb, zarte Reduktionsnoten, mit Luft entwickeln sich Antipasti-Noten, Kapern, grüner Paprika, kandierte Orange, nussige Würze, stoffig, balancierte Textur, feines Tannin, lang anhaltend, Grapefruit und Kumquat im Nachhall, Potenzial.

93 2022 Weißburgunder Ried Gottscheber Südsteiermark DAC 13,5 %, €€€
Jugendliche Farbe, einladende gelbe Fruchtnoten, Nektarine, Apfel, Mandarine, stoffiger Wein, dicht und balancierte Struktur, feines Tannin und Kumquat im Nachhall.

92+ 2022 GM Ried Oberer Kranachberg Südsteiermark DAC 12 %, €€
Helles Gelb, nuanciertes Bukett, zart florale Noten, Limette und Maracuja, stoffig, balancierter Trinkfluss, fruchtig-pikantes Finish, gute Länge.

Südsteiermark

Weingut Dietrich vlg. Tischler

Zwei Generationen arbeiten in dem Familienweingut am Sernauberg Hand in Hand. Franz-Harald Dietrich ist Weinbau- und Kellermeister und somit für die Vinifikation verantwortlich. Sein Bruder Martin hingegen kümmert sich vorwiegend um Marketing, Verkauf und Präsentation. Unterstützt werden die beiden von ihren Eltern Claudia und Franz, die ihnen mit Rat und Tat zur Seite stehen. Im Einklang mit der Natur zu arbeiten, ist der Familie ein Anliegen, um die Grundlage für die nächste Generation zu erhalten. Dazu zählen minimaler Einsatz von Pflanzenschutzmitteln, Verzicht auf Herbizide und die Verwendung von organischem Dünger. Die Trauben werden in mehreren Durchgängen von Hand gelesen und im Keller schonend verarbeitet. Man vinifiziert die gängigen Rebsorten der Region, die als Gebiets-, Orts- oder Riedenweine abgefüllt werden. Die Riedenweine kommen dabei von den Toplagen Sernauberg, Jägerberg und Hochsernaukogel.

Foto: Werner Krug

Sernau 13
8462 Gamlitz
T 0664/503 93 23
M info@weingut-dietrich.at
www.weingut-dietrich.at

Öffnungszeiten
Di.–Sa. 10–20, So. 9–12
Rebfläche
13 ha
Rebsorten
SB, PB, WR, CH, GM, SÄ, MT, PG, RI, ZW
Anbau
KIP, konventionell, nachhaltig
Verschlussart
DV
Gastronomie
Buschenschank

93 2022 Sauvignon Blanc Ried Sernauberg Südsteiermark DAC 13,5 %, €€
Helle Farbnoten, ausgeprägtes, jugendliches Bukett, Einlegegewürze, Pimentos, zarte Blütenanklänge, körperreich, harmonischer Trinkfluss, fruchtig-pikantes Finish, Maracuja und Holunderblüte im Nachhall.

92+ 2022 Morillon Ried Sernauberg Südsteiermark DAC 13,5 %, €€
Helles Gelb, einladende gelbe Fruchtnoten, Melone, Mandarine, körperreich, balancierter Trinkfluss, zarter Fruchtschmelz im Abgang, gute Länge.

92+ 2022 Sauvignon Blanc Ried Jägerberg Südsteiermark DAC 14 %, €€
Helle Farbe, komplexe Aromatik, Antipasti-Noten, Mandarine, Verbene, Physalis, gehaltvoll, harmonische Struktur, pikantes Finish, langer Nachhall.

92 2022 Grauer Burgunder Ried Sernauberg Südsteiermark DAC 14,5 %, €€
Jugendliche Farbe, zarte Fruchtnoten, Melone, kandierte Orange und Mandeln, körperreich, weiche Textur, zarter Gerbstoff und fruchtiger Schmelz im Abgang.

90 2023 L'été Rosé Steiermark 11,5 %, €
(ZW/BW) Helles Lachsrosa, intensive Nase, Rhabarber, Verbene, Weichsel, straff, balancierte Textur, gut eingebundene Restsüße im Abgang.

90 2023 Weißburgunder Südsteiermark DAC 12,5 %, €
Blassgelb, frischer Klarapfel, Mandarine, saftiger Wein, lebendiger Trinkfluss, fruchtiger Schmelz im Abgang.

Südsteiermark

Weingut Florian Dillinger

Das Familienweingut Dillinger liegt am Pössnitzberg in Leutschach an der Weinstraße in idyllischer Lage. Die steilen Weinberge befinden sich in besten Lagen auf Sand- und Opokböden. Florian Dillinger setzt alles daran, charaktervolle, eigenständige und unverwechselbare Weine zu produzieren, die ihre Herkunft in allen Facetten zum Ausdruck bringen. Dabei orientiert man sich an ökologischen und nachhaltigen Standards. Die Weine bekommen die Zeit, die sie brauchen, um ihren Charakter zu entfalten. Der Winzer will sie nicht in eine Richtung drängen, sondern in ihrer Entwicklung begleiten und unterstützen – sie fördern, aber auch fordern. Mit den Ressourcen der Natur will man dabei schonend und sparsam umgehen. In die Weinwerdung wird so wenig wie möglich eingegriffen, die Weine sollen auf natürliche Weise die Essenz der einzigartigen und vielfältigen Landschaft abbilden.

Foto: stefanleitner.com

Pössnitz 81
8463 Leutschach
T 03454/495
M wein@sabathihof.com
www.sabathihof.com

Rebfläche
14,5 ha

Rebsorten
WR, CH, GM, SB, ZW, PB, PG, PN

Anbau
KIP, konventionell, nachhaltig

Verschlussarten
NK, DV

Gastronomie
Restaurant

Sonstiges
Übernachtungsmöglichkeit

94 2021 Morillon Ried Hoch Pössnitzberg Südsteiermark DAC 13,5 %, €€€
Jugendliche Farbe, Kumquat, kandierte Orange, Mandeln, zarte Holzwürze, körperreich, dicht und engmaschige Struktur, feiner Gerbstoff und Grapefruit im Finish, lang anhaltend, Potenzial.

93+ 2021 Sauvignon Blanc Ried Hoch Pössnitzberg Südsteiermark DAC 13 %, €€€
Jugendliche Farbe, komplexe Aromen, Steinobst, Pimentos, Lemongrass, zarte Würze, kräftiger Wein, dicht und straff, engmaschiges Finish, feiner Gerbstoff, Grapefruit, Nektarine und florale Noten im Rückaroma.

93 2021 Welschriesling Ried Striegl Südsteiermark DAC 12,5 %, €€
Jugendliche Farbe, kandierte Orange, Limette, Bratapfel, nussige Würze, straff, markantes Säurespiel, zarter Gerbstoff, Grapefruit und Mandarine im Nachhall.

92+ 2023 Sauvignon Blanc Leutschach Südsteiermark DAC 12,5 %, €€
Helle Farbe, ausgeprägte Aromatik, zarte Blütenaromen, Einlegegewürze, stoffig, dicht und gut stützende Säure, pikantes Finish, lang anhaltend.

92 2022 Morillon Leutschach Südsteiermark DAC 13 %, €€
Helle Farbe, einladende gelbe Frucnt, Melone, Mandarine, kandierte Orange, körperreich, balancierte Struktur, feiner Gerbstoff, Grapefruit im Nachhall.

91+ 2023 Gelber Muskateller Südsteiermark DAC 12 %, €
Blassgelb, intensive Aromatik, kandierte Frucht, zart florale Noten, Lemongrass, gut balancierte Struktur, fruchtiger Schmelz im Abgang, Maracuja im Nachhall.

91 2023 Sauvignon Blanc Südsteiermark DAC 12 %, €
Blassgelb, Limette, Mandarine, Lemongrass, zarte Blütenaromen, stoffig, lebendige Struktur, fruchtig-pikanter Abgang, zarter Schmelz im Rückaroma.

Domaines Kilger

Foto: ottomichael.at

Eckberger Weinstraße 32
8462 Gamlitz
T 03453/23 63-11
M wein@domaines-kilger.com
www.domaines-kilger.com

Öffnungszeiten
tägl. 10–19
Rebfläche
55 ha
Flaschenanzahl
250.000
Rebsorten
BW, SB, CH, PB, WR, GM
Anbau
KIP, konventionell, nachhaltig
Verschlussarten
NK, DV
Gastronomie
Buschenschank, Restaurant, Vinothek (Schlosskeller)
Sonstiges
Übernachtungsmöglichkeit

Die Domaines Kilger produzieren feine Weinspezialitäten aus zwei österreichischen Anbaugebieten: Aus der Weststeiermark stammen die Blauen-Wildbacher-Trauben für charakterstarke Rosé- und Schaumweine. In der Südsteiermark hingegen werden Gebiets-, Orts- und Riedenweine vinifiziert. Die Riede Kranachberg mit 30 Jahre alten Reben etwa bringt elegante Sauvignon blancs hervor. Allen Weinen gemein ist, dass sie ihre Herkunft klar zum Ausdruck bringen. Ziel ist, die Produkte pur und unverfälscht zu verarbeiten, um den besten Geschmack herauszuholen. Für die Vinifizierung ist Kellermeister Jani Rojs verantwortlich, der mit Freude und Leidenschaft seiner Berufung fürs Weinmachen folgt.

95 2021 Sauvignon Blanc Ried Kranachberg Obere Kapelle Reserve
Südsteiermark DAC 14,5 %, €€€
Jugendliche Farbe, ausgeprägte, komplexe Nase, Cassis, zart florale Noten, Steinobst, kandierte Ananas, feine Würze, gehaltvoll, dicht und lebendige Struktur, fruchtig-pikantes Finish, zarter Schmelz und Blüten im Nachhall, Potenzial.

94 2021 Chardonnay Ried Kranachberg Obere Kapelle
Südsteiermark DAC 14,5 %, €€€
Jugendliche Farbe, vielschichtige Nase, kandierte Orange, Melone und Papaya, rauchig-röstige Anklänge, opulenter Wein, dicht und cremige Textur, fruchtiger Schmelz und Kumquat im Abgang, langer Nachhall.

93+ 2021 Sauvignon Blanc Ried Kranachberg Sonnenhang
Südsteiermark DAC 13 %, €€€
Helle Farbe, intensive Nase, kandierte Orange, Maracuja, Eiszuckerl, Lemongrass, stoffiger Wein, lebendiger, eleganter Trinkfluss, fruchtig-pikantes Finish, langer Nachhall, Marille und Pfirsich im Rückaroma.

93 2021 Chardonnay Leutschach Südsteiermark DAC 14 %, €€
Jugendliche Farbe, vielschichtige Nase, kandierte Orange, Nashi-Birne, Mandarine, gehaltvoll, balancierte Textur, fruchtiges Finish, lang anhaltend, Kumquat im Rückaroma.

92+ 2021 Chardonnay Gamlitz Südsteiermark DAC 14 %, €€
Helle Farbe, intensive Nase, kandierte Orange, Mandeln und nussige Würze, opulenter Auftakt, mittlere Konzentration, fruchtiger Schmelz im Abgang, Mandarine im Rückaroma.

92+ 2021 Sauvignon Blanc Gamlitz Südsteiermark DAC 13,5 %, €€
Helle Farbe, kandierte Orange, Lemongrass, Cassis, Honigmelone, körperreich, lebendiger Trinkfluss, fruchtig-florales Finish, gute Länge, Blüten und Steinobst im Rückaroma.

Südsteiermark

Dreisiebner Stammhaus

Foto: APRESVINO.AT

Sulztal a. d. Weinstraße 35
8461 Gamlitz
T 03453/25 90
M stammhaus@dreisiebner.com
www.dreisiebner.com

Öffnungszeiten
Do.–Di. 10–22
Rebfläche
17 ha
Flaschenanzahl
100.000
Rebsorten
WR, PB, CH, GM, SB, RI,
TR, SÄ, ZW
Anbau
konventionell
Verschlussarten
NK, DV
Gastronomie
Buschenschank
Sonstiges
Übernachtungsmöglichkeit

Das traditionsreiche Familienweingut an der Südsteirischen Weinstraße bietet eine erstaunliche Vielfalt an Weinen. Seit dem Jahr 2000 baut Kellermeister Hannes Dreisiebner drei verschiedene Linien aus, die sich im neuen Herkunftssystem widerspiegeln. Die Gebietsweine zeichnen sich durch klare, sortentypische Stilistik aus – allen voran der Gelbe Muskateller. Die Orts- und Riedenweine hingegen profitieren von der Erfahrung und Hingabe des Weinbaumeisters Rudolf Dreisiebner, der dafür sorgt, dass die Gewächse auch in kühleren Jahren außerordentliche Reife erlangen. Flaggschiff ist der Sauvignon blanc aus der Lage Hochsulz. Kalkhältige Mergelböden sorgen dabei für Würze und Charakter.

94 2020 Sauvignon Blanc Alte Reben Ried Hochsulz Südsteiermark DAC 13,5 %, €€€
Jugendliche Farbe, ausgeprägte gelbe Fruchtnoten, kandierte Orange, Nektarine, Holunderblüte, Melisse, körperreich, dicht und harmonische Textur, feiner Gerbstoff, Antipasti-Noten und Zesten im Nachhall, Potenzial.

93+ 2020 Chardonnay Alte Reben Ried Hochsulz Südsteiermark DAC 13,5 %, €€€
Jugendliche Farbe, intensive Aromatik, kandierte Orange, Vanille, röstig-rauchige Noten, körperreich, balancierte Textur, feiner Gerbstoff, lang anhaltend, Physalis im Nachhall, Potenzial.

93 2020 Gelber Traminer Seven Sense Ried Hochsulz Südsteiermark DAC 14,5 %, €€€
Jugendliche Farbnoten, vielschichtige Nase, kandierte Orange, Blütenhonig, Williamsbirne, körperreich, balancierte Struktur, feiner Gerbstoff, Salzkaramell und Melone im Nachhall, Potenzial.

93 2022 Sauvignon Blanc Ried Hochsulz Südsteiermark DAC 13,5 %, €€
Helle Farbe, komplexe Nase, Lemongrass, Verbene, Kumquat, zart Blütenaromen, stoffig, balancierter Trinkfluss, fruchtig-pikantes Finish, langer Nachhall.

93 2022 Sauvignon Blanc Ried Zoppelberg Südsteiermark DAC 13 %, €€
Jugendliche Farbe, nuanciertes Bukett, Antipasti-Noten, Limette, Mandarine, gelbes Steinobst, kräftiger Wein, lebendig, harmonischer Trinkfluss, fruchtig-würziger Abgang, Pimentos und Kumquat im Nachhall.

91+ 2023 Gelber Muskateller Südsteiermark DAC 12 %, €€
Blassgelb, nuanciertes Bukett, zarte Blütenanklänge, Passionsfrucht, Mandarine, straff, balancierter Trinkfluss, gute Länge.

91 2023 Sauvignon Blanc Südsteiermark DAC 12,5 %, €
Helle Farbe, Rhabarber, Mandarine, Grapefruit, stoffig, lebendiger Trinkfluss, fruchtiger Schmelz im Abgang, Steinobst im Nachhall.

Weingut Elsnegg

Eckberg 26
8462 Gamlitz
T 03453/48 12
M weingut@elsnegg.at
www.elsnegg.at

Öffnungszeiten
Fr.–Mi. 8–18
Rebsorten
WR, PB, CH, SB, GM, PG, TR, RI
Anbau
konventionell
Verschlussarten
NK, DV
Gastronomie
Buschenschank (Fr.–So.)
Sonstiges
Übernachtungsmöglichkeit

Auf einem Hügel gelegen, eröffnet sich vom Weingut Elsnegg ein traumhafter Blick über die südsteirischen Weinberge. Der Ehrgeiz der Familie ist groß: Ob frisch-fruchtig wie die „Arte Styria"-Linie oder strukturiert wie bei den Lagengewächsen – immer ist man um höchste Qualität bemüht. Außergewöhnliche Rieden, wie etwa Urlkogel, Edelbach oder Eckberg, mit unterschiedlichsten Mikroklimata sowie der Wechsel verschiedener Bodenformationen auf engstem Raum sollen die Grundlage für eigenständige Gewächse mit Finesse bilden. Die Mitglieder der Winzerfamilie sehen sich als Traditionalisten, wollen sich aber auch behutsam weiterentwickeln und offen für Neues sein – so hinterfragen sie laufend jeden einzelnen Arbeitsschritt. Alle Arbeiten im Weingarten erfolgen dabei in aufwendiger Handarbeit. Jahr für Jahr ist man bemüht, Weine zu produzieren, die ihre Herkunft abbilden und vor allem Genuss bereiten.

96 2021 Sauvignon Blanc Ried Urlkogel Reserve Südsteiermark DAC 14 %, €€€
Helle Farbe, komplexe Aromatik, Lemongrass, zart Holunderblüte, Pimentos, Steinobst, gehaltvoller Wein, engmaschige, straffe Textur, feiner Gerbstoff, Kumquat und Quitte im Nachhall, lang anhaltend, Potenzial.

95 2021 Grauburgunder Ried Edelbach Reserve Südsteiermark DAC 14 %, €€€
Kräftige Farbe, zarter Kupferton, komplexe Nase, kandierte Orange und Mandeln, Bratapfel, leicht rauchig, körperreicher Wein, balancierte Textur, fruchtig unterlegtes Finish, zarter Gerbstoff, Nougat und Physalis im Rückaroma, Potenzial.

94 2023 Sauvignon Blanc Ried Urlkogel Südsteiermark DAC 14 %, €€
Helle Farbe, vielschichtige Nase, zarte Blütenanklänge, Pimentos, Grapefruit, Lemongrass, gehaltvoll, lebendig, balancierter Trinkfluss, fruchtiges, pikantes Finish, langer Nachhall, Cassis und Steinobst im Rückaroma.

93 2023 Grauburgunder Ried Edelbach Südsteiermark DAC 13,5 %, €€
Kräftige Farbe, zart rötliche Farbnoten, Kumquat, kandierte Mandeln und Orange, körperreicher Wein, balancierte Textur, Haselnuss und Karamell im Abgang, gute Länge.

92+ 2023 Gelber Traminer 14 %, €€
Jugendliche Farbe, ausgeprägtes Bukett, zart florale Anklänge, gelbe Frucht und Kumquat, körperreicher Wein, lebendige Textur, feiner Gerbstoff, langer Nachhall.

92+ 2023 Muskateller Gamlitz Südsteiermark DAC 13 %, €€
Blassgelb, jugendliches Bukett, feinflorale Noten, Verbene und Melisse, straffer Wein, lebendiger Trinkfluss, fruchtiger Abgang.

92+ 2023 Sauvignon Blanc Gamlitz Südsteiermark DAC 13 %, €€
Helles Gelb, ausgeprägtes Bukett, florale Noten, Steinobst, Mandarine, stoffig, lebendige Textur, fruchtig-würziger Abgang, gute Länge, Gewürznelke und Kumquat im Nachhall.

Südsteiermark

Erzherzog Johann Weine

Die einzige Winzervereinigung der Steiermark liegt mitten in Ehrenhausen nahe der Südsteirischen Weinstraße. Der moderne Betrieb ist zugleich Weinkeller und Vinothek. Die rund 200 Partnerbetriebe kommen aus allen steirischen Weinbaugebieten. In Summe werden rund 200 Hektar bewirtschaftet. Damit zählt Erzherzog Johann Weine zu den größten Betrieben der Steiermark. Seit dem Jahrgang 2018 setzt die Winzervereinigung die Richtlinien der DAC Steiermark um. Herkunft und Terroir der Weine werden so in den Mittelpunkt und die Bedeutung der Rebsorte hintangestellt. Entsprechend dem DAC-Reglement werden Gebiets-, Orts- und Riedenweine ausgebaut.
Je nach Sorte und Herkunft verwendet man Edelstahltanks, große oder kleine Eichenholzfässer für die Vinifikation.

Foto: Rupert Rauch

Gamlitzer Straße 103
8461 Ehrenhausen a. d. Weinstraße
T 03453/24 23
M stelzl@erzherzog.com
www.erzherzog.com

Öffnungszeiten
Mo.–Sa. 10–17
Rebfläche
200 ha
Flaschenanzahl
1,5 Mio.
Rebsorten
BW, GM, SÄ, CH, TR, SB, PN, WR, ZW, PB, PG
Anbau
KIP
Verschlussarten
DI, DV
Gastronomie
Vinothek

94 2020 CH Ried Königsberg Vulkanland Steiermark DAC 13,5 %, €€€
Jugendliche Farbe, intensive Nase, leicht rauchig-röstige Noten, Apfelquitte, Grapefruit, kräftiger Wein, dicht und engmaschige Struktur, feiner Gerbstoff, Limette und Kumquat im Rückaroma, Potenzial.

93 2015 Sauvignon Blanc Premium 13,5 %
Jugendliche Farbe, Einlegegewürze, Kapern, Paprika, Limette, stoffig, lebendiges Frucht-Säure-Spiel, fruchtig-pikantes Finish, gute Länge.

93 2020 Sauvignon Blanc Ried Pössnitzberg Südsteiermark DAC 13 %, €€
Jugendliche Farbnoten, intensive Nase, Pimentos, Einlegegewürze, Schoten, Limette, stoffig, dicht und markantes Frucht-Säure-Spiel, fruchtig-pikanter Gerbstoff im Finish, langer Nachhall, Mandarine und zarte Blütenanklänge im Rückaroma.

92+ 2022 Traminer Klöch Vulkanland Steiermark DAC 13,5 %, €€
Jugendliche Farbe, einladende gelbe Fruchtnoten, Melone, kandierte Mandeln, zart floral, körperreich, harmonische Textur, feiner Gerbstoff, fruchtiger Schmelz im Nachhall, Mango und Kumquat im Rückaroma.

92 2020 Weißburgunder Ried Saziani Vulkanland Steiermark DAC 13,5 %, €€€
Jugendliche Farbe, intensive Nase, kandierte Orange, gelber Apfel, Kumquat, körperreich, dicht und lebendiger Trinkfluss, fruchtig-pikanter Abgang, langer Nachhall.

92 2022 Grauburgunder Straden Vulkanland Steiermark DAC 13,5 %, €€
Jugendliche Farbnoten, dezente Fruchtnoten, Bratapfel, Mandeln, Walnuss, kandierte Orange, körperreich, harmonische Textur, fruchtiger Schmelz im Abgang.

92 2022 Weißburgunder Ried Grassnitzberg Südsteiermark DAC 13,5 %, €€
Helle Farbe, nuancierte Nase, kandierte Orange, Mandarine, gelber Apfel, körperreich, balancierter Trinkfluss, fruchtiger Schmelz im Abgang, gute Länge.

Südsteiermark

Weingut Oberer Germuth

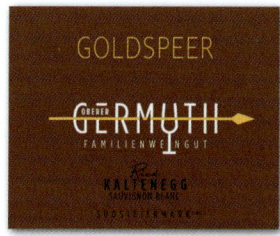

Das Familienweingut liegt direkt an der Südsteirischen Weinstraße in Leutschach. Auf einer Seehöhe von 450 Metern werden Rebflächen auf den Rieden Oberglanz und Kaltenegg bewirtschaftet. Im Weingarten und im Keller haben mit Herbert und Stefan Germuth zwei Generationen das Sagen – sie arbeiten Hand in Hand. Es ist den beiden wichtig, Weine mit deutlichem Herkunftscharakter zu produzieren. Der Speer, althochdeutsch „Ger", ist als Symbol am Logo abgebildet. Vinifiziert werden die für die Region typischen Rebsorten.

Foto: pixelmaker.at

Glanzer Kellerstraße 34
8463 Leutschach a. d. Weinstraße
T 03454/67 34
M wein@oberergermuth.com,
stefan@oberergermuth.com
www.oberergermuth.com

Öffnungszeiten
Weinverkauf auch an Buschenschankruhetagen
Rebfläche
10 ha
Flaschenanzahl
50.000
Rebsorten
WR, PB, GM, SB, PG, CH, GT, ZW
Anbau
KIP, konventionell, nachhaltig
Verschlussarten
NK, DV
Gastronomie
Buschenschank (Do.–So. ab 14)
Sonstiges
Übernachtungsmöglichkeit

94 2022 Morillon Ried Kaltenegg Südsteiermark DAC 13,5 %, FP, €€€
Jugendliche Farbe, kandierte Orange und Mandeln, Pfirsich und Nektarine, körperreich, straffe Textur, gut stützendes Säurespiel, fruchtig-pikantes Finish, Grapefruit im Nachhall, sehr lang anhaltend, Potenzial.

94 2022 Sauvignon Blanc Ried Kaltenegg Südsteiermark DAC 13 %, FP, €€€
Jugendliche Farbe, komplexe Aromatik, Pimentos, Verbene, Lemongrass, stoffig, dicht und harmonischer Trinkfluss, feines Tannin und Holunderblüte im Nachhall, sehr lang anhaltend.

93+ 2022 Gelber Muskateller Ried Oberglanz Südsteiermark DAC 13 %, FP, €€€
Jugendliche Farbe, intensive Nase, Melisse, zart Holunderblüte, Steinobst, Physalis, kräftiger Wein, balancierte Textur, fruchtig-präzises Finish, gute Länge, Lemongras und florale Noten im Nachhall.

92+ 2023 Morillon Leutschach Südsteiermark DAC 13 %, €€
Helle Farbe, jugendliches Fruchtspiel, kandierte Orange, Mandarine, Nektarine, körperreich, lebendiger Trinkfluss, feiner Gerbstoff, langer Nachhall, Kumquat im Rückaroma.

92+ 2023 Sauvignon Blanc Leutschach Südsteiermark DAC 12,5 %, €€
Helles Gelb, intensive Nase, Antipasti-Noten, Pimentos, Kapern, stoffig, lebendiger Trinkfluss, zart Holunderblüte und Maracuja im Abgang, gute Länge.

92 2023 Grauburgunder Leutschach Südsteiermark DAC 13,5 %, €€
Kräftige Farbe, nuanciertes Bukett, Mandarine, Grapefruit, nussige Würze, körperreich, balancierte Textur, feiner Gerbstoff, gute Länge.

91+ 2023 Weißburgunder Südsteiermark DAC 12 %, €
Blassgelbe Farbe, jugendliche Aromatik, Limette, Klarapfel, Steinobst, stoffiger Wein, lebendiger Trinkfluss, Mandarine im Nachhall.

Südsteiermark

Weingut Gross

Am Hang der Ried Nussberg, im Herzen des südsteirischen Weinlands, haben Martina und Johannes Gross ihren Arbeits- und Lebensmittelpunkt. Sie streben vor allem nach Authentizität und Balance in ihren Weinen. Die Weißweintrauben stammen ausschließlich aus ihren eigenen, sorgfältig bewirtschafteten Weingärten, vorwiegend aus Top-Lagen. Vor allem die Riedenweine bekommen alle Zeit der Welt, die sie für ihre Entstehung und Reifung benötigen. Man verzichtet dabei bewusst auf beschleunigende Kellertechniken. Seit Generationen konzentriert sich die Familie vor allem auf Sauvignon blanc, Morillon und Weißburgunder. Daraus entstehen Jahr für Jahr spannende, elegante Gewächse.

98+ 2019 Privat 14%, €€€
(SB) Helle Farbe, vielschichtige, tiefe Aromen, Melone, Ingwer, gelber Pfirsich, Blüten, opulenter Wein, dicht und druckvoll, engmaschiges Finish, lang anhaltend, fruchtig-floraler Nachhall, zarter Schmelz, Riesenpotenzial.

97+ 2020 SB Ried Nussberg Südsteiermark DAC G STK 13,5%, €€€
Jugendliche Farbnoten, kandierte Orange, Kumquat, Ingwer, Holunderblüte, Nektarine, stoffig, lebendiger Trinkfluss, engmaschiges Finish, feines Tannin, Apfelquitte im Nachhall, sehr lang anhaltend.

97 2020 Morillon Ried Nussberg Preschnigg Große STK 13%, €€€
Helle Farbe, intensive, vielschichtige Nase, Kumquat, Bratapfel, Limette, kräftig, straff, markantes Säurespiel, sehr feiner Gerbstoff, lang anhaltend, Grapefruit und Mandarine im Nachhall, Riesenpotenzial.

96+ 2020 Weißburgunder Ried Nussberg Stauder Südsteiermark DAC G STK 13,5%, €€€
Helle Farbe, nuanciertes Bukett, Mandarine, kandierte Orange, Clementine, Steinobst, körperreich, dicht und straff, engmaschige Struktur, lebendiger Trinkfluss, feiner Gerbstoff im Abgang, langer Nachhall, rosa Grapefruit im Rückaroma, Potenzial.

95+ 2020 Sauvignon Blanc Ried Sulz Südsteiermark DAC 1 STK 13,5%, €€€
Jugendliche Farbe, nuanciertes Bukett, Pimentos, Cassis, Pfirsich, stoffiger Wein, lebendiger Trinkfluss, fruchtiges Finish, Holunderblüte und Kumquat im Nachhall, gute Länge.

94+ 2021 Gelber Muskateller Ried Perz Südsteiermark DAC 1 STK 12%, €€€
Helle Farbe, intensive Aromatik, Passionsfrucht, leicht florale Noten, stoffig, dicht und lebendige Struktur, eleganter Trinkfluss, präzises, fruchtiges Finish, langer Nachhall.

93+ 2020 PB Ried Bärenburg Südsteiermark DAC 13%, €€€
Jugendliche Farbe, grüner Apfel, Verbene, Zitrus, stoffig, straff, markantes Frucht-Säure-Spiel, sehr feines, pikantes Finish, lang anhaltend.

8461 Ratsch an der Weinstraße 26
T 03453/25 27
M weingut@gross.at
www.gross.at

Öffnungszeiten
März–Okt. Mo.–Sa. 10–18, Mi. nur nach Voranmeldung; Sept., Okt. auch So. 10–13; Nov.–Feb. nach Vereinbarung
Rebfläche
36 ha
Flaschenanzahl
100.000
Rebsorten
SB, WR, PB, CH, GM, GT
Anbau
organisch-biologisch
Verschlussarten
NK, DI, DV

Südsteiermark

Weingut Kodolitsch

Foto: Werner Krug

Kodolitschweg 9
8430 Leibnitz
T 0664/422 59 19, 0664/188 01 23
M weingut@kodolitsch.at
www.kodolitsch.at

Öffnungszeiten
nach tel. Vereinbarung
Rebfläche
18 ha
Rebsorten
WR, GM, PB, SB, CH, RR
Anbau
KIP, konventionell,
nachhaltig
Verschlussarten
NK, DI, DV

Das Weingut ist seit mehr als 300 Jahren im Familienbesitz. Die heutigen Eigentümer, Christa und Nikolaus Kodolitsch, haben es 1993 übernommen und mit Engagement und hohem Qualitätsanspruch zu einem florierenden Betrieb aufgebaut. Mario Weber ist für den Ausbau der Weine verantwortlich. Schonender Umgang mit der Natur und bewusst zurückhaltende Einflussnahmen auf die Umwelt sind dem Winzerpaar ebenso wichtig wie die Qualität bei der Vinifikation. Die geernteten Trauben werden ausschließlich händisch selektiert und in weiterer Folge sorgfältig verarbeitet. Mit Gespür und möglichst im Einklang mit der Natur will man das typische Terroir von Top-Lagen wie Rosengarten oder Kogelberg herausarbeiten.

100 2021 Sauvignon Blanc T.M.S Ried Rosengarten 13,5 %, €€€
Helle Farbe, vielschichtige Aromatik, jugendliche Frucht, Weingartenpfirsich, rosa Grapefruit, Kamille, Johannisbeere, zart floral, körperreich, eleganter, dichter Trinkfluss, mineralisches Finish, lang anhaltend, Holunderblüte und Melisse im Nachhall, steirischer Bilderbuch-Sauvignon-blanc.

98 2021 SB Alte Reben Ried Kogelberg Südsteiermark DAC 14 %, €€€
Helles Gelb, ausgeprägte, komplexe Nase, Holunderblüte, Lemongrass, Melisse, Jasmintee, Antipasti-Noten, gehaltvoll, dicht und lebendige Struktur, pikant-fruchtiger Gerbstoff im Abgang, sehr lang anhaltend, Pomelo und Kumquat im Rückaroma, Potenzial.

96+ 2021 CH Alte Reben Ried Kogelberg Südsteiermark DAC 13,5 %, €€€
Jugendliche Farbnoten, ausgeprägtes Bukett, vielschichtiges Fruchtspiel, Kumquat, Mandarine, Quitte, nussige Würze, zart rauchige Anklänge, kräftig, dicht und straffe Struktur, feiner, engmaschiger Gerbstoff im Abgang, kandierte Orange und rosa Grapefruit im Nachhall, Potenzial.

96+ 2021 CH Alte Reben Ried Rosengarten Südstmk. DAC 13,5 %, €€€
Helle Farbe, intensive, komplexe Nase, kandierte Orange, Pomelo, Mandeln, Steinobst, feine Holzwürze, körperreich, dicht und straffe Textur, engmaschiges, fruchtiges Finish, sehr lang anhaltend, Quitte und Mandarine im Rückaroma, Potenzial.

96 2021 PB Alte Reben Ried Rosengarten Südstmk. DAC 13,5 %, €€€
Jugendliche Farbnoten, fruchtig, vielschichtige Aromatik, weißer Pfirsich, Mandeln, Klarapfel, Ringlotte, körperreich, dicht und eleganter Trinkfluss, fruchtig-präzises Finish, sehr langer Nachhall, kandierte Orange und Physalis im Rückaroma.

96 2022 SB Ried Rosengarten Südsteiermark DAC 13,5 %, €€€
Helle Farbe, intensive, vielschichtige Nase, Holunderblüte, Weingartenpfirsich, körperreich, dicht, eleganter Trinkfluss, fruchtig-pikanter Abgang, Cassis im Rückaroma, Potenzial.

94+ 2022 Weißburgunder Ried Rosengarten 13,5 %, €€€
Helle Farbe, einladendes Fruchtspiel, gelbe Nektarine, grüner Apfel, Kumquat, Mandeln, körperreich, harmonische Textur, fruchtig-präzises Finish, lang anhaltend, Physalis im Rückaroma

Südsteiermark

Weingut LacknerTinnacher

Foto: Regina Hügli

Steinbach 12
8462 Gamlitz
T 03453/21 42
M weingut@tinnacher.at
www.tinnacher.at

Öffnungszeiten
Mo.–Sa. 10–17
Rebfläche
27 ha
Flaschenanzahl
100.000
Rebsorten
SB, PB, PG, GM, TR, WR, RI, CH
Anbau
organisch-biologisch, nachhaltig
Verschlussart
GL
Gastronomie
Vinothek

Das renommierte Weingut steht seit über 250 Jahren für beste südsteirische Weinkultur. Seit 2013 ist Katharina Tinnacher für die Arbeit am Weinberg und im Keller verantwortlich. Die Trauben kommen ausschließlich aus den eigenen Weingärten – verteilt auf sechs anspruchsvolle, steile Lagen mit jeweils unterschiedlicher Bodenbeschaffenheit. Die Rieden sind vorwiegend mit alten und entsprechend tief wurzelnden Rebstöcken aus familieneigener Selektion bepflanzt und werden sorgsam und biologisch bewirtschaftet. Im Keller verzichtet Katharina Tinnacher bewusst auf Technik und Zusätze zugunsten einer natürlichen und traditionellen Weinbereitung. Ihre zeitlos eleganten und charaktervollen Weine sind vielschichtig, strukturiert und von Boden, Klima und Jahrgang geprägt.

98 2017 Ried Welles Reserve 13,5 %, €€€
(SB) Jugendliche Farbe, reife, gelbe Fruchtnoten, Birnenquitte, Kumquat, Antipasti-Noten, körperreich, lebendige Struktur, am Gaumen aromatisch, rosa Grapefruit, Fenchel, fruchtig-pikantes Finish, sehr lang anhaltend.

98 2021 Morillon Ried Welles Südsteiermark DAC G STK 13 %, €€€
Jugendliche Farbe, komplexes Bukett, Grapefruit, Kumquat, Mandarine, kandierte Noten, kräftiger Wein, dicht und engmaschiger Trinkfluss, sehr feiner Gerbstoff, Mandeln und Physalis im Rückaroma, Potenzial.

98 2021 SB Ried Flamberg Südsteiermark DAC G STK 13 %, €€€
Jugendliche Farbe, intensive, komplexe Aromatik, kandierte Orange, gelbe Nektarine, Passionsfrucht, Melisse, Cassis, kräftiger Wein, dicht und straffe Textur, eleganter Trinkfluss, feinster Gerbstoff, rosa Grapefruit und Blüten im Nachhall, Potenzial.

96+ 2022 PB Ried Steinbach Kogel Südstmk. DAC 1 STK 13 %, €€€
Blassgelb, vielschichtiges Fruchtspiel, ausgeprägte Steinobst-Noten, Granny Smith, Physalis, straff, lebendiger Trinkfluss, engmaschiges Finish, feiner Gerbstoff, rosa Kumquat im Finish, Grapefruit und salzige Noten im Nachhall.

96 2022 Grauburgunder Ried Steinbach 13 %, €€€
Jugendliche Farbe, einladendes Fruchtspiel, Birnenquitte, gelber Apfel, kandierte Orange, kräftiger Wein, dicht und straffe Textur, fruchtiger Gerbstoff im Abgang, langer Nachhall, Potenzial.

96 2022 Morillon Ried Steinbach Südsteiermark DAC 1 STK 13 %, €€€
Helle Farbe, komplexes Bukett, Grapefruit, Marille, Ringlotte, straff, dicht und engmaschiger Wein, feinster Gerbstoff, Physalis und Quitte im Abgang, lang anhaltend.

96 2022 SB Ried Steinbach Südsteiermark DAC 1 STK 13 %, €€€
Jugendliche Farbe, Grapefruit, Verbene, Cassis, Blüten, konzentrierte Textur, engmaschig, pikantes, feines Finish, zarter Gerbstoff, langer fruchtiger Nachhall, Lemongrass im Rückaroma.

Südsteiermark

Weingut Wolfgang Maitz

Ratsch 45
8461 Ehrenhausen a. d. Weinstraße
T 03453/21 53
M weingut@maitz.co.at
www.maitz.co.at

Öffnungszeiten
nach Vereinbarung
Rebfläche
10 ha
Rebsorten
SB, GM, WR, PB, MO, SÄ, TR, PG, RI, ZW
Anbau
KIP, onventionell, nachhaltig
Verschlussart
DV
Gastronomie
Restaurant, Vinothek: März bis November Di.–Sa. 13–23 (So., Mo. Ru.)
Sonstiges
Übernachtungsmöglichkeit

Wolfgang Maitz bewirtschaftet 10 Hektar Rebfläche mit dem Ziel, Weine mit klarem Herkunftscharakter und handwerklicher Prägung zu vinifizieren. Behutsame Arbeit mit der Natur, Handlese und Zurückhaltung im Keller sind die Voraussetzungen dafür. Die Gebietsweine Südsteiermark DAC bilden das Fundament des Sortiments und stehen für Frucht und Frische. Die Ortsweine Ehrenhausen repräsentieren das Klima und die von Kalkböden geprägte Herkunft. Ihr Ausbau erfolgt mit Naturhefen im großen Holzfass. Die Riedenweine Hochstermetzberg, Schusterberg, Krois und Sulz stellen die Speerspitze des Sortiments dar, es sind die wertvollsten Weine des Hauses. Von alten Rebstöcken selektionierte Trauben werden dabei mit Naturhefen vergoren und für mindestens ein Jahr in Holzfässern gereift.

97+ 2021 Gewürztraminer Ried Krois Südstmk. DAC 1 STK 14 %, €€€
Jugendliche Farbe, intensive Nase, Eibisch, traubige Noten, Rosenholz, Mandarine, Bergamotte und Lavendel, gehaltvoll, dicht und balancierte Textur, engmaschiges Finish, Quitte und zarter Fruchtschmelz im Abgang.

97 2020 SB Ried Hochstermetzberg Südstmk. DAC G STK 13 %, €€€
Jugendliche Farbe, Kumquat, Grapefruit, Fenchel, feine Würze, kandierte Orange, kräftig, dicht und engmaschige Struktur, präzises, pikantes Finish, lang anhaltend, Quitte und Physalis im Rückaroma, Potenzial.

96+ 2021 SB Ried Schusterberg Südstmk. DAC 1 STK 13,5 %, €€€
Jugendliche Farbe, vielschichtige Nase, Holunderblüte, Melisse, schwarze Johannisbeere, lebendiger Trinkfluss, engmaschige Textur, pikantes, feines Finish, lang anhaltend, exotische Fruchtnoten und Cassis im Rückaroma.

96 2021 Morillon Ried Schusterberg Südstmk. DAC 1 STK 13,5 %, €€€
Jugendliche Farbnoten, Apfelquitte, Pomelo, Grapefruit, körperreich, straff, engmaschiger Trinkfluss, lebendige Struktur, feiner, leicht mineralischer Abgang, Physalis und Limette im Rückaroma, sehr lang anhaltend.

95 2020 Rheinriesling Ried Hochstermetzberg Südsteiermark DAC G STK 12,5 %, €€€
Jugendliche Farbe, kandierte Orange, gelber Pfirsich, Apfelquitte, straff, lebendige Textur, guter Trinkfluss, fruchtiges Finish, lang anhaltend, Physalis und Marille im Nachhall.

95 2021 GM Ried Krois Südsteiermark DAC 1 STK 13 %, €€€
Jugendliche Farbe, florale Noten, kandierte Ananas, Melisse, stoffig, lebendiger, balancierter Trinkfluss, fruchtiger Schmelz im Abgang, langer Nachhall, sehr eleganter Muskateller.

94 2021 Welschriesling Ried Sulz 12,5 %, €€€
Helle Farbe, nuancierte Steinobstaromen, gelber Apfel, Nektarine, Limette, körperreich, balancierte, engmaschige Struktur, Grapefruit und Verbene im Finish, Kumquat im Nachhall.

Südsteiermark

Weingut Peter Masser

Peter Masser lebt seine Liebe zum Weinbau: Ob im Weingarten oder im Keller, jede Tätigkeit erfolgt überlegt und mit Verantwortung. Dabei greift er auf traditionelle Methoden zurück, entwickelt aber auch immer wieder neue Projekte, um den Betrieb erfolgreich in die Zukunft zu führen. Derzeit stellt er auf biologischen Weinbau um. Die typischen steirischen Sorten werden in drei Ausbaustufen präsentiert: „Stock" steht für fruchtig-leichte Weine mit Sortentypizität und unkompliziertem Trinkgenuss, „Bod'n" sind Weine, die ihre Herkunft widerspiegeln, und die Topline „Zeit & Ruh" zeichnet sich durch komplexe Gewächse mit Lagerpotenzial aus. Unterstützt wird er von seinem Sohn, der seit einiger Zeit mit ihm den Betrieb führt.

Foto: derFLOR

Fötschach 41
8463 Leutschach
T 03454/467
M weingut@masser.cc
www.masser.cc

Öffnungszeiten
Mo.–Sa. 8.30–12, 13–18,
So. 8.30–13
Rebfläche
25 ha
Rebsorten
SB, CH, WR, SÄ, PB, GM, PG, ZW, BW, CS
Anbau
KIP, Umstellung organisch-biologisch
Verschlussarten
NK, DV
Gastronomie
Buschenschank, Vinothek

96 2021 Sauvignon Blanc Ried Schlingelberg Fuhreg Südsteiermark DAC 13%, €€€
Kräftige Farbe, vielschichtige Nase, Pfirsich- und Marillenkompott, florale Noten, ein Touch Blütenaromen, kandierte Orange, Verbene, kräftig, lebendige Textur, feinster Gerbstoff mit Frucht balanciert im Finish, sehr langer Nachhall, Ingwer-Honig und Kumquat im Rückaroma, Potenzial.

94 2021 Riesling Ried Oberglanz Südsteiermark DAC 12,5%, €€€
Jugendliche Farbe, tiefe, reife Steinobstnoten, gelber Pfirsich, Mandarine, stoffig, lebendige, elegante Textur, fruchtig unterlegter Gerbstoff, Physalis und Marille im Rückaroma, sehr lang anhaltend, zarter Schmelz im Rückaroma.

93 2020 Gelber Muskateller Ried Oberglanz Südsteiermark DAC 13%, €€€
Jugendliche Farbnoten, nuanciertes Bukett, zarte Blütenanklänge, kandierte Orange, Mandarine, kräftiger Wein, harmonische Textur, Maracuja und zarter Schmelz im Finish, gute Länge.

93 2022 Grauer Burgunder Leutschach Südsteiermark DAC 12,5%, €€
Kräftige Farbe, nuancierte Nase, kandierte Orange, Birne und Mandeln, stoffiger Wein, dicht und druckvolle Struktur, feines Tannin, Apfelquitte und Mandarine im Nachhall, lang anhaltend.

92+ 2022 Morillon Leutschach Südsteiermark DAC 12,5%, €€
Helle Farbe, intensive Fruchtnoten, Marille, Mandarine, Grapefruit, kräftiger Wein, dicht und gutes Frucht-Säure-Spiel, feiner Gerbstoff und Physalis im Abgang, langer Nachhall.

92 2021 Kompromisslos Blanc 13,5%, €€
(SC/SO) Helles Goldgelb, kandierte Birne, Banane und Orange, Karamell, körperreich, balancierte Textur, fester Gerbstoff, Mandeln, Nektarine und Zesten im Nachhall, gute Länge.

91 2023 Kompromisslos non Blanc 11%, €
(SO/Cabernet Jura) Bernsteinfarben, Rosé-Farbe, Weichsel, grüner Apfel, Steinobst, stoffig, dicht und festes Tannin im Abgang, lebendiger Trinkfluss, langer Nachhall.

Südsteiermark

Weingut MUSTER.gamlitz

Foto: LUPI SPUMA Fine Photography

Grubtal 14
8462 Gamlitz
T 03453/23 00
M weingut@muster-gamlitz.at
www.muster-gamlitz.at

Öffnungszeiten
Mo.–Sa. 10–17
Rebfläche
57 ha
Rebsorten
WR, GM, SÄ, PB, PG, SB, CH
Anbau
KIP
Verschlussarten
GL, DV
Gastronomie
Buschenschank, Café
Sonstiges
Übernachtungsmöglichkeit

Das Weingut existiert seit 2002 als Familienbetrieb unter der Leitung von Reinhard Muster, der sich selbst als bodenständig und offenherzig beschreibt. „Learning by doing" ist das Motto des Winzers, mit jedem Jahrgang sammelt er neue Erfahrungen, die seinen Weinen zugutekommen. Das Sortiment teilt sich in drei Linien, die sich an den Kriterien Rebsorte, Lage und Witterungsverlauf orientieren: die leichten, fruchtigen „Klassik"-Weine, die „Reverenz"-Linie, die den Jahrgang und die Sortentypizität betont, und die Einzellagengewächse aus der Ried Grubthal, die sich durch Tiefgründigkeit und Herkunftscharakter auszeichnen sollen – geprägt von den Muschelkalkböden der Toplage.

98 2021 Sauvignon Blanc Ried Grubthal Südsteiermark DAC 13,5 %, FP, €€€
Jugendliche Farbe, intensive, komplexe Aromatik, Pimentos, Weingartenpfirsich, Passionsfrucht, zarte Blütenanklänge, körperreich, dicht und straff, engmaschige Struktur, feinfruchtiges Finish, Johannisbeere und Physalis im Rückaroma, sehr lang anhaltend.

95 2020 Chardonnay Ried Grubthal Südsteiermark DAC 13,5 %, €€€
Jugendliche Farbe, vielschichtiges Bukett, rosa Grapefruit, Pomelo, nussige Würze, körperreich, dicht und straffe Struktur, engmaschiges Finish, Kumquat und Limette im Rückaroma, Riesenpotenzial.

94+ 2018 Chardonnay Ried Grubthal 13,5 %, €€€
Jugendliche Farbnoten, komplexes Bukett, kandierte Orange, Mandeln, nussige Würze, körperreich, gut stützende Säure, feines Tannin, langer Nachhall, Kumquat, Grapefruit und Steinobst im Rückaroma, Potenzial.

94 2023 Sauvignon Blanc Dom. Wolf Ried Hoch Sernau Südsteiermark DAC 13,5 %, FP, €€€
Jugendliche Farbe, vielschichtige Nase, Antipasti-Noten, Pimentos, zart florale Noten, kräftiger Wein, lebendiger, eleganter Trinkfluss, Lemongrass und Blütenanklänge im Nachhall, Potenzial.

93+ 2022 Sauvignon Blanc Illyr 13 %, €€
Helle Farbe, jugendliches Bukett, Holunderblüte, Mandarine, kandierte Frucht, Cassis, körperreich, gut stützendes Säurespiel, harmonischer Trinkfluss, fruchtig-pikantes Finish, langer Nachhall.

92+ 2022 Weißburgunder Illyr 13,5 %, €€
Helle Farbe, einladendes Fruchtspiel, kandierter Apfel, Kumquat, Mandeln, Steinobst, stoffiger Wein, harmonische Textur, fruchtiges Finish, Mandarine und Zesten im Nachhall, gute Länge.

92 2023 Gelber Muskateller Styria 11,5 %, €€
Helle Farbe, intensives Bukett, ausgeprägte Blütenaromen, kandierte Ananas, Steinobst, kräftiger Wein, lebendiger Trinkfluss, fruchtiger Schmelz im Abgang, gute Länge.

Südsteiermark

Weingut NeueHeimat

Das Weingut NeueHeimat startete 2009, damals unter dem Namen Goedwinemakers. Die beiden Freunde Ton Goedmakers und Uli Kaltenböck, die sich in den 1990ern in Lech am Arlberg kennenlernten, erfüllten sich damit den Traum vom eigenen Weingut. Über die Jahre entwickelten sich das Weingut, die Menschen am Hof und ihre Weine immer weiter. Mit der Übergabe an Bastian Kaltenböck, den nunmehrigen Leiter des Weinguts, und Kellermeister Christian Söll wurde auf biologische Wirtschaftsweise umgestellt. Elf Hektar Weingartenfläche werden mittlerweile sogar nach den biodynamischen Richtlinien von Demeter bewirtschaftet. Seit heuer werden die Weine auch nicht mehr als DAC eingereicht. NeueHeimat soll für naturbelassene und lebendige Gewächse stehen, die von ihrer Herkunft Sernau erzählen.

Foto: Martin Stöbich

Sernau 29
8462 Gamlitz
T 0664/280 96 00, 03454/661 64
M bastian@neueheimat.wine
www.neueheimat.wine

Rebfläche
11 ha
Flaschenanzahl
30.000
Rebsorten
GM, PN, PB, SB, CH, PG
Anbau
organisch-biologisch, Umstellung biologisch-dynamisch
Verschlussart
NK

96 2021 Resonanz Burgunder 13%, €€€
(CH/PB/PG) Kräftige Farbnoten, tiefe, vielschichtige Aromen, nussige Würze, Mandeln, Kumquat, Nektarine, kräftiger Wein, engmaschig, dicht und eleganter Trinkfluss, zart mineralisches Finish, lang anhaltend, Birnenquitte und Mandarine im Rückaroma, Potenzial.

96 2021 Resonanz Sauvignon Blanc 13,5%, €€€
Kräftige Farbe, vielschichtige, intensive Nase, Antipasti-Noten, Pfirsich, Fenchel, Verbene, körperreich, dicht und engmaschige Struktur, feinster Gerbstoff, sehr lang anhaltend, Zitronenmelisse und Kumquat im Rückaroma, Riesenpotenzial.

95 2021 Ccarakter Cuvée 13,5%, €€€
(PB/SB/CH/PG/MU) Jugendliche Farbe, komplexe, intensive Nase, Melisse, zarte Blütenanklänge, Pfirsich, Mandarine, stoffig, dicht und engmaschige Struktur, fruchtig-pikanter Abgang, lang anhaltend, Potenzial, rosa Grapefruit im Rückaroma.

94+ 2021 Aspekt Pinot Noir 12%, €€€
Jugendlich, sehr transparente Farbe, Preiselbeere, Blutorange, zarte Würze, straff, dicht, lebendige Struktur, feines, seidiges Tannin, Kumquat und Kornelkirsche im Nachhall, Potenzial.

93+ 2022 Aspekt Muskateller 11%, €€€
Goldgelb, zarte orange Farbe, Blütenhonig, Mandarine, Pfirsich, straff, lebendiger Trinkfluss, feines Tannin, fruchtig, lang anhaltender Nachhall.

93 2022 Intuition Burgunder 12%, €€
(PB/PG/CH) Helle Farbe, vielschichtige Aromen, rosa Grapefruit, nussige Würze, Limette, Steinobst, straff, dicht und engmaschige Struktur, fruchtig unterlegter Gerbstoff, lang anhaltend, Kumquat und Marille im Rückaroma.

93 2022 Intuition Sauvignon Blanc 13,5%, €€
Jugendliche Farbe, vielschichtige Aromen, Cassis, blättrig, Verbene, stoffig, dicht, engmaschige Struktur, Mandarine im Abgang, langer pikanter Nachhall, fruchtiges Rückaroma.

Südsteiermark

Weingut Polz

Am Graßnitzberg 39
8472 Strass in der Steiermark
T 03453/23 01
M weingut@weingutpolz.at
www.weingutpolz.at

Öffnungszeiten
Mo.–Fr. 10–17, Sa. 10–15
Rebfläche
70 ha
Flaschenanzahl
500.000
Rebsorten
WR, PB, GM, MO, SB, PG, TR, ZW, BF, CS, PN
Anbau
Umstellung organisch-biologisch, nachhaltig
Verschlussarten
NK, DI, DV
Gastronomie
Buschenschank

Vor über 112 Jahren legte Johann Polz am Grassnitzberg den Grundstein für das Weingut. Heute arbeiten seine Urenkel in vierter Generation daran, charaktervolle Weine ins Glas zu bringen. Erich Polz junior leitet seit 2020 den Betrieb und ist mit seinem Bruder Christoph schon seit einigen Jahren für den Keller und die Vinifikation verantwortlich. Der Fokus liegt auf dem Handwerk – Erich Polz versteht es, aus den einzigartigen Rieden eigenständige und ausdrucksstarke Weine zu kreieren. Ihr gemeinsames Ziel ist, das Potenzial ihrer Lagen in den Gewächsen zum Ausdruck zu bringen. Dabei bauen sie auf dem Wissen voriger Generationen auf und bringen neue Ideen ein. So führen sie das Weingut erfolgreich in die Zukunft.

97+ 2021 Sauvignon Blanc Therese& Zeit Ried Theresienhöhe
Südsteiermark DAC 1 STK 13,5 %, €€€
Helle Farbe, intensive, vielschichtige Aromatik, Blüten, Cassis, Physalis, lebendige Struktur, ruhiger, eleganter Trinkfluss, feines, pikantes Finish, langer Nachhall, Zitronenmelisse und Kamille im Rückaroma, eleganter Wein.

96+ 2022 Sauvignon Blanc Therese Ried Theresienhöhe
Südsteiermark DAC 1 STK 13,5 %, €€€
Helle Farbe, intensive Nase, Grapefruit, exotische Noten, kandierte Ananas, Antipasti-Anklänge, Fenchel, körperreich, straff, dicht und engmaschige Struktur, präzises Finish, Physalis und Pomelo im Rückaroma.

96 2022 Morillon Ried Grassnitzberg Licht Südsteiermark DAC 1 STK 13,5 %, €€€
Jugendliche Farbe, tiefe Steinobst- und Zitrus-Noten, Kumquat, Pomelo, körperreich, lebendige Struktur, engmaschiges Finish, langer Nachhall, Physalis und rosa Grapefruit im Rückaroma.

96 2022 Morillon Ried Grassnitzberg Südsteiermark DAC 1 STK 12,5 %, €€€
Helle Farbe, vielschichtige Nase, rosa Grapefruit, Physalis, Steinobst, kräftiger Wein, dicht und lebendige Struktur, Kumquat und Limette im Rückaroma, sehr lang anhaltend, Potenzial.

95+ 2022 Sauvignon Blanc Ried Grassnitzberg Licht
Südsteiermark DAC 1 STK 13,5 %, €€€
Jugendliche Farbe, intensives Bukett, leicht exotische Fruchtnoten, Fenchel, Grapefruit, kräftig, dicht und straffe Struktur, zarter Schmelz im Finish, florale Noten und Passionsfrucht im Nachhall.

94 2022 Sauvignon Blanc Ehrenhausen Südsteiermark DAC 13 %, FP, €€
Jugendliche Farbe, intensive Nase, zarte Reduktionsnoten, mit Luft vielschichtige Aromen, klare Fruchtentwicklung, Blüten, Verbene, Cassis, saftige Textur, balancierte Trinkfluss, elegant, seidiger Abgang, gute Länge.

93+ 2022 Morillon Ehrenhausen Südsteiermark DAC 13 %, FP, €€
Helle Farbe, jugendliche Aromatik, tiefe Frucht, Steinobst, Mandarine, Kumquat, straff, balancierter, eleganter Trinkfluss, fruchtig-präzises Finish, sehr lang anhaltend.

Südsteiermark

Weingut Primus, Christian & Thomas Polz

Mit striktem Qualitätsdenken und Ehrgeiz hat sich das Weingut der Brüder Christian und Thomas Polz einen Namen gemacht. Sie verfügen über einige der besten Lagen in der Südsteiermark, darunter die Rieden Grassnitzberg und Zieregg. Neben einer frisch-fruchtigen Südsteiermark-Klassik-Linie legt man das Hauptaugenmerk auf natur-belassene, charaktervolle Lagenweine, die genügend Zeit bekommen, um sich zu entwickeln. Im Sortiment finden sich außerdem einige interessante Gewächse aus dem benachbarten Slowenien, wo die Brüder seit einigen Jahren einen Weinberg kultivieren.

Foto: Karin Bergmann.at

Am Graßnitzberg 15
8472 Graßnitzberg
T 03453/39 11
M weingut@primus.cc
www.primus.cc

Öffnungszeiten
nach Vereinbarung
Rebfläche
18,5 ha
Rebsorten
WR, PB, CH, GM, SB
Anbau
KIP, konventionell, nachhaltig
Verschlussarten
NK, DV
Gastronomie
Vinothek
Sonstiges
Übernachtungsmöglichkeit

95 2021 Sauvignon Blanc Ried Zieregg Südsteiermark DAC 13,5 %, €€€
Jugendliche Farbe, vielschichtige Aromatik, kandierte Orange und Mandeln, Antipasti-Noten, Kapern, Pimentos, dicht und straffe Textur, harmonischer Trinkfluss, fruchtig-pikanter Gerbstoff im Abgang, langer Nachhall, Kumquat im Finish.

94 2021 Chardonnay Ried Zieregg Südsteiermark DAC 13,5 %, €€€
Jugendliche Farbnoten, ausgeprägtes Bukett, leicht rauchig-röstige Aromen, Grapefruit, Papaya, körperreicher Wein, dicht und straff, lebendiger Trinkfluss, feines Tannin, Vanille und Mandarine im Nachhall, lang anhaltend.

94 2021 Terra „Z" 14,5 %, €€€
(SB, maischevergoren) Kräftige Farbe, vielschichtige Aromatik, Einlegegewürze, Antipasti-Noten, Grapefruit, opulenter Wein, dicht und straffe Textur, engmaschiges, feines Tanninfinish, sehr lang anhaltend, Potenzial.

93 2022 Chardonnay Ried Grassnitzberg Südsteiermark DAC 13,5 %, €€
Jugendliche Farbe, einladende, reife Fruchtnoten, kandierte Orange, Bratapfel, Nashi-Birne, nussige Würze, körperreich, dicht und harmonischer Trinkfluss, Zesten und Mandeln im Finish, gute Länge.

93 2022 Sauvignon Blanc Ried Grassnitzberg Stein Südsteiermark DAC 13,5 %, €€
Helle Farbnoten, ausgeprägte, jugendliche Nase, Einlegegewürze, Lemongrass, Mandarine, kräftiger Wein, gut stützendes Säurespiel, Limette und Würze im Nachhall, lang anhaltend.

91+ 2023 Sauvignon Blanc Muschelkalk Südsteiermark DAC 13 %, €
Helle Farbe, nuanciertes Bukett, Steinobst, Paprika, zarte Würze, stoffig, lebendiger Trinkfluss, zarter Schmelz und Pikanz im Abgang, gute Länge.

Südsteiermark

Markus Pongratz

Markus Pongratz ist ein aufstrebender Winzer, der gemeinsam mit seiner Frau Sabine seit einigen Jahren den traditionsreichen Familienbetrieb mit Sorgfalt und Hingabe führt. Mit tiefem Verständnis für das vom Vater überlieferte Wissen und Gespür für Innovation vereint er Tradition und Zeitgeist. Seine herausragenden Lagen am Kranachberg und am Hochberg sollen das Fundament bilden für Weine von außergewöhnlicher Güte. Die Trauben, in mehreren sorgfältigen Lesedurchgängen handverlesen, werden mit modernster Kellertechnik zu Weinen vinifiziert, die sich durch markante Frucht und eigenständigen Charakter auszeichnen.

Foto: Helmut Bolesch

Kranachberg 73
8462 Gamlitz
T 0676/337 96 52, 03453/44 77
M info@weingut-pongratz.at
www.weingut-pongratz.at

Öffnungszeiten
nach tel. Voranmeldung
Rebfläche
12 ha
Rebsorten
PB, PG, WR, SB, GM, SÄ, CH, ZW
Anbau
KIP
Verschlussarten
NK, DV
Sonstiges
Veranstaltungen, Übernachtungsmöglichkeit

95 2021 Sauvignon Blanc Ried Hochberg Schwalbenhimmel Südsteiermark DAC 13,5 %, €€€
Jugendliche Farbnoten, intensive, vielschichtige Aromen, Holunderblüten, Zitronenmelisse, Pimentos, Mandarine, körperreich, dicht, straff, feiner Gerbstoff im Abgang, sehr lang anhaltend, Passionsfrucht, rosa Grapefruit und Nektarine im Nachhall, Riesenpotenzial.

94+ 2021 Chardonnay Ried Hochberg Schwalbenhimmel Südsteiermark DAC 13,5 %, €€€
Jugendliche Farbnoten, Marzipan, Vanille, kandierte Orange, leicht röstige Noten, körperreich, dicht und straffe Struktur, feiner Gerbstoff und Grapefruit im Abgang, sehr lang anhaltend, Potenzial.

94 2021 Grauburgunder Ried Hochberg Schwalbenhimmel Südsteiermark DAC 13,5 %, €€€
Kräftige Farbe, komplexe Aromen, nussige Würze, Mandeln, Orangenzesten, Vanille, körperreich, dicht und lebendiger Trinkfluss, feines Tannin und Grapefruit im Nachhall, Potenzial.

93+ 2022 SB Ried Hochberg Südsteiermark DAC 13 %, €€€
Helle Farbe, intensive Nase, Einlegegewürze, Paprika, Fenchel, zarte Blütenanklänge am Gaumen, kräftig, lebendiger Trinkfluss, gut stützende Säure, Passionsfrucht und Verbene im Nachhall, lang anhaltend.

93+ 2022 Sauvignon Blanc Ried Kranachberg Sonnleitn Südsteiermark DAC 13 %, €€€
Helle Farbe, komplexe Aromatik, Antipasti-Noten, Kapern, Fenchel, Holunderblüte, Maracuja, körperreich, balancierte Textur, fruchtig-pikanter Gerbstoff im Abgang, lang anhaltend, Cassis im Rückaroma.

92+ 2023 CH Ried Kranachberg Sonnleitn Südsteiermark DAC 13 %, €€
Helles Gelb, reife, gelbe Fruchtnoten, Melone, Nektarine, Salzkaramell, kräftiger Wein, balancierte Textur, zartes Tannin im Abgang, fruchtiger Nachhall.

92+ 2023 Grauburgunder Ried Hochberg Südsteiermark DAC 13 %, €€
Jugendliche Farbnoten, kandierte Orange, Melone und Karamell, körperreich, lebendige Textur, feiner Gerbstoff, fruchtiger Schmelz im Abgang, Kumquat und Grapefruit im Nachhall.

Südsteiermark

Georg Regele

Das traditionsreiche Weingut der Familie Regele wurde 1830 gegründet. Heute führen Ingrid und Georg Regele gemeinsam mit ihrem Sohn Franz den renommierten Weinbaubetrieb. Georg Regele vergleicht die Erfolgsgeschichte gerne mit seinen Reben, so seien starke Wurzeln die Voraussetzung für eine gesunde Entwicklung und stetige Qualitätssteigerung. Kultiviert werden rund 18 Hektar Rebflächen, die ausnahmslos händisch gelesen werden. Die besten Rieden sind Oberglanzberg, Sulz und die große Riede Zoppelberg. Der Weinbau ist für die Familie nicht nur ein traditionsreiches Handwerk, er erfordert auch Innovationen. So hat sich das Weingut in den vergangenen Jahren kontinuierlich verändert. Franz Regele verbindet Mut zu Neuerungen mit dem Erhalt von Bewährtem. So baut er etwa einige seiner Weine in Amphoren oder im Betonei aus, kultiviert aber auch PIWI-Rebsorten wie den Souvignier gris. Voraussetzung für innovative Methoden ist für ihn eine konsequent nachhaltige Bewirtschaftung der Rebflächen, möglichst im Einklang mit der Natur.

Foto: FKS k9 Digital GmbH

Ewitsch 34
8461 Ehrenhausen a. d. Weinstraße
T 0664/202 91 01, 03453/24 26-0
M office@regele.com
www.regele.com

Öffnungszeiten
Ab–Hof–Verkauf Mo.–Sa. 10–17, So. 10–14
Rebfläche
18 ha
Rebsorten
BW, SB, WR, TR, PB, GM, ZW, CH, SG
Anbau
KIP, konventionell, nachhaltig
Verschlussarten
NK, DV

94 2018 Chardonnay Sekt Große Reserve Blanc de Blancs Ried Oberewitsch 11,5 %, €€€
Kräftige Farbe, kandierte Birne und Orange, zarte Hefenoten, Mandarine und Grapefruit, straff, sehr jugendliches Mousseux, fruchtig, pikanter Abgang, gute Länge, Birnenquitte im Nachhall.

93+ 2018 Sauvignon Blanc Ried Zoppelberg 12,5 %, €€€
Jugendliche Farbe, intensive Nase, Einlegegewürze, Schoten, Paprika, kandierte Orange, kräftiger Wein, harmonischer Trinkfluss, zarter Schmelz und Pikanz im Abgang, Nektarine und Mandarine im Rückaroma.

93+ 2022 SB Ried Zoppelberg Südsteiermark DAC 13 %, FP, €€€
Helle Farbe, vielschichtiges Bukett, Steinobst, zarte Blütenanklänge, Antipasti-Noten, Zitronenmelisse, kräftig, lebendiger Trinkfluss, balancierte Textur, feines, pikantes Finish, Kumquat und Zesten im Nachhall, Potenzial.

93 2018 Rosé Sekt Reserve Brut 12,5 %, €€
(PN) Kräftige Rosé-Farbe, nuanciertes Bukett, kandierte Frucht, Brioche, zarte Kirschnoten, kräftig, lebendige Perlage, balancierter Schmelz und Weichsel im Nachhall.

93 2022 Sauvignon Blanc Ried Sulz Südsteiermark DAC 13 %, FP, €€€
Helle Farbe, nuancierte, komplexe Aromatik, Verbene, Gewürznelke, Grapefruit, Maracuja, körperreich, dicht und straffe Textur, zartes Tannin, fruchtig-pikanter Nachhall.

92+ 2022 PG Ried Zoppelberg Südsteiermark DAC 13 %, FP, €€€
Kräftige Farbnoten, kandierte Birne, nussige Würze, Mandeln, kräftig, balancierte Textur, zarter Gerbstoff, fruchtiger Nachhall.

92+ 2023 SB Ehrenhausen Südsteiermark DAC 13 %, FP, €€
Jugendliche Farbe, einladende gelbe Frucht, zart Blütenanklänge, Maracuja, stoffig, lebendiger Trinkfluss, zarter Schmelz im Finish.

Südsteiermark

Weingut Riegelnegg, Olwitschhof

Der idyllische Weinhof liegt umgeben von Weingärten am Sernauberg. Beste Lagen, fachkundige Pflege der Weingärten und gewissenhafter und sorgfältiger Ausbau der Weine sind für Familie Riegelnegg die Voraussetzung für hochwertige, fruchtige und typisch steirische Weine. Die günstigen mikroklimatischen Bedingungen rund um den Sernauberg bieten dafür die besten Voraussetzungen.
Die schweren Böden der Spitzenlage sorgen auch für hohe Wasserspeicherkapazität, was wiederum eine optimale Traubenreife mit hoher Gradation begünstigt. So wird jedes Jahr mit viel Herzblut dafür gesorgt, beste Weiß- und Rotweine hervorzubringen.

Foto: Klocke Verlag GmbH

Steinbach 62
8462 Gamlitz
T 03454/62 63
M weingut@riegelnegg.at
www.riegelnegg.at

Öffnungszeiten
Mo.–Sa. 10–12, 14–17
(So., Fei. Ru.)
Rebfläche
14 ha
Rebsorten
WR, PB, RR, CH, SB, GM, SÄ, TR, ZW, ME
Anbau
KIP, konventionell, nachhaltig
Verschlussarten
NK, GL, DV

97 2021 Sauvignon Blanc Ried Sernauberg Exzellenz Südsteiermark DAC 14 %, €€€
Jugendliche Farbe, vielschichtige Nase, kandierte Orange, Holunderblüte, Ingwer-Honig, Melisse, Antipasti-Noten, gehaltvoll, dicht und engmaschiges, feinkörniges Finish, Lemongrass, Pimentos und Cassis im sehr langen Nachhall, Riesenpotenzial.

95 2021 Sauvignon Blanc Ried Welles Südsteiermark DAC 14 %, €€€
Helle Farbe, intensive, vielschichtige Nase, Melisse, Johannisbeere, Minze, zarte Blüten, körperreich, dicht und engmaschige Struktur, feiner Gerbstoff, Blüten und Nektarine im Nachhall, lang anhaltend.

94+ 2020 Chardonnay Ried Sernauberg Exzellenz Südsteiermark DAC 14 %, €€€
Jugendliche Farbe, vielschichtige Aromatik, kandierte Orange, Mandeln, Grapefruit, rauchig-röstig, gehaltvoll, balancierte Struktur, feiner Gerbstoff, zarter Schmelz und Mandarine im Nachhall.

94 2022 Sauvignon Blanc Ried Sernauberg Südsteiermark DAC 13,5 %, €€€
Jugendliche Farbnoten, intensive, komplexe Aromatik, zarte Holunderblüte, Lemongrass, Cassis, Passionsfrucht, körperreich, lebendige Textur, fruchtig-pikantes Finish, Antipasti-Noten und Steinobst im Nachhall, Potenzial.

93+ 2022 Chardonnay Ried Sernauberg Südsteiermark DAC 13 %, €€
Helle Farbe, intensive, einladende Fruchtnoten, Mandarine, rosa Grapefruit, Nektarine, stoffig, dicht und straffe Struktur, engmaschiges Finish, zarter Gerbstoff, langer fruchtiger Nachhall, Potenzial.

93 2023 Sauvignon Blanc Gamlitz Südsteiermark DAC 13 %, €€
Blassgelb, intensiv, jugendliche Nase, Melisse, Verbene, Steinobst, Limette, stoffig, lebendiger Trinkfluss, Maracuja und Lemongrass im Nachhall, fruchtiger Schmelz.

HISTORISCHER WEIN
95+ 2013 Sauvignon Blanc Ried Sernauberg

Südsteiermark

Erwin Sabathi

Seit 1650 wird von der Familie Weinbau betrieben. Nun wird der Betrieb von Patrizia und Erwin Sabathi geführt. Vor allem ihre Lagenweine konnten im In- und Ausland reüssieren. Sie besitzen Finesse, Mineralität und ausgeprägten Herkunftscharakter. Das Herzstück der Weingärten ist der steile und felsige Pössnitzberg, der als Große STK Lage klassifiziert ist. Hier fühlen sich vor allem Sauvignon blanc und Chardonnay wohl. Die ältesten Rebparzellen am Pössnitzberg, unter der Bezeichnung Alte Reben abgefüllt, zeichnen sich durch feine, vielschichtige Struktur und Tiefgang aus. Aufgrund des etwas tonhaltigeren Bodens gedeihen hier kräftige und fein mineralische Weine mit straffer Struktur und eigenständigem Charakter.

Foto: Regina Hügli

Pössnitz 48
8453 Leutschach a. d. Weinstraße
T 03454/265
M weingut@sabathi.com
www.sabathi.com

Öffnungszeiten
Mo.–Fr. 10–12, 13–16.30,
Sa. 10–14 (So., Fei. Ru.)
Rebfläche
54 ha + Vertragsflächen
Rebsorten
WR, PB, CH, SB, GM, PG, PN
Anbau
organisch-biologisch, nachhaltig
Verschlussarten
NK, DV

100 2021 Chardonnay Ried Pössnitzberger Kapelle I
Südsteiermark DAC G STK 14 %, FP, €€€
Jugendliche Farbe, komplexe Aromatik, ein Hauch Reduktion, Apfelquitte, rosa Grapefruit, Pomelo, körperreich, dicht, engmaschiges Finish, salzig und mineralischer Nachhall, steirischer Chardonnay, der Aromen von Meursault und Montrachet vereint.

100 2021 Sauvignon Blanc Ried Pössnitzberger Kapelle
Südsteiermark DAC G STK 13,5 %, FP, €€€
Jugendliche Farbe, intensive Nase, vielschichtig, Melisse, Blüten, Cassis, Physalis, feinste Steinobstaromen, kräftiger Wein, dicht, engmaschige Struktur, eleganter Trinkfluss, fruchtig-pikantes Finish, langer floraler Nachhall, „Understatement" in Perfektion.

98+ 2022 Sauvignon Blanc Alte Reben Ried Pössnitzberg
Südsteiermark DAC G STK 13,5 %, FP, €€€
Jugendliche Farbe, intensive Nase, Holunderblüte, Cassis, Fenchel, Melisse, druckvoll, engmaschig, pikantes Finish, salzige Noten und sehr, sehr lang anhaltend, weiße Ribisel und Lemongrass im Rückaroma, Potenzial.

98 2022 Chardonnay Alte Reben Ried Pössnitzberg
Südsteiermark DAC G STK 13,5 %, FP, €€€
Helle Farbe, intensive Nase, leichte Reduktionsnoten, mit Luft rosa Grapefruit, Pomelo, Physalis, Pfirsich, tiefe Frucht, körperreich, engmaschig, präzise, dicht am Gaumen, salzige Noten, mineralisches Finish, sehr lang anhaltend, Riesenpotenzial.

96+ 2022 CH Ried Pössnitzberg Südstmk. DAC G STK 13,5 %, FP, €€€
Helle Farbe, intensive Aromatik, ein Hauch von Reduktion, Kumquat, Physalis, gelber Pfirsich, körperreich, dicht und engmaschige Textur, fruchtiger Schmelz im Abgang, lang anhaltend, Potenzial.

96 2022 SB Ried Pössnitzberg Südstmk. DAC G STK 14 %, FP, €€€
Jugendliche Farbe, vielschichtige Nase, Cassis, zarte Blüten, Melisse, gelber Paprika, feine Würze, gelber Pfirsich, straff, balancierte Struktur, engmaschiges Finish, langer fruchtiger Nachhall, Holunderblüte im Rückaroma.

HISTORISCHER WEIN

100 2019 SB Ried Pössnitzberger Kapelle Südsteiermark DAC G STK

Südsteiermark

Hannes Sabathi

Sernau 48
8462 Gamlitz
T 03453/29 00
M office@hannessabathi.at
www.hannessabathi.at

Öffnungszeiten
Mo.–Sa. 10–17, So. 10–14
Rebfläche
70 ha
Rebsorten
WR, SB, PB, GM, SÄ, CH, PG
Anbau
KIP, konventionell, nachhaltig
Verschlussarten
GL, DV

Die Weine von Hannes Sabathi geben äußerst präzise die Charakteristik des jeweiligen Bodens wieder. Das erfordert nicht nur handwerkliches Können, sondern auch Gespür für das von Jahr zu Jahr unterschiedliche Zusammenspiel von Boden, Rebsorte und Klima. Er sieht sich nicht als „Weinmacher", sondern als jemanden, der die Weine aufmerksam begleitet und unterstützt, der das, was Boden und Jahrgang schaffen, zu Ende bringt, ohne es zu verfälschen. Dafür braucht es nicht nur Erfahrung, sondern auch Intuition, Vertrauen in die Natur und vor allem Geduld. Weine von unterschiedlichen Böden vinifizieren zu können, ist für ihn ein Geschenk, denn jede Lage hat spezifische Eigenheiten, die es zu verstehen gilt. Diesen individuellen Charakter will er in den Weinen weiterleben lassen – egal ob es die Feingliedrigkeit vom Kranachberg, die kompakte Mineralik vom Jägerberg, die Vielschichtigkeit der Ried Loren oder die kühle Würze des Kehlbergs ist.

97 2021 Sauvignon Blanc Ried Kranachberg Kreuz Südsteiermark DAC G STK 14 %, €€€
Helle Farbe, intensive Nase, zart Reduktion, Pimentos, Grapefruit, Kumquat, blättrige Noten, Kamille, körperreich, feine Textur, zarter Gerbstoff, lang anhaltend, Blütenaromen und Passionsfrucht im Rückaroma, Potenzial.

96 2020 Sauvignon Blanc Reserve Südsteiermark DAC G STK 13,5 %, €€€
Helle Farbe, intensive Nase, leichte Reduktion, Kräuter, Zitrusnoten, Cassis, Antipasti-Anklänge, dicht und engmaschige Struktur, feines, engmaschiges Finish, lang anhaltend, Frucht und Fenchel im Nachhall.

96 2021 Sauvignon Blanc Ried Loren 14 %, €€€
Helle Farbe, intensive Nase, Cassis, Wacholder, Antipasti-Noten, körperreich, dicht, am Gaumen gelber Pfirsich und zarter Schmelz, feiner Gerbstoff, lang anhaltend, Cassis im Rückaroma

96 2022 Muskateller Trockenbeerenauslese 9 %, €€€
Kräftiges Goldgelb, exotische Fruchtnoten, florale Anklänge, Maracuja, saftiger Prädikatswein, lebendige Struktur, lang anhaltend, Ananas und Pfirsich im fruchtigen Nachhall, Potenzial.

95 2021 Chardonnay Ried Graf Woracziczky Südsteiermark DAC 13 %, €€€
Helle Farbe, intensive Nase, zarte Reduktion, dahinter Grapefruit, Pomelo, körperreich, dicht und feiner Gerbstoff, lang anhaltend, nussige Würze und Quitte im Finish.

95 2021 Sauvignon Blanc Ried Dirnbeck 13,5 %, €€€
Blassgelb, intensive Nase, kühle Würze, Limette, kandierte Ananas und Maracuja, Pimentos, stoffiger Wein, lebendige Struktur, pikantes Finish, gute Länge.

Südsteiermark

Weingut Sattlerhof

Der Sattlerhof zählt zu den erfolgreichsten Familienweingütern des Landes: Feingefühl und der kompromisslose, hartnäckige Wille zur Qualität sind für Andreas und Alexander Sattler die Grundpfeiler für vielschichtige und eigenständige Weine. Steile Toprieden mit alten Rebstöcken, sanfter Rebschnitt und biodynamische Bewirtschaftung sind nur einige der Faktoren, um einzigartige und langlebige Weine zu erzeugen. Dem Sauvignon blanc gilt dabei ihre große Liebe. Mit ihrer Interpretation der hochklassigen Rebsorte sorgen sie im In- und Ausland für Furore.

100 2021 Sauvignon Blanc Ried Trinkaus Südsteiermark DAC G STK 13,5 %, €€€
Helle Farbe, vielschichtige Aromatik, Kamille, Holunderblüte, Johannisbeere, Pimentos, kräftiger Wein, dicht und engmaschige Struktur, eleganter Trinkfluss, feinstes Tannin, sehr langer Nachhall, seidiger Sauvignon-blanc-Stil, Steiermark in Perfektion.

99 2021 Ried Pfarrweingarten Südsteiermark DAC G STK 13,5 %, €€€ (CH/PB/PG) Jugendliche Farbnoten, vielschichtige Aromen, tiefe Fruchtnoten, Kumquat, Physalis, kandierte Orange, Bratapfel, gehaltvoll, harmonischer Trinkfluss, feiner Gerbstoff, zarter Schmelz und kandierte Grapefruit im Rückaroma, Riesenpotenzial.

99 2021 Sauvignon Blanc Ried Alter Kranachberg Südsteiermark DAC G STK 13,5 %, €€€
Helle Farbe, intensive Nase, Holunderblüte, Cassis, Pomelo, grüner Tee, Kamille, Pimentos, körperreich, straff, engmaschig, lebendige Textur, feinkörniger Gerbstoff, lang anhaltend, zarter Schmelz im Nachhall, Potenzial.

Sernau 2
8462 Gamlitz
T 03453/25 56
M weingut@sattlerhof.at
www.sattlerhof.at

Öffnungszeiten
Mo.–Sa. 10–18
Rebfläche
35 ha
Flaschenanzahl
140.000
Rebsorten
SB, GM, CH, PB, WR, PN
Anbau
biodynamisch
Verschlussarten
GL, DV
Gastronomie
Restaurant
Sonstiges
Übernachtungsmöglichkeit

97+ 2021 Sauvignon Blanc Ried Kapellenweingarten Südsteiermark DAC 13 %, €€€
Helle Farbe, komplexes Bukett, Melisse, Holunderblüte, feine Würze, körperreich, dicht und engmaschige Struktur, feines Tanninfinish, lang anhaltend, Verbene und Pfirsich im Nachhall.

97 2021 Morillon Ried Kapellenweingarten Südsteiermark DAC 13,5 %, €€€
Helle Farbe, intensive, kühle Aromatik, Grapefruit, Pomelo, leicht kandierte Noten, körperreich, balancierte, lebendige Textur, eleganter Trinkfluss, fruchtig-pikanter Abgang, sehr lang anhaltende Mandarine im Nachhall, Potenzial.

96+ 2021 Sauvignon Blanc Ried Grassnitzburg 14,5 %, €€€
Helle Farbe, intensive Nase, Pimentos, Grapefruit, nussige Würze, zart florale Anklänge, opulenter Wein, balancierte Textur, Blüten und kandierte Noten im Abgang, pikanter Gerbstoff, sehr reife Frucht und Umami im Nachhall, Potenzial.

95+ 2022 Sauvignon Blanc Trockenbeerenauslese 11 %, €€€
Helles Goldgelb, intensive Nase, kandierte Ananas, Maracuja, Passionsfrucht, stoffig, elegante, balancierte Textur, lebendiger Trinkfluss, zarter Gerbstoff, balancierte Restsüße, exotische Frucht im Nachhall, Potenzial.

Südsteiermark

Weingut Schauer

Das Weingut liegt in Kitzeck im Sausal, dem höchstgelegenen Weinbaugebiet Österreichs, und ist ein traditionsreicher Familienbetrieb mit herausragenden Rieden und nachhaltiger Bewirtschaftung. Die Brüder Stefan und Bernhard sind Weinbauern aus Überzeugung und führen den Betrieb Seite an Seite. Ihre Weine zeigen sich finessenreich und sind geprägt von den einzigartigen Schieferböden der Region. Die Rebflächen sind aufgrund der außergewöhnlichen Hangneigung besonders arbeitsintensiv zu bewirtschaften – Handarbeit ist dabei das Um und Auf.

Foto: Michaela Lorber

Greith 21
8442 Kitzeck im Sausal
T 03456/35 21
M office@weingut-schauer.at
www.weingut-schauer.at

Öffnungszeiten
siehe Website
Rebfläche
ca. 25 ha
Rebsorten
WR, PB, RI, GM, CH, SB, PG
Anbau
KIP, konventionell, Umstellung organisch-biologisch, nachhaltig
Verschlussarten
GL, DV
Gastronomie
Buschenschank, Vinothek
Sonstiges
Übernachtungsmöglichkeit

95 2022 Sauvignon Blanc Ried Gaisriegl Südsteiermark DAC 13,5 %, FP, €€€
Jugendliche Farbe, vielschichtige Aromatik, Maracuja, Holunderblüte, Steinobst, stoffig, gut stützende Säure, fruchtiger Schmelz und Pimentos im Nachhall, Potenzial.

94+ 2022 Weißburgunder Ried Höchtemmel Südsteiermark DAC 13 %, €€€
Jugendliche Farbe, vielschichtige Nase, Kumquat, gelber Apfel, nussige Würze, körperreich, balancierte Textur, feiner Gerbstoff im Abgang, langer Nachhall, Physalis im Rückaroma, Potenzial.

94 2022 Riesling Ried Gaisriegl Südsteiermark DAC 13 %, FP, €€€
Jugendliche Farbe, vielschichtige Nase, Steinobst, Physalis, rosa Grapefruit, stoffig, dicht und engmaschiger Abgang, leicht mineralisches Finish, lang anhaltend.

94 2022 Sauvignon Blanc Ried Sulz Südsteiermark DAC 13,5 %, €€€
Jugendliche Farbe, jugendliche Nase, Pimentos, Einlegegewürze, Pomelo, kandierte Noten, gehaltvoll, dicht und engmaschige Struktur, fruchtig-floraler Abgang, lang anhaltend, Holunderblüte und Steinobst im Nachhall, Potenzial.

92+ 2023 Sauvignon Blanc Kitzeck Sausal Südsteiermark DAC 12 %, FP, €€
Helle Farbe, jugendliche, intensive Nase, Steinobst, Mandarine, Antipasti-Noten, stoffig, lebendiger Trinkfluss, zarter Gerbstoff, fruchtig-pikantes Finish, gute Länge.

92+ 2023 Welschriesling Out of Slate Südsteiermark DAC 12 %, FP, €€
Helle Farbe, jugendlich, intensive Nase, grüner Apfel, Yuzu, Melisse, straff, markantes Frucht-Säure-Spiel, engmaschiges Finish, Grapefruit und Mandarine im Nachhall.

Südsteiermark

Johann Schneeberger

Pernitschstraße 31
8451 Heimschuh
T 03452/839 34
M office@weingut-schneeberger.at
www.weingut-schneeberger.at

Öffnungszeiten
Weinverkauf Mo.–Fr. 8–17,
Sa., So., Fei. 10–17
Rebfläche
120 ha
Rebsorten
WR, PB, CH, SÄ, GM, SB,
ZW, BW
Anbau
KIP, konventionell, nachhaltig
Verschlussart
DV
Gastronomie
Buschenschank (Di.–So. ab 12,
siehe Website)

Das Sausal verfügt über beste Bedingungen für den Weinbau: Die mineralischen Schiefer- und Muschelkalkböden, die besonderen klimatischen Verhältnisse und tradiertes Wissen ermöglichen es Johann Schneeberger und seinem Sohn Johann junior, hochwertige Weine zu produzieren. Die beiden wollen Herkunft und Sorte in ihren Gewächsen klar erkennbar machen. Sie keltern sowohl heimische als auch internationale Rebsorten, von Welschriesling über Sämling und Chardonnay bis hin zu Sauvignon, die auf einigen der besten Lagen der Region wachsen. Dabei steht die Klassik-Linie für frische, fruchtige und sortentypische Weine, während sich die Lagengewächse von Flamberg und Kreuzegg durch ihre vielschichtige Struktur auszeichnen. Der Ausbau der Weine erfolgt wahlweise im Edelstahltank, im großen Holzfass oder im Barrique.

93+ 2022 Sauvignon Blanc Ried Hochbrudersegg Südsteiermark DAC 13 %, €€€
Helle Farbe, zarte Reduktionsnoten, gewinnt mit Luft intensive Frucht, Mandarine, Pfirsich, Lemongrass, Grapefruit, kräftig, straff, gut stützende Säure, feinkörniges, fruchtig-pikantes Tanninfinish, sehr lang anhaltend, Kumquat und Pimentos im Rückaroma, Potenzial.

93 2021 Chardonnay Ried Flamberg Südsteiermark DAC 13,5 %, €€
Jugendliche Farbnoten, komplexes Bukett, kandierte Mandeln und Orange, Kumquat, körperreich, dicht und balancierte Struktur, feines Tannin und Fruchtschmelz harmonieren im Abgang, lang anhaltend.

93 2022 Sauvignon Blanc Ried Kittenberg Südsteiermark DAC 13 %, €€
Helles Gelb, vielschichtige Nase, Antipasti-Noten, Kapern, Verbene und Pimentos, rosa Grapefruit, stoffiger Wein, balancierte Textur, fruchtig-pikantes Finish, lang anhaltend, kandierte Noten und Gewürznelke im Nachhall.

92+ 2021 Weißburgunder Ried Kreuzegg Südsteiermark DAC 13,5 %, €€
Helle Farbe, nuancierte Textur, Mandarine, gelber Apfel, kandierte Orange, stoffig, balancierter Trinkfluss, fruchtiger Schmelz im Abgang, zarter Gerbstoff und Frucht im Nachhall.

92 2023 Muskateller Kitzeck-Sausal Südsteiermark DAC 13 %, €€
Helle Farbe, intensive Nase, zarte Blütenaromatik, Melisse und Nektarine, stoffig, harmonische Textur, fruchtig, leicht süßer Schmelz im Abgang, traubiges Finish, gute Länge.

92 2023 Sauvignon Blanc Kitzeck-Sausal Südsteiermark DAC 13,5 %, €€
Helle Farbe, intensive Nase, Pfirsich, Maracuja, Einlegegewürze, stoffig, gutes Frucht-Säure-Spiel, pikantes Finish, langer Nachhall.

91 2023 Chardonnay Kitzeck-Sausal Südsteiermark DAC 13 %, €€
Helle Farbe, jugendliche Frucht, Grapefruit, Nektarine, Mandarine, stoffig, lebendiger Trinkfluss, fruchtiger Abgang, gute Länge.

Südsteiermark

Landesweingut Silberberg

Die Verbindung von Ausbildungsstätte und Weingut in Silberberg ist einzigartig – und das auf hohem Qualitätsniveau. Ausschlaggebend dafür ist ein motiviertes und kompetentes Team rund um den Önologen Karl Menhart, den Kellermeister Andreas Lobe und den Weinbaumeister Gernot Lorenz. In den Ortsweinregionen Kitzeck-Sausal und Leutschach werden Weine mit Herkunftscharakter gekeltert, die Gebietsweine der Südsteiermark-DAC-Linie wiederum zeichnen sich durch Frische und Fruchtigkeit aus, während man bei den Riedenweinen auf Vielschichtigkeit und Lagerpotenzial setzt. Das Sausal mit seinen Schieferböden und teilweise steilen Terrassenweingärten soll sich in den Weinen mit Finesse und Mineralität wiederfinden. Einige der besten Lagen Silberbergs, wie etwa die Ried Annaberg, die Ried Trebien oder die Ried Steinbruch, befinden sich hier. In Leutschach hingegen, am Biogut Meletin, wachsen auf den typischen Opokböden Trauben für die Bioweine des Weinguts. Die Ried Meletin ist bereits seit 1998 biologisch-organisch zertifiziert, die Weine werden bewusst langsam und reduziert in großen und kleinen Holzfässern ausgebaut.

Foto: Mario Gimpel

Silberberg 1
8280 Leibnitz
T 03452/823 39-45
M weinkeller.lfssilberberg@stmk.gv.at
www.silberberg.at

Öffnungszeiten
Mo.–Fr. 7–12, 13–17 (Sept., Okt., April–Juni: auch Sa. 9–15)
Rebfläche
27 ha
Flaschenanzahl
120.000
Rebsorten
WR, SB, PB, CH, GM, RI, PG, ZW
Anbau
KIP, konventionell, nachhaltig
Verschlussarten
NK, GL, DV
Sonstiges
Führungen, Ab-Hof-Verkauf

95 2021 Sauvignon Blanc Ried Meletin Südsteiermark DAC 13,5 %, €€€
Jugendliche Farbe, komplexe Aromen, Antipasti-Noten, Verbene, Paprika, Lemongrass, körperreich, dicht, Nektarine, Pimentos und rosa Grapefruit im engmaschigen Finish, sehr lang anhaltend, Potenzial.

93+ 2022 Sauvignon Blanc Ried Steinbruch Südsteiermark DAC 14 %, €€€
Helle Farbe, nuanciertes Bukett, Antipasti-Noten, Kapern, Lemongrass, zart florale Noten, gehaltvoll, balancierter Textur, gut stützende Säure, Pimentos und Mandarine im Nachhall.

93 2022 Chardonnay Ried Trebien Südsteiermark DAC 13 %, €€€
Jugendliche Farbe, einladendes Bukett, kandierte Orange, Mandeln und Vanille, Verbene, zarte Würze, straffe Textur, feiner Gerbstoff im Abgang, langer Nachhall.

93 2022 Weißburgunder Ried Annaberg Südsteiermark DAC 13,5 %, €€
Jugendliche Farbnoten, gelber Apfel, Mandarine, kandierte Noten, gehaltvoll, balancierter Trinkfluss, nussige Würze und fruchtiger Abgang, gute Länge, Kumquat im Nachhall, Potenzial.

92+ 2022 Grauburgunder Leutschach Südsteiermark DAC 13 %, €€
Helle Farbe, jugendliche Fruchtnoten, Bratapfel, kandierte Orange, Mandarine, kräftiger Wein, balancierter Trinkfluss, Birnenquitte im Nachhall.

92 2022 Riesling Kitzeck-Sausal Südsteiermark DAC 12 %, €€
Helle Farbe, intensive, einladende Fruchtnoten, gelber Pfirsich, Marille und kandierte Orange, kräftiger Wein, gut stützende Säure, feiner, fruchtiger Schmelz im Abgang, Kumquat im Nachhall, gute Länge.

Südsteiermark

Peter Skoff, Domäne Kranachberg

Das Weingut von Peter Skoff liegt inmitten der idyllischen Hügellandschaft der Südsteiermark in den höchstgelegenen Weingärten am Kranachberg. Peter Skoff und seine beiden Söhne Markus und Peter junior bewirtschaften rund 30 Hektar Rebflächen auf einer der besten Weinlagen der Region. Ihr Bestreben ist, herkunftsgeprägte Weine aus für die Region typischen Rebsorten zu produzieren. Ihre spezielle Vorliebe gilt dabei dem Sauvignon blanc. Einige Rebflächen werden auf biologische Wirtschaftsweise umgestellt und auch pilzresistente Sorten ausgepflanzt. Die junge Generation vinifiziert Sauvignon blanc und Morillon unter dem Namen „Peter Skoff – Gut Kaspar" aus bereits zertifiziert biologischem Anbau.

Foto: APRESVINO.AT

Kranachberg 50, Sauvignonweg
8462 Gamlitz
T 03454/61 04
M weingut@peter-skoff.at
www.peter-skoff.at

Öffnungszeiten
April–Anfang Nov.: tägl. 9–18, im Winter nach Vereinbarung
Rebfläche
30 ha
Rebsorten
WR, SB, CH, GM, PB, GT, BW, ZW, ME
Anbau
KIP, teilweise organisch-biologisch
Verschlussarten
NK, DV
Gastronomie
Buschenschank (Do.–Sa. 14–21)
Sonstiges
Übernachtungsmöglichkeit

95 2016 Sauvignon Blanc Kranachberg Reserve 13,5 %, €€€
Jugendliche Farbe, vielschichtige Aromen, Einlegegewürze, Lemongrass, Steinobst, körperreich, straff, engmaschiges Finish, feiner Gerbstoff und Frucht im Abgang, lang anhaltend, Nashi-Birne und Kapern im Rückaroma.

95 2020 Sauvignon Blanc Ried Kranachberg Rottriegl Südsteiermark DAC 14 %, €€€
Jugendliche Farbe, komplexes Bukett, Pimentos, kandierte Orange, Fenchel, Steinobst, Mandarine, stoffig, balancierte Textur, fruchtig-würziges Finish, feiner Gerbstoff, Kumquat und Blütenanklänge im Nachhall, lang anhaltend, Potenzial.

94+ 2021 Gewürztraminer Ried Kranachberg Reserve Südsteiermark DAC 14 %, €€€
Jugendliche Farbe, Mango, kandierte Birne und Mandeln, Litschi, körperreich, harmonischer Trinkfluss, fruchtiges Finish, feiner Gerbstoff, lang anhaltend, Kumquat und Ingwer-Honig im Nachhall, Potenzial.

94 2020 CH Ried Kranachberg Rottriegl Südstmk. DAC 14 %, €€€
Jugendliche Farbe, komplexe Nase, Bratapfel, kandierte Orange, Mandeln, leicht rauchig-röstig, körperreich, dicht und harmonischer Trinkfluss, feiner Gerbstoff im Abgang, tabakige Würze im Nachhall.

93+ 2022 SB Finum Ried Kranachkogl Südsteiermark DAC 14 %, €€
Jugendliche Farbnoten, Zitrus, Kräuter, Ölpaprika, leicht floral, opulenter Wein, weiche Textur, engmaschiges Finish, feiner Gerbstoff, Limette, Maracuja und Kamille im Nachhall, gute Länge.

93 2021 PB Ried Kranachberg Leitn Südsteiermark DAC 13,5 %, €€
Helle Farbe, einladendes Fruchtspiel, gelber Apfel, Birnenquitte, kandierte Orange, kräftiger Wein, straffe Struktur, balancierter Gerbstoff, fruchtiger Nachhall, lang anhaltend.

93 2023 Sauvignon Blanc G.XXIII Südsteiermark DAC 13 %, €€
Helle Farbe, jugendliche Nase, feine Blüten-, Zitrus- und Kräuter-Noten, Einlegegewürze, Mandarine, stoffig, lebendiger Trinkfluss, fruchtig-pikanter Abgang, lang anhaltend, Verbene im Rückaroma.

Südsteiermark

Weingut Bernd Stelzl

Das Weingut von Bernd Stelzl liegt in Leutschach an der Südsteirischen Weinstraße. Seine kargen, kalkreichen und bis zu 70 Prozent steilen Rieden am Schlossberg, Hiritschberg und Hiritsch Hube sind hauptsächlich mit Sauvignon blanc, Chardonnay und Weißem Burgunder bepflanzt. An ihren Ausläufern wachsen auch die regionstypischen Rebsorten Welschriesling, Gelber Muskateller und Sämling. Die Weine von Bernd Stelzl sind geprägt von kalkhaltigem Mergel, Opok und Sandsteinböden. Der ambitionierte Winzer strebt nach ausdrucksstarken Gebietsweinen sowie straffen, herkunftsgeprägten, individuellen Riedenweinen.

Foto: Martina Schmid Fotografie

Schlossberg 119
8463 Leutschach a. d. Weinstraße
T 03454/340
M weingut@berndstelzl.at
www.berndstelzl.at

Öffnungszeiten
Mo.–Sa. nach tel. Vereinbarung
Rebfläche
8 ha
Rebsorten
SB, CH, PB, GM, WR, SÄ
Anbau
KIP
Verschlussarten
NK, DI, DV
Gastronomie
Buschenschank

95 2013 Sauvignon Blanc Ried Hirritschberg Reserve 13 %, €€€
Jugendliche Farbe, intensive Nase, Pimentos, Antipasti-Noten, leicht rauchig-röstig, Koriander, stoffig, dicht und balancierte Struktur, pikanter Gerbstoff und Grapefruit im Rückaroma, Potenzial.

94+ 2014 Chardonnay Ried Hirritsch Hube 13 %, €€€
Kräftige Farbe, zarte Reduktionsnoten, gewinnt mit Luft Grapefruit, Limette, Quitte, stoffig, lebendige Struktur, engmaschiges Finish, feiner Gerbstoff, langer Nachhall, Kumquat im Rückaroma.

93+ 2022 Sauvignon Blanc Leutschach Südsteiermark DAC 12,5 %, €€
Helle Farbe, nuanciertes Bukett, zart florale Noten, Melisse, Verbene, zarte Würze, stoffig, dicht und balancierte Textur, fruchtig-pikantes Finish, langer Nachhall, Grapefruit und Lemongrass im Rückaroma.

92+ 2022 Chardonnay Leutschach Südsteiermark DAC 12,5 %, €€
Helle Farbe, nuanciertes Bukett, kandierte Orange, Mandarine, straffer Wein, lebendige Textur, feiner Gerbstoff, fruchtig-pikanter Nachhall, lang anhaltend.

92+ 2023 Sauvignon Blanc Südsteiermark DAC 12 %, €€
Blassgelb, jugendliche, einladende Aromatik, Lemongrass, Mandarine, Antipasti-Noten, Grapefruit, stoffig, lebendiger Trinkfluss, fruchtig-pikantes Finish.

91 2023 Gelber Muskateller Südsteiermark DAC 11,5 %, €
Blassgelb, intensive Nase, Maracuja, kandierte Ananas, Nektarine, stoffig, balancierter Trinkfluss, zarter Schmelz im Abgang.

91 2023 Weißer Burgunder Südsteiermark DAC 12 %, €
Blassgelb, zarte Fruchtnoten, Apfel, Zitrus, lebendiger Trinkfluss, präzises Finish, gute Länge.

Südsteiermark

Weingut Karl & Gustav Strauss

Die Brüder Karl und Gustav Strauss führen gemeinsam den Traditionsbetrieb in Gamlitz, der bereits seit 1812 im Familienbesitz ist. Sie keltern eine breite Palette an Qualitätsweinen, die die Region abbilden sollen: fruchtig-frische Gebietsweine, die im Stahltank ausgebaut werden, sowie Riedenweine vom Gamlitzberg und vom Hundsberg, die im großen neutralen Eichenfass und im Betonei vinifiziert werden. In besonders guten Jahren keltert man zudem den „Gamlitzberg Reserve", der bis zu 24 Monate in Barriquefässern reift und sich durch dichte Struktur und Lagerpotenzial auszeichnet. Neben Sauvignon blanc und den weißen Burgundersorten ist das Weingut bekannt für interessanten Gelben Muskateller, der auch als Einzellagenwein ausgebaut wird. Alle Weine sind geprägt vom besonderen Klima und der Bodenbeschaffenheit der Südsteiermark.

Foto: KarinBergmann.at

Steinbach 16, Schopperweg
8462 Gamlitz
T 0664/442 41 28, 03453/34 34
M office@weingut-strauss.at
www.weingut-strauss.at

Öffnungszeiten
Mo.–Sa. 9–18, So., Fei. 10–14
Rebfläche
30 ha
Flaschenanzahl
200.000
Rebsorten
WR, PB, MO, SB, SÄ, ZW, GM, PG, CH
Anbau
KIP, konventionell, nachhaltig
Verschlussart
DV
Gastronomie
Buschenschank
Sonstiges
Kellerführung, Übernachtungsmöglichkeit

94+ 2019 Sauvignon Blanc Grande Reserve Ried Gamlitzberg Südsteiermark DAC 13,5 %, €€€
Jugendliche Farbnoten, komplexe Aromatik, Pimentos, Antipasti-Noten, Kapern, Zesten, körperreich, dicht und engmaschige Textur, feiner Gerbstoff, Quitte und kandierte Orange im Nachhall, lang anhaltend.

94+ 2022 Trockenbeerenauslese 11 %, €€€
(WR/TR) Goldgelb, einladende Frucht, Honigmelone, kandierte Orange, Mango, kräftig, balancierte Textur, gut balancierte Restsüße, lang anhaltend, Potenzial.

92+ 2022 Chardonnay Ried Gamlitzberg Südsteiermark DAC 13 %, €€
Helle Farbe, einladende gelbe Frucht, Melone, Pfirsich, Nektarine, stoffig, dicht und balancierte Struktur, feiner Gerbstoff und Kumquat im Nachhall, gute Länge.

92+ 2022 Grauburgunder Ried Gamlitzberg Südsteiermark DAC 13,5 %, €€
Jugendliche Farbe, Kumquat, kandierte Orange, Mandeln, nussige Würze, körperreich, gut stützende Säure, feiner Gerbstoff im Abgang, gute Länge, Birnenquitte im Rückaroma.

92+ 2023 Sauvignon Blanc Ried Gamlitzberg Südsteiermark DAC 13 %, €€
Helle Farbe, jugendliche Aromatik, Steinobst, zart florale Noten, Einlegewürze, Verbene, stoffig, lebendige Struktur, fruchtig-pikanter Abgang.

92 2023 Gelber Muskateller Ried Gamlitzberg Südsteiermark DAC 12,5 %, €€
Blassgelbe Farbe, feines Bukett, zarte Blütenaromen, leicht traubig, Mandarine, stoffig, lebendiger Trinkfluss, Physalis im Finish, gute Länge.

HISTORISCHER WEIN

93 2017 Chardonnay Reserve Ried Gamlitzberg

Südsteiermark

Weingut Tement

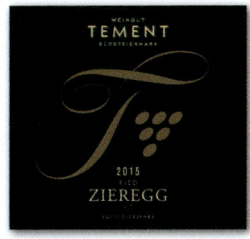

Foto: Elsnegg

Zieregg 13
8461 Ehrenhausen
T 03453/41 01-10
M weingut@tement.at
www.tement.at;www.winzarei.at

Öffnungszeiten
Mo.–Sa. 10–17
Rebfläche
80 ha
Rebsorten
SB, GM, WR, PB, CH, GT, ZW, PN
Anbau
biodynamisch, Demeter respekt-BIODYN, AT-BIO-402
Verschlussarten
GL, DV
Gastronomie
Vinothek, „Magnothek & Wirtshaus am Zieregg", „Die Weinbank" in Ehrenhausen
Sonstiges
Übernachtungsmöglichkeit

Von der Terrasse des Familienweinguts am Plateau des Ziereggs bietet sich ein atemberaubender Blick in die Weinberge bis weit nach Slowenien. Manfred Tement ist zu verdanken, dass österreichischer Sauvignon blanc heute in der Weltliga mitspielt. Der Sauvignon der Ried Zieregg ist schon seit vielen Jahren Kult. Seine Söhne Armin und Stefan, die den Betrieb inzwischen führen, sind nicht minder qualitätsbesessen. Es gelang ihnen, die Stilistik weiter zu verfeinern und überaus filigrane, pure und ausdrucksstarke Weine zu schaffen. Von der slowenischen Seite des Zieregges gibt es seit 2009 den herausragenden Sauvignon Fosilni Breg der Domaine Ciringa. „Ciringa" ist der slowenische Name für Zieregg. Die bezaubernden Suiten der „Winzarei" ergeben in Kombination mit der „Magnothek" und der „Weinbank" ein einzigartiges Gesamtpaket für genussaffine Besucher.

100 2015 Sauvignon Blanc Ried Zieregg XT G STK 13,5 %, €€€
Jugendliche Farbe, vielschichtige, tiefe Nase, Kumquat, Fenchel, Antipasti-Noten, braucht viel Luft, körperreich, dicht, engmaschige Struktur, feiner Gerbstoff, lang anhaltend, salziges Finish, individueller Sauvignon-blanc-Stil, großes Kino!.

100 2021 SB Ried Zieregg Kår Südsteiermark DAC G STK 14 %, €€€
Jugendliche Farbe, vielschichtige Nase, tiefe Aromatik, rosa Grapefruit, Pimentos, kandierte Orange, Blütenanklänge, stoffig, dicht und eleganter Trinkfluss, feinstes Tannin, seidiges Finish, sehr lang anhaltend, pure Finesse.

98 2021 CH Ried Zieregg Steilriegel Südstmk. DAC G STK 14 %, €€€
Jugendliche Farbe intensive Nase, Grapefruit, Limette, Pomelo, Kumquat, kräftiger Wein, engmaschige, lebendige Struktur, lang anhaltend, pikantes, mineralisches Finish, Yuzu im Rückaroma, Chablis-Textur mit steirischer Frucht.

98 2021 SB Ried Grassnitzberg Riff Südstmk. DAC 1 STK 13,5 %, €€€
Jugendliche Farbe, intensive Nase, Grapefruit, Holunder, Cassis, Pimentos, Pfirsich, saftiger Wein, dicht, lebendige Textur, fruchtig, pikantes Finish, lang anhaltend, Potenzial.

97+ 2021 SB Ried Zieregg Kapelle Südsteiermark DAC G STK 14 %, €€€
Jugendliche Farbe, vielschichtige Aromen, Einlegegewürze, Pimentos, Kumquat, Antipasti-Noten, gehaltvoll, lebendige Struktur, Pfirsich und Grapefruit im Abgang, langer Nachhall, Potenzial.

97 2021 Sauvignon Blanc Ried Sernau König 14 %, €€€
Jugendliche Farbe, intensive Nase, vielschichtige Aromatik, Pimentos, Lemongrass, Fenchel, Anis, straff, engmaschig, lang anhaltender Abgang, Limette und Physalis im Rückaroma.

96+ 2021 Morillon Ried Sulz Südsteiermark DAC 1 STK 14 %, €€€
Jugendliche Farbe, intensive Aromatik, rosa Grapefruit, Yuzu, Pfirsich, kräftig, lebendige Struktur, langer Abgang, Apfelquitte und Physalis im Finish, lang anhaltend.

Südsteiermark

Weingut Trabos

Das Familienweingut Trabos liegt idyllisch am Kranachberg und zählt wohl zu den schönsten Weingütern der Region – idyllisch eingebettet zwischen steil abfallenden Weinbergen, Wiesen und Wäldern. Die rund 10 Hektar Rebflächen auf einer Höhe von 450 bis 490 Metern weisen eine Hangneigung von teils über sechzig Prozent auf. Zu den wichtigsten Sorten zählen Chardonnay, Welschriesling, Weißburgunder, Sauvignon blanc, Gelber Muskateller und Scheurebe, bei den Rotweinen ist es der Zweigelt.

Foto: pixelmaker.at/Robert Sommerauer

Kranachberg 30
8462 Gamlitz
T 03454/430
M weingut@trabos.at
www.trabos.at

Öffnungszeiten
Sa.–Mi.
Rebfläche
10 ha
Flaschenanzahl
60.000
Rebsorten
WR, PB, SB, ZW, SÄ, MO, GM, ME, RO
Anbau
konventionell
Verschlussart
DV
Gastronomie
Buschenschank

94+ 2017 Welschriesling Trockenbeerenauslese 11 %
Goldgelb, einladendes Bukett, Blütenhonig, kandierte Orange, Feige, Karamell, kräftig, dicht und lebendiges Frucht-Säure-Spiel, balancierte Restsüße, langer Nachhall, Potenzial.

93 2019 Morillon Ried Kranachberg Südsteiermark DAC 13 %, €€
Jugendliche Farbe, komplexe Nase, Mandarine, Physalis, kandierte Orange, Grapefruit, körperreich, gutes Frucht-Säure-Spiel, fruchtiger Schmelz und Mandeln im Finish, lang anhaltend.

93 2020 Sauvignon Blanc Ried Kranachberg Südsteiermark DAC 13,5 %, €€€
Helles Gelb, intensive, nuancierte Aromatik, Einlegegewürze, Limette, Steinobst, Physalis, gehaltvoll, dicht und engmaschige Struktur, gut stützende Säure, zarter Gerbstoff, Blütenaromen und rosa Grapefruit im Nachhall.

93 2021 Weißburgunder Ried Kranachberg Südsteiermark DAC 1302 %, €€
Helle Farbe, einladende, reife Frucht, Melone, gelber Apfel und Pfirsich, kräftiger Wein, dicht, straffe Textur, fruchtig, feiner Gerbstoff im Abgang, langer Nachhall, kandierte Orange und nussige Würze im Finish.

92 2023 Sauvignon Blanc Luis Gamlitz Südsteiermark DAC 12,5 %, €€
Blassgelb, intensive Nase, Verbene, Melisse, zarte Würze, ein Touch Maracuja, stoffig, lebendiger Trinkfluss, fruchtig-pikanter Abgang, gute Länge, zarte Blütenanklänge im Rückaroma.

91+ 2023 Gelber Muskateller Anna Gamlitz Südsteiermark DAC 12,5 %, €€
Helles Gelb, jugendliche Aromatik, zarte Blütenanklänge, Maracuja, Limette, stoffiger Wein, lebendiger Trinkfluss, fruchtiger Nachhall, traubig-süßes Finish.

Südsteiermark

Weingut Tschermonegg

Foto: Michael Körbler

8463 Glanz an der Weinstraße 50
T 03454/326
M weingut@tschermonegg.at
www.tschermonegg.wine

Öffnungszeiten
April–Nov.: Do.–Di. 9–18,
Dez.–März: nach Vereinbarung
Rebfläche
33 ha
Flaschenanzahl
180.000
Rebsorten
WR, PB, CH, SB, GM, TR, PG,
SÄ, ZW, RM
Anbau
KIP, konventionell, nachhaltig
Verschlussarten
NK, DV
Gastronomie
Buschenschank
Sonstiges
Übernachtungsmöglichkeit

Das von Franz-Josef und Erwin Tschermonegg geführte Weingut thront so ziemlich am höchsten Punkt der Südsteirischen Weinstraße. Das Weingut bewirtschaftet um die 33 Hektar Rebflächen in steilen und sonnenverwöhnten Hanglagen. Die Rebflächen befinden sich auf einer Seehöhe von bis zu 570 Metern, was eine naturnahe und ressourcenschonende Bewirtschaftung erleichtert. Eine kaum wahrnehmbare, in den Hang gebaute und hochmodern ausgestattete Kelleranlage ermöglicht es, Tradition mit technischem Know-how zu verbinden. Aufgrund des Engagements der ganzen Familie konnte sich das Weingut zu einem der führenden Betriebe der Region etablieren.

96+ 2021 Sauvignon Blanc Ried Oberglanzberg Südsteiermark DAC 13,5 %, €€€
Helle Farbe, ausgeprägte, komplexe Nase, rosa Grapefruit, Verbene, zarte Blütenanklänge, Kapern, gehaltvoll, dicht und engmaschige Struktur, feinster Gerbstoff, Antipasti-Noten, Lemongrass und Kumquat im Nachhall, sehr lang anhaltend, Potenzial.

95 2022 Morillon Ried Oberglanzberg Südsteiermark DAC 13 %, €€€
Helle Farbe, intensives Fruchtspiel, Limette, Grapefruit, Physalis, körperreich, dicht, engmaschige Struktur, markantes Frucht-Säure-Spiel, feinster Gerbstoff und Yuzu im Finish, sehr langer Nachhall, Potenzial.

94+ 2022 Sauvignon Blanc Ried Lubekogel Südsteiermark DAC 13,5 %, €€€
Helles Gelb, vielschichtiges Bukett, kandierte Orange und Ananas, Melisse, zarte Blütenanklänge, körperreich, dicht und druckvoll, feines Tannin, Pimentos und Kumquat im Nachhall, sehr lang anhaltend.

93+ 2023 Sauvignon Blanc Gamlitz Südsteiermark DAC 13 %, €€
Helles Gelb, komplexe, jugendliche Aromen, kandierte Ananas, Holunderblüte, Fenchel, zarte Würze, kräftig, lebendiger, engmaschiger Trinkfluss, fruchtig-pikantes Finish, lang anhaltender Abgang.

93 2023 Morillon Leutschach Südsteiermark DAC 13 %, €€
Helle Farbe, ausgeprägte, nuancierte Fruchtnoten, Kumquat, kandierte Orange, Nektarine, stoffig, balancierte Struktur, fruchtiges, engmaschiges Finish, lang anhaltend.

92+ 2023 Sauvignon Blanc Südsteiermark DAC 12 %, €€
Helle Farbe, intensive Nase, Einlegegewürze, zart florale Noten, Pomelo, Mandarine, stoffig, lebendiger, animierender Trinkfluss, fruchtiges Finish, langer Nachhall.

92 2023 Roter Muskateller Steiermark DAC 12 %, €€
Helle Farbe, jugendliche Aromatik, Mandarine, Maracuja, zart floral, stoffig, lebendiger Trinkfluss, CO_2-geprägt, fruchtig-pikanter Abgang.

Weingut Wohlmuth

Das Weingut ist seit 1803 im Familienbesitz und wird heute von Marion und Gerhard junior geführt, unterstützt von Gerhards Eltern, die mit ungebrochenem Tatendrang am Werk sind. Die Appellation Kitzeck-Sausal ragt wie ein Solitär aus der Landschaft hervor, hier bewirtschaftet die Familie ihre Weingärten. Der Boden besteht aus rotem und schwarzem phyllitischen Schiefer. Geprägt von den Alpen und dem Einfluss des Mittelmeers, sollen im Spannungsspiel von Kälte und Wärme mineralische, elegante und vielschichtige Weine entstehen. Aufwendige Pflege der Reben, behutsame Rekultivierung und Erhaltung der Weinberge sind dabei einige der wichtigsten Maßnahmen. Unzählige Arbeitsstunden fließen in jeden Hektar ihrer steilen Rieden, vom Rebschnitt über die Laubarbeit bis hin zur selektiven Handlese – möglichst im Einklang mit der Natur. Die Weingärten zählen mit einer Steigung von bis zu 90 Prozent zu den steilsten Rebbergen Europas.

Foto: Weingut Wohlmuth

Fresing 24
8441 Kitzeck im Sausal
T 03456/23 03
M wein@wohlmuth.at
www.wohlmuth.at

Öffnungszeiten
April–Okt. Mo.–Fr. 9–12, 13–17, Sa. 9–16; Winteröffnungszeiten siehe Website
Rebfläche
57 ha
Flaschenanzahl
270.000
Rebsorten
WR, RI, PB, CH, SB, PG, GM, GT, ZW, BF, CS, PN
Anbau
KIP, konventionell, nachhaltig
Verschlussarten
NK, DV
Gastronomie
Vinothek

99 2021 Fassreserve Ried Edelschuh G STK 13 %, €€€
(CH/SB/RI) Helle Farbe, intensive, vielschichtige Nase, gelber Pfirsich, Melone, Bratapfel, leicht rauchige Anklänge, körperreich, dicht und lebendiger Trinkfluss, feinstes Tannin, Kumquat und rosa Grapefruit im langen Nachhall, Riesenpotenzial.

98 2022 SB Ried Edelschuh Südsteiermark DAC G STK 13 %, €€€
Jugendliche Farbe, vielschichtige Nase, gelbe Frucht, leicht florale Anklänge, Steinobst, Pimentos, kräftig, straff, balancierte, engmaschige Struktur, feinstes Tannin, lang anhaltend, Kumquat und Verbene im Nachhall, Potenzial.

97+ 2022 Riesling Ried Edelschuh Südsteiermark DAC G STK 13 %, €€€
Jugendliche Farbe, intensive Nase, Mandarine, Marille, Weingartenpfirsich, Physalis, körperreich, balancierte Struktur, fruchtig, engmaschiges Finish, langer Nachhall, Physalis und Nektarine im Rückaroma.

97+ 2023 Riesling Ried Dr. Wunsch Südsteiermark DAC 13 %, €€€
Helle Farbe, ausgeprägtes Fruchtspiel, Weingartenpfirsich, Pomelo, Marille, kräftiger Wein, dicht, engmaschige Struktur, feines, zart mineralisches Finish, rosa Grapefruit und Nektarine im Nachhall, sehr lang anhaltend.

97 2022 SB Ried Hochsteinriegl Südsteiermark DAC G STK 13 %, €€€
Helle Farbe, intensive Nase, Pimentos, Yuzu, Marille, zarte Blütenanklänge, gehaltvoll, engmaschige Struktur, feiner Gerbstoff, Kumquat und Limette im Rückaroma.

95 2022 SB Kitzeck-Sausal Spätfüllung Südstmk. DAC 12,5 %, €€
Helle Farbe, vielschichtig, kühle Frucht, Melisse, Cassis, Holunderblüte, Steinobst, straff, lebendige Struktur, engmaschig, pikantes Finish, sehr lang anhaltend, fruchtig-pikantes Rückaroma.

HISTORISCHER WEIN

96 2017 Morillon Ried Sausaler Schlössl

Südsteiermark

Weingut Wruss

Das Weingut Wruss befindet sich in idyllischer Lage auf einem kleinen Bergplateau am Kranachberg. Die sieben Hektar Weingärten liegen ausschließlich auf den berühmten Sandböden des Kranachbergs. Die steilen Hänge dort werden von der Familie das ganze Jahr in liebevoller Handarbeit bewirtschaftet. Die Winzerfamilie widmet sich bereits in dritter Generation dem Weinbau. Heute ist Johannes Wruss für die Vinifizierung der Weine verantwortlich. Im Keller entstehen Weine voller Eleganz, Feinheit und Charakter, die ihre besondere Herkunft widerspiegeln. Ausgebaut werden die für die Region typischen Rebsorten Sauvignon blanc, Gelber Muskateller, Weißburgunder, Welschriesling und Grauburgunder. Bodenständigkeit, Weitblick und nachhaltige Arbeit im Einklang mit der Natur sind für den Winzer die besten Voraussetzungen, um authentische und elegante Weine von höchster Qualität zu erzeugen.

Foto: Alexander Sulke

Kranach 74
8462 Gamlitz
T 0664/202 90 78, 03453/56 12
M post@weingut-wruss.at
www.weingut-wruss.at

Öffnungszeiten
Mo.–Sa. 9–18, So. nach Vereinbarung
Rebsorten
WR, GM, PB, SB, PG, ZW
Anbau
KIP, konventionell, nachhaltig
Verschlussarten
GL, DV

94 2021 Sauvignon Blanc Ried Alter Kranachberg Südsteiermark DAC 14 %, €€€
Jugendliche Farbe, ausgeprägte, vielschichtige Aromen, Birnenquitte, kandierte Orange, Nektarine, Antipasti-Noten, Mandarine, gehaltvoll, dicht und lebendiger Trinkfluss, zarter Gerbstoff, Kumquat und rosa Grapefruit im Nachhall, lang anhaltend, Potenzial.

92+ 2022 Sauvignon Blanc Gamlitz Südsteiermark DAC 13 %, €€
Helle Farbe, intensive, komplexe Nase, kandierte Orange, Maracuja, zart floral, Pimentos, körperreich, harmonische Textur, fruchtig-pikanter Schmelz im Abgang, lang anhaltend, Kumquat im Rückaroma.

92 2022 Grauburgunder Gamlitz Südsteiermark DAC 13,5 %, €€
Helle Farbe, Mandarine, Steinobst, Zitrusnoten, körperreich, dicht und engmaschige Textur, feines Tannin und zarter Schmelz im Abgang, gute Länge, Kumquat im Rückaroma.

91+ 2023 Gelber Muskateller Südsteiermark DAC 12,5 %, €€
Blassgelb, nuanciertes Bukett, leicht florale Anklänge, kandierte Ananas, Maracuja, stoffig, lebendiger Trinkfluss, fruchtiges Finish, gute Länge.

91+ 2023 Sauvignon Blanc Südsteiermark DAC 13 %, €€
Helle Farbe, ausgeprägtes Bukett, Holunderblüte, zarte Kräuternoten, Paprika, stoffig, lebendiger Trinkfluss, fruchtig-pikanter Abgang, langer Nachhall.

90+ 2023 Weißburgunder Südsteiermark DAC 13 %, €
Blassgelbe Farbe, zartes Bukett, Klarapfel, Nektarine, stoffiger Wein, lebendig, balancierter Trinkfluss, fruchtig-präzises Finish.

Südsteiermark

Ewald Zweytick

Ewald Zweytick ist Winzer in Ratsch und bewirtschaftet inzwischen 20 Hektar Weingärten in den Lagen Ried Stermetzberg, Sulz, Ried Höllriegl, am Alten Pfarrweingarten, Witscheiner und Herrenberg. Seine Hauptsorten sind Sauvignon blanc, Gelber Muskateller und Weißburgunder. Zudem baut er Welschriesling, Chardonnay und Grauburgunder sowie Zweigelt Rosé aus. Mit großer Passion widmet er sich seinen Lagenweinen „Don't Cry" (Sauvignon blanc), „November Rain" (Morillon) und „Tosca" (Grauburgunder). Seit 2008 beschäftigt er sich auch mit intrazellulärer Vergärung – schmeckbares Resultat ist sein „Heaven's Door". Seine Weine sind genauso geradlinig wie der Winzer selbst. Sein Herz schlägt für den Sauvignon blanc, den er zu vollmundigen und langlebigen Gewächsen ausbaut.

Foto: ELENA LAAHA

8461 Ratsch an der Weinstraße 102
T 03453/23 164
M office@ewaldzweytick.at
www.ewaldzweytick.at

Öffnungszeiten
Buschenschank Fr.–Mo. 14–21
Rebfläche
20 ha
Rebsorten
WR, PB, GM, CH, SB, PG
Anbau
konventionell
Verschlussarten
NK, DI, DV
Gastronomie
Buschenschank

96+ 2021 SB „Don't Cry" Ried Stermetzberg Südstmk. DAC 14,5 %, €€€
Jugendliche Farbe, vielschichtige Aromatik, Antipasti-Noten, Pimentos, Stachelbeere, Verbene, körperreich, dicht und engmaschige Struktur, rosa Grapefruit und Blüten im Finish, feinstes Tannin, sehr langer Nachhall, zarter Schmelz und Mandarine im Abgang, Potenzial.

95+ 2021 Chardonnay „November Rain" Ried Stermetzberg Südsteiermark DAC 14,5 %, €€€
Jugendliche Farbe, reife, gelbe Fruchtnoten, Melone, kandierte Orange, Mandarine, Steinobst, opulenter Wein, dicht und harmonische Textur, feines Tannin, lang anhaltender Abgang, Physalis im Rückaroma, Potenzial.

94+ 2022 Sauvignon Blanc Ried Sulz Südsteiermark DAC 14 %, €€€
Helle Farbe, intensive, komplexe Nase, Maracuja, Steinobst, Pimentos, gehaltvoll, dicht und gut stützende Säure, lebendiger Trinkfluss, fruchtig-würziger Schmelz im Abgang, sehr langer Nachhall, Kumquat im Rückaroma, Potenzial.

94 2017 Grauburgunder Tosca 14 %, €€€
Goldgelb, leicht rötlicher Farbton, nussige Würze, Mandeln, Waldboden, kandierte Frucht, körperreich, dicht und balancierte Textur, feiner Gerbstoff, lang anhaltend, grüne Banane und Quitte im Rückaroma.

92+ 2023 Sauvignon Blanc Südsteiermark DAC 13 %, €€
Helle Farbe, zarte Reduktionsnoten, mit Luft Antipasti-Noten, Einlegegewürze, Marille und Pfirsich, stoffig, dicht und lebendiger Trinkfluss, fruchtig-pikantes Finish, langer Nachhall.

92 2023 Weißburgunder Südsteiermark DAC 12,5 %, €€
Helle Farbe, jugendliche Fruchtnoten, Grapefruit, gelber Apfel, Mandarine, stoffig, dicht und engmaschiges Finish, Limette im sehr langen Nachhall.

91+ 2023 Gelber Muskateller Südsteiermark DAC 11,5 %, €€
Helle Farbe, zarte Blütenanklänge, Limette, Mandarine, straff, lebendiger Trinkfluss, fruchtiges Finish, zarter Schmelz im Abgang.

TOP-GENIESSER-ANGEBOT

A LA CARTE
KOMBI-ABO

6 × **A la Carte** (Einzelpreis € 10,–)
Das Magazin für Ess- & Trinkkultur. Alles über Köche, Speisen, Restaurants, Verkostungen, Zubereitungen, Winzer, Weine u. v. m.

1 × **A la Carte Wein-Guide Österreich 2026**
(Einzelpreis € 19,90)

um **€ 39,–** in Österreich,
ab € 47,– im Ausland

Das Abo ist problemlos mit sechswöchiger Frist vor Ablauf der Bezugszeit kündbar. Ansonsten erhalte ich danach das *A la Carte*-Jahresabo zum jeweils gültigen Preis (inkl. MwSt. und Versand). Beginn des Abos mit der auf die Bestellung folgenden Ausgabe. Druckfehler und Irrtum vorbehalten. Der Rechtsweg ist ausgeschlossen.

Wir bitten um Ihre Bestellung per T 02166/305 00-866, Fax: Dw. 896,
E-Mail: abo@alacarte.at oder auf www.alacarte.at

WESTSTEIERMARK

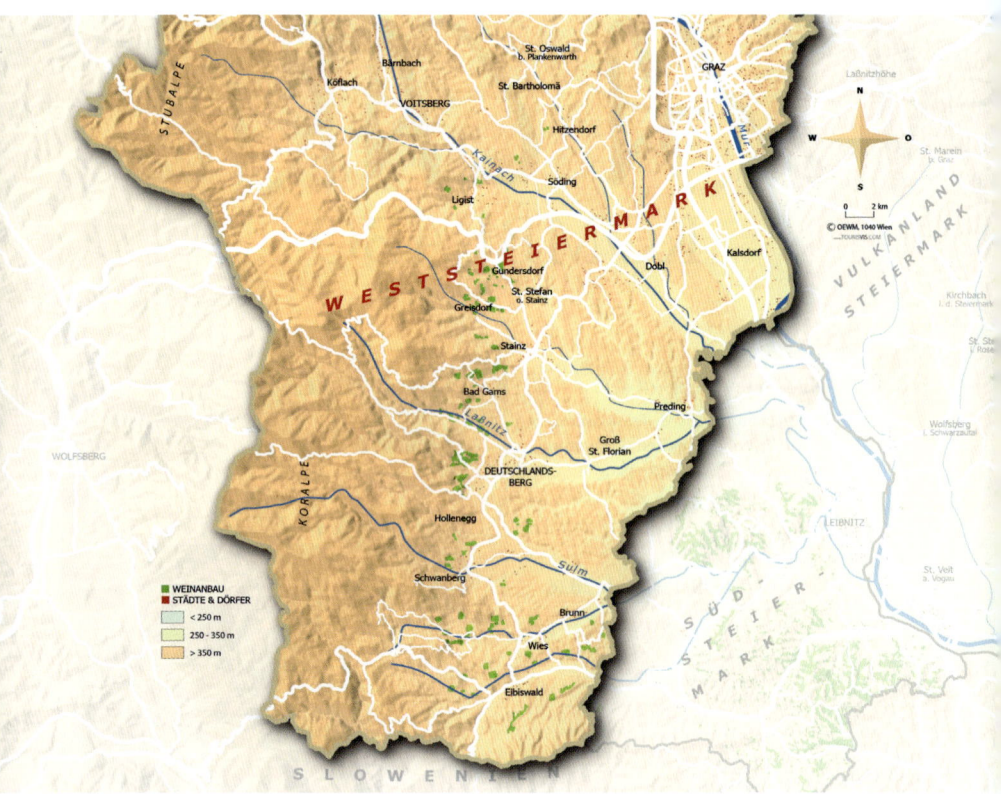

Rebfläche: 546 ha. Das kleinste Weinbaugebiet der Steiermark ist ein uraltes Weinland, in dem schon Illyrer, Kelten und später Römer Weinreben kultivierten. Die illyrische Klimazone bedingt tagsüber starke Erwärmung, schützt vor rauen Winden und weist eine relativ hohe Niederschlagsrate auf. Alte Gneisen und Glimmerschiefer zeichnen den Gesteinsbau des Gebiets aus.
Rebsorten: Blauer Wildbacher, Sauvignon blanc, Weißburgunder

Weststeiermark

Weingut Lex Langmann

In der Weststeiermark, eine der kargsten und steilsten Weinlandschaften Österreichs, wachsen die Reben der Familie Langmann – auf hohen Lagen mit schwindelerregender Hangneigung. Hier, am Fuße der Koralpe, wirken sich die kühlen Witterungsbedingungen der Alpen wohltuend auf die Reben aus. Schon seit 250 Jahren widmet sich die Familie Langmann mit Hingabe der autochthonen Sorte Blauer Wildbacher, aus der Schilcher gewonnen wird. Zudem keltert man auch Sauvignon blanc. Aufgrund des kühlen Klimas und der idealen Bodenbedingungen der Region fokussiert man sich auch auf Schaumweine.

Foto: Anna Stöcher

Langegg 23
8511 St. Stefan ob Stainz
T 0676/517 52 17, 03463/61 00
M office@weingut-langmann.at
www.weingut-langmann.at

Rebfläche
35 ha
Rebsorten
BW, SB, PB, GM, WR, GT, CH, RI
Anbau
KIP, konventionell, nachhaltig
Verschlussarten
NK, DV
Gastronomie
Vinothek: Mo.–Sa. 8–12, 13–18;
Buschenschank: Do.–So. ab 13.30
Sonstiges
Übernachtungsmöglichkeit

93+ 2021 Sauvignon Blanc Ried Greisdorf Himmelreich
Weststeiermark DAC 14 %, €€€
Helle Farbe, intensive, komplexe Nase, Antipasti-Noten, Cassis, Physalis, kandierte Orange, gehaltvoll, dicht und engmaschige Textur, lebendiges Frucht Säure-Spiel, fruchtig-pikanter Abgang, lang anhaltend.

93+ 2022 Schilcher Ried Hochgrail Sonnenhang Weststeiermark DAC 13,5 %, €€€
Kräftige Rosé-Farbe, komplexes Fruchtspiel, Ribisel, Weichsel, Kornelkirsche, feine Würze, straff, balancierte Struktur, engmaschiges Finish, langer fruchtiger Nachhall.

93 2022 Schilcher Ried Edla Weststeiermark DAC 12,5 %, €€€
Jugendliche Rosé-Farbe, komplexe Aromatik, Cranberry, Weichsel, Ribisel, stoffig, druckvolle Textur, engmaschiges Finish, langer Nachhall, Kumquat im Rückaroma.

92+ 2023 Schilcher Ried Hochgrail Weststeiermark DAC 13 %, €€
Kräftige Rosé-Farbe, intensive Nase, vielschichtige Frucht, Ribisel, Weichsel, stoffig, lebendige Struktur, engmaschiges Finish, gute Länge.

92 2022 Sauvignon Blanc Ried Greisdorf Weststeiermark DAC 13,5 %, €€
Helle Farbe, intensive Nase, Kräuter, Limette, Verbene, Einlegegewürze, stoffig, lebendiger Trinkfluss, fruchtig-pikanter Abgang.

91 2023 Schilcher Stainz Weststeiermark DAC 12,5 %, €
Helles Lachsrosa, frische, jugendliche Fruchtprägung, Verbene, Granatapfel, Limette, straff, lebendiges Frucht-Säure-Spiel, pikant-fruchtiger Abgang, gute Länge.

HISTORISCHER WEIN

94 2012 Sauvignon Blanc Ried Greisdorf Reserve

SPORT IN WIEN

Wer aktiv und fit sein möchte, findet in Wien eine Vielfalt an Möglichkeiten. Ob allein oder im Team – die Sportstätten der Stadt bieten alles, außer Ausreden für Bequemlichkeit.

Sport ist gesund, hält jung und macht Spaß

Nicht umsonst lautet ein altes Sprichwort „Wer rastet, der rostet". Je früher man also damit beginnt, Sport in den Alltag zu integrieren, umso länger bleibt man auch fit. Das beginnt idealerweise schon im Kindesalter, setzt sich in der Schule fort und hört am besten niemals auf. Es ist aber auch nie zu spät, um mit sportlicher Betätigung zu beginnen. In Wien gibt es dafür viele Möglichkeiten, auch direkt vor der Haustür: Zahlreiche Parkanlagen, 14 Stadtwanderwege, der Grüne Prater, die Donauinsel und vieles mehr stehen den Wiener*innen für Bewegung zur Verfügung. Im Rahmen der Sportstättenoffensive investiert die Stadt in den kommenden Jahren rund 400 Millionen Euro in Neubauten und die Modernisierung bestehender Sportstätten.

Sport ist ein sozialer Faktor

Sportliche Betätigung fördert aber nicht nur die Gesundheit, sie ist auch ein wichtiger sozialer Faktor. Grundlegende Werte wie Fairplay, Toleranz und Teamgeist werden bei der Ausübung von Teamsportarten wie Badminton, Fuß-, Volley- oder Basketball, beim Klettern, Rudern und vielen anderen Sportarten vermittelt.

Für alle erreichbar, für alle leistbar

Unter diesem Motto und um die Wiener*innen zur Ausübung von Sport zu motivieren, stellt die Stadt Wien zahlreiche Sportstätten zu günstigen Tarifen bereit. Ebenso werden Sportinfrastrukturprojekte unterstützt, Sportwettkämpfe und zahlreiche weitere Projekte im Sportbereich gefördert. Ein Schwerpunkt liegt dabei zielgerichtet auf der Förderung von Kinder- und Jugendsport.

Dementsprechend finden in der Bundeshauptstadt Jung und Alt sowie Anfänger*innen, aber auch Profis das passende Sportangebot, in- oder outdoor spielt dabei keine Rolle. Am besten schauen Sie gleich auf sport.wien.gv.at und suchen sich ein Angebot aus. Denn: Sport hält nicht nur fit und gesund, Sport hilft, Stress abzubauen, erhöht die Endorphinausschüttung und macht daher so richtig glücklich.

Erfahren Sie mehr auf **sport.wien.gv.at**

Aktiv in Wien: In der Stadt gibt es für alle das Richtige, um in Schwung zu bleiben – ob in- oder outdoor, Action und Adrenalin oder Entspannung und mehr Beweglichkeit wie bei Yoga.

SPORTSTADT WIEN BAUT AUS

Anatol Richter*, Leiter der Abteilung Sport Wien, über aktuelle Bauprojekte, Sportförderungen und Bewegung im Alltag.

Die Sport Arena Wien nimmt Form an. Was sind die Eckdaten der neuen Megahalle?

Anatol Richter: Mit der neuen Sport Arena Wien am Handelskai wird zukunftsorientierte Sportinfrastruktur geschaffen, die in Österreich einzigartig ist. Sie bietet drei unabhängig bespielbare Hallen und setzt Maßstäbe für den Breiten- und Spitzensport. Den Sportlerinnen und Sportlern stehen zukünftig mehr als 13.000 Quadratmeter Sportfläche zur Verfügung. Neben Turnen und Leichtathletik umfasst das Angebot Handball, Volleyball, Fußball, Basketball, Badminton, Floorball, Hockey, Yoga, Tanzen und Athletik.

In Wien gibt es rund 3.000 Sportvereine. Werden diese ausreichend gefördert?

Anatol Richter: Wien steht zu seinen Sportvereinen und fördert sie auf unterschiedlichsten Ebenen. Die direkte Sportförderung gewährleistet ein transparentes und faires Fördersystem. Zwischen sechs und sieben Millionen Euro erhalten die Wiener Sportverbände und -vereine für verschiedene Projekte, zum Beispiel für Mädchen in den Sportarten Eishockey, Handball und Basketball. Zusätzlich vergeben wir auch in einem neuen, mit 480.000 Euro dotierten Projektfonds, Förderungen mit dem Fokus auf Mädchen-, Frauen- und Behindertensport. In die Sportinfrastruktur werden wir bis zum Jahr 2030 rund 400 Millionen Euro investieren.

Bei Bewegung kommt den Schulen eine wichtige Rolle zu. Gibt es genug Angebote?

Anatol Richter: Die Schulen versuchen im Rahmen ihrer Möglichkeiten das Beste. Tägliche Bewegungseinheiten sind ein großes Ziel, auf das wir alle hinarbeiten. Mit der Ausstattung der Turnsäle leisten wir als Sport Wien einen Beitrag für gute Rahmenbedingungen. Aktuell stehen den Menschen mehr als 200 Sportstätten sowie 600 Schulturnsäle und somit 550.000 Trainingsstunden pro Jahr zur Verfügung.

> **Wien ist nicht nur eine Kulturhauptstadt. Durch die Kombination aus urbanem Leben und zahlreichen Grünflächen, die für Sport genutzt werden können, bietet Wien ideale Bedingungen für den Breitensport ebenso wie für den Leistungssport.**
>
> Anatol Richter, Leiter der Abteilung Sport Wien

Sie waren ein erfolgreicher Fechter. Wie kann man Kinder für Bewegung begeistern?

Anatol Richter: Kinder für Sport zu begeistern ist wichtig, dafür muss man sie aber auch motivieren. Das Angebot von Sport Wien eignet sich dafür perfekt. Mit Feriencamps, Ferienspiel-Aktionen, Schwimmkursen sowie den vier Sport & Fun Hallen schaffen wir einen Zugang zu vielen Sportarten zu günstigen Preisen. Ausprobieren zahlt sich aus.

Die WHO empfiehlt 2,5 Stunden mittlere Anstrengung pro Woche und dazu zwei Mal Krafttraining. Wie viel Sport geht sich in Ihrem Leben aus?

Anatol Richter: Um mich fit zu halten, lege ich täglich kleine Einheiten für die Beweglichkeit ein. Dazu kommen noch drei bis vier wöchentliche Ausdauereinheiten am Rad.

* Seit 2012 leitet Anatol Richter die Abteilung Sport Wien. Der Jurist kann auf eine erfolgreiche Karriere als Fechter zurückblicken. Er nahm mehrfach an Olympischen Spielen und Weltmeisterschaften teil und feierte Erfolge im Weltcup ebenso wie bei Staatsmeisterschaften.

Sportstadt Wien in Zahlen

- » Fläche Sportstätten: 9,8 Millionen Quadratmeter (davon 3,6 Millionen von der Abteilung Sport Wien verwaltet)
- » 550.000 Gesamttrainingsstunden
- » 72 anerkannte Sportarten
- » Sport Wien verwaltet 611 städtische Turnsäle der Wiener Schulen.
- » Zum Verleih für Schulskikurse stehen rund 1.350 Ski, 1.450 Skischuhe, 350 Snowboards und Boots sowie 400 Helme bereit.
- » 17 Sporthallen
- » Rund 1.000 Sportveranstaltungen pro Jahr mit über 950.000 Besucher*innen
- » 14 Stadtwanderwege
- » Radverkehrsnetz: ca. 1.750 Kilometer
- » 6 Fußballstadien, rund 300 Fußballvereine, zwei in der Bundesliga, drei in der 2. Liga
- » mehr als 50 Bäder
- » » über 40 Skateanlagen
- » über 670 Ballspielplätze
- » Es gibt über 1.000 Parkanlagen und in über 170 davon befinden sich 550 Trainingsgeräte.

Alle Infos auf **sport.wien.gv.at**

FOTO: DAVID BOHMANN

DIE WIENER SPORTSTÄTTEN

Auf dem neuesten Stand: Die Abteilung Sport Wien investiert rund 400 Millionen Euro in die Erneuerung und Verbesserung der Wiener Sportstätten und kann mit attraktiven, modernen Großraumhallen aufwarten.

Die neue Sport Arena Wien

Am Gelände des ehemaligen Ferry-Dusika-Stadions im 2. Bezirk entsteht eine moderne und vielfältig nutzbare Multifunktionshalle, die neue Maßstäbe für den Breiten- und Spitzensport in der Stadt setzt. Über 13.000 Quadratmeter Sportfläche stehen zur Verfügung, dazu Platz für rund 3.000 Zuseher*innen. Neben Turnen und Leichtathletik umfasst das Sportangebot auch Handball, Volleyball, Fußball, Basketball, Badminton, Hockey, Floorball, Tischtennis, Tanzen, Yoga und Athletik. Die Sport Arena Wien ist die erste Sporthalle dieser Größenordnung in Österreich und wird nach modernsten Kriterien hinsichtlich Nachhaltigkeit und Klimaschutz realisiert. Die neue Sportstätte wird die erste energieautarke Sporthalle Österreichs und soll Mitte 2025 in Betrieb gehen.

> „Die Sport Arena Wien wird nicht nur eine Vielzahl an Sportarten unter einem Dach vereinen, sondern auch als Vorbild für nachhaltige Bauprojekte dienen. Neben den Maßnahmen, um ein Gebäude energieeffizient zu betreiben, ist durch die Stapelung der Sportflächen nur ein Minimum an Grünflächenversiegelung erforderlich."
>
> Anatol Richter, Leiter der Abteilung Sport Wien

Rundsporthallen in Wien

Die sechs Wiener Rundsporthallen werden meist von Schulen und Vereinen für Ballsport genutzt. Die Hallen in Kagran, Simmering und Atzgersdorf erstrahlen nach umfassender Sanierung in neuem Glanz. Auf den Dächern wurden Photovoltaikanlagen installiert, die Tribünen und Garderoben saniert und die Außenhüllen sowie die technische Ausstattung erneuert. Zwei weitere Hallen (Per-Albin-Hansson-Siedlung Ost, Rennbahnwegsiedlung) folgen bis 2027. Danach wartet bereits die Halle Alt Erlaa auf die Generalsanierung.

Neue Skatehalle in Floridsdorf

Ob Flip, Grab, Grind oder Slide – Skatebegeisterte können sich seit Kurzem auf 1.500 m² in der neuen Skatehalle Wien in der Vohburggasse 2 in Floridsdorf austoben. Bis zu 170 Besucher*innen können hier im Regelbetrieb gleichzeitig ihrer Leidenschaft für Board, BMX, Inlineskating oder Scooter nachgehen. Mit der neuen Halle können Nutzer*innen endlich auch bei schlechtem Wetter ihren Lieblingssport ausüben.

Sport & Fun Hallen

An vier Standorten (Donaustadt, Favoriten, Leopoldstadt und Ottakring) werden unterschiedliche Indoor- und Outdoor-Sportarten angeboten. Die Hallen sind täglich geöffnet, die Sportplätze können auch für Gruppen gemietet werden und das benötigte Equipment ist vor Ort kostenlos auszuleihen. Modernste Fitnessgeräte gibt es zudem in Ottakring und in der Donaustadt. In der jüngsten Halle in der Leopoldstadt stehen auch ein Padbol-Platz sowie ein Platz für Inline-Hockey bereit.

Besuchen Sie die Sportstätten der Stadt Wien:
wien.gv.at/sportangebote

SPORT FÜR KINDER

Für Bewegung ist es nie zu früh! Das große Sportangebot der Stadt Wien macht es für Kinder einfach, das Richtige zu finden.

Spiel, Spaß & Sport in Wien

Sport ist für den gesamten Körper gesund. Wer regelmäßig moderat trainiert, stärkt sein Immunsystem, trainiert Herz- und Kreislauf, bildet neue Muskelfasern und hat eine bessere Lebensqualität. Zum Glück haben Kinder einen angeborenen Bewegungsdrang und sind noch dazu mit einer gehörigen Portion Neugierde ausgestattet. Das sollte man nutzen und ihnen von klein auf vielerlei Bewegungsmöglichkeiten anbieten und alle möglichen Sportarten ausprobieren lassen. Denn: Bewegung ist für eine gesunde Entwicklung wesentlich. Mit den Feriencamps, den Ferienspiel-Aktionen, Schwimmkursen sowie den vier Sport & Fun Hallen bietet die Stadt Wien Kindern und Jugendlichen zahlreiche Möglichkeiten, viele Sportarten zu günstigen Preisen auszuprobieren.

Informieren Sie sich jetzt gleich über das umfangreiche Kursangebot für Kinder und Jugendliche:
wien.gv.at/sportangebote

> „Kinder für Sport zu begeistern ist wichtig, dafür muss man sie aber auch motivieren."
>
> Anatol Richter, Leiter der Abteilung Sport Wien

BEZAHLTE ANZEIGE

Kids im Sportverein
In Wien gibt es unzählige Sportarten und registrierte Sportvereine. Das Angebot reicht von American Football über sämtliche klassische Sportarten bis hin zu Racketlon oder Wrestling. Die Vorteile liegen auf der Hand: regelmäßiges Training im Zusammenspiel mit gleichaltrigen und anderen Sportkolleg*innen, voneinander lernen, Siege und Niederlagen erleben und dabei soziale Kompetenzen entwickeln. Stöbern Sie doch gleich online gemeinsam mit Ihren Kids durch die Sportvereine in Wien und wählen Sie Ihre Favoriten aus.
sport.wien.gv.at/verein

Rodeln und Skifahren
Wenn in Wien genug Schnee liegt, gibt es zahlreiche Hügel, Wiesen und Parks, die man mit der Rodel hinuntersausen kann. Die Strecken sind unterschiedlich lang, von wenigen bis zu mehreren Hundert Metern, und unterschiedlich steil. Rodelstrecken gibt es u. a. auf der Jesuitenwiese, im Kurpark Oberlaa, im Donaupark, am Schafberg, am Cobenzl und noch in vielen anderen Parks. Sogar Skifahren kann man in Wien: auf der Hohe-Wand-Wiese oder auf der Dollwiese, Förderbänder inklusive.
**sport.wien.gv.at/arten/winter,
wien.gv.at/kultur-freizeit/rodeln.html**

Raus aufs Eis!
Eislaufen ist eine lustige Wintersportart und bietet Eisprinzessinnen und -prinzen sowie kleinen Eishockeyspieler*innen die Gelegenheit, sich auch in der kalten Jahreszeit ordentlich auszutoben. Die Eislaufplätze und Eishallen der Stadt Wien bieten dafür ein umfangreiches Kursangebot (für Kinder ab drei Jahren) und ab Jänner 2025 werden auch am Wiener Rathausplatz wieder Eisträume wahr.
sport.wien.gv.at/sportstaetten/eisanlagen

Die Gratis-Kinderaktiv-Card & App
In der App finden Kinder und Familien spannende Aktivitäten, Ausflüge, Sportveranstaltungen sowie das große Ferienspiel-Angebot in ganz Wien, z. B. Rätselrallyes entlang der Wiener Stadtwanderwege – so macht Bewegung Spaß.
**Gleich herunterladen und mitmachen!
wienxtra.at/kinderaktiv/app**

Ab ins Wasser!
Kinder können gar nicht früh genug schwimmen lernen. Nicht nur zu ihrer eigenen Sicherheit – so ein Schwimmkurs in der Gruppe macht auch großen Spaß und die meisten Kinder sind sofort in ihrem Element. Zahlreiche Bäder der Stadt Wien bieten Anfänger*innen- sowie Fortgeschrittenenkurse für Kinder von fünf bis 13 Jahren an, in denen Sicherheit im Wasser und Schwimmtechniken spielerisch vermittelt werden.
Einfach online informieren und ab ins Schwimmbad: sport.wien.gv.at/kurse-veranstaltungen

Wasser ist Ihr Element?
Unterwassergymnastik ist besonders gelenkschonend – in zehn Bädern der Stadt Wien werden Einheiten à 35 Minuten mit Musik und professionellen Trainer*innen angeboten, man muss sich dafür nicht anmelden, die Teilnahme ist im Eintrittspreis inkludiert. Schauen Sie doch gleich nach, wann das nächste Training stattfindet!

wien.gv.at/baeder

SPORT FÜR BEWEGUNGSMUFFEL

Vielen Menschen fällt es schwer, sich sportlich zu motivieren. Die Überwindung zahlt sich aber in jedem Fall aus: Schon nach einer kurzen Bewegungseinheit fühlt man sich besser.

„**Keine Lust, keine Zeit, zu müde …** " Sie kennen diese Ausreden, wenn es um Sport geht? Dabei fühlt man sich meistens nach einer körperlichen Aktivität besser, egal ob Laufen, Radeln oder spazieren gehen. Bewegung kurbelt den Kreislauf an, hilft dem Körper, überschüssige Stresshormone abzubauen und die Produktion von Glückshormonen anzukurbeln. Dadurch fühlt man sich fitter, gesünder und schläft sogar besser.

Wer sich täglich nur für kurze Zeit bewegt, tut mehr für die Gesundheit, als Menschen, die gar keinen Sport machen. Das lässt sich auch einfach in den Alltag integrieren: Hin und wieder die Treppen statt Aufzug oder Rolltreppe nehmen und kurze Wege nicht mit dem Auto, sondern mit dem Rad fahren, sind ein Anfang. Letztlich gibt es aber auch für jeden Bewegungsmuffel den richtigen Sport, man muss ihn nur finden. Haben Sie Ihren Lieblingssport schon gefunden? Motiviert es Sie, mit anderen gemeinsam Sport zu treiben, oder ziehen Sie die Einsamkeit beim Laufen in der Natur vor? Mögen Sie Ballspiele oder bewegen Sie sich lieber im Wasser? Wien bietet für alle das passende Angebot. Erwachsene sollen schließlich pro Woche mindestens 150 Minuten moderater Aktivität oder 75 Minuten intensiver Aktivität nachgehen. Nutzen Sie die zahlreichen Sportangebote der Stadt:

Alle Infos auf **sport.wien.gv.at**

BEZAHLTE ANZEIGE

Sind Sie der spielerische Typ?

In den Aktiv-Parks, den attraktiven „Fitnessparcours" der Stadt Wien, können Sie Ihre Koordination, Fitness und Geschicklichkeit kostenlos trainieren. In diesen Parks stehen Fitnessgeräte für alle Altersgruppen sowie Calisthenics-Stationen zur Verfügung, bei welchen mit dem eigenen Körpergewicht trainiert wird. In insgesamt 178 Parkanlagen befinden sich mehr als 550 Fitness- und Trainingsgeräte. Der Radmotorikpark an der Neuen Donau (600 m stromabwärts der Reichsbrücke) darf nur mit Fahrrad, Scooter, Skateboard, (Inline-)Skates oder Rollstuhl befahren werden. Freude an der Bewegung ist da wie dort garantiert.
park.wien.gv.at

Sie brauchen eine Herausforderung?

Beim Seilklettern und beim Bouldern werden sowohl Geschicklichkeit als auch die gesamte Muskulatur trainiert. Bei beiden Sportarten geht es um die Freude am Ausprobieren, das Entdecken neuer Herausforderungen und das Teilen dieser Erlebnisse mit anderen. Dabei werden die strategischen Fähigkeiten und Techniken verbessert und es können neue Routen entdeckt werden. In Wien gibt es zahlreiche Möglichkeiten, die Kletterhalle Wien ist direkt an die Sport & Fun Halle Donaustadt angebaut.
wien.gv.at/sportangebote

Sie lieben die Natur?

Mit 14 Stadtwanderwegen und dem rundumadum-Wanderweg bietet die Stadt insgesamt 270 km Bewegung, Erholung und Spaß für die ganze Familie. Alle Wege sind öffentlich gut erreichbar, gut beschildert und für jedes Fitnesslevel geeignet – die Länge und das Tempo bestimmen schließlich Sie selbst. Entlang der Strecken gibt es Picknickwiesen, Heurige und Gaststätten, Waldspielplätze und Aussichtspunkte. Alles, was Sie brauchen, ist das passende Schuhwerk, und schon kann es losgehen.
wandern.wien.gv.at

OUTDOOR-AKTIVITÄTEN

Bewegung im Freien ist bei kühleren Temperaturen gut für uns. Die beliebtesten Sportarten sind Laufen, Wandern und Radfahren. Die beste Zeit dafür ist jetzt!

BEZAHLTE ANZEIGE

Sie haben keine Lust auf Sportclub oder Fitnesscenter und wollen einfach bei der Türe hinaus und losstarten? Dann sind Sie in Wien genau richtig! Wie wäre es zum Beispiel mit Laufen, der beliebtesten Sportart der Welt? Viele Gründe sprechen dafür: Es ist unkompliziert, erfordert weder Vorkenntnisse noch spezielle Ausrüstung und ist kostenlos. Wien bietet Läufer*innen sehr viele schöne und abwechslungsreiche Laufstrecken. In Erholungsgebieten wie dem Grünen Prater, in Parks wie dem Kurpark Oberlaa, entlang der 14 Stadtwanderwege oder auf der Donauinsel – in Wien findet jede*r Laufbegeisterte eine Lieblingsstrecke. Es werden auch zahlreiche Lauftrainings und regelmäßige Events wie der Parkrun und der Vienna City Marathon veranstaltet. Auch der Österreichische Frauenlauf zieht viele Teilnehmerinnen an. – Worauf warten Sie noch? Auf die Plätze, fertig, los!

sport.wien.gv.at

Mit dem Rad unterwegs

Radfahren ist aus mehreren Gründen vorteilhaft: Es ist ein gesundheitsfördernder Freizeitsport und gleichzeitig eine umweltfreundliche Fortbewegungsart im Alltag. Außerdem: Radfahren verlernt man nicht, und es ist der ideale Sport für Wiedereinsteiger*innen. Radfahrbegeisterten Wiener*innen stehen in und rund um Wien jede Menge tolle Radsport-Routen zu Verfügung: flache Touren mit dem Rennrad, sportliche Herausforderungen am Mountainbike oder besonders abwechslungsreiche Fahrten auf den Themenradwegen. Derzeit beträgt die Länge des Radverkehrsnetzes in Wien ca. 1.750 Kilometer. Die Mountainbike-Strecken und -Trails umfassen 1.370 Kilometer.
radfahren.wien.gv.at

Trendsport Wandern

Wien bietet Wanderfreund*innen abwechslungsreiche Möglichkeiten fast direkt vor der Haustür. Besonders beliebt sind die 14 Stadtwanderwege, die auch durch den Wienerwald führen und atemberaubende Ausblicke auf die Stadt bieten. Klassiker wie der Weg auf den Kahlen- oder den Leopoldsberg sind ideal für eine kurze Auszeit im Grünen. Auch die Strecken im Lainzer Tiergarten bieten sich für idyllische Wanderungen in unberührter Natur an. Besonders Ambitionierte drucken sich zudem einen Wanderpass aus und sammeln fleißig Stempel – die goldene Wandernadel kann man sich in der Stadtinfo abholen.
wien.gv.at/umwelt/wald/freizeit/wandern/nadel.html

Fit mach mit!

Mit den Standorten Donaustadt und Favoriten gibt es in Wien zwei der modernsten Motorikparks in ganz Europa. Unter dem Motto „Sport, Bewegung und Training für Körper und Geist" kann man hier an verschiedenen Stationen gezielt Koordination und Gleichgewicht, Orientierung und Geschicklichkeit, Kondition und Beweglichkeit sowie Dehnung und Kräftigung in der Natur trainieren. Die Wiener Motorikparks bieten Stationen und Geräte für jede Altersgruppe. Egal ob Kinder, Jugendliche oder Erwachsene – jede*r kann hier mitmachen, der Zutritt ist frei!

Die perfekte Planung
Im digitalen Stadtplan der Stadt Wien finden sich nicht nur sämtliche Stadtwanderwege, auch die Radwege und Sportstätten in Wien sind eingetragen. Gleich online suchen und finden!
wien.gv.at/stadtplan

Alle Infos auf **sport.wien.gv.at**

DEN BALL HOCH HALTEN

Ballspiele stehen hoch im Kurs. Es muss aber nicht immer Fußball sein, in den Sportstätten der Stadt Wien bieten viele Vereine die Möglichkeit, neue Varianten auszuprobieren.

Immer am Ball bleiben

Die Österreicher*innen lieben Ballspiele. An unangefochtener Nummer eins auf der Beliebtheitsskala steht dabei natürlich Fußball, gefolgt von Tennis, Golf sowie Basket- und Handball, den Klassikern unter den Ballsportarten. Aber haben Sie schon einmal von Padbol oder Quidditch gehört? Auch bei diesen beiden, vergleichsweise jungen Trendsportarten dreht sich alles um den Spaßgarant Ball. In Wien werden, neben diesen beiden, auch zahlreiche weitere, weniger bekannte Ballsportarten angeboten. Hier stellen wir Ihnen einige davon vor. Lesen Sie doch gleich rein, vielleicht ist ja das passende Ballspiel für Sie dabei.

Dodgeball

Dodgeball ist ein In- oder Outdoorsport und den Abwurfsportarten zuzuordnen. Es ist dem Völkerball sehr ähnlich, wird jedoch mit mehr Spielbällen gleichzeitig und ohne Freigeistzonen hinter den Spielhälften gespielt. Kernelemente des Spiels sind Abwerfen, Fangen und Ausweichen. Zwei Teams à sechs Personen treten auf einem Spielfeld in der Größe eines Volleyballfelds gegeneinander an. Das Ziel ist, am Ende eines Satzes mehr Spieler*innen am Feld zu haben als die gegnerische Mannschaft. Dodgeball gibt es zum Beispiel als Schulsport in Turnhallen der Stadt Wien und als Vereinssport.

Padbol

Padbol ist eine junge Sportart, die sich aus einer Fusion von Tennis, Fußball, Volleyball und Squash zusammensetzt. Gespielt wird es in einem 6 x 10 Meter großen „Glaskäfig". Zwei Teams mit je zwei Spieler*innen spielen mit einem Ball, der kleiner und leichter ist als ein Fußball. Dieser Ball muss über das Netz, um Punkte zu erzielen, dabei können die Glaswände ins Spiel miteinbezogen werden. Padbol ist dynamisch, athletisch und erfordert eine gute Koordination sowie schnelle Reflexe. Indoor kann es beispielsweise in der Sport & Fun Halle Leopoldstadt ausprobiert werden.

sport.wien.gv.at/sportstaetten/sportfun

Quidditch

Die lustige und actionreiche Sportart ist ein Vollkontaktsport, der aus dem Harry-Potter-Universum in die echte Welt übertragen wurde und gern als Mix aus Rugby, Handball und Völkerball beschrieben wird. Für jede Mannschaft befinden sich dabei maximal sieben Spieler*innen in verschiedenen Positionen am Spielfeld. Sie tragen ein bestimmtes farbiges Stirnband und müssen den für das Spiel notwendigen Besen zwischen den Beinen haben. Im Grunde geht es darum, den Quaffel – einen nicht voll aufgepumpten Volleyball – durch einen der drei gegnerischen Ringe zu befördern. Wer Spaß an fantasiereichem Spiel hat, kommt bei Quidditch voll auf seine Kosten. Trainiert wird der Vereinssport zum Beispiel im Grünen Prater.

Pickleball

Pickleball vereint Elemente von Tischtennis, Badminton und Tennis und wird sowohl im Freien als auch in Hallen auf einem Feld mit einem Netz gespielt. Zwei oder vier Spieler*innen verwenden Schläger, sogenannte Paddel, um einen Ball mit Löchern über ein Netz zu schlagen. Der Spaß am Spiel und der soziale Faktor stehen im Vordergrund. Pickleball ist definitiv ein Sport für Spieler*innen aller Altersgruppen und Fähigkeiten. An vier Standorten in Wien kann jede*r diesen kurzweiligen Sport ausprobieren.

Floorball

Bei Floorball geht es darum, mit einem entsprechenden Floorball-Schläger einen mit Löchern versehenen Floorball im gegnerischen Tor unterzubringen. Diese Mannschaftssportart weist einige Ähnlichkeiten mit Eishockey auf. Floorball wird ausschließlich indoor mit drei Feldspieler*innen und einer*m Torwart*in auf einem Kleinfeld (24 x 14 Meter) oder mit fünf Feldspieler*innen und einer*m Torwart*in auf dem Großfeld (40 x 20 Meter) gespielt. Den Vereinssport gibt es z. B. in den Rundhallen Simmering und Alt Erlaa.

EINBLICKE
SPORT.WIEN.2030

Im Oktober 2020 hat die Stadt Wien unter dem Motto „Für alle erreichbar. Für alle leistbar. Für alle Wienerinnen und Wiener" den Sportstätten-Entwicklungsplan vorgestellt. Vier Jahre später sind bereits wichtige Meilensteine erreicht.

Rund 400 Millionen Euro investiert die Stadt Wien bis 2030 in die Modernisierung und den Ausbau ihrer Sportstätten. Ein breites und leistbares Sportangebot für alle Wiener*innen soll durch den Sportstätten-Entwicklungsplan „Sport.Wien.2030" sichergestellt werden.

Nachhaltigkeit im Fokus

Im Entwicklungsplan spielen Nachhaltigkeit und Klimaschutz eine zentrale Rolle. Um auf umweltfreundliche Energienutzung umzustellen, werden etwa bei Sanierungen und Neubauten Photovoltaikanlagen installiert. Indem ausreichend Bewegungsflächen im öffentlichen Raum geschaffen werden, wird so auch in neuen Stadtentwicklungsgebieten der Sport von Anfang an mit berücksichtigt.

Bestehende Anlagen werden generalsaniert

Der Schwerpunkt liegt – neben Neubauten – auf der Sanierung bestehender Sportstätten. Dazu zählen Dachsanierungen, die Erneuerung von Flutlichtanlagen sowie die Errichtung neuer Garderobengebäude. Ungenutzte Nebenflächen sollen für den Hobby- und Breitensport aktiviert werden. Ebenfalls Teil des Programms ist die umfassende Generalsanierung der städtischen Rundhallen. Die Hallen in Simmering, Kagran (Bild oben und rechts) und Atzgersdorf wurden bereits modernisiert und dienen als Vorlage für weitere Hallenumbauten.

Neubauten und Modernisierungen

Es herrscht großer Bedarf an neuen Trainingsmöglichkeiten, insbesondere für Hallensportarten, sowie an einer größeren Wettkampfhalle. Das wurde im Zuge einer umfassenden Befragung von über 70 Wiener Sportvereinen festgestellt. Mit dem Bau der Sport Arena Wien (Fertigstellung 2025) wird die Sportinfrastruktur um eine mehrgeschoßige multifunktionale Halle mit Plätzen für 3.000 Zuschauer*innen für verschiedene Ballsportarten, eine Kunstturnhalle und eine Leichtathletikhalle erweitert. Ebenso wird die Schwimm-Infrastruktur

im Stadionbad erweitert und Pump Tracks sowie Ballspielkäfige werden im öffentlichen Raum errichtet.

Zukunftsträchtige Infrastruktur
Auch das zukünftige Wachstum Wiens berücksichtigt der Plan. Sportvereine nutzen bereits jetzt über 600 Schulturnsäle, 140 davon auch an Wochenenden. Diese Nutzungsmöglichkeiten sollen erweitert werden.

Alle Wiener*innen sollen Zugang zu Sport haben
Sport in Wien soll für alle Bewohner*innen erreichbar und auch leistbar sein. Diesem klaren Prinzip folgt der Sportstätten-Entwicklungsplan. Auf dieser Basis werden Wiens Sportstätten gestaltet.

Die Wiener Sportstätten im Überblick
Die gesamte für Sport nutzbare Fläche der Stadt Wien beträgt fast zehn Millionen Quadratmeter. In den mehr als 3.000 Sportvereinen der Stadt sind über 250.000 Wiener*innen Mitglied. Diese Vereine ermöglichen eine Auswahl aus über 120 unterschiedlichen Sportarten. Mit einer Gesamtfläche von rund 3,6 Millionen Quadratmetern verwaltet Sport Wien mehr als 200 Sportstätten, die in Zusammenarbeit mit Wiens Bädern und Schulen jährlich über eine halbe Million Trainingsstunden für alle Menschen in Wien zur Verfügung stellen.

Der Sportstätten-Entwicklungsplan „Sport.Wien.2030" ist die Basis für eine zukunftsfähige Sportinfrastruktur in Wien – für alle Wiener*innen.

wien.gv.at/freizeit/sportamt/sportstaetten/

FOTOS: ROMANA FUERNKRANZ, CHRISTOPH BERTOS

DIE SPORTHALLEN DER STADT WIEN
- Margareten
  (5. Bezirk, Hollgasse)
- Mariahilf
  (6. Bezirk, Mollardgasse)
- Per-Albin-Hansson Ost
  (10. Bezirk, Jura-Soyfer-Gasse)
- Simmering
  (11. Bezirk, Florian-Hedorfer-Straße)
- Fünfhaus
  (15. Bezirk, Tellgasse)
- Brigittenau
  (20. Bezirk, Hopsagasse)
- Jedlesee
  (21. Bezirk, Jedleseer Straße)
- Großfeldsiedlung
  (21. Bezirk, Pastorstraße)
- Kagran
  (22. Bezirk, Steigenteschgasse)
- Rennbahnwegsiedlung
  (22. Bezirk, Lieblgasse)
- Alt Erlaa (23. Bezirk, Anton-Baumgartner-Straße)
- Atzgersdorf
  (23. Bezirk, Steinergasse)
- Liesing (23. Bezirk, Perchtoldsdorfer Straße)

SPORT & FUN HALLEN
- Halle Leopoldstadt
  2., Venediger Au 11
- Halle Favoriten
  10., Windtenstraße 2
- Halle Ottakring
  16., Sandleitengasse 39
- Halle Donaustadt
  22., Erzherzog-Karl-Straße 108

Vinotheken, Importeure & Großhändler

Wien

BAROLISTA – Weine aus dem Piemont
*Alliiertenstraße 12, 1020 Wien
T +43 1 212 69 51*

**Del Fabro Kolarik GmbH
Getränkefachgroßhandel**
*Grillgasse 48a
1110 Wien
T +43 1 740 50
Standorte: Zentrale Wien, Ybbs, Graz & Salzburg
Österreichs vielfältigste Getränkeauswahl vom bevorzugten Partner der Gastronomie: Mit individueller Fachberatung durch erfahrene Sommeliers, maßgeschneiderten Services und zuverlässiger Logistik schaffen wir den besonderen Unterschied für Ihren Betrieb. Unser einzigartiges Sortiment umfasst über 8.000 Getränke, samt Exklusivmarken, erlesenen Raritäten und laufend neuen Trends.*

KASTNER Abholmarkt & Gastrodienst GesmbH
*Baldassgasse 3
1210 Wien
T +43 1 250 48-0
alleswein@kastner.at
www.alleswein.at
2.800 Weine für den erfolgreichen Weinverkauf in der Gastronomie!*

KASTNER-GEKO Großhandelsgesmbh
*Großmarkt Wien-Inzersdorf
Laxenburger Straße 365/Halle A4
1230 Wien
T +43 1 616 71 90-0
alleswein@kastner.at
www.alleswein.at*

Le Cru Comptoir de Champagne
*Petersplatz 8
1010 Wien
T +43 1 533 42 60
office@lecru.at
www.lecru.at
ÖZ Mo.–Fr. 12–21, Sa. 12–18 Uhr*

MILLER-AICHHOLZ Wein, was sonst!
*Favoritenstraße 22
1040 Wien
T +43 664 135 55 16*

Sussitz – Wir leben Wein
*Krummbaumgasse 2–4
1020 Wien
T +43 1 212 50 00*

Potstill – Austria's Finest Whisky Store
*Währinger Straße 65
1090 Wien
www.potstill.org
ÖZ Mo.–Fr. 14–19 Uhr
Über 1.100 verschiedene schottische Single Malt Whiskys sowie Irish, Bourbon, Rye, Rum, Gin und Armagnac*

Vinothek St. Stephan KVMG Weinhandel GmbH
*Stephansplatz 6
1010 Wien
T +43 1 512 68 58*

WINE-WORLD.AT
*Goldeggasse 21
1040 Wien*

Vinotheken, Importeure & Großhändler

Vinothek Wedl Wien
Linzer Straße 235–237
1140 Wien
T +43 676 893 35 36 73
vinothek.wien@wedl.com

Niederösterreich

L. Derksen & Co. GmbH
T +43 2262 681 42-0
bestellung@derksen.at
www.derksen.at

Getränkehaus Krause & Vinothek Weinblatt
Wagramer Straße 259
2201 Gerasdorf/Wien
T +43 1 734 69 69
F Dw. 99
Ihr Getränkeprofi für privat und Gastro
Sommelierservice vor Ort
service@weinblatt.at
www.krause-getraenke.at

Ursin Haus Vinothek & Tourismusservice GmbH
Kamptalstraße 3, 3550 Langenlois
T +43 2734 20 00-0, F Dw. 15

„Alte Schmiede Schönberg", Wein / Kultur / Genuss
Hauptstraße 36, 3562 Schönberg am Kamp
T +43 2733 76 47-2

LOISIUM WeinWelt & Vinothek
Loisium-Allee 1, 3550 Langenlois
T +43 2734 322 40 15

KASTNER Abholmarkt und Gastrodienst GesmbH
Industriestraße 2
3300 Amstetten
T +43 7472 238 81-0

KASTNER-STEBEL GesmbH
Weinzierl 98
3500 Krems
T +43 2732 832 52-0

KASTNER GroßhandelsgesmbH
Karl-Kastner-Straße 1
3910 Zwettl
T +43 2822 90 01-452
alleswein@kastner.at
www.alleswein.at
2.800 Weine für den erfolgreichen Weinverkauf in der Gastronomie!

Weinkellerei Lenz Moser
Lenz Moser Straße 1
3495 Rohrendorf
T +43 2732 855 41
office@lenzmoser.at
Kontakt: Helmut Amon
Unter www.lenzmoser.at finden Sie unser umfangreiches Weinsortiment.

Vinothek Stift Klosterneuburg
Rathausplatz 24, 3400 Klosterneuburg
T +43 2243 41 15-48, F Dw. 50

Vinothek Wein & Wachau
Kirchenplatz 5, 3390 Melk
T +43 2752 549 87, F Dw. 20

Wein.Depot Noitz
T +43 2732 856 56-0
www.wein-handlung.at

Vinotheken, Importeure & Großhändler

Burgenland

KASTNER Abholmarkt und Gastrodienst GesmbH
Industriestraße 12
7000 Eisenstadt
T +43 2682 626 61-0

KASTNER HandelsgesmbH
Industriegelände 6
8380 Jennersdorf
T +43 3329 401-500
alleswein@kastner.at
www.alleswein.at
2.800 Weine für den erfolgreichen Weinverkauf in der Gastronomie!

Weinlaubenhof Kracher
Apetlonerstraße 37
7142 Illmitz
T +43 2175 33 77
office@kracher.at
www.kracher.at

Selektion Vinothek Burgenland
Esterházyplatz 4
7000 Eisenstadt
T +43 2682 633 45

Vinothek – Greißlerei Weinwerk Burgenland
Obere Hauptstraße 31
7100 Neusiedl am See
T +43 2167 207 05, F Dw. 40

Steiermark

Die Weinbank – Vinothek
Hauptstraße 44
8461 Ehrenhausen
T +43 3453 222 91

Gesamtsteirische Vinothek
Marktstraße 6
8354 St. Anna am Aigen
T / F +43 3158 28 01

Vinofaktur mit dem GenussRegal
An der Mur 13
8461 Vogau
T +43 3453 406 77-0

VINOTHEK SCHICKER
Grazer Straße 9
8605 Kapfenberg
T +43 3862 226 12

Vinothek Klöch
8493 Klöch 191
T / F +43 3475 20 97

Vinothek bei der Oper
Tummelplatz 1
8010 Graz
T +43 316 82 88 34

Weinhaus der Gallier
Petersgasse 28a
8010 Graz
T +43 650 266 67 45

Oberösterreich

KURANDA – Die besten Weine aus Portugal
Lippenstraße 6
4484 Kronstorf
T +43 660 635 47 42

Vinotheken, Importeure & Großhändler

Weinturm GmbH
Thanhoferstraße 11
4030 Linz
T +43 732 73 10 14
www.weinturm.at
ÖZ: Mo., Do., Fr. 9–18,
Di., Mi. 9–13 Uhr
Seit 1933 höchste Qualität in Sortiment & Beratung

Vinothek Wedl Vöcklabruck
Salzburger Straße 52
4840 Vöcklabruck
T +43 676 893 35 27 28
vinothek.voecklabruck@wedl.com

Vinothek Wedl Ried im Innkreis
Kasernstraße 4
4910 Ried im Innkreis
T +43 676 893 35 26 28
vinothek.ried@wedl.com

Vino Vino
Freistädterstraße 3
Hinterhof
4040 Linz
T +43 664 230 85 51
office@vinovino.at
www.vinovino.at
ÖZ: Weinabholung nach Vereinbarung
Ausgesuchte Spitzenwinzer aus Österreich,
Frankreich und Italien

WAGNERS WEINSHOP
Weinstraße 31
4664 Laakirchen
T +43 7613 440-440
vinothek@wagnerweb.at
ÖZ: Di.–Fr. 9.30–18.30, Sa. 9.30–12.30 Uhr
www.wagners-weinshop.com

Salzburg

Döllerer Weinhaus & Enoteca
Kellau 160
5431 Kuchl
T +43 6244 205 67
weinhaus@doellerer.at
shop.doellerer.at
Gemeinsam Wein erleben.

VINOBILE Handels GmbH
Vorderglemm 610
5753 Saalbach-Hinterglemm
T +43 6541 72 20
F Dw. 20

INVINO Weine und Mehr
Schörgstätt 16
5162 Obertrum
T +43 6219 203 70, +43 664 858 46 46
richard.neuhofer@invino.at
www.invino.at

Vinotheken, Importeure & Großhändler

Vinothek Wedl Saalfelden
Industriestraße 2
5760 Saalfelden
T +43 676 893 35 24 29
vinothek.saalfelden@wedl.com

Vinothek Wedl St. Johann im Pongau
Industriestraße 32
5600 St. Johann im Pongau
T +43 676 893 35 25 28
vinothek.stjohann@wedl.com

WEIN WOLF Import GmbH & Co Vertriebs KG
Münchner Bundesstraße 107
5020 Salzburg
T +43 662 42 14 64, F Dw. 20
office@weinwolf.com
www.wein-wolf.at
Ihr kompetenter und zuverlässiger Partner in Sachen Champagner, Wein & Premium Spirits. Champagne Taittinger, Guigal, Gérard Bertrand, GAJA, Argentiera, Fèlsina, Terlan, Luce, Torres, Taylor's Port, Ridge, Penfolds, Montes, Frescobaldi, Grappa Bocchino und viele mehr.
Breites Österreich-Sortiment mit bemerkenswertem Tiefgang.
WEIN WOLF – IHR Partner in ganz Österreich

Tirol

Bruno Resi – GenussLobbyist GmbH
Kohlstatt 5, 6095 Grinzens
T +43 664 452 56 57

Gottardi GmbH & Co. KG
Weinhandel & Weinversand
Heiliggeiststraße 10
6020 Innsbruck
T +43 512 58 44 93-0
wein@gottardi.at
www.gottardi.at
ÖZ Kundenservice: Mo.–Do. 8–17, Fr. 8–12.30 Uhr
ÖZ Vinothek: Mo.–Fr. 9–18.30, Sa. 9–12.30 Uhr

Getränkewelt Handels GmbH u.
J. Weger – Weinhandel
Glocknerstraße 10
9990 Debant
T +43 4852 629 00
office@getraenke-welt.at
www.getraenke-welt.at

Vinothek Wedl Innsbruck
Leopold-Wedl-Weg 1 / DEZ-Areal
6020 Innsbruck
T +43 676 893 35 22 77
vinothek.ibk@wedl.com

Morandell International GmbH
Wörgler Boden 13–15
6300 Wörgl
T +43 50 220
wein@morandell.com
www.morandell.com

Vinotheken, Importeure & Großhändler

VINORAMA Weinversand GmbH
Wörgler Boden 13–15
6300 Wörgl
T +43 50 220 500
info@vinorama.at
www.vinorama.at

Vorarlberg

Bruvino
Bahnhofstraße 8
6850 Dornbirn
T +43 699 10 07 29 93
www.getraenke-welt.at

**Bevanda Wein & Destillate
Bertsch & Gunz Handels OG**
Färbergasse 15
6850 Dornbirn
T +43 5572 38 66 31
office@bevanda.cc
www.bevanda.cc
Vinothek mit Vollsortiment an
Schaumweinen, Weinen und Spirituosen.
Getränkefachgroßhandel, Partner der Gastronomie

Bockackerstraße 13
6850 Dornbirn
T +43 5572 261 51-0
jth@thurnher-wein.com

Bevanda Wein & Destillate im FIRMAMENT
Römergrund 1, 6830 Rankweil
T +43 664 196 85 66
rankweil@bevanda.cc
www.bevanda.cc
Vinothek mit Vollsortiment an Schaumweinen,
Weinen und Spirituosen

Kärnten

Vinothek Delikatessen Jäger
Radetzkystraße 38–40
9020 Klagenfurt
T +43 463 573 54

Vinothek Wedl Villach
Karawankenweg 22
9500 Villach
T +43 676 893 35 28 28
vinothek.villach@wedl.com

Kastner HandelsgesmbH
Grazer Straße 6, 9400 Wolfsberg
T +43 4352 33 56–0
alleswein@kastner.at
www.alleswein.at

Sussitz – Wir leben Wein e.U.
Feldkirchner Straße 24
9020 Klagenfurt
T +43 463 57 557

Notizen

Notizen

Register

A-Nobis Sektkellerei
Zurndorf 244
Achs Paul
Gols 245
Achs Werner
Gols 246
Achs-Wendelin
Gols 247
Adam-Lieleg
Leutschach a.d. Weinstraße 370
Aichinger Maximilian
Schönberg am Kamp 52
Aigner Wolfgang
Krems an der Donau 74
Allacher, Vinum Pannonia
Gols 248
Allram
Straß im Straßertale 53
Alphart am Mühlbach
Traiskirchen 212
Alphart Weingut
Traiskirchen 213
Alt Andreas
Großriedenthal 112

Alzinger Leo
Unterloiben 24
Artner
Höflein 142
Atzberg
Spitz 25
Aumann Leo
Tribuswinkel 214
Bauer Christoph
Jetzelsdorf 156
Bauer Josef
Großriedenthal 113
Bauer Josef & Claudia
Zaussenberg 114
Bauer Michael
Kirchberg am Wagram 115
Bauer Norbert
Jetzelsdorf 157
Bayer – Erbhof
Donnerskirchen 284
Bayer Franz
Königsbrunn 116
Bayer Heribert, In Signo Leonis
Neckenmarkt 324

Bayer Stefan
Weiden am See............ 249
Benedikt Wolfgang
Kirchberg am Wagram........ 117
Beyer Matthias
Röschitz............... 158
Biegler Othmar
Gumpoldskirchen........... 215
Blauensteiner
Gösing am Wagram.......... 118
Böheim Stefanie
Arbesthal............... 143
Braunstein Birgit
Purbach............... 285
Brindlmayer Karl
Traismauer-Wagram.......... 98
Bründlmayer
Langenlois............... 54
Buchegger
Droß................. 75
Christ Rainer
Wien................. 230
Cobenzl
Wien................. 231

Dankbarkeit, Christine & Andreas Glück
Podersdorf am See.......... 250
Deim Gerhard
Schönberg am Kamp.......... 55
Deutsch Josef
Hagenbrunn............. 159
Dietrich vlg. Tischler
Gamlitz............... 371
Dillinger Florian
Leutschach.............. 372
Dockner Josef
Höbenbach.............. 76
Dockner Tom
Theyern................ 99
Domaine Pöttelsdorf
Pöttelsdorf.............. 319
Domaines Kilger
Gamlitz............... 373
Domäne Wachau
Dürnstein............... 26
Donabaum Johann
Spitz................. 27
Dreisiebner Stammhaus
Gamlitz............... 374

Dürauer Josef
Furth bei Göttweig 77
Dürnberg
Falkenstein 160
Ebner-Ebenauer
Poysdorf 161
Ecker Karl
Unterstockstall 119
Edlmoser Michael
Wien 232
Egermann Alexander
Illmitz 251
Ehn Gerhard
Engelmannsbrunn 120
Ehn Ludwig
Langenlois 56
Eichberger Doris & Gotthard
Eibesbrunn 162
Eichenwald Weine
Horitschon 325
Eichinger
Straß im Straßertale 57
Elsnegg
Gamlitz 375

Ernst Harald
Großweikersdorf 121
Erzherzog Johann
Ehrenhausen an der Weinstraße . . . 376
Esterházy
Trausdorf an der Wulka 286
Etl wine and spirits
Halbturn 252
Ettl Paul
Podersdorf am See 253
Faber Anna
Eibesthal 163
Fassold Bernhard
Straden 354
Feiler Kurt, Feiler-Artinger
Rust 311
Fiedler Bernhard, Grenzhof-Fiedler
Mörbisch 287
Figl Leopold
Traismauer 100
Fink & Kotzian
Eggenburg 164
Fischer Christian
Sooß 216

Winzer

Fischer Josef
Rossatz 28
Forstreiter
Krems-Hollenburg 78
Frank Harald
Herrnbaumgarten 165
Frauwallner
Straden 355
Freigut Thallern
Gumpoldskirchen 217
Fritz Josef
Zaussenberg 122
Frühwirth Friedrich
Klöch 356
Gager Horst
Deutschkreutz 326
Genuss Weingut Schwertführer 47er
Sooß 218
Gerhold Rainer
Gösing am Wagram 123
Germuth Herbert
Leutschach a.d. Weinstraße 377
Gesellmann Albert
Deutschkreutz 327

Giefing Claudia
Rust 312
Gießauf-Nell
Klöch 357
Gilg Stefan
Hagenbrunn 166
Glatzer Walter
Göttlesbrunn 144
Göbel Hans Peter
Wien 233
Goldenits Robert
Tadten 255
Göschl & Töchter
Gols 254
Graf Hardegg
Seefeld-Kadolz 167
Grassl Philipp
Göttlesbrunn 145
Greil Norbert
Unterstockstall 124
Grill-Gnauer Gudrun, Weinhof Grill
Fels am Wagram 125
Gritsch FJ, Mauritiushof
Spitz 29

Gritsch Roman		**Hajszan Neumann**	
Spitz	30	Wien	234
Groiß Herbert		**Hartl Heinrich III**	
Großweikersdorf	126	Oberwaltersdorf	219
Groiss Ingrid		**Hartl Toni**	
Breitenwaida	168	Reisenberg	288
Gross		**Hauleitner Herwald**	
Ratsch an der Weinstraße	378	Wagram ob der Traisen	101
Gruber Röschitz		**Hautzinger Günther**	
Röschitz	169	Tadten	259
Gsellmann Andreas		**Heggenberger Andreas & Sigrid**	
Gols	256	Tattendorf	220
Hagen Lukas		**Heinrich Heike & Gernot**	
Krems	79	Gols	260
Hagn Wolfgang u. Leopold		**Heinrich Silvia**	
Mailberg	170	Deutschkreutz	328
Haider Reinhard, Rosenhof		**Heinrich Thomas**	
Illmitz	257	Hilpersdorf	102
Haider Theresa & Gerhard		**Herrenhof Lamprecht**	
Illmitz	258	Markt Hartmannsdorf	358
Haimerl Karl		**Hess Christoph**	
Gobelsburg	58	Hohenruppersdorf	172
Haindl-Erlacher		**Hillinger Leo**	
Wolkersdorf im Weinviertel	171	Jois	289

Hirsch Johannes
Kammern 59
Hirschbüchler
Obersdorf 173
Hirtl Andrea
Poysdorf 174
Hirtzberger Franz
Spitz 31
Hirtzberger Mathias
Wösendorf 32
Hofbauer-Schmidt
Hohenwarth, Manhartsberg 175
Hofer Hannes
Gumpoldskirchen 221
Hofmann Rudolf
Traismauer 103
Hofstätter Wolfgang
Spitz 33
Hogl Josef & Georg
Spitz 34
Holler Ernst, Elfenhof
Rust 313
Holzapfel Karl
Joching 35

Höpler
Breitenbrunn 290
Huber Markus
Reichersdorf 104
Humer Franz
Maissau 176
Hummel Kurt
Niederschleinz 177
Iby Rotweingut
Horitschon 329
Igler Josef
Deutschkreutz 330
Iro Markus
Gols 261
Jagschitz, Remushof
Oslip 291
Jahner Leo
Wildungsmauer 146
Jalits Mathias
Badersdorf 344
Jamek Josef
Joching 36
Jordan, Simone & Johannes Hiller-Jordan
Pulkau 178

Juris, Axel Stiegelmar
Gols 262
Jurtschitsch
Langenlois 60
Kaiser Winzerschlössl
Eisenstadt 292
Kemetner Simon
Etsdorf am Kamp 61
Keringer
Mönchhof 263
Kirchknopf Michael
Eisenstadt-Kleinhöflein 293
Kirnbauer K+K
Deutschkreutz 331
Klosterkeller Siegendorf
Siegendorf 294
Knoll
Unterloiben 37
Kodolitsch Nikolaus
Leibnitz 379
Kölbl Margit & Johannes, Respiz-Hof
Röschitz 179
Kolkmann Horst & Gerhard
Fels am Wagram 127

Kollwentz, Römerhof
Großhöflein 295
Kopfensteiner Thomas
Deutsch Schützen 345
Kracher, Weinlaubenhof
Illmitz 264
Krispel Stefan
Hof bei Straden 359
Kroiss Andi
Illmitz 265
Kroiss Julia
Wien 235
Krug Gustav
Gumpoldskirchen 222
Krutzler Reinhold
Deutsch Schützen 346
Kummer Johannes
Mönchhof 266
LacknerTinnacher
Gamlitz 380
Lang Rotweine
Neckenmarkt 332
Leberl Alexander
Großhöflein 296

Leindl Georg
Zöbing 62
Leth Franz
Fels am Wagram 128
Lex Langmann
St. Stefan ob Stainz 407
Lichtscheidl Martina & Stefan
Eisenstadt 297
Liechtenstein Hofkellerei
Wilfersdorf 180
Lobner Gerhard J.
Mannersdorf an der March 181
Loimer Fred
Langenlois 63
MAD
Oggau 298
Maglock-Nagel
Straß im Straßertale 64
Maitz Wolfgang
Ehrenhausen an der Weinstraße ... 381
Malat
Furth-Palt 80
Malteser Ritterorden
Mailberg 182

Mandl-Brunner, Arkadenhof
Rechnitz 347
Mantlerhof
Gedersdorf 81
Markowitsch Gerhard
Göttlesbrunn 147
Markowitsch Lukas
Göttlesbrunn 148
Masser Peter
Leutschach 382
Maurer Leo
Röschitz 183
Mayer am Pfarrplatz
Wien 236
Mayer Franz
Spitz 38
Mayer M.
Königsbrunn am Wagram 129
Mayr Minichhofen
Ravelsbach 184
Mayr, Vorspannhof
Droß 82
Mazza Christine
Weißenkirchen in der Wachau 39

Michlits-Stadlmann
St. Andrä am Zicksee 267
Migsich Erich
Antau 320
Minkowitsch Roland, RM
Mannersdorf an der March 185
Moric, Roland Velich
Großhöflein 299
Moser Hans
Eisenstadt 300
Moser Hermann
Rohrendorf bei Krems 83
Moser Lenz
Rohrendorf bei Krems 84
Müller Leopold & Stefan
Krustetten 85
Müller Stefan
Klöch 360
Münzenrieder Johannes
Apetlon 268
Münzenrieder, PMC
Apetlon 269
Muhr Dorli
Prellenkirchen 149

Muster Reinhard
Gamlitz 383
Neckenmarkt die Winzer
Neckenmarkt 333
Netzl Franz & Christine
Göttlesbrunn 150
NeueHeimat
Gamlitz 384
Neumayer Ludwig
Inzersdorf ob der Traisen 105
Neumeister Christoph
Straden 361
Neustifter Karl
Poysdorf 186
Nigl
Senftenberg 86
Nimmervoll Gregor
Engelmannsbrunn 130
Nittnaus Anita & Hans
Gols 301
Nittnaus Gebrüder
Gols 270
Nothnagl Anton
Spitz 40

Öhlzelt Barbara
Zöbing am Kamp 65
Ott Andreas
Hagenbrunn 187
Ott Bernhard
Feuersbrunn 131
Pass Gerald
Straning-Grafenberg 188
Pfaffl R. & A.
Stetten 189
Pfalz Michael
Hohenruppersdorf 190
Pfeifer Daniel
St. Anna am Aigen 362
Pichler F.X.
Dürnstein 41
Pichler Rudi
Wösendorf 42
Pichler-Krutzler
Dürnstein 43
Pimpel Josef
Petronell-Carnuntum 151
Piriwe Josef
Traiskirchen 223

Pitnauer Johannes
Göttlesbrunn 152
Pittnauer Andreas
Gols 271
Pleil Christian
Wolkersdorf im Weinviertel 191
Pöckl René
Mönchhof 272
Polz
Strass in der Steiermark 385
Polz Christian & Thomas, Primus
Graßnitzberg 386
Pongratz Markus
Gamlitz 387
Prager
Weißenkirchen in der Wachau 44
Pratsch Stefan
Hohenruppersdorf 192
Preisinger-Reinberger
Unterstockstall 132
Preiß Weinkultur
Theyern 106
Prickler Rotweingut
Lutzmannsburg 334

Prieler Georg		**Rieder Lukas, Weinrieder**	
Schützen am Gebirge	302	Kleinhadersdorf-Poysdorf	195
Pröll		**Riegelnegg, Olwitschhof**	
Radlbrunn	193	Gamlitz	389
Proidl Franz		**Rotes Haus**	
Senftenberg	87	Wien	237
Rabl Rudolf		**Sabathi Erwin**	
Langenlois	66	Leutschach a. d. Weinstraße	390
Rainprecht Christian		**Sabathi Hannes**	
Oggau	303	Gamlitz	391
Rauch Weinhof		**Salomon, Undhof**	
St. Peter am Ottersbach	363	Stein an der Donau	88
Reckendorfer Matthias		**Salzl, Seewinkelhof**	
Ollersdorf	194	Illmitz	273
Regele Georg		**Sattler Erich**	
Ehrenhausen an der Weinstraße	388	Tadten	274
Reichmann Stefan		**Sattlerhof, Andreas & Alexander Sattler**	
St. Peter am Ottersbach	364	Gamlitz	392
Reinisch, Weingut Famile		**Sauerstingl Franz**	
Tattendorf	224	Fels am Wagram	133
Reumann Christian, Grenzlandhof		**Sax Michael**	
Deutschkreutz	335	Langenlois	67
Reumann Josef & Maria		**Schachinger Leopold**	
Deutschkreutz	336	Königsbrunn am Wagram	134

Schaller vom See
Podersdorf am See 275
Scharl Josef
St. Anna am Aigen 365
Schauer Stefan
Kitzeck im Sausal 393
Scheiblhofer The Wine
Andau 276
Schindler Franz
Mörbisch 304
Schloss Gobelsburg
Langenlois 68
Schlumberger Wein- und Sektkellerei
Wien 238
Schmelz Thomas
Joching 45
Schmid Josef
Stratzing 89
Schneeberger Johann
Heimschuh 394
Schneider Bernhard
St. Margarethen 305
Schöller Hans
Traismauer 107

Schüller Helga
Pillersdorf 196
Schup Gregor
Guntramsdorf 225
Schuster Rosi
St. Margarethen 306
Schuster Thomas
Großriedenthal 135
Schwarz
Schrattenberg 197
Schwarz Michael
Andau 277
Schwarzböck Anita & Rudolf
Hagenbrunn 198
Setzer Hans Weingut
Hohenwarth 199
Siedler Alex.
Reichersdorf 108
Sigl Adrienne & Heinz
Rossatz 46
Silberberg Landesweingut
Leibnitz 395
Skoff Peter, Domäne Kranachberg
Gamlitz 396

Winzer

Sonnenhügel, Christoph Schleinzer		**Stift Göttweig**	
Unterretzbach	200	Furth bei Göttweig	92
Spangl Christina		**Stift Klosterneuburg**	
Reintal	201	Klosterneuburg	136
spusu Weingut, Familie Pichler		**Stift Winzerhof**	
Wolkersdorf	202	Röschitz	203
Stadlmann Bernhard		**Straka Thomas**	
Traiskirchen	226	Rechnitz	349
Stadt Krems		**Strauss Karl & Gustav**	
Krems an der Donau	90	Gamlitz	398
Stagård Lesehof		**Strehn**	
Krems-Stein	91	Deutschkreutz	337
Steininger		**Studeny Herbert**	
Langenlois	69	Obermarkersdorf	204
Stelzl Bernd		**Szemes Anna & Oscar/Arachon T.FX.T**	
Leutschach a. d. Weinstraße	397	Pinkafeld	338
StephanO		**Taferner Karoline**	
Deutsch Schützen	348	Göttlesbrunn	153
Stiegelmar Weingut		**Taubenschuss Markus & Thomas**	
Gols	278	Poysdorf	205
Stierschneider Karl, Kartäuserhof		**Tegernseerhof**	
Weißenkirchen in der Wachau	47	Unterloiben	49
Stierschneider Paul, Urbanushof		**Tement**	
Oberloiben	48	Ehrenhausen	399

Tesch Josef
Neckenmarkt 339
Tinhof Erwin
Trausdorf 307
Topf Johann
Straß im Straßertale 70
Trabos Anita & Christian
Gamlitz 400
Tremmel Harald
Rust 314
Triebaumer Ernst
Rust 315
Triebaumer Regina + Günter
Rust 316
Tschermonegg Erwin + Franz-Josef
Glanz an der Weinstraße 401
Tschida Hans, Angerhof
Illmitz 279
Türk Franz
Stratzing 93
Urbanihof, Paschinger
Fels am Wagram 137
Wachter Thom
Eisenberg 350

Wachter-Wiesler
Deutsch Schützen 351
Wagentristl Rudolf
Großhöflein 308
Waltner Gerald
Engelmannsbrunn 138
Wannemacher Josef
Hagenbrunn 206
Weinwurm Georg & Lisa
Dobermannsdorf 207
Weiss Christian & Thomas
Gols 280
Weixelbaum Heinrich
Straß im Straßertale 71
Wellanschitz
Neckenmarkt 340
Wendelin, Elisabeth und Christian Gangl
Gols 281
Wieder Juliana
Neckenmarkt 341
Wieninger Fritz
Wien 239
Winkler-Hermaden
Kapfenstein 366

Winzer

Winzer Krems
Krems an der Donau 94
Wohlmuth Gerhard
Kitzeck im Sausal 402
Wruss
Gamlitz 403
Zantho
Andau 282
Zehetbauer Stefan
Schützen am Gebirge 309

Zöhrer Anton
Krems an der Donau 95
Zull Phillip
Schrattenthal 208
Zuschmann-Schöfmann
Martinsdorf 209
Zweytick Ewald
Ratsch an der Weinstraße 404

Notizen

A LA CARTE
Wein-Guide Österreich

Redaktion und Degustation: Willibald Balanjuk

www.alacarte.at

Herausgeber: Christian Grünwald
Chefin vom Dienst: Nina Kaltenbrunner
Mitarbeit Text: Christina Fieber
Artdirection & Grafik: Martin Maetz
Lektorat: Marion Rajšek, Nicole Salcher

Geschäftsführer: KR Gerhard Milletich
Anzeigenleitung: Mauricio Queiruga
Produktionskoordination: Karin Gattermaier, Andrea Lengel
Eigentümer, Verleger, Produktion: D+R Verlagsgesellschaft m.b.H.
Neudorferstraße – Betriebsgebiet 3, 7111 Parndorf
T 02166/305 00-0, F 02166/305 00-896
Litho: CRM Medientrend GmbH,
Neudorferstraße – Betriebsgebiet 3, 7111 Parndorf
Druck: Printed in EU
Weinkarten: ÖWM, 1040 Wien

Notizen

Notizen